第 四 卷

1914.1—1915.12

孙中山史事编年

主　编　桑　兵
副主编　关晓红　吴义雄

何文平　著

中华书局

目　　录

1914年(民国三年　甲寅)四十八岁

1月

1月1日　与来访的头山满交谈约一小时;随后黄伯群、萱野长知、任寿祺、吴鸿钧、余邦宪、宋蔼龄、菊池良一、夏重民、陈树人(学生)、陈耿夫、王统、郑人康、彭允彝、殷汝骊、吴大洲等先后来访,会谈议事。下午,偕来访的田桐、国民党东京支部干事长杨某两人走访头山满和寺尾亨,寺尾不在,未遇。(日本外务省档案,1914年1月2日《孙文动静》,乙秘第8号;俞辛焞、王振锁等译:《孙中山在日活动密录》,第75—76页)

1月2日　宋耀如、平山周、殷汝骊、邓铿、木杰夫、高维詹、杨直夫、丁仁杰、肖萱、黄伯群、唐瑞年、陈其美、邓文辉、黄申苪、陆惠生等人先后到访,会谈议事。古岛一雄、及川恒昌等先后来寓所拜年。(日本外务省档案,1914年1月3日《孙文动静》,乙秘第10号;俞辛焞、王振锁等译:《孙中山在日活动密录》,第76页)

△　派张继、戴季陶去大连。

革命党人经营东北与陈其美有很大关系。上年11月陈其美流亡日本,"是时,孙公已居东京,议创中华革命党,公(按指陈其美)既见孙公,则为言往事之失,及所以谋虑方来者,公大感动,乃力赞其所为。中华革命党立,公受任为总务部长。始公之抵日本也,诸党人以败丧泰甚,多意沮,以为匪久历岁月,事难可卒图,公独己心是孙公言,乃力排众议,主亟进,以是往往为故诸人所不说,不顾也。乃计策于孙公,以为辛亥癸丑二役,以不能直薄首都,故亡以摧敌之根株,彼且得间暇以谋我,不投其间隙,兼从事于东北诸省,而专务东南,力难而亡功"。(邵元冲:《陈英士先生行状》,黄季陆主编:《革命文献》第46辑,第133页)

12月28日,已往大连之刘大同(大连能登街27号)致电陈其美,内称:"这里事已办妥,请岛田(陈其美之化名)速来。"陈接电后,即与孙中山商议,决定先派张继、戴季陶前往大连。次日,陈、张、戴均赴孙中山寓所,商量此事。30日,刘大同等四人又致电陈,称:"这里确已齐备,一刻千金,望陈速来。"于是,本日,张继、戴季陶启程赴大连。(日本外务省档案,1914年1月8日《有关孙文等人情况》,乙秘第23号;俞辛焞、王振锁等译:《孙中山在日活动密录》,第609页)但是,戴季陶于9日从长崎折返东京。

1月3日 邓维贤、陆任宇、林直勉、林颂鲁、夏重民、夏述痕(两次)、周应时、陈烈、夏兴夏、阮复、陆惠生、池子华、陈耿夫、陈扬镳、陈其美等先后到访,面谈。下午3时30分余,乘车至早稻田鹤卷町2号访犬养毅,谈约一个小时。随后又去麹町八丁目访秋山定辅,秋山不在,与秋山夫人略谈几句后返回。(日本外务省档案,1914年1月4日《孙文动静》,乙秘第12号;俞辛焞、王振锁等译:《孙中山在日活动密录》,第77页)

△ 史古香来函,略述其参与广东讨袁活动情形,表达拜见之期待。函称:"古香蜀人,旅粤有年。秋底粤东举事,友人邓仲元、龙侠夫二君相邀同谋,与侠担任省垣,当偕拙荆、黄佩初进省,于南关福安里组织机关,运藏炸药,往还省港十八次。旋亲赴正南街镇守使署墙,掷放巨弹,并遣人四处轰炸。于最戒严之时期,用最爆烈之药品,毁重要之地点,意欲藉壮惠部湘臣各路之声威,及鼓动军队之叛变。

虽獠辈幸脱,而军心大为所动。加之粤赌复开,商民怨愤,对吾党举动颇多欢迎。因复于河南草芳乡、城内天平街、城外西堤设立机关四处,并运动贵滇军队及仲元旧部、侠夫故僚,经允赞助之军官大不乏人。殊临发事泄,各机关同志遭难者颇多,同谋军官死十余人,拙荆、黄佩初奔走勤劳,深资臂助,亦被捕枪毙。义旗甫张,健儿遽殒,鸣呼,惨矣。事无可为,缉捕更紧,当即窜回香港。侦探跟踪而至,并敢多方诱饵,经用小刀刺毙,触犯英政府刑律,尚在严缉。"(《史古香上总理函》,环龙路档案第 01861 号)

△ 是日,李烈钧从横滨出发前往新加坡。(日本外务省档案,1914 年 1 月 8 日《有关孙文等人情况》,乙秘第 23 号;俞辛焞、王振锁等译:《孙中山在日活动密录》,第 609 页)

1 月 4 日 与到访并等候的陈耿夫、刘铁、张越、田桐、陈其美、钮永建、李及等见面。陆爱群、唐文厦等来访时,已外出,未见。是日,收到宫崎寅造来函及贺年片三张。(日本外务省档案,1914 年 1 月 5 日《孙文动静》,乙秘第 14 号;俞辛焞、王振锁等译:《孙中山在日活动密录》,第 77—78 页)

△ 与饭野吉三郎对话。

是日 11 时 40 分,乘车至千驮谷稳田的饭野吉三郎宅恭贺新年,并与来访的池亨吉私谈,后又一同乘车离开。谈话中,对饭野说:"我想今年改变方针,贵意如何?"饭野问:"阁下所说的改变方针是指革命吗?"答道:"是的。"于是,饭野恳切地说明革命的不利,并劝目前暂隐忍持重,等待时机。(日本外务省档案,1914 年 1 月 8 日《有关孙文等人情况》,乙秘第 23 号;俞辛焞、王振锁等译:《孙中山在日活动密录》,第 609 页)其时,日本人士对中国革命形势的判断并不一致,头山满曾对海妻猪勇彦说:"第三次革命的时机将要到来,不久袁世凯也许会被暗杀。"(日本外务省档案,1914 年 1 月 8 日《孙文动静》,乙秘第 24 号;俞辛焞、王振锁等译:《孙中山在日活动密录》,第 80 页)

1 月 5 日 邓铿来访,与之议事;前田九二四郎来访,请题字后

离去;阮复、陈南阳、夏兴夏、陈烈、吴非华、周应时等来访,互相交谈,未参与其中;钮永建、陈其美、田桐、居正、李根源、杨丙、刘承烈、刘文锦等相继来访,参与议事。(日本外务省档案,1914年1月6日《孙文动静》,乙秘第17号;俞辛焞、王振锁等译:《孙中山在日活动密录》,第78页)

△　是日,袁世凯发布的"大总统命令"中提到,广东都督龙济光电称,又有兵练在百济附近击毙"乱党"多名,搜出"乱党"通函多件,中有"总机关来信,南军亟欲举事,孙文、黄兴近月即到广东,要各路英雄约集军队合攻省城"之语。(《大总统命令》,《盛京时报》1914年1月9日,"命令")

1月6日　黄伯群、陈自觉、亨子祐、谷季常、夏述痕、陈其美、冯自由、宋元恺、田桐等来访。(日本外务省档案,1914年1月7日《孙文动静》,乙秘第19号;俞辛焞、王振锁等译:《孙中山在日活动密录》,第79页)

△　再访饭野吉三郎,声明取消原订"誓约书"。

此前,已与饭野吉三郎密商多次,争取日本支持,但饭野劝其等待时机。是日,先乘车至小石川区杂司谷町铃木宗言宅,与池亨吉议事二十分钟,随后与池同车至饭野吉三郎宅。其时,饭野宅已有两位来访者,一位身体肥胖,六十四五岁,一位四十二三岁,军人模样。与饭野及此两来访者在二楼密谈。饭野设宴招待,但孙"寡言,只有少许插话,似有为难之感"。据称,孙谈到,"自己违背贵谕示,虽并非本意,但在不得不牺牲同志之情况下,将在短则一二周,长则两个月内离开贵地,故对阁下之誓约,不过是孙的个人誓约,亦不得不取消"。说完离去。当日饭野处来客颇多,需由饭野招待。来客中重要人物有外松男爵和河野广中二人。(日本外务省档案,1914年1月8日《有关孙文等人情况》,乙秘第23号;1914年1月7日《孙文动静》,乙秘第19号;俞辛焞、王振锁等译:《孙中山在日活动密录》,第609、79页)

△　要求《朝日新闻》《报知》更正讹传。

是日发行的《朝日新闻》《报知》两报刊登孙中山致电袁世凯恭贺新年的消息。下午,冯自由为此来访,孙中山又请萱野长知来,与冯

一起商议,决定由萱野长知转告两报:决无此事。(日本外务省档案,1914年1月7日《孙文动静》,乙秘第19号;俞辛焞、王振锁等译:《孙中山在日活动密录》,第79页)国内报纸也刊发有此种传闻。如1月7日《盛京时报》载:"孙文向袁总统致电贺正,闻袁总统并不答酬。"(《孙中山之无聊》,《盛京时报》1914年1月7日,"北京专电")

1月7日 宋蔼龄、沈子和、杨烈、德山、陈其美、李及、周浩、邓铿、张智、黄伯忠、吴鸿钧、刘铁、王道、刘文钧、卢佛眼等先后来访,参加议事。杨烈来访时,递上名片,自称是156号。日本警方猜测,156号可能是同志联合签名之顺序号。(日本外务省档案,1914年1月8日《孙文动静》,乙秘第24号;俞辛焞、王振锁等译:《孙中山在日活动密录》,第79—80页)

△ "浩然庐"私塾副塾长青柳胜敏发表谈话,反对日本政府控制在日革命党人。谈话称,据来自北京的消息证实,对于中国流亡者,政府以保护为名,束缚他们的自由,将流亡者的动静秘密通告袁政府。表示:"作为(日本的)外交政策,控制袁、孙二人未必不可,但若采取如此露骨手段,则本人不能赞成。今日若损害孙派之感情,我为日本而感到遗憾,切望当局考虑。"(日本外务省档案,1914年1月8日《孙文动静》,乙秘第24号;俞辛焞、王振锁等译:《孙中山在日活动密录》,第80页)

浩然庐(学舍)成立于1913年12月1日,其初为西本愿寺僧水野梅晓为收养流亡党人子弟而设的私塾,后来发展成为军事干部学校。据日本警方提供的信息,浩然庐的大体情形如下:

"浩然庐"设立在东京府荏原郡新井村新井宿1266号,"对在京的中国流亡者教授法制、军事学、武术等,以便用于有事之际,是流亡者的机关学校"。12月2日开始收容子弟,"进行日本语和精神教育,兼教武术",当月内,计划招收学生人数五十人,"费用每人十元,可能由个人负担,但无力负担者,可请求亡命者中自愿资助,衣食自理,个人自炊"。

"浩然庐"与革命党人关系密切。"其幕后由黄兴、李烈钧（该人现在法国）等人发起。他们认为，同志流亡日本，不得白白坐食，为教授必要之学术，创设本校。但在学生中往往有背叛行为，有人暗中将本校情况通知袁政府，结果袁一派把该校视为暗杀学校，恐惧该校之存在"；"流亡的中国人殷汝骊一直进行监督"。

学校教官及职员主要由日本退役军人担任，主要者有：预备役骑兵大尉青柳胜敏、一濑斧太郎，预备役步兵大尉中村又雄、中尉杉山良哉，预备役轻重兵特务曹长门马福之进，预备役炮兵特务曹长可儿五三郎、江口良三郎、海原宏文、西川德三郎等。"对现役将校出入该校的风传，已暗中查明，上述说法毫无事实根据。"中国人石介石、吴仲常、陈勇、周哲谋等先后参与学校管理或教学事务。

学校经营困难，"学生每月交费十元，集中住宿舍，但维持仍有困难。各教员及职员们保留了将来的条件（即约定在革命军胜利之际提升为相当的官职），无报酬地工作"。1914 年 6 月 30 日上午召开职员会议，随后在当日下午三时将全体学生召集到礼堂，主要负责人青柳胜敏宣布浩然庐解散。在校学生中，结业的二十七名，未结业者二十六名，共五十三名，均授予初级军事学结业证书。在浩然庐解散的同时，殷汝骊也辞去了职员职务，但由于青柳的恳请，答应做一个幕后援助者。

学校解散后，有四十三人照旧住在浩然庐的宿舍，"休假约一周后，再作为青柳胜敏的私塾，暂不附加任何名义，继续开始上课"。其授课科目，学科有战术学、应用战术、野外要务令、兵器学、筑城学、地形学、交通学等；术科有体操、柔道、剑术三科。继续学习者包括：吴坚、葛世枢、殷轮、朱慰民、余仁、余良才、张尚郡、杨维武、郑宇万、杨劲梁、林嬢、陈烈、唐健、陈复、陆初觉、李肖、华痴侠、罗群、徐桂八、钟鼎、陆韬、陈武、施恨公、詹炳真、郭药墓、黄石、丁建、李武、周□锐、康济、吴靖、金钺、邓伯年、王宇瑞、周权、李海秋、夏兴夏、丁联英、熊罴士、刘世昌、余子、胡藩、钱大钧等。日人职员照旧，无更动。中国方面职员保留三人,分别是教官兼翻译周应时、教官兼翻译吴藻、事务员丁某。(俞辛焯、王振锁等译:《孙中山在日活动密录》,第627—631页)

关于浩然庐成立的背景,曾是学员的施方白后来回忆称:"讨袁失败,同志四散,彼此失却联络。总理在日本第一步工作是成立通信机关,后来因为出版了《民国》杂志,故均以民国社称之。第二步调查登记亡命客之住处及状况。""总理将亡命客调查清楚以后,大约是二年之冬? 在大森新井宿地方开办浩然军事学社,外面挂的牌子是浩然庐。在东京办一政法学校(好像借设于法政大学? 并非名法政讲习所),以培植青年党人。这是我党创设教育机关以训练党员之滥觞。""浩然军事学社只办了一班,学生百余人,如物故者胡景翼、杨益谦、熊黑士、李一球、李武、李海秋、丁联英、陆韬等,以及健在者吕超、陈铭枢、钱大钧、赵铸之、李明扬、陆初觉、华痴侠、丁士杰等都出其门,予亦忝列浩然学生之一。浩然的功课,纯为军事。讲义是全用士官学校的,教员是多数从士官学校请来,表面是秘密的。教我们日文的,是浙江殷铸夫(汝骊)先生,教筑城学者,周应时先生。""浩然军事学社以种种关系,当时由日本人中井(?)中佐出面,所以卒业证书是用和文的。"(施方白:《中华革命党时期见闻录》,黄季陆主编:《革命文献》第46辑,第551—553页)

1月8日　电话约萱野长知来,面谈约近一个小时。制袁逸①、安健、余祥辉、余祥炘、田桐、成铁生、管梅东、宋元恺、杨铭源、陈其美、丁仁杰等先后来访,参与议事。给居相州小田原宅的中西重太郎发去一函。赤坂区灵南坂町24号的议员野半介遣人送来讣告,告以未永纯一郎因患急性肺炎于12月31日在大连病故。(日本外务省档案,1914年1月9日《孙文动静》,乙秘第27号;俞辛焯、王振锁等译:《孙中山在日活动密录》,第80—81页)

1月9日　萱野长知两次来访,皆与其面谈。吉泽吉次郎、宋蔼

---

①　疑为化名。

龄、德山、李植生、戴季陶、邓文辉、陈其美、田桐、刘文锦、刘承烈、张肇基、胡立生、殷浃三、和田瑞、林虎、夏之麒、叶夏声等亦先后来访，参与交谈。戴季陶本月2日与张继一同被派往大连，在长崎遇上同志后于本日返回东京，即来访。陈其美会谈后，于晚11时从新桥站乘车前往神户。（日本外务省档案，1914年1月10日《孙文动静》，乙秘第31号；俞辛焞、王振锁等译：《孙中山在日活动密录》，第82页）

　　1月10日　夏重民、冯自由、蒋①静满、胡瑛等先后来访，参与议事。胡瑛随后往头山宅与头山、寺尾等议事。（日本外务省档案，1914年1月11日《孙文动静》，乙秘第39号；俞辛焞、王振锁等译：《孙中山在日活动密录》，第83页）

　　1月11日　梅屋庄吉、巴拉卡茨拉（印度人）、波多野春房、范光启、李绪昌、陈承志、邓铿、阮复、丁士杰等先后来访，参与议事。巴拉卡茨拉时任日本帝国大学教授，在梅屋庄吉陪同下，和波多野春房一起来访，议事约近两个小时。据梅屋庄吉称，此次把印度人巴拉卡茨拉介绍给孙中山，"是为补助一些第三次革命所需之军费。所谓在华浪人，多是穷困窘迫之士，真正对流亡者持厚意相迎者甚少，而是热衷于肥私囊。孙对此也缄口不言。总之，现在的问题，如果是袁世凯一个人，把他干掉也便万事大吉。当然，中国人也许难以做到，所以难免出现伪装的中国人（意即可能派日本浪人刺袁）"。日本警方根据梅屋庄吉的谈话，以及头山满曾对海妻猪勇彦所言及的"不久，袁有可能被暗杀"，推测"孙派有可能将刺客派往北京"。（日本外务省档案，1914年1月12日《孙文动静》，乙秘第41号；俞辛焞、王振锁等译：《孙中山在日活动密录》，第83—84页）

　　1月12日　宋蔼龄、吴忠信、安健、制袁逸、陈耀寰、杜去恨、高鹤鸣、刘德泽、陆爱群、唐文厦、王统、夏述痕、李容恢、熊仁等先后来访，参与议事；前田九二四郎来访，领取题字后离去；萱野长知来访，

---

①　疑为"蒋"姓。

未见。致信美国加利福尼亚的 Pum Fo 和澳门的 Sun Shun Pang。（日本外务省档案，1914年1月13日《孙文动静》，乙秘第50号；俞辛焞、王振锁等译：《孙中山在日活动密录》，第84—85页）

1月13日　任寿祺、杨方宪、徐忍茹、陈其美、阮复、周应时、杨烈、赵武、庄维藩、殷丕衡、萱野长知、田桐等先后来访，面谈。从丸善商店购买一批书籍，约三十余本。（日本外务省档案，1914年1月14日《孙文动静》，乙秘第56号；俞辛焞、王振锁等译：《孙中山在日活动密录》，第85页）

1月14日　宋蔼龄、陈其美来访，随后偕陈乘车至小石川区西原町二丁目24号，访问宫崎寅造，交谈约一小时。（日本外务省档案，1914年1月15日《孙文动静》，乙秘第66号；俞辛焞、王振锁等译：《孙中山在日活动密录》，第85页）

1月15日　田桐、张正、何嘉禄、周淡游、徐忍茹、丁仁杰、陈其美、山田纯三郎、菊池良一、夏述痕、陈扬镳、陈德良、辨润田、李万增、庄维屏、戴季陶、彭美光、刘铁、阮复等先后来访，参与交谈。（日本外务省档案，1914年1月16日《孙文动静》，乙秘第75号；俞辛焞、王振锁等译：《孙中山在日活动密录》，第86页）

1月16日　宋蔼龄、夏重民、冯自由、邓爱明、邓文辉、龚炼百、周应时、陈南阳、陈勇、张肇基、戴季陶、丁仁杰、冯万德等先后来访，参与议事。（日本外务省档案，1914年1月17日《孙文动静》，乙秘第82号；俞辛焞、王振锁等译：《孙中山在日活动密录》，第86页）

1月17日　宋蔼龄、林直勉、丁仁杰、黄申芗、肖萱、罗发森、杨其政、陈其美、周应时、刘铁、彭光养等先后来访，参与交谈。上午收到从夏威夷檀香山来一西文电，晚即向檀香山发去一西文电，电文内容为"可"。（日本外务省档案，1914年1月18日《孙文动静》，乙秘第88号；俞辛焞、王振锁等译：《孙中山在日活动密录》，第87页）

1月18日　周应时、邓文辉、萱野长知、戴季陶、林虎、叶夏声等先后来访，议事。此后，又电话请陈其美来议事，谈一个半小时余。夏述痕来访，请题字三十张后离去。（日本外务省档案，1914年1月19日

《孙文动静》,乙秘第 97 号;俞辛焞、王振锁等译:《孙中山在日活动密录》,第 87 页)

1月19日 宋蔼龄、林震、岑楼等来访,林、岑很快离去;随后陈其美、周淡游、徐忍茹、林虎、和田瑞等先后来访,参与议事。(日本外务省档案,1914 年 1 月 20 日《孙文动静》,乙秘第 105 号;俞辛焞、王振锁等译:《孙中山在日活动密录》,第 88 页)

△ 本月中旬以来,孙中山与陈其美密商六次,参与共同议事者尚有周应时、山田纯三郎等。陈其美是日来访亦有辞行之意,别后即与戴季陶、山田纯一郎离开东京赴大连。陈一行,从东京起程,先到神户,26 日抵大连,住大连满铁医院。陈其美等前往大连,与所谓的第三次革命有关。月初孙中山曾派张继、戴季陶等回大连,但戴于途中折返回日本。东北的革命党力量比较复杂,缺乏有力的统筹者,故多次致电陈其美,邀其赴东北主持大局。

据日方情报称,大连流亡者有三派,人数八十四名,此外还有宗社党主要成员十余名,"相互反目,但因第三次革命迫近,近来采取一致行动,与张作霖部下联合,等待解冰期,计划先在奉天城举事。满洲诸方面都有他们的人。从本地给陈其美发了电,要求戴季陶、陈其美来大连,研究有关上述计划。本月十五日,从大连乘天草丸去长崎的是刘大同。在本地革命党三派中最有势力的刘大同一派有五十人,与戴、陈、柏文蔚、季雨霖等人有很深的关系。东京方面有戴、陈通消息,南清方面多由柏、季等人通消息。他们的背后,有长崎人金子胜美专事操纵。本月十三日,金子与孙介夫(译音)一起秘密去奉天,与张作霖部下会面,视察了活动地区的地理情况。另外,听说金子等人目前正在忙于购买武器。他们都很穷困,一个叫吴瑞守(译音)的人十九日乘嘉义丸从东京带来一千元,把九百元分配给三派首领,他们若不搞第三次革命,最后就要变成土匪。大家都在等戴季陶、陈其美来大连"。(日本外务省档案,1914 年 1 月 22 日《关于报告一事》,乙秘第 124 号;俞辛焞、王振锁等译:《孙中山在日活动密录》,第 640 页)

　　陈去东北的目的何在？备受各方关注。有消息说，陈其美到大连是策划东北的第三次革命。据日本驻华公使山座园次郎给关东都督福岛安正的电报(1914 年 1 月 14 日收到)称，居留大连的沈缦云，携来相当资金，被推举为首领，并令徐小虎负责铁岭、沟邦子、凤凰城方面，令彭春亭负责军队方面，令徐宝负责对旅顺都督府做工作，令三谷末次郎运送武器，刘艺舟任临时司令部总司令，指挥锦州方面的土匪李东仇，并同关东都督府及伊藤保持联络。并与升允的部下颜兴应在大连中和栈聚会，组织"同心会"，试图通过升允和日本人的媒介共同举事。戴季陶、陈其美到大连后，企图和肃亲王派宗社党取得联系。还计划派人到新义州方面，趁结冰期占领安东县。并把活动范围扩大到朝鲜内地，在镇南浦、平壤和白马方面储备武器，待机而动。他们"将于今春举事，一从辽阳夺取锦州，一从辽西袭击奉天，以便作为其根据地"。(日本外务省档案，1914 年 1 月 14 日《山座公使致福岛都督》；俞辛焞、王振锁等译：《孙中山在日活动密录》，第 638 页)长崎知事李家隆介致外务大臣牧野伸显的报告也提到，居于大连之刘大同一派与流亡日本的革命党人相联系，计划在近期内举行第三次革命。"将以大连为据点，在奉天附近举起革命大旗。同时在各省起义，一齐压向袁政府。"(日本外务省档案，1914 年 1 月 16 日《长崎县知事李家隆介致外务大臣男爵牧野伸显阁下》，高秘牧收第 153 号；俞辛焞、王振锁等译：《孙中山在日活动密录》，第 639 页)

　　但是，也有情报分析指出，陈其美去大连的主要目的并非策划革命行动，而是去了解东北的革命形势。1 月 27 日大连民政署田中报告称，据同行的山田纯太郎透露，陈等此番来大连的目的是，"因住在当地的革命党员，去年以来，都一直过着放浪的生活，最近不少人衣食无着，且频频敦促陈等来连，故来慰问他们并视察这里的情况。一行在当地的逗留时间，预定约三周"。虽有人推测，陈此番来大连，是为在满洲方面制定举事计划，不过，关于第三次革命计划，陈等并不认为时机已到，似要待到制定出南北相呼应的计划时，再开始着手进行。山田还说,孙中山也是持这样的方针:"在南方的广东、云南、广西等省尚未备足实力之际,满洲暂不着手进行。如目前在满洲轻率举事,反而造成不利局面,并有给日本带来麻烦之虞,故切忌轻举妄动,待时机到来后再断然实行之。正按此方针制定计划。"而且,这次陈带来慰问党员的经费,也是由孙中山筹措的,"孙割断了与中国兴业株式会社之关系,这次由日本方面斡旋,将其七万日元股金中的四万日元作为现金取出。陈带来这批钱的一部分。因为这四万元必须分发给分散在各地的党员,所以据说这次带来大连的只是一小部分(估计五六千日元)"。(日本外务省档案,1914 年 1 月 27 日《关于陈其美等的言行之事》,民高警秘收第 609 号;俞辛焞、王振锁等译:《孙中山在日活动密录》,第 662 页)

2 月 2 日,戴季陶代陈其美向大连日方官员做出解释,也称陈此行与所谓的第三次革命无关:"我们这次来大连,是因本地及奉天方面,有许多同志衣食困窘,故在去年底,频频致函在东京的首领,要求救济。我们是为视察其情况而来大连的。在东京的首领,目前自己的生计也不如意,在此情况下,本无力救济在各地的同志,但如若对其放任不顾,也于情谊上所不忍,故来慰问之。另则也要视察一下实际情况。同时,住在当地若狭町的沈缦云、陈其美和我多少有些亲戚关系。据说该人最近要去南洋方面,故有必要先同本人见一次面,因此这次来连,预计要住两三周。"同时,指出其时并非革命时机,"关于第三次革命,世间有种种传说,但在目前情况下,还不是时机,而且尚无革命所需之充足军费。况且,继第一次革命之后,又有第二次革命之乱,敝国国民因此而疲惫不堪,如今也尚须养息民力"。"我们同志原本并非憎恨袁,而是爱国家,才不得不发动革命战争。如今我们想发动第三次革命并非不可能,但从国家百年安泰计,如上所述,首先要养息民力。而且在第二次革命战争创伤未愈之际,如若举事,只会徒然使民力枯竭,乃国家之不为,我同志决不做此轻举妄动。特别是,在我们同志中,南方人多于北方人,若在北方即东三省方面举事,不如在南方举事更容易,南方曾在我同志指挥之下,约有兵员五至十万人,只是现在的指挥者不是我同志。"(日本外务省档案,1914年2月4日《关于陈其美一行之言行》,民高警秘收第752号;俞辛焞、王振锁等译:《孙中山在日活动密录》,第664—665页)

据沈缦云透露,陈因患肺病,在东京期间虽有治疗,但不见好转,故孙中山劝其一面视察满洲情况,一面专心养病,于是匆忙决定来大连。然而,据陈同他人所谈,他并非同孙中山商议后来满洲的,而是得知大连有许多同志生活发生困难的情报后决定的。自己是初次来大连,顺便视察一下情况,研究救济同志的办法。陈其美等行抵大连,在东北引起很大反响。据称,陈到大连的消息传开后,各地革命党及宗社党员都前来会见,沈缦云在陈等到达后的第二天即来访,"即使与现政府持不同意见的人,也都偷偷来见。几日内,本地党员首领层几乎都已会见过,甚至皮子窝盐务局总办也来面谈。另外,据传各地土匪头目也将陆续来连"。由于"陈肺病颇重,左肺已全部腐蚀。从来连后第二天起,每天上午治病,下午接待来访者,但由于受病痛折磨,看样子很疲倦"。日本情报称,"从其言行方面推察,似不象本人所言只是养病或单纯视察,但目前亦不会突然起事。估计在本地逗留期间,与各地同志取得联系,回东京后与孙文等商议,然后制定具体计划"。(日本外务省档案,1914年1月31日《关于陈其美行动之事》,民高警秘收第651号[之一];俞辛焞、王振锁等译:《孙中山在日活动密录》,第663页)

在当时革命形势相对特殊的背景下,革命党人不敢贸然公开革命的目的,包括陈本人否认此行与孙中山有关,更似一种策略上的考虑。陈其美在赴大连途中曾致函陈果夫,称:"今密往大连,审度情形,以期有为,究竟能否进行,尚难必也。"抵达大连后,陈又连续写信给东京的周淡游,27日函中告以"今日会见此间各要人,鲁事均系待有余款再议进行,现惟有计议筹款方法,仍以有无款可筹为进行与否之解决也";28日函中提出目前"仍以筹款为着手小法,现已计划进行,且俟第一着之成绩如何再定后路也。开办费尚不敷,除请中山先生拨济外,已专函介石迫老夫子速履行前约之数,以济眉急也"。2月4日又函告周,大连谋讨袁受挫,"此间事外交干涉日紧,前者所称可以商致之。关东都督已受袁氏笼络矣,不但拒不见面,且已命其部属将下逐客令矣,看来难望有为也,奈何"。2月10日,陈其美接到孙中山密电,"嘱暂缓图",15日即动身回东京。(黄季陆主编:《革命文献》第48辑,第2—4页)

陈其美此次活动,对东北地区革命运动的发展有积极影响,"癸丑那一年,在东北从事革命运动团体,不下三十个,除一二团体由黄克强先生委派人员主持外,其余全由陈英士先生委人主持。英士先生是东北革命运动的最高负责人。他所发委任状,署名陈其美,副署人为戴天仇"。(转引自徐咏平:《民国陈英士先生其美年谱》,第360页)陈之行动,也得到了孙中山认可和支持,"乃计策于孙公,以为辛亥癸丑二役,以不能直薄首都,故亡以摧敌之根株,彼且得间暇以谋我,不投其间隙,兼从事于东北诸省,而专务东南,力难而亡功。三年春一月,遂与戴季陶至大连,以交结东北诸省豪杰,众皆踊跃,世凯大惧,谍四出,多方扰之,重困之以外力,公志卒不行"。(邵元冲:《陈英士先生行状》,黄季陆主编:《革命文献》第46辑,第133页)

1月20日 余祥辉、刘祖章、范光启、夏述痕、冯万德、岑楼、丁仁杰等先后来访,共同商议事宜。给横滨市山下町131号华侨俱乐部的黄伯群发去一函;收到居住在赤坂区葵町3号的前美国联合通信社社员约翰逊·拉塞尔·肯尼迪的来函。(日本外务省档案,1914年1月21日《孙文动静》,乙秘第118号;俞辛焞、王振锁等译:《孙中山在日活动密录》,第88页)

△ 是日,日本警视厅编撰一份《在本邦亡命支那人名簿》,列举了包括孙中山在内的四十余人的姓名、化名、前职、住址等信息。名单如下:黄兴、孙逸仙、胡汉民(林理、仲恺,广东都督)、张继(姜白,参议院长)、李烈钧(吉田清风,江西都督)、柏文蔚(朱华斌,安徽都督)、

胡瑛（参议院议员）、谭人凤（林泉逸，川汉铁道督办）、熊克武（陈颐丰，四川省师长）、钮永建（林耕、林天心，吴淞炮台司令）、周震鳞（周为在，参议院议员）、居正（刘子静，参议院议员）、田桐（田子勤，参议院议员）、刘英（众议院议员）、杨时洁（众议院议员）、白逾桓（众议院议员）、耿鹤生（九江镇守使）、唐蟒（湖南省师长）、何成濬（魏洁吾，江苏讨袁军秘书）、黄恺元（田中龙，江苏讨袁军参谋长）、林虎（柳家汉，江西省旅长）、金佐之（关振声，南京都督府参谋）、方声涛（高桥诚一、富永菊夫，江西省旅长）、何子奇（田中吉八，江西省旅长）、陈其美（上海讨袁军司令）、何海鸣（郭涛、河合正雄，南京讨袁军司令）、李平书（江苏民政总长）、季雨霖（高永丞，湖北省师长）、李书城（关达，江苏讨袁军谘议官）、戴天仇（岛田正一，孙文秘书）、何天炯（林桃芳）、王孝缜（石田福二，南京第十六旅旅长）、熊仁（熊博云，民权报记者）、管鹏、刘廷汉（陈禅民，吴淞炮台副司令）、宋嘉树（孙文秘书）、陆惠生、詹大悲、王宪章（南京讨袁军何海鸣参谋长）、俞应麓（江西省军务司长）、张尧卿（王华三，据传担任过江苏都督）、陈强（陈守愚、陈乐天，湖南省军务司次长）、彭程万（江西省代理民政长）、沈缦云、刘艺舟、魏斯（江西省财政司长）。（李吉奎：《孙中山与日本》，第 383 页）

　　△　是日，陈其美于赴大连途中致函周淡游、徐忍茹等，表露急迫心情，信中告知已抵神户，但发现最早开往大连的船是 23 日上午 10 时，"不得不待三天，心焉焦急，无可如何"。（黄季陆主编：《革命文献》第 48 辑，第 1 页）

　　1 月 21 日　宋蔼龄、松方幸次郎、张肇基、何嘉禄、周淡游、夏述痕、宣禹阶、殷汝骊、青柳胜敏、殷文海、黄攻素、肖萱、阮复、岑楼等先后来访，参与交谈。其中，与松方幸次郎面谈约一小时许。

　　松方幸次郎（1865—1950），鹿儿岛县人，实业家，曾留学美、法。回国后从事新闻事业。1896 年任神户川崎造船所所长。自 1936 年起连任四届众议院议员，并任神户煤气公司和北九州岛电气铁路公司经理。（日本外务省档案，1914 年 1 月 22 日《孙文动静》，乙秘第 125 号；俞

辛焯、王振锁等译:《孙中山在日活动密录》,第88—89页)

1月22日 宋蔼龄、萱野长知、山科多久马、陈扬镳、黄伯群(两次)、葛庞、方兴汉、李劲、约翰逊·拉塞尔·肯尼迪、何秉璋、黄申芗、岑楼、肖萱等先后来访,议事。晚,给神田基督教青年会的宋蔼龄发去密码电报。(日本外务省档案,1914年1月23日《孙文动静》,乙秘第135号;俞辛焯、王振锁等译:《孙中山在日活动密录》,第89—90页)

△ 是日,住长崎的柏文蔚同野中右一去鹿儿岛旅行,革命党人在长崎聚会的谣言破灭。

外间一度流传革命党人将在长崎开会讨论第三次革命问题,引起日本警方的高度紧张。不过,日本警方很快调查发现,实是一个谣传:"非但看不到聚会之迹象,而且全体流亡者都认为是袁派捏造的谣言,对此付之一笑。"长崎县知事李家隆介给内务大臣原敬的报告也说,关于第三次革命,流亡当地的革命党主要人物季雨霖、白逾桓、俞泳瞻、黄慎修、张尧卿等之间也存在分歧。季、白、俞、黄等人本想以残兵再图举事,"但目前多数流亡者连每日的衣食都感困难。自各国承认民国以来,袁政府对上海戒备森严。在日本,武器之类筹备不好,这是流亡者们最感焦虑的。尤其军用资金的准备完全没有着落,若仓促举事,实为卤莽之极。虽然袁世凯的压迫近来已达极点,但五百万国民党员中能认识到这一点的还不多。正因为如此,莫如再放任袁发展下去,及至使下层人民也深感其压迫之苦,唤起万民觉醒之时再图举事,则不用流许多血即可改革。现在,即使有资金、有兵力,要举事也要有大半国民党员有肯于牺牲的精神准备。如今一个兵乱接着一个兵乱,对苦于兵变的中国人民,今日骤然举事,实在有所不忍。因此,各流亡同辈只能隐忍持久,等待时机"。

张尧卿则"持有激进意见",强调革命的必要性。张在23日笔谈中称:"孙、黄及弟革命数十年,抛若干头颅流许多血,造成中华民国,袁氏一旦拥有总统资格,杀戮志士解散国会,捕缉党人不留余地,安得不革命乎?""吾辈之革命原为国家强弱问题,如袁氏行政果善,即拱手让他为大总统亦无不可。袁氏倒行逆施，种种作为不离满政府积习，所以不得不革命，以求改良，国家进步。"对革命亦充满信心，称"吾人之革命，有精神有毅力，百折不回，自有成功之一日"。"袁氏巧诈妄为，自有失败之日，况吾辈日日在进行中，处处有谋动之人，安得袁氏不速亡乎？""何时成功虽不可必然，视吾辈之精神与构造何如耳。""大借款未告成，袁氏困难之极，吾人特乘此时袭击之。"

但是日方情报也指出，流亡日本的革命党组织上似乎没有出现分裂的迹象，皆认为革命需要统一的指挥。当问及在长崎集会一事时，张尧卿也回答说："革命中之主脑多在东京，此间仅柏君与弟，万无在此会议之必要。"还说："凡有革命思想者即各负有一种责任，不必会议自表同意，只要主体者秘密计划，授之党人，自从各方面进行，所以无会议之必要也。"

所以，日本警方认为，"近日谣言在长崎开会，实无其事"。"他们关于革命的意见，虽多少有所不同，但长崎集会的传说，都认为没有根据，在这一点上是一致的。尤其是白逾桓虽然一月二十一日从东京回来，但并没有和较亲近的柏文蔚会面的迹象，似乎全然不知道柏去鹿儿岛旅行。同时，在他们的言行方面，也看不出有开会的苗头，也没有发现为集会斡旋的中村某人。"日本警方还根据国内革命党人活动情况分析，聚会谣言可能是袁世凯一派的阴谋手段，"上海的符节，企图发动第三次革命，以失败告终。这给前面提到的流亡者造成混乱。俞泳瞻甚至说不知其事，而季、白、张等人似乎知道此事实。尤其是张，当问到谁代表孙前往上海时，他回答说是朱卓文。事实是，十二月三十日在上海召开的会议上有袁的侦探，所以归于失败。现在在中国内地，对怀疑有革命思想的人，袁的侦探则教唆其起事，然后捕而斩之。如果说这是袁派的拿手好戏，那么，诸如长崎聚会的谣传，恐怕也可以说是出自袁派谋计的流言了"。（日本外务省档案，1914年1月24日《关于调查中国流亡者革命意向及集会之事》，高警秘发第

284 号;俞辛焞、王振锁等译:《孙中山在日活动密录》,第 706－708 页)

1 月 23 日 萱野长知来访,一同外出,中途路过萱野所办的中华民国通信社(芝区琴平町 2 号)到麴町区内幸町的萱野宅,逗留三十分钟后离去。随后到神田区淡路町风云堂,购买了数件医疗器械后返回。给宋蔼龄发电报,宋来访。随后李剑尘、陆爱群、安健、刘佐成、张肇基、周况、陈以义、周淡游、徐忍茹、熊秉坤、岑楼陆续来访,议事。蔡锐霆来访时,恰外出未遇。刘佐成于上年 10 月 1 日自称刘鹰公(化名酒井正夫)曾至东京访晤过,同年 11 月 17 日离东京至上海,于本日又折回东京。刘报告称,上年 10 月 12 日到东京后又归国的詹大悲在上海被逮捕。自己也到达上海,但因戒备森严,不能进北京,因而再次东渡。(日本外务省档案,1914 年 1 月 24 日《孙文动静》,乙秘第 148 号;俞辛焞、王振锁等译:《孙中山在日活动密录》,第 90 页)

1 月 24 日 魏调元、刘寿明、蔡锐霆、范光启、龚振鹏、钱家祥、周应时、陈承志、欧阳华、罗士杰、田桐等先后来访,议事。致函大连近江町 4 区 10 号的张光龄、伍在伍二人。(日本外务省档案,1914 年 1 月 25 日《孙文动静》,乙秘第 162 号;俞辛焞、王振锁等译:《孙中山在日活动密录》,第 91 页)

1 月 25 日 陈扬镳、刘佐成、周淡游、殷汝骊、丁仁杰、肖萱等来访,参与议事。(日本外务省档案,1914 年 1 月 26 日《孙文动静》,乙秘第 166 号;俞辛焞、王振锁等译:《孙中山在日活动密录》,第 91 页)

△ 是日,柏文蔚发表了对革命的看法。

据称,柏文蔚声言:"目前袁派势力处于旺盛时期,以流亡者微薄之力,岂能抗衡?不观察大势则图举事,实为愚蠢之极。目前在中国国内,激进派中也有人往往以自己的势力图谋起事,但多数流亡日本的人,以孙、黄等人为首,则毫不首肯。诸如亡命者长崎集会之谣传,纯出自袁政府谋计之谣言,住在长崎的亡命者既无此行动,也没有得到谁的关于聚会的情报。"

日方情报分析指出,柏对革命的意见与孙中山的看法相近,不认同当时中国已具备再次革命的条件,虽然上海的志士多次催促苏州行动计划,但孙、黄、柏等人都谈论过还不到时机,未加重视。上年12月中,柏去东京时,曾会见孙、黄、李(烈钧)等人,也约定不急于从事,并告知上海志士。在苏州,已有四十余人被捕,其中十二名处斩,孙、黄、柏都不知道。情报还称,李烈钧的南洋之行,是想设法避免激进派诱促革命之举。流亡日本的大部分人都认为,不要在近期内举起革命大旗,要暂时在日本接受日本的保护,直至看到袁政府出现衰微之兆。朱卓文作为孙中山的代表去上海,"恐非事实,据说朱一直在上海,未曾来过日本"。(日本外务省档案,1914年1月24日《关于流亡中国人之集会谣传及革命意向一事》,高警秘收第248号[之二];俞辛焞、王振锁等译:《孙中山在日活动密录》,第709—710页)

1月26日　宋蔼龄、张肇基、陈中孚、夏树棠、阮复、岑楼、黄伯群等先后来访,参与议事。林虎来访,与其在另室密谈,电话邀萱野长知,萱野因病未来。(日本外务省档案,1914年1月27日《孙文动静》,乙秘第181号;俞辛焞、王振锁等译:《孙中山在日活动密录》,第91—92页)

△　致电宋蔼龄,请其次日早上来,称有重要信件给她。(郝盛潮主编,王耿雄等编:《孙中山集外集补编》,第147页)

是日,陈其美致函周淡游等告以抵达大连,住满铁医院,"在途稍有感冒,且胃肠病,时病正可藉此医治全愈也"。同时告知:"此间事尚未会见要人,未知真实,一切待明日会晤诸君后再行详告也。"(《陈其美致周淡游等告抵大连函》,黄季陆主编:《革命文献》第48辑,第2页)

1月27日　宋蔼龄、刘梅卿、张炳、夏重民、陈耿夫、周淡游、何嘉禄、叶夏声、殷汝骊、丁仁杰、黄伯群等先后来访,参与交谈;下午菊池良一来访时,与其在另室面谈;晚上,陈德良、赵经之、李万增等来访,偕丁仁杰在另室会见。给神田的宋蔼龄发去一西文电;又分别向神田的中华青年会馆和居芝区白今里町加藤宅的林阴清各发一函。(日本外务省档案,1914年1月28日《孙文动静》,乙秘第197号;俞辛焞、王振锁等译:《孙中山在日活动密录》,第92—93页)

是日,陈其美致函周淡游等,告以在大连的情形:"今日会见此间各要人,鲁事均系待有余款再议进行,现惟有计议筹款方法,仍以有无款可筹为进行与否之解决也。"(《陈其美致周淡游等告在大连情形函》,黄季陆主编:《革命文献》第48辑,第3页)

1月28日　范文启、林虎、陈耿夫、胡邱鄂、丁仁杰、刘梅卿、张炳、夏重民、田桐等先后来访,参与交谈。(日本外务省档案,1914年1月29日《孙文动静》,乙秘第214号;俞辛焞、王振锁等译:《孙中山在日活动密录》,第93页)以电报请龚振鹏和孙万乘来东京议事,龚偕吴伯奎、戴暮吾等人,于下午从神户乘车抵达东京。龚振鹏原在安徽任旅长,二次革命失败后流亡日本,寓神户。(日本外务省档案,1914年1月31日《孙文动静》,乙秘第248号;俞辛焞、王振锁等译:《孙中山在日活动密录》,第94页)

是日,陈其美致函周淡游等,因筹款接济事,嘱其时往孙中山处接洽。函称:"今日与诸同人研究,仍以筹款为着手办法。现已计划进行,且俟第一着之成绩如何再定后路也。开办费尚不敷,除请中山先生拨济外,已专函介石迫老夫子速履行前约之数,以济眉急也……中山先生处,亦望时往接洽是要。"(《陈其美致周淡游等请筹款接济函》,黄季陆主编:《革命文献》第48辑,第3页)

1月29日　廖国仁(两次)、宋蔼龄、谢崧、周淡游、刘梅卿、张炳、夏重民、殷汝骊、叶夏声、肖萱等来访。(日本外务省档案,1914年1月30日《孙文动静》,乙秘第232号;俞辛焞、王振锁等译:《孙中山在日活动密录》,第93页)

1月30日　宋蔼龄、陈养初、徐苏中、贺治寰、黄申芗、丁士杰、叶夏声、范质方、周淡游、龚振鹏、殷绍乘、范文启、丁仁杰、田桐、毕少三、管署东等先后来访,面谈。晚上,和田瑞应电话之请来访,密谈约一小时。下午,经赤坂的葵邮局,向大连满铁的山田发去一电报。(日本外务省档案,1914年1月31日《孙文动静》,乙秘第248号;俞辛焞、王振锁等译:《孙中山在日活动密录》,第94页)

△　是日,国内有报纸说,陈炯明"所组织之革命暗杀团,有潜踪

窜入粤甘各省之行迹"。(《暗杀团潜入粤甘各省》,《盛京时报》1914年1月30日,"香港专电")国内舆论不断传出革命党人活动的消息。

1月31日　宋蔼龄、张非望、陈中孚、陈养初、叶夏声、田桐、管署东等先后来访,面谈。晚上与和田瑞电话交谈。(日本外务省档案,1914年2月1日《孙文动静》,乙秘第265号;俞辛焞、王振锁等译:《孙中山在日活动密录》,第95页)

是月　有人披露了所谓的孙中山对日本政府的不满及部分革命计划。

据称,孙中山并非因信赖饭野吉三郎而接近他。饭野是精神团的主宰者,且在陆军部内之要害部门有知己,故孙中山想利用此种关系得到武器。然而孙中山未能得到购置军械之资金,饭野也未积极活动,故与饭野分手,退回当初交换之誓约书。

孙中山虽然准备举行第三次革命,但资金不仰仗外国,不过,在南洋的爪哇、苏门答腊地区有个革命俱乐部,与其有联系。在万不得已的情况下,可以让该俱乐部的成员出资金,但此次似未出资。

在中国的"浪人"并不支持此次之计划,孙中山也意识到那伙"浪人"不足信,故不向其披露秘密。前几天,宫崎滔天似乎对孙中山做过什么没有信用之事,由此,孙中山不但怀疑日本人,而且非常抱怨日本政府,说政府以保护为名,利用警察对亡命者一行加以束缚,所以离开日本那天,要深加注意,摆脱警官的视线,秘密离去。

中国革命的好时机是在秋收时或阴历十二月前后。"目前中国十八省的秘密结社,暗地里都热切希望革命,其中大约有五个地方最为热心,充满着紧张的革命气氛。"李烈钧拟先去,选定最适当地点,然后把孙中山秘密叫去。孙中山一旦到达,宛如拿破仑到来之势,兵力物力都要充实。"正在制订这样一个计划。"

还提到:"黄兴最厌恶中国革命派,对此次举动也不太协助。黄兴自己也意识到,若自己亲自回国,反而难免给革命派带来危难,故似乎无意回国。"(日本外务省档案,《孙的秘书某人之谈》,此件无档案号,亦

无日期,置于 1914 年 1 月中旬内;俞辛焞、王振锁等译:《孙中山在日活动密录》,第 608—609 页)

　　△　冯自由奉命赴美活动。

　　据冯记述:"民三年一月,余亦从香港至横滨,转轮渡美,所持为洪门机关之旧金山大同日报主笔护照,盖余辛亥年冬自美归国时尝向美移民局领取回头护照也。各〔余〕抵东时在子超先生去后二十余日,总理亦命余重写誓约,余欣然从之。余盖为中华革命党员渡美之第三人也。"(冯自由:《革命逸史》第 3 集,第 368—369 页)

2 月

　　2月1日　杜去恨、李枝荣、周淡游、丁仁杰等来访,议事;萱野长知、小川平吉来访,议事,并请题字。吉田忠真、山崎某二人来访,也请题字。下午,给大连的山田纯三郎发去电报。(日本外务省档案,1914 年 2 月 2 日《孙文动静》,乙秘第 311 号;俞辛焞、王振锁等译:《孙中山在日活动密录》,第 95—96 页)

　　△　是日,陈中孚提出《东省民党计划意见书》,详细阐述在东北发动革命的条件、方案及步骤等。

　　在革命地点的选择方面,《意见书》提出,重要地点"首推南满铁路沿线,次系东清铁路枝路及自哈尔滨东折即东清干路之一部分也。就中最重要之地点乃大连、安东、奉天、营口、长春、哈尔滨、海参崴等处"。就革命发动而言,"以吉林、珲春、延吉、东山、南山及奉天之临江、辑安、通化为首先占领区域。因此处一带均与朝鲜隔一江之水,未占领以前于召集准备时,皆可利用对岸朝鲜地面,且珲春地方中日俄三国交界,日有一旅,俄驻一师,独中国以二百兵力为国防,即足见现政府轻视国防之一斑也"。就革命响应而言,吉林省内"长春、伊通、吉林省城附近为流动区域,先行起动游击,以为牵制孟恩远军队不调往东南,而珲春、延吉一带可以举手而得";奉天省内"安东方面为流动区域,先行起动游击,以牵制马龙潭军队不往鸭绿江上游;复盖辽一带为流动区域,牵制张作霖军队不往东北;辽西一带为流动区域,牵制冯麟阁军队不往奉省开拔。各处诸队先行发动,而东辽之袁军兵力必往他调。我民军乘时由吉奉两省同时而起,使袁军首尾不得兼顾也"。

在召集力量方面,指出:"东省豪客遍地充斥,虽平日散沙无统一之机关,然慓悍分子各处潜在,是以结合联络尚易,如能利用得当,必为我民军立大功,而臂助奠定山河。"但胡匪"性质彪悍,操纵尤非易易。素日未受教育,骗诈之心难去……操纵方法不止一道,须临机应变,但将头目之家族交民党监视,名为保护实则为质。使等无生携贰之心,送于安全地点,彼此均免意外内讧之虑。对于众分子之操纵,又须种种方面相济。幸而分子之习惯,素日服从头目之命令,所服从之情由,尽在该头目之感情,及有子弹之接济而已。民党此次利用彼等,须示子弹之丰富为第一要着,以壮其气而使其奋斗激战,利用其平日不畏死之特点也"。

在枪械准备方面,指出:"东省胡匪所有之器械悉属民家之者,惟子弹较少。此次至准备至少二十万粒以上,否则不敷分用。东省现有之枪械,俄国枪百之八十,日本三十年式及二十二年式二百三十,德国枪及杂枪共百之十。购买子弹地点海参崴、哈尔滨、长春、大连等处为便利。"特别指出需要准备机关枪等,"目下东省之军队有机关枪及小炮队者甚多,非小枪可以制胜,平日胡匪不能持久与官兵战斗者,盖器械不精之原因也。故民党发动以前,务须预备机关枪十枝,否则占领之后恐难保守。况胡匪一闻我军带有机关枪者,应募尤为踊跃也"。

在筹款方面,指出:"民军发动以前当地无款可筹,惟现有吉林南山煤矿一处,系友人杨君所有,中渡东之先曾向南满铁路公司再磋商,欲将开矿权与该公司经营。目下将前往测量,但山主非我民党同志，莫若我民党先筹资斧，向山主订买开矿权利，然后向铁路转订，其中必能筹出一大宗巨款，以充军资。"此外，"尚有两矿，皆已测量，均在奉省南满沿线附近……该两矿之运命早晚难脱外人掌握，莫若我民党筹资，先向山主购来而再向铁路公司转订，可以要求巨款。不惟不失合办之权，而拓开财源，又必得一宗实款。况将来召集人员作准备地点，运输军火借重在在。东省南满铁路公司实力甚大，既系日政府之经营，政府必为后盾。我民党除避与大局无关碍之范围，可以将矿务事业为积极联络之资。料将来必得该政府之同情，而我民党在东省行动必收多多之效果矣"。占领之后，鉴于"军需活〔浩〕大，筹款虽准备容易，然手段如过于强迫勒捐等情，恐离心离德，非民党之初意。但如无大宗巨款，难安军心，终不能持久"，建议"将占领地点之统税一部分，暂时抵押该地巨商，令商会负责出名订约，抵押之后，准商会派员监收，并加民国政府之委任。所收捐款悉属商会保存，终赎还。我民军先得一宗巨款以应军需。如此办理虽稍有强迫，统系双方合意，较之勒捐等情，似尚不失民间之信仰，且民军之威望复可保全，如藉此联络地方上之感情，保守尤期坚固。东省人稀地多，收获丰富，愿捐助粮米之家幸为不乏，以公债票抵押得之尚易"。（陈中孚：《东省民党计划意见书》，[日]久保田文次编：《萱野長知・孫文関係史料集》，第598—602页）

其时，《盛京时报》报道，北洋政府陆军部密电东北当局着力防范陈其美、柏文蔚等革命党人。据称，陆军部密电云："据密探报告，陈其美、柏文蔚现在满洲境内，招募胡匪，举首先发难，占据东三省、内蒙各地，而湖南、湖北、河南、江西等处，亦由黄兴、李烈钧、白狼等同时响应，希图三次革命，糜烂大举。请即派员严密查拿，妥为防范。"（《严拿乱党》，《盛京时报》1914年1月31日，"东三省新闻"）

2月2日　宋蔼龄、高桥雄之助（刘佐成）、萱野长知、刘铁、伍在伍、李剑尘、吴鑫、何嘉禄、叶夏声、田桐、周淡游、徐忍茹、黄申芗、胡昂、陈维藩等来访，参与交谈。是晚，给满铁某人发去一西文电。（日

本外务省档案,1914年2月3日《孙文动静》,乙秘第292号;俞辛焞、王振锁等译:《孙中山在日活动密录》,第96页)

2月3日　李颈、方华兴、蔡锐霆、周淡游、范贤方、徐忍茹、廖仲恺、和田瑞、林虎、张肇基、夏重民、刘梅卿、陈扬镳、叶夏声、丁仁杰等先后来访,议事。接到戴季陶从大连的来信,与林虎、周淡游商量后给在大连的山田纯三郎发出一西文电。(日本外务省档案,1914年2月4日《孙文动静》,乙秘第310号;俞辛焞、王振锁等译:《孙中山在日活动密录》,第97页)

2月4日　周淡游、龚炼百、唐支厦、周忍茹、叶夏声、丁仁杰、黄仲德、田桐、阮复等先后来访,议事。王统一派一位三十岁左右的日本妇女来访,并递交一函,与之面谈。黄仲德来访时提醒日方派来保护的警察说,"近来从上海方面来有可疑者,我们同志非常忧虑中山先生的安全,希望充分注意和保护"。晚上,李万增、赵经三、孙文银来访,借病未见。(日本外务省档案,1914年2月5日《孙文动静》,乙秘第327号;俞辛焞、王振锁等译:《孙中山在日活动密录》,第97－98页)

△　致函南洋同志,告以组党事,并寄望经费支持。

函称:"自去秋来居三岛,每想国势之颠危,民生之困顿,共和之前途,辄不能忘情于党事。加以亡命此间,诸同志意见不齐,缺乏统一,故不揣绵力,出而肩任。刻已成立干部,各路进行,同志之勇往,团体之固结,远胜前此同盟会之组织。且此次同志皆一德一心,服从弟之命令,尤非昔比。""刻正编刊方略,不日脱稿,一俟出版,即行寄上。其如何扩充展布,尚须仰仗宏力。""此间同志流离失所者尚多,衣食且不给,而彼辈心志坚锐,前途有望,倘荷诸公将款拨助接济,尤感高谊,未悉以为如何?"(《致南洋同志函》,《孙中山全集》第3卷,第79－80页)

△　是日,袁世凯通令各省,谓革命党人在上海暗设新同盟会机关,要求严行禁止,"一经拿获,立即就地严惩"。并于命令中大肆诬蔑谩骂孙中山、黄兴等革命党人,称:"孙文、黄兴、李烈钧等前在赣宁

作乱,事败潜逃,公私扰害,不知凡几,迄今思之,人人痛恨。乃复遍派党羽,潜赴滇边,散布新同盟会牌记,勾结煽乱,以会匪之行径,肆鬼蜮之阴谋,荼毒生灵,蹂躏城邑,处心积虑,不恤为虎作伥,倾覆邦国,以逞其攫夺权利之私,种种图骗行为,间有地方无赖与夫青年无识之军警,为其所欺。究之顺逆昭彰,祸福指顾,在倡乱者孽由自作,罪无可矜。而附逆之徒,一堕彀中,乃亦不惜性命,不顾身家,可为叹惜。矧夫匪踪所至,陵践无遗,商民何辜,同遭惨劫,颠连困苦,尤可痛心。追维造祸之原,宜懔前车之戒。访闻该乱党在上海等处有暗设新同盟会机关,恐其秘密勾煽,不止滇省一处。着各省都督民政长护军使镇守使通饬所属,严行侦缉,如有乱党私立新同盟会名目,散布牌记,一经拿获,立即就地严惩。军民人等收受乱党牌记,一并按照军法惩办,以肃法纪而遏乱萌。"(《二月四日大总统命令》,《申报》1914年2月7日,"命令")

　　2月5日　马应勋、葛庞、叶夏声、周淡游、夏述痕、田桐、居正、毕少三、夏重民、杜旌等来访,面谈议事。随后,宋耀如来访,随之一起至神田区仲猿乐町宋宅,晚8时30分离开回寓。是日上午,给大连儿玉某发去一西文密电。(日本外务省档案,1914年2月6日《孙文动静》,乙秘第346号;俞辛焞、王振锁等译:《孙中山在日活动密录》,第98页)

　　2月6日　任寿祺、陈中孚、张肇基、叶夏声、蔡锐霆、安健、周淡游、容挺、夏重民、丁仁杰等来访,议事。李万增、孙文银、庄维屏三人来访时,谢绝会见,告以如有要事相告,可去见丁仁杰或肖萱。下午,和田瑞来电话,叶夏声与之通话,告知:"孙先生忘了银行之事,希望和兴业银行的代表见面。现在上海来电,急用一千日元,请您(和田)先带去。"(日本外务省档案,1914年2月7日《孙文动静》,乙秘第365号;俞辛焞、王振锁等译:《孙中山在日活动密录》,第98—99页)

　　△　致函邓泽如,请代为解决外甥程炳坤谋生求职之事。函称,程炳坤在新加坡"谋生无术,欲文为之设法安身。惟文向以许身于国,拙为个人之谋,又向少与之见面,究不知其人品格才技如何,故无

法为之设法,特转求兄为我一查其为人如何(问香安燕梳公司,便知其住址),如属安分,有可培植,望为推爱,为之觅一事以谋生,则感同身受矣"。(《致邓泽如函》,《孙中山全集》第3卷,第80—81页)

2月7日　叶夏声、周太极、夏重民、李兆龙、邓世玲、李及、孙锄云、周淡游、林虎等先后到访,参与交谈。(日本外务省档案,1914年2月8日《孙文动静》,乙秘第388号;俞辛焞、王振锁等译:《孙中山在日活动密录》,第99页)

2月8日　岑楼、田桐先后来访,议事。致函神田区北神保町中华青年会馆;收到宋耀如来函及来自上海的一西文电。(日本外务省档案,1914年2月9日《孙文动静》,乙秘第404号;俞辛焞、王振锁等译:《孙中山在日活动密录》,第100页)

2月9日　田桐、刘铁、周淡游、叶夏声等先后来访,参与交谈。(日本外务省档案,1914年2月10日《孙文动静》,乙秘第423号;俞辛焞、王振锁等译:《孙中山在日活动密录》,第100页)

△　革命党人创设之政法学校开学。

据称,学校设于东京神田区锦町三丁目10号,出面经营者是法学博士寺尾亨,得到孙中山、黄兴和李烈钧的背后支持,尤与黄兴关系最深,其开办经费则为李烈钧来日时所携带的十余万元;有学生一百八十人,每月交学费六元,不足之数,由黄兴等人补助;只收中国留学生,主要是中国流亡者和其子弟;教育方针是通过教授政治经济法律学,培养政法知识,修业年限为三年。(日本外务省档案,1914年4月17日《关于调查为中国留学生教育而成立的私立学校之事的答复》,警秘第234号;俞辛焞、王振锁等译:《孙中山在日活动密录》,第612—613页)

该校的创设与孙中山的支持分不开。据黄一欧《护国运动见闻杂忆》称,东京政法学校,是孙中山和黄兴商议请日本法学家寺尾博士出面组织的,并得到犬养毅、头山满、宫崎寅藏等人赞助。开学之日,孙中山亲临主持,黄兴也到场参加,并与李烈钧负责筹措了学校经费。(毛注青编:《黄兴年谱》,第245页)但日警方向警视厅的密报中,并未有孙中山是日外出的记录,是否主持该校开学,尚待证实。孙中山积极支持开设东京政法学校,应无疑义。程潜回忆称:"黄克强还和孙中山协商,请寺尾亨组织一所政法学校,收容和训练亡命日本的国民党员。这所学校设在神田区,租有现成的讲堂。开学时,犬养毅、宫崎寅藏兄弟、萱野长知等一班日本人士,都来庆祝,犬养毅还作了讲演,黄克强也参加了开学典礼。政法学校的学生都是反袁的积极分子,以后在反袁斗争中都作出了重大贡献。"(*程潜:《护国之役前后回忆》,《文史资料选辑》第48辑,第5—6页*)入该校学习者前后达四百余人。中华革命党成立后,该校归其办理,于9月间大加扩充,除原有政治、经济两专科外,再设法律、日语两专修课,并实行旁听及"科外讲义"制度,规模益臻完善。被称为日本"大正民主运动的理论先驱"的吉野作造曾担任该校"政治史"教学,不过吉野此时认为孙中山不能成为实至名归的领导者,是一个沉醉于共和主义、民主主义等抽象理论的革命家,且刚愎自负,难以共事。(*段云章编著:《孙文与日本史事编年》,第405—406页*)

2月10日　李容恢、张布知、叶夏声来访;王统派使者(日本妇女)来访。下午,乘人力车至神田区仲猿乐町17号宋耀如宅,探望卧病的宋蔼龄,晚返回。(*日本外务省档案,1914年2月11日《孙文动静》,乙秘第427号;俞辛焞、王振锁等译:《孙中山在日活动密录》,第100页*)

是日,陈其美致函周淡游等,告之已接到孙中山"缓图"之令。函称:"此间事预备第一着,一切完成,妥当进行,不意忽为日本官厅干涉阻止,所往之人已抵该地者严加查究,在途者悉数拦回,未往者监督不许离远,就此为之破坏矣。虽十分愤激,亦为势所迫,其能奈之何。现正无法可施,焦急万分,进退维谷之际,今日接到中山先生又密嘱暂缓图,现既不能急,不缓之缓矣。"信中还谈到筹款乃当务之急:"山东事欲进行,非有大款难以计划,已连函催介石来连筹划(因其有信称可筹款也)浙江筹款,以济各方之用,且俟介到后再看如何。勇忱兄称一节,回函称至少每人出一万元,且看交涉如何。总之,无

大款难补大局也。"(《陈其美致周淡游等告奉总理命暂缓进行函》,黄季陆主编:《革命文献》第48辑,第4页)

是日,广州的《华国报》有消息说,岑春煊在南洋、孙中山在日本,策划国内的革命活动,组织"铁血团",并派造反者到北方暗杀身居要职的高级官员,贿赂声名狼藉的土匪和遣散的士兵叛乱;另派造反者到南方,以重金贿赂下级官员和政府军;准备在奉天、陕西、甘肃、四川等省举事。岑、孙共同指派二十三人到二十三个省进行准备,进展顺利。胡汉民和陈炯明为此也分别被派往广东和广西进行活动。(广东省档案馆编译:《孙中山与广东——广东省档案馆库藏海关档案选译》,第59—60页)

2月11日　廖仲恺、葛庞、杜去恨、杨春辉、高崔鸣、张肇基、陈中孚、刘承烈、刘重、毛炳南、张悦龄、刘铁、叶夏声、周淡游、黄伯群、张智、刘峰立、陆惠生、夏述痕、丁仁杰、阮复等先后来访,议事。(日本外务省档案,1914年2月12日《孙文动静》,乙秘第431号;俞辛焞、王振锁等译:《孙中山在日活动密录》,第101页)

2月12日　龚炼百、刘铁、李枝荣、杜去恨、叶夏声、夏述痕、周淡游等先后来访,议事。晚7时,乘人力车至神田区仲猿乐町访宋耀如,12时回到寓所。其间,田桐来访,未能相见,随即离去。往檀香山发去一西文密码长电。(日本外务省档案,1914年2月13日《孙文动静》,乙秘第445号;俞辛焞、王振锁等译:《孙中山在日活动密录》,第101—102页)

2月13日　陈养初、安健、孙万乘、龚振鹏、叶夏声、周太极、陆惠生、丁仁杰、伍平一、胡铁、葛庞、周正群、何晏、谢彬、肖萱、田桐、龚炼百、周淡游等先后来访,议事。(日本外务省档案,1914年2月14日《孙文动静》,乙秘第455号;俞辛焞、王振锁等译:《孙中山在日活动密录》,第102页)

2月14日　余祥辉、李贞白、蔡锐霆、李枝荣、杜去恨、黄伯群、赵峰琴、胡铁生、赵仲江、谭德根、伍平一、某西洋妇女、田桐、黄枝叶、周淡游、肖萱等来访,面谈。收到从寺尾亨处来的挂号邮件。(日本外务省档案,1914 年 2 月 15 日《孙文动静》,乙秘第 463 号;俞辛焞、王振锁等译:《孙中山在日活动密录》,第 102—103 页)

△　将陈其美的来函退还给头山满。昨日,头山满转来大连医院木村藤吉(戴季陶化名)之挂号函,实为陈其美、戴季陶联名从大连写给孙中山的信件。函中汇报了在东北活动的大体情况:"我们住在满铁医院,但病症甚轻,我们现正在各方面活动。但因目前无实力,一切都未能办成,毫无效果,很遗憾。本月我们仍住在医院,各方面进行调查,开展活动。"并要求阅后送还头山满,以便头山也了解相关情况。(日本外务省档案,1914 年 2 月 15 日《孙文动静》,乙秘第 463 号;俞辛焞、王振锁等译:《孙中山在日活动密录》,第 673 页)

△　马素来函,报告其在上海、南洋等地的经历与所了解的有关革命党人的情况。如其在函中称:"当我回到上海时发现和民国有关的人处境都很困难。可怜的老 Duncan 住进了总医院,无力支付医药费,他公寓的账单也在不断增多。我带来的 100 美元很快就消耗在一些未支付的家用。我从一个在沪宁铁路工作的朋友那里为 Duncan 以及其他人借到了 500 美元,以资助他们离开上海。然后,我发现自己身无分文无法脱身。我最后从静江那里借 180 美元才到达这里(新加坡)。""汽船在途中停靠了马尼拉。我发现那里的人都愿意帮助我们的事业。我看到了《公理报》的编辑,这是一个反政府的机构,刚创办时他便加入了。他是一个很真诚的人,无疑,他将在这边有很好的作为。""新加坡的人们完全不同。他们都很冷漠,当我给他们看您的信时,他们说想要破坏贷款是一件非常危险的事,因为这将扰乱中国市场。他们也告诉我 Kwong Yit Bank 已经吞并了很多公司,他们目前已经无力为我们做些什么了。"函中还提到了与陈炯明、李烈钧等的交往情况:"马育航努力说服竞存和李烈钧提供一些钱让我前往英国。最后,竞存替我出资前往马赛,从马赛到巴黎的车费又由李将军支付。"李烈钧和其他四五个人一起准备去巴黎学习,"希望可以为民党获得法国当权的好感。他准备为此花费 50000

法郎！我想李应该不想做什么其他事"。陈炯明则"很不同了，他仍然为了我们的事业而奋斗，但他认为没有钱很难继续什么工作，他告诉我他不久将前往东京"。（《Ma Soo（马素）书简》，[日]久保田文次编：《萱野長知·孫文関係史料集》，第 480—481 页）

2 月 15 日　陈养初、梁英初、邓寄芳、杜去恨、何嘉禄、刘永烈、李印泉、杨时杰、钮永建、田桐、周太极、周亚洲、陈文等先后来访，议事。致函柏林的巴佛纳罗。（日本外务省档案，1914 年 2 月 16 日《孙文动静》，乙秘第 468 号；俞辛焞、王振锁等译：《孙中山在日活动密录》，第 103 页）

2 月 16 日　葛庞、王伫、陈阜源、叶蕚、邓铮、张憾生、唐健、黄伯群、陈耀寰、周演明、钟震寰、叶夏声、林虎、黄申芗、何仲良、任寿祺、丁士杰、周淡游等先后来访，面谈。（日本外务省档案，1914 年 2 月 17 日《孙文动静》，乙秘第 475 号；俞辛焞、王振锁等译：《孙中山在日活动密录》，第 103—104 页）

2 月 17 日　周应时、廖仲恺、王子行、钱树哉、龚炼百、刘子誉、叶夏声、和田瑞、任寿祺、丁仁杰、符节等来访，面谈。唐天成两度来访，均谢绝会见之；刘佐成来访，亦借病不见。（日本外务省档案，1914 年 2 月 18 日《孙文动静》，乙秘第 483 号；俞辛焞、王振锁等译：《孙中山在日活动密录》，第 104 页）

2 月 18 日　傅文郁、陈养初、宋蔼龄、宋子良、林虎、谭发、叶夏声、萱野长知、周淡游、田桐等来访，面谈。中久喜信周持宫崎滔天的介绍名片来访，面谈约二十分钟。（日本外务省档案，1914 年 2 月 19 日《孙文动静》，乙秘第 486 号；俞辛焞、王振锁等译：《孙中山在日活动密录》，第 104—105 页）

2 月 19 日　刘佐成来访，议事，约二十分钟。（日本外务省档案，1914 年 2 月 20 日《孙文动静》，乙秘第 496 号；俞辛焞、王振锁等译：《孙中山在日活动密录》，第 105 页）

2 月 20 日　陈耀寰、陈养初、叶夏声、宋蔼龄、宋子良、周淡游等先后来访，参与议事。（日本外务省档案，1914 年 2 月 21 日《孙文动静》，乙秘第 507 号；俞辛焞、王振锁等译：《孙中山在日活动密录》，第 105 页）

2月21日 蔡锐霆、刘祖章、陈璞、余祥辉、张肇基、陆惠生、陈英、夏述痕、丁仁杰、阮复、熊秉坤、肖萱、叶夏声等来访,议事。致函赤坂区葵町万国通信记者。(日本外务省档案,1914年2月22日《孙文动静》,乙秘第515号;俞辛焞、王振锁等译:《孙中山在日活动密录》,第105—106页)

2月22日 邓文辉、刘芝知、福田秀子、宫崎寅藏夫人、何仲良、秋本秀太郎等先后来访,议事。林德藏来访,并下围棋。致函林坤载和神田区北神保町中华基督教青年会馆。(日本外务省档案,1914年2月23日《孙文动静》,乙秘第522号;俞辛焞、王振锁等译:《孙中山在日活动密录》,第106页)

2月23日 刘佐成来访,借病不见,刘留下意见书后离去。随后,周淡游、杜去恨、邓文辉、陈绍先先后到访,议事。收到来自中华基督教青年会馆一封快递邮件。(日本外务省档案,1914年2月24日《孙文动静》,乙秘第526号;俞辛焞、王振锁等译:《孙中山在日活动密录》,第106—107页)

2月24日 林虎、陈养初、叶夏声、安健、夏重民、田桐、张肇基、刘初寒、陈中孚等先后来访,议事。(日本外务省档案,1914年2月25日《孙文动静》,乙秘第535号;俞辛焞、王振锁等译:《孙中山在日活动密录》,第107页)

2月25日 何仲良、陈中孚、丁士杰、周应时、唐祝青、柳子誉、丁仁杰、叶夏声、肖萱、殷汝骊、周淡游、岑楼等先后来访,议事。(日本外务省档案,1914年2月26日《孙文动静》,乙秘第541号;俞辛焞、王振锁等译:《孙中山在日活动密录》,第107—108页)

2月26日 刘文锦、邓文辉、周淡游、叶夏声等先后来访,面谈。收到宋蔼龄的来函。(日本外务省档案,1914年2月27日《孙文动静》,乙秘第547号;俞辛焞、王振锁等译:《孙中山在日活动密录》,第108页)

2月27日 生隆梅培、宋蔼龄、夏述痕、何仲良、葛庞、王道、邹永成、陈中孚、李及、叶夏声、黄申芗、田桐、阮复、熊秉坤等先后来访,除未见邹永成外,其余均面谈议事。致函神田青年会馆。(日本外务省档案,1914 年 2 月 28 日《孙文动静》,乙秘第 553 号;俞辛焞、王振锁等译:《孙中山在日活动密录》,第 108 页)

2 月 28 日　蔡锐霆、邓文辉、刘文钧、陈烈、张智、周淡游、何子钧、叶夏声等来访,面谈;唐天成来访时,谢绝与其会见,约其明日再来。给神田中华基督教青年会馆发去快递邮件。(日本外务省档案,1914 年 3 月 1 日《孙文动静》,乙秘第 560 号;俞辛焞、王振锁等译:《孙中山在日活动密录》,第 108－109 页)

△　是日,袁世凯下令解散各省议会。

2 月中旬,政治会议多数议员"因既有碍全国之统一,且不复满法定人数之故",通过即行解散省议会议案。(《北京电》,《申报》1914 年 2 月 28 日,"译电")是日,袁世凯发布命令,宣布解散各省议会。并由内务部拟具如下办法,饬各省民政长执行:"(一)各省省议会即日停止,无论目下已否开会,所有议员一律解散,以本月十五号以前为执行之期限;(二)所有省议会会址仍由各民政长饬员妥为保管;(三)所有省议会之各种案卷及文件一律移交内务司保存;(四)以上各事项完竣后,即将其办理情形详呈到部备核。"(《解散省议会之办法》,《申报》1914 年 3 月 10 日,"要闻二")

是月　东京、上海、大连、菲律宾等地继续吸收中华革命党党员。陈中孚等三十余人在东京入党;蔡突灵等二十余人在上海入党;石磊等在大连入党。在菲律宾入党者有吴宗明、郑国梁、黄汉卿等。(罗家伦主编,黄季陆、秦孝仪增订:《国父年谱(增订本)》,上册,第 611 页)

△　黄兴与彭允彝于东京创立《明明编译社》。(毛注青编:《黄兴年谱》,第 245 页)

3 月

3 月 1 日　宫崎寅藏、徐苏中、张伯鸥、田桐、黄伯群、何仲良、丁仁杰、肖萱、夏重民、陆惠生、邓文辉、陈乡、欧豪、王道等先后来访,议事。(日本外务省档案,1914年3月2日《孙文动静》,乙秘第563号;俞辛焞、王振锁等译:《孙中山在日活动密录》,第109—110页)

3月2日 张肇基、黄申苈、阮复、夏述痕、陈英、黄伯群、何仲良、丁景梁、肖萱、徐忍茹、周淡游、叶夏声等先后来访,参与交谈。(日本外务省档案,1914年3月3日《孙文动静》,乙秘第569号;俞辛焞、王振锁等译:《孙中山在日活动密录》,第110页)

3月3日 贺治寰、胡瑛、梅屋庄吉、陈家鼎、周淡游、陈义、叶夏声等来访,议事。(日本外务省档案,1914年3月4日《孙文动静》,乙秘第579号;俞辛焞、王振锁等译:《孙中山在日活动密录》,第110页)

△ 罗福星抗日复台失败,被害。

罗原为同盟会会员,曾在辛亥广州黄花岗起义中负重伤。1912年10月,奉命在台湾组党,密设组织于苗栗,以台北大稻埕大赢旅馆为联络所,发展同志,不期年而有十二万,方图大举,不意为日警侦破,于上年12月19日被捕入狱,是日殉难。(陈锡祺主编:《孙中山年谱长编》上册,第875—876页)

3月4日 赤坂青山南町六丁目10号的东乡昌武持饭野吉三郎名片来访,议事,谈约三十分钟。之后,孙锄云、李及、田桐、居正、陈家鼎、张智、叶夏声等先后来访,面谈。晚,和田瑞来电话预告明晨将来访;收到来自上海的一西文电。(日本外务省档案,1914年3月5日《孙文动静》,乙秘第587号;俞辛焞、王振锁等译:《孙中山在日活动密录》,第110—111页)

3月5日 和田瑞、邓文辉、邓家彦、龚炼百、宋蔼龄、夏述痕、陈英、陈中孚、叶夏声、周淡游、陆惠生、丁仁杰、肖萱、熊秉坤、阮复等先后来访,面谈。傍晚,乘车至青山隐田,访饭野吉三郎、东乡昌武等,密谈约两个半小时余。(日本外务省档案,1914年3月6日《孙文动静》,乙秘第595号;俞辛焞、王振锁等译:《孙中山在日活动密录》,第111页)

3月6日 萱野长知、周应时、邓文辉、张肇基、钮永建、周淡游、叶夏声等先后来访,议事。(日本外务省档案,1914年3月7日《孙文动静》,乙秘第602号;俞辛焞、王振锁等译:《孙中山在日活动密录》,第112页)

　　△　朱卓文从上海来函报告国内情况。函略谓:"皖一方进行颇速,九江一方面希望于此十天之内可动,即早贺。新闻报云,英士君在连病故,未患〔悉〕果否。"(日本外务省档案,1914年3月13日《孙文动静》,乙秘第630号;俞辛焞、王振锁等译:《孙中山在日活动密录》,第115页)

　　3月7日　田桐、叶家声、徐忍茹、周淡游、余祥炘、安健、丁仁杰、肖萱、殷文海、阮复、熊秉坤、钟鼎等先后来访,面谈。上午,给神田中华基督教青年会馆发去一快递邮件。(日本外务省档案,1914年3月8日《孙文动静》,乙秘第607号;俞辛焞、王振锁等译:《孙中山在日活动密录》,第112页)

　　3月8日　上午,乘梅屋庄吉派来的汽车至大久保百人町355号梅屋家,与梅屋及帝国大学印度籍教授巴拉卡茨拉等二位会面密谈,并共进午餐。下午,葛庞、刘国春、罗达、唐璠、曾汤、田桐、周淡游、邓文辉等先后来访,议事。晚9时40分,肖雄、王道来访,因已就寝,未见。来访者在名片上留言:"晋谒已肿〔睡〕,怅返。要求接济,同人等都候掷下以〔作〕川资,求超〔赶〕快相济为幸。"(日本外务省档案,1914年3月9日《孙文动静》,乙秘第611号;俞辛焞、王振锁等译:《孙中山在日活动密录》,第112—113页)

　　△　白朗起义军在老河口召开军事会议,宣称:"第一驱袁,第二建立良好政府,第三友善邻邦。"(陈锡祺主编:《孙中山年谱长编》上册,第876页)

　　国内舆论盛传孙中山领导的革命党人与白朗起义有关。3月10日,《盛京时报》说:"前此白狼猖獗时,孙黄一派拟定组织讨袁军义勇队,在各处响应,援助白狼。惟顷因白狼军总司令彭勃元、陶贵才、张千祥、彭如林等在合肥县被官兵拿获,彭陶两人且业已正法,孙黄等之计划因之全成画饼。"(《孙黄乃欲倚狼匪以集事乎》,《盛京时报》1914年3月10日,"上海专电")

此说并非完全空穴来风。是年 11 月 3 日,凌钺曾向孙中山报告于化卿在河南联络白朗军情形。称:"前来面谒总理之于君化卿系去岁南京独立时,克强先生派往联络白军代表,因民军失败,即留白朗军中操纵计划,不遗余力,奋斗指挥,阅一年余。近闻他处消息甚好,密来海上,藉定方针。"据称,白朗军之根据地确在河南南阳一带,内分三路,"器械俱全者约二万余,惟子弹缺乏,不能正式与贼战争"。故"请即密交军事部查照并请速拨款项,以便进行"。(《凌钺上总理函》,环龙路档案第 00284 号)

△ 国内报纸关注革命党人在南洋的活动。

是日,《盛京时报》披露,革命党人当时在南洋者,聚集地点以英属之马拉半岛为多,以所属之槟榔屿为总理机关,其筹划事件主要有:一是办报馆,"近日已出版者,经有数家,如南强报、苏门答腊报等,又有国民公报为一股党人所发起,尚未出版,然筹划已经就绪,其股限十万,现已逾额,如上之所有机关报,为党人鼓吹者,如槟榔屿之光华报、新加坡之南侨报、雪兰我之侨声报、巴城之八打维亚报、仰光之光华报、安南之东京报、暹罗之华暹报等,不下十余家,其现有之记者,多系前北京、上海、广东其他处停禁之报馆记者,其言论则以解散国会、蒙藏交涉、借债等事为词,以诋毁政府,故侨民之惑较前为甚"。二是派人运动南洋各埠人物,组织书报社及党人支部分部等,"藉以实地鼓吹,以壮声势,近二三月各埠纷纷组织,其书报社成立已开幕者廿余,而党人支部分部亦有七八所"。三是组织民生公司,"其股额无限,名则为兴办实业,实则为将来起事之资,侨民不察,趋之若水之就下,仅三越月已定有三百卅余万"。四是多办学校及公益等事,"以示其德,且用以位置党人"。故"近日来党人势力蒸蒸日上,大有一日千里之势"。(《党人方面之南洋近讯》,《盛京时报》1914 年 3 月 8 日,"民国要闻")

3 月 9 日 萱野长知、宋蔼龄、邓文辉、文群、徐忍茹、周淡游、叶夏生等先后来访,议事。经和田瑞介绍,身内三郎来访,未会见。东乡昌武来电话,约续谈前几天协商之事,答以"待别人来函后再访"。晚,给神田的中华基督教青年会馆发去一快递邮件。(日本外务省档案,1914年3月10日《孙文动静》,乙秘第616号;俞辛焞、王振锁等译:《孙中山在日活动密录》,第113页)

　　△　南洋华侨来函,征询在南洋组织统一机关的意见。函称:"方今世界各国,无不开国会订宪法,以保障民权,确定政是。独吾中华,神奸肆虐,解散国会,蹂躏约法。凡廿余年来,志士仁人所苦心缔造之共和,已荡灭无遗。""适前日吧城吧东书报社国民党公举杨君汉孙、黎君海峰来黎屿,提议集合各埠同志,组织总机关,以图统一,同策进行……同人等不能无感于杨黎二君之言,用敢敬掬所怀,就教于诸君子之前。诸君如以组设总机关与各埠联络声气而策进行为然者,即请赐函覆知。如有以为否者,又请抒示伟见。弊〔敝〕处俟各埠复函齐后,再奉函请各埠同志公举代表一人,到屿会议。择定何处为组设总机关地点,并公举总机关办事职员,以及订商一切办法。"(《名正肃书简》,〔日〕久保田文次编:《萱野长知·孙文关系史料集》,第535—536页)

　　3月10日　马应勋、蔡锐霆、宫崎滔天、熊克武、李郁生、邓文辉、陈中孚、张肇基、安健、张智、刘文钧、陈学汝、阮复、居正、熊秉坤、夏述痕、周淡游、叶夏声、钟鼎、丁仁杰等先后来访,参与交谈。(日本外务省档案,1914年3月11日《孙文动静》,乙秘第620号;俞辛焞、王振锁等译:《孙中山在日活动密录》,第113—114页)

　　3月11日　宋蔼龄、安健、余祥炘、周应时、周淡游、范贤方、叶夏声等先后来访,议事。(日本外务省档案,1914年3月12日《孙文动静》,乙秘第625号;俞辛焞、王振锁等译:《孙中山在日活动密录》,第114页)

　　3月12日　岑桐、夏述痕、夏重民、周淡游、宋蔼龄等先后来访,议事。下午,给神田区中华基督教青年会馆发去一快函;给芝区今里町77号的林虎及本乡区木下医院的林震各发去一密码电。近来函电往来频繁,大多数受函人均为头山满,再由头山直接转交。是日收到来自各地函电有十几件。其中有一封自香港的西文电;一件来自上海朱卓文的函。(日本外务省档案,1914年3月13日《孙文动静》,乙秘第630号;俞辛焞、王振锁等译:《孙中山在日活动密录》,第115页)

△ 派夏重民约梁卫平、朱执信、邓铿等往香港部署军事。

是日,派夏重民至东京神田区本乡馆梁卫平寓所,约邓铿等前往香港部署西南军事,并嘱于两日内准备行装,搭3月16日由横滨开往香港的敷岛丸轮南下。梁等于21日抵港,租赁九龙红磡漆咸道76号二楼为办事处,开展工作。各方面同志闻讯,多来参与。(罗家伦主编,黄季陆、秦孝仪增订:《国父年谱(增订本)》上册,第612页;陈锡祺主编:《孙中山年谱长编》上册,第876页)

3月13日 林震、宋蔼龄、萱野长知、杜去恨、叶夏声、林虎、郑一峰、殷汝耕、周淡游、徐忍茹、熊秉坤、王道等来访,议事。萱野长知携来大仓喜儿郎赠送的礼品。给厦门、上海及新加坡各发去一西文密电。(日本外务省档案,1914年3月14日《孙文动静》,乙秘第636号;俞辛焞、王振锁等译:《孙中山在日活动密录》,第115—116页)

△ 复函伍平一,鼓励其在南洋试演飞机筹款,并指示办法。

伍平一,原是国民党人,中华革命党成立后,被委任为菲律宾联络委员,奔走于马尼拉等地,为中华革命党筹集资金。函称:"现在小吕宋开演甚佳,该处同志均极热心,必能大有助于兄。日前弟曾发函南洋各埠,嘱其襄助诸兄,是时弟以为诸兄不日当到南洋,故亟函该处招待也。但将来如到南洋,经新加坡时,可访林义顺、林文庆;诸位到庇时,可访《光华报》;诸位到马来〔亚〕各埠时,可先访邓泽如。至中国内地,如吾等所谋一旦得手,消息报到诸兄,即宜买棹内渡,襄助一切,是为至要。"(陈旭麓、郝盛潮主编,王耿雄等编:《孙中山集外集》,第364页)

3月14日 东乡昌武来电,邀请明日到其家与河野广中等人见面,应之。向澳门发去一长文密码电。(日本外务省档案,1914年3月15日《孙文动静》,乙秘第640号;俞辛焞、王振锁等译:《孙中山在日活动密录》,第116页)

△ 国内袁世凯政府加紧了对革命党人活动的破坏。

国民党议员林英钟、徐镜心、段世垣等五人,因与东京革命党人秘密联系、从事反袁活动,在北京被捕,林、徐二人旋遭杀害。据报载,"似段与凌钺通信及留住白狼党羽王某之关系隐现于字里行间",段之书箧中曾被警士搜出其与党人往来信件外,尚有最近黄兴委任其为炸弹队长之委任状。(《段世垣被捕案》,《申报》1914 年 3 月 25 日,"要闻二")政府通告也宣称:"徐镜心联络日人仓谷购运军火,接济狼匪,前国民党议员林英钟、段世垣二名形迹诡秘,确有勾通匪党谋为不轨情事,即于本月十四、十五两日先后将该犯等弋获,并起获黄兴委任状等各证物多件。"(《军政执法处宣布破获党人之罪状》,《申报》1914 年 4 月19 日,"要闻二")

是日,《盛京时报》披露奉天都督张锡銮召集军政要员会议,制订"杜绝乱党之根株办法",包括:"各地军警均有侦探及逮捕乱党之权";"各县知事宜协缉乱党,不可自分畛域";"宜责成各县知事用坚壁清野法以杜乱党之来源";"各处军警宜痛剿胡匪,免为乱党之声援"等。(《会议杜绝乱党之根株》,《盛京时报》1914 年 3 月 14 日,"东三省新闻")

3 月 15 日 宋蔼龄、周淡游、徐忍茹、叶夏声、刘文钧、安健、熊盛中、宫崎寅藏、田桐、丁仁杰、肖萱、居正、刘承烈、夏重民、汤执中等来访,议事。盛碧潭携上海蒋介石之信件到访,与之面谈数分钟。周杰来访,谢绝与其会见,约明日再来。是日下午,乘人力车至四谷区东信浓町 16 号访河野广中,河野未在,即刻返回。访河野是应东乡昌武昨日电话所邀,因误解会见地点,以致会见未果。回寓后,东乡再次要求会见,答以当日难于会见。(日本外务省档案,1914 年 3 月 16 日《孙文动静》,乙秘第 647 号;俞辛焞、王振锁等译:《孙中山在日活动密录》,第116—117 页)

3 月 16 日 宋蔼龄、宋耀如、陈中孚、周杰、陆惠生、叶夏声、熊秉坤等来访,面谈。波多野春房送来三册西文书,并约星期五再见面。下午,向英国伦敦发出两封西文书信。(日本外务省档案,1914年3月17日《孙文动静》,乙秘第652号;俞辛焞、王振锁等译:《孙中山在日活动密录》,第117页)

△　国民党人孙祥夫、刘艺舟、马明远在大连的秘密反袁机关遭破坏,马明远被捕牺牲。(陈锡祺主编:《孙中山年谱长编》上册,第877页)

据日方情报机构报告,革命党人在东北行动活跃。"孙黄等人令许多在日浪人,借调查游历为名,蛊惑军队,进行暗杀活动,且以日本军人一名,中国军人一名,组织军队,欲图占领奉天。更在上海组建'黄社',将机构分设在各省。该社的规则证书等,由民权报印刷,国民党员发行其证书,该证书系用长方形白纸,长二十公分,宽约六公分,正面印有'黄社第×号',介绍社员杜鼎,背面印有权利义务之各条件。其性质无疑是秘密结社。"

据其称,革命党在东北设有两个机关,一在哈尔滨,一在大连。革命分南北两派,南派以刘艺舟为首领,北派以刘大同为首领。"刘艺舟接受黄克强、季雨霖等的委任,任东讨某总司令,在大连设机关,派人同金、复、海、盖各县之土匪联络,计划夺取奉天。"刘大同、宁梦岩为北派首脑,"戴天仇经孙中山介绍,去年由日本来大连,负责同安东、辑安、通化、凤凰及辽西的锦县、新民、彰武地方的土匪联系,打入安东的程序是想从长白、临江直接攻击奉天的背后,因为在奉天省城还没有设立机关,所以一旦各方面运动成熟,使设立分部,以供通信之用。对辽河以西各地的土匪,曾派人联络,业已准备好,故举事之际首先占领咽喉山海关,断绝交通。然后派人率匪西下,由绥远张家口进袭,直达内地。南通山东、河南,西联山西、陕西,纠合白匪,夹击北京。"哈尔滨机关的主任是孙菊农、曹亚东、朱某。"孙、曹等人第一次革命时赴远东,通过那里的华侨筹集军用资金,现在潜伏于哈尔滨,与长寿县一面坡一带的土匪有联系,他们准备虽已就绪,但由于各方面的时机尚未成熟,所以没有行动。其匪首康子安,为人慓悍,部下有一千余人,分布在三姓附近的山林中。"长春的机关,"正秘密鼓动怀德的预警及伊通州一带、吉林东南山的土匪，准备举事。"（日本外务省档案，1914 年 3 月 19 日《中国公文一束》，朝宪机第 180 号；俞辛焞、王振锁等译：《孙中山在日活动密录》，第 644－645 页）

3 月 17 日　邓家彦、李剑尘、余祥辉、冯裕芳、安健、周应时、张智、菊池良一、徐忍茹、叶夏声、周淡游、丁仁杰、田桐、龙仲周、刘承烈、刘文钧、王道等来访，议事；与和田瑞电话议事；给神田区中华基督教青年会馆的宋蔼龄发去一快函。（日本外务省档案，1914 年 3 月 18 日《孙文动静》，乙秘第 658 号；俞辛焞、王振锁等译：《孙中山在日活动密录》，第 117－118 页）

是日，陈其美抵达抵东京，其在致陈果夫函中谓："于十五日离大连，今日上午十时半抵马关，晚车即进京，病已渐平复。"（《陈其美致陈果夫告抵东京函》，黄季陆主编：《革命文献》第 48 辑，第 6 页）同行者尚有戴季陶和山田纯三郎，当晚陈和山田在下关乘车回东京，戴去长崎。次日陈其美即到孙中山住处议事。

3 月 18 日　宋蔼龄、陈承志、邹德渊、田桐、叶夏声、周太极、周毅夫、陈其美、周淡游、徐忍茹等来访，议事；菊池良一来电话，议事。收到来自上海的西文电报。（日本外务省档案，1914 年 3 月 19 日《孙文动静》，乙秘第 660 号；俞辛焞、王振锁等译：《孙中山在日活动密录》，第 118－119 页）

3 月 19 日　宋蔼龄、居正、廖仲恺、蔡锐霆、陈济方、陈中孚、张肇基、陆惠生、叶夏声、陈其美、菊池良一、山田纯三郎、田桐、刘文钧、周震鳞、丁仁杰、肖萱、熊秉坤、阮复、钟鼎、和田瑞、周应时、陈勇、徐忍茹等来访，面谈。下午，林虎遣使者送来一函，即回一函；电话探寻三井物产会社山本条太郎的消息，后因其所在地不明，未能会见。（日本外务省档案，1914 年 3 月 20 日《孙文动静》，乙秘第 666 号；俞辛焞、王振锁等译：《孙中山在日活动密录》，第 119－120 页）

3 月 20 日　青柳胜敏、一濑斧太郎、周应时、林灰、宋蔼龄、波多野春房、李及、刘铁、张绍良、夏重民、陈汉元、田桐、陈中孚、宫崎滔天、陈其美、陈养初、邹怀渭、刘平、徐苏中、黄觉、巢广源、杨黄笙、王道、叶夏声等来访,参与交谈。向香港发去密电;头山满转来长崎市今町绿屋旅馆竹村生的信函。(*日本外务省档案*,1914年3月21日《*孙文动静*》,乙秘第672号;俞辛焞、王振锁等译:《*孙中山在日活动密录*》,第120页)

　　△　革命党人在广东潮州发动讨袁起义。

　　是日,《*盛京时报*》转载香港电讯称,广东潮州黄冈镇驻屯军司令吴文家与陈炯明等"联络一气,久已蓄谋,煽动部下,相机起事",截劫军费及粮饷,"爰树叛帜,宣告独立,设立讨袁军黄冈司令部"。(《*潮州驻屯军叛变警闻*》,《*盛京时报*》1914年3月20日,"香港专电")

　　3月21日　宫崎寅藏、吉田某(经菊池良一介绍)、菊池良一、陈其美、简明、田桐、葛庞、宋蔼龄姐妹、黄伯群、方华兴、余伯杰、安健等来访,议事。下午,乘人力车至赤坂区新坂町,访三井物产会社职员山本条太郎。回寓后,又偕宋氏姐妹乘梅屋庄吉所派汽车赴梅屋家。梅屋庄吉未在,与其夫人面谈,并受晚餐招待。晚7时30分离开,乘该车至大正博览会场及浅草公园参观。归途送宋氏姐妹回神田区仲猿东町9号。外出期间,刘文钧来访,田桐代为会见。黄仲德、周淡游、殷汝骊、王道、叶夏声、丁仁杰、肖萱、钟鼎等来访,由陈其美代为接见。夏述痕来访,与叶夏声面谈。遣特使给林虎送去一函;收到府下户塚村光明馆主人来函;给本府户塚村字诹访232号的熊克祺发去一密电。

　　△　是日,中华革命党江西支部于东京开成立会,选举徐苏中为支部长,江西支部代表江维华、周道万、巢广源赴寓所报告,恰已外出,留下纸条告知:"江西支部代表江维华、周道万、巢广源报告,江西支部本日开成立会,举定支部长徐苏中。"(*日本外务省档案*,1914年3月22日《*孙文动静*》,乙秘第677号;俞辛焞、王振锁等译:《*孙中山在日活动密录*》,第120—121页)

　　3月22日　刘文钧来访,未见之,刘即刻离去。其后,王杰、宋话珊、许新、夏述痕、熊克武、萱野长知、王统一、陈中孚、陈其美、周应时、肖萱、丁仁杰等先后来访,面谈议事。是日,收到居芝区白金町 77 号松元宅林虎的来函,并回复一函;收到香港百庆公司来函一封、西文函两封;给香港发去一西文电。(日本外务省档案,1914 年 3 月 23 日《孙文动静》,乙秘第 680 号;俞辛焞、王振锁等译:《孙中山在日活动密录》,第 122—123 页)

3 月 23 日　宫崎寅藏、宋庆龄、波多野春房、巴罗可·杜罗新(印度人)、李及、陈耿夫、宫崎民藏、陈济方、阎志远、夏重民、周杰、叶夏声、陈中孚、张肇基、王道、陈其美、田桐等先后来访,面谈。工藤铁太郎、宝柯芳由宫崎寅藏介绍来访,面谈。叶夏声到访后,略谈,即乘人力车访问萱野长知,后又返回面谈,陈其美亦参与。(日本外务省档案,1914 年 3 月 24 日《孙文动静》,乙秘第 685 号;俞辛焞、王振锁等译:《孙中山在日活动密录》,第 123—124 页)

△　康德黎夫人(Mabel Barclay Cantlie)来函,表达支持之意。函称:"我们在耐心等待着您的第二次到来。袁似乎下定决心要将历史的时钟倒退到过去愚昧残忍的岁月。他毫无用处,不值得任何怜悯,他的年代终将会过去,他也会被人视为暴君,或者一文不值。""Mr. Lea 说,您的朋友们在美国还为您继续奋斗着,当然他们都是出于自愿。但是我们也知道,您要等到一切准备就绪后才会改变,在此期间我们会一直为您祈祷。""我先生向您致以诚挚的问候。他和 Mr. Diosy 昨晚通电话谈论了报纸的事情,其中某些报纸是支持袁的。他们的时代终将改变,因为我觉得他们已经逐渐对他的愚昧感到厌倦。他们现在已经认识到当年支持他是多么愚蠢的事情。"(《Mabel. B. Cantlie 书简》,[日]久保田文次编:《萱野长知·孙文関係史料集》,第 432—433 页)

3 月 24 日　徐苏中、陈其美、水谷幸次郎(中国兴业株式会社职员)、田桐、丁仁杰、叶夏声等先后来访,议事;给小石川区茗荷谷町 26 号的龚炼百和神田中华基督教青年会馆各发去一快递邮件。(日本外务省档案,1914 年 3 月 25 日《孙文动静》,乙秘第 694 号;俞辛焞、王振锁等

译:《孙中山在日活动密录》,第 124 页)

3月25日　蔡锐霆、宋蔼龄、李及、陈济方（两次）、杨时杰、居正、毕炜、熊尚文、黄申芗、田桐、陈中孚、张肇基、阮复、熊秉坤、钟鼎、陈文选、刘寿明、周应时、陈其美、王道、刘承烈、叶夏声等来访,面谈。(日本外务省档案,1914 年 3 月 26 日《孙文动静》,乙秘第 698 号;俞辛焞、王振锁等译:《孙中山在日活动密录》,第 124—125 页)

△　国内报纸传出孙中山在日组织"新"党机关的消息。是日,《申报》载北京电讯称:"党人领袖在东京、横滨等处设立秘密会十所,取名三求党（译音）,志在推翻政府,效尤法国革命进行一切,其领袖为孙逸仙、何海鸣、陈其美、方声涛、田桐等诸人,闻日本共有党员二百人,总机关设于东京,内分三大部,组织颇为完备。"(《北京电》,《申报》1914 年 3 月 25 日,"译电")

3月26日　林灰、张肇基、廖仲恺、顾青山、陈中孚、周太极、杜去恨、蔡锐霆、安健、余祥炘、陈养初、陈其美、林虎、葛庞、吴非、周况、周应时、周淡游、熊秉坤、田桐等先后来访,参与交谈。和田瑞介绍松山和助来访,面谈。(日本外务省档案,1914 年 3 月 27 日《孙文动静》,乙秘第 702 号;俞辛焞、王振锁等译:《孙中山在日活动密录》,第 125—126 页)

3月27日　患肠胃病,腹部疼痛,请石黑医师来诊治。宋蔼龄姐妹前来看护。头山满领板垣医师来探望,寺尾亨亦来探望。胡瑛、韩汝甲、殷汝骊、周淡游、蔡锐霆、夏重民、伍云坡、田桐、周应时、徐涛、路孝忱、彭龙骧、童勤培、叶夏声、陈中孚、周况、吴非、张肇基、陈济芳等来访,因病均未见。(日本外务省档案,1914 年 3 月 28 日《孙文动静》,乙秘第 707 号;俞辛焞、王振锁等译:《孙中山在日活动密录》,第 126 页)

3月28日　告知警卫人员,是日谢绝会客。刘文钧、蔡锐霆、黄中德、李根源、黄复生、王统一、周淡游等来访,均谢绝会见。宫崎寅藏、宋蔼龄姐妹、萱野长知、菊池良一、山田纯三郎、叶夏声、田桐等到访时,仍与之面谈。(日本外务省档案,1914 年 3 月 29 日《孙文动静》,乙秘第 710 号;俞辛焞、王振锁等译:《孙中山在日活动密录》,第 126—127 页)

△　东北当局要求各地严防革命活动,直指东北的革命活动与孙中山有关。是日,《盛京时报》报道,奉天都督致营口、安东及长春各观察使急电,称"有陈其美、戴季陶等奉孙黄之命,率领乱党三十余人,散布东省各埠,希图煽惑。值此蒙事初平,党祸未熄,仰迅饬驻扎各军队及地方警察一体严缉,切勿稍疏"。(《急电防范乱党》,《盛京时报》1914 年 3 月 28 日,"东三省新闻")

3 月 29 日　徐苏中来访,因谢绝会客,即时离去。随后,周淡游、胡汉民、廖仲恺、刘承烈、萱野长知、陈中孚、邓家彦、和田瑞、田桐、陈其美等先后来访,在病室面谈。蔡锐霆来访时,田桐代为会见。是日,板垣医师前来诊病;寺尾亨亦来探望。(日本外务省档案,1914 年 3 月 30 日《孙文动静》,乙秘第 711 号;俞辛焞、王振锁等译:《孙中山在日活动密录》,第 127－128 页)

3 月 30 日　宋蔼龄姐妹来访,板垣医师来诊病。叶家声、李及来访,议事。(日本外务省档案,1914 年 3 月 31 日《孙文动静》,乙秘第 717 号;俞辛焞、王振锁等译:《孙中山在日活动密录》,第 128 页)

3 月 31 日　宋耀如、徐忍茹、叶家声、萱野长知、周淡游、丁仁杰、肖萱、田桐等先后来访,议事。符节来访时,谢绝会见之。王统一来访,偕其在我善坊町和西久保町一带散步,约四十分钟。收到东南亚槟榔屿一来函。(日本外务省档案,1914 年 4 月 1 日《孙文动静》,乙秘第 721 号;俞辛焞、王振锁等译:《孙中山在日活动密录》,第 128 页)

△　袁世凯政府为防范革命而禁止谭根、伍平一飞行试演。

是日,《盛京时报》披露,谭根与伍平一等"均受乱党之运动,藉试演飞艇,肆其暗杀手段,并有某国人钮文同来",政府接侦探报告,饬令距北京五十里以内不准外人试演飞艇。(《乱党之心诚毒矣》,《盛京时报》1914 年 3 月 31 日,"民国要闻")

是月下旬　袁世凯派两名刺客前往日本,企图暗杀孙中山。(罗家伦主编,黄季陆、秦孝仪增订:《国父年谱(增订本)》上册,第 613 页)

是月　在批复苏格兰某君函中,就有关在国内发动武装反袁之事表态："日间或可发动,故留此候消息。如二三月后犹不能动,然后再酌远行也"。(《批苏格兰某君函》,《孙中山全集》第3卷,第81页)

△　中华革命党续增党员。宋拼三等二十余人在东京入党;金维系等二十余人在上海入党;王良佐等在大连入党。(罗家伦主编,黄季陆、秦孝仪增订:《国父年谱(增订本)》上册,第613页)

是年春　流亡东京的革命党人检讨国民党失败以及对孙中山、黄兴个人评价等问题。

程潜回忆称,是年春,黄兴和各省党员开座谈会,研讨国民党失败原因,认为国民党失败的主要原因在于"组织不纯";在政治上和军事上处于被动地位,"是由于没有掌握住可靠的军事实力";"现在革命形势正处于消沉时期,而袁世凯的反革命力量则嚣张强大",但袁世凯所倚恃的北洋军和贪官污吏"这两股恶势力都是不得人心的,是不能持久的,革命力量是一定能够发展壮大的"。在革命纲领和倒袁策略方面,认为宋教仁主张迎合党内温和派的倾向,把政纲要求降低,使它和进步党的纲领相差无几,"这是一个大错误",只有坚持三民主义的政纲,才能有效地组织一支反袁力量。"通过上面四个问题的讨论,流亡东京的国民党员的思想混乱状态,有了好转,大家要求黄克强把讨论中形成的结论去和孙中山商量,再作进一步的研究。"

在对于领袖人物的评价问题上,大家认为孙中山手创民国,"万流共仰,咸无间言";但是对黄兴,却有两派意见,且分歧比较大。一派认为,黄兴从事革命,赴汤蹈火,奋不顾身,宋案发生,以在野之身主持军事,不计个人得失。湖口起义,驰赴南京,代替中山亲征,其爱护中山、保护领袖尊严的苦心,真是可白天日。南京军事上的疲敝局势,不但黄兴无法挽回,就是孙中山也无法挽回,因此,苛责黄克强是不恰当的。另一派认为,南京各师都是黄兴留守任内组织起来的,宋案发生,黄兴又亲自负责指挥军事,南京军队未战先溃,事前没有周密准备,临事又轻弃基地,并且两次阻止孙中山出奇制胜的良谋,因此,赣宁之役南京方面的失败,黄兴不能卸脱责任。(程潜:《护国之役

前后回忆》,《文史资料选辑》第 48 辑,第 2—4 页;陈锡祺主编:《孙中山年谱长编》上册,第 878—879 页)

4 月

4 月 1 日 邓家彦、王统一、叶夏声(两次)、黄复生、陈其美、萱野长知等来访,议事。徐苏中、周道万、林灰来访时,因已外出,未能相见。下午,偕宋蔼龄姐妹乘马车至向岛观赏樱花,经午住、三轮到上野公园散步。(日本外务省档案,1914 年 4 月 2 日《孙文动静》,乙秘第 724 号;俞辛焞、王振锁等译:《孙中山在日活动密录》,第 129 页)

4 月 2 日 陈扬镳、黄伯群、王统一、田桐、居正、蔡锐霆、谭蒙、马应勋、陈中孚、林虎、李思广、叶夏声等人相继来访,面谈。周杰来访时,由陈中孚代为接待。晚,给大森浩然庐的周应时及西原町二丁目 24 号的宫崎寅藏各发去一函。(日本外务省档案,1914 年 4 月 3 日《孙文动静》,乙秘第 729 号;俞辛焞、王振锁等译:《孙中山在日活动密录》,第 129—130 页)

4 月 3 日 王子晋、夏重民、熊尚文、毕炜、叶夏声、黄复生、彭麟浦、龙光、卢师谛、周应时、徐涛、路孝忱、彭龙骧、童勤培、武阳、王骞、周若律、雷震春、马本泉等来访,议事。下午,在王统一和宋蔼龄姐妹陪同下,乘人力车至麴町区内幸町肠胃医院,探望住院的陈其美。随后在医院和王、宋氏姐妹分手,偕陈其美离开医院返寓。宫崎寅藏、工藤铁太郎、窦□芳来访,与陈其美密谈。(日本外务省档案,1914 年 4 月 4 日《孙文动静》,乙秘第 733 号;俞辛焞、王振锁等译:《孙中山在日活动密录》,第 130 页)

△ 国内袁政府加强对革命党人活动的防范。在南京,革命党多人被捕,"加以谣言四起,人心摇动,冯都督饬令军警严加戒备,并在各城关安置机关枪,防范乱徒之侵入"。(《军警之戒备加严》,《盛京时

报》1914年4月3日,"南京专电")在广东,当局公开悬赏缉拿陈炯明、朱执信等革命党人。龙济光发出通告声言:"乃近日乱党野心不死,罔顾国家阽危,地方糜烂,胆敢到处纠邀党徒,煽惑人心,希图扰乱治安,饱其欲壑,言之殊堪痛恨。凡我军人负有保卫地方之责,亟应痛予歼除,以维秩序,为此明定赏格,通告各路绥靖处暨各军将领及弁兵等一体知悉,务各奋迅立功,同膺懋赏,有厚望焉。"公布悬赏方案如下:"凡拿获陈炯明赏银六万元,邓铿赏银一万元,朱执信赏银二万元,姚雨平赏银一万元,廖仲恺赏银一万元,谢英伯赏银八千元,胡毅生赏银八千元,李济凯赏银八千元,洪兆麟赏银一万元,杜贡石赏银八千元。""凡乱党以钱银前来勾结运动,即将其拿获,所有乱党银钱准予收用,每名仍赏银二百元。""凡乱党前来勾结,敢有隐匿不报者,查出与乱党同罪,其查出之人准给发奖赏。"(《粤省颁布拿获乱党赏格》,《盛京时报》1914年4月3日,"民国要闻")据闻,天津同盟会员十六名被逮,"多数军械子弹一并押收"。(《革命运动之日益活泼》,《盛京时报》1914年4月7日,"上海专电")

4月4日　萱野长知、龚振鹏、陈彪、孟光、杨烈、安健、陈中孚、叶家声等来访,面谈。(日本外务省档案,1914年4月5日《孙文动静》,乙秘第735号;俞辛焞、王振锁等译:《孙中山在日活动密录》,第130—131页)

4月5日　周淡游、徐应康、于□住、宋蔼龄姐妹、陆惠生、黄复生、熊尚文、毕炜、谭蒙、丁仁杰、肖萱、陈其美等先后来访,参与交谈。(日本外务省档案,1914年4月6日《孙文动静》,乙秘第738号;俞辛焞、王振锁等译:《孙中山在日活动密录》,第131页)

　△　完成《革命方略》初稿。

据日方情报称,前些时候,孙中山时而执笔起稿。五日前后起,给来访者中的重要人物秘密散发楷字复写的《革命方略》(约二十来张小版美浓纸),并逐条加以说明。(日本外务省档案,1914年4月8日《孙文动静》,乙秘第746号;俞辛焞、王振锁等译:《孙中山在日活动密录》,第131、632页)

4 月 6 日 宋蔼龄、岑楼、江炳灵、周应时、一濑直行、叶夏声、郑天楚、唐继星、邓家彦、彭龙骧、田桐、路孝忱、徐涛、吴藻华等来访,面谈。唐璠、徐苏中来访,叶夏声代为接待。唐天成来访时,谢绝会见之,其即刻离去。(日本外务省档案,1914 年 4 月 7 日《孙文动静》,乙秘第743 号;俞辛焞、王振锁等译:《孙中山在日活动密录》,第 131－132 页)

4 月 7 日 田桐、黄伯群、王统一、黄复生、陈养初、徐忍茹、丁仁杰等先后来访,议事。(日本外务省档案,1914 年 4 月 8 日《孙文动静》,乙秘第 748 号;俞辛焞、王振锁等译:《孙中山在日活动密录》,第 132 页)

4 月 8 日 王统一、宋蔼龄、谭家蒙、戴季陶、山田纯三郎、菊池良一、韩样、叶夏声、黄申芗、钟鼎等来访,面谈。戴季陶上月和陈其美、山田纯三郎从大连返回日本后,于 18 日晨从门司到达长崎,等候从上海来的夫人。是月 6 日戴离长崎经大阪回东京,是日来访孙中山。收到来自神田区锦町三丁目 12 号云南学舍的两件信函。(日本外务省档案,1914 年 4 月 9 日《孙文动静》,乙秘第 754 号;俞辛焞、王振锁等译:《孙中山在日活动密录》,第 132－133 页)

4 月 9 日 邓家彦、殷汝骊、田桐、叶夏声等来访,面谈。唐天成来访,递交一封信后即离去。曾贯吾来访,谢绝会见之。(日本外务省档案,1914 年 4 月 10 日《孙文动静》,乙秘第 757 号;俞辛焞、王振锁等译:《孙中山在日活动密录》,第 133 页)

4 月 10 日 上午,乘人力车至神田区仲猿乐町访宋蔼龄,再经日本桥区路三丁目的丸善书店,到麹町区内幸町肠胃医院探望住院的陈其美。下午,叶夏声、郑天楚、唐继星、任寿杰、唐天成等来访,会见。陈文撰来访时,恰外出,未见。(日本外务省档案,1914 年 4 月 11 日《孙文动静》,乙秘第 759 号;俞辛焞、王振锁等译:《孙中山在日活动密录》,第 133 页)

4 月 11 日 钟德善、黄苏文、田桐、黄复生等来访,面谈。居正、刘承烈、宋蔼龄姐妹来访时,因已外出,未能相见。

△ 偕田桐乘人力车至麹町区内幸町肠胃医院,看望住院的陈

其美,谈及日本内阁更迭问题。

　　陈其美因病住院,几度探望。是日,与之谈及日本内阁问题。在场的还有菊池良一、山田纯三郎、戴季陶等。上月24日,日本山本权兵卫内阁因海军将领购买德国西门子公司兵器和军舰受贿事件而倒台。日元老山县有朋等想借机成立清浦奎吾内阁,遭海军反对。时正酝酿成立大隈重信内阁。在与陈其美谈话中表示大隈内阁比清浦内阁更好,颇为满意。访陈之后,又委菊池良一至秋山定辅宅,要求会见秋山。秋山以"现在较忙,过四五天后再择日会见"回答。(日本外务省档案,1914年4月12日《孙文动静》,乙秘第767号;俞辛焞、王振锁等译:《孙中山在日活动密录》,第134页)

　　4月12日　萱野长知、山科多久马、蔡锐霆、何嘉禄、周应时、徐涛、路孝忱、戴季陶、丁仁杰、肖萱、田桐等先后来访,面谈。(日本外务省档案,1914年4月13日《孙文动静》,乙秘第768号;俞辛焞、王振锁等译:《孙中山在日活动密录》,第134—135页)

　　4月13日　唐天成、宋蔼龄、王统一、黄复生、陈承志、叶夏声、钟鼎等先后来访,面谈。下午,乘人力车又去医院探望陈其美。(日本外务省档案,1914年4月14日《孙文动静》,乙秘第773号;俞辛焞、王振锁等译:《孙中山在日活动密录》,第135页)

　　4月14日　田桐、夏重民、陈中孚、蔡锐霆、许又、韩恢、徐苏中、陈承志、萱野长知、叶夏声、和田瑞、徐忍茹等先后来访,面谈。(日本外务省档案,1914年4月15日《孙文动静》,乙秘第778号;俞辛焞、王振锁等译:《孙中山在日活动密录》,第135—136页)

　　4月15日　蔡锐霆、李枝荣、叶夏声、周淡游、龚振鹏、韩恢、阚钧、丁仁杰、周应时等先后来访,面谈。(日本外务省档案,1914年4月16日《孙文动静》,乙秘第782号;俞辛焞、王振锁等译:《孙中山在日活动密录》,第136页)

　　4月16日　唐天成、宋耀如、宋蔼龄、田桐等来访,面谈。叶夏声来访时,因已外出,未见。下午,乘人力车至新桥出云町资生堂购买药品,并至医院看望陈其美。(日本外务省档案,1914年4月17日《孙文

动静》,乙秘第 784 号;俞辛焞、王振锁等译:《孙中山在日活动密录》,第 136 页)

4 月 17 日　黄复生、廖仲恺、胡汉民、吴华、刘承烈、殷汝骊、彭元奖、叶夏声、郑振春等先后来访,议事。(日本外务省档案,1914 年 4 月 18 日《孙文动静》,乙秘第 787 号;俞辛焞、王振锁等译:《孙中山在日活动密录》,第 136-137 页)

△　马素来函,报告李烈钧具有野心及在欧洲了解的情况。

函称:李烈钧"是一个十分有野心的人。在不经意间,他的话语中都明显的表明他是一个有野心的人,而且是非常有野心"。李曾谓:"南洋(the Straits People)仅仅只是工具而已。他们已放弃支持中山,而这对我来说是一个机会。""按照中国现在的形势,没有我挺身而出是不行的。孙中山的时代已经过去了。""孙中山不管是在中国还是南洋(Straits)都已经失去人心了。"

函称,在法国,Wai(韦玉再)巴黎工作很出色,结交了许多法国的大人物,穿梭于各部长、参议员、众议员、金融家和学者之间,已是 the Society of Savant 成员之一,经常被邀请去各大俱乐部发表关于中国的演讲,刚结束从里昂到法国中部的巡回演讲。法国人对中国的处境都表示同情,并对孙中山也非常敬重。大约有十二家报纸及周刊刊登了 Wai 的文章,并且都在指责袁世凯。在下议院进行的一场辩论使得法国总理撤回了给法中工业银行的担保函。"从反对袁世凯独裁的强劲演说看来,未来中国将很难从法国贷款。尽管报纸上仍在讨论工业贷款的事情,但我敢向您保证它将会失败而且永远也不会有什么结果。"在英国,"目前伦敦舆论的基调是反袁的,贷大笔的款的希望非常渺茫"。(《Ma Soo(马素)书简》,[日]久保田文次编:《萱野长知・孙文関係史料集》,第 481-485 页)

4 月 18 日　宋蔼龄(两次)、蔡锐霆、陈钟杰、宋耀如、龚炼百、周淡游、周骏彦、陈其美、周太极、安健、叶夏声、田桐、和田瑞、周应时、龚晚成、黄劲冬等来访,面谈。(日本外务省档案,1914 年 4 月 19 日《孙文动静》,乙秘第 791 号;俞辛焞、王振锁等译:《孙中山在日活动密录》,第 137 页)

△ 致函南洋革命党人，阐明组织中华革命党的理由，并解释党内服从的重要性。

函称，"去年抵此埠，即发起重新党帜，为卷土重来之计，当与同志秘密组织"。至此时，"先后已得四五百人，均最诚信可靠之同志，惟此时来者尚未为多。近顷干部章程及新革命方略，陆续订立完备，此间同志闻风倾慕，均踊跃加入。计以前同志中重要分子，均隶党籍，固不待言，又获得多数锐进新同志，声势益形膨大。前此传闻吾党分崩之象，悉已消灭，今后举事，必不蹈前者覆辙，当归弟一人统率之下，是国事虽未如愿，党务将告大成，兹可额首也"。

函中特别强调服从在党组织中的重要性，"鉴于前此之散漫不统一之病，此次立党，特主服从党魁命令，并须各具誓约，誓愿牺牲生命、自由权利，服从命令，尽忠职守，誓共生死"。对此，进一步解释道："至此次组织，其所以必誓服从弟一人者，原第一次革命之际及至第二次之时，党员皆独断独行，各为其是，无复统一，因而失势力、误时机者不少，识者论吾党之败，无不归于散涣，诚为确当。即如南京政府之际，弟忝为总统，乃同木偶，一切皆不由弟主张。关于袁氏受命为总统一事，袁氏自称受命于隆裕，意谓非受命于民国。弟当时愤而力争之，以为名分大义所关，宁复开战，不得放任，以开专恣横行之渐。乃当时同志咸责备弟，且大为反对。今日袁氏竟嘱其党，宣言非受命于民国矣，此时方悟弟当时主张不为无见也。其余建都南京，及饬袁氏南下受职两事，弟当时主张极力，又为同志反对。第二次革命之前，有'宋案'之发现，弟当时即力主开战，克强不允，卒迁延时日，以至于开战即败。可知不统一服从，实无事不立于败衄之地位。故鉴于前辙，兹乃力洗从前积弊，幸同志多数均以为然，故能至此成效。"

信中还表达对南洋侨胞寄予厚望："今大致已经就绪，拟即分寄章程前赴南洋、欧美各处，创立支部。诸君久居南洋，声誉素著，谅能本此宗旨，设各埠支部，以张党势，故兹特沥述情形，冀望诸君赞成其

事,并为传播此旨,想诸君必不却其请也。"(《致南洋革命党人函》,《孙中山全集》第 3 卷,第 81—82 页)

△ 致函李源水,感谢其接济在日革命党人,并请组织支部。

函中表示:"以足下业已商允吴世荣君将前汇宁之捐款转汇东京,接济各贫苦同志,厚谊隆情,至堪感佩。"同时希望李源水能参与中华革命党的组织工作:"近顷干部支部章程、革命方略,均已陆续订定,现拟扩充各处组织支部,一俟章程刊就,即当分寄各埠同志。素仰足下热诚爱国,始终如一,刻下此间组织,必愿赞成。倘能担任组织支部(将现国民党支部内部暗组秘密团体),当将章程邮寄尊处,未审以为如何?"(《致李源水函》,《孙中山全集》第 3 卷,第 83 页)

4 月 19 日 邹永成、李枝荣、何晏、刘通衡、谢彬、戴季陶、陈家鼎、连城、曹瑚、陈中孚、钟鼎、黄申芗、熊尚文、毕炜等先后来访,议事。与菊池良一通电话;给本区驹达医院的林震发去一函。(日本外务省档案,1914 年 4 月 20 日《孙文动静》,乙秘第 793 号;俞辛焞、王振锁等译:《孙中山在日活动密录》,第 137—138 页)

4 月 20 日 宋耀如、周太极、刘崛、李志荣、谢彬、何晏、何仲良、陈扬镳、戴季陶、山田纯三郎、菊池良一、榊原政雄、叶夏声、田桐、刘承烈等先后来访,议事。(日本外务省档案,1914 年 4 月 21 日《孙文动静》,乙秘第 803 号;俞辛焞、王振锁等译:《孙中山在日活动密录》,第 138 页)

4 月 21 日 萱野长知、山科多久马、陈其美等来访,共同议事。中午,乘人力车至麴町区麴町八丁目访秋山定辅,谈约一小时。(日本外务省档案,1914 年 4 月 22 日《孙文动静》,乙秘第 807 号;俞辛焞、王振锁等译:《孙中山在日活动密录》,第 138 页)

4 月 22 日 戴季陶、犬养毅、宋蔼龄、陈中孚(两次)、刘文锦、邓鼎、徐苏中、唐健、周应时、丁士杰、田桐、龚振鹏、陈勇、汪子冈、叶夏声、岑楼、管署东等来访,面谈。(日本外务省档案,1914 年 4 月 23 日《孙文动静》,乙秘第 813 号;俞辛焞、王振锁等译:《孙中山在日活动密录》,第 138—139 页)

4月23日 宫崎滔天、周太极、陈逸川、陈□夫、林虎、李思庶、叶夏声、丁仁杰、肖萱、田桐等来访，面谈。何仲良、蔡锐霆、夏重民等来访，约明日会见。与陈其美通电话，陈随后来议事。（日本外务省档案，1914年4月24日《孙文动静》，乙秘第816号；俞辛焞、王振锁等译：《孙中山在日活动密录》，第139－140页）

4月24日 邓家彦、邓鼎封、王统一、徐苏中、陈仲杰等先后来访，议事。（日本外务省档案，1914年4月25日《孙文动静》，乙秘第819号；俞辛焞、王振锁等译：《孙中山在日活动密录》，第140页）

4月25日 萱野长知、宋蔼龄、叶夏声、韩恢、三轮作次郎、田桐、刘承烈、徐朗西等先后来访，参与交谈。（日本外务省档案，1914年4月26日《孙文动静》，乙秘第826号；俞辛焞、王振锁等译：《孙中山在日活动密录》，第140页）

△ 是日，中国兴业会社开会，重新选举杨士琦为总裁，取代孙中山。

上年11月，袁世凯邀请涩泽荣一赴北京，涩泽派副总裁仓知铁吉到京，与袁商谈中国兴业公司问题，大幅度修改此前商定之公司条规，决定"孙文等所出售之股票由杨士琦等购下。"是日，在东京召开第一次股东定期会议，正式改名为中日实业公司（日名为中日实业株式会社），原由孙中山所任总裁之职改由袁世凯亲信杨士琦担任，仓知继任副总裁。（彭泽周：《中山先生与中国兴业公司》，《中华民国建国史讨论集》第1册，第177－178页。）孙中山退出中国兴业公司，实属无奈之举。二次革命失败后，孙中山流亡日本，十分清楚自己的处境与立场，已不再适合担任公司的中方代表。在同涩泽荣一的谈话中，正式表态："由于本人不能不筹画革命，无暇经营公司，愿将自己所持之股票转让北京当局。"可见，孙中山是同意改组公司的。（李廷江：《日本财界与辛亥革命》，第301页）

4月26日 王统一、李及、石俊卿等来访，面谈。蔡锐霆、戴季陶等来访时，因已外出，未见即离去。下午，步行至麴町区内幸町肠胃医院探望陈其美,随后,与陈离开医院,至日比谷公园散步。归途于京桥区出云町资生堂购买药品。(日本外务省档案,1914年4月27日《孙文动静》,乙秘第828号;俞辛焞、王振锁等译:《孙中山在日活动密录》,第140—141页)

4月27日　宋蔼龄、宋耀如、邓家彦、杨庶堪、黄复生、彭典五、邓铿、安健、叶夏声、丁仁杰、田桐等先后来访,议事。(日本外务省档案,1914年4月28日《孙文动静》,乙秘第837号;俞辛焞、王振锁等译:《孙中山在日活动密录》,第141页)

4月28日　萱野长知、谭发、周植蓄、宋公优、邓鼎、夏重民、胡毅平、李奇、廖求、王统一(两次)、李根源、曹亚伯、居正、田桐、陆惠生、叶夏声、和田瑞等来访,面谈。刘亚新来访,谢绝与其会见。(日本外务省档案,1914年4月29日《孙文动静》,乙秘第839号;俞辛焞、王振锁等译:《孙中山在日活动密录》,第141—142页)

4月29日　戴季陶、李枝荣、谢彬、何晏、刘道衡、周淡游、宋蔼龄姐妹、田桐、刘承烈、刘文钧、唐建、苏无涯、叶夏声、周应时、曹亚伯等来访,面谈。曾贯吾来访,谢绝与之会见。(日本外务省档案,1914年4月30日《孙文动静》,乙秘第844号;俞辛焞、王振锁等译:《孙中山在日活动密录》,第142页)

△　韦玉再来函,汇报在法国宣传革命情形及欧洲各国对中国形势的舆论倾向。

函称:巴黎大报馆如新闻报、人道报、财政报等,"已屡屡为我辈鼓吹矣"。前月到里昂演说数次,各界极表欢迎,新闻赞助尤为尽力。里昂选出参议员某君极为热心,曾著论载于巴黎新闻报。此报势力极大,每月发行至百四十万份。前日众议员某在院质问政府何故借款与中国,一时议论沸腾。

信中提到,欧洲国家对袁世凯政府的借款并不积极支持,"现在法国世论极反对袁氏,在法募债必难成功,中法银行借款万五千万佛郎,四月初于此发行,闻仅售出一千万佛郎,且大半某某银行承买,盖到获其批扣之余利也。又闻该行前已交袁氏四百万元,是所募仅敷垫款,此后陆续支数恐非易事。且此项借款名为浦口商埠及北京市政之建筑整理费,英人极力反对,泰晤士报已屡著论攻之。而五国银行团已不满之意。现值美墨战争,奥帝病笃,欧美多事之秋,金融日迫,袁氏欲仰外债以苏润鲋,行见其自毙矣"。

信中还认为,由于欧洲国家担忧中国局势,造成了有利于革命的形势,"四方多故,袁氏无能已为各国所公认。至其破坏共和之举,如废议院、禁自治、废审判、停学校,近且大改约法,竟有以优待皇室条件加入约法及总统定为终身职之议。不啻抵翻共和,厉行专政,而□刑赏之滥,政令繁苛,财政困穷,盗贼蜂起。左右之树党营私,官僚之卑污苟贱,凡历代宦官权位亡国败家之现象,胥萃于一时,各国识者皆信其不久必致大乱。若乘此时机游说各国,俾袁氏鬼蜮丑恶之行如牛渚之燃犀,民党光明磊落之气白虹之贯日。公道在人,必不至助袁氏以催〔摧〕残民党,而吾党一有举动,亦可得外人之同情。为现在计,为将来计,皆不可忽此也"。(《韦玉再书简》,〔日〕久保田文次编:《萱野长知・孙文关系史料集》,第541—542页)

△ 马素从伦敦来函,报告英国舆论对中国革命的新动向。

函称:已经见过 Diosy 先生,并且通过他认识了一些在英国颇有影响的记者,也参加了一些讨论中国事务的会议。以前在中国时很沮丧,认为不可能消除袁世凯的代理人在国内外对我们的歪曲,现在的想法已经截然不同了,"即使在这么晚的时期仍有很大可能让我们的声音被听到。英国人喜欢公平竞争,并尊重事实。在一些 Diosy 先生带我去的会议中,当他们得知中国的真实情况后,表现出极大的愤慨,我对此非常讶异"。尽管存在诽谤,但这里的群众仍然相信孙中山。陈锦涛和他的秘书们在英国创办了一份叫《中国评论》的出版物。"致力于加强袁及其北京的同党,并诋毁拥护共和的人。不过这个评论的论调很明显是反动的,且带有党派色彩,我不相信他会网罗到有思想的人。这是我所见过在新闻业里最卑鄙的尝试。康德黎

(Cantlie)博士只是暗笑并称在热爱公平竞争的人看来，它这是在声讨自己，并严重毁掉了袁的事业。"（《Ma Soo（马素）书简》，[日]久保田文次编：《萱野长知·孙文関係史料集》，第486—487页）

4 月 30 日　田桐、刘亚新、邓家彦、刘崛、周淡游等来访，面谈。下午，偕周淡游步行到内幸町肠胃医院探望陈其美。（日本外务省档案，1914 年 5 月 1 日《孙文动静》，乙秘第 854 号；俞辛焞、王振锁等译：《孙中山在日活动密录》，第 143 页）

△　袁世凯政府拟撤销孙中山的荣誉。

是日，《盛京时报》消息称，临时稽勋局缮具"褫夺孙文等荣典案册"，呈请察核，并"请饬查各省有无于孙文罪名相同者，亦应呈请一律撤消，以维法纪"。（《稽勋局请褫孙文荣典》，《盛京时报》1914 年 4 月 30 日，"民国要闻"）

是 月　邓家彦、路孝忱、陈家鼏、杨庶堪、刘文锦等四十余人在东京入党。赖天珠等三十余人在上海入党。（罗家伦主编，黄季陆、秦孝仪增订：《国父年谱（增订本）》上册，第 614 页）

5 月

5 月 1 日　邓家彦、邓鼎封、李及、吴鸿钧、胡汉民、苏无涯、叶夏声、森恪、韩恢等来访，议事。符节来访，谢绝会见之。孙毓坦、昌子仁二人来访时，叶夏声代为会见。下午，偕宋蔼龄姐妹乘梅屋庄吉派来的汽车到梅屋宅，会见梅屋及二名外国人（似法国人），受晚餐招待；又经梅屋庄吉介绍，会见了立石驹吉和冈本某二人。（日本外务省档案，1914 年 5 月 2 日《孙文动静》，乙秘第 850 号；俞辛焞、王振锁等译：《孙中山在日活动密录》，第 143 页）

△　袁世凯公布《中华民国约法》，废止民国元年之临时约法。

5 月 2 日　宫崎寅藏、邵振青、周太极、刘玉山、叶夏声、陈扬镳、刘承烈等先后来访,参与交谈。(日本外务省档案,1914 年 5 月 3 日《孙文动静》,乙秘第 858 号;俞辛焞、王振锁等译:《孙中山在日活动密录》,第 144 页)

　　△　是日,廖仲恺宣誓加入中华革命党。(廖仲恺、何香凝著,尚明轩、余炎光编:《双清文集》上卷,第 70 页)

　　5 月 3 日　宋蔼龄、黄复生、刘道衡、陆惠生、陈扬镳、何嘉禄、田桐、丁仁杰、肖萱、王茂林、廖成、岑楼、和田瑞等先后来访,议事。(日本外务省档案,1914 年 5 月 4 日《孙文动静》,乙秘第 869 号;俞辛焞、王振锁等译:《孙中山在日活动密录》,第 144 页)

　　5 月 4 日　徐朗西、田桐、陆惠生、刘平、赖天球、张敷五、黄复生、叶家声、邓家彦等先后来访,参与交谈。(日本外务省档案,1914 年 5 月 5 日《孙文动静》,乙秘第 879 号;俞辛焞、王振锁等译:《孙中山在日活动密录》,第 144—145 页)

　　5 月 5 日　刘文锦、田桐、安健、宋向辰、刘承烈、廖仲恺、胡汉民、李枝荣、谢彬、何晏、居正、邓家彦、邵元冲等来访,一起共同议事。萱野长知两次来访,议事。游艺、宋公优、叶夏声等来访时,已外出,均未见。给澳门凤顺堂 4 号孙眉发去一挂号邮件。(日本外务省档案,1914 年 5 月 6 日《孙文动静》,乙秘第 893 号;俞辛焞、王振锁等译:《孙中山在日活动密录》,第 145 页)

　　△　与黄兴见面商谈。

　　下午,与到访的萱野长知乘车至芝区高轮南町 53 号访问黄兴,一起议事。其间,章士钊、陈方度亦先后到访,参与交谈,约三个小时。(俞辛焞编:《黄兴在日活动秘录》,第 289—290 页)

　　5 月 6 日　上午,胡汉民、黄复生、杨庶堪、田桐等来访,共同议事。随后,水谷幸二郎、宫崎寅藏、王统一、刘崛、副岛义一、邓鼎封、徐忍茹和陆惠生等先后来访,议事。下午,宋公优、叶夏声、刘承烈等来访,共同议事。晚,丁志杰和革玉梁来访,议事。致函小石川区林町 70 号的章士钊。(日本外务省档案,1914 年 5 月 7 日《孙文动静》,乙秘第 904 号;俞辛焞、王振锁等译:《孙中山在日活动密录》,第 145—146 页)

　　5 月 7 日　胡汉民、丁仁杰、邓家彦、苏无涯、宋蔼龄姐妹、波多野春房、曹亚伯、蔡锐霆、叶夏声、肖萱、夏之麒、夏尔玛、林中干、吴鸿钧、徐苏中、田桐、刘艺舟、黄伯群、宫崎寅藏等来访，面谈。下午，在宫崎寅藏陪同下，乘人力车至京桥木挽町九丁目 21 号田中宅，与三人（姓名不详）饮酒密谈。晚，龚振鹏来访，因在外，未见。（日本外务省档案，1914 年 5 月 8 日《孙文动静》，乙秘第 913 号；俞辛焞、王振锁等译：《孙中山在日活动密录》，第 146－147 页）

5 月 8 日　王统一（两次）、胡汉民、龚振鹏、叶夏声、陆惠生、蔡锐霆、黄复生等来访，参与交谈。胡昂两度来访，均拒绝会见之。晚，向上海发去一西文电和一函；向檀香山发去一函。（日本外务省档案，1914 年 5 月 9 日《孙文动静》，乙秘第 920 号；俞辛焞、王振锁等译：《孙中山在日活动密录》，第 147 页）

5 月 9 日　王统一、萱野长知、宋耀如、宋蔼龄姐妹、肖萱、吕越、周应时、叶夏声等来访，面谈。（日本外务省档案，1914 年 5 月 10 日《孙文动静》，乙秘第 931 号；俞辛焞、王振锁等译：《孙中山在日活动密录》，第 147－148 页）

△　马素来函，汇报在欧洲应对《中国评论》攻击中华革命党的情况。函谓：四月份的《中国评论》中仍有一篇文章对 China Party 进行了卑鄙下流的攻击。那期评论出版不久，就成功地诱导 Daily News and Leader 发表了一篇短文，向《中国评论》那些编辑们问罪。"也致信陈博士告诉他对我们的攻击是没有道理的，只会被视为无谓的挑衅，而我对此是极其痛恨的。"两天后，接到了陈维成先生的电话，告知那篇文章是在陈锦涛博士不知情的情况下出版的，在将来的期号中"会避免政治问题"；也称陈博士立场是最为微妙的，尽管作为金融代理被派往欧洲，但他尚未替政府签订贷款，并且也不打算签订任何贷款。他意识到袁并不是很信任他，当袁要求其前往欧洲时，他只是庆幸能够有机会离开中国一段时间。陈还保证"无论如何，陈博士都是我们这一边的人，当中国发生什么事情的时候，他会使《评论》的立场倒向我们这边"。（《Ma Soo（马素）书简》，[日] 久保田文次编：《萱野

長知・孫文関係史料集》,第487—489页)

5月10日　胡汉民、王统一、丁士杰等来访,与之面谈。唐天成两度来访,首次谢绝会见,再次才与之面谈。郑一峰、宾光来访,仅会见郑,不见宾。下午,偕胡汉民步行至肠胃医院探望陈其美,谈话间宋蔼龄来。孙、宋一起离开医院,乘人力车到出云町资生堂购买药品后返寓。(日本外务省档案,1914年5月11日《孙文动静》,乙秘第933号;俞辛焞、王振锁等译:《孙中山在日活动密录》,第148页)

△　《民国》杂志在东京创刊。

胡汉民承孙中山之命,筹办《民国》杂志,曾多次向孙中山请示办法,参与商议者尚有陈其美、叶夏生、杨庶堪、黄复生、邹鲁、苏曼殊等。时孙中山指示邹鲁:"本党决定创办一种杂志,做本党宣传的机关……现在本党宣传的对象,要在推倒袁世凯,你在北京的时间较久,对于袁世凯倒行逆施的情形比较熟悉,应该把他尽量揭发出来。如时间许可,每期你要担任两篇,至少也该有一篇。至于党义的宣传,可暂从缓,因为国贼未除,什么主义都行不通。"(邹鲁:《回顾录》,第60—61页)是日,作为民党喉舌之《民国》杂志创刊,社址设于东京麦町区新樱田町(后迁于芝区南佐久间民国社内),任命胡汉民为总编辑,居正、戴季陶、朱执信、杨庶堪、苏曼殊、邵元冲、邹鲁、叶夏生、张百麟为编辑,居正兼经理。胡汉民作发刊词,指出其僭乱者"不过利用国民之弱点于一时",因此"今日之救济,非于民智、民德、民力三者,急图其进步不可,而其为效又当视决心实行之如何","而尤欲有以释悲观者之所怀,故作为《民国杂志》",其所出各期"无不本'革命'、'讨袁'之精神,以为宣传"。(邹鲁:《中国国民党史稿》第2篇,第539—542页)《民国》第一卷第二号"布告"称:"本报为纯民党之代表言论机关,研究民国政治上革新之重大问题。"

14日,胡汉民致古应芬、李文范函中,反映《民国》杂志的状况并约稿,称:"'民国'二字定名诚未善,佩兄高论至当。顾今之时,亦所谓'卑之无甚高论'者,居东同人所见如此,吾辈与之关系既久且深,则惟始终与之周旋而已……日顷第一期已发行,此期只有秋谷高文足张吾军(秋谷冷眼热肠,真吾党之圣者)①。以弟视之,不只在季兄②文字之上,且亦视曩昔秋谷之文为大进步,文体谨严而才思横溢,前此未有也。"并向古应芬等约稿:"最所喜者,则两兄皆慨然肯担任杂志文字,减免弟向内搜索、向外请求之苦,两兄固爱党乎,而弟先已受赐不鲜矣。""弟之征文尤甚于索债,若在所亲厚者,则望之弥笃。协之亦允于文学一途时时赐稿矣,切望两兄于摒挡他事外,无所吝也。"(李穗梅主编、李兴国等整理:《古应芬家藏未刊函电文稿辑释》,第 58 页)

△　韦玉再来函,汇报在法国的工作进展。函称:工作有了进步,在法国获了更多的同情。民众和政党领袖对中国问题非常不了解,但并不急于去改变他们的观点。由于经济上的力量和外交阴谋等因素,使得广大民众无法知道任何关于中国的现状,也就使这项工作非常困难。提供所有贷款的银行家们花费大量金钱给出版社,指使其不要刊登任何有关贷款的消息。"有一些朋友在报社,他们支持我们的事业并且应该会和我们并肩作战。一些著名的政治家,Jaures,以及其他一些人都是支持我们的。我现在正在争取其他人。"(《Y. C. Wai(韦玉再)书简》,[日]久保田文次编:《萱野長知·孫文関係史料集》,第 504－505 页)

△　章士钊主编的《甲寅》杂志创刊于东京,在上海发行。

近来孙中山与章有联系。是月 5 日,曾在黄兴处与章交谈;6日,又致章一函。(日本外务省档案,1914 年 5 月 7 日《孙文动静》,乙秘第904 号;俞辛焞、王振锁等译:《孙中山在日活动密录》,第 146 页)

5 月 11 日　上午,周应时、胡汉民、李剑尘、张尚群、杨益谦、殷文海相继来访,共同议事。是日,宋公优、邓家彦、宋蔼龄姐妹、叶夏声、王统一、田桐、萱野长知等亦到访,议事。符节三次到访,前二次

---

①　"秋谷高文"当指朱执信以"前进"笔名在《民国》杂志上发表的《未来之价值及前进之人》《无内乱之牺牲》二文。

②　"季兄"即汪精卫,字季新。

均谢绝与其会面,最后由叶夏声代为会见。(日本外务省档案,1914 年 5 月 12 日《孙文动静》,乙秘第 944 号;俞辛焞、王振锁等译:《孙中山在日活动密录》,第 148—149 页)

△ 下午,偕来访的胡汉民、王统一、萱野长知乘车至向岛访大仓喜八郎,议事并受晚餐招待。(日本外务省档案,1914 年 5 月 11 日《孙文动静》,乙秘第 933 号;俞辛焞、王振锁等译:《孙中山在日活动密录》,第 148 页)会见后,大仓将会见始末函告大隈重信①。

△ 致函大隈重信,寻求日本方面对反袁斗争的支持。

在函中,首先阐明了日本支持中国革命的有利形势:"窃谓今日日本,宜助支那革新,以救东亚危局,而支那之报酬,则开放全国市场,以惠日本工商。此中相需至殷,相成至大。如见于实行,则日本固可一跃而跻英国现有之地位,为世界之首雄,支那亦以之而得保全领土,广辟利源,为大陆之富国。从此辅车相依,以维持世界之和平,增益人道之进化。此诚千古未有之奇功,毕世至大之伟业也。"

继而,阐述了中国革命的必要性:"乃自彼(袁世凯)就任以来,背弃誓约,违反道义,虽用共和民国之名,而行专制帝王之事。国民怨怒,无所发舒。乃其暴虐甚于满清,而统驭之力,又远不及,故两年之间,全国变乱频起,民党之必兴,革命军之必再见,无可疑者。"

接着,又详细阐述了日本支持中国革命的重要意义:"日本与支那地势接近,利害密切,革命之求助以日本为先者,势也。以言建设之际,则内政之修善,军队之训练,教育之振兴,实业之启发,均〔非〕有资于先进国人材之辅助不可。而日本以同种同文之国,而又有革命时期之关系,则专恃以为助,又势也。"不仅如此,日本支持中国革命也可以获得极大利益,"支那可开放全国之市场,以惠日本之工商,而日本不啻独占贸易上之利益。是时支那欲脱既往国际上之束缚,

———————

① 大隈重信(1838—1922),日本佑贺县锅岛藩警卫头人。1877 年,任大藏卿。1881 年,组织在野同志成立立宪改进党,任总理,成为在野政客巨头。1898 年,组织宪政党内阁,任首相兼外相,后辞职。1914 年至 1915 年,第二次组阁,任首相兼内务大臣。

修正不对等之条约，更须藉日本为外交之援。如法律、裁判、监狱，既藉日本指导而改良，即领事裁判权之撤去，日本可先承认之，因而内地杂居为日本人，于支那之利便而更进。使支那有关税自主固定之权，则当与日本关税同盟，日本之制造品销入支那者免税，支那原料输入日本者亦免税。支那之物产日益开发，即日本之工商业日益扩张……日本地力之发展已尽，殆无盘旋之余地，支那则地大物博，而未有以发展之。今使日本无如英于印度，设兵置守之劳与费，而得大市场于支那，利且倍之，所谓一跃而为世界之首雄者，此也”。并指出，日本只有支持中国革命，才有这些共同的利益，“故非日本为革命军助，则有袁世凯之政府在，其排斥日本勿论。即袁或自倒，而日本仍无以示大信用于支那国民，日本不立于真辅助支那之地位，则两国关系仍未完满，无以共同其利益也”。“而日本能助革命党，则有大利，所谓相需至殷相成至大者，此也。”“要之，助一国民党，而颠覆其政府，非国际上之常例。然古今惟非常之人，乃能为非常之事，成非常之功。窃意阁下为非常之人物，今遇非常之机会，正阁下大焕其经纶之日也。文为支那民党之代表，故敢以先有望于日本者，为阁下言其概。且观于历史，佛曾助米利坚矣，英曾助西班牙矣，米曾助巴拿马矣。佛之助米独立，为人道正义也；英助西班牙以倒拿破仑，为避害也；米助巴拿马，为收运河之利也。今有助支那革命，倒暴虐之政府者，则一举而三善俱备，亦何惮而不为乎？”（《致大隈重信函》，《孙中山全集》第 3 卷，第 84—87 页）

5 月 12 日　王统一（两次）、肖萱、王维纲、吕超、韩恢、徐朗西、居正、黄复生、周应时、叶夏声、夏重民、李剑尘等来访，议事。王仡两次来访，均谢绝与其会面，后由叶夏声代为会见。上午，给香港北海傍西 35 号唐梦鱼发去一函。下午，乘人力车至肠胃医院访陈其美。（日本外务省档案，1914 年 5 月 13 日《孙文动静》，乙秘第 951 号；俞辛焞、王振锁等译：《孙中山在日活动密录》，第 149—150 页）

5 月 14 日　指示组织中华革命党筹备委员会。

　　根据孙中山指示,是日由田桐发出通告,在中华革命党总部未成立以前,组织一筹备委员会,委任柏文蔚、周应时、陈其美、刘承烈、邓家彦、胡汉民、杨庶堪、居正、侯度生、张肇基、凌钺、文群、陈扬镳、张百麟、田桐等人员组成。并发出于 16 日在民国社召开第一次筹备委员会的通知。(《中华革命党筹备委员会人员名单》,黄季陆主编:《革命文献》第 45 辑,第 93—94 页)

　　△　是日,胡汉民致函古应芬、李文范,告知孙中山与党内同志之间关系有所改变。

　　函谓:"近日,中山与弟感情复旧(其所怀亦较稳健,逾其畴昔)。惟克兄①尚介介也。弟意以今日非夫己氏之患,而残局将来之可忧。至于党人内部,若不整理则更无事可言。中山亦甚韪是议。至其与克虽未能一时水乳,然亦不似前之不相能矣。"信中还建议广东反袁行动应视经费情况而定,"港款如亦有着,则事可行矣。款或犹有不足,则弟意当于数者中,择撰图之,不必同时并举也"。(李穗梅主编、李兴国等整理:《古应芬家藏未刊函电文稿辑释》,第 58 页)

　　△　上海革命活动大受挫折。

　　《盛京时报》转上海电讯称:"十四日晚间,乱党二百余人在法租界麇集,预备起事,当经法国警察侦悉,一并被逮。"(《乱党二百余人被逮》,《盛京时报》1914 年 5 月 19 日,"上海专电")

　　5 月 16 日　中华革命党筹备委员会在东京召开。

　　5 月 20 日　陈其美致函郑螺生等,阐述对国内形势的看法,并请速汇款。

　　函称:"慨自癸丑失机而败,全国人心几乎澌灭,虽由政府威吓所致,而人民昧于世界大势,爱国心之薄弱,亦不容讳,有识者多引为深忧……似此飘摇风雨之国家,内贼外侮相逼而至,吾党若不急起直追,将现政府一举推倒之,不独共和之名实均亡,且人民之税驾无所。

―――――――――

　　①　"克兄"指黄兴。

弟鉴于时势之危迫,并感公等之提携,决然于前日归国,排百难以猛进,冒万死所不辞,区区此心可质天日,以乘此人心激昂之际,督促进行,冀收速效。现海陆军之表同情者,日见其多,各方面之布置,亦渐臻完备,唯困于经济,待款万难,各省维持机关之费月达万金,糜费旷时,可惜孰甚。务望公等将已筹之款,立即汇寄,并乞继续募集,以作后援,则将来大功之成,均公等所赐也。"(程存洁《南洋筹饷——广州博物馆藏孙中山及其同志有关筹饷手札集》,第 162 页)

5 月 21 日　黄兴复函宫崎寅藏,表露强烈不满。

黄兴愤慨言:"在今日亡命海外,何以家为? 同志交谪,亦所甘受。然以弟不赞成中山之举动,以是相迫,不但非弟所乐闻,且甚为弟所鄙视。其手段之卑劣也,近日造谣,倾轧之机日露。"黄因此决意离日赴美,并致函孙中山,"有所诤谏"。(湖南省社会科学院编《黄兴集》,第 354—355 页)围绕组建中华革命党的问题,在日革命党人内部分歧越来越大。

5 月 27 日　廖仲恺致函邓泽如,报告广东支付党费情况,且对国民党状况表示忧虑。

函称:"国事日非,避秦无地,吾党宗旨目的,欲其达到,尚须竭蹶以图,而日夕相扰者,乃为此种烦恼问题。想足下于此,亦当废书三叹耳。国民杂志出版,料已得阅,尊处同志颇欢迎之否。改革人心,转移风化之力,笔舌较兵戈为巨。倘能大声疾呼者三数年,既倒狂澜,未始不可复挽。惟根性浅薄之徒,见利而忘义,寡情而弃好者,比比皆是。吾党失败后,此象更著。足下长者,想已先吾辈而忧之矣。"(《廖仲恺关于广东支付党费概况致邓泽如函》,黄季陆主编《革命文献》第 48辑,第 79—80 页)

5 月 29 日　复函黄兴,为陈其美辩护。

"二次革命"失败后,国民党党内主张分歧日著,甚至出现了某些意气之争。适于此时,黄兴在东京建造房屋数间,陈其美等颇多訾议,黄兴益加愤懑。是日,孙中山复函黄兴,对黄兴重加责备,替陈其美辩护。函中指责黄兴对"二次革命"之失败负有责任,"若兄当日饱听弟言,'宋案'发表之日,立即动兵,则海军也,上海制造〔局〕也,上海也,九江也,犹未落袁氏之手。况此时动兵,大借款必无成功,则袁氏断不能收买议员,收买军队,收买报馆,以推翻舆论。此时之机,吾党有百胜之道,而兄见不及此。及借款已成,大事已去,四都督(指湘、赣、皖、粤四省都督谭延闿、李烈钧、柏文蔚和胡汉民)已革,弟始运动第八师营长,欲冒险一发,以求一死所,又为兄所阻,不成。此等情节,则弟所不满于兄之处也"。希望黄兴不要再"有碍"革命,"及今图第三次,弟欲负完全责任,愿附从者,必当纯然听弟之号令。兄主张仍与弟不同,则不入会者宜也,此弟之所以敬佩而满足者也。弟有所求于兄者,则望兄让我干此第三次之事,限以二年为期。过此犹不成,兄可继续出而任事,弟当让兄独办。如弟幸而成功,则请兄出而任政治之事。此时弟决意一到战场,以遂生平之志,以试生平之学。今在筹备之中,有一极要之事求兄解决者,则望禁止兄之亲信部下,对于外人,自后切勿再言'中国军界俱是听黄先生之令,无人听孙文之令者。孙文所率者,不过一班之无知少年学生及无饭食之亡命耳'。此等流言,由兄部下言之,确确有据。此时虽无大碍,而他日事成,则不免生出反动之力。兄如能俯听弟言,竭力禁止,必可止也,则有赐于弟实多矣"。

信中亦向黄兴解释,陈其美不满的是黄的政治见识:"所言英士以兄不入会(指不加入中华革命党)致攻击,此是大错特错。盖兄之不入会,弟甚满足。以'宋案'发生之后,彼此主张已极端冲突;第二次失败后,兄仍不能见及弟所主张是合,兄所主张是错。""至于英士所不满意于兄之事,多属金钱问题。据彼所称,上海商人尝言兄置产若干,存款若干。英士向来皆为兄解辩,云断无此事。至数日前报纸载兄在东京建造房屋,英士、天仇皆向日友解辩,天仇且欲写信令报馆更正。有日人阻之,谓不可妄辩。天仇始发信问宫崎,意以为必得否认之回音,乃与该报辩论。不料宫崎回信认以为有,二人遂大失望。并从而生出反动心理,以为此事亦真,则从前人言种种亦真矣。倘俱真的,则克强岂不是一无良心之人乎,云云。英士之此种心理,就是数日间所生者也。如兄能以理由解释之,彼必可明白也。"

信中特别强调党内服从的必要性:"弟所望党人者,今后若仍承认弟为党魁者,必当完全服从党魁之命令。因第二次之失败,全在不听我之号令耳,所以,今后弟欲为真党魁,不欲为假党魁,庶几事权统一,中国尚有救药也。"(《复黄兴函》,《孙中山全集》第3卷,第87—89页)

5月30日　蒋介石在上海闸北之机关遭到破坏,搜出革命党的文件。

据上海镇守使郑汝成发布的告示称,军警在该处机关内起出炸弹、手枪、子弹、军装等件,并在革命党人身上搜出"讨袁总司令伪印一颗,孙文伪示十张,山东江苏安徽等处地图五张"等。陈乔荫供认,"受孙文代表蒋介石委任为第一队伪队长,纠约四五百人,预定于五月三十夜十一时在小沙渡聚齐放火起事,图谋大举"。(《宣布陈乔荫王锦三罪状》,《申报》,1914年6月19日,"本埠新闻")

当时《申报》还刊登了所谓搜获的孙中山檄文,内容如下:"壬子之五月,国民悯构兵之惨,许清室旧臣自新,竭诚志以临时总统付袁世凯,四海之内莫不走相告,曰息兵安民以事建设,是大仁大义事也。吾民既竭诚以望袁,今袁所报民者何如哉。辛亥之役流血万里,人尽好生,何为而然。苟知袁之暴戾,更甚于清,则又何苦膏血万户,以博黄帝之雄哉,所以宁死而不悔者,誓与共和相始终耳。今袁背弃前盟,暴行帝制,解散自治会,而闾阎无安民矣;解散国会,而国家无正论矣;滥用公款,谋杀人才,而陷国家于危险之地位矣;假名党狱,而良懦多为无辜矣。有此四者,国无不亡,国亡则民奴,独袁与二三附从之奸尚可执挺衔璧,以保富贵耳。呜呼,吾民何不幸而委此国家生命于袁氏哉。自袁为总统,野有饿莩,而都下之笙歌不撤;国多忧患,而郊祀之典礼未忘,万户涕洟,一人冠冕,其心尚有共和二字存耶。既忘共和,即称民贼。吾侪昔既以大仁大义铸此巨错,又焉敢不犯难,誓死戮此民贼,以拯吾民。今长江大河万里以内,武汉京津扼要诸军,皆已暗受旗帜,磨剑以待,一旦义旗起,呼声动天地,当以秦陇一军出关北指,川楚一军规定中原,闽粤旌旗横海,合齐鲁以捣京左。三军既兴,吾将与诸君子扼扬子江、定苏浙,以树东南之威,犁庭捣穴,共戮国贼,期可指日待焉。《书》曰:民惟邦本,本固邦宁。又曰:纣有臣亿万,惟亿万心,予有臣三千,惟一心,正义所至,何坚不破。愿与爱国之豪俊共图之。"(《破获小沙渡党人机关三志》,《申报》1914 年 6 月 3 日,"本埠新闻")

是月　致函社会党国际局,请求支援中国革命。

函称:"同志们,我向你们大家发出呼吁,让中国成为世界上第一个社会主义国家。请把你们的精力化在中国身上,请派你们的优秀人材来中国各地服务,助我一臂之力。我需要贵组织成员的帮助,以便完成我的宏伟事业。"(陈旭麓、郝盛潮主编,王耿雄等编:《孙中山集外集》,第 364—365 页;[法]马·拉什丽娜著、王鹏译:《第二国际和中国革命》,《国际共运史研究资料》第 13 辑,第 292 页)

△　以"讨袁军总司令"名义发布讨袁告示。

告示称:"为袁贼窃权弄柄,专制皇帝一般;解散参众议院,临时约法推翻;削灭司法独立,铲除自治机关;外债滥借滥用,苛税不惜民艰;惨杀报馆主笔,纵容侦探凶残;用兵名为剿匪,反令骚扰闾阎;暗杀起义元勋,阳为与己无干;任用一般狐狗,尽是前清大员;不念民生国计,惟知献媚取怜。民国人民为主,岂能袖手旁观!为此申罪致讨,扫除专制凶顽,改革恶劣政治,恢复人命〔民〕主权。本军志在讨贼,与民毫不相关,同胞各安生业,慎勿惊扰不〔大〕安。"(《党人之心终未死》,《盛京时报》1914 年 6 月 10 日,"民国要闻")

△　胡汉民等宣誓加入中华革命党。

胡汉民、苏无涯、刘崛、廖仲恺、夏尔玛等三十余人在东京入党。熊嗣黄等十人在上海入党。王云浦在大连入党。(罗家伦主编,黄季陆、秦孝仪增订:《国父年谱(增订本)》上册,第 617 页)

是年 12 月 2 日，胡汉民致邓泽如函中曾对加入中华革命党做如此解释："凡一国一党之兴也，必恃有中心之人物而提挈之，弟不辞委屈，常欲就于各事，企有弥缝补苴之益，盖不止朋友之义当如此，亦正所以爱吾党之大人物也。"（吕芳上：《朱执信与中国革命》，第 168 页）黄兴也认为胡加入中华革命党并非出于其政治理念，1916 年黄兴与何成濬书称："汉民在中华革命党中非其主张也。渠所持政见，余信为切时之图，言行皆足代表吾党。"（湖南省社会科学院编：《黄兴集》，第 455 页）

5 月至 6 月　与黄兴等讨论组织中华革命党事，关于党内服从问题，争论激烈。

随着中华革命党筹备工作的开展，孙中山和黄兴等的关系变得更为紧张。其时争论的主要问题是孙中山手订之入党誓约，规定"附从孙先生再举革命"一词及入党人须于署名下盖指模一事。部分同志表示不能接受。李烈钧、柏文蔚、谭人凤、陈炯明、张继等均持异议。孙中山于 1915 年 8 月 4 日复杨汉孙（亦写作杨汉荪）函中称："其时李协和、柏烈武俱在东京，李即以牺牲一己自由附从党魁为屈辱；柏既受盟立誓，卒为人所动摇，不过问党事；谭石屏之主张，略同于李；陈竞存在南洋，弟前后数以书招之，亦不肯来。察此数人之言，大抵谓以党魁统一事权，则近于专制；以党员附从命令，则为丧失自由。"（《复杨汉孙函》，《孙中山全集》第 3 卷，第 184 页）黄兴亦以"前者不够平等，后者迹近侮辱"，未能同意。（邵元冲：《中国国民党略史》，罗家伦主编：《革命文献》第 5 辑，第 666 页）

长崎方面同志因此集会于林蔚陆[①]，共议调和之策。到会者有胡汉民、居正、田桐、覃振、谢持、杨庶堪、周应时、徐苏中、郭庞、丁景良、张百麟、林虎、陈铭枢、苏无涯、刘天猛、谭豪、余祥辉等，推胡汉民为临时主席，由上午开会至下午四时，议论分歧，莫衷一是。"有主张要誓约者，有主张不要誓约者，又有主张要誓约并要中华革命党党员

_____

①　按即本部化名，东京青山北町七丁目一番地。

十人以上之介绍者。"后云南党人刘德泽主张仿照日本宪法第一条条文"大日本帝国万世一系之天皇统治之"做法,在誓约上加几个字,"服从中华革命党之总理,不管他是什么先生,只要经同志选举为本党总理,凡属同志都应该绝对服从"。全体赞成通过,公推代表向孙、黄疏通。双方赞同,又因陈其美反对最力,不果。(刘德泽:《中华革命党外记》,《中国现代史丛刊》第4册,第385页)

10月5日,黄兴与梅培的谈话中亦称:"吾非反对孙先生,吾实要求孙先生耳。吾重之爱之,然后有今日之要求。吾知党人亦莫不仰重孙先生,尊之为吾党首领。但为此不妥之章程,未免有些意见不合处。故吾党中分裂,于孙先生名誉有碍,党务亦因而不能统一,于国家前途亦有莫大关系。且吾知此新章之不能改者,原非孙先生之把持,实为三五人所梗耳。何以见之?章程拟稿时,孙先生曾分给一份参看,吾指其不合处要求修改。孙先生当时力允。对胡汉民先生亦然。后不果改,勉强施行,吾料确非孙先生之本意。"(湖南省社会科学院编:《黄兴集》,第391页)

据居正回忆,孙中山始终坚持自己的主张,认为:"一、革命必须有唯一(崇高伟大)之领袖,然后才能提挈得起,如身使臂,臂使指,成为强有力之团体人格。""二、革命党不能群龙无首,或互争雄长,必须在唯一领袖之下,绝对服从。""三、孙先生代表是我,我是推翻专制,建立共和,首倡而实行之者。如离开我而讲共和、讲民主,则是南辕而北其辙。""四、再举革命,非我不行。同志要再举革命,非服从我不行。我不是包办革命,而是毕生致力于国民革命,对于革命道理,有真知灼见;对于革命方略,有切实措施。同志鉴于过去之失败,蕲求未来之成功,应该一致觉悟。我敢说除我外,无革命之导师。如果面从心违,我尚认为不是革命的同志。况并将'服从孙先生再举革命'一句抹煞,这是我不能答应,而无退让之余地的。"孙中山也反对当时任何调停之说。对于指模,认为是为"昭信誓""验诚实""重牺牲""明团结"之必需。规定有一个训政时期,是因为"我们建立民国,主权在民,这四万万人民就是我们的皇帝,帝民之说,由此而来。这四万万皇帝,一者幼稚,二者不能亲政。我们革命党既以武力扫除残暴,拯救无知可怜的皇帝于水火之中,就是要行伊尹之志,以'阿衡'自任,保卫而训育之,使一些皇帝如太甲之'克终允德',则民国之根基巩固,帝民亦永赖万世无疆之麻"。对按党员参加革命前后,分别奖励的规定,孙中山认为:"须知作事要有秩序,论功要有次第。辛亥革命,政府成立,有以加入同盟会为荣,或藉此招摇撞骗,大损同盟会之声誉,是漫无区别之过。我今对于入党党员区别其先后,因而奖励之,亦深寓训练党员之意。"(居正:《中华革命党时代的回忆》,中国社会科学院近代史研究所近代史资料编辑组编:《近代史资料》总61号,第35—39页)

6月

6月1日　黄兴复函回应此前对其的责备。

函中开头即明言:"今请露肝胆,披心腹,为先生最后一言之。"首先,黄兴分析了此前革命的责任问题,指出:"宋案发生以来,弟即主以其制人之道,还制其人之身。先生由日归来,极为反对。即以用兵论,忆最初弟与先生曾分电湘、粤两都督,要求其同意。当得其复电,皆反复陈其不可。今当事者俱在,可复询及之也。后以激于感情,赣省先发,南京第八师为先生运动营长数人,势将破坏。先生欲赴南京之夕,来弟处相谈,弟即止先生不行。其实第八师两旅长非绝对不可,不过以上海难得,致受首尾攻击之故。且先生轻身陷阵,若八师先自相战斗,胜负尚不可知,不如保全全城之得计。故弟愿以身代先生赴南京,实重爱先生,愿留先生以任大事,此当时之实在情形也。南京事败,弟负责任,万恶所归,亦所甘受。先生之责,固所宜然。"

继而,黄兴坦言彼此分歧的根源在于重新组党之事:"但弟自抵日以来,外察国势,内顾党情,鉴失败之主因,思方来之艰巨,以为此次乃正义为金钱、权力一时所摧毁,非真正之失败。试翻中外之历史,推天演之公例,未有正义不伸者,是最后之胜利,终归之吾党。今吾党既握有此胜算,若从根本上做去,本吾党素来所抱之主义发挥而光大之,不为小暴动以求急功,不作不近情言以骇流俗,披心剖腹,将前之所是者是之,非者非之,尽披露于国民之前,庶吾党之信用渐次可以恢复。又宜宽宏其量,受壤纳流,使异党之有爱国心者有所归向,夫然后合吾党坚毅不拔之士,学识优秀之才,历百变而不渝者,组织干部,计画久远,分道进行,事有不统一者,未之有也。若徒以人为治,慕袁氏之所为,窃恐功未成而人已攻其后,况更以权利相号召者乎?数月来,弟之不能赞成先生者以此。"

同时,黄兴也表达了自己的革命信念,称:"今先生于弟之不入会以满足许我,虽对于前途为不幸,而于弟个人为幸已多,当不胜感激者也。惟先生欲弟让先生为第三次之革命,以二年为期,如过期不成,即让弟独办等语,弟窃思以后革命原求政治之改良,此乃个人之天职,非为一公司之权利可相让渡、可能包办者比,以后请先生勿以此相要。弟如有机会,当尽我责任为之,可断言与先生之进行决无妨碍。"并否认有自己的军事力量,"至云弟之亲信部下对于外人云云,弟自闻先生组织会时,即日希望先生日加改良,不愿先生反对自己所提倡之平等自由主义。弟并未私有所标帜以与先生异,故绝对无部下名词之可言。若以南京同事者为言,皆属昔日之同志,不得谓之部下。今之往来弟处者,半多先生会内之人,言词之有无,弟不得而知,当可为先生转达之"。

最后,黄兴回应了陈其美攻击之事,称:"英士君之攻击于弟,弟原不介意,惟实由入会问题,则弟不肯受。今先生即明其非是,弟亦不问,听其所为而已。国事日非,革命希望日见打消,而犹自相戕贼若是,故日来悲愤不胜。先生今力任大事,窃附于朋友之义,有所诤谏,终望采纳,不胜幸甚之至。"(刘泱泱编:《黄兴集》,第697—698页;桑兵主编:《各方致孙中山函电汇编》第2卷,第403—404页)

6 月 2 日　朱执信致函古应芬、李文范，谈论孙中山与黄兴等分歧事及其对革命党人的影响。函中表达了一些不满言论："近日大炮欲与黄跛手（按指黄兴）大相冲突。炮以书与跛谓：中国事应于二年间归彼包办，跛之部下不听指挥，皆以跛故（其实是煽构者言），请跛两年勿与国事，如两年无成，再让跛包办云云（此中情节复杂异常，弟亦不欲深知，亦不必史〔使〕兄等知之矣）。天下不怕丑有如此者，可谓奇事！弟力劝展兄（按指胡汉民）往美，勿立入此种是非丛中，展口允之，而意不决也。"同时表达了对革命前途的迷茫，"现在之局面，我辈决不主张如大炮友（按指孙中山）之所为，顾亦不肯攻之于此两不能之下，旗帜总不鲜明，故就于时事以不谈为得。然既不谈时事，则攻击者必纷至沓来，是今之感情好者，异时感情未必不恶也。此节不过就所感言之，其实在东京亦毫无生财之路。杂志本拟有报酬，然今观彼辈之经营，则其失败可决，即报酬亦谊所不得取也。兼恐政府意见不定，则我辈之托足何所，亦尚不可知。现拟竭力搜索小吕宋之路，彼处尚是来往不十分困难之地点也。吾辈不能绝意国事，若往美洲，一旦有机会，恐坐失之，故纵有路亦不欲往。此时致力，惟在英文，学得年把，未必无益也"。（李穗梅主编、李兴国等整理：《古应芬家藏未刊函电文稿辑释》，第 187 页）

6 月 3 日　回复黄兴之来函，望其退居两年，勿碍中华革命党之计划。

针对前日黄兴来函，今日再回复其一函，指出："然弟终以为欲建设一完善民国，非有弟之志，非行弟之法不可。兄所见既异，不肯附从，以再图第三次之革命，则弟甚望兄能静养两年，俾弟一试吾法。若兄分途并进，以行暗杀，则殊碍吾事也。盖吾甚利袁之生而扑之，如兄计划成功，袁死于旦夕，则吾之计划必坏。果尔，则弟从此亦不再闻国事矣。是兄不肯让弟以二年之时间，则弟只有于兄计划成功之日，让兄而已。"不过，孙中山仍表示："此后彼此万不谈公事，但私交上兄实为我良友，切勿以公事不投而间之也。"（《复黄兴函》，《孙中山全集》第 3 卷，第 91 页）

6月12日　蒋介石、叶夏声、陈耿夫、安健、蔡奎祥、张百麟等来访。上午,乘人力车至京桥区筑地三丁目高桥牙科医院就诊。(日本外务省档案,1914年6月13日《孙文动静》,乙秘第1101号;俞辛焞、王振锁等译:《孙中山在日活动密录》,第150页)

6月13日　刘承烈、刘文锦、阎崇义、前田九二四郎、宋庆龄、宋蔼龄、丁仁杰、范鸿钧、胡汉民、和田瑞、周应时、韩恢、叶夏声、田桐等来访,参与面谈。宋党东、汪洋、符节等来访时,谢绝与其会面。中午,乘人力车再去筑地高桥牙科医院就诊。(日本外务省档案,1914年6月14日《孙文动静》,乙秘第1108号;俞辛焞、王振锁等译:《孙中山在日活动密录》,第150—151页)

6月14日　上午,乘人力车又至高桥牙科医院就诊。归途,至肠胃医院看望陈其美。陈外出不在,与同住该院的黄伯德及到访的周淡游交谈。返寓后,陈其美、胡汉民、宋庆龄、龚石云、殷文铬、徐苏中、吴希真、田桐、居正、杨时杰、韩恢等来访,议事。谢彬、王式度、刘屺、苏无涯来访时,谢绝会见之。丁士杰、朱镜清二人来访时,亦未会见,转告如有事可与周应时接洽。(日本外务省档案,1914年6月15日《孙文动静》,乙秘第1112号;俞辛焞、王振锁等译:《孙中山在日活动密录》,第151—152页)

6月15日　宋耀如、宋蔼龄姐妹、徐忍茹、刘太峰、夏重民、刘玉山、刘屺、蔡奎样、丁仁杰、曹亚伯等来访,议事。上午,乘人力车至筑地高桥牙科医院就诊。归途到肠胃医院访陈其美。下午,陈其美来访,讨论有关革命党本部的成立、组成、干部选举及党员大会等事宜。收到来自东南亚槟榔屿和相州鹄沼的信函各一。

△　分发《中华革命党总章》。是日,夏重民来访时,带来五十份印刷好的《中华革命党总章》,并将之分发来访者讨论。刘玉山、刘屺离去时带走二十余份。又委托夏重民将十余份《中华革命党总章》分别寄往旧金山、新加坡、夏威夷檀香山、槟榔屿等地。(日本外务省档案,1914年6月16日《孙文动静》,乙秘第1119号;俞辛焞、王振锁等译:《孙中山在日

活动密录》,第 152 页)

△　致函陈新政及南洋同志,解释组建中华革命党之意义。

函中着重阐述了组建中华革命党的理念,称:"惟此次立党,与前此办法颇有不同。曩同盟会、国民党之组织,徒以主义号召同志,但求主义之相同,不计品流之纯糅。故当时党员虽众,声势虽大,而内部分子意见纷歧,步骤凌乱,既无团结自治之精神,复无奉令承教之美德,致党魁则等于傀儡,党员则有类散沙。迨夫外侮之来,立见摧败,患难之际,疏如路人。此无他,当时立党徒眩于自由平等之说,未尝以统一号令、服从党魁为条件耳。""是以此次重组革命党,首以服从命令为唯一之要件。凡入党各员,必自问甘愿服从文一人,毫无疑虑而后可。若口是心非,神离貌合之辈,则宁从割爱,断不勉强,务以多得一党员,即多得一员之用,无取浮滥,以免良莠不齐,此吾等今次立党所以与前此不同者。"

信中还指示创立支部的注意事项,包括:"(一)各支部分科组织,不必悉如干部,又不可袭干部总协理各部局院等名目。如干部中之军事部、政治部、协赞部及部内各院,支部均不必设立。各支部只宜设部长、副部长,不宜设总、协理。各分科办事,只宜称科称股,不称部局院,以免淆混,而清界限。""(二)本党系秘密结党,非政党性质,各处创立支部,当秘密从事,毋庸大张旗鼓,介绍党员尤宜审慎。至向来设立之国民党支部,乃系政党性质,与现在之党并行不悖,毋庸改组,以免枝节。尤当同心同德,毋以新旧党员,故存畛域。""总之,此乃秘密结党,有时或借国民党名义为旗帜,或别立名目以号召,均无不可,是在诸公斟酌而妥筹之。"(《致陈新政及南洋同志书》,《孙中山全集》第 3 卷,第 92—93 页)

6 月 16 日　何海鸣、王介凡、夏之麒、吴鸿钧、林中干等来访,已外出,未见。返寓后,和田瑞、宋蔼龄姐妹、田桐、肖萱、韩恢、丁仁杰、范鸿钧等来访,面谈。蔡锐霆、蔡突灵两次来访,皆谢绝会见。徐忍茹来访,转交一封信后离去。给本多区木下医院的邓颂仁发去一函;

给宋蔼龄发去一西文电。（日本外务省档案，1914年6月17日《孙文动静》，乙秘第1135号；俞辛焞、王振锁等译：《孙中山在日活动密录》，第152—153页）

△ 与陈其美等协商中华革命党干部人选。

是日上午，步行至芝区南佐久间町一丁目3号民国社，与陈其美、田桐、胡汉民、周应时、刘承烈、柏文蔚、居正等人商议中华革命党干部人选，拟设总理、协理、各部长。被推为总理。本拟推黄兴为协理，但因黄兴已投资一万日元在目白台盖房，似另有打算，故尚未确定。其他干部如下：总务部长陈其美，党务部长田桐，财政部长张人杰（在巴黎），军事部长柏文蔚，政事部长胡汉民。期间，徐苏中、尹仲材、何海鸣等五人来访，未参与议事。议毕，和胡汉民一起离开民国社返寓。（日本外务省档案，1914年6月18日《孙文动静》，乙秘第1152号；俞辛焞、王振锁等译：《孙中山在日活动密录》，第152—154页）

△ Herbert Jenkins 来函，告知编写孙中山革命回忆录一书的计划。函称："我的挚友 Mr. Atthur Diosy 好心地让我与马素先生相识。我们已经详尽地讨论了出版一部关于您的回忆录的计划。该书将真实地叙述中国革命的历史。"编写此书的目的是让西方世界更加了解中国的革命，"我知道是您想让西方世界（英国、欧洲及美国）了解是什么导致了革命运动的发生，最重要的是希望通过对事实坦白诚实的叙述使革命得到同情。毫无疑问在这个国家里很少有人同情新生的中国，我想这主要是因为人们对您的行为、目的及理想以及成为您的追随者可以得到什么知之甚少。经过仔细的讨论之后，我们都认为一部您个人的回忆录将很有机会大获成功……我们都认为让这本书关于您个人是至关重要的。您在西方世界很有名，人们都希望了解您的人格，而不是像大众那样对中国漠然处之。也许您意识到您在欧洲深受诽谤和误解，现在有一个绝好的机会摆在您的面前，向世人揭露您的敌人是如何不公正地对待您的。也许就您个人而言，您并不在乎别人对您的看法，但当这些虚假的报告损害您心系的

事业时,您无疑应该抓住机会反驳当前盛传的谣言"。

函中告知,书的标题是:"我毕生的事业:中国的解放者、第一任中华民国临时大总统孙中山先生的个人回忆录以及他对未来的计划。"书计划分五部分:第一部分,"我的出生和家庭,早年至未成功的广州革命";第二部分,"第一次流亡,伦敦蒙难,大革命前的准备";第三部分,"推翻满清王朝,就任临时大总统,我的治理,让位的原因";第四部分,"二次革命起因及失败,再次流亡";第五部分,"我在日本,未来的计划"。并表示,一切妥当之后,手稿会交由孙中山最后核准,最后也以孙中山的名义出版。希望授权马素安排出版这部书。(《Herbert Jenkins 书简》,[日]久保田文次编:《萱野長知·孫文關係史料集》,第457—460页)

6月17日　阎崇义、宋庆龄、叶夏声等来访,面谈。韩恢、伏龙、俞子厚、李梦戈等来访时,谢绝与其会见。(日本外务省档案,1914年6月18日《孙文动静》,乙秘第1152号;俞辛焞、王振锁等译:《孙中山在日活动密录》,第153—154页)

△　复函咸马里夫人,请协助解决财政困难。

信中称:"在我们的一切困难中,财政是主要的困难,但我有一种以组织百货公司为手段解决此种困难的办法。不知你能否帮我物色若干熟悉此种业务的组织者,如能找到,他们是否愿意前来帮助我们,以解除此主要困难? 你会知道,在战争时期硬币不足时,纸币会被商人贬值。但百货公司一旦在各城市建立,我们就能保持纸币的价值。往往某一城市货物有余,另一城市却因短缺此种货物而感到匮乏的紧张,如此等等。当货物从一处转到他处时,此种弊端即易于补救。你看,此种组织在战争时期对人民的福利具有何等重要的意义。"信中还表达了愿与美国友人联系的愿望:"咸马里将军的友人们是否仍对中国有兴趣,如仍有兴趣,我愿与他们通信联系。"(《复咸马里夫人函》,《孙中山全集》第3卷,第94页)

6月18日　萱野长知、宋蔼龄、王统一(两次)、山田纯三郎、戴季陶、宋庆龄、胡汉民(两次)、陈其美、凌钺、肖萱、韩恢、伏龙、俞子厚、田桐、居正等来访,参与面谈。收到神田区神保町富山房遣使者送来汉文大系十八册和书箱。(日本外务省档案,1914年6月19日《孙文动静》,乙秘第1169号;俞辛焞、王振锁等译:《孙中山在日活动密录》,第154—155页)

△　是日,《朝日新闻》等数家报纸刊登了题为《上海特电:孙逸仙在进攻》的报道。革命党人认为此消息可能与大仓喜八郎有关,"上月(五月)十一日孙会见过大仓喜八郎。大仓将会见情况函告大隈(重信)伯爵,但该函被其秘书拆开过。对此报告,大隈伯爵向大仓做过何答复虽尚不清楚,但青柳①是中华民国驻日公使陆(宗舆)在早稻田大学上学时的讲师,两人关系甚密。故此,青柳肯定会把该函的内容泄露给陆公使,而陆公使也会迅速报告本国政府,也有可能由此又转载于报纸"。(日本外务省档案,1914年6月20日《孙文动静》,乙秘第1186号;俞辛焞、王振锁等译:《孙中山在日活动密录》,第155—156页)

与此同时,国内舆论也纷传孙中山已回到云南。是日,《盛京时报》刊载消息称:"总统府接得云南来电,传有孙文已由安南潜入云南之耗,立即电饬南省各巡按使镇守使等严加防范。"(《孙文潜入云南说》,《盛京时报》1914年6月18日,"北京专电")

6月19日　上午,乘人力车至肠胃医院访陈其美。归途在银座圣路加医院药品部购买药品。随后,陈家鼎、林虎、王统一、叶夏声、韩恢等来访,议事。安健、陈廷楷、刘玉峰三人来访时,谢绝会见之。(日本外务省档案,1914年6月20日《孙文动静》,乙秘第1186号;俞辛焞、王振锁等译:《孙中山在日活动密录》,第155页)

△　是日,日本"二六"及"大和"两报刊载了题为《南中国风云及四百余州风云愈益告急》的报道。据调查,上述报道"是独立通讯社

---

① 此处"青柳"应是指青柳笃恒,曾为袁世凯顾问有贺长雄的助理,也是袁世凯在1913—1914年间重金收买的高等间谍,其最初任务是破坏革命党与日本财界的联系,后转为收集流亡日本革命党人的行踪情报,破坏反袁活动。1914年4月后受邀担任大隈重信秘书。(尚小明:《青柳笃恒:一个被湮没的袁世凯的高等间谍》,《近代史研究》2014年第6期)

的某人受东亚同文会会员之托，为鼓舞革命党气势而写的，原题为《南清之战云》，后经报社润色而刊载"。日方情报分析指出，中国革命党时有激进派和渐进派两派，属于孙中山一派激进派，包括陈其美、李烈钧、林虎、柏文蔚、岑春煊、胡汉民、沈缦云、张继、张人杰等人，"目前在策划第三次革命似乎是事实。为此所需之军资估计五六百万元，现正为筹集此款而奔走策划。据说林虎已去新加坡，今见岑春煊，亦为此目的"。据陈其美所谈，"所期待的时期是今年七月下旬或八月上旬，万一失此时机，今年无论如何也不会再发展，这样，或许要到明年才开始活动"。还指出新闻报道中说黄兴负责筹措军费，与事实似有出入，"该人近来与孙派已发生明显意见分歧。他在正金银行有巨额存款（据说有一百万元左右），但同人中有些人正苦于日常生活，他却毫不顾惜。为此，同人对其颇为愤慨。近日与该人来往者日渐减少，黄正陷于孤独境地"。（日本外务省档案，1914 年 6 月 20 日《关于中国革命之事》，乙秘第 1188 号；俞辛焞、王振锁等译：《孙中山在日活动密录》，第 601 页）

△　袁世凯发布大总统令，诬蔑孙中山，下令"严惩"革命党人。

蒋介石等策划的上海行动失败后，上海当局将"破获小沙渡机关，先后捕获乱党，起出孙文伪示、炸弹、枪械、旗鼓、伪印军用各物，暨毁坏铁路器具多件"，并陈乔荫供称"此次谋乱系蒋介石代表孙文主持，一切伪示地图及款项均由蒋介石受孙文伪令给付"等情报告袁政府。袁世凯为之发布命令，诬蔑孙中山与革命，称"去年七月沪宁之乱首逆孙文等分遣羽党，招集无赖，哄诱军队，约期举事，迨闻败耗，首先遁逃，忍使地方惨遭浩劫，中外商民莫不痛愤。兹复遣派死党暗设机关，纠约匪徒，分设伪队长名目，希图拦劫银款，夺掠军械，毁坏路车，占据地方，似此盗贼行为，实为全国人民所共弃"。下令将陈乔荫、王锦三二人"就地正法"，并要求各省都督、巡按使及各统兵长饬属一体严拿蒋介石、廖轰、陈廷荣、何元龙等，"务获究办"。（《策令》、《盛京时报》1914 年 6 月 19 日，"大总统令"）

6月20日　周淡游、宋蔼龄、韩恢、柏文蔚、阎崇义、叶夏声、田桐（两次）、夏重民、陈其美、居正、丁仁杰等来访，面谈。下午，以赤坂灵南坂头山满的名义，发长文密电两件，一寄往美国底特律，一寄往上海。支付电报费四十一日元。（日本外务省档案，1914年6月21日《孙文动静》，乙秘第1202号；俞辛焞、王振锁等译：《孙中山在日活动密录》，第156页）

6月21日　胡昂、宋庆龄、阎崇义、王尚德、胡汉民、居正等来访，面谈。上午，给神田区仲猿乐町9号的宋蔼龄发去一西文电。（日本外务省档案，1914年6月22日《孙文动静》，乙秘第1214号；俞辛焞、王振锁等译：《孙中山在日活动密录》，第156—157页）

△　是日，中华革命党在民国社召开党员大会。

据日方情报，下午1时起，中华革命党党员约四十七八人在芝区南佐久间町一丁目3号的民国社聚会议事。会上，陈其美代表总理孙中山，对中华革命党总章逐条详细说明，并给各位介绍了当选的各部部长。各部长当场发言。陈还提醒大家，以后报告要提交给有关的专任部长。（日本外务省档案，1914年6月22日《关于中华革命党之事》，乙秘第1213号；俞辛焞、王振锁等译：《孙中山在日活动密录》，第632页）

6月22日　宋蔼龄、徐朗西、陈其美、曹亚伯、叶夏声、夏重民、徐忍茹、丁健南等来访，面谈。肖萱、丁仁杰二人来访时，约下午6时会面。胡昂来访，谢绝会见之，胡递上"有关于湖北之事进行面陈，乞赐见"的纸条，再次要求会见，才与之会见并面谈。是晚，胡汉民、白逾桓、张百麟、周应时、周震鳞、杨庶堪、邓家彦、陆惠生等人来访并召开会议，先发言一个小时，后各述己见，争论激烈，会议持续约两个多小时。（日本外务省档案，1914年6月23日《孙文动静》，乙秘第921号；俞辛焞、王振锁等译：《孙中山在日活动密录》，第157页）

△　是日，中华革命党选举总理。据居正《中华革命党时代的回忆》、刘揆一《黄兴传记》载，中华革命党于6月22日举行总理选举大会，八省代表出席，一致选举孙中山为总理。依中华革命党总章第十

五条"本当公举总理一人,协理一人"之规定,尚须举协理一人,党人多属意黄兴,因黄兴不欲居任何名誉,故协理暂不选。其后黄兴决意赴美,孙中山推荐凡曾为都督者,皆可当选为协理。其时在日同志中具此资格者有胡汉民、陈其美、李烈钧、柏文蔚四人;李、柏旋走南洋,胡、陈始终谦让,故协理一席,始终从阙。(陈锡祺主编《孙中山年谱长编》上册,第888-889页)会后,胡汉民等前往孙中山寓所,汇报选举情况。前文所及会议即指此事。

△　命凌霄密赴湘西截械起义,事泄失败。

时袁世凯以大炮及械弹接济都督刘显世。孙中山乃命凌霄等秘密赴湘,招集同志及旧黔军,设法截夺,并就地起义。因事机泄露,行动失败,凌霄等被捕且被判处死刑。凌中弹未死而复苏,欧阳煜、李贵成、田文魁牺牲。(罗家伦主编,黄季陆、秦孝仪增订:《国父年谱(增订本)》上册,第619页)

6月23日　王统一、陈扬镳、宋蔼龄、胡汉民、郑献、梁有、梁明天、夏重民、肖萱、凌钺、李及、叶夏声、丁仁杰、韩恢、符节、陈家鼎、陈其美、刘本等人来访,参与面谈。谭发来访时,谢绝与其会见。(日本外务省档案,1914年6月24日《孙文动静》,乙秘第1256号;俞辛焞、王振锁等译:《孙中山在日活动密录》,第157-158页)

△　与田桐等秘密商议革命事宜。

是日上午,偕王统一步行至芝区南佐久间町民国社。在该社二楼,召集田桐、居正、胡汉民、杨庶堪等人,秘密商议约一个小时。(日本外务省档案,1914年6月24日《孙文动静》,乙秘第1256号;俞辛焞、王振锁等译:《孙中山在日活动密录》,第158-159页)对田桐等说,第三次革命所必不可少的军用资金,至今还未筹集到手,这一点请谅解。田桐等称,有决心实现这一夙愿,务望要按既往方针,在国内国外都负起指挥监督之任。未作答。(郝盛潮主编、王耿雄等编:《孙中山集外集补编》,第147页)会后离开该社,乘人力车至日本桥区街三丁目丸善书店。再返寓。

对此事,日方情报有另外的解读,据密探分析:"以上孙所谈之事,究竟是否出自本心,尚属可疑。先前有革命党行动的消息,泄露在报纸上,颇为奇怪。最近和田瑞曾提醒孙,可能是王统一泄露出来的。昨天,孙反而带领王统一到民国社谈什么中止革命运动,是否为试探王统一会不会把秘密泄露之一策略。"(日本外务省档案,1914 年 6 月 24 日《孙文动静》,乙秘第 1256 号;俞辛焞、王振锁等译:《孙中山在日活动密录》,第 159 页)

△　国内报纸披露所谓的孙中山对日主张。

是日,《盛京时报》消息称,《字林西报》登载一函,据云系孙中山致日本重要人物者,"内言日本欲赞助中国极力改革,中国将开放全国为日本兴办实业,以为酬报。袁总统自受任以来,所办之事直于约法违悖,故人民不满意,□于愤怒,民党必有一日再图起事,此可预决。惟何日可以成功,徒恃一己之力难以预言,倘一强国出而相助,其成功可拭目以待。日本于中国相近,而革党首先求助于日本,实理所当然也。以后日本将赞助中国改组政治,整顿产源,中国则将开放通商要地与日本工商营业,尚可使日本专利于中国之商务,其结果即日本一跃可立于世界最强国之前"。(《孙逸仙丧心之呓语》,《盛京时报》1914 年 6 月 23 日,"民国要闻")

6 月 24 日　上午,宋蔼龄来访。彭而强来访,约其在民国社见,彭即刻离去;中午再次来访,仍谢绝会见之,彭递交"就有关马礼馨问题一定要会见"的纸条后,才与之面谈。前田九二四郎来访,领取题字离去。上午 11 时 30 分,乘人力车至芝区南佐久间町民国社,会见田桐、居正;下午 4 时 35 分,乘人力车再至民国社,与田桐、曹亚伯、丁仁杰、肖萱、戴季陶等议事。下午,蔡锐霆、凌钺、陈楷、宋拚三、肖萱来访,恰外出,未见。晚上,叶夏声、韩恢、陈其美、蔡锐霆等来访,参加面谈。给居芝区今里町 77 号松元宅的林虎发去快递邮件;以头山满名义向伦敦发去一密码电。(日本外务省档案,1914 年 6 月 25 日《孙文动静》,乙秘第 1245 号;俞辛焞、王振锁等译:《孙中山在日活动密录》,第

159—160 页）

△　是日，在日革命党人蔡锐霆与任寿祺发表有关第三次革命的的消息。

蔡原系湖北旅长，任原为浙江省国民党支部长。他们发表谈话的内容如下：一、"在中国国民为财政混乱和国民经济的困惫所深深忧虑时，孙文决定再次发动革命。这次，组织革命党，自任总理，拟由黄兴出任副总理。但黄近日要渡美，正在准备中，孙正在频频交涉，以便不让黄赴美"。二、"在南洋方面的中国商人，按各自财产额分摊筹款。据岑春煊向孙报告，款额总数目达五百万元。前不久，孙已派彭程万前往南洋视察其实际情况"。三、关于革命战争计划，河南、甘肃、四川、陕西、湖北方面，由白狼〔朗〕军担任；上海、江西、安庆、安徽省方面，计划由孙派的人负责。"目前林虎任参谋，正和上海方面的同志商洽，不日当有答复。我等数人已接受了为选择地点而前往上海之命令。"四、"孙已谈妥从三井银行借现金三十万元，最近即可受理，同时又商定从日本实业家方面借到巨额款项"。并提到，"目前正在美国的李烈钧最近将去南洋方面"。日方情报分析，这些内容涉及到孙中山决定再次发动革命，组织革命党，以及制订革命起义计划等内情，孙中山"可能因此对他们不信任"。（日本外务省档案，1914 年 6 月 25 日《孙文动静》，乙秘第 1245 号；日本外务省档案 1914 年 6 月 24 日《关于中国革命之事》，乙秘第 1240 号；俞辛焞、王振锁等译：《孙中山在日活动密录》，第 160、601—602 页）

6 月 25 日　凌钺、黄太海、陈楷、孟光、陈彪、陈扬镳、居正、邓家彦、田桐、肖萱、戴季陶、山田纯三郎、原口闻一等来访，议事。下午，步行至麴町区三年町 2 号访陈其美，与陈及陆惠生、蒋介石、徐忍茹等面谈。随后，乘人力车至芝区南佐久间町民国社，和在场的二十来位议事。给胡汉民发去一快递函；收到来自纽约西蒙（译音）的两千日元汇款。（日本外务省档案，1914 年 6 月 26 日《孙文动静》，乙秘第 1254 号；俞辛焞、王振锁等译：《孙中山在日活动密录》，第 160 页）

6月26日 上午，步行至芝区南佐久间町民国社，会见居正、张百麟、徐苏中、钟鼎、陈其美、田桐等，并与陈其美、田桐密谈。下午，宋蔼龄、田桐、符节、陈其美、周应时、宋子良、和田瑞、阎崇义、赵佩典等来访，面谈。柳光亚、胡仙舷、胡昂三人来访，约明日会见。（日本外务省档案，1914年6月27日《孙文动静》，乙秘第1260号；俞辛焞、王振锁等译：《孙中山在日活动密录》，第161页）

6月27日 宋蔼龄（两次）、叶夏声、韩恢、伏龙等来访，面谈。张肇基、胡昂、柳光亚、胡仙舷等来访，恰外出，未见。经头山满收到哈尔滨道里头道街恍来东栈生上田源之助的来函。（日本外务省档案，1914年6月28日《孙文动静》，乙秘第1268号；俞辛焞、王振锁等译：《孙中山在日活动密录》，第161—162页）

△ 出席黄兴叙别宴会。

先日，黄兴遣特使送来一函，请赴宴。是日中午，乘车至高轮黄兴处，与黄兴面谈；并与在场的田桐、居正、杨庶堪、谭人凤、邓家彦等众多同志共进午餐，历时约四小时。（日本外务省档案，1914年6月28日《黄兴动静》，乙秘第1269号；俞辛焞编：《黄兴在日活动秘录》，第301页）席上，集古句书联相赠："安危他日终须仗，甘苦来时要共尝。"（薛君度著、杨慎之译：《黄兴与中国革命》卷首影印墨迹）出席叙别宴会者尚有萱野长知、宫崎寅藏等。30日，黄兴偕秘书李书城、石陶钧，翻译徐申伯等由横滨乘轮船前往美国。

△ 与陈其美等议事。

下午，步行至麹町区三年町陈其美处，与徐苏中、丁仁杰、肖萱、蒋介石、曹亚伯、陆惠生等议事，并令徐苏中发出几份密码电报。晚，偕曹亚伯返寓。（日本外务省档案，1914年6月28日《孙文动静》，乙秘第1268号；俞辛焞、王振锁等译：《孙中山在日活动密录》，第161—162页）

6月28日 宋蔼龄、陈家鼐、黄伯群、安健、胡昂、张百麟、蔡奎祥、张肇基、陈其美等来访，参加面谈。荏原郡大森町浩然庐的夏兴夏来访，未会见，请其至民国社找周应时。向上海、伦敦、底特律、旧金山各发出一封西文电报。（日本外务省档案，1914 年 6 月 29 日《孙文动静》，乙秘第 1271 号；俞辛焞、王振锁等译：《孙中山在日活动密录》，第 162—163 页）

△ 复电马素，告知收到筹款并指示再筹款。电文称："二千收。请速续汇应急，若得十万，必可成事。望转各埠力筹，由汇丰汇更便捷。"（《复马素电》，《孙中山全集》第 3 卷，第 94—95 页）

△ 是日，李国柱奉命于湘南起兵讨袁，苦战两月后失败。

是年春夏间，命李国柱由日本返湘，组织讨袁军，暗设机关于宜章、临武、郴县、零陵等处，联络湘南各县驻防军、团防局、警备局。是日，李在郴县揭旗讨袁，初获进展，后因湘、粤、桂军同时出兵镇压，苦战二月，终因无援而败，死难者二千余人。（陈锡祺主编：《孙中山年谱长编》上册，第 890—891 页）

6 月 29 日 王统一、宋蔼龄、胡汉民、石俊卿、符节、李及、徐苏中、韩恢、丁仁杰、田桐、肖萱等来访，面谈。徐忍茹、陈扬镳、叶夏声来访时，值外出，未见。下午，乘人力车和宋蔼龄至赤坂区中町 21 号选租房屋，又至芝区南佐久间町民国社，会见田桐、居正、邓家彦、肖萱等。晚，离开该社之际，胡昂来访，谢绝与之会见，胡大骂而去。（日本外务省档案，1914 年 6 月 30 日《孙文动静》，乙秘第 1274 号；俞辛焞、王振锁等译：《孙中山在日活动密录》，第 163 页）

6 月 30 日 邓家彦、陈其美、王统一（两次）、陈扬镳、陈养初、徐忍茹、山田纯三郎、菊池良一、曹亚伯、宋庆龄、宋正、冉鑫、朱镇华、胡汉民、罗士杰、贺治襄、叶夏声、陆任宇、林伯虎、李开运、丁仁杰、凌钺、肖萱等来访，参与面谈。以头山满之名给上海芙海抛球场锟源畑行的高伯谦发去一函。（日本外务省档案，1914 年 7 月 1 日《孙文动静》，乙秘第 1283 号；俞辛焞、王振锁等译：《孙中山在日活动密录》，第 163—164 页）

是月 为周应时《战学入门》一书作序。

序言强调研究战学的重要性，指出："战争为人类之恶性，人类进化愈高，则此恶性愈减……当此之时，世界种族能战则存，不能战则

亡,优胜劣败,弱肉强食,殆视为天理之当然,此诚进化前途之大厄
也。我中华为世界独存之古国,开化最早,蛮风久泯,人好和平,不尚
争斗。乃忽逢此白祸滔天之会,有亡国灭种之虞,此志士仁人欲为人
道作干城,为进化除障碍,有不得不以战止战者也。"而"世之善战者,
有得于天才者,有得于学问者,如铁木真之起于游牧,而能扫荡欧亚,
战无不胜,攻无不克,此天才独胜者也。莫鲁克(即毛奇——原编者
注)之运筹帷幄,决胜先机,一战而胜丹,再战而摧奥,三战而败法,此
学问特长者也。至于拿破仑乘法国革命之运,统饥寒之残卒,与奥战
于意大利之野,以少击众,连战皆捷,转危为安,及后几奄全欧,其用
兵之妙,古今无匹,此才学兼长者也。夫天才则不能以人致,而学问
固可以力求。日本维新以后,取法欧洲,整军经武,满洲一役,节节进
取,步步为营,后卒并虎噬鲸吞之敌,俄而一以摧廓,深袭我堂奥,其
计划之周全,经理之完备,则纯以学问胜者也。近代科学大明,武器
进步,治军之复杂,迥非前代所可比拟。昔有不读兵书,而可以为名
将者,今则非深造乎学问,不足以临阵图敌矣。此战学之所以不可不
讲也"。(《〈战学入门〉序》,《孙中山全集》第3卷,第95—96页)

　　△　派陈中孚赴大连,以奉天为中心开展活动。不过,曾经去过
东北的陈其美此时主张革命重心应转移到东南。邵元冲在《陈英士
行状》中写道:"夏,欧罗巴战争起,日本亦有事于青岛,形势既易,东
北诸省,力薄难卒举。公(陈其美)乃再策于孙公,以为宜悉力取江
浙,以东南诸省应之,遂请以夏尔玙规浙,范光启规沪,吴藻华规苏,
寻以余亦归佐浙事。"(邵元冲:《陈英士先生行状》,黄季陆主编:《革命文献》
第46辑,第133页)

　　△　是月,革命党人雷铁厓发出《敬告南洋同志》,谈革命党人灰
心原因,攻击孙中山。文称:"其灰心之第一原因,则以辛亥革命之
后,某伟人对待同志礼貌疏虞,某伟人严接同志感情落漠,某伟人加
同志以刻薄之言论,某伟人处同志以严峻之典刑,某伟人处世孤高,
与同志日相隔绝,某伟人为人辩护,使同志受其欺愚,某伟人惟受桑

梓欢迎,异地同志周旋不到,某伟人顾身家安乐,远归同志艰苦罔闻。"也指出,1912 年南北和议让权袁世凯事,"和战结果之良否,诸伟人不能不负其责",指责"高蹈远引,逊位让权",致"贻今日之祸"。(唐文权编:《雷铁厓集》,第 371—373 页)

△ 是月,在东京入党者有曹亚伯、李海云等五十九余人,在上海入党者十余人。(罗家伦主编,黄季陆、秦孝仪增订:《国父年谱(增订本)》上册,第 621 页)

7 月

7 月 1 日 王统一、戴季陶、叶夏声、夏重民、宋蔼龄等来访,面谈。下午,乘人力车至麻布中(疑为仲)町 21 号及赤坂区榎坂町 9 号选租住房。后陈其美、徐苏中、居正、钟明志等来访,与夏重民等交谈。(日本外务省档案,1914 年 7 月 2 日《孙文动静》,乙秘第 1294 号;俞辛焞、王振锁等译:《孙中山在日活动密录》,第 164—165 页)

△ 是日,北京政府驻日公使陆宗舆照会日本外务省,要求"惩治"在日革命党人。(陈锡祺主编:《孙中山年谱长编》上册,第 891 页)

7 月 2 日 熊克武、田桐、张汇滔、郑赞、陈其美、王统一、蒋介石、山田纯三郎、胡汉民、李及、夏之麒、阎崇义、赵佩典等来访,议事。陈养初来访,谢绝与之会见。晚,伏龙、陈志成二人来访时,仅会见伏一人。(日本外务省档案,1914 年 7 月 3 日《孙文动静》,乙秘第 1301 号;俞辛焞、王振锁等译:《孙中山在日活动密录》,第 165 页)

7 月 3 日 宋蔼龄、陈其美、王统一(两次)、山田纯三郎、和田瑞、陈养初等来访,议事。李海云、梅华、雷霆三人来访时,因已外出,未遇。晚,乘人力车去麹町区三年町 2 号访陈其美,陈未在,即刻离去。归途访神田区仲猿乐町 9 号宋耀如,约三十分钟后告辞回寓。是日,收到林虎来一函。(日本外务省档案,1914 年 7 月 4 日《孙文动静》,乙

秘第 1302 号；俞辛焞、王振锁等译：《孙中山在日活动密录》，第 165—166 页）

7月4日 宋庆龄、徐忍茹、符节、叶夏声、和田瑞、王祺、谢彬等来访，面谈议事。是晚，丁仁杰、韩恢、伏龙、陈其美、李海云、林伯虎、雷霆、梅华、张任宇、田桐、居正等相继来访，在一屋等候，陈其美逐一叫他们到内屋谈话。后又在卧室一起秘密议事。（日本外务省档案，1914 年 7 月 5 日《孙文动静》，乙秘第 1305 号；俞辛焞、王振锁等译：《孙中山在日活动密录》，第 166 页）

7月5日 陈扬镳、丁仁杰、蒋介石、邓恢宇、邓文辉、徐苏中、叶夏声、刘本、吕子人等来访，参加面谈。（日本外务省档案，1914 年 7 月 6 日《孙文动静》，乙秘第 1308 号；俞辛焞、王振锁等译：《孙中山在日活动密录》，第 166—167 页）

△ 发出电函，指示各地火速筹款。电文称："时机已熟，若得十万，必可成事。请各埠火速筹汇。"（《促各埠火速筹款电》，《孙中山全集》第 3 卷，第 96 页）

7月6日 宋蔼龄（两次）、周应时、夏重民、丁仁杰、蒋介石等来访，面谈。晚，凌钺、王介凡、陈楷、潘敬贤、宋拚三五人来访时，谢绝会见。韩恢来访，约其明日会见。上午，遣特使给陈其美送去一函，去后带回一函；遣特使给宋蔼龄送一函，宋接函后来访。（日本外务省档案，1914 年 7 月 7 日《孙文动静》，乙秘第 1313 号；俞辛焞、王振锁等译：《孙中山在日活动密录》，第 167 页）

△ 派蒋介石、丁仁杰、山田纯三郎赴东北活动。

5月，蒋介石在上海小沙渡的机关被破坏，讨袁军事行动未举而败，再次流亡东京，与孙中山多次会见。其时，日本满铁株式会社犬冢信太郎和曾任东乡元帅参谋长的秋山真知将军以及外务省政务局长小池张造表示要"援助"孙中山反袁计划。东北的革命党人宁孟岩（即宁武）又来电称："吉黑二省军队，运动已成熟，请派员迅速主持。"孙中山与陈其美即令蒋介石与丁仁杰、山田纯三郎前往主持。山田纯三郎，满铁职员。因是日本人，便于在中国东北进行活动，故孙中山派他去东北进行联络工作。此行,蒋介石化名为石田雄介,丁仁杰化名为长野周作,皆以满铁上海办事处职员身份活动。蒋等于是日离开东京,经由朝鲜釜山、新义州,9 日抵安东,10 日抵哈尔滨,24 日至齐齐哈尔,会晤黑龙江巡按使兼参谋长姜登选、独立骑兵旅旅长英顺、师参谋长李景林及旅长巴英额等,商谈举兵南下事宜。但很快发现宁所报不实。适欧战爆发,遂由谋东北转向谋东南,蒋等又急回东京。(俞辛焞、王振锁等译:《孙中山在日活动密录》,第 165、673—676 页)

7 月 7 日　宋庆龄、王统一、萱野长知、宋蔼龄、胡汉民、夏重民(两次)、陈其美、韩恢、叶夏声、田桐、和田瑞、阎崇义等来访,面谈。李及来访,谢绝与之会见。下午,和宋蔼龄一起外出,至麻布区霞町和赤坂区冰川町选租住房。(日本外务省档案,1914 年 7 月 8 日《孙文动静》,乙秘第 1315 号;俞辛焞、王振锁等译:《孙中山在日活动密录》,第 167—168 页)

7 月 8 日　宋庆龄、宋蔼龄、菊池良一、廖仲恺、邓恢宇、韩恢、叶夏声等来访,面谈。徐朗西、符节、宋杰、刘毅夫、李维汉等来访,约在民国社会见。肖萱、田桐二人来访时,恰已外出,未能见。晚,乘人力车至芝区南佐久间町民国社,与居正、田桐、肖萱等面谈。阅三四封信,随后遣人送出。11 时回寓。(日本外务省档案,1914 年 7 月 9 日《孙文动静》,乙秘第 1319 号;俞辛焞、王振锁等译:《孙中山在日活动密录》,第 168—169 页)

△　出席中华革命党在筑地精养轩召开的成立大会,并发表演讲。

其时,入党党员已达数百人,遍及湖南、湖北、安徽、江西、浙江、广东、四川、福建、江苏等省,参加者尚与日俱增,亟须建立中华革命党总部,以增强领导。是日下午 2 时,中华革命党党员在筑地精养轩开会。发起人田桐,收入场费五角,出席者大约二百人。下午 2 时 30 分,孙中山乘人力车至筑地精养轩出席会议。3 时,叶夏声首先致词。然后孙中山登台演讲,"使大家非常感动"。接着三四个人作了约五分钟的演说，"均用中文，且戒备森严"。"这次开会的目的是，在中国政界加入革命党的人逐渐增加，不知何时爆发第三次革命的形势下，大家必须步调一致，以备万一；同时也兼做前些时候成立的革命党的成立大会。"6 时 30 分散会。（日本外务省档案，1914 年 7 月 8 日《中华革命党党员之聚会》，乙秘第 1318 号；俞辛焞、王振锁等译：《孙中山在日活动密录》，第 633 页）

日方情报称，此次会议"是这些党员的一次'恳亲会'，兼做革命党总部的成立大会。不过，在其背后，似乎有如下目的：一是让在东京的民国人士更多参加革命；一是在某种意义上试探一下平时不属孙文派的民国人士对第三次革命究竟有如何感想"。会议当初计划在民国社举行，但由于上述目的，与会者不只限于革命党员，"为使更多的该国人欢聚一堂，让孙属下的党员劝各方面人士出席，结果出席者越来越多，故临时将地点改在精养轩，出席者总数达二百零五名"。包括：徐苏中、徐忍茹、王统一、田桐、苏无涯、夏重民、陈扬镳、阎崇义、陆惠生、夏之麒、邓恢宇、徐朗西、张百麟、蔡锐霆、王介凡、胡昂、安健、凌钺、陈阶、潘敬贤、周应时、雷霆、唐天成、廖仲恺、陈其美、叶夏声、居正、陈家鼒、熊尚文等。"会场入口的门锁着，门外有二人守卫，任何人都不得接近。"会员胸前都戴一徽章，田桐、夏重民、徐苏中、周应时、王统一等人负责接待与会者等会务。大家就座后，居正起身说明成立革命党总部的理由和召开"恳亲会"的宗旨。然后由居正介绍，孙中山作了大约一个半小时的演说。接着，陈家鼒、蔡锐霆、田桐、熊尚文等人演讲。日本人和田瑞也到会，但未进入会场，在休息室观察会议情况。

孙中山在演说中指出："我们同志目下虽流亡日本，但追慕母国之念一时也未离开脑际。将来如何使我民国得屹立于世界，此乃与诸君共谋之大事。唯今目睹民国国内之状况，土匪、流寇、白狼〔朗〕等草贼之辈各地蜂起，专事掠夺，民无宁日，且外交、财政亦以因循姑息为事，目不忍睹。如若如此迁延下去，必至亡国之境地。故吾等民国之人,必须设法救其于未倒之时,为国尽力。吾等同志发挥爱国之心,舍弃私心私利,专心为国为民谋取福利,继而为维护东亚和平而努力。将来世界战争,必是黄白人种之争。我希望不要只谈中国或日本之一国和平,要谋求东亚之和平。然后,当我民国应时代之要求发起第三次革命时,我同志不问平素属何团体,志同道合之士都必须协作一致,诚心诚意,取同一步调,以国家百年大计为重,努力奋争。然而事情只宜等待而不得苛求,功宜自然形成而不得力争,安循其自身之规律,等待时机之到来,务望依此本分而行事。若只为事业而孜孜以求,则必失之轻举妄动,故要隐忍负重,以待时机。总之,务望我同志共进退,各自审慎行事,决不可轻举妄动。再者,近日看到有关革命党之种种报道,均为谗诬中伤之流言,无一事实。望诸君纵知晓此事,亦不可为此类流言所惑。"(日本外务省档案,1914年7月9日《中华革命党党员聚会一事补报》,乙秘1320号;俞辛焞、王振锁等译:《孙中山在日活动密录》,第633—635页)

会上,孙中山还宣布就任总理职。并由胡汉民主盟,陈其美、居正介绍,当众宣誓加盟,自盖手印。其入党号数为一百六十一号,誓约号数为六百四十一号。孙中山亲写誓约如下:

誓约

立誓人孙文,为救中国危亡,拯生民困苦,愿牺牲一己之身命自由权利,统率同志,再举革命,务达民权、民生两主义,并创制五权宪法,使政治修明,民生乐利,措国基于巩固,维世界之和平。特诚谨矢誓如左:

一、实行宗旨;

二、慎施命令;

三、尽忠职务;

四、严守秘密;

五、誓共生死。

从兹永守此约,至死不渝,如有二心,甘受极刑。

中华民国广东省香山县孙文（指模）

民国三年七月八日立①。（《中华革命党总理誓约》,《孙中山全集》第3卷,第96—97页）

大会上还公布了孙中山手书之《中华革命党总章》。总章共三十九条,主要内容有:"本党名曰中华革命党;以实行民权、民生两主义为宗旨;以扫除专制政治、建设完全民国为目的。""本党进行秩序分作三时期",即军政时期(以积极武力,扫除一切障碍,而奠定民国基础)、训政时期(以文明治理,督率国民,建设地方自治)、宪政时期(俟地方自治完备之后,乃由国民选举代表,组织宪法委员会,创制宪法,宪法颁布之日,即为革命成功之时)。

党章规定,"自革命军起义之日至宪法颁布之时,名曰革命时期;在此时期之内,一切军国庶政,悉归本党负完全责任,力为其难,为同胞造无穷之幸福"。"凡中国同胞皆有进本党之权利义务。""凡进本党者必须以牺牲一己之身命、自由、权利而图革命之成功为条件,立约宣誓,永久遵守。""凡党员须纳入党费十元,每年捐一元于本部;惟前时曾致力于革命及现在为革命奔走者悉免。其有额外义捐巨资者,照事前筹饷章程办理。""每党员至少须介绍新进一人,方完义务。其有于革命军起义之前介绍新进百人者,记功一次;千人者记大功一次,照酬勋章程办理。""凡党员有背党行为,除处罚本人之外,介绍人应负过失之责。""凡于革命军未起义之前进党者,名为首义党员;凡于革命军起义之后、革命政府成立以前进党者,名为协助党员;凡于革命政府成立之后进党者,名曰普通党员。""革命成功之日,首义党员悉隶为元勋公民,得一切参政、执政之优先权利;协助党员得隶为有功公民,能得选举及被选权利;普通党员得隶为先进公民,享有选举权利。""凡非党员,在革命时期之内,不得有公民资格,必待宪法颁

---

① 日本外交史料馆所藏"誓约"与此稍异,如"措国基于巩固"为"培国基于巩固";"慎施命令"为"服从命令"。(《中华革命党问题》第18卷)

布之后,始能从宪法而获得之。宪法颁布以后,国民一律平等。”“凡有功于本党或曾在本党人员之麾下服务一年者,虽未照第七条之手续进党,若得党员十人之保证,可补立誓约,请本部追认为首义党员,得享元勋公民之权利。”

党章规定组织形式是:“本党公举总理一人,协理一人”;“总理有全权组织本部为革命军之策源;协理辅助之或代理之”;“本部各部长、职员悉由总理委任”;“各地支部长由各地党员推荐,总理委任”;本部之组织包括总务部、党务部、财政部、军事部、政治部。“凡属党员,皆有赞助总理及所在地支部长进行党事之责,故统名之曰协赞会,分为四院,与本部并立为五,使人人得以资其经验,备为五权宪法之张本”,其组织包括立法院、司法院、监督院、考试院,“协赞会会长一人,副会长一人,由总理委任;各院院长,由党员选举,但对于会长负责任”。

党章规定:“支部为各地之自治团体,得自行议立章程,请本部批准,并推荐支部长,请本部总理委任”;“支部长得便宜行事,派委人员在其附近地方设立分部,而直接统辖之”;“分部发达至万人以上者,能自立为支部,直接受本部统辖”;“凡国内及海外各种政治组合及爱国团体,人数过万,有欲归属本党者,须照章写立誓约,缴入党捐,便得为本党支部”;“国内支部,专事实行;海外支部,专事筹款。所事虽异而成效无别,故于革命成功之日,国内、海外各支部同一享参政之权利”;“革命政府成立之后,每支部得举代表之人以参预政事,组织国会,并各种补助机关,以助政府之进行”;“各支部皆有权推荐人才,政府当量才从优器使”。

党章最后规定:“本党总章之修改,须由立法院之提议,得本部职员及协赞会职员三分二之决可,乃得修改之。”(《中华革命党总章》,《孙中山全集》第 3 卷,第 97—102 页)

7 月 9 日　陈其美、韩恢、伏龙、徐苏中、陈家鼐、胡汉民、叶夏声、阎崇义、谢子良、吕怀西、张肇基、唐君勉、和田瑞等来访,面谈。

胡昂来访时,谢绝会见之。给住在安东县满铁会社松元□宅的山田纯三郎发去一西文电;收到居小石川区丸山町 11 号野吕宅清记来的一挂号邮件。(日本外务省档案,1914 年 7 月 10 日《孙文动静》,乙秘第 1328 号;俞辛焞、王振锁等译:《孙中山在日活动密录》,第 169 页)

7 月 10 日　宫崎寅藏、刘恢宇、张汇滔、田桐、方汉儒、王祺、谢彬、陈家鼎、王辰、谭发、韩恢、蔡锐霆等来访,议事。下午,叶夏声、陈其美、夏之麒等来访,参与共同议事。胡昂来访,仍谢绝会见之。(日本外务省档案,1914 年 7 月 11 日《孙文动静》,乙秘第 1330 号;俞辛焞、王振锁等译:《孙中山在日活动密录》,第 169—170 页)

△　是日,批复澳洲黄国民来函,指示:"回信鼓励,并着即筹款寄来。并寄章程前去。"(《批澳洲黄国民函》,《孙中山全集》第 3 卷,第 103 页)

△　第三次革命成为国内外舆论焦点之一。

是日,《盛京时报》载,上海一带传说,"孙文、黄兴等现正企图第三次革命,行将以安庆为根据地"。(《孙黄企图不轨之风说》,《盛京时报》1914 年 7 月 10 日,"上海专电")香港传出的消息则说:"黄兴有潜赴马尼拉,啸聚菲律宾及南洋各地革党之说,粤省官宪因此异常惶恐,现正密派侦探严行探访。"(《密探黄兴动静》,《盛京时报》1914 年 7 月 10 日,"香港专电")

△　是日,日本驻上海总领事有吉明向外务大臣加藤高明报告中国国内革命党活动情况。报告指出:"现政府施政日益不得其法,必难无万一之变,革命派之运动亦需充分注意,但袁政府拥有权力和财力,只要革命派违背人心,一味冒然行动,若不出现其他特别情况,预想不会突然出现大变革。"报告对革命党派及其在各地情况做了详细分析,其中提到,广东派"以孙逸仙为中心,有希望迅速进行第三次革命。因为他每次筹集到若干资金,都向有困难的同志提供运动费(不限于广东派,与此地的其他各派也有直接或间接联系),所以相对而言未失其声望,目前仍隐然保持其势力。该派在汕头等地不时有

所扰乱,但亦多归于失败,尚未达到具体活动的时机。目前本地没有该派的主要人士,不过最近有消息说,孙逸仙一派将与岑春煊一派及林虎一派共同在两广方面举事,究竟进行到何种程度,本地尚不明了。或许是因为此前林虎和岑春煊的会见,制定了某些运动计划,所以才传出此类消息"。

报告分析指出,当地革命党派的首领"多分散在日本、南洋和欧洲,所以本地没有负责统一各派的人士。虽有时在各派之间有所勾通和联系,但多半不能做到整体的统一,各派和各人都各自行动,甲派不知道乙派的计划,乙派不了解甲派的运动。他们大都向有关首领呈送内容含糊的报告,得到一些资金过活。加之一般国民虽固不信赖现政府,但厌乱心切,尚未达到同情革命党的地步。所以,只要今后现政界不出现突变,或者不致因政府财政困难,难以支付军费,造成各地兵变迭起而严重威胁现政府,则革命党派的计划便多会归于盲动失败。所谓第三次革命,具体行动在当地方面恐怕不会突然发生"。

报告还以上海为例反映了中国政府应付革命党的对策。指出,"中国官府为防止他们闹事,一面增加北方军队,雇用大量侦探,极力进行搜捕;一面对与革命党有关系的人施以慰抚政策"。(日本外务省档案,1914年7月10日《革命党在当地的情况及官宪对他们的态度一事》,机密第59号;俞辛焞、王振锁等译:《孙中山在日活动密录》,第646—651页)

7月11日　徐忍茹、王统一、方汉儒、田景山、贾元吉、陈家鼎、唐健、杨维武、康济、欧阳勉一、陈其美、叶夏声等先后来访,面谈。向澳门凤顺堂4号孙眉发去一挂号邮件;收到宋蔼龄来函,随即给宋蔼龄发去一西文电。(日本外务省档案,1914年7月12日《孙文动静》,乙秘第1334号;俞辛焞、王振锁等译:《孙中山在日活动密录》,第170—171页)

7月12日　徐忍茹、宋庆龄、陈家蒲、熊尚文、袁泽民、安健、韩恢、刘德泽等来访,参加交谈。上午,邓恢宇来访,谢绝与其会见。下午,邓恢宇再次来访,定要见,与之面谈。蔡锐霆来访时,约其下午六

时会见，后未来。（日本外务省档案，1914 年 7 月 13 日《孙文动静》，乙秘第
1336 号；俞辛焞、王振锁等译：《孙中山在日活动密录》，第 171 页）

　　△　中华革命党人在东京举行"讨袁死难同志追悼会"，从大家
劝告，未出席。

　　先是，留东同志发表《讨袁死难同志追悼会启》，发起追悼首义湖
口、三吴、百粤、沅湘、闽越、巴渝之死难烈士。是日在东京神田一桥
通帝国教育会召开追悼会，孙中山本拟到会，后从同志之劝，未出席。

　　讨袁死难同志追悼会启示曰："天祸民国，生此巨凶，贼国之良，
奸国之纪，共和将坠，无所控诉。而讨袁军，乃以中华民国二年七月
十二日首义湖口、三吴、百粤、沅湘、闽越、巴渝之地，咸因民志以伸天
讨。天未厌乱，师用不克。于是议士放遂〔逐〕，国会瓦解，宪法不立，
约法毁弃，曾不一年，法治荡然。然则此一役也，抑国人痛心，同志饮
泣而不忘者欤！追维义师之兴，同志之士，或拼命疆场，或陷身缇骑，
先后死难不下万人，元精上烛于三辰，恨血长埋于九土！天运已周，
人心不志，赫戏陟降，其有在乎？爰以湖口首义之日开讨袁死难同志
追悼会，以申哀悼。呜呼！祖龙之死忏，倘验于明年，黄鸟之哀情，共
深于一恸。"（日本外务省档案，1914 年 7 月 10 日《关于中国革命死难者追悼
会一事》，乙秘 1327 号；俞辛焞、王振锁等译：《孙中山在日活动密录》，第 745
页）

　　△　国内革命活动此起彼伏，袁政府不得不加强长江一带的
防范。

　　是日，《盛京时报》报道，湖南方面电告鄂省称："迩来乱党潜入内
地，煽惑军队，以破坏国计者，不一而足。就中有唐蟒者，与党羽欧阳
骥、曾毓棠、唐子龙、胡自伦等勾结，组织决死队，以唐芬为领长，声通
孙黄等，在长江一带图谋不轨，据云拟于湖南或湖北设立伪司令部。"
（《电告乱党诡谋》，《盛京时报》1914 年 7 月 12 日，"民国要闻"）

　　7 月 13 日　邓恢宇、邓文辉、邓铿、方汉儒、田景山、贾元吉、陈
家鼐、刘毅夫、李世□、周应时、陈扬镳、施明、符节、高尚志、龙见、叶

夏声、张肇基、田桐、肖萱、蔡锐霆、陈其美等来访,议事。唐天成、胡昂来访时,谢绝会见。波多野春房来访,请题字。(日本外务省档案,1914 年 7 月 14 日《孙文动静》,乙秘第 1338 号;俞辛焞、王振锁等译:《孙中山在日活动密录》,第 171—172 页)

7 月 14 日　居正、Charless Tenneys、兰别烈兹(译音)、胡汉民、陈家鼐、陈其美、叶夏声、陆惠生、夏之麒等来访,参加交谈。(日本外务省档案,1914 年 7 月 15 日《孙文动静》,乙秘第 1340 号;俞辛焞、王振锁等译:《孙中山在日活动密录》,第 172-173 页)

△　关于第三次革命,国内舆论众说纷纭,孙中山与黄兴的动向备受关注。

是日,《盛京时报》转北京电讯称:"民国当轴侦悉黄兴前已离日赴美,孙文亦将赴美,情事异常安堵,以为第三革命之运动当暂罢论。"同时报道,据檀香山来电,"黄兴等革党五名乘坐天津丸轮船已抵本埠,旋在自由剧场对于革侨一千余人演说革命趣旨"。(《民国当轴之与孙黄》,《盛京时报》1914 年 7 月 14 日,"北京专电";《黄兴行踪》,《盛京时报》1914 年 7 月 14 日,"外电一来")

△　长崎的革命党人举行讨袁死难同志追悼会

是日,中午 12 时 30 分,柏文蔚、季雨霖等在长崎白逾桓住处举行讨袁死难同志追悼会。参加追悼会的还有:马吉皆、高星吾、何健劝、刘天汉、白逾桓、陈策、袁家声、徐子俊。会上,刘天汉宣读了悼词。内容如下:"惟大中华民国三年七月望日,居留日本长崎同人谨以清酌庶羞之奠,致吊于革命先烈之魄,曰:呜呼! 共和代价兮,惟血乃成。贞元构祸兮,烈士殉名。胡虏扫除兮,君毒永清。冀享自由兮,共祝升平。岂意天方降难兮,魔王再生。恢复专制兮,疾我同盟。肆其残贼兮,黩武穷兵。异己必隙兮,刀锯鼎烹。吾民何辜兮,罹此专横。惟我烈士兮,不忍吞声。前踣后起兮,自砍牺牲。志虽未遂兮,名则可荣。吾侨抱愧兮,遁迹东瀛。复仇何日兮,借助英灵。遘兹良辰兮,纪念哀忱。一杯相酬兮,世忘生平。呜呼哀哉! 尚飨。"

（日本外务省档案，1914 年 7 月 15 日《柏文蔚等十二人在长崎举行的讨袁死难同志追悼会上的悼词》，高秘特收第 2045 号；俞辛焞、王振锁等译：《孙中山在日活动密录》，第 746 页）

7 月 15 日　宋蔼龄（两次）、黄林、黄伯群、和田瑞、叶夏声、陈其美、阎崇义、韩恢等来访，参与交谈。上午，邓恢宇、陈家鼐二人来访时，谢绝接见，下午再访，参加交谈。（日本外务省档案，1914 年 7 月 16 日《孙文动静》，乙秘第 1345 号；俞辛焞、王振锁等译：《孙中山在日活动密录》，第 173 页）

7 月 16 日　王统一、陈其美、和田瑞、叶夏声、居正、周应时、方汉儒、徐苏中、胡汉民、戴季陶、韩恢等来访，议事。符节第一次来访时，谢绝会见之。再访，参加议事，十分钟后离去。遣特使给陈其美送去一函；给旧金山《少年中国》发去一西文电报。下午，偕来访的胡汉民、戴季陶至邻居头山满宅，与千秋某（原海军校级军官）、和田某及头山三人密谈。头山满设宴招待。（日本外务省档案，1914 年 7 月 17 日《孙文动静》，乙秘第 1350 号；俞辛焞、王振锁等译：《孙中山在日活动密录》，第 173—174 页）

7 月 17 日　韩恢、和田六二郎、苏无涯、陈家鼎、刘道衡、谢彬、王祺、陈其美、田桐、夏之麒、叶夏声、方汉儒、陈家鼐、肖萱、范鸿钧等来访，参与交谈。上午，乘人力车至神田区仲猿乐町宋耀如寓。归途在银座三丁目圣路加医院购买药品。

△　不少革命党人计划回国，亦传出孙中山回国的消息。

日方情报说，安健、方汉儒等是日在新桥站乘车回国[1]，陈其美也将不久赴上海，"据闻，鉴于本国情况及党员种种情况，孙将于下月五日前赴上海或广东。周淡游于二十二日前后来东京陈其美处，徐忍茹本月底前回国，可能和陈其美同行"。（日本外务省档案，1914 年 7 月 18 日《孙文动静》，乙秘第 1352 号；俞辛焞、王振锁等译：《孙中山在日活动密录》，第 174—175 页）

---

[1]　据日本警视厅的报告，7 月 20 日，方又访孙中山。是否归国改期，不得而知。

7月18日 刘崌、蔡奎祥、和田瑞、邓恢宇、殷文海、殷觉真、符节、邓铿、胡翊、宋蔼龄、凌铖、曾孟启、杨培卿、叶夏声、萱野长知、夏重民、陈家鼎、徐苏中、陆惠生等先后来访,参加面谈。给宋蔼龄发去一快递信。(日本外务省档案,1914年7月19日《孙文动静》,乙秘第1356号;俞辛焞、王振锁等译:《孙中山在日活动密录》,第175—176页)

7月19日 肖萱、范鸿钧、高淮周来、陈其美、陆惠生、陈家鼐、林德轩、和田瑞、陈耀寰、符节、顾言、程善策、宿勋成、宋华斌、张肇基、韩恢、徐忍茹等来访,参与交谈。(日本外务省档案,1914年7月20日《孙文动静》,乙秘第1357号;俞辛焞、王振锁等译:《孙中山在日活动密录》,第176页)

7月20日 宋抍三、潘镜贤、胡汉民、张汇滔、郑其苏、陈其美、龙侠夫、邓慕韩、陆文辉、张智、叶夏声、陆惠生、刘佐成、田景山、方汉儒、贾元吉等来访,参与交谈。李及来访,谢绝会见之。下午,给日本桥坂本町中外商业新报社的筑内钦二郎发去一快递信。(日本外务省档案,1914年7月21日《孙文动静》,乙秘第1364号;俞辛焞、王振锁等译:《孙中山在日活动密录》,第177页)

△ 是日,英属都朗度埠国民党交通部长吴麟兆等来函报告汇款及党务情形。

函称,知内地讨袁时机已熟,军饷当急筹应,本分部即召集同志开临时会议,决议从速进行。集成少款,电汇日银一千大元,由汇丰转交,以应急需,并表示:"随后集有成款,当即随时付汇。"函中又称:"当此大局垂危,袁贼一日不亡,民国一日不安,此正豪杰枕戈之秋,烈士舍身之日。先生为国驰驱,苦心毅力,亦欲强固国家,造福人群,乃数十年经营而成之,一二辈奸贼而败之,致使国家人民出于水火之中,复陷于旋涡之内,言之痛心,思之皆裂,若不速起义师,诛灭袁贼,民国前途何堪设想……望先生率内地同志,树我旌旗,整我师旅,灭此袁贼而朝食,此海外同志所引首伸眉东向而高望者也。"关于党务方面,函称:"本党自同盟成立,改组国民党,于兹四载有余,向隶属于温埠支部,因此未获函件请教。近赖各同志热心锐力进行,党务日见扩张，美支部许为交通机关，从此可与内地直接。兹特奉函请教，望先生时赐训言，倘有命令指挥，定当服从，竭力划一进行，务祈再造民国，巩固共和，为四百兆同胞谋完全之幸福。"

收信后，孙中山批示："覆函鼓励，并前接到汇丰电款一千元，据称由纽约寄来，当时已覆函纽约，并收条寄往胡心泉君查交。今接函始知为贵埠所寄，即致函胡君将收条寄致贵埠矣，并寄章程。"（《吴麟兆报告都朗度埠党务情形上总理函》，黄季陆主编：《革命文献》第48辑，第90—91页）

△　致函山田纯三郎、丁仁杰、蒋介石等，嘱按计划行事。

函中告知："四次来信，俱收悉，并得电报。兹即致巴君壹函，附委任状，乞为转致。一切计划，依前书所云，望能照此施行，以利大局。""经济一节，已在此间设法，一得，当即行电汇，勿念。"并嘱随时与陈中孚、刘雍接洽。（《致山田纯三朗等函》，《孙中山全集》第3卷，第103页）

7月21日　王统一、胡汉民、张智、徐忍茹、叶夏声、刘本、庞英、陆文辉、陈瑞芬等先后来访，参与交谈。上午，和王统一乘人力车至芝区南佐久间町民国社。归途到麹町区三年町访陈其美。（日本外务省档案，1914年7月22日《孙文动静》，乙秘第1370号；俞辛焞、王振锁等译：《孙中山在日活动密录》，第177—178页）

7月22日　陈其美、王统一、朱卓文（两次）、萱野长知、陈扬镳、施明、苏□公、陈家鼐、吕子人、班麟青、龙侠夫（两次）、和田瑞、田桐、刘德泽、徐国兴、叶夏声、夏重民、韩恢等来访，议事。张智来访时，谢绝与其会见，张转交香港某友人函后离去。下午，偕到访的宋蔼龄、宋庆龄姐妹乘车经小石川植物园、芝公园、青山练兵场、九段、丸内、二重桥前等处游览，约半小时余。（日本外务省档案，1914年7月23日《孙文动静》，乙秘第1377号；俞辛焞、王振锁等译：《孙中山在日活动密录》，第178—179页）

7月23日　张洛川[①]、叶夏声、刘佐成、王温、赖雄西、宋耀如、胡

---

① 　张从美国来东京。

汉民、陈其美、周应时、吴忠信、朱卓文、苏无涯、陆文辉、陈瑞芬、和田瑞、明超北、李珩、朱璋、杨向蔡、杨素辉、刘德泽等来访,面谈。刘毅夫、杨熙绩来访时,谢绝与其会见。徐苏中来访时,因有来客,未接见。给伦敦冯自由和夏威夷赵公璧、胡公泉各致一函。(日本外务省档案,1914 年 7 月 24 日《孙文动静》,乙秘第 1381 号;俞辛焯、王振锁等译:《孙中山在日活动密录》,第 179—180 页)

　　△　批示复函伍曜南。

　　是日,美国华盛顿州舍路埠(今西雅图)国民党分部长伍曜南来函,报告筹集革命款项情况,称该埠党员约四十三名,已经认定军需约美金三十万元。阅后批示:"复函鼓励。章程并述第一次革命度量太宽,所以反对党得从中入涉,破坏民国。第三次成功,非本党不得干涉政权,不得有选举权,故将来各埠选举代表,非本党人不可。请照章程通传各埠侨民可也。"(《批伍曜南函》,《孙中山全集》第 3 卷,第 104 页)

　　△　王统一策动的袁政府海军军官乘船回国。

　　其时,袁世凯政府派四十五名海军军官到日本海军基地横须贺日舰"津轻"号受训。因王统一原是民国海军军官,故孙中山派王数次去该港,在上述海军军官中发展中华革命党党员。由于受到多方监视,不能自由活动,王每次只作短暂会见。是月 14 日,王前往横须贺港,会见"津轻"号上的十八名中国海军军官(候补少尉),促成其中多数人宣誓加入中华革命党。此十八人于是日乘船回上海。(日本外务省档案,1914 年 7 月 22 日《孙文动静》,乙秘第 1371 号;俞辛焯、王振锁等译:《孙中山在日活动密录》,第 177 页)

　　7 月 24 日　萱野长知、陈其美、宋蔼龄、叶夏声、邓文辉、禹瀛、陈家鼎、刘志卓、徐忍茹、黄实、韩恢、刘毅夫、杨熙绩、朱卓文、居正、肖萱等来访,参与交谈。居正带走中华革命党总章二十份。晚,刘德泽来访,持三封信,称来自中国的报告。接信后并未立即启封,而是在信封上喷水并小心揭开封缄后才阅读函文,随后又与刘密谈。(日本外务省档案,1914 年 7 月 25 日《孙文动静》,乙秘第 1385 号;俞辛焞、王振锁等译:《孙中山在日活动密录》,第 180 页)

　　△是日,山田纯三郎带着孙中山的密信到达齐齐哈尔,谋划东北的革命。

　　据日方情报,山田于是日到达齐齐哈尔后,拜访了巡按使兼参谋长姜登选及独立骑兵旅旅长英顺、师参谋长李景林等,"但只作了一般寒暄",计划在 26 日离开,前往哈尔滨会见旅长巴英额。不过,黑龙江省军队改编后,被解散之士兵虽为数不少,但当时还未出现不稳状况,"且本地一般抱有革命思想者甚少"。(日本外务省档案,1914 年 7月 25 日《关于满铁公司职员山田纯三郎来齐之报告》,机密第 8 号;俞辛焞、王振锁等译:《孙中山在日活动密录》,第 673—674 页)

　　日方情报说,与巴英额联系是孙中山的旨意:"据其后探知,山田一行从东京出发时,带有孙文给秘密派往当地的二三名中国部下的私人信件。内称,应与旅长巴(英额)会商,要设法使巴同意作为我同志。"巴对会见之事极为谨慎,答复说,"现在齐齐哈尔军方正内讧激烈,如我随意离开驻地,秘密前往哈尔滨,这对今后的行动自会带来很多不便。再者,山田单独来巴(巴彦州),也同样不利,所以在此情况下,可先派心腹部下在哈尔滨相互交换意见"。

　　27 日,巴旅长如约派其心腹部下曲营长为代表到哈,与山田等人进行商谈。曲营长把巴旅长看过的孙中山的密信交还山田后表示,与其坐等被罢免这一天的到来,莫如主动举兵,"支持孙文的计划,南下讨袁。即使不幸遭到灭亡之命运,作为大义,也应敢于进取。因此,已向吉林的同僚派出密使,共商一举南下之策。不过,巴、英旅长及我的家属,需允暂时住在大连"。山田答之,"这毫无问题,我和满铁总公司商量后,也可严加保护。至于与吉林同僚联合举兵一事,则需要等候孙文的指示。目前只需巴旅长答复能否举兵即可。巴若果真答应,军费问题已由孙文调节,所以,在适当时机可把钱交来"。对此,曲营长说,"这个问题不太要紧,举兵南下时,粮食等物边走边抢也就够了。无论怎样具体协商之事，要等巴本人离哈以后再说"。并询问可否与山田等一行微行去东京会见一下孙中山。28 日，曲营长回巴彦州。

日方情报指出，革命党人联络黑龙江军方人物巴英额，并非巴与孙中山从前有过什么密约，而且具有风险，"这完全取决于巴的自由意志，如果有反对之意，巴倒可利用此密信献媚于袁政府，作为谋取功名的一个手段，但是他却派心腹部下把信还给山田。鉴于这一事实，便可看作是巴对孙文表现好意的佐证。如巴来哈或曲营长渡日，则可完成此次使命"。但这次联络行动似乎并不顺利，"一直等他们来哈，但以后数日却没有接到巴的任何消息"。于是，山田便前去拜访关东都督和满铁总公司新任正副总裁，商洽来哈以后的情况，办些私事，并于 8 月 3 日前往大连。从东京陪同来的中国人中，蒋介石在长春，只有丁人杰留在本地等候巴的消息。"如果在近期内仍接不到巴的任何消息，山田则直接从奉天经朝鲜先回东京，同时他们中国人也将都回去。"

日方情报分析认为，"乘黑龙江省军队内讧之机，说服不满分子巴、英旅长，使其投靠孙文一事，假定孙文或其他知名同人与他们二人从前就有一些友好关系，现在也许是一个好机会"。但是，是否能够说服他们，是不能不怀疑的，"至于曲营长来哈，看来可能是想认定一下山田一行究竟是不是孙文的使者，尤其是上月末，哈尔滨正金银行、俄亚银行和香上银行支付黑龙江省的约四十万元的汇款，由北京政府经上海汇到。据查，这笔款是以军队解散费的名义下发的，看来是用于被淘汰兵员的暂时性慰抚金。倘若此事告成，山田等人的使命今后就很难完成。而且，若巴、英等人果真不举兵，预料孙文此计划则难免落空"。（日本外务省档案，1914 年 8 月 5 日《关于满铁公司职员山田纯三郎赴满之事》，机密第 38 号；俞辛焞、王振锁等译：《孙中山在日活动密录》，第 674—676 页）

7 月 25 日　徐忍茹、宋拼三、石顽、王蛟、叶夏声、苏无涯、夏重民、萱野长知、陆文辉、龙侠夫、和田瑞等先后来访,参加面谈。唐天成来访时,谢绝会见。晚,乘人力车至陈其美处,和陈、田桐、萱野长知面谈。归途经神田区仲猿乐町宋耀如寓。(日本外务省档案,1914 年 7 月 26 日《孙文动静》,乙秘第 1391 号;俞辛焞、王振锁等译:《孙中山在日活动密录》,第 180－181 页)

7 月 26 日　陈家鼐、汪庚年、陈学政、陈其美、苏无涯、刘崛、刘佐成先后来访,共同议事。随后,夏兴夏、宋子良、萱野长知、叶夏声、陆文辉、龙侠夫、菊池良一、戴季陶等来访,议事。(日本外务省档案,1914 年 7 月 27 日《孙文动静》,乙秘第 1395 号;俞辛焞、王振锁等译:《孙中山在日活动密录》,第 181 页)

7 月 27 日　吴忠信、陈其美、陈家鼐、陈学政、叶夏声、肖萱、萱野长知、刘德泽、张智、和田瑞、苏无涯、刘崛等来访,议事。下午,陆文辉、戴季陶、殷文海、朱卓文、邓铿等先后来访,共同议事;陈养初来访时,谢绝会见之;陈学政再次来访时,亦谢绝会见。(日本外务省档案,1914 年 7 月 28 日《孙文动静》,乙秘第 1399 号;俞辛焞、王振锁等译:《孙中山在日活动密录》,第 181－182 页)

7 月 28 日　陈其美、徐苏中、杨庶堪、谢持、戴季陶、陈养初、王统一、胡汉民、吴藻华、菊池良一、张汇滔、郑芳荪、丁士杰、杨益谦、邓铿、韩恢等先后来访,面谈。(日本外务省档案,1914 年 7 月 29 日《孙文动静》,乙秘第 1402 号;俞辛焞、王振锁等译:《孙中山在日活动密录》,第 182－183 页)

△　奥匈帝国向塞尔维亚宣战,第一次世界大战爆发。

7 月 29 日　萱野长知(两次)、陈扬镳(两次)、陈家鼎、徐苏中、钟士林、陈其美、戴季陶、菊池良一、叶夏声、和田瑞、蔡锐霆、陈学政等来访,参与交谈。邓文辉、禹瀛、符节等来访时,谢绝会见。下午,偕来访的宋耀如及其两位女儿乘人力车去观赏银座、上野、浅草的夜景。归途在神田区仲猿乐町宋寓逗留,后访麴町区三年町陈其美处,与陈其美、戴季陶、陆惠生等议事。晚,龙侠夫、邓铿、苏理平等来访时,已外出,未能会见即离去。(日本外务省档案,1914年7月30日《孙文动静》,乙秘第1407号;俞辛焞、王振锁等译:《孙中山在日活动密录》,第183页)

△　致函南洋各埠洪门同志,阐述组织中华革命党的意义。

函中首先介绍了组建中华革命党的背景:"乃者时局日非,国体将变,善状固无可述,恶状则不得不为诸同志一言,而挽救恶状之法,亦欲为诸同志披沥一述。去岁弟自东渡,迄于近日,常夙夜以国事为念,每睹大局之颠危,人民之涂炭,辄用怛恻,不能自已。纠合同志,各具誓约,组织机关,共图革命,求以牺牲之精神,尽救国之天职,业经多数同志赞成加入,党势甚盛。"

接着,强调组建中华革命党的目的是要加强革命队伍的团结。"但党员虽众,声势虽大,而内部分子意见纷歧,步骤凌乱,党魁则等于傀儡,党员则等于散沙,既无团结自治之精神,复无奉令承教之美德,迨乎外侮之来,立见崩溃,患难之际,疏如路人,此无他,当时之党未尝以统一号令、服从党魁为条件耳。凡人投身革命党中,以救国为己任,为国民谋自由平等,对于党魁则服从命令,对于国民则牺牲权利。意大利密且儿博士作《党政社会学》,谓平民政治之精神最富之党派,其日常之事务,重要行动之准备实行,亦不能不听命于一人。可见无论何党,未有不服从党魁命令者,而况革命之际,当行军令,犹贵服从。此次组织革命党事,以服从命令为唯一之条件。凡入党各员,无论其前隶何党,无论其党籍之新旧,必须其宣誓服从,毫无疑义而后可。"

信中呼吁同志"固结团体,振起精神,再做革命工作,爱党爱国,洪门之责任也,亦弟之厚望也"。(《致南洋各埠洪门同志函》,《孙中山全集》第3卷,第104－105页)

△　批复陈新政等来函称:改组革命党,可以根据当地情形变通办理。誓约一事,已派陆文辉前往办理。"李、丘二君,初系自行担任筹款,但近日已与弟通消息,弟着之所筹之款,当直接汇东京弟收,以

归统〔一〕。"(《批陈新政等函》,《孙中山全集》第 3 卷,第 105－106 页)

　　△　□港中国杨愚(译音)给头山满发一电报称:"给孙文送去现金一万元,请查收。"(日本外务省档案,1914 年 8 月 3 日《孙文动静》,乙秘第 1424 号;俞辛焞、王振锁等译:《孙中山在日活动密录》,第 188 页)

　　7 月 30 日　陈其美(两次)、刘本、庞英、吕子人、刘佐成、韩恢、王统一、宋子良、周应时(两次)、陈家鼎、凌钺、陈楷、宋拊三、邓铿、苏理平、龙侠夫、宋耀如、居正(两次)、肖萱(两次)、杨蕙、杨华、刘德泽、殷文海、周知礼、朱璋、吴靖、殷觉真、朱龙楹等来访,参与议事。徐忍茹来访,转交一封电报后离去。顾振黄来访时,谢绝与其会见。晚,韩恢再次来访时,谢绝会见。(日本外务省档案,1914 年 7 月 31 日《孙文动静》,乙秘第 1412 号;俞辛焞、王振锁等译:《孙中山在日活动密录》,第 183－185 页)

　　7 月 31 日　朱卓文(三次)、韩恢(两次)、邓文辉、苏无涯、萱野长知、杨益谦、殷文海、叶夏声、陈其美(三次)、蔡奎祥、徐苏中、居正、肖萱、宋耀如、安健、张百麟等来访,参与交谈。张智来访时,谢绝与其会见。(日本外务省档案,1914 年 8 月 1 日《孙文动静》,乙秘第 1416 号;俞辛焞、王振锁等译:《孙中山在日活动密录》,第 185－186 页)

　　△　收到"中国兴业株式会社"约六万日元。此前还收到美国寄来的三万日元。这些经费主要用于在日革命党员的回国旅费。中华革命党成立后,随着国内反袁斗争形势的发展,在日革命党人陆续回国,到 8 月下旬,从东京、大阪等地回国的革命党人约有三百人。其余经费则主要用于联络国内各省军队方面。(日本外务省档案,乙秘第 1656 号,1914 年 8 月 27 日;俞辛焞、王振锁等译:《孙中山在日活动密录》,第 211 页)

　　是月　东京、上海等地陆续吸收中华革命党党员。

　　本月,梅乔林、宋振、杨熙绩、曾杰等九十余人在东京加入中华革命党;钱大钧等十余人在上海加入中华革命党。(罗家伦主编,黄季陆、秦孝仪增订:《国父年谱(增订本)》上册,第 625 页)

8月

8月1日　徐苏中、邓铿、张智、宋拚三、邓文辉、陈其美、周应时、廖仲恺、王统一、叶夏声、明超北、陈廷楷、杨华、杨蕙、李珩、杨春辉、宋蔼龄、朱卓文、张汇滔、方健飞、陈养初、徐忍茹、陆惠生等来访，交谈。萱野长知来访，转交袖珍小册子约一百部，并面谈。唐健来访时，谢绝会见。（日本外务省档案，1914年8月2日《孙文动静》，乙秘第1420号；俞辛焞、王振锁等译：《孙中山在日活动密录》，第186—187页）

8月2日　叶夏声、陈家鼎、黄本汉、余钦悌、修干槙、吴忠信、朱卓文（两次）、陈其美、廖仲恺等来访，参与交谈。刘毅夫、黄贞元来访时，谢绝与其会见。

△　令东京党员于两三天内选出各省支部长。

上月，东京的革命党员在精养轩召开中华革命党总部成立大会，选举了部长以上干部，但国内各支部长尚未选举。奥萨事件发生后，为适应革命形势的变化，党务工作需迅速展开，故命令在东京的党员，于是日开始，两三天内选出各省支部长，具体时间地点可酌情而定，但须报告选举结果。（日本外务省档案，1914年8月3日《孙文动静》，乙秘第1424号；俞辛焞、王振锁等译：《孙中山在日活动密录》，第187—188页）

△　复函伍平一，告知提防黄伯群，并嘱力促飞机学校。

函称："黄为人年少轻躁，好大喜功，日与侦探一流为伍，即如前者足下到横滨时，弟曾遣其往迎台驾入东京，厚属其切勿张扬，乃彼自称为弟代表，到处招摇，泄漏秘密，至内地盛传足下与弟密谋革命等事，可知伯群操守殊不可信。至其人历史之卑污，又不待论。"并提醒"以后幸勿再与通信，盖彼恒利用人与之通信而藉以招摇也"。信中还嘱咐："飞机学校事，当竭力促成之，而目前训练尤不可缓，盖时局正佳，飞机之用即在目前也。"（《复伍平一函》，《孙中山全集》第3卷，第

106 页）

8月3日　陈其美、戴季陶（两次）、殷文海、安健、蔡奎祥、宋耀如、叶夏声、和田瑞、胡汉民、王子明、陈子行、刘德泽、杨益谦、居正、肖萱等来访，参与交谈。杨春辉、朱龙椿来访时，叶夏声代为面谈。（日本外务省档案，1914 年 8 月 4 日《孙文动静》，乙秘第 1428 号；俞辛焞、王振锁等译：《孙中山在日活动密录》，第 188 页）

　　△　按孙中山的要求，云南省籍党员在神田区三崎町三丁目 1 号吉田屋举行会议，选举本省支部长。（日本外务省档案，1914 年 8 月 3 日《孙文动静》，乙秘第 1424 号；俞辛焞、王振锁等译：《孙中山在日活动密录》，第 188 页）

　　△　咸马里夫人（Ethel Lea）来函，对组织百货公司以及国际局势对中国革命的影响提出看法。信中写道："关于百货公司的想法，很容易找人出面组织，如果我没有误解的话，那也是您所期望的。但在目前这种情况下，我觉得不可能找得到人借钱给这样的公司。当然您也可能打算让中国商人为此提供资金和设备。实际上在我看来，这可能是唯一的解决方法。中国店主很有理由厌恶外国资本介入这一行当，因为这实际上会排挤掉小商人，而在小经销商占了绝大多数的竞赛中，这充其量只是场灾难。外国人掌握资金将是毁灭性的，我觉得商人和人民会强烈反对这种方法。这个想法无疑很重要，在一个像中国这样的国家里肯定会有很多困难，我不仅希望看到尝试的开始，也应该参与其中。如果真的如我所猜测的那样，您只是需要人手帮助组织这项工作的话，请让我知道，我会联系合适的人，并让你们取得联系。您肯定会需要非常了解这个国家及贸易途径等方面的中国人，以便在组织工作中提供必要的协助。"同时也提到，"您肯定和所有的人一样对欧洲的消息很感兴趣。我真心希望日本能明智地置身事外，如果它真的这样做的话，它会成为最后的大赢家。凡事有弊也有利，欧洲的骚动对您和东方来说或许是再好不过的了。至少它给了您在没有干涉危险的情况下有所作为的机会。我知道您

的敌人们很担心这一点，他们已经寻求美国政府的帮助，但这是他们不会得到的"。（《Ethel Lea 书简》，［日］久保田文次编：《萱野長知·孫文関係史料集》，第 465—467 页）

8 月 4 日　陈其美、徐苏中、蔡奎样、王统一、胡汉民、韩恢、邓铿、苏理中、周太极等来访，议事。陈家鼐、杨春辉、朱龙楹、郑振春、朱卓文等来访，共同议事。符节（两次）、陈养初等来访时，谢绝会见。孙伯平、吕子人、刘本、马应勋来访时，恰外出，未见。下午，乘人力车至民国社，后到银座圣路加医院药品部购买药品，并到神田区仲猿乐町访宋耀如。（日本外务省档案，1914 年 8 月 5 日《孙文动静》，乙秘第 1435号；俞辛焞、王振锁等译：《孙中山在日活动密录》，第 188—189 页）

△　吴业刚、李铁夫来函，表达回国效力之愿望。

函称："袁贼凶残极点，将我先烈艰苦建创之民国为彼一家之私产，我四万万同胞为彼一家之奴隶，劫杀并行，亡无日耳。今乘欧西列强战争自顾不暇，此今日之大好时机，天赐于吾人也。袁贼借债之路已断，则军饷告竭，兵无战心，四处溃散，我军乘时而起，势如破竹也。故弟与纽约同志离别回国，效力战场，但求决一胜负而已，利钝非所计也。"表示"有轮即回国矣，随先生指挥如何矣。此次回国誓与袁贼不两立矣"。（《吴业刚、李铁夫上总理函》，环龙路档案第 07360 号）

8 月 5 日　吕子人、孙毓坦、王统一、陈养初、朱卓文（两次）、萱野长知、兵相如、陈其美、菊池良一、叶夏声、居正、肖萱（两次）、和田瑞、田桐、安健等来访，议事。（日本外务省档案，1914 年 8 月 6 日《孙文动静》，乙秘第 1438 号；俞辛焞、王振锁等译：《孙中山在日活动密录》，第 189—190页）

8 月 6 日　马应勋、邓铿、邓文辉、徐苏中、蔡公时、张肇基、陆任宇、李海云、黄彪若等来访，议事。田桐来访，递交一函后离去。苏理平来访时，谢绝会见。（日本外务省档案，1914 年 8 月 7 日《孙文动静》，乙秘第 1441 号；俞辛焞、王振锁等译：《孙中山在日活动密录》，第 190 页）

△　柏文蔚前往京都与谭人凤会谈。

　　据日方情报,先是 8 月 5 日下午,东京有电致住在长崎的柏文蔚随从陈策称:"速来京一谈。"由于柏妻有病,似有所踌躇。是日,柏文蔚在长崎乘火车,"单独出发,自称前往京都谭人凤处"。柏文蔚见谭的目的,"据柏谈,谭人凤在京都正患病有困难,故前往探望,顺便去岚山观光。到京都后是否去东京,尚不得而知,或许去京"。

　　一战爆发,引发中华革命党的关注,不少人认为是革命的有利时机。柏与谭会谈,似与此有关。据柏及陈策等称,此次欧战,中国革命同志衷心欢迎。向来,革命派最伤脑筋的是德意,其次是英俄,如今都在大动干戈,无暇东顾,"从而中国现政府在经济上和帝制上都失去后盾,袁政府之苦心可以谅察。若欧洲战争持续数年之久,现政府统治之中国则难保不会自取灭亡"。日方情报认为,此次战乱对革命的中国及日本的将来都大为有利。虽然"战局形势未完,中国革命志士的方针也未及确定,但根据日本的对华政策如何,大大活动之时必将到来。愿欧洲战乱持续三五年,使德英俄各国没有在东洋称霸的余地,这样,东洋之和平自然得以确保。可以预料,种族战争之胜利必将到来。此次旅行,并非与目前时局有关,旅行后的结果很难预料"。(日本外务省档案,1914 年 8 月 7 日《关于中国流亡者旅行一事——居住长崎市的流亡者柏文蔚》,高秘特收第 2234 号;俞辛焞、王振锁等译:《孙中山在日活动密录》,第 699—700 页)

　　8 月 7 日　陈其美、郑振春、胡汉民、王统一、朱卓文(两次)、刘德泽、田桐、肖萱、吴健民等来访,参与交谈。(日本外务省档案,1914 年 8 月 8 日《孙文动静》,乙秘第 1446 号;俞辛焞、王振锁等译:《孙中山在日活动密录》,第 190—191 页)

　　△　致函南洋华侨革命党人区慎刚、郑螺生、李源水等,感谢其襄助革命之举,称:"当此商务疲弊之时,而公等能再接再厉,鼎力筹捐,集成巨款,非爱国热诚达于高度,何以及此?宋、黄二君报告书,亦述及林先生深得社会信用,此次提倡,不遗余力,令人勿感不置。要皆出于为国为党之公心,则非弟私人所敢言谢也。"并告知汪精卫

已有信来，言将抵东京。（《致区慎刚等书》，《孙中山全集》第 3 卷，第 107 页）

8 月 8 日　陈其美（三次）、王统一、蔡奎祥、肖萱（两次）、陈家鼐、夏重民、黄展云、刘友敏、宋振、萱野长知等来访，面谈。陈养初来访时，谢绝与其会见。收到邓家彦自旧金山的来函。（日本外务省档案，1914 年 8 月 9 日《孙文动静》，乙秘第 1451 号；俞辛焞、王振锁等译：《孙中山在日活动密录》，第 191 页）

8 月 9 日　陈家鼐、马应勋、朱卓文（两次）、陈养初（两次）、陈其美（两次）、叶夏声、胡汉民、陆任宇、李海云、梅乔林、雷撼庸、王统一（两次）、夏重民、廖仲恺、刘佐成、张肇基、周知礼、朱龙楣、施明、凌钺、田桐、居正、肖萱、岑楼等来访，参与交谈。萱野长知来访时，在隔屋面谈；波多野春房来访，送来一份美国报纸。（日本外务省档案，1914 年 8 月 10 日《孙文动静》，乙秘第 1455 号；俞辛焞、王振锁等译：《孙中山在日活动密录》，第 191－193 页）

△　曹汝霖向日方表达对在日革命党人的态度。

据日方情报，曹汝霖向桑田丰藏表示，中国政府十分关注日本对青岛问题之态度，且对处理流亡者问题表示不安，"贵国政府目前难于对之采取断然措施，作为交换条件，中国政府不惜解决贵国十几年来所企望之具有政治意义之重大的经济问题。贵国获此项利权，不会引起贵国舆论哗然"。桑田丰藏回答，日本政府一向对流亡者采取最严密监视措施，片刻未敢松懈，故革命党人绝对无法以日本为策源地进行筹划。请信赖日本政府，不必疑虑。新加坡与安南等地反倒值得担忧，须严加防范之。

曹又称，中国政府对日本政府于千叶县与大森先发制人镇压革命活动一事，表示感谢。"近来传闻，彼等又在大连筹建办事机构，策划建立根据地。环顾目前局势，类似事件随时随地均有发生之可能。当此之际，有设法尽早根除其策源地之必要。曾有庆亲王恳请伊藤内阁驱逐流亡者之先例，既有先例，则必有解决之方法。"桑田丰藏表示,日本政府历来严加取缔之事,无需重申。如中国政府对此仍感不安,则可付适当旅费,使流亡者出游海外。"视情形,帝国政府或许能代此劳,然而不知贵国政府有无支付此项款额之余裕?"对此,曹回答:"此亦一种方案,需具案上报,与当局商议。但流亡者离开贵国后如贵国再次允许彼等入境,则所费苦心岂不又付之东流? 若如此,贵国政府将如何处置? 似应就此商议其交换条件。"由于此问题关系重大,桑田丰藏未敢立即回答,只称"请予以考虑之余地"。(日本外务省档案,1914 年 8 月 9 日《关于流亡者之事》,无编号;俞辛焞、王振锁等译:《孙中山在日活动密录》,第 681—682 页)

8 月 10 日　上午,先是吴忠信、徐苏中、居正、刘元中、夏重民、邓文辉、邓铿等来访,共同议事。随后,黄展云、和田瑞、张百麟、蔡奎祥、刘佐成、余子维、王荣光、赖斗南、朱卓文、吴藻华、廖仲恺、凌钺、张肇基、吴铁城等来访,参与共同议事。中午,又有和田瑞、韩恢来访,亦共同议事。之后,王统一、陈其美、张汇滔、安健、蔡奎祥、殷文海、陆惠生、田桐等先后来访,议事。下午,万钧来访,谢绝与之会见。刘佐成再次来访,也谢绝会见。(日本外务省档案,1914 年 8 月 11 日《孙文动静》,乙秘第 1460 号;俞辛焞、王振锁等译:《孙中山在日活动密录》,第 193—194 页)

8 月 11 日　徐苏中、朱卓文、陈其美、杨庶堪、胡汉民、刘佐成、刘寿明、陈扬镳、施明、金子雍、赖斗南、王荣光、苏苍、黄展云、凌钺等来访,议事。上午,万钧来访时,陈其美代为与之面谈。廖仲恺来访后,致电请来萱野长知,三人在内室共同议事。(日本外务省档案,1914 年 8 月 12 日《孙文动静》,乙秘第 1468 号;俞辛焞、王振锁等译:《孙中山在日活动密录》,第 194 页)

△　是日上午,戴季陶、周应时、一濑斧太郎、菊池良一等在陈其美处一起议事,讨论浩然庐学校的学生问题。随后,陈其美访孙中山,议事。(日本外务省档案,1914 年 8 月 13 日《孙文动静》补记,乙秘第 1473 号;俞辛焞、王振锁等译:《孙中山在日活动密录》,第 193 页)

8月12日　安健（两次）、刘德泽、陈家鼎、朱卓文（两次）、陆任宇、殷文海、萱野长知、廖仲恺、王统一、陆惠生、刘佐成、宋耀如、陈其美、田桐、肖萱、邓铿、洪兆麟、居正、黄本汉等来访，参与交谈。陈养初、张肇基、周况、王介凡、丁仁杰等来访时，谢绝会见。下午，林来、夏重民来访，亦谢绝会见，晚上，林来、夏重民与朱卓文再来访，面谈。收到符节来函。

△　与陈其美、犬冢信太郎等讨论时局。

下午，乘人力车至麴町区三年町访陈其美。与戴季陶、菊池良一、犬冢信太郎（原满铁理事）等一起讨论时局。认为第一次世界大战的爆发是革命党举兵起事的良机，决定遣菊池良一去日本国民党本部拜访犬养毅，征求意见。后犬养表示，目前形势是革命的好时机，但要慎重。并表示，过两天拜访孙中山，直接和孙中山面谈。（日本外务省档案，1914年8月13日《孙文动静》，乙秘第1473号；俞辛焞、王振锁等译：《孙中山在日活动密录》，第194—195页）

8月13日　陈其美（两次）、萱野长知、陈家鼐、禹瀛、朱卓文、张智、宋耀如、杨益谦、刘佐成、韩恢、蔡奎样、居正、肖萱、田桐、张肇基、张汇滔、凌昭等来访，参与交谈。朱卓文来访时，并递交一封电报。给居茨城县助川站车晓馆的曹亚伯和澳门风顺堂4号孙眉各发去一函。（日本外务省档案，1914年8月14日《孙文动静》，乙秘第1482号；俞辛焞、王振锁等译：《孙中山在日活动密录》，第196页）

8月14日　马应勋、陈其美、胡汉民、廖仲恺、刘毅夫、杨熙绩、陈家鼐、覃振、朱卓文、周应时、萱野长知、谢彬、王祺、王统一、黄申芗、洪兆麟、龙侠夫、凌钺、田桐、邓铿等来访，议事。给香港新海傍西35、广福和宝14号广萝鱼发去一函；给美国寄去印刷品十张。继昨日自横滨正金银行东京分行领取一笔款后，是日又从该分行领取两千日元，汇款人不明。（日本外务省档案，1914年8月15日《孙文动静》，乙秘第1491号；俞辛焞、王振锁等译：《孙中山在日活动密录》，第196—197页）

△　派周应时联系原浩然庐塾长青柳胜敏，委托其筹措十万日

元。青柳回复"绝无可能"。(日本外务省档案,1914 年 8 月 19 日《青柳胜敏之谈话》,乙秘第 1536 号;俞辛焞、王振锁等译:《孙中山在日活动密录》,第683 页)

　　△　致函戴德律,请支援中国革命和建设。

　　戴德律,美国商人,曾任大西洋—太平洋铁路公司副总经理,与孙中山为故交。戴于 7 月 10 日曾致函孙中山。是日,孙中山覆函,请求支持中国革命,一方面希望戴能阻碍袁世凯从美国获得贷款,称:"首先,请作出最大努力,阻止袁世凯获得他可能要在美国筹借的任何贷款。目前,他已无法再从欧洲获得任何贷款。据我耳闻,他打算以厚利诱使美国资本家提供款项,因为金钱是他唯一的实力。他将为此派遣他的财政总长周自齐赴美。因此,请预先堵塞他可能借以取得贷款的每一渠道:只须告诫美国资本家,袁世凯即使获得金钱支持,不久也必定垮台。所以,任何人援助这一首恶元凶,都将冒极大风险,而且,中国人民痛恨一切支持过这一公敌的资本家,并肯定无疑会拒不承认袁世凯有可能作出的任何权利出让。"

　　其次,请求戴帮助物色一批诚实而且愿意帮助战事结束之后从事建设工作的人才。"而最重要的莫过于财政整理,因为在革命时期,恐慌必定接踵而至,由于缺钱,百业将因而停滞,在中国尤其如此,因为中国商业中心的交换媒介,为外国银行家所控制。因而外国银行如汇丰银行之类,在中国的内部斗争中,实拥有举足轻重的权势。如果我们不能摆脱这种金融控制,独立就无从谈起。袁世凯不过是这类外国银行家的一个工具。"指出,要摆脱这种灾难性的祸害,革命政府必须准备统制商业。这样,才能在想用钱的时候用自己想用的钱,也才能撇开那些外国银行家而成为自己的主人。具体而言,政府必须:一、组织百货公司,以经营销售;二、控制水陆交通,以经营运输;三、制造那些一向仰赖国外进口的最重要的货物,以经营生产。如此,中国才能同时在政治和经济两方面获得独立。由于百货公司在美国已经司空见惯,但在中国却还没有,也没有人懂得如何经营。

如果要设立这种机构，需要相关人才，希望戴能挑选一批这方面的专家，"但是他们必须为人正直、精力充沛而有才干。如果你能和美国某些最有影响的百货公司托拉斯作出安排，使他们愿和我们的这项计划合作，那就太好了"。

同时，孙中山还提出贷款请求："在这种情况下，我希望他们能贷款至少一千万美元供作初步战争费用，以为取得特许权的条件。能否作出这样的安排？如果你认为在这件事上你有成功的可能，我愿委派你为我的全权代表进行谈判。你可以为你的委托书拟一个初稿并且列明作出上述安排的条件，随复信寄来，供我酌定。"

信中告知，正忙于准备另一次行动，"将独揽大权，亲自指挥"。原因是，中国已陷入空前严重的危机，袁世凯的专制较之先前清朝的统治更加恶劣。于是，迫不得已而再一次承担起领导的责任。表示得到了比以往任何时候更大的信任，深信一定能比推翻清朝更容易推翻袁氏政权，"那一天已为期不远"。并嘱接待黄兴："黄将军出国旅行，属于游历、考察性质。我未容他参加下一次的行动，因为他在第二次革命期间竟然弃南京而逃，曾使我痛失所望。但是他在第一次革命期间及其以前都作出不少贡献，作为一位朋友和老革命家，我仍然视为友好，所以我已嘱咐我在美国的同志对他热情接待，如果你碰巧遇见，也请同样待他。"（《致戴德律函》，《孙中山全集》第3卷，第107—110页）

8月15日　邓文辉、夏重民、龙侠夫、洪兆麟、谢持、杨庶堪、陈家藩、陈扬镳、余嗣清、陈其美、韩恢（两次）、金一清、凌昭、萱野长知、王统一、富永龙太郎、居正、肖萱、朱卓文、张肇基、公羊寿、孙白平等来访，面谈。晚，外出至麹町区三年町陈其美处，途遇陈，一起至其住处面谈。是日，以头山满名义向国外发出一电；收到神田区仲猿乐町9号宋耀如前后来的两封快信；给宋耀如发回一快递邮件。（日本外务省档案，1914年8月16日《孙文动静》，乙秘第1495号；俞辛焯、王振锁等译：《孙中山在日活动密录》，第197—198页）

△ 致函居正、田桐,指示考察金一清。

函称:"兹有金君一清,虽初见一面,然聆其言论,想一热诚之人也。彼于南洋情形,甚为熟悉,云可能联络筹款等语。请两兄面询详细,并加以审察。如果诚实,可要彼加盟,而托以联络之事,务望留心仔细可也。"(《致居正田桐函》,《孙中山全集》第3卷,第111页)

8月16日 陈其美、王统一、山田纯三郎、蒋介石(两次)、菊池良一、朱卓文(两次)、萱野长知、周应时、吴藻华、和田瑞、凌钺、谢持、杨庶堪、田桐、洪兆麟、李元著、龙侠夫、宫崎寅藏、岑楼、殷文海、花从先、卢永祺、邓铿、陈家鼐等来访,参与交谈。凌昭、翟钧来访,由周应时接见面谈。(日本外务省档案,1914年8月17日《孙文动静》,乙秘第1210号;俞辛焞、王振锁等译:《孙中山在日活动密录》,第199—200页)

8月17日 朱卓文(两次)、居正、范晞文、甲斐行一、胡汉民、廖仲恺、宋耀如、安健、余祥辉、袁逸、萱野长知、徐苏中、钟士林、杨中流、邓惟贤、王镇寰、邱正吾、邱汉宇、陈其美、田桐、王道、徐朗西、宋庆龄、金一清、宋子良等来访,面谈。韩恢三次来访,前二次,因客多未谈即离去,第三次来访时,面谈并转交两封信。熊尚文、夏兴夏、毕炜三人来访时,谢绝会见。(日本外务省档案,1914年8月18日《孙文动静》,乙秘第1526号;俞辛焞、王振锁等译:《孙中山在日活动密录》,第200—201页)

△ 凌钺来函,告知昨日所领三百洋元"归即派曾、杨二君火速回国,极力进行,已于昨夜十一时束装就道矣"。(《凌钺上总理函》,环龙路档案第00264页)

△ 陈楚楠来函,报告在星洲设立秘密交通部等事。

函称:"兹欧洲战端一启,南洋诸同志金以乘此时机,正吾人用武之时。弟受助同志之促,再组织本党交通部于星洲,然仍处秘密地位,谨此报告,如蒙覆示,请仍交敝铺可也。"又称,近日拟联合各埠同志为闽省预备之举,请求许崇智、林森、方声涛住址,并略示主张一二,"以定方针"。(《陈楚楠上总理函》,环龙路档案第04826号)

9月2日悉后,批示:"回信鼓励,并详述本党办法及统一之旨,并寄章程。许在东京,现任本党军务部长,方来□□□,林子超往美洲为本党筹饷委员长,福建机局已成,□□□立举事,毋庸再事□□也。"(《复陈楚楠函》,《孙中山全集》第3册,第114—115页)

8月18日 韩恢(两次)、王统一(两次)、杨钺、宋耀如、王荣光、刘寿仁、黄展云、廖仲恺、熊尚文、毕炜、夏兴夏、袁泽民、林伯轩、胡翃、陈家蕲、凌钺、王介凡、夏重民、陆任宇、任修、陈其美、黄复生、杨庶堪、萱野长知、蒋介石、黄承义、金一清、田桐、丁仁杰等来访,参与交谈。陈廷楷、周知礼来访时,因已外出,未见。下午,乘人力车至麴町区三年町陈其美处,与陈、戴季陶、蒋介石等一起议事。后又访神田仲猿乐町宋耀如处。(日本外务省档案,1914年8月19日《孙文动静》,乙秘第1526号;俞辛焞、王振锁等译:《孙中山在日活动密录》,第201—202页)

△ 是日,黄兴覆曹汤三书,否认泄露孙中山致大隈重信函内容。当时各处党员通告及中外各报纷传是黄兴公布了孙中山5月11日致大隈重信函,黄兴力辩不知此事,指出:"袁贼阴险,侦探离间吾辈,亦时时有之。即令有此函件,中山先生从未与兴阅过,兴又何从宣泄?此种卑鄙手段,稍有人格者不为。"(湖南省社会科学院编:《黄兴集》,第388页)

△ 是日,革命党人哈在田等于江苏南通发动反袁行动,旋失败,二十九人殉难。

据《申报》报道,革命党人四十人由沪乘怡和轮至芦泾港登岸,遇警备队上前盘诘,抗不遵查,并出手枪,击毙警兵一名,伤二名,夺去快枪二支,"乃扬白旗呼啸赴城,驻港警局当用电话报告镇守使署,设法防范。党人赴城时,道经某营,大呼孙文已至,赶速投降。军队正在午膳,事出仓猝,且子弹缺乏,因阳诺之,正拟暗筹对付,适城中已得警信,运来子弹二箱,乃即奋力向前追击。镇守署闻警信后,当发紧急命令,关闭城门,并饬警局严加防守,一面令水警署派舰扼守各港,又令沙连长季队官率军赴西门外拒敌,行至端平桥与党人遇,适陆师在后追击。党人腹背受敌，力不能支，乃四散逃窜"。(《南通乱事本末纪详》,《申报》1914年8月26日,"要闻二")

据革命党人追述,革命党志士王海鳌、李广生、吴俊、程强等人,共数十人,是日"约于通州聚齐,出万死一生之计,各以手枪炸弹攻城,盖欲一举而树南方独立旗也。讵知秘密机关,已于前一日败露,城中早有准备,交战数时,无人接应,彼众我寡,全归失败。李君广生、姚君文、施君友邦、哈君志才当时战死,李君亚溺毙,此外被捕数十人"。(奇峰:《通州先事纪略》,黄季陆主编:《革命文献》第46辑,第205—206页)

8月19日　陈家鼐、刘佐成、陈扬镳、殷文海、胡汉民(两次)、廖仲恺、和田瑞、陈其美、吴忠信、王统一、周应时、韩恢(两次)、林来、胡壮飞、曾子乙、胡翙、蒋介石、戴季陶、宫崎民藏、杨益谦、唐君勉、蔡锐霆、金一清、凌钺、居正、邵元冲等来访,参与交谈。余嗣靖来访时,谢绝与其会见。给Fukuleyo Ho tenekimaye发去一西文电报。(日本外务省档案,1914年8月20日《孙文动静》,乙秘第1542号;俞辛焞、王振锁等译:《孙中山在日活动密录》,第202—204页)

△　原浩然庐塾长青柳胜敏发表谈话,认为第三次革命还不太可能发生,孙中山仍在静待时机。

据日方情报,青柳胜敏表示,近来有人传言,中国第三次革命时机业已成熟,乘此次欧战之机爆发在即,然而事实与此相反,"目前革命党之实况乃既无从筹措资财,且首领散居各地,旅居日本者不过东京之孙文、陈其美,京都之谭人凤等,实有步调不一之憾。加之目前帝国政府绝不会帮助革命,最近交与孙文手中之款项仅二千元,尚不足维持其生活费用"。不过青柳也认为,此事取决于日本政府之态度,"若政府决意援助革命党,只要对投机界等略施影响,则不会没有出资者。而今情况可谓无望。若下月中国内地发生水旱灾害,则暴徒起义时刻来临,可谓良机已到,孙文一派则与之互通信息,加以煽动。但目前绝无公然树立革命大旗之可能。世间所传革命时机已经

成熟之说,不过毫无根据之流言而已"。（日本外务省档案,1914 年 8 月

19 日《青柳胜敏之谈话》,乙秘第 1536 号;俞辛焞、王振锁等译:《孙中山在日活

动密录》,第 682－683 页）青柳胜敏还认为中国的革命离不开日本的支

持,"有人以为欧洲动乱乃是策划中国革命之最好时机。本人就中国

革命问题,常与日本政府的警宪共同行动,并与外务省、陆军省当局

互通信息,专心为国尽力至今。若离政府方针而擅自举事,其苦心经

营则将化为泡影。尤其政府态度尚未决定之时,即仓促举兵,因中国

悉为佣兵,如无充实军费,成功则无望。孙文似乎为此虽然频繁活

动,但本人致力于培养中国学生,静待时机之到来"。（日本外务省档

案,1914 年 8 月 20 日《青柳胜敏之谈话》,乙秘第 1534 号;俞辛焞、王振锁等译:

《孙中山在日活动密录》,第 683 页）

8 月 20 日 陈家鼐、谢彬、王辰、余嗣靖、萱野长知、廖仲恺、刘

佐成、邓俊、罗伟、田桐、蒋介石、张汇滔等来访,面谈。（日本外务省档

案,1914 年 8 月 21 日《孙文动静》,乙秘第 1558 号;俞辛焞、王振锁等译:《孙中

山在日活动密录》,第 204 页）

△ 陈其美就第三次革命和日本政府压制革命党人等问题发表

看法。

是日上午,戴季陶至陈其美处,会谈约一小时。下午,孙中山至

本乡区顺天堂医院看望住院的郑芳孙,约十五分钟后离开医院,到麹

町区三年町陈其美处,与陈、蒋介石、戴季陶等四人面谈。交谈中,陈

指出,日本政府就此次欧战向中国政府提出有关胶州湾问题之四项

交涉条件,虽不得窥知其全部内容。但据确实消息,该条件中有"如

日德动干戈,则允许日本在中国领土上自由行动,其交换条件为日本

应对目前旅居日本之中国流亡者进行监视,防范其第三次革命的发

动"。陈表示,"关于自由行动一件,老奸巨猾之袁世凯,始终无应允

之意。如其应允,中国则将无异于日本之保护国,中国国民必举国反

对之。同时,与长江流域有关的美、法、俄等国亦会干涉之。其结果,

日本之目的必然不能达到"。"欧战前日本政府对我流亡者曾善意相

待,予以保护。然而欧战后持非常之压迫主义,其实例不胜枚举。对属于政治犯的流亡者,本应在一定范围内予以保护,此为国际公法所公认。然而日本现政府无视国际法,对我等同志实行压制,却欲援袁。此甚为不当,希望日本政府以远大眼光,维护东亚和平。"陈异常愤慨,抨击了日本外交之失败。(日本外务省档案,1914 年 8 月 21 日《陈其美之言行》,乙秘第 1561 号;俞辛焞、王振锁等译:《孙中山在日活动密录》,第685 页)

陈其美此番讲话,意在揭露当时袁世凯与日本政府外交勾结的阴谋。先是,袁世凯政府外交部次长曹汝霖于 9 日同日本政府代表桑冈丰藏会谈,对日本政府已采取取缔革命党人在日开办之浩然庐事件表示赞赏;进而提出,只要日本政府对孙中山和革命党人采取断然措施,中国政府不惜解决日本十几年来所企望之具有政治意义之重大的经济问题,即以青岛交给日本作为交换条件。(日本外务省档案,1914 年 8 月 9 日《桑冈丰藏致外务大臣加藤高明函》;俞辛焞、王振锁等译:《孙中山在日活动密录》,第 681 页)

△　寺尾亨声言反对贸然发动第三次革命。

据日方情报,寺尾亨就中国革命党的第三次革命计划对其亲近者发表谈话,声言:"孙文一派之革命党员正筹谋计划,拟乘此次千载难逢的欧战之机发动第三次革命。我亦认为,此确为革命之良机。但在目前形势下,如在中国内地惹起动乱,从帝国与英国之外交关系来言,对帝国甚为不利。且他们革命事业不可能成功。因此,若他们贸然发动革命,我拟坚决制止之。"(日本外务省档案,1914 年 8 月 20 日《寺尾博士之谈话》,乙秘第 1548 号;俞辛焞、王振锁等译:《孙中山在日活动密录》,第 684 页)

8 月 21 日　吴忠信、刘佐成、王敬祥、蔡公时、胡汉民、廖仲恺、萱野长知、谢持、杨庶堪、陈其美、林来、田桐、居正、丁仁杰、戴季陶、邓铿、王统一、王道等来访,参与交谈。朱镜清来访时,谢绝与之会见。

△　偕戴季陶到头山满宅，与头山满密谈。

下午，戴季陶来访后，到头山宅议事。不久返回，又与孙中山一起再次走访头山宅，在二楼和头山满议事，会谈约一个半小时。据戴季陶说，此次访问头山满，陈述了有关革命之意见。（日本外务省档案，1914 年 8 月 22 日《孙文动静》，乙秘第 1576 号；俞辛焞、王振锁等译：《孙中山在日活动密录》，第 204—205 页）

△　陈新政来函，认同时机已到。

函谓："前草札所云白逾桓出而调停者，系误信友人之言。今观大教，知党事甚慰甚慰。欧洲战争界吾党以极大之美机，此时若不进行，舍此无时矣，幸先生早已筹备进行。"（《陈新政为党务事上总理函》，黄季陆主编：《革命文献》第 48 辑，第 107—108 页）

△　是日，陈其美入住赤坂区潘池町 39 号高桥医院，化名为林忠平。原本称去小田原，但并未去。

8 月 22 日　上午，夏重民、云初、杨汉魂等来访，面谈。随后，陈家鼐、陈扬镳、谭蒙、钟士林、杨中流、田桐、谭人凤、居正、刘文锦等相继来访，共同议事。王敬祥来访，谢绝会见。下午，又有和田瑞、蒋介石、王统一、戴季陶、田桐、金一清、凌钺等来访，参与交谈。原定是日下午与宫崎寅藏、王统一等会见头山满，由于宫崎未来，未果。收到横滨山下町林某来函；致犬养毅一函，"似是要求会见"。（日本外务省档案，1914 年 8 月 23 日《孙文动静》，乙秘第 1598 号；俞辛焞、王振锁等译：《孙中山在日活动密录》，第 205—206 页）

△　暂不赞同召回黄兴。

据日方情报称，属黄兴派之中国流亡者与萱野长知、宫崎寅藏等人认为，目前中国流亡者之处境已随时局发展而趋好转，当此之际，若黄兴不参与此次行动，则他日革命成功之时，必有不能分享革命之成果而感遗憾，遂频繁进行召回黄兴活动，但黄兴似无响应之迹象，故策划使孙中山发电召黄。为此萱野长知、王统一等人于宫崎寅藏宅集会商议后，向陈其美申述了上述意见，陈即与孙中山计议。孙中山表示,流亡者之有今日,并非黄兴参与而才有力量,无召回黄兴之必要,但可征求犬养毅意见。因此,陈昨日访犬养毅,征求其意见。犬养答,暂不妨召回黄兴,但未决定由何人办此事。陈将犬养意见转告孙中山,孙又称,"此事暂可搁置不理"。此议遂中止。(日本外务省档案,1914 年 8 月 22 日《召回黄兴之活动》,乙秘第 1573 号;俞辛焞、王振锁等译:《孙中山在日活动密录》,第 686—687 页)

　　△　黄芸苏来函,报告华侨对袁世凯的看法及纽约党务不发达之原因。函称:"幸冯谢诸君相继来美,党势为之大振,而黄林邓李诸君到后,益复发达,不减先生在三藩筹饷时矣。而近日侨民之心理,痛恶袁氏之深,较满清为尤甚。至友邦政府对袁之行为亦渐渐省悟,自马素君在欧演说后,外人且以墨总统'耀亚他'目袁氏矣。袁氏虽欲有短间之存在,其可得乎。"

　　并称,美东一带,党势无甚振作,纽约党势之削弱,其原因一是演说之欠缺,二是机关报之不办,三是人才之稀疏,"遂使纽约党务发生早而发达迟"。党务不得其人亦是原因之一,"前此纽约党务所赖以主持者赵哀崖其中之一人也,而哀匡时抱悲观,二次革命失败后,已作无形之脱党……且闻同志告诉,谓伊有吞款情弊,故将其书记一职革去"。"而现任分部长胡心泉更不得人,查胡为天主教牧师,其人视名为命,其充纽约分部部长者,为名来耳,伊甚少到会,到则时呈其神甫之面相(自尊自大),令同志齿冷而逐渐散去。"此外,美国党务并不统一,"纽约方面常自称直接隶属于东京本部,而对于三藩市美洲支部为独立团体,殊为不知大体。今者三藩市有林森君等支持分部,多开至十余处,确有支部资格而并具统属全美支部之能力,而纽约少数党多不欲隶属三藩市,殊碍一致进行之旨,想其中必存所蔽"。(《黄芸苏上总理函》,环龙路档案 08971 号)

　　△　是日,季雨霖、白逾桓赴东京,磋商乘欧洲战乱举兵之事。

　　日方情报分析指出,因袁政府对孙、黄等人监视颇严,故举兵之初,以二流以下人员采取行动为宜,季、白去东京不外带此种意见。

而且,此时即使在孙、黄等首领中有人反对举兵,其他党员亦不会赞同,必将实施。日方情报还披露举兵计划大体为:以广东为基地,同时于北满发动革命,将袁之兵力分散于南北二路,待时机成熟,则动用四川革命党之浩浩大军,另以小股义军在长江流域要冲进行牵制作战。"此项计划如若实现,中国将呈鼎沸状态。"（日本外务省档案,1914 年 8 月 30 日《归国者关于中华革命党近况之谈话（其二）》,高秘特收第 2385 号;俞辛焞、王振锁等译:《孙中山在日活动密录》,第 701—702 页）

8 月 23 日　宋耀如（两次）、张汇滔、方健飞、王敬祥、刘佐成（两次）、曹亚伯（两次）、周应时、蒋介石、倪德董、杨益谦、胡汉民、陈家鼐、周诗、范忠、萱野长知（两次）、廖仲恺、谢持、杨庶堪、夏重民、云初、杨汉魂、蔡济民、吴醒汉、田桐、肖萱、丁仁杰等来访,参与交谈。晚,身体不适,请神田区美土代町板垣医师来诊疗。（日本外务省档案,1914 年 8 月 24 日《孙文动静》,乙秘第 1613 号;俞辛焞、王振锁等译:《孙中山在日活动密录》,第 206—207 页）

△　发布约束党员通告。

通告指出:"欧洲战祸,延及东亚,均势局破,国亡无日;外交稍失其宜,瓜分即有所借口,试问一般前清亡国官僚,岂堪扶此危局? 此际稍有识者,莫不以革命为救国之唯一法门,又属革命之绝好机会。乃有一般侦探及政客者流,希图目前富贵,散布种种谣言,冒爱国之名,以淆群听;借对外之说,以惑邦人;复挟各种危险手段,以为恐陷之计。稍有不慎,即堕术中,终无以自拔也! 凡我党员,素明大义,洞悉奸谋,谅不至为所惑。但当积极进行之日,允宜精神一致,息邪说,正人心,拒诐行,以张吾党堂堂正正之革命旗鼓,达吾党远大之目的。用特申明约束通告我党诸君,并希各省支部每省迅举调查员二人,限三日内将所有在京党员姓名、住址及有无违犯约束规则情事,造册报告本部,以便稽核为盼。"

约束党员规则四条,内容如下:

一、不得以个人自由妄思行动,加入他之团体或集会;

二、不得受外界之摇动,有违背本党之行为;

三、不得以个人名义,发表违反党义之言论;

四、不得以违反党义之言论行动,煽惑本党同志。

(《约束党员通告》,《孙中山全集》第 3 卷,第 111—112 页)

△ 是日,日本对德宣战,随后进攻青岛。

8 月 24 日 蒋介石(三次)、廖仲恺、田桐、张汇滔、肖草茹、张百麟(两次)、宫崎寅藏、萱野长知、邓铿、戴季陶、曹亚伯、中田重治、田桐、王统一、陈家鼐、谭蒙、丁仁杰、肖萱、居正、凌钺、陈楷、和田瑞等来访,参与交谈。唐支厦、喻焜彭、道庸来访时,谢绝与其会见。韩恢来访,与蒋介石面谈。刘佐成(两次)、黄伯群来访,与戴季陶面谈。吴藻华来访,戴季陶代为面谈。下午,板垣医生来诊病。(日本外务省档案,1914 年 8 月 25 日《孙文动静》,乙秘第 1628 号;俞辛焞、王振锁等译:《孙中山在日活动密录》,第 207—209 页)

△ 致电旧金山中华青年会,请阻止袁世凯向美贷款。

袁世凯为在华南修建军港,以丧权辱国的条件向美国乞求三千万元贷款,孙中山为阻止这一阴谋,特致电旧金山中华青年会。(日本外务省档案,1914 年 8 月 25 日《孙文动静》,乙秘第 1628 号;俞辛焞、王振锁等译:《孙中山在日活动密录》,第 208 页)

△ 会见犬养毅,请支持近期革命计划。

先是,本月 13 日派菊池良一就革命问题征求犬养毅意见,犬养毅答应近期来访。是日上午 10 时,犬养毅来电话告知,将于下午 3 时到访。悉后,即致电戴季陶,请其下午 2 时来。下午 3 时,犬养毅来访,与其在另室密谈,戴翻译,约一个半小时,4 时 30 分告辞。离开后犬养又至头山满宅逗留两个小时。(日本外务省档案,1914 年 8 月 25 日《孙文动静》,乙秘第 1628 号;俞辛焞、王振锁等译:《孙中山在日活动密录》,第208—209 页)

会谈中,首先向犬养毅谈起世界大势,兼及东亚问题,认为东亚问题之解决,归根结蒂在于人种问题,黄种人应团结对抗白种人。并称:"刻下欧洲战乱确为中国革命之空前绝后之良机。据最近对中国内地以至南洋及美国等地之形势调查,革命声势愈加高涨。相信此时乃举旗之大好时机,遂决定起兵举事,目前正在准备之中";"至于欧战形势,英法两国终非德国敌手,唯有俄国堪称德国强敌,欧洲战局胜利终归德国。战争平息,日德两国恢复和平之时,日本将在对德对华外交上面临复杂情况。此时若在中国内地发生动乱,必给日本外交带来极大好处。为此日本政府务必支持中国革命。此点请阁下予以关照"。还提到:"刻下我党员已同各省部分军队取得联系,惟军事行动所需资金迄今尚未如数筹得。南洋方面来信通知,目前虽已筹得相当资金,但白银行情下跌,故暂缓汇款。目前已派一名在京同志前往南洋办理筹款及汇款事宜。如若此次仍不能筹足所需资金,即使附加任何条件,也靠阁下在日筹款。"犬养毅未做任何明确表态,仅称:"我意如周围条件允许,现正是举革命大旗之大好时机。关于筹款一事,待与头山氏充分商议后答复。"遂告辞而去。(日本外务省档案,1914 年 8 月 27 日《犬养毅与孙文会见之事》,乙秘第 1651 号;俞辛焞、王振锁等译:《孙中山在日活动密录》,第 688—689 页)

△　戴季陶就欧战及中国革命问题发表意见。

据日方情报,戴季陶近期就欧战对中国革命的影响发表看法,称:"余相信刻下欧战乃中国第三次革命之绝好时机,然而革命并非易事,更不容轻举妄动,必须周密考虑,审时度势。我等革命党人刻下已大体完成第三次革命之作战计划,约百名在京同志返回国内,何时举兵,唯欧战形势如何而定。余等党员目前正在观望形势,如德国势成败局,即为我中国各省革命起义之时。""世间传言革命党中有孙派、黄派及李烈钧、林虎一派,三派之间相互敌视,然而绝非如此。当然党员间分歧在所难免,但此次则应舍小异取大同,在举事之日愈近之时势必采取一致行动。"(日本外务省档案,1914 年 8 月 24 日《中国革命党员戴季陶之谈话》,乙秘第 1615 号;俞辛焞、王振锁等译:《孙中山在日活动密录》,第 687—688 页)

8月25日　邓铿（两次）、丁士杰（两次）、季雨霖、刘佐成、胡汉民、陈家鼐、周诗、周况、刘运鸿、罗迈、蒋介石（两次）、周知礼、陈廷楷、廖仲恺、王统一、萱野长知、的野某、陈扬镳（两次）、徐朗西、吴藻华、宋耀如、居正、丁仁杰、肖萱、孙伯平、黄展云等来访，参与交谈。伍云眉、陈卓人、王道、朱瑝、朱龙楹、冯湛霖等人来访时，因已外出，未见。下午，与来访的蒋介石步行到赤坂区高桥医院，看望住院的陈其美，并与在场的戴季陶、周应时二人面谈。（日本外务省档案，1914年8月26日《孙文动静》，乙秘第1641号；俞辛焞、王振锁等译：《孙中山在日活动密录》，第209—211页）

8月26日　和田瑞、蒋介石、伍云眉、陈模、陈扬镳、徐苏中、陈师、邓铿、廖仲恺、杨庶堪、谢持、张肇基、田桐、肖萱、张汇滔、刘佐成、曹亚伯、王统一等来访，参与交谈。金一清、居正等来访时，不在寓，未见。下午，犬养毅又来访，在另室与之及廖仲恺、戴季陶等议事，约一小时。下午，偕来访的戴季陶至赤坂区高桥医院访陈其美，后乘人力车经日比谷公园返寓。给檀香山中国人俱乐部发一西文电，内容为："切望汇款。"（日本外务省档案，1914年8月27日《孙文动静》，乙秘第1650号；俞辛焞、王振锁等译：《孙中山在日活动密录》，第211—212页）

△　是日，吴铁城等一百七十三人从长崎乘山城丸回国。（俞辛焞、王振锁等译：《孙中山在日活动密录》，第211、784—785页）

8月27日　吴忠信、萱野长知、周诗、和田瑞、陈家鼐、刘佐成（两次）、曹亚伯、杨益谦、蒋介石、田桐、张汇滔、方健飞、凌钺等来访，参与交谈。下午，潘鼎新来访时，谢绝会见。戴季陶来访，与之密谈，随后，一起到头山宅议事。晚，到高桥医院访陈其美。黄申芗、曹亚伯（再次）来访时，已外出，未见。给缅甸仰光的陈警天以及美国的林森各发去一函。（日本外务省档案，1914年8月28日《孙文动静》，乙秘第1669号；俞辛焞、王振锁等译：《孙中山在日活动密录》，第212—213页）

△　三井物产会社常务董事山本条太郎谈与孙中山关系及对中国革命的看法。

谈到与孙中山关系时，山本条太郎说："外间传言，昨二十六日孙文与和田瑞会谈时，本人曾给和田瑞挂数次电话，就何事进行频繁交涉云云。此事与本人全然无关。昨日本人因事终日外出不在，既未给和田挂过电话，和田亦未给本人来电话，上述流言不知出自何人，甚为可疑。本人名义过去也被利用，本人感到为难。""今年初，本人因孙文之事经涩泽（荣一）男爵介绍，与和田有过一次会见，但没有密切往来。""关于孙文借款之事，去年涩泽男爵和安川敬一郎等富豪一起曾想承诺予以协助，唯因外务、陆军当局议论纷纷，莫衷一是，遂中途而废。之后本人与孙文、涩泽男爵、中野武勇〔营〕等有过数次来往，但外间所传，本人和孙文有某种密切关系之说，实为极大误解。"

关于中国革命问题，山本条太郎认为："本人一向同情南方，并就此同大隈首相、加藤外相进行过亲切会谈，我等均对袁政府感到不悦。但时局变化将对日本的对华政策产生何等影响殊难预料，故政府不能轻率明确方针。本人切望利用此次机会援助革命派，一举推翻袁世凯政府，早日建立民国政府。另外，本人愈益认为他们如若起事，其中具备领袖资格者当推孙文，稳健派当推谭人凤，少壮派当推戴季陶。"（日本外务省档案，1914 年 8 月 27 日《山本条太郎谈中国革命》，乙秘第 1655 号；俞辛焞、王振锁等译：《孙中山在日活动密录》，第 603－604 页）

8 月 28 日　韩恢、蒋介石（三次）、胡汉民、居正（两次）、廖仲恺、田桐、张汇滔、许崇智、宋振、山田纯三郎、菊池良一等来访，参与交谈。潘鼎新、朱镜清二人来访时，强烈要求会见，但仍谢绝之。向美国加利福尼亚国民党支部和加利福尼亚的邓家彦、冯自由、何利，檀香山的杨广达、谢芭原，横滨山下町 80 号谭发服装店的林来等各发一函。（日本外务省档案，1914 年 8 月 29 日《孙文动静》，乙秘第 1682 号；俞辛焞、王振锁等译：《孙中山在日活动密录》，第 213－214 页）

△　与陈其美等讨论在上海设立革命军总部。

是日下午，至麴町区三年町陈其美处访蒋介石。随后，至赤坂区高桥医院访陈其美，并与陈其美、戴季陶、蒋介石、陆惠生、丁仁杰、周应时、山田纯三郎、菊池良一等十余人议事,主要讨论革命军总部设在何地问题。后决定将革命军总部设于上海,并决定遣蒋介石、陆惠生赴上海筹办此事。陆、蒋 29 日去横滨,拟乘船回国,但因风浪大,未能启航。29 日又回到东京。(俞辛焞、王振锁等译:《孙中山在日活动密录》,第 214 页)

△　卢耀堂来函,报告新加坡党务、汇款等事,并对党内"各树一帜"表示忧虑。

函中报告,新加坡重行组织革命党,曾与张永福、陈楚楠等密商一切,颇有头绪。"惟今日之事,以筹款为第一要义。兹有荷属同志筹有巨款,他云有万元以上,该处同志深恐误汇,不敢卤莽从事,必要得有先生赐书示教,始肯汇交,因鉴于前此汇款南京被人吞蚀故也。"同时,对党内"各树一帜"做法表示担忧,谓:"有友自东京来,谓同志中健者现各树一帜,单独进行,此事甚为可虑。夫事以众擎而易举,独力则难成,今日已际此良好时机,正宜合群策群力,以除国贼。若人自为政,即国贼可除,为将来内部之纷争又不知伊于胡底也。弟曾于永福君处得阅瑶章,得知东京已有统一办法,此不过弟一人之鳃鳃过虑耳。"(《卢耀堂上总理函》,环龙路档案第 04826 号)

8 月 29 日　陈扬镳、林来、蒋介石、丁仁杰等来访,交谈。谢彬、谢锡福、谷声震、朱绍诚、欧阳西五人来访时,请他们去民国社。(日本外务省档案,1914 年 8 月 30 日《孙文动静》,乙秘第 1691 号;俞辛焞、王振锁等译:《孙中山在日活动密录》,第 214 页)

8 月 30 日　韩恢、凌钺(两次)、王统一、廖仲恺、杨益谦、庄忆恭、王道、黄本汉、丁仁杰、余祥辉、杜去恨、蔡奎祥、陈耿夫、陈扬镳、蒋介石、田桐等来访,议事。和田瑞、陈家鼎来访时,已外出,未见。杨春辉来访,谢绝会见。下午,至赤坂区高桥医院访问陈其美,并与在场的戴季陶、居正、田桐、陆惠生、蒋介石等七人议事。(日本外务省档案,1914 年 8 月 31 日《孙文动静》,乙秘第 1695 号;俞辛焞、王振锁等译:《孙中山在日活动密录》,第 214—215 页)

△ 致电美总统威尔逊,请求为了人道,阻止摩尔根公司为袁世凯筹办贷款,并"切望美国严守中立"。(《孙中山致威尔逊总统电》,黄比新译日本外务省外交史料馆藏《各国内政关系杂事(支那)》)

△ 符节来函,检讨自己年少气盛,请求给予川资以助回国效力。函称,因学识不足,经验稍差,"故作事多不免孟浪之弊,然静而思之,亦血气方刚所致耳,岂有他哉"。表示"嗣后当遵钧命,痛改前非,庶可达素日之目的,用副先生之美意焉……只身来东,实谬承诸同志之重托。先生虽已派人经营其事,节自问不才,尚可步其后尘,聊助一臂之力,务祈惠给川资少许,俾节克日登程是幸。否则以节为轻浮,而复限以畛域,竟置节于无足轻重之列,节亦惟有视力所能,稍加布置耳。至节年少气盛,对于交际上多违礼法,故物议之生,亦有由来,尚恳先生原宥而赐教之,幸甚"。(《符节上总理函》,环龙路档案第04543号)

△ 李容恢来函,汇报在南洋组织支部情况及筹饷建议。

函称:"七月初来巴东,未匝月,即闻欧战起,逆知影响中国甚巨,不可不亟起为谋,方欲有所建白,则闻东京已有中华革命党本部之组织,遂积极进行,谋设支部,与公孙长子声嘶力竭。"公孙长子"截臂誓众",激动人心,"热度骤高,即时宣布中华革命党巴东支部成立,并捐集基金(尚未提议筹饷)数千,本日开选举职员会,已加多党员五十余人,当举定杨汉孙为支部长"。因杨在巴东尚可呼应,且声气不仅限于巴东,尚可旁及巴城,"拟俟支部事毕后,即组织一筹饷处,即以杨君为处长"。信中,还就筹饷事宜建言,指出:"此次尤为与前次不同,实行者多,必不止一处起事,到南洋者亦多,皆各有交游。若各有举事,即各电征款,今日湖南一电,明日广东一电,更使各侨商无所适从,必生种种障害,故恢拟将南洋各埠连为一气,在上海或香港设一军需总站,总监由先生派出,干事由各埠派往,定明认饷若干万得派干事一人。各埠有人在站,疑窦自祛,且各埠有人在站,知总站盈绌之况,知各埠虚实之情,遇有紧急欠款,易于摊认,分电征集。各处起事需饷,均由总站拨发,各埠认捐均解交总站。如此办法,总其事者,可确有把握,便于支配。需饷者确有指望,可免仓皇,认捐者亦可无盲从之虞。"并建议"此时宜定一筹饷处章程及认饷报酬案颁到南洋,申明担负义务应得之权利,俟政府成立,由各埠筹饷处汇报请奖。如此办法,则人心鼓舞,当不止十倍,即以后报酬办事手续亦可得清晰,不至如前次旌义状之不公不遍也"。(《李容恢上总理函》,环龙路档案第04875 号)

8 月 31 日　徐苏中、杨嵋、杨中流、唐支厦、喻焜、杨益谦、傅恩逊、胡汉民、廖仲恺、戴季陶、陈家鼐、萱野长知、黄申芗、田桐、居正、肖萱、丁仁杰、周太极等人来访,参与交谈。宋耀如来访时,与之在隔屋面谈。和田瑞、的野半助来访,与萱野长知面谈。下午,偕戴季陶至赤坂区高桥医院访问陈其美,与到访的蔡奎祥等交谈。收到神田区仲猿东町 17 号中华轩汪某来函。(日本外务省档案,1914 年 9 月 1 日《孙文动静》,乙秘第 1705 号;俞辛焞、王振锁等译:《孙中山在日活动密录》,第215－217 页)

△　是日,蒋介石离开东京,和陆惠生于 9 月 8 日从门司乘船回上海。

是月　黄展云、谢持、吴铁城、许崇智等百余人在东京入党,自此国内外各地入党者渐众。(罗家伦主编,黄季陆、秦孝仪增订:《国父年谱(增订本)》上册,第 626－627 页)

△　李根源、李烈钧等成立欧事研究会。

第一次世界大战爆发后,李根源、李烈钧等因不赞成孙中山组建中华革命党,与黄兴、陈炯明等人互通声气,以研究欧事为名,于是月在日本东京成立了欧事研究会,主张暂停革命活动,以免妨害袁世凯政府的对日外交,意行举国一致御侮。参加者主要有黄兴、李烈钧、钮永建、程潜、陈炯明、林虎、冷遹、邹鲁、徐傅霖、陈独秀、李书城、谷钟秀、张耀曾、杨永泰、沈钧儒、汪精卫、蔡元培、吴稚晖、张继、林森、柏文蔚、章士钊等一百数十人。发起人为李根源、彭允彝、殷汝骊、冷通、林虎、程潜等六人。该会于是月 13 日曾订四条"协议条件"，即"一、力图人才集中，不分党界；二、对于中山先生取尊敬主义；三、对于国内主张浸润渐进主义，用种种方法，总期取其同情为究竟；四、关于军事进行，由军事人员秘密商决之"。是年冬，欧事研究会成员谷钟秀、欧阳振声、杨永泰、徐傅霖、殷汝骊等在上海拟订了一项活动计划，要点包括：第一，"对于当代有望人物，取广义的联络主义，使人才集中，主张一致"，"联络之范围，不分党派，即前为敌党，但有可以接近之道，即极力与之接近，文事武功，尤宜双方并进"；第二，"对于现今之政局，取缓和的改进主义，使人心渐入舆论同情"；第三，办学校，兴实业，创设日报、杂志，"以促进民气，对袁宣战"。（蒋永敬：《欧事研究会的由来和活动》，《传记文学》[台北]第 34 卷第 5 期）黄兴随即复函表示赞同，称欧事研究会"主旨宏大，规划周详，其着手办法，尤能祛除党见，取人材集中主义，毋任钦仰"。（湖南省社会科学院编：《黄兴集》，第 388－389 页）

有人认为，李根源等成立欧事研究会别有用心，是反对孙中山之举。谭人凤曾为此致书黄兴，称："印泉（按指李根源）等别有怀抱，□□士官生，而有欧事研究会之组织，谬言外祸迫切，宜有救国□□，宣示民党暂不革命，庶政府得以全力对外，而国不至于亡，而唆使一般无识学生，发起爱国团，欲发表中山罪状。莠言乱政，亡命客多入其彀中，我公向所信任程潜、程子楷、陈强等，犹大有意兴。"（石芳勤编：《谭人凤集》，第 122 页）

9 月

9月1日　周诗、周应时、许崇智、宋振、廖仲恺（两次）、王统一、萱野长知、陈树（广东民国日报记者）、张汇滔、方健飞、戴季陶、田桐、肖萱等人来访，面谈。（日本外务省档案，1914 年 9 月 2 日《孙文动静》，

乙秘第1710号；俞辛焞、王振锁等译：《孙中山在日活动密录》，第217页）

△　以中华革命党总理名义，与陈其美、居正、许崇智、胡汉民等联名发布中华革命党成立通告。

通告称："吾党自一次革命，国体与政体变更后，即以巩固共和，实行民权、民生两主义为己任，乃以'宋案'、借款之故，促起二次革命，不幸精神溃散，相继败走，扶桑三岛，遂为亡命客集中之地矣。谈及将来事业，意见纷歧，或缄口不谈革命，或期革命以十年，种种灰心，互相诟谇，二十年来之革命精神与革命团体，几于一蹶不振，言之不胜慨叹！惟文主张急进，约束前人，激励后继，重新发起中华革命党，海内外同志立约宣誓，争先恐后。"

通告宣布："自中华革命党成立之日，凡在国内所有之国民党本部、支部、交通部、分部被袁氏解散者，不能存在无论矣；所有海外之国民党，除在日本东京已宣告解散外，其余美洲、南洋各地未经解散者，希即一律改组为中华革命党（党为秘密团体，与政党性质不同，凡在外国侨居者，仍可用国民党名义，内容、组织则更张之，即希注意），均以履行总章第七条之手续书写誓约者，认为本党党员，协力同心，共图三次革命，迄于革命成功，宪法颁布，国基确定之际，皆由吾党负完全责任。"

通告对党员提出明确要求："（一）迸〔屏〕斥官僚；（二）淘汰伪革命党。以收完全统一之效，不致如第一次革命时代，异党入据，以伪乱真。国内无论矣，即海外人士，亦须严加审别。非由我中华革命党支部、交通部特别选派及其承认介绍者，政府概不收纳，畀以政事，使保皇败类计无所施。""惟近有不写誓约，非中华革命〔党〕员，假国民党名义，蛊惑我真正热心同志，借端滋扰，日有所见，非力加调查而甄别之，则不足以固党基而定国是。此本部同人拳拳之意也。"（《中华革命党成立通告》，《孙中山全集》第3卷，第112－114页）

△　致函邓泽如，请分发中华革命党党章，并谈革命形势。函称："近者夫己氏日失人心，海内动机四伏，欧洲风云大起，无暇东顾，

国贼所恃为外债军器之接济者,已绝其来源,此正吾人奋起之机会。"并询问:"南方同志近状如何?"(《致邓泽如函》,《孙中山全集》第 3 卷,第114 页)

△ 阐明誓约上加盖指模之理由。

在给党务部批示中,指出:"第三次革命之后,决不如第一次之糊涂,将全国人民,名之曰国民。然至成功之日,其宣誓注册之人,自然争先恐后,举国若狂,亦恐根底不固,易为巧诈,借名取利,容易把真心原始之革命党推翻,如袁氏近日之所为……故第三次革命成功之后,欲防假伪,当以指模为证据。盖指模人人不同,终身不改,无论如何巧诈,终不能作伪也,此本党用指模之意也。他日革命成功,全国人民,亦当以指模为识别,以防假伪,此至良之法也。""倘今日以义合,则不欲行之,他日以法使,则行之,是失吾人人格也,故指模为唯一不可更之条件,无论如何委缓,须当解说明白,使同党一致乃可。总之指模一道,迟早要盖,今日为党人不盖,他日为国民亦必要盖。倘以外国人待犯人为言,则外国待犯人,往日单独以照相行之,岂吾人则永不照相乎?"

附:加盖指印说明

"盖指印,必用左手中指。"

"盖指印,必须誓约末行,某省某县本人下之椭圆形内。"

"盖指印,或用墨,或用印色,须圆满明了,使指纹易于辨认。"

"指印,认为一种符记,凡党员间隔,字迹印章,均可变造。唯各人指印,则难模仿,故于填写誓约,盖用指印之后,无论海内外同志,凡关于重大通信事务,纯以加盖本人指印为凭。"(《党务部声明誓约上加盖指模之理由》,陈三井、居蜜合编:《居正先生全集》中册,第 4—5 页)

△ 是日,中华革命党军事部成立。10 日,总务部正式成立。

9 月 2 日 宋耀如、吴忠信、胡汉民、杨庶堪、王清一、凌钺、居正、和田瑞、廖仲恺、韩恢、周诗、许崇智、张肇基、周道万等来访,参加议事。下午,偕廖仲恺至赤坂区高桥医院访问陈其美,并在彼处与周应时、王清一、杨庶堪、萱野长知等交谈。归途遇丁仁杰、夏重民、陈家鼎、刘桂谋四人，偕他们一起回寓，面谈。（日本外务省档案，1914年9月3日《孙文动静》，乙秘第1729号；俞辛焞、王振锁等译：《孙中山在日活动密录》，第217—218页）

9月3日　徐苏中、吴忠信、阚钧、居正（两次）、肖萱、夏重民、廖仲恺、周应时、林光霁、山本芳雄、伊东直行、冈嘉一、佐佐原一郎（以上四人均为中国人化名）、陈家鼐、凌铖、陈楷、尹威、和田瑞、丁仁杰、王统一、田桐等来访，参与交谈。晚，乘人力车去本乡区汤岛顺天堂医院看望住院的郑芳孙。收到居神田区表猿乐町古田宅陈某寄来的一封快递邮件。（日本外务省档案，1914年9月4日《孙文动静》，乙秘第1738号；俞辛焞、王振锁等译：《孙中山在日活动密录》，第218—219页）

9月4日　任寿祺、胡汉民、杨益谦、廖仲恺、戴季陶等来访，参与交谈。下午，偕来访的胡汉民、廖仲恺至高桥医院看望陈其美，并与山田纯三郎、谢持、田桐、肖萱等会谈。韩恢、宫崎萱藏、田桐、陈家鼐、谭蒙等来访时，因已外出，未见。

△　收到陈中孚由沈阳发来的电报，阅后，即派人将电报和陈家鼐递来的信送至陈其美处。

陈中孚于6月中旬奉孙中山之命，赴大连进行革命活动。后来，大连的工作交给沈缦云，陈到沈阳做张作霖军队的策变工作。此时，张作霖被袁世凯召回北京，正是做张作霖军队工作之良机，因此，他致电请求活动经费。第二天，孙中山和陈其美即电汇去五百日元。（日本外务省档案，1914年9月5日《孙文动静》，乙秘第1751号；俞辛焞、王振锁等译：《孙中山在日活动密录》，第219—220页）

△　是日，日本驻广东总领事赤塚正助致函外务大臣加藤高明，反映革命党人在华南的活动情况，及广东龙济光关心日本政府是否向孙中山提供借款之事。

赤塚正助报告称，欧战以来，中央政府屡次电令严密警戒革命党，鉴于南洋及其他地区的革命党人不断潜入香港、澳门，要求龙济光等加强各地警戒,阻止革命党人自港澳潜入内地。并称,广东方面已经查获革命党人活动证据,"数日前,龙将军部于新会县查获一部秘密计划,同时查出数十面印有大元帅(朱)、副元帅(陈)、第二路元帅(谭)、副元帅(沅)等字样之白字红地旗帜。该大元帅(朱)疑为前函所报之国民党运动巨魁、潜伏于澳门之朱执信"。龙济光还接到香港密报称,"经头山满介绍由三井物产借款孙文六十万日元,其款项由香港三井支店交付林虎"。并就此事向日本方面求证。(日本外务省档案,1914 年 9 月 4 日《告革命运动近况之事》,机密第 27 号;俞辛焞、王振锁等译:《孙中山在日活动密录》,第 655—656 页)

9 月 5 日　山田纯三郎、菊池良一、内田礼造、林来、廖仲恺、和田瑞、刘佐成、黄伯群、萱野长知、韩恢、阚钧、居正、肖萱等来访,参与交谈。蔡奎祥、简书二人上午来访,谢绝会见,下午与再访时,参与交谈;陈家鼐、江涛、姚元乡上午来访时,亦谢绝会见,下午与郑诚元、任烈等五人一起再访时,参与交谈。(日本外务省档案,1914 年 9 月 6 日《孙文动静》,乙秘第 1762 号;俞辛焞、王振锁等译:《孙中山在日活动密录》,第 220—221 页)

9 月 6 日　胡汉民、夏重民(两次)、陈逸川、廖仲恺、许崇智、周应时、田桐、戴季陶、潘仲荫、李树勋、丁仁杰、杨益谦、傅恩逊、蔡奎祥、余祥辉、张文艺、杜去恨等来访,参与交谈。(日本外务省档案,1914 年 9 月 7 日《孙文动静》,乙秘第 1775 号;俞辛焞、王振锁等译:《孙中山在日活动密录》,第 221 页)

9 月 7 日　宋耀如、黄实、胡汉民、戴季陶、和田瑞、刘佐成、丁仁杰、陈家鼐、葛庞、田桐、吴醒汉、蔡济民等人来访,参与交谈。唐支厦、喻焜、李国柱等人来访时,谢绝会见。(日本外务省档案,1914 年 9 月 8 日《孙文动静》,乙秘第 1789 号;俞辛焞、王振锁等译:《孙中山在日活动密录》,第 221—222 页)

△　复函叶独醒,指示联络陈炯明、李烈钧等方式。

欧战爆发后,李根源、李烈钧等不赞成建立中华革命党,于本年

8月在日本东京成立欧事研究会。李等又至南洋,和陈炯明一起组织水利促进社,并攻击孙中山。南洋革命党人叶独醒不赞成李等的分裂行径,来函并附寄力劝陈炯明、李烈钧与孙中山合作之函。悉后覆函感谢叶之用意,称:"足下用意,令人深感。惟陈等在南洋,近闻颇有自树一帜之举,其果能受善言而改悔来归与否未可知。尊书若由此间寄发,彼等或认为弟所运动指挥,反于效力有损,故不如仍由尊处发寄,示以无私,或可动以诚恳也。""谭人凤最近闻已返长崎,可就东托人交去。柏文蔚信,则寄南洋,交陈交李均可。"随信并附陈、李二人地址。(《复叶独醒函》,《孙中山全集》第3卷,第115页)

9月8日　陈以义、胡汉民、戴季陶、蔡奎祥、余祥辉、凌钺、居正、和田瑞、田桐、周诗、丁仁杰、周应时等来访,参与交谈。陈烈来探访周应时。(日本外务省档案,1914年9月9日《孙文动静》,乙秘第1801号;俞辛焞、王振锁等译:《孙中山在日活动密录》,第222—223页)

△　致函邓泽如,请在南洋筹款接济革命,并邀其来东京协助中华革命党财政工作。

函称:"兹遇欧洲战乱,无暇东顾,袁氏更无后援,只有待毙,此时机会更不可失,海内同志已预备进行。惟以饷糈极绌,未能应时发展,亟望兄等在南洋提倡筹款,以为接济。兄于党内外,信用俱优,若得振臂一呼,事蔑不济。""尤有恳者,不审兄能抽身离南洋否? 弟欲请兄到东京本部,助理党中财政事务,弟视同人中能胜任愉快者,莫如兄也,愿兄勿辞,幸甚。"并向其打听陈炯明、李烈钧等情况:"据闻陈竞存、李烈钧俱有巨款约数十万,交陈楚楠、林义顺两君经营商业,不审确否? 乞密中一调查报知。"(《致邓泽如函》,《孙中山全集》第3卷,第115—116页)

△　复函郑螺生、李源水等,寄上筹饷章程,指示筹款等事宜。

函称:"现在海内同志俱各筹备进行,只以款绌尚未能应时发展耳。今得兄等提倡,内外合力,大功之成,当指日可待。此次办事,弟求完全统一,以杜流弊,故重订党章,整顿一切。即现在各埠筹饷事宜,亦必划一,已函告各同志,款项须统汇本部,由本部策应各处。若如某某等之办法,各立名义(所有一切号称统筹部及□□机关者,俱不承认),各筹各用,目前已极纷扰,将来尤必冲突,断不可行。"并请规劝邓泽如来东京任事:"广东军事,弟已专派邓铿担任,经费则由弟处接济,故弟意欲请泽如兄径来日本,至本部经理财政,不必到港。因港中人既不免复杂,泽如兄至彼,亦难以主持,不若来东在本部办事,弟得收指臂之助也。泽如兄素得信用于党人,而才干亦优,望兄等为我劝驾。"(《复郑螺生李源水函》,《孙中山全集》第3卷,第115—116页)

9月9日　夏重民、陈养寰、周演明、徐苏中、宋耀如、宫崎寅藏、廖仲恺、丁仁杰等来访,议事。黄伯群、陈家鼎、谭蒙等来访,谢绝与其会见。下午,至赤坂区高桥医院访问陈其美。(日本外务省档案,1914年9月10日《孙文动静》,乙秘第1806号;俞辛焞、王振锁等译:《孙中山在日活动密录》,第223页)

△　是日,袁世凯政府驻日公使陆宗舆要求日本政府驱逐革命党。

据日方情报,陆宗舆向驻华代理公使小幡提出如下交涉条件:一、日本政府对于中国重要乱党,如孙、黄、陈、李及曾有令指捕之寄居日本者,一概正式宣布放逐,永远不准居留日本境内及其属地;其正式退出日本者,不准再行登岸;未在日本者,一概拒绝来日。二、日本政府对于乱党之徒众,如有在日本作反对中国之行为,经中国政府之请求,即应按律惩办;其有犯刑事证据,经中国请求引渡者,日本应即引渡。三、不在日本之乱党,如与日本人有秘密合谋举动,日政府应严密取缔,并按律惩治;日本人如有庇护或援助在日本或日本外之乱党,日政府均应实行禁止;其迁居日本租界及租借地之乱党,经中国请求引渡,日政府即应交出。并认为"以上三项内酌量实行,则于中政府此次助日,亦可表示日政府真诚互助之意"。(日本外务省档案,陆[宗舆]公使递交[小幡代理公使]文;俞辛焞、王振锁等译:《孙中山在日活动密录》,第747页)

　　△　头山满发表关于中国革命和中日关系的看法,呼吁日本政府不要干涉中国革命。

　　头山满指出,在目前时局下,举起中国第三次革命之旗,"似乎早已成为不可改变之事实。彼等革命党人之活动颇为出色,刻下其第一步准备工作作业已完成,第二步即实行日期尚不得而知"。"日前在中国大地上出现革命之曙光,其时机定在不远之将来,此点已无疑问。"头山满认为,在此背景下,日本政府对此次时局所采取之外交政策,"虽有不满之处,但不是言及之时,只能保持沉默"。"中国革命党员称,日本政府和英国达成'此时如中国内地发生革命,则有责任予以镇压'之协定。这似乎大大伤害了革命党人之感情……目前虽称日英同盟或日英亲善,亦不知将来如何变化。或许相反遗留后患于我东洋。如徒受英国政府之干涉,采取姑息政策,则伤害革命党之感情,实非良策。袁政府目前苟延残喘,而我政府却同与东洋关系淡薄国家订约干涉中国内乱,必然对未来日中关系造成不可收拾之局面,实不堪忧虑。切望当局充分留意此点。"头山提醒,即便袁政府已发出了有关亲日之训令,但"此乃袁等惯用伎俩。一旦欧战平息,袁必转而依附德、美两国,显然采取一如既往政策。希望我政府为国家着想,此番应倾注部分力量于南方"。(日本外务省档案,1914 年 9 月 9 日《头山满之谈话》,乙秘第 1802 号;俞辛焞、王振锁等译:《孙中山在日活动密录》,第 689—690 页)

　　9 月 10 日　田桐、禹瀛、胡汉民、和田瑞、陈其美、黄伯群、凌钺、梅屋庄吉、王清一、杨庶堪、葛庞、谭蒙、丁仁杰等来访,参与议事。孔庸芝来访,在隔屋议事;蔡奎祥来访,递交两封信后离去。(日本外务省档案,1914 年 9 月 11 日《孙文动静》,乙秘第 1810 号;俞辛焞、王振锁等译:《孙中山在日活动密录》,第 223—224 页)

　　9 月 11 日　居正、韩恢、和田瑞、陈家鼐、刘佐成、蔡奎样、戴季陶等来访,面谈。下午,去赤坂区高桥医院看望陈其美。收到周正范来函。(日本外务省档案,1914 年 9 月 12 日《孙文动静》,乙秘第 1818 号;俞辛

焯、王振锁等译:《孙中山在日活动密录》,第224—225页)

9月12日 胡汉民、王清一、和田瑞、林来、凌钺、李国柱、韩恢等来访,面谈。下午,至赤坂区高桥医院探访陈其美,并与田桐、丁仁杰等面谈。收到来自旧金山的电报;给横滨市山手町59号宋耀如发去一函。(日本外务省档案,1914年9月13日《孙文动静》,乙秘第1824号;俞辛焯、王振锁等译:《孙中山在日活动密录》,第225页)

△ 是日,胡汉民、陈其美、田桐、戴季陶等会晤头山满、寺尾亨、海妻猪勇彦等。

据悉,参加集会者除上述者外,尚有王统一、杨庶堪、许崇智三人,来访的萱野长知亦列席。退出头山宅后,他们又依次走访寺尾亨、海妻猪勇彦(孙中山的房东,均为头山邻居)。除戴季陶外,其他人均未与头山、寺尾、海妻见过面(仅胡汉民与头山见过一面),此次走访纯系礼节性访问,"谈话中虽涉及革命,但似乎不是颇有意义的会面"。与海妻会面时,他们对海妻说,"在中国各省第三次革命已准备就绪,而美国及南洋方面所筹军费则因欧洲战乱,伦敦金银牌价不会上升,将造成若干损失,实为憾事"。会晤过程由戴季陶翻译陪同。(日本外务省档案,1914年9月14日《中国流亡者与头山满会晤之事》,乙秘第1832号;俞辛焯、王振锁等译:《孙中山在日活动密录》,第690—691页)

△ 是日,陈其美发表关于中国革命的意见。

陈其美在赤阪区高桥医院对来访者谈话,阐述了对中国革命的主张:"经我等同志卧薪尝胆日夜奔走,第三次革命之准备已渐次就绪,计划近日内在南方开始行动。此次行动远非二三日前发生于本溪湖方面小规模行动可比。一旦革命开始,计划在瞬时之间取得一二省。达此目的后,孙文及我等立即回国。"还提到,已同孙中山商定,"一俟攻陷预定之一二省后,先聘请日本人任警察顾问及军队教官"。据闻,此时陈其美也着手回国革命准备,"自两三日前,陈其美连日命其秘书黄实向中国内地发函七八十封,截至今日其数已达三百余封"。(日本外务省档案,1914年9月12日《中国流亡者陈其美之谈话》,

乙秘第 1817 号；俞辛焞、王振锁等译：《孙中山在日活动密录》，第 690 页）

9 月 13 日　上午，胡汉民、萱野长知先后来访，面谈；下午，陈其美、田桐、戴季陶、杨庶堪、谢持、许崇智、胡汉民、廖仲恺等来访，议事。陈家鼐来访时，谢绝与之会见。收到宿在帝国饭店的汉加典（美国人）来函。（日本外务省档案，1914 年 9 月 14 日《孙文动静》，乙秘第 1830 号；俞辛焞、王振锁等译：《孙中山在日活动密录》，第 225—226 页）

△　函致咸马里夫人，感谢其对工作的支持，并告知工作进展顺利。

信中说："尤其要感谢你对我的百货公司计划所表示的巨大关怀。""我的此种百货公司计划，是要在革命时期解救财政窘困，便利商业。因为如你所知，中国商业完全受制于外国银行。一旦战争爆发，商业即将全然停滞，人民自然会深受其苦，我的计划即在使人民免受此苦，此种计划不会有任何人反对。""我们的朋友戴德律先生（Mr. J. Deitrick）最近已来信，我已将全部有关事宜托付给他，今后将不再为此事有扰于你。""我的工作进展顺利，我深信反动政府被永远粉碎之日已为期不远。你若得悉我的事业已获胜利，或在中国任何地方得一立足之地，即请尽早东来，因我有诸多重要事务要仰仗你的协助。"（《致咸马里夫人函》，《孙中山全集》第 3 卷，第 117—118 页）

9 月 14 日　萱野长知、廖仲恺、王统一、高永龙太郎、宋耀如（两次）、陈家鼐、丁仁杰、和田瑞等来访，面谈。（日本外务省档案，1914 年 9 月 15 日《孙文动静》，乙秘第 1841 号；俞辛焞、王振锁等译：《孙中山在日活动密录》，第 226 页）收到旧金山杨某电报，称已"汇款一万日元"，并言"据国际电报，形势剧变，正募集资金"。（日本外务省档案，1914 年 9 月 16 日《孙文动静》，乙秘第 1844 号；俞辛焞、王振锁等译：《孙中山在日活动密录》，第 227 页）

9 月 15 日　廖仲恺、萱野长知（两次）、杉浦和介、韩恢、和田瑞（两次）、丁仁杰、宫崎寅藏、陈其美、许崇智、蔡奎祥、杜去恨、张文艺、余祥辉、夏重民等来访，参与交谈。汉加典持横滨市山下町锦和服装店的介绍信来访，在另室面谈。晚，韩恢再访，谢绝会见。收到一笔汇款。（日本外务省档案，1914年9月16日《孙文动静》，乙秘第1844号；俞辛焞、王振锁等译：《孙中山在日活动密录》，第226—227页）

△　致函邓泽如指示筹款事宜。

信中说，有同志宋渊源到募福建军债，又李济民募三民实业公司股票，"此非统一之办法，流弊滋多"，望"速与各热心同志发起筹饷局，一面指导海外党员依章办事，其有未经本部承认而人自为政或省自为政者，俱宜以此晓之"。提示"港中颇有人私立名义，出外筹款，即属同志，并未承奉本部命令，则一概不能承认。请告同志，勿为所惑。所有各处款项，俱统汇至东京本部，由本部接济各专任人员，以杜纷歧，而收指臂之效"。并促邓速来日本相助。（《致邓泽如函》，《孙中山全集》第3卷，第118页）

孙中山在函中指责"港中颇有人私立名义出外筹款"，针对的是其时尚未参加中华革命党的朱执信和叶夏声于9月间赴南洋筹款事。在10月初孙中山《批邓文辉函》《致李源水函》《致陆文辉函》中，对朱、叶多有谴责，反复强调统一筹款。此系因陈炯明、李烈钧在南洋筹款事所引起的误会。事实上，朱、叶为当时广东军事行动主持人邓铿所委派，曾得到邓泽如、邓子瑜欢迎与协助，获捐款四万元左右，成为广东起事经费的最主要来源。是年11月6日，孙中山在《覆郑螺生等函》中对此事表示谅解，朱执信亦随即正式加入中华革命党。（陈锡祺主编：《孙中山年谱长编》上册，第907页）

△　颁布《党员自由储蓄救国金简章》，内容如下：

一、每党员以六个月为限，准备三十元美金，存储所居留之地方外国银行，备为救国之用。

一、每人量力存放银行，如能一次付足三十元者更妙，否则每次以五元为额，六个月内必蓄至三十元，但无论每月能付若干，总以六个月为限，限满之时，务要能及三十元美金为度。

一、所存金由本人自向银行存放，写明本人姓名，他人无取金之权。

一、由银行领出存金，存折仍由本人执存，他人无权支领，唯所存之金既专备为救国之用，则无论如何拮据不可取用，以符储金救国之宗旨。

一、如各党员散处各地，不能每月亲来聚会者，可持所执银行存折，付托可信之同志带交书记登录，录毕仍将原件交还原所信托之人带回，如中途遗失，应由带者负责。

一、如党员所居之地，与支分部及通讯处相隔过远，亦无可信托之人，则俟储蓄至三十元额时，将存折直寄总支部，登记之后仍将原折寄还本人收存。

一、各党员有鼓励同志催促其储金救国之义务。

一、各党员所储之金，将来如遇救国需用之时，当以本党总理有切实办法，说明用途，通电总支部转告各地支分部及通讯处，召集储金党员布告一切，定期由各党员自向银行取出所存之金三十元，全数交与部长或干事，登录姓名，随即给发临时收据交还本人，复由部长或干事立将所汇收之金额汇由总支部转汇本部，先由总支部部长、会长签发正式收条，寄还各地支分部及通讯处，转发本人收执为据，随将临时收据缴销。

一、各党员已交救国金，执有总支部正式收条者，当俟成功之日，提向总理转换偿还证据，按期付还，并标储金救国者之芳名，以为民国历史光。如不愿收还者，则作为义捐，应给与相当之表彰，以昭好义。

一、此项储金以三年为期，如过三年之后并无提用之必要，应由本人自由取出，任便处置。

一、凡储金满三十元额之党员，于储金之三年期内，除登记芳名外，另由总支部列册，呈请总理赠与特别襟章一枚，以彰毅力而昭激劝〔励〕。

一、此种储金乃基于党员为党为国之自由志愿发生，以达建设之目的,并非强迫而行,但求各党员自觉,则积水成渠,众擎易举,倘能绸缪未雨之先,自无临渴掘井之憾,凡我党员宜体此意。

一、存金已达十元金额之时,应开列姓名及该银行地址、行名,报告本地方分部注册,转报总支部登记,以便稽核本党党员存储银行金额之实数。

一、各地方支分部及通讯处均需每月召集党员聚会一次,聚会之时,各党员将存放银行之存折交与书记,登录所存金额于分部所立注册簿上,立将存折交还本人收存。如有未能按期存金者,则由分部长当众劝勉,务期党员每人于六个月内必能储蓄三十元之数。但会长、职员更宜一律存储,以为各党员表率。

一、各地支分部及通讯处所用册簿及报告纸张,悉由总支部给发,以期划一格式而便汇报总部。(郝盛潮主编、王耿雄等编:《孙中山集外集补编》,第 148—150 页)

9 月 16 日 宋耀如(两次)、胡汉民、傅恩逊、韩恢、和田瑞、萱野长知(三次)、王统一、凌钺、陈楷、刘庭、刘大同、刘次彭、身内三郎、张启基、夏重民等来访,参与交谈。下午,许崇智、宋振、陈其美、戴季陶、居正、蔡奎祥、杜去恨、张文艺、余祥辉、田桐、丁仁杰等来访,共同议事。上午,周诗来访时,谢绝与其会见,下午再来访,参与交谈。给横滨市山手町 59 号宋耀如发去一函。(日本外务省档案,1914 年 9 月 17 日《孙文动静》,乙秘第 1848 号;俞辛焞、王振锁等译:《孙中山在日活动密录》,第 227—229 页)

9 月 17 日 凌钺、王统一、和田瑞、陈其美、陈家蕭等来访,面谈。(日本外务省档案,1914 年 9 月 18 日《孙文动静》,乙秘第 1859 号;俞辛焞、王振锁等译:《孙中山在日活动密录》,第 229—230 页)

△ 寺尾亨发表关于中国革命之谈话,主张日本支持中国革命。

据日方情报,以收容中国革命党人为宗旨之政法学校校长寺尾亨就中国革命发表看法,大略如下:"外务当局对此次孙、黄等第三次革命计划感到忧虑,而在野志士却认为此乃日本对华外交上千载难

逢之大好时机……政府当局应取得英美两国之诺言后,如不能公开
支援革命,则应与革命志士互通声息,予以幕后援助。革命成功之
际,孙、黄等大有为我国尽力之事。袁为中国元首,其政府亦为各国
既承认,我国政府作为一政府当然不便公开支持革命,此恰为不得发
挥所谓外交妙技之所在。加藤外相之手法简单,以一男爵似乎不谙
欧洲大陆外交。相比之下愈感陆奥、小村等人外交手腕灵活巧妙。
两面派作法原与日本武士道精神格格不入,但各国外交莫不如此,日
本又何须单独奉行君子国作风?"主张在经费上援助孙中山:"我与犬
养、头山等均认为,刻下为发动革命不可错过之良机。惟孙文一派因
筹措军费和某种原因,目前似不如意。依我之见,刻下可不待筹足巨
额军费,仅备齐起兵举事之资金即足矣,以后还可随地征集。"(日本
外务省档案,1914 年 9 月 17 日《寺尾亨关于中国革命之谈话》,乙秘第 1853 号;
俞辛焞、王振锁等译:《孙中山在日活动密录》,第 691-692 页)

9 月 18 日 胡汉民、韩恢、夏重民、许崇智、黄展云、田桐、丁仁
杰、陈其美、萱野长知等来访,面谈。下午,致电美国大使馆;给旧金
山的孙科发去一电报;给居本乡区西须贺町 16 号高山宅的杨仓白发
去一快递邮件;往美国发出信函七件,其中两件致纽约的黄芸苏,余
分致纽约的吴潮进和赵经敏、纽约的胡心泉、旧金山少年中国日报、
夏威夷自由新报的谢芭原、夏威夷的杨广达等。(日本外务省档案,
1914 年 9 月 19 日《孙文动静》,乙秘第 1867 号;俞辛焞、王振锁等译:《孙中山在
日活动密录》,第 229-230 页)

9 月 19 日 陈其美(两次)、胡汉民、居正、田桐、凌钺、杨庶堪、
谢持、黄实、戴季陶、冈部健次郎、山田纯三郎、菊池良一、刘集勋、周
群、张池、肖英、郭战英、任烈、陈家鼐、杨益谦、波多野春房、丁仁杰等
来访,面谈。周诗来访时,谢绝会见。给横滨市山手町 59 号宋耀如
发去一函。(日本外务省档案,1914 年 9 月 20 日《孙文动静》,乙秘第 1876
号;俞辛焞、王振锁等译:《孙中山在日活动密录》,第 230-231 页)

△ 偕陈其美等访美国驻日大使馆,与代理参赞阿聂茹(译音)

会谈。

先日，孙中山曾以电话与美国大使馆约见。是日上午，偕来访的陈其美、胡汉民、居正、田桐、凌钺、杨庶堪、谢持等七人一同到美国大使馆，与代理参赞阿聂茹面谈三十分钟。此时在日革命党人陆续回国，为保证回国革命党人的安全，希望美国政府允许他们在上海租界上岸，并把革命党本部设在租界内。同时就东南亚地区革命党人发行的报刊被查封之事，进行交涉。美方答复将以个人身份把此事通知上海领事。（日本外务省档案，1914年9月20日《孙文动静》，乙秘第1876号；俞辛焞、王振锁等译：《孙中山在日活动密录》，第230页）

△　李源水来函，告知南洋筹饷的情况。函称，南洋热烈欢迎有关募集资金的计划以及其它指示，也衷心拥护孙中山的建议。朱执信的造访"也取得了同胞们的信赖"，在欧战所带来的经济危机的影响下，仍能够轻而易举地筹到两万美元，"甚至仅在这片区域里我们就会超过这个数目"。在朱执信返回后，此后所得款项会如安排汇到香港由他转交。宋渊源将亲自前往南洋向一些福建团体募集资金，如果得以成功地话，尽管在当前的危急时刻，也能轻易地募集到总共三万或四万美元的资金。（《Lee Yuan Swee（李源水）书简》，［日］久保田文次编：《萱野長知·孫文関係史料集》，第469—471页）

9月20日　李国柱、徐苏中、丁仁杰、陈中孚等来访，面谈。上午，同和田瑞通电话。晚，偕戴季陶和萱野长知乘人力车至芝公园7号访板垣伯爵，约两小时。（日本外务省档案，1914年9月21日《孙文动静》，乙秘第1879号；俞辛焞、王振锁等译：《孙中山在日活动密录》，第231—232页）

△　主持讨论《中华革命党方略》。

是日下午，廖仲恺、胡汉民、杨庶堪、田桐、许崇智、谢持、居正、丁仁杰、戴季陶、王统一等陆续来到孙中山寓所，由孙中山主持讨论《中华革命党方略》，是为第一次讨论会。孙中山任主席，戴季陶任书记。（《中华革命党议事录》，中国社会科学院近代史研究所近代史资料编辑组编：《近代史资料》总61号，第22—24页）

　　此项革命方略讨论会议,从是日到 12 月 16 日,共开十七次,均在孙中山寓所,出席者除首次会议诸人外,尚有陈其美、何天炯、周应时诸人。提交讨论之《革命方略》在 1914 年 8 月前已秘密印刷并开始散发①。居正《中华革命党时代的回忆》一文称:"中华革命党本部组成之初,总理尝召开方略研究会,以军事为先决问题。大体由总理指示,分类讨论后,指定起草人,编成草案,再加审议。以三数月时间,制定革命方略,军事第一,定名为中华革命军。"(居正:《中华革命党时代的回忆》,中国社会科学院近代史研究所近代史资料编辑组编:《近代史资料》总 61 号,第 42—43 页)此份《革命方略》有文可据的有第一军政篇,下列三章十一节五十二条。(孙中山:《中华革命党革命方略》,中国社会科学院近代史研究所近代史资料编辑组编:《近代史资料》总 61 号,第 3—21 页)讨论修改后的《中华革命党革命方略》共分军政、军政府、服制、勋记、军律军法、田粮征发及则例、文告等七篇。总纲明确规定革命军以"推翻专制政府,建设完全民国,启发人民生业,巩固国家主权"为目的。设立革命军大元帅,规定由中华革命党总理统率陆海军。大元帅之下设最高统帅部称曰大本营。决定"中华革命党民国以青天白日旗为国旗"。大本营设置机要、参谋、法制三处,外交、内务、陆军、海军、财政五部。各省设总督一人,由大元帅特任,下为县知事。对各级政府职权、服制、勋记、军律军法等均有条文规定。(陈锡祺主编:《孙中山年谱长编》上册,第904—905 页)

　　△　陈中孚来访。

　　陈中孚于 6 月中旬奉命在东北辽南一带开展革命运动,9 月 4 日发动起义,遭日本军警镇压,革命军解散,陈被迫离开东北。于 17 日从大连乘天草丸抵达门司,19 日至东京,是日和 23 日两次来谒见。(日本外务省档案,1914 年 9 月 21 日、24 日《孙文动静》,乙秘第 1879 号、

————————

　　①　据研究,当时讨论的文件即日本外务省外交史料馆所藏《各国内政关系杂集·中国之部·革命党关系》第 81 号中所收录之中文抄件《革命方略》。(陈锡祺主编:《孙中山年谱长编》上册,第 904 页)

1912 号；俞辛焞、王振锁等译：《孙中山在日活动密录》，第 231、233 页)

△ 范光启(鸿仙)在上海被刺，痛悼之。

范光启，安徽合肥人，参与辛亥之役、二次革命，后至东京，加入中华革命党，旋奉命返回上海，谋再举。是日被上海镇守使郑汝成派人狙杀。同时，经范等策动准备起义之军士二百余人亦遭捕杀。浙事因而受挫。

22 日，上海同志因范鸿仙被害之事致函东京本部，指出国内革命面临严峻形势："闻有米占元者，领有巨款，包办暗杀党人事，羽党遍布租界。加之法界近因推广租界，承认当道要求，不利党人行动之条件，恐将见诸实行，令人闻之，不寒而栗，此间非可久安之地也。报载北京近来枪毙党人百余人，皖人程家柽亦在其列，守真照相馆亦被查封。香港破获机关三处，拿获十余。长江一带，日来亦有是耗。"为此提出建议："我辈欲望乘此机会成事，须统筹全局之计划，并须具有多少对抗实力，积极进行，不然良机将随水流电掣而去矣。且万不宜轻举妄动，不但于事无益，且贻外人讥诮。我不动则已，一动须于一部分有多少影响，方足以惹人注意，而动人观听。幸勿以昔日视敌之眼光，而视今日之敌，且内部须团结，不宜分散。此间盛传内部有分裂之虞，未审确否，如果然，真所谓燕雀处堂不知大厦之将覆矣。"并请求经费支持，"所请设法之款务，宜早日寄来，应约来沪之人，尚在沪，待尊处最后之命，有无款来，再定行止。松元①拟就地筹款少许，俾彼等先行前往，唯奔走数日力竭声嘶，分文不能筹着，不得不再促请尊处设法多少先寄若干，以便使彼等先往布置一切。近日由日本来之信，间有被日本邮便局检查者，此后如荷通讯，切勿书上款及下款，下款以别名代之，是为至要"。(《上海同志致东京本部报告范鸿仙被刺函》，黄季陆主编：《革命文献》第 46 辑，第 109—110 页)

孙中山对范之被害痛悼不已，在 11 月 1 日致邓泽如函中称"其

---

① 松元当系中华革命党在上海同志之化名。

死与宋教仁相类"。(邓泽如辑:《孙中山先生廿年来手札》)在 11 月 20 日致戴德律函中又提到此事,称范为"我们的主要领导人之一"。(《致戴德律函》,《孙中山全集》第 3 卷,第 137 页)

9 月 21 日　宋耀如、戴季陶、小野精一郎(上海东亚同文书院学生)、黄实(两次)、和田瑞、杉浦和助、丁仁杰、夏重民、陈自觉、陈扬镳等来访,面谈。收到居本乡区胜盈馆张撼寄来的快递邮件。(日本外务省档案,1914 年 9 月 22 日《孙文动静》,乙秘第 1889 号;俞辛焞、王振锁等译:《孙中山在日活动密录》,第 232 页)

△　林纪卿、吴鲁阳来函,请示组织办法。

函称,前月之 31 日接到来函及章程一册后,即通传旧会员中之确有经验并饶有把握者,秘密磋商,"俱云此是国民天职,义不容辞,况诸先烈昔日薪胆备尝,无非力造共和真谛,虽尔时无蟊贼害之,尤当灌溉而护植之,必料南风必竞"。表示"必绝对服从,以效棉力"。由于"徐云兴君现未返埠,昔日党务胥仆临时代任,更兼新旧党员一再遴选,则屈指可数,况敝埠之组织则有问题两种,其独当一面耶则会员寡少,恐于定章微有不符;其附丽他埠耶则地方习惯,又虞日后难以推广。至于推选会长,自必遵章办理。惟此两方之取决则不敢贸然预定"。请求指示办法,并请寄誓章样式捐款收据及钤印各则邮寄掷来,"俾得成立进行,以尽天职"。10 月 7 日收到后,批示:海外局代覆。(《林纪卿等上总理函》,环龙路档案第 07361 号)

9 月 22 日　居正、葛庞、任寿祺、胡汉民、黄实、廖仲恺、许崇智、张汇滔、方健飞、□鲁生、陈家鼎、江涛、谭蒙、韩恢、萱野长知等先后来访,议事。(日本外务省档案,1914 年 9 月 23 日《孙文动静》,乙秘第 1901 号;俞辛焞、王振锁等译:《孙中山在日活动密录》,第 232—233 页)

△　致电安南都督营救林直勉等。

林直勉、林树巍等奉朱执信之命,在广东南路策动起义,龙济光获悉情报后,密令吴川、遂溪两县知事与广州湾法领事交涉,要求封闭机关,引渡党人。是日,法领事将林直勉、林树巍、梁卫平、梁树雄等九人逮捕,并拟引渡。孙中山闻讯后,乃急电安南都督,声明被捕者实为革命党员,属政治犯,不得引渡。安南都督转电法使查办。梁、林诸人得以转解安南,押于河内监狱。次年9月,获释。(罗家伦主编,黄季陆、秦孝仪增订:《国父年谱(增订本)》上册,第633页;郝盛潮主编,王耿雄等编:《孙中山集外集补编》,第151页)

△　黄甲元来函,表示筹饷有困难,但将尽力。函称:"及鼓励切要实行,不可退步。然即今欧洲战事突起,影响甚大,商场纷纷财政困乏。弟不拘若何,定必向前,尽一份责任也就是。"(《黄甲元上总理函》,环龙路档案第07362号)

9月23日　宋耀如(两次)、陈其美、和田瑞、戴季陶(两次)、陈中孚、郡司成忠、宫崎寅藏、王统一、萱野长知(两次)、龚振鹏、殷之辂、倪铁生、阚钧、田桐、凌钺、明石顺吉(政友会会员)等来访,面谈。上午,殷绍乘、倪铁生来访时,谢绝会见;居正、张宝臣、李恢、张汇滔、方刚等五人来访时,亦谢绝会见。后居正、张宝臣、李恢、方刚等再次来访,面谈。宋耀如来访时,转交一笔钱。晚八时给澳门的晦,西贡的谢松,香港的古毅哉、邓仕学、杨霞、郭心印等各发去一函。(日本外务省档案,1914年9月24日《孙文动静》,乙秘第1912号;俞辛焞、王振锁等译:《孙中山在日活动密录》,第233—234页)

△　与来访的郡司成忠大尉会谈。

在回答郡司"对近来欧洲战乱有何感想"问题时,孙中山称:"我没有什么特别感想。不过日本政府对我们的运动似乎总是怀有恶感,请问有何耳闻?"郡司答复:"我许久没有和政府人员交谈了,所以难以判断。"接着,孙中山反问:"那么郡司先生对我们的革命运动有何感想?"都司答道:"如果说对孙先生的方针有什么疑义的话,我们的想法是,第一次革命之时,革命者和镇压者虽然都是幼稚的,但导致革命最终没有成功的原因之一,就是缺乏人才,且方法也不完善,这是谁都承认的。第二次革命时也想光明正大、堂堂正正地起事,因此没有采取暗杀袁世凯的手段。如果不是这样,是会达其目的的。

不知没有那样做的真意何在。第三次革命虽然已经有了种种计划准备,但我考虑,有必要改变以往的手段,把革命根据地设在扬子江下游的岛屿上,选择一个不受各国干涉的地点……以接近开放港口,用帆船就可来往于陆地最为适宜。一遇事就受外国干涉的地点,不仅革命殊难成功,而且连成功的希望都没有。"聚集人员的手段,虽有多种多样,"但如采用先前第一次革命成功之时,给百人队长以一百町步土地,千人队长也是如此的那种厚赏,则立即投奔革命者必然甚多","为了发动革命而在目前的情况下奔走于借款之事是极为愚蠢的,必要的是选择合适的根据地和人才"。

两人还就其他革命问题进行了交谈。会谈约二个多小时。谈话临近结束时,孙中山谈及本月上旬陈中孚在本溪湖及奉天策动革命,但遭受日本官宪干涉被迫撤离,不得不中止,并且表示不满。对此,郡司大尉亦没作任何答话。(日本外务省档案,1914 年 9 月 25 日《孙文与郡司(成忠)大尉的对话》,乙秘第 1919 号;俞辛焞、王振锁等译:《孙中山在日活动密录》,第 610—611 页)

△ 吴文龙、许世钦等来函报告范鸿仙被刺经过并请抚恤。

函中先简要汇报了范被害经过:"范君原宿寓中,事前数日因念时机已熟,诸务殷繁,特由寓中移宿于嵩山路办事机关,以便接洽……廿日晨四时后,刺客四人由前楼栏杆外逾入,先以利刃戳伤左肩肋及腰部,复于心窝击中一手枪。及秋水等闻声惊起,凶人乃迎门施放手枪,拒不令进,然后由前楼跃逸。秋水等一面看视范君,血肉淋漓,气息已绝,一面追捕凶犯,比于间壁捉获一名。先是间壁有空屋一所,事前两日被人租去,仅付订洋拾元,并未迁入。十九日有形似工匠者数人入屋修理,讵知此即奸人之诡计也。当其由间壁逾入时,已预系绳梯两条为遁逃之备。被捉凶犯因逾墙跌伤,现由捕房送医诊治,尚未研讯,其余在逃。未获之凶犯,仍由捕房严密访拿。"随后,为之请恤,称"范君个人善后,应由蒋君介石担任洋柒百元(已付二百元),除临时衣棺等费,约用洋六百元外,余洋当交范君家属收用。

惟范君本寒士，家无恒产，自去岁失败以后，所有衣饰书籍等件典卖一空，身后萧条，言之可痛。所遗发妻及子女各一，女年十二，子仅八龄，教养之资，皆须筹备。世钦等与范君均属至交，痛死者为国遇害，生者生计维艰，自苦棉薄爱非能助，只得将各种情形具以上闻，伏乞先生俯念范君死于国事，加以抚恤，以慰忠魂，而安孤寡"。信函署名者有吴文龙、万竹泉、黄畴、金维系、刘秋水、李邦粹、许世钦、李绪昌、张海洲、朱艮、刘义章、余立奎、戴膏吾、陆学文等。（《吴文龙等上总理报告范鸿仙被刺经过并请抚恤函》。黄季陆主编:《革命文献》第46辑,第110—111页）

　　△　是日,柏文蔚等访问日本产业株式会社经理辻嘉六,寻求经费与武器的支持。

　　下午,柏文蔚、谭人凤、白逾桓、谢介僧、谢复等五人,由池田□藏（大阪的造船业者,曾旅居上海）介绍访问辻嘉六,会见约两小时。柏文蔚等称:"先前张尧卿、刘艺舟两同志向贵下恳请借贷军用资金及枪械之事,在此危急之时无论如何仰仗尽力为要。"辻嘉六表示:"先前张、刘二人之托,目前正通过人在陆军内部活动。"并问道:"贵下等人之计划与张、刘二人之计划是否一样?"柏文蔚答称:"吾等革命派此时所说的举旗之事完全一致,但所采取的手段方法则因中国各省情况不同而有不少意见分歧。因此,吾等之计划与张、刘等人的计划不同。而且今日虽订有计划,但根据中国内地之情报,又将有不得不变更之事。无论如何,中国革命若得不到日本政府的援助,则绝对不能达到目的。"请求贷给再起军用资金五十万日元及一批枪械。对此,辻嘉六表示:"目前正在陆军省和参谋本部内活动,将尽力达到贵下等人的目的。"

　　事后,辻嘉六曾表示,明石参谋次长似对革命党抱有热烈的同情,估计可以从陆军内部得到一些枪械。至于军用资金,如革命党等要求少量金额,通过各种办法能得到的话,其将更加按照革命党委托,决心予以尽力。若从陆军内部得不到军用资金,则在民间也可得到五十万或六十万元左右,通过其手段没有办不到的事情。至于枪械,如果俄国这次订购一百五十万挺的活,估计没有什么问题。因为革命党似满足于(明治)三十年代式的,所以其相信没有什么问题。但是,辻嘉六又表示,非常担心革命党员向其出示的计划书,以及柏文蔚向其递交的有关军用资金的用途等等落到外务省手里。(日本外务省档案,1914年9月24日《有关中国革命之事》,乙秘第1909号;俞辛焞、王振锁等译:《孙中山在日活动密录》,第702—704页)

实际上,辻嘉六未派人探听陆军省及参谋本部的意向,而是经中村弥六之手,拟借助于正在东京的朝鲜总督寺内正毅的力量。28日晚,他陪同柏文蔚、张尧卿、白逾桓等三人,访问在青山的中村,请其向寺内总督进行活动。中村对中国革命很表同情,并欣然承诺。柏文蔚等人非常高兴。随后,中村将此意转告寺内总督,寺内总督却表示,作为个人虽同情革命,但基于目前时局和本身的处境,难以援助针对现政府的革命活动,断然予以谢绝。据闻,柏文蔚等"非常沮丧"。(日本外务省档案,1914年10月8日《有关中国革命运动之事》,乙秘第2013号;俞辛焞、王振锁等译:《孙中山在日活动密录》,第704页)

9月24日　黄展云、胡汉民、廖仲恺、韩恢(两次)、陈其美(两次)、宋耀如、宋庆龄、王统一、丁仁杰、许崇智、宋振、曹宗乡、藏兴咸、丁玉波、哈在田等来访,面谈。杨益谦、阎崇阶来访时,谢绝会见。下午,给横滨山手町59号的宋耀如发去一电;给千驮谷540号关声振发去一快函;给赤坂区台町41号的波多野春房发去一快递邮件。(日本外务省档案,1914年9月25日《孙文动静》,乙秘第1915号;俞辛焞、王振锁等译:《孙中山在日活动密录》,第234—235页)

9月25日　陈其美、张智、谢持、杨益谦、阎崇阶、戴季陶、张鲁藩、余祥辉、廖仲恺、陈中孚、胡汉民、身内三郎(和田瑞派来)、丁仁杰等来访,参与交谈。给澳门风顺堂4号孙眉发去一邮件。(日本外务省档案,1914年9月26日《孙文动静》,乙秘第1924号;俞辛焞、王振锁等译:《孙中山在日活动密录》,第235—236页)

9月26日　宋耀如、宋庆龄、许崇智、韩恢、廖仲恺、王统一、田

桐、杨庶堪（两次）、凌钺、陈其美、丁仁杰等来访，面谈。上午葛庞来
访时，谢绝会见；晚再来访，与之面谈。陈烈两次来访，均谢绝与之会
见。李国柱来访，也谢绝会见。波多野春房带着打字机来访，协助打
印英文稿二十余张。（日本外务省档案，1914 年 9 月 27 日《孙文动静》，乙秘
第 1930 号；俞辛焞、王振锁等译：《孙中山在日活动密录》，第 236 页）

9 月 27 日 胡汉民、李国柱、韩恢、夏重民、萱野长知、廖仲恺、陈
其美等先后来访，参加议事。（日本外务省档案，1914 年 9 月 28 日《孙文动
静》，乙秘第 1934 号；俞辛焞、王振锁等译：《孙中山在日活动密录》，第 237 页）

△ 伍宏汉来函，述其革命经历，表示愿意效力革命。

函称："自昨年与先生通讯后，旋任粤讨袁军第三团三营副营长，
由旧将军署移驻西村广雅书院，筹备出发誓师，后闻龙贼来，即率所部
防御于西村粤汉总车站一带。及独立取消，乃脱险而出，候图补救。
嗣以大势已去，即复美返，以脱虎口。到美后，旋被舍路分部举为正部
长，即以清党籍、兴党势、保党德、筹军饷四大端宣告于党员，以祈见之
实行。乃就任未及一月，即因生计问题，离舍路而至贝市，以实行解甲
归农之愿。乃不料到贝市后，又为一二同志以出而组织分部来相勉
励……乃不量谫鄙，慨然引为己任，大声一呼，同志四应，组织仅及数
月，而分部于以告成。"上年四月，又由冯自由、赵鼎荣二君介绍，加盟
于救国社，"旋受张社长委为主盟及负组织分社之责，不料未几金门有
李君盛中之案发生，张社长逃而致有不良好之结果。言之心实痛"。
获悉中华革命党总章后，表示"倘如不弃，定再执鞭以从先生之后"。
悉后批示："覆信。"（《伍宏汉上总理函》，环龙路档案第 07926 号）

9 月 28 日 居正、宋耀如（两次）、宋庆龄、凌钺、田桐、陈其美、
胡汉民、王统一、许崇智、王清一、杨庶堪、韩恢、刘士杰、王乃斌、王民
辉等来访，参与交谈。波多野春房带着打字机来协助打印英文稿五
十余张，令廖仲恺校对原稿。向国外发出三件邮件，分别寄往旧金山
的林子超、檀香山的杨广达和钟宇一。晚，给牛込区富久町 110 号顾
青山发去一函。（日本外务省档案，1914 年 9 月 29 日《孙文动静》，乙秘第

1946 号；俞辛焞、王振锁等译：《孙中山在日活动密录》，第 237—238 页）

9 月 29 日　谢持、胡汉民、廖仲恺、杨庶堪、陈其美（两次）、田桐、凌钺等来访，参与交谈。谭蒙来访，谢绝会见。波多野春房来访，协助打印文稿。

△　在民国社听取陈中孚关于本溪湖地区革命活动情况汇报。

下午，偕胡汉民、田桐、陈其美等先去美国大使馆，求见大使或秘书官。因两人均未在，未果。随后到芝区南佐久间町民国社，听取陈中孚汇报在本溪湖地区进行革命活动的情况。再由陈其美、丁仁杰陪同，至新租借的芝区南佐久间町一丁目 1 号陈其美新居，与戴季陶、陈家鼎、杨庶堪等面谈。并又与陈其美、戴季陶在二楼密谈。（日本外务省档案，1914 年 9 月 30 日《孙文动静》，乙秘第 1951 号；俞辛焞、王振锁等译：《孙中山在日活动密录》，第 238—239 页）

是月 19 日，陈中孚由大连抵达东京，宿于赤坂区田町二丁目 16 号的对翠旅馆。25 日，曾就本溪湖革命之始末发表谈话，称是年 6 月中旬，奉孙中山及陈其美之命前往大连，而后移至奉天，并以奉天为根据地，往返于新民屯、本溪湖、抚顺及法库门、土门子之间，制订各方面进行革命之计划。"拟首起新民屯，其次法库门，而后本溪湖、抚顺亦相继而起。特别是本溪湖，四面环山，不易侵入。"不料，是月 4 日，部下宇某在该地进行革命活动时，被当地警察署拘禁，"以至不得不在该地发起革命，令大约三百名党员袭击官府。一时虽居优势，但被日本警备队及警察所镇压"。随之，新民屯方面的革命党人起事与官军交战。由于缺乏子弹，新民屯之革命党员不足与官军对抗，交战六次而不得不败退。陈还谈到，在满洲发动革命，有牵动张作霖军队的用意，"如以奉天为中心，在其附近举事时，张作霖部下必定前来讨伐，而这正是我等革命党员所规望的。因为张作霖部下都有参加革命之心情，这将更为有利，并使驻在新民屯、昌图、奥隆等地的其他军队也可易于参加革命"。陈认为此次行动对革命的全局也有意义，"与此同时，孙文直接指挥之广东组，也有在中国南部举事之计划，因

此可以采取预定之行动。南满洲之行动,原本并非重点,且没有成功
之把握,不过是作为有助于南方革命之牵制策略而已。但是,不料受
到日本军队之干涉,并迫令解散,以致没有达到目的"。(日本外务省
档案,1914 年 9 月 25 日《中华革命党党员陈中孚之谈话》,乙秘第 1917 号;俞辛
焞、王振锁等译:《孙中山在日活动密录》,第 657—659 页)

9 月 30 日　林来、何思、杨德新、黄林、韩恢、和田瑞、陈家鼐、袁
泽民、余嗣靖、康清、刘毅夫、胡翙、陈其美(多次)、夏重民等来访,参
与交谈。张智来访时,谢绝会见。收到横滨某人来电。(日本外务省
档案,1914 年 10 月 1 日《孙文动静》,乙秘第 1958 号;俞辛焞、王振锁等译:《孙
中山在日活动密录》,第 239 页)

△　偕陈其美等再访美驻日使馆,与大使和代理参赞阿聂茹简
短交谈。

由于中华革命党人在东南亚发行的报刊披露、抨击袁世凯,美国
政府应袁政府要求,禁止上述新闻报刊在美发行,并拘禁记者。此案
辩护律师要求美国驻日大使馆,对在东京之中华革命党首领们就新
闻报刊上所揭露之事实,调查是否属实。为回答美大使馆的讯问,孙
中山列举袁世凯的罪状及其迫害国民党的毒辣手段,打印成书面材
料(该稿系由孙中山、廖仲恺、宋耀如、宋庆龄执笔,波多野春房打
印),于昨日携往美大使馆。因大使及参赞不在,故是日再访。上午,
廖仲恺、胡汉民、田桐、居正、陈其美、凌钺、谢持、杨庶堪相继来访,偕
他们一起到美国大使馆,与大使及代理参赞阿聂茹面谈,约十余分
钟。(日本外务省档案,1914 年 10 月 1 日《孙文动静》,乙秘第 1958 号;俞辛
焞、王振锁等译:《孙中山在日活动密录》,第 239 页)此后,孙中山偕上述人
等又于 10 月 1 日、3 日访问美国大使馆。

△　邓泽如来函,讨论筹饷事务。函中主要对筹款章程提出意
见:"(一)现在筹款,已答应助款者,吾党得占领一省后,即时偿还,现
此章程定为三年内,似有过迟。(二)第一次之款,此时可以不提,若
提及,适以引起訾议。(三)各处筹饷局既颁总部所委出之委员长组

织之,则局长宜以委员长充当,不必再由支部公举,因推举往往有不适当者。(四)各埠各局员任意发出收款之凭据,甚为不妥,必须由总部财政部发给收条,始免第一次筹款时滥发之弊。以上各节,如能酌改,并请从速委定各筹款委员,俾得早日进行。"

邓在信中婉拒了孙中山之请:"承示嘱弟赴东京助理党中财政事务,弟现经营自家事业,随时亦可分身,但此次南洋筹款,引起辛亥年各埠汇款返香港金利源,该号收到款时,竟以只字答复之糊混,当日同志中甚为不满,是以日前在坝罗开会议时,咸推弟为稽核员,与港机关接洽,核其用途,俾供晓然。此次之款,涓滴归公,既担此任,亦要常常往各埠策励,事关此次南洋筹款之紧要,目下难抽身来东也。"

(邓泽如:《中国国民党二十年史迹》,第129—130页;桑兵主编:《各方致孙中山函电汇编》第2卷,第407—408页)

△ 是日,俞泳瞻致函李源水等请支持李烈钧等,表达了强烈的"贬孙扬李"心态。

函称:从东京同志来信中得知,多不以中山先生之计划为然,各自进行,欲待李烈钧回东,再作统一之计划,当为期不远。"然此次之革命,决非一小部之运动可冀成功,必有以总计画暨强有力之财源为之接济,或则可望成功。若就目下情形而观,各处机关林立,各自筹款,不特计画全无,且往往发生出人意料外之事,闻之令人寒心。然此等类多非正当之分子。幸强有力,如柏林李诸君之方面,刻下进行甚速,亦甚完固。惟实行之期,恐须莫大之经济,是以刻正筹踌中也。日前接李烈钧君由锡兰岛来电,大约不日可抵星埠,想渠此次东归,必有特别之举动也。想诸兄热心国事,时此国家将亡之秋,必肯竭力以助李君之进行。"(程存洁:《南洋筹饷——广州博物馆藏孙中山及其同志有关筹饷手札集》,第230页)

是月 致函邓泽如详述革命形势,并请劝说陈炯明、李烈钧等。

函中先是表达"党中同人皆推举兄为财政部长,暂驻南洋,就各埠筹集巨资,以备急用,筹款就绪之后,即请速来东京助理党务"之愿望。但信中主要指责陈炯明、李烈钧另树一帜的做法："弟所知者,彼现时存在上海汇丰银行之现款,确有三十万两,单以此一批,以〔已〕足办就目前之事矣。惟□□二人皆极有大志,大概此次办事,非总统莫属,故第二次失败之后,弟到东京见各同志,皆极力主张急进,马上办去,而□□极不以为然。其初弟犹以彼经过此次失败之后,或成惊弓之鸟,不欲出而办事,但据法友来函云,□□在巴里〔黎〕极欲联络法国政界,为他日援助,雄心泼〔勃〕泼〔勃〕,并未尝有退志,劝弟宜用之等语。由此观之,□□之不欲与弟共事者,或以为与弟共事,则总统一席必不轮到于彼,未可知也,否则何必另树一帜乎? 果如此,则□诚不知弟之为人也,弟能让总统于袁,岂不能让总统于同志乎? 请兄与南洋各同志力劝□,切勿自树一帜,能协力同心则有成,否则必无侥幸也。如□果肯出款百万,以乘此良机,则倒袁诚有反掌之易。"并请邓"以本党财政部长名义与□□□立约,若彼肯出此资,兄可签押,许以竭力运动同志举彼为第三次成功之总统也"。

信中还指出,在国内革命的出现有利形势之际,"独树一帜"乃不仁不义之举:"盖此年余之久,弟已派同志入各省调查预备及运动军队,已多处成熟,弟一人所费已罄所有,约八九万金,而近日美洲陆续筹来者,亦七八万金,而弟尚有借贷三四万金,共已费去殆过二十万,故能造就各省人心。今遇欧洲大战,袁氏款械之路俱穷,而吾人则飞行机及种种能制袁氏死命之具,皆已备就,今只待大款,则同时可发动数省,袁氏必难以我敌,则成功甚有把握也。□能来助,事更易举;若彼欲另树一帜,则彼所用拾万预备,所成未必过于我也。且彼向不预备,则使今日开始,亦非费年余之时日,必不能达我所至之地步也。然一年之后,时机已失矣,时势之变又不知若何矣。故彼另树一帜,恐必无成也;则使成矣,彼并不与吾党共事,吾党岂甘共戴之为领袖乎? 此时必有与之争者,为彼一人目的计,当与我党协同动作为宜也。望兄与〔以〕此劝之,务使其乐从而后已。否则彼所挟之资,乃民国之公款,实非彼一人之私财也。彼若不肯挪公款为公用,则属自私自利,不仁不义也,则望兄等当筹适当之法以对待之也。"(《致邓泽如函》,《孙中山全集》第 3 卷,第 119—120 页)

　　邓泽如在其所编《中国国民党史稿》对此事的背景有较详细叙述:"陈炯明与李烈钧于民国三年冬,由巴黎回抵南洋,李寓庇能,陈寓星加坡,均倡缓进主义,不善中山先生改组之中华革命党所为,李、陈等和之。近中日交涉起,梁启超等倡排日主战甚力,竞言募兵筹饷,供袁氏对日之需,而指斥革命为反于一致对外主义。黄兴在美,情势隔膜,因联李烈钧、陈炯明、柏文蔚、钮永建五人,通电宣告,停止革命,一致对外,多忏悔辩解之语,以日本为敌地,党人不宜再留为词。并谓孙中山一部,沉迷于革命,不足与言救国也。折柬遍邀留日欧事研究会各员,如柏文蔚、谭人凤、周震麟〔鳞〕、龚振鹏等来南洋,开大会议,炯明出资招待,欲藉为搜刮海外华侨捐款之金钱,招降薄行之革命党。旋复乘广东水灾,组织水利公司,派员赴各埠募款,声言办邮船,并派学生赴欧美留学,习飞机,所至辄阻挠中华革命党之筹饷,反对孙中山。"(《李烈均、陈炯明在南洋组织水利公司反对中华革命党》,黄季陆主编:《革命文献》第 45 辑,第 592—593 页)李烈钧还于 11 月 20 日发布告同志书,陈述其主张。

　　是年秋　发布"中华革命军大元帅檄"。

　　檄文声讨袁世凯的滔天罪行,直言:"袁贼苦吾国民久矣! 世界自有共和国以来,殆未有此万恶政府,危亡祸乱至于此极者也。"历数了袁氏窃国卖国、改毁约法、解除国会、镇压革命等罪状。内容如下:

　　"清之末造,贼实媚之,以杀吾国人。及其亡而拥兵徼利,至乃要窃总统以和。军府不忍战争之绵延,以为贼本汉族,人情必思宗国,而总统复非帝王万世之比,俯与迁就,冀其自新;亦以民国初立,旧污未殄,首行揖让,风示天下,树之楷模。执意贼性凶顽,谲诈成习,背誓乱常,妄希非分,假中央集权之名,行奸雄窃国之实。骄兵悍将,骚扰于闾阎;宵小金壬,比周于左右。甚乃贿收报馆,赂遗议员,清议销沉,监督溺职,而嗾杀元勋、滥借外债之祸作矣。

"赣、宁酿变，皖、沪、闽、粤、湘、蜀继之。义师败衄，贼焰愈张，自是以还，几于不国。贼兵所至，焚掠为墟，幼女贞媚，供其淫媒。犹复恣意株连，籍没罔恤，偶涉嫌疑，遽膏锋刃。人民丧其乐生之心，而贼于此时方论功行赏，以庆太平，盖自以为帝业之成，而天下莫予毒矣。卒以非法攘揽正式总统，而祭天祀孔，议及冕旒，司马之心，路人皆见。又其甚者，改毁约法，解除国会，停罢自治，裁并司法，生杀由己，予夺唯私；侦谍密布于交衢，盗匪纵横于邑都；头会箕敛，欲壑靡穷，朋坐族诛，淫刑以逞；矿产鬻而国财空，民党戮而元气尽。

"军府艰难缔造之共和，以是坏灭无余，而贼恶盈矣！殉国烈士饮恨于九原，首义勋贤投荒于海外，而觇国者遂以为自由幸福非吾中华国民所应享，此真天下之大耻奇辱也。而吾国民亦偷生视息，莫之敢指。驯此以往，亡国灭种，匪伊异人，国交之危，其见端耳。袁贼妄称天威神武之日，即吾民降作奴隶牛马之时，此仁人志士所为仰天椎心，虽肝胆涂疆场、膏血润原野而不辞也。

"军府痛宗国之陆沉，愤独夫之肆虐，爰率义旅，誓殄元凶，再奠新邦，期与吾国民更始。中原豪俊，望旆来归；草泽英贤，闻风斯起。诸袁将吏士卒反正及降者，不次擢赏，勿有所问。若其弃顺效逆，执迷不复，大兵既至，诛罚必申，虽欲悔之，晚无及也！

"布告天下，咸使闻知。檄到如律令。"（《中华革命军大元帅檄》，《孙中山全集》第 3 卷，第 130—131 页）

△　国内东南革命受挫。

9 月，范光启在上海遇刺，夏尔玛"谋浙亦败，它省计亦多挫"。
（邵元冲:《陈英士先生行状》，黄季陆主编:《革命文献》第 46 辑，第 133 页）

10 月

10 月 1 日　陈其美、胡汉民、王统一（两次）、余际唐、新井有仁、廖仲恺、戴季陶、和田瑞、葛庞等来访,参与交谈。(日本外务省档案,1914 年 10 月 2 日《孙文动静》,乙秘第 1966 号;俞辛焞、王振锁等译:《孙中山在日活动密录》,第 240 页)

10 月 2 日　陈其美、凌钺、陈楷、宫崎寅藏、何天炯、田桐、宋耀如、宋庆龄、丁仁杰、范贤方、韩恢等先后来访,或面谈,或参与交谈。(日本外务省档案,1914 年 10 月 3 日《孙文动静》,乙秘第 1972 号;俞辛焞、王振锁等译:《孙中山在日活动密录》,第 240 页)

△　陈家鼎来函,请接济父亲丧葬费。函称,其父于上月 19 日在湘去世,"家中贫无以葬,老母在堂垂泣,奔走半世,于国无补,于亲未报,愧恨几不欲生",特求设法筹借二百元,"以便作父丧祭,及家母饭食之资,异日得当仍当相还,感且不朽"。(《陈家鼎上总理函》,环龙路档案第 04544 号)

△　韦玉再来函,告知处境困难,请求经济援助。函称,战争时期对于外国人和法国人来说都非常艰难,现在处境非常困难,亟需钱。两个月前,从马素那里收到二十法郎,后再也没有收到任何帮助,生活已经面临无以为继的困局,希望能尽快寄些钱来,且最好可以寄香港汇丰银行兑换的支票。信中还请示欧洲工作方向,称:"欧洲的坏情况估计会持续很长一段时间,海外借款业务在巴黎很难成功。我希望可以在日本和您见面,和您聊聊我们的情况,我们该做什么以及您在欧洲可以做什么,但其实当下并且很长一段时间都无事可做。"(《Y. C. Wai(韦玉再)书简》,[日]久保田文次编:《萱野长知・孙文关系史料集》,第 505—506 页)

10 月 3 日　胡汉民、杨庶堪(两次)、谢持(两次)、廖仲恺、凌钺、陈其美(两次)、田桐(两次)、居正(两次)、邓慕韩、夏重民、丁仁杰、宫崎寅藏、何天炯、张汇滔、史立齐、方壁、张雨人、戴季陶等人来访,参与交谈。余伯杰、姚元节二人来访,夏重民代为接待。薄益三、宋振来访时,与陈其美面谈。上午,偕胡汉民、陈其美、田桐等八人去美国大使馆,与参赞巴斯特厄拉及秘书阿聂茹面谈,约半个小时。是日,给宋耀如发去一快递邮件；给新宿淀桥寒香园的陈汉元发去一快递邮件；给郑汉淇、王忠诚各发去一函。（日本外务省档案，1914 年 10 月 4 日《孙文动静》，乙秘第 1702 号；俞辛焞、王振锁等译：《孙中山在日活动密录》，第 241－242 页）

10 月 4 日　刘雍、宁武、王□、尹威、陈楷、陈其美、夏重民、邓慕韩、王统一、戴季陶等先后来访，参与交谈。（日本外务省档案，1914 年 10 月 5 日《孙文动静》，乙秘第 1985 号；俞辛焞、王振锁等译：《孙中山在日活动密录》，第 242 页）

△　王敬祥来函，婉拒筹饷委员之任，提出筹饷建议。

函称：所示垫拨款之三千之事，即如数凑足面交使者。至委为日本筹饷员主事，诚恐绵力薄弱，加以时局变动，商场停顿，似较有难副所期望者。函中又言："函末所云以后筹得的款，宜汇交东京以照划一一节，法意甚善，但手续上似宜有再补足者。盖欲此事权责界限之清楚，莫过于由总会发下收条簿一册，如是则收交数目之多寡，可以据册了然，即可免无数只弊窦。万望先生准如所请。"并建议："今日筹划进行，对于财政出入，贵宜当作一潜行之政府。凡事须明白预算，切不可随意紊乱收支，养成不规则之习惯。"（日本兵库县立历史博物馆藏《王敬祥关系文书》，第 0160 号）

10 月 5 日　胡汉民、陈其美、宋耀如、宋庆龄、萱野长知、韩恢、丁仁杰等来访，面谈。夏重民、邓慕韩来访时，谢绝会见。（日本外务省档案，1914 年 10 月 6 日《孙文动静》，乙秘第 1997 号；俞辛焞、王振锁等译：《孙中山在日活动密录》，第 242－243 页）

△　庇能（即槟城）支部总务局来函，告知已收到《中华革命党党章》，并报告改组情况。函称："曾经召集稳健同志实行改组，现庆成立。人数虽云未多，幸皆死守主义者。当场并公举职员八人，陈君新政为本支部部长，刻仍着着进行，将来兼有可望。"悉后批示："海外局复后，另交总务部择要存案，并另行答复，发给委任状。"（《庇能支部总务局报告改组上总理函》，黄季陆主编：《革命文献》第 48 辑，第 109－110 页）

△ 梅培上书,转达黄兴反对中华革命党总章之理由,并请求修改。

孙中山于两月前致函梅培邀其东返,梅培因病未行,适值黄兴赴美,与梅培叙谈近期党内发生之事,望函商修改中华革命党总章。是日,梅培上书孙中山,转达黄兴所言:"吾非反对孙先生,吾实邀求孙先生耳,吾重之爱之,然后有今日委托之邀求言论。吾知党人亦莫不仰重孙先生,尊之为吾党首领者。但为此不妥之章程,未免有些意见不合处,故吾党中分解,于孙先生名誉有碍,党务亦因而不能统一,国家前途,亦有莫大之关系云。""吾知此新章之不能改者,原非孙先生之把持,实中有三五人为之梗耳,何以见之,章程拟稿时,先生曾分份看参,吾指其不合处,邀求更改,先生当时力允订更,对胡汉民先生亦然,后不果更,勉强施行,吾料确非先生之本意。"函中还谈到,修改党章也是梅本人之意"惟弟于克强未来美以前,闻各方面同志,对于元勋公民一节,已有反对之意。弟更闻有消息,意欲联合美洲全体同志,邀求更改。今又遇克强,不约而同之邀求,并声明除邀求之外,确无反对之意,弟故不忖冒昧,备述各情,预为呈之,希先生裁夺一切"。(《梅培上总理代黄兴请求修改中华革命党总章书》,黄季陆主编:《革命文献》第45辑,第435—436页)

10月6日 徐苏中、欧阳华、宋耀如、凌钺(两次)、和田瑞、陈其美、萱野长知、陈家蕭、丁仁杰、居正等来访,参与交谈。谭蒙来访时,谢绝会见之。给横滨山手町59号宋耀如发去两封快递邮件。下午,外出至麴町区三年町访陈其美,陈未在,后至芝区南佐久间町民国社。(日本外务省档案,1914年10月7日《孙文动静》,乙秘第2006号;俞辛焞、王振锁等译:《孙中山在日活动密录》,第243页)

△ 批复郑文炳来函,请代为答复:"着款汇东京孙先生亲收,分别支应各地,乃能统一。香港自收自用一层,日前已函达邓泽如兄取消办法。"(《批郑文炳函》,《孙中山全集》第3卷,第121页)

△ 是日,萱野长知等成立了对华有志会。

是日下午，萱野长知、田中弘之、副岛义一、的野半作、斯波贞吉、宫崎寅藏、宫崎民藏、美和作次郎、岛田经一、柴田麟次郎、杉浦和介、末永节、前川虎造、福田和五郎、古岛一雄、弓消田精一、伊东知也、小川平吉、小川运平、和田三郎，山田良作、宫岛次郎、田边喜一、内田良平、杉田诚次郎、薄益三、安藤正张、本多晋、三宅硕支、水野梅晓、野吕某、桥本某、池田某、寺崎某等三十八人，在于本□町万安楼集会，讨论成立对华有志会。

田中弘之主持会议，在致辞中说："召集本会是为了研究使日中两国的前途走向和平的方法。"由小川运平提议，将该会命名为对华有志会，全体一致通过。随后副岛义一朗读决议："吾人鉴于世界局势和中国之现状，期望日本帝国政府促使中国自觉反省，且举唇齿车辅之实。"会议还决定"拟于近日内再次集会，选定实行委员，由实行委员进一步协定实行方法"。（日本外务省档案，1914 年 10 月 6 日《有志于中国问题者集会之事》，乙秘第 2005 号；俞辛焞、王振锁等译：《孙中山在日活动密录》，第 747—748 页）

10 月 7 日　胡汉民、陈其美、丁仁杰、韩恢等先后来访，参与交谈。上午，给神户海岸路福建商业会议所的王敬祥发去一挂号邮件。（日本外务省档案，1914 年 10 月 8 日《孙文动静》，乙秘第 2012 号；俞辛焞、王振锁等译：《孙中山在日活动密录》，第 243—244 页）

△　致函王敬祥，嘱迅汇款东京，以应急。函称："许汝为归，并得手书。足下为国为党，苦心不已，纫感何似。兹如嘱寄上单签名收单式纸，望即速办理，迅电东京，俾得应急，盼甚。"（日本兵库县立历史博物馆藏《王敬祥关系文书》，第 0087 号）

△　委郑汉淇等为支部长。

是日，委郑汉淇为马尼拉支部长，田桐为湖北支部长，杨益谦为云南支部长，徐苏中为江西支部长。（罗家伦主编、黄季陆、秦孝仪增订：《国父年谱（增订本）》上册，第 634—635 页）

10 月 8 日　宋耀如（两次）、宋蔼龄、宋庆龄、陈其美（两次）、廖仲恺、萱野长知、韩恢、周游仙等来访,议事。下午,步行外出,途遇张肇基,略谈数分钟。再至芝区南佐久间町一丁目1号林蔚陆处,与陈其美、谢持、田桐等一起议事。以头山满名义向 Banking Ikoh 发去一西文电。(日本外务省档案,1914 年 10 月 9 日《孙文动静》,乙秘第 2017 号;俞辛焞、王振锁等译:《孙中山在日活动密录》,第 244 页)

　　△　余铁汉来函,报告中华革命党在纽约筹款情形。

　　函称,纽约革命党人的活动颇有成效,"此间同志,概行加盟。此次所筹之军饷美金壹千七百元之间,寄交大埠筹饷局,凑集巨款转寄先生,以济军糈矣。本埠得自由兄等多次演说,人心转移,即前日之反对,今日亦醒悟矣。致公堂得自由兄运动,现筹有数百元,大约日间可有日金千元电交先生,深堪告慰"。信中也提及黄兴已于是月三日由芝城抵埠,国民党致公堂及华侨团体,欢迎甚形踊跃,"华人有史以来,未有如此之盛也,大抵崇拜英雄之故耳。黄君其中情形得自由兄详述一切,国民党现概不与黄君谈及党事"。(《余铁汉上总理报告中华革命党在纽约筹款情形函》,黄季陆主编:《革命文献》第 45 辑,第 458—459 页)

　　△　邓慕韩来函,告知返回香港行程与通信地址,并表示:"以后如有委用慕韩之处,慕韩力可能办者无不竭力为之。盖慕韩除从事革命之外,别无事业经营也。"悉后,批示:"抄录通信地址。"(《邓慕韩告通信地址上总理函》,黄季陆主编:《革命文献》第 48 辑,第 334 页)

　　10 月 9 日　胡汉民、宋耀如、和田端、宋庆龄、廖仲恺、戴季陶、王统一、陈其美、丁仁杰等先后来访,议事。给横滨市山手町 59 号的宋耀如发去一电。(日本外务省档案,1914 年 10 月 10 日《孙文动静》,乙秘第 2025 号;俞辛焞、王振锁等译:《孙中山在日活动密录》,第 244—245 页)

　　△　致函李源水,重申"松寿"为人不可靠,并嘱筹款事宜。

　　上月,曾回电李源水,告知"松寿为人无信实,不足靠,请通告各人"。是日,又致函李,重申"松寿"为人不可信之由,函称:"此人前来晤余,藉知彼亦努力大事同志之一。彼告余将返穗垣,余因请伊加入吾党,共同努力。彼云伊不为任何党工作,只为个人私事,彼此次返穗之目的,纯为探视家人等语。当时广州前大都督胡汉民亦力劝其入党,但不听。不久余闻彼返穗之目的,本非探视家人,另有作用。"并表示要"用种种方法以排斥之",且"不得不实行处置"。信中提醒李:"若此后有款筹得,请直接寄余,勿再交彼,彼乃无赖小人,焉能可靠。第一次起义后,彼滥用职权,竟领数万之众,内有南洋同志,而不知加以训练,比之袁世凯,有过无不及。人而滥权,为民族利益计,不能缄默而不加以驱逐也,苟再与权,则谓其为大事前途之阻碍品可也。"并称:"南洋群众如不欲将款交余,则请存之群众之手,尤愈于交彼伧也。"(《致李源水函》,《孙中山全集》第 3 卷,第 121－122 页)

同日,致函陆文辉,也嘱提防某人。函中不仅重申某人不可信之故:"(其)在东京时,弟邀之来寓,晓以统一之必要,着彼写誓约,彼不肯写,并示反对之意,弟当时明说,如不写誓约,则不必回广东做事。数日后,彼与毅生竟去矣,声言非办公事,乃今彼竟往南洋筹款,是言行不对,直以欺骗,弟甚不然之。"而且指责其"前在广东恃势横行,杀人无算,且杀了许多南洋同志"。并嘱托陆速往南洋阻止,到南洋时,先访泽如,说其"反对弟谋统一之意,今彼欲自由行动,是直〔真〕有心扰乱,弟极端反对之。请兄到南洋将弟意宣布众知,纠合同志,打消彼独断独行之事,免贻误大局可也"。(《致陆文辉函》,《孙中山全集》第 3 卷,第 121－123 页)从此函内容看,所说某人即前函中的"松寿"。

10 月 10 日　上午,居正、陈其美、丁仁杰、杨庶堪、王统一、戴季陶等先后来访、参与交谈;黄实来访,与陈其美面谈。下午,谢持、丁仁杰、戴季陶、杨庶堪、田桐、居正、胡汉民、陈其美、王统一、廖仲恺、许崇智等又先后来访,围坐一起,共同讨论《中华革命党党章》,"各自将印刷品(革命党总章)放在面前,由戴季陶宣读,听取各位的意见后,加以修改"。晚,与来访的韩恢面谈。是日,收到横滨山手町 59 号宋耀如的两封快递邮件。(日本外务省档案,1914 年 10 月 11 日《孙文动静》,乙秘第 2035 号;俞辛焞、王振锁等译:《孙中山在日活动密录》,第 245－246

页)

△　巴东支部长杨汉荪等来函,呈报成立支部事,并请颁发符印、委任状、党证,"以资鼓励而策进行"。

函称:"敝处由同盟会合组国民党,于二次革命后支部始行成立,虽气力薄弱,不能赞助本部于万一。然奋兴于失败之后,大足表示吾党之决心。近李容恢、公孙长子、杨咽冰诸志士先后到巴东,改组革命党支部,登台演说,淋漓痛快,公孙长子复割臂激众,人心更加激昂,高呼赞成,全体一致,经于三年十月十日开成立大会,票举杨汉荪为正支部长,温菊朋为副支部长,并举各职员。"(《杨汉荪等上总理函》,环龙路档案第 04833 号)

△　陈警天来函,请速寄委任证书,并询日本的态度。

函称:接朱执信、邓仲元来函,得悉回粤进行情形,无不额手相庆,勖为后盾。"惟本支部望以密码相示,已在认可之列,其委任证书以及认可凭据,恳速付来,使各同志得以尽其灵敏专一之心,不致有观望延误之弊。至于日本对于吾党以及中国情形,恳先生略述一二,以免方隅。"(《陈警天上总理函》,环龙路档案第 05109 号)

10 月 11 日　傅文郁(萱野长知的使者)、何天炯、凌钺、陈其美、谢持、田桐、曹建瓴、菊池良一、居正、丁仁杰、陈中孚、许崇智、廖国仁、曾翔、张汇滔、管曙东、余祥辉、戴季陶等先后来访,参与交谈。(日本外务省档案,1914 年 10 月 12 日《孙文动静》,乙秘第 2042 号;俞辛焞、王振锁等译:《孙中山在日活动密录》,第 246—247 页)

10 月 12 日　宋耀如、胡汉民、夏重民、梅屋庄吉夫妇、居正、戴季陶、陈其美等来访,面谈。何天炯遣特使来递交一函。(日本外务省档案,1914 年 10 月 12 日《孙文动静》,乙秘第 2052 号;俞辛焞、王振锁等译:《孙中山在日活动密录》,第 247—248 页)

△　复函伍宏汉等,谈革命形势并劝赞助。

函中略谓:"自讨袁军不利,海内外志士俱枕戈以待时。一年以来,袁益专制无道,人心愈失;比又遇欧洲大战,无暇东顾,袁所恃为外债军火之接济者,今已绝其来源,此尤吾辈恢复大业之机会也。各地同志俱已奋励进行,而经济问题首须解决,俗语所谓:三军未动,粮草先行也。兄曾为国驰驱,今又为党服务,热诚所及,自足以提倡一切。""冯、谢诸君到埠,尚望吾同志极力赞助为幸。"(《复伍宏汉等函》,《孙中山全集》第3卷,第123页)

△ 致函戴德律寻求经济上的援助。

信中主要谈及委托戴德律在中国经营百货公司等想法,称:"随函所附为委托书,凭此委托书,你有权为在中国开办和经营百货公司和其他工商企业洽订合约。如果你能作出安排,即可为取得与中国政府共同建立一个百货公司系统的合作而处置本委托书所承诺的全部优惠权利,其条件是预借给我和我党一千万美元。此款,我将用在我国国境之内,以促进我党和我国各项事务。如果由于金融状况紊乱而难以获得上述数额的贷款,也可由你斟酌决定,以取得适当和公平的款额为条件,向不同的人分别处置一些地区,例如,汉口或南京或上海周围。如以现金支付,请以我的名义将有关款项存入银行,而将存款凭据交我收执。如果你能找到愿意开办此类百货公司的商家,也可洽请参与兴办矿业、钢铁工厂、运输业、谷物仓库、各种制造业、中国陆海军兵工厂之类的产业项目,但须遵守同样的规定与谅解,即中国政府必须拥有股份的半数。根据委托,你有权签约招聘愿为我国政府经营百货公司的专门人才,其待遇当与美国时下通行的标准相同,再加上为了取得这种来华工作的劳务所确实必要的额外补贴。授予你的权力范围广泛,但我信任你的才干、智意和良好判断能力。我觉得,你定能为我和我的国家完成这项工作,一如有我在场并能和你就重大问题共同磋商无异。"(《致戴德律函》,《孙中山全集》第3卷,第124页)

△ 委杨汉荪等为支部长。

是日,委任各地支部正副部长及联络委员如下:巴东支部长杨汉荪;江苏支部长吴藻华;芙蓉支部长吴熹石,副部长伍蕴山;新加坡支部长张永福,副部长陈楚楠;檀香山支部长谢已原,副部长余楫;陕西支部长宋元恺;河南支部长凌钺;安徽支部长张汇滔;武昌联络委员方觉慧,汉口联络委员岑楼。(罗家伦主编,黄季陆、秦孝仪增订:《国父年谱(增订本)》上册,第636页)

10月13日 何天炯、廖仲恺、陈其美、陈家鼐、吴怀仁、殷刚、韩恢、宋庆龄、萱野长知、和田瑞等来访,参与交谈。下午,陈家鼐、居正二人来访,谢绝会见。给纽约发去一西文电,因收电人姓名不详,第二天被退回。下午,乘人力车至麹町八丁目19号访秋山定辅,和秋山面谈,午夜2时20分返寓。是日,经头山满之手收到若干汇款,似由下午致电去的纽约处汇来。(日本外务省档案,1914年10月14日《孙文动静》,乙秘第2062号;俞辛焞、王振锁等译:《孙中山在日活动密录》,第248—249页)

△ 陈新政来函,报告改组支部的复杂情形及革命党人在南洋筹款等情况。函称:召集诸同志研究改组之法,奈到会者人庞言杂,各执一是,议论纷纷,莫衷一是,有谓"秘密社会为居留政府所不容,前同盟会之冒险种种棘手,不如仍从书报社名义,兼办国事,较免冒险"者;也有人提出"前同盟会员应再纳费加入,恐将来党员无多,南洋人职在筹款,无秘密事之可虑,冷热似不必问,但求将来有事,能需助款项足矣,可不必改组";还有人认为"前同盟会应再加入,似乎不公平,而党员每人收十元,亦定太高"。分析道明改组大意后,众始赞成改组。"然格于居留政府际在戒严,书信屡开拆,诚恐盟单被其漏泄,干系非轻,众故主张改组方法暂将一簿书誓约与入党人签押,待居留政府取消严令,即照付来誓约与党人重行签号,照盖指模,付东呈奉。而旧同盟会党若有因经济不遂,其人果热心党事,即先收他五元,余五元待后即交。"信中还提及了陆敏飞、朱执信、周之贞、宋渊源等革命党人来南洋筹款之事,告知:"朱君之遍走各埠,幸有郑君螺生及邓泽如与之同行,略坚信任,所筹款项略有端倪,朱君亦回香港,据报粤事大可有为。""前信报及宋渊源欲办闽事,继为各埠未能一

致,现已中止"。(《陈新政上总理函》,环龙路档案第 04835 号)

△　孙科来函,汇报自己学习及家庭情况外,主要报告了美洲筹集资金及党务情况。函称:党务目前进展如常,但是筹款活动并不如所希望的那样顺利,目前筹集的资金大部分来自太平洋海岸,并且主要来自加利福尼亚。冯自由和其他人往东发展,但是在那些地方并没有搜集到很多钱。致公堂的人行动非常迟缓,他们相互猜疑太多,无法合作。听说两个月前国民公会的财务局成立以来,只筹集了一百美元。其他地区的人对他们的总部不够信任,不愿意把钱交给他们。信中分析筹款成效不著的主要原因是组织不力,其中与谢英伯的不作为有很大关系,"他本来和邓家彦一起前往北线筹集资金,但是一到达波士顿,就放弃了任务,不再和冯自由以及其他人合作,而是前往朋友所在的佛蒙特州。他背弃了革命事业,并且向在旧金山的分支辞去了其党内主席的职务。他实在是太不积极和可靠了,无法完成任何任务。自从李□中死后,对党内事务表现的漠不关心。他急于接下前往美国的任务是因为他非常渴望外出游历和见见世面。现在党内的同志都非常反对他。他已经没有留在我们党支部的意义了,在同志们眼中已经是一个没有资格,不可靠的形象了"。"他现在正努力从黄兴那里争取几千元来印刷一部中英版游记,但我不认为他能够成功。"信中提议,在筹集资金的活动快结束之际,应该分出一部分注意力关注一下完成和完善美国党支部的重组,以便开展未来的工作,否则,"想要继续有所作为将非常困难"。(《Sun Fo(孙科)书简》,[日]久保田文次编:《萱野长知・孙文関係史料集》,第 498—500 页)

10 月 14 日　胡汉民、居正、谢持、戴季陶、张智、杨益谦、廖仲恺、陈其美、丁仁杰、许崇智、田桐、杨庶堪、波多野春房、宋耀如、萱野长知、陈中孚、韩恢等来访,参与交谈。印度人 Satgeudv nathsen(Haman—sigllnde)持介绍信来访,与之面谈。向纽约发去一西文电。(日本外务省档案,1914 年 10 月 15 日《孙文动静》,乙秘第 2071 号;俞辛

焯、王振锁等译:《孙中山在日活动密录》,第 249—250 页)

△ 主持中华革命党《革命方略》第三次讨论会。

在寓所组织来访的胡汉民、居正、谢持、戴季陶、廖仲恺、陈其美、丁仁杰、许崇智、田桐、杨庶堪等十人,继续讨论《革命方略》。讨论会由上午十时二十分持续到中午。(日本外务省档案,1914 年 10 月 15 日《孙文动静》,乙秘第 2071 号;俞辛焯、王振锁等译:《孙中山在日活动密录》,第 249—250 页)

△ 复函王敬祥,嘱款项即电汇陈其美收。函称:"十月十二来函并手形(票据)已接,即如约填就,交英士兄转上。该款请即电汇陈英士兄收为荷。"(《复王敬祥函》,《孙中山全集》第 3 卷,第 125 页)

10 月 15 日 复伍平一函。

伍平一此前曾致函孙中山,请介绍其到澳门凭吊孙娫。是日回复,称:"所请介绍至澳,凭吊娗〔娫〕儿丘塚一事,实难为情。盖不欲再伤其母之心也。世兄如必欲竟此志,只有到澳时与舍侄阿昌密商,请他带往便可,切勿使家中知之也。"(陈旭麓、郝盛潮主编,王耿雄等编:《孙中山集外集》,第 365 页)

10 月 16 日 程壮来函,报告在沪被捕及获救情形。

程在函中陈述被捕及获救过程:"通事败后,冒出万险,幸得余生,匿迹申江,藉求续步。乃造物弄人,祸出意表,于八月十三日午后,有米占元探伙吴守山、余虎臣同投法捕房,控称壮与米案关系,拘壮以去。意在以米案为之导引,而以通事证之,并加以土匪等词,以达引渡之目的。幸有杨君啸天、顾君振黄之奔走运动,周君哲谋、欧阳君豪、蔡君少黄等之输助,计费五六百金。虽经英法两廨再四研讯,绝未准政府之请,完全出狱,亦云幸矣。且因之而获有范君鸿仙案内正犯吴守山一名,得有实供甚详,是真天网疏而不漏也。"信中还提到:"韩君复炎为人,先生深悉之,纵有小瑕疵,尚乞体谅。盖以内地渠之机关,困难已达极点也,并有大好机会可图,无非经济掣其肘耳。"孙中山获悉后,批示:"代答鼓励。"(《程壮报告在沪因案被系及获救情形上总理函》,黄季陆主编:《革命文献》第48辑,第132—133页)

△ 咸马里夫人(Ethel Lea)来函,告知黄兴在美活动的情况。函称:"黄将军与其随员和女儿号召当地及旧金山的一些中国人前去拜祭李将军。""我还参加了一场以黄将军的名义在唐人街举办的宴会,很开心。很高兴看到他身体健康,精神抖擞,也希望他此行能够如您所愿取得成功。但我相信当地的中国人对您和您所做的工作都很赞赏,这一次,他们应该不会置之不理。"信中对中国革命形势表示乐观,认为"尽管在欧洲、这个国家,尤其是日本的微妙情势使我们不得不每一步都十分小心谨慎,但现在正是完成诸事的时机"。"但愿当前欧洲的这股恶风能够对中国有利。"(《Ethel Lea 书简》,[日]久保田文次编:《萱野长知・孙文関係史料集》,第467—468页)

10月17日 韩恢、廖仲恺、居正、和田瑞、陈其美等来访,参与交谈。宋耀如、宋庆龄、张智等来访时,已外出,未见。傅振箕、刘寿仁二人来探访陈其美,陈未在,二人即离去。下午,外出往访居麻木区口町的王统一,未果,遂至日比谷公园和芝公园一游。是日,给横滨市山手町59号宋耀如发去一快递邮件,亦收到宋耀如寄来的快递邮件。(日本外务省档案,1914年10月18日《孙文动静》,乙秘第2096号;俞辛焞、王振锁等译:《孙中山在日活动密录》,第250—251页)

10月18日 张智、胡汉民、丁仁杰、杨庶堪、黄复生、王骞、曾三、韩恢、刘兢机、周子丹、杨益谦、丁武杨、张浩、中野德次郎、张肇基、张宗海、夏重民、林来、黄玉泉、郑品聪、陈泽景、李英达、杨田龙、杨少佳、果□□、曾子乙、陈其美等人来访,参与交谈。陈家鼎、袁泽民陪同新加入中华革命党的殷刚、杨藩、陈元勋、吴怀仁、王天鹏五人来访,与之见面。收到横滨市山手町59号宋耀如来函。(日本外务省档案,1914年10月19日《孙文动静》,乙秘第2099号;俞辛焞、王振锁等译:《孙中山在日活动密录》,第251—252页)

10月19日 宋耀如、廖仲恺、陈其美(两次)、张智、何天炯、丁仁杰、胡汉民、戴季陶等人来访，面谈。收到来自宋耀如的递快邮件。
（日本外务省档案，1914 年 10 月 20 日《孙文动静》，乙秘第 2019 号；俞辛焞、王
振锁等译：《孙中山在日活动密录》，第 252 页）

△　日本警方报告孙中山将派山田纯三郎赴上海商讨革命党经
费事宜。

报告称，孙中山虽几次从美国方面收到两三万元的资金，"但如
此少量的金元，似乎完全用于党员旅费和其他费用方面"。革命党筹
集资金最有希望的地方，在于南洋及美国方面。尽管黄兴正在美国
苦心奔走，但情况难料，更多寄望于南洋方面。"最近在马尼拉、菲律
宾筹集了二十余万元。其中五万元，已从马尼拉送至香港。其余的
十五万元，是送至东京还是送至上海，在京的革命党领袖目前正在与
上海及南洋的同志交涉。"山田纯三郎将奉孙中山及陈其美等人之命
前往上海，就上述转送资金及其他事务问题，与上海的革命党员商
洽，"二三日内即将出发前往"。（日本外务省档案，1914 年 10 月 19 日《关
于中国革命党之军用资金》，乙秘第 2104 号；俞辛焞、王振锁等译：《孙中山在日
活动密录》，第 693—694 页）

10 月 20 日　居正、戴季陶、胡汉民、廖仲恺、韩恢等来访，参与
交谈。下午，步行至芝区南佐久间町一丁目 1 号林蔚陆处，与胡汉
民、陈其美、戴季陶、居正等会谈。是日，向国外发出四封邮件，其中
致香港德辅道中一三一德昌隆宝号邓仕学一函；致香港湾仔道六七
启祥茶烟号交古毅哉一函；致邓泽如一函；致黄甲元一函。（日本外务
省档案，1914 年 10 月 21 日《孙文动静》，乙秘第 2115 号；俞辛焞、王振锁等译：
《孙中山在日活动密录》，第 252—253 页）

△　两度致函邓泽如，嘱其在南洋筹款，并强调统一筹款，反对
各树一帜。

在其中一封信中简要传达了筹款要"直汇东京"的旨意："兄一时
未能来东，仍可为本部办事，兹即请兄以本部财政部长名义在南洋募
款，则收款凭据即可由兄签发。弟原约兄来东，即为办理财政部事

务,其东京一部职事,弟可暂派人代理。南洋英、荷各属,均望提倡办理筹款事宜,此系为党择人,幸勿辞避。至于偿还期限,变通办理,自无不可。惟各款必使直汇东京,粤省、闽省军事用,须由东京应付,既昭统一办法,亦且弟处不能仅顾一方面也。"(《致邓泽如函二件》,《孙中山全集》第 3 卷,第 125 页)

在另一封信中,首先指责某人"擅来南洋,实属大为不合"。称"彼此次来筹款,不知其居心若何?然在事前既不能听弟之号令,则得大权之后,更可知矣"。并较为详细阐述了"统一筹款"的必要性,称:"革命之事本属不难,而今日之纷乱,则同为革命党各欲自树一帜,大有不相下之势;则他日之战争,不在杀敌为难,而实在自相残杀之可畏也。革命党能统一,则革命之事业已成功过半矣。不能统一,则〔即〕便成功,等于第一次,□其结果亦必如今日矣。""今袁氏既如此,则第三次革命为不可少之举,但必须净本清源,将不良之分子大加淘汰,而第一办法,则须统一。乃□□首为反对,此实大碍进行也。倘不能统一,则必不可再事革命也。"

具体到筹款问题上,认为须寄至东京本部,由本部分配,事权方能统一,"切不宜直寄香港,盖香〔港〕机关林立,各不统一,然彼等口称必服从本部之命令也。倘南洋款直汇香港,则彼持以反对本部,而消灭革命觉之主动力耳。如此行为,是无异间接为袁世凯之助也"。"南洋之款若不肯寄东京本部,则请勿筹更妙。盖无南洋接济他方以款,本部当有以统一之,倘彼等有款,则统一更为无望矣。无统一则有第一次之成功亦失败,有第二次之势力亦失败。"并呼吁"是以弟今日负完全责任,以发起第三次革命,凡我老同志如有鉴于前车之失而表同情于弟之主张者,幸为竭力相助,否则亦请勿以钱而助纷纷自树一帜之人,以破我统一之政策,则革命必可成功。如其不然,各自筹款,各自为谋,则必失败之道也,□□之所为,则有类于此也,请兄等为我拒绝之则幸甚"。

信中还特意提到南洋筹款对统一广东尤具重要性:"弟从〔重〕新

组织中华革命党为统一之机关,自成立以来,各省已陆续统一,远至四川、云、贵、山、陕、甘肃,近至江、浙、闽、赣、两湖,皆惟弟之号令是从。惟广东纷纷自立,不肯听命,其故皆以南洋有所筹款,故各自纷来,自筹自办。是以欲统一广东,必先统〔一〕南洋始,望兄竭力图之。"(《致邓泽如函二件》,《孙中山全集》第3卷,第126—127页)

△ 对华联合会的五百木良三就中国革命形势发表看法,认为日本政府应该支持日本人参与孙中山的革命活动。

据日方情报,五百木良三在会谈中称,以孙中山为首的革命党人"认为此时是举行第三次革命的最适当之时期,于种种焦虑之外,与各方有志者协商,积极活动近期举旗,但军用资金困难"。虽然孙中山及陈其美等也在日本暗中运动,但是成效甚微。要援助困难中的革命党人,"除了采用土匪式的掠夺来补充军用资金,并以此来扩大时局而外,是没有其他出路的。中国的动乱,大多是以这种手段获得成功,这是该国的国情,因而第三次革命也将依靠这种办法"。而日本政府"非常担心有日本人参与中国的革命战争"是"甚为遗憾的"事情,"失却了时机,就什么事情也不能干了"。五百木良三也坦言,他们的行动是"以利用目前之时局,在中国获得最为有利之利权"。(日本外务省档案,1914年10月20日《五百木良三谈中国革命》,乙秘第2018号;俞辛焞、王振锁等译:《孙中山在日活动密录》,第694—695页)

10月21日 是日,先是陈其美、韩恢先后来访,面谈。随后杨庶堪、谢持、胡汉民、田桐、丁仁杰、居正、廖仲恺、戴季陶、陈其美(再次)、许崇智等来访,参与交谈,一起共同讨论《革命方略》。讨论后居正"似携带总章原稿去萱野长知处"。此后,又有刘玉山、张汇滔、夏重民、戴季陶等来访,参与交谈。并打电话请陈其美来,托其向日本国外发两封电报。(日本外务省档案,1914年10月22日《孙文动静》,乙秘第2119号;俞辛焞、王振锁等译:《孙中山在日活动密录》,第253—254页)

10月22日 韩恢、居正、宋耀如、丁仁杰(两次)、张汇滔、方健飞等来访,面谈。下午,步行至芝区南佐久间町一丁目1号林蔚陆处，与陈其美、陈家鼎、张肇基、谢持、许崇智、丁仁杰等会谈。（日本外务省档案，1914 年 10 月 23 日《孙文动静》，乙秘第 2121 号；俞辛焞、王振锁等译：《孙中山在日活动密录》，第 254—255 页）

△ 批示陈警天来函。

是日，收到陈警天来函，函中陈述了缅甸党务情况。悉后批示："海外局答复后，交总务部存案。该地支〔部〕长已经党务部发函查问，俟有回音，即发给委任状。"（《批陈警天函》，《孙中山全集》第 3 卷，第 128 页）

△ 是日，委戴季陶为浙江支部署理部长。（罗家伦主编，黄季陆、秦孝仪增订：《国父年谱（增订本）》上册，第 636 页）

△ 蔡突灵来函，请求接济一千元，营救其弟。函称，其弟从事革命活动过程中被捕，需聘请律师营救，"律费共在千数百元"。而其家"此次筹来六百元已支配于宁镇两处，家款除抄没者外"，所剩亦被吞没。困窘之际，请求"速予赐汇千元，以救悯凶而全大局"。并谓："苟有不测，反对者一经得志，岂惟舍弟一人之不幸，吾恐为舍弟者尚源源而来矣"，"因经费之困难而吝此千元，吾恐前路茫茫，不期其几许千元矣，故曰非为舍弟一人计，为凡重要党人计也"。随信并附有关事件的报纸消息。（《蔡突灵上总理函》，环龙路档案第 00148 号）

11 月 4 日，蔡为此事又致函孙中山与陈其美，并于信中详述其家人的革命贡献及其遭难经过。函称："彼方面直欲扑灭灵一家人而后已，似此次江西方面灵父及诸弟（小者第五，年仅十五岁）全行被控以私运军火（蔡劻已悬赏严拿），勾结散兵，希图煽乱等罪名。""舍弟任事绝有能力，非寻常肉食者可比，现正与同人勠力进行之际，骤失一部力量，诸多掣肘，同人急甚，亦宜早求免释。"（《蔡突灵上总理函》，环龙路档案第 00002 号）

△ 李容恢来函，报告巴东、巴城支部成立情况，并建议组设革命军兵站。

函称，巴东情形初甚冷淡，经公孙长子截臂誓众，人心一时激动，遂异常踊跃,筹款前途大有可望,"现已有基金七千余盾,如有用途,函电一到,即可拨解,可靠党员亦有七十余人"。支部章程已照本部章程主旨创订,"不久当并党员名册,即党费一并呈送也。部长为杨君汉荪,人极稳健活泼"。巴城方面,"几若交通断绝,是不可解","连日运动旧日可靠诸同志,出而担任组织支部事宜,赖有华铎报记者张俊臣相助,经于昨晚在书报社开会讨论进行,经推定沈选青为支部长,林温良为副部长,担任一切,故巴城自昨日为始,乃为有协助革命关键旧日同志如邱燮亭等均头脑冷静,甚可慨也。幸沈君为人颇有强毅气概,以后进行,当能不负所期"。

信中建议委派有资望信用者南来,否则"恐于筹饷目的未必有满意之结果,缘前次南洋筹饷者信用全失故也"。"此次南来之人,各省具有,诚恐各回内地举事时,即各电南洋筹饷,今日湖南一电,明日广东一电,转使各侨商无所适从,或竟演成迟留观望之大患一也。各埠互欲争权,今日甲埠言甲埠为总机关,饷项必经甲埠,明日乙埠又出而与争,此种情形已将近演成事实。此次战端一开,势难速了,若再不申张信用,使一旦后援失据,吾党复何望哉。"并建议组设革命军兵站于香港或上海,"由本部委任总监,各埠推举干事,定明认饷多少,得推举干事之权,一埠不足,可并近邻数埠计算。各埠既有干事在兵站,即无虑信用不张,且兵站一时支绌,即可由各埠干事体察其本埠情形,平均担任,分电其本埠,限期限数筹解,呼应亦较灵通"。悉后批示:"海外局答后另交总务部择要答复,并分别存案发给委任状。"

(《李容恢上总理函》,环龙路档案第 04836 号)

　　△　镜湖来函,报告在吧城(亦写作巴城)组织支部及筹款情况。函称,承嘱到爪哇主盟组织机关,"至吧后,即与书报社同志努力进行,刻吧城支部既成立,附设华侨书报社。党中健全份子多系该社热心同志,正部长举定沈君选青,恳将委任状及支部印件寄下,以专责成而招信守"。筹款之事,"书报社原捐有存款五千元,前刘芝芬先生来吧,据云在某处设立机关,已嘱将该款全数寄去,目下无存款,一俟

同人等另筹,再为汇上"。(《镜湖上总理函》,环龙路档案第 04844 号)

10 月 23 日　复函黄芸苏,嘱其在美洲发动革命同志[①]。

信中将革命失败的原因归于"乃吾党分子太杂,权利心太重,互相利用,互相倾轧"。不过,也认为"有此一败,为吾党一大淘汰,亦不幸中之幸也。此后混杂分子及卑劣分子已尽去矣,所存仅小数之纯净分子,一可胜万也。弟今从新再做,合集此纯净之分子组织纯粹之革命党,以为再举之图"。要求黄在美洲的发动亦要注意纯洁性,"此后择人不求其多,只求矢志实行之人,能牺牲身命自由权利,而为国家生民造幸福者,乃能入选"。若能献身作则,当寄"规约"前来,以便施行。信中还表达了对革命的乐观,"前年之革命,武昌一起各省响应,其成功多不在吾党,故弟亦不过因依其间。而吾党之三民主义,只达其一,其余两主义,未能施行。初以人民程度未及,只得听其渐进,从天然之进化而达之。乃不期袁氏自私自利,将有恢复帝制之行,以兵力南压,各省迫而抗之,故有此次之战争。吾党虽全然失败,然有此抵抗之事实,能使袁氏不敢公然称帝,虽败犹胜也。盖战争之目的(抗袁氏之帝制)已达也。故弟对于此次之败,甚存乐观也"。(《复黄芸苏函》,《孙中山全集》第 3 卷,第 128-129 页)

△　沈选青来函,报告巴城组织中华革命党支部情况。函称:"近金一清君复自东京来,携先生手教,仰见先生爱国热忱愈增澎涨。同人等敢不聆言感泣,各尽吾力之所能,以期在家之无愧,于是克日齐集新进党员,举职员,定章程,成立支部于本埠之书报社,而负本部完全之责任……现成立未久,党员约进百人,即由汇丰银行汇来基本金一千元,以符本部之定章,收到即依数发给收条,存执征信为荷。敝支部同人等努力办去,将来党员不难蒸蒸日上,以收一方之效果,其敢预为之言者,以本埠书报社鼓吹有年,所以胚胎孕育者,盖已久也。"函中还就汇款香港之事做出解释:"本年夏,刘子芬、李济民二君来此,言在香港设立机关,以图两粤。同人等窃以为进行方略,必须

[①]　有学者考订,此函写于 1913 年。参见陈锡祺主编《孙中山年谱长编》上册,第 859 页。

统筹全局,乃为有济。然其时不详先生住址,未由通信请赐方针,□款效力而无从,又经刘力叠次电促,即将本秋筹获之五千元,尽数前汇香港矣。此后如何筹款,未能骤定,但同人等天职所在,万不敢不图所以补助本部者,即所以救国为唯一主义焉。"(《沈选青上总理函》,环龙路档案第 04838 号)

　　△　是日,委刘崛为广西革命军司令长官,邓铿为广东革命军司令长官。(罗家伦主编,黄季陆、秦孝仪增订:《国父年谱(增订本)》上册,第 636 页)

　　10 月 24 日　龚炼百、居正、丁仁杰、陈其美(两次)、谢持、许崇智、夏重民、凌钺、宋拚三、于化卿、菊池良一、何天炯、宋耀如、宋子良、韩恢、程壮、戴季陶等来访,面谈。(《日本外务省档案》,1914 年 10 月 25 日《孙文动静》,乙秘第 2137 号;俞辛焞、王振锁等译:《孙中山在日活动密录》,第 255—256 页)

　　10 月 25 日　陈其美(两次)、余祥辉、丁仁杰、刘大同、梁宗极、杨树民、周欋、乔根、陈家鼐、肖英、王棋、殷刚等来访,参与交谈。下午,偕陈其美至上野公园参观日本美术学会的展览,突遇一位自称上年在精养轩见过面的人上前打招呼,并递上"神田镭藏"名片。回递名片答礼后即结束参观,与陈其美返寓。晚,张汇滔、方健飞二人来访时,谢绝会见。(日本外务省档案,1914 年 10 月 26 日《孙文动静》,乙秘第 2140 号;俞辛焞、王振锁等译:《孙中山在日活动密录》,第 256 页)

　　10 月 26 日　胡汉民、殷绍乘、许世钦、陈其美(两次)、居正、许崇智、刘玉山、张汇滔、方健飞、丁仁杰、廖仲恺(两次)、田桐、宫崎寅藏、何天炯、夏重民、戴季陶、陈家鼐、陈中孚、宋耀如、宋子良等来访,参与交谈。日本预备役海军大尉郡司成忠来访,与其在另室面谈。波多野春房来访,廖仲恺与之面谈,并转达。下午,偕戴季陶至芝公园散步。晚,梅屋庄吉遣使者送来礼物。(日本外务省档案,1914 年 10 月 27 日《孙文动静》,乙秘第 2146 号;俞辛焞、王振锁等译:《孙中山在日活动密录》,第 256—258 页)

　　10 月 27 日　陈其美(三次)、萱野长知、丁仁杰、谢持、陈家鼐、何海鸣、杨益谦、陈建楷、明朋、韩恢、李雄等来访,参与交谈。下午,偕陈其美、李雄步行至芝公园 6 号访菊池良一,菊池未在。后在芝公园散步,并到芝区南佐久间町一丁目一号陈其美处,与陈中孚、田桐等会谈。(日本外务省档案,1914 年 10 月 28 日《孙文动静》,乙秘第 2151 号;俞辛焞、王振锁等译:《孙中山在日活动密录》,第 258 页)

△　致函卢慕贞,询问汇钱之事:"昨日已再将前数由电汇与孙光明兄收转交与你,想已收妥。前日之汇单如尚未寄回,望即寄回,乃可追回原数也。"(陈旭麓、郝盛潮主编,王耿雄等编:《孙中山集外集》,第 365 页)

△　委中华革命党本部各部职员。

是日,委中华革命党本部各部职员如下:总务部长陈其美,副部长谢持;党务部长居正,副部长冯自由;军事部长许崇智,副部长周应时;政治部长胡汉民,副部长杨庶堪;财政部长邓泽如,副部长何天炯。以凌钺、萧萱、张肇基、贺治寰、徐朗西分任党务部第一、二、三、四、五各局局长,范鸿钧为党务部机要职务长,方毅、钟鼎、夏重民、周道万为职务员。(罗家伦主编,黄季陆、秦孝仪增订:《国父年谱(增订本)》上册,第 636—637 页)

10 月 28 日　殷绍乘、许世钦、李真如、夏重民(两次)、刘玉山、丁仁杰、居正、胡汉民、陈其美(两次)、田桐、许崇智(两次)、谢持、杨庶堪、戴季陶、廖仲恺、何天炯、宫崎寅藏、菊池良一、和田瑞、谭根(化名何友)等来访,参与交谈。下午,与来访的廖仲恺、何天炯、宫崎寅藏、菊池良一、胡汉民等五人到芝公园散步,约一个小时。归途至芝公园 6 号菊池良一处观看书画并交谈。后又与来访的陈其美、夏重民、谭根三人乘车至小石川区国山前町 1 号许崇智宅,与胡汉民、廖仲恺、戴季陶等人在二楼设宴叙谈。(日本外务省档案,1914 年 10 月 29 日《孙文动静》,乙秘第 2157 号;俞辛焞、王振锁等译:《孙中山在日活动密录》,第 259—260 页)

△　委黄元甲等为支部长。

是日,委任南洋各支部长及联络委员如下:烈港支部长黄元甲;庇能支部长陈新政;巴城支部长沈选青,副支部长林温泉;新加坡联络委员梁允煊、陈孔忠、吴炽寰、郑少芝、李霞举、何德如、卢耀堂、邓子瑜。(罗家伦主编,黄季陆、秦孝仪增订:《国父年谱(增订本)》上册,第637页)

10月29日　何天炯、宋耀如、陈其美、夏重民、谭根、戴季陶、林来、韩恢等来访,参与交谈。下午,偕来访的戴季陶、夏重民、谭根三人乘车到上野公园,参观文部省的美术展览会。经头山满收到一笔电报汇款。(日本外务省档案,1914年10月30日《孙文动静》,乙秘第2163号;俞辛焞、王振锁等译:《孙中山在日活动密录》,第260页)

△　日本黑龙会代表内田良平向日外务省提出《黑龙会解决中国问题意见书》,主张利用孙中山等革命党人,以谋独霸中国。

意见书认为,如果不去洞察中国的未来命运而盲目支持袁政府,与中国订立防御同盟,希望用帮助他镇压革命党人来充分实现目的,显然是一种错误的政策。"因为大多数中国人民对声名狼藉、地位不稳的袁世凯已经丧失全部信任",而袁世凯又"属于喜欢玩弄权术的那一类政客。他一时可以对我们表示友好,但当欧战结束时他就一定会抛弃我们而与其他列强友善了"。因此,应该使中国革命党人、宗社党人以及其他失意分子在全国范围内引起骚动,整个国家将陷于混乱,袁政府将因之垮台。"那时候我们将从四亿中国人中选择一位最有势力、最著名的人物,帮助他组织新政府,统一全中国。同时我国军队必须协助恢复全国的和平与秩序……而新政府自然信任并依靠日本。"并指出,目前是唆使中国革命党人及其失意分子起义的最适当的时机。在选择新统治者问题上,"我们还是使宣统复辟,还是在宗社党内挑选一个最有才干的人,或者还是在革命党内物色一个最孚众望的人物,我们认为可取的办法是目前不谈这个问题"。(复旦大学历史系中国近代史教研组编:《中国近代对外关系史资料选辑(1840—1949)》上卷第2分册,第359—361页;陈锡祺主编:《孙中山年谱长编》上册,第912—913页)

△　是日下午,何海鸣、陈家鼐、韩恢、何中良、袁泽民、林毓良、张子健、朱清波、宫崎民藏等十二人,在神田区裹神保町 5 号中华第一楼集会。会上,何海鸣表示,希望早日发动革命,请在座的诸君联合东京的同志,作好准备。然后共进晚餐。6 时 30 分散会。(日本外务省档案,乙秘 2161 号,1914 年 10 月 29 日;俞辛焞、王振锁等译:《孙中山在日活动密录》,第 258 页)

10 月 30 日　陈其美(两次)、丁仁杰、何天炯、韩恢、戴季陶等来访,参与交谈。上午,以头山满的名义给旧金山中华青年会发去一西文电。下午,偕戴季陶、陈其美二人乘人力车外出,至芝区日萌町一丁目 1 号"海滨之家"饭庄,与头山满、中野德次郎等五人,在二楼的日式房间内吃酒宴,系中野宴请,似无其他目的。下午,和田瑞、韩恢(再次)来访时,因已外出,均未见。(日本外务省档案,1914 年 10 月 31 日《孙文动静》,乙秘第 2170 号;俞辛焞、王振锁等译:《孙中山在日活动密录》,第 260—261 页)

△　致函戴德律,请协助阻止袁世凯借款。

是日,通过密码电报从旧金山《少年中国晨报》处获悉,摩尔根公司正在与袁世凯谈判签订一项一亿元的借款合同。将拍发给威尔逊总统请求阻止这笔借款的电报原稿,及向 J. P. 摩尔根公司发出的警告(如果反袁斗争获胜,"我们将不承认所有新的借款")寄给了戴德律。要求他公开这些电报,并与旧金山的组织合作,发动所有在美中国人游行示威,以便吓跑那些捐赠提供款项的人们。后戴德律函告,正努力制造一个反对借款舆论运动,在华盛顿建立一个拥护孙中山的报纸编辑部;并提醒孙中山,要对前美国驻华公使 W. W. 罗克希尔持反对态度,因罗克希尔已被袁世凯和"金钱利益"所收买雇佣,和交通商业总长梁敦彦有过会谈,"在纽约的努力可望获得一笔四千万元的借款"。([美]韦慕廷著、杨慎之译:《孙中山——壮志未酬的爱国者》,第 95—96 页,戴德律在该书译作德特列克。)

△　是日,委郑文炳为蒜城支部长,林照英为副支部长;高建瓴

为湖北革命军司令官。（罗家伦主编，黄季陆、秦孝仪增订：《国父年谱（增订本）》上册，第637页）

10月31日　廖仲恺（两次）、居正、丁仁杰、刘玉山、田桐、韩恢、伏龙、程壮、谢持、陈其美、许崇智、何天炯、胡汉民、谭根、戴季陶等来访，参与交谈。（日本外务省档案，1914年11月1日《孙文动静》，乙秘第2177号；俞辛焞、王振锁等译：《孙中山在日活动密录》，第261—262页）

△　批复吴宗明来函，指示筹款直接汇往东京："港款当汇交邓颂仁收，叶君当照告乃合。今公等竟汇与叶君收，当由贵处函促叶向邓君将收款之数详报前来，弟当发给收条也。以后若欲早得收条，即请将款直汇至东京弟收。弟一到即发收条也。"（《批吴宗明函》，《孙中山全集》第3卷，第129页）

△　叶独醒等来函，报告宿务（亦写作宿雾）发动概况，并解释须直接汇款的考虑。

函称："受命以来，无不竭微，各尽运动之力。考宿务地属小吕宋之东南，为岷务怡三埠并立之通商口岸，在飞利滨群岛名胜之一，人心古道，好静畏扰，虽经鼓舞演讲开导，从违各半，迟疑居多。以是不得不变通办理，以输其文明，以开其智识。外以图书报社为名，内以纯粹革命为实，经于十月十日成立开幕会，组织演说团，藉资鼓励人心，而今已达百人之多，从此逐渐进行，有加无已。迨十月二十四号，伍平一君自岷江、□如、苏洛飞演飞机，途经务埠，荷莅敝部，以开谈话会，以励捐助款，随后落船往苏越日，开始倡议捐助军饷。幸人心开化，认捐二千五百余，议先交银五佰元，连前次叠收党员入党银每名十元，年费一元，计共六百八十二元……余认之额数均以欲用之时发电来示，即行鸠收汇寄。"函中解释宿务党员之所以强调"直接之必要"，"盖为首次起义所捐军款一万五千元于民国纪元前一年十一月十一号汇交香江筹饷局李芳又名海云君转交湖北军政府，揸打银行电汇收香银一万元，其收条延至将年不给，迫得由醒呈请驻小吕宋杨领事书□申请前胡粤督汉民追取收条前来，至今未荷颁给奖品，以是人心迟疑,办事困难,此事胡君定能略忆,余五千元拨厦□□门亦无收据,诚恐再蹈故辙,必须直接总部,为众人所信仰,方能通过"。

随信并附支部组成人员名单如下:正支部长叶独醒,经理一切部务总纲;副支部长伍尚铨,协理辅佐正长之助;内务科长孙成赞、杨仲平,掌理部内事务及招待;外务科长刘谦祥,掌理外交事务及介绍;理财科长陈伯豪,掌理资财出入及司账;文事科长叶独醒,掌理文件文案并宣布。并请发给正式委任状,"以资信用,以收人心"。

11 月 21 日,居正覆函嘉赞,称:"十一月十八日奉总理交到来函,内称贵支部业已于十月十日成立,外仍书报社之名,内行纯粹革命之实,开幕之始,即新进党员百余,集款二千以上,将来再接再厉,必有蒸蒸日上之势,诸君热忱爱国,实堪嘉赞。外复组织演说团,以为开导人心之计,尤为手续得当,自应呈请总理认为正式成立。其委任状印钤等件随即由总务部办就寄来,党员如依式填写誓约自当按号发给凭证,并烦转照。惟海外支部章程,后日当由本部颁发,以示统一。贵支部如已拟就,即希从速寄来,以便核准暂行而定支部长以下各种职员分司专责。"(《叶独醒上总理函》,环龙路档案第 04840 号)

△　袁世凯以粤、浙、川、桂、沪等地连续破坏中华革命党人秘密机关,案情均有"孙文主义,构乱遣党"事,是日,通令各省"严密防缉"革命党人活动。(中国科学院近代史研究所中华民国史组编:《中华民国史资料丛稿·大事记》第 3 辑,第 32 页)

10 月下旬至 11 月上旬　广东惠州、博罗、佛山等地相继起事,孙中山对此极为关注。

10 月下旬,洪兆麟在惠州发难。11 月 3 日,邓子瑜起兵博罗。南海、顺德、佛山于 11 月上旬亦先后发动。对此,孙中山极为关注,11 月 16 日,致函邓泽如专门谈论此事,函称:"昨报载港电,言洪兆麟起兵惠州,宣言独立。又十二日约一千革命党同时袭破五处兵营(或在省城,或在佛山)。而仲元等尚未有电来,或已入内地,故消息反较外人为迟也。"(《致邓泽如函》,《孙中山全集》第 3 卷,第 134 页)

11 月

11月1日 余祥辉、陈志成、陈其美、张汇滔、方健飞、廖仲恺、刘大同、梁宗极、冯大为、刘玉山、胡汉民、阎崇义、夏重民、谭根等先后来访,参与交谈。下午,刘玉山再次来访,见已外出,留纸条后离去。中午,向千驮谷 540 号乐卢的关声振发去一快递邮件。下午,步行至芝区南佐久间町一丁目 1 号林蔚陆处,与陈其美、谢持、余祥辉、丁仁杰等六人会谈。(日本外务省档案,1914 年 11 月 2 日《孙文动静》,乙秘第 2189 号;俞辛焞、王振锁等译:《孙中山在日活动密录》,第 262—263 页)

△ 致函邓泽如,寄与委任状,并谈革命形势。

信中称,以南洋英、荷各属筹款事宜相托,各属应如何设置局所,分派人员,均由其指挥。"英属事定,则望往荷属一行,因从前我党以英属为本位,而于荷属尚涉疏懈,非以兄之人望,不能提挈之也。"

信中还表达了对上海、浙江革命形势的遗憾:"前月范鸿仙君在沪被刺。范君系安徽旧同志,办事甚久。此次担任上海事,已运动北军过半,袁贼一方知其势不可遏,乃悬红暗杀之,花红六万元,其死与宋教仁相类。范死同时,上海镇守使捕杀其北来军士二百余人,盖皆与范通而担任代表者。又埋攻制造局之炸药,亦被发觉。上海本与杭州省城事为一气,范死,浙江事亦有顿挫。至上月廿日杭州省城破坏机关五处,捕去党人三十余,军事主任夏之麒(寅卿)亦与焉。夏老成负重望,其在江浙,屡为武备陆军学堂总办,与广东之赵声相似,而势力尤大。其谋浙事已数月,一切俱已准备,只以迁延期日(因款不足),泄漏风声,而我重要人乃俱不能出险,殊可伤也。"但亦肯定其对革命的影响:"革命不患成功之迟早,而患死事之无人。有此影响,有此模范及于各省,则革命之成当甚近耳。弟意亦如是,第二次革命,我党乃无一死于战事者,范君、夏君以流血洗前事之辱,即以种将来

之果,断非徒死者也。其余他省机局,幸尚无甚变失。"(《致邓泽如函》,《孙中山全集》第3卷,第131—132页)

11月2日　胡汉民、何天炯、丁人杰(两次)、刘玉山、廖仲恺(两次)、陈其美、夏重民、谭根、曹亚伯、陈其美、任寿祺等来访,参与交谈。周无极来访时,谢绝会见。下午,偕曹亚伯、廖仲恺去芝区南佐久町一丁目1号陈其美办事处。(日本外务省档案,1914年11月3日《孙文动静》,乙秘第2190号;俞辛焞、王振锁等译:《孙中山在日活动密录》,第263—264页)

△　刘艺舟来函,申诉自己被误解之委屈,并提醒注意安全。

函称,数月内赴东京两次,未能晋见一次,担心是"以外视而见拒也",申诉曰:"然区区之心可告鬼神,于先生终未敢稍贰,纵间以人言播弄,使其情不能昭见于明公,亦不过一时之误会,究非艺舟所敢自任其罪宽,如先生当已谅而悉之矣。艺舟自东亡以来,以同志中不肯稍垂顾念,穷迫莫支,不得已避居大阪,借日人之助,作戏剧以谋生活,国家大事几无余力一问矣。先生远虑宏猷,于艰难万状中而能督同志驰驱前行,血气之士能不慨然以兴,反躬自思,更不觉汗流浃背,茫然不知所自处也。虽然惶恐之余,窃有为先生告者,近来以袁氏收买人心之故,一班无耻之徒望风相向,如趋渊海,即平日号称革命中之健将而又好指人为侦探、为汉奸者,亦不知卖去几许矣。人心鬼蜮,本党之现象可危。"同时,提醒注意人身安全,"以往黑白益见混乱,先生此后进行诸事,甚望力求秘密,即饮食起居之间,更不可不少留意焉"。(《刘艺舟上总理函》,环龙路档案第04186号)

11月3日　宫崎民藏、丁仁杰、陈其美、居正、陈中孚、菊池良一、何天炯等来访,交谈。李维汉、余祥辉、韩恢三人来访时,已外出,未见。下午,偕来访的陈中孚、菊池良一外出,途遇丁仁杰,一同至日比谷公园散步。后至京桥区口川町一酒馆,与宫崎民藏相会。(日本外务省档案,1914年11月4日《孙文动静》,乙秘第2197号;俞辛焞、王振锁等译:《孙中山在日活动密录》,第264页)

△　河南支部长凌钺来函,报告河南支部组织情况。据称,河南支部内设三科:总务科,张良坤为干事长;军事科,于化卿为干事长;财政科,潘乃鍹为干事长。(《凌钺上总理函》,环龙路档案第00243号)

△　凌钺来函,报告于化卿在河南联络白朗军情形。函称,于化卿系去岁南京独立时黄兴派往联络白军的代表,因民军失败,"即留白朗军中操纵计划,不遗余力,奋斗指挥,阅一年余。近闻他处消息甚好,密来海上,藉定方针"。据于所称,白军之根据地确在河南南阳二府,内分三路,西南路为洛阳、新安、渑池、陕州、永宁、宜阳、嵩县、伊阳、卢氏、汝州;正南路为南阳县、南召、唐县、泌阳、邓州、方城、鲁山、宝丰、淅川厅、内乡;东南路为襄县、夹县、许州、叶县、舞阳、临颍、偃城、禹县,其重要人物为白老五(即白朗,宝丰人,年四十余)、宋老年(宝丰人,年四十余)、李鸿宾(宝丰人,年三十岁)等,"分布各路,器械俱全者约二万余,惟子弹缺乏,不能正式与贼战争"。(《凌钺上总理函》,环龙路档案第00284号)

11月4日　陈其美、胡汉民、谢持、廖仲恺、丁仁杰、居正、许崇智、杨庶堪、何天炯、田桐、夏重民、任寿祺、戴季陶、曹亚伯等先后来访,面谈。下午,某波兰人送来三种药。

△　是日,与许崇智、周应时、一濑斧太郎等讨论军事问题。

下午2时,许崇智、周应时、一濑斧太郎来访,一起摆开中国地图议事。4时许,偕来访的陈其美、周应时、一濑四人去芝区南佐久间町民国社,与丁仁杰、谢持、居正、陈中孚等数人议事。期间,菊池良一、山田纯三郎、曹亚伯三人亦来参与。一濑斧太郎,日本陆军退役大尉,原属李烈钧一派,李离日后,转与陈其美交接,曾带领日本退役军人赴杭州,参加该地起义的准备工作。事被军警侦知,革命党人先后被捕,活动遭到破坏,于是他和周应时于11月3日从上海返日。是日,来向孙中山汇报上海和中国国内革命运动情况,并讨论下一步派人准备起义等事宜。(日本外务省档案,1914年11月5日《孙文动静》,乙秘第2203号;俞辛焞、王振锁等译:《孙中山在日活动密录》,第264—265页)

11 月 5 日　夏重民、谭根、王统一、萱野长知、陈其美、戴季陶、何天炯等来访，参与交谈。向美国发函二件，给香港中环德辅道一百三十一德昌隆宝号杨霞先生去一函。下午，偕戴季陶乘车至牛込区马场下町访犬养毅，会谈一个半小时，戴季陶翻译。（日本外务省档案，1914 年 11 月 6 日《孙文动静》，乙秘第 2210 号；俞辛焞、王振锁等译：《孙中山在日活动密录》，第 266 页）

△　黄国民来函，汇报自愿承担组织之责，请给予委任。

函称："首次会议具见人心贪生怕死，不敢担任义务，只可助款而已，故弟自愿能担此天职，如到之日料踊跃筹助，故弟首先认饷英金壹佰两，以助苦心进行之力。"又言，枝会成立以来，并无有起色，内有袁贼走狗，反背宗旨，或有败坏进行，"定要取销除名，认为公敌"，为此请求委以重任并寄委任状，以便处置有效力。同时告知代为中国日报招股之事，"接到中国日报来书，并招股部五本，委弟即代为招股，定明年正月三号出版，以通消息之感情，鼓吹吾党进行，同声响应，为此报系吾党总机关报，故弟即日运动，苦心办理，招股甚为踊跃也"。（《黄国民上总理函》，环龙路档案第 05046 号）

11 月 6 日　韩恢、丁仁杰、胡汉民等来访，面谈。下午，偕胡汉民乘车至牛込区袋町 6 号和田瑞宅，与和田面谈，约一个小时。后至牛込区市谷富久町胡汉民处与胡面谈。（日本外务省档案，1914 年 11 月 7 日《孙文动静》，乙秘第 2219 号；俞辛焞、王振锁等译：《孙中山在日活动密录》，第 266－267 页）

△　复函区慎刚、郑螺生等，强调统一筹款。

函称："张、陈登广告一事，诚莫明其用意所在，而南洋之款遂受无形之阻力，伊等实不能不任其过也。前以各省纷纷有人运动筹款，实于统一有碍，故曾致书泽如处及尊处，请统汇东京，然后由本部支付各处应用。闻因粤事紧急，已由南洋汇款万余至港，此亦为例外之不得已，但须要收款人寄回收据。南洋由尊处寄来，向东京本部换取弟亲书收据，方合手续。"（《复郑螺生等函》，《孙中山全集》第 3 卷，第 132－

133 页）

11 月 7 日　田桐、谢持、杨庶堪、胡汉民、夏重民（两次）、居正、廖仲恺（两次）、许崇智、陈其美、林来、周应时、谭根、曹亚伯等来访，参与交谈。张汇滔来访，陈其美代为接待。两位南洋人来访，在内室面谈。下午，偕陈其美、谭根、夏重民三人至日比谷公园散步。收到美国旧金山民国维持会总会来函三件。（日本外务省档案，1914 年 11 月 8 日《孙文动静》，乙秘第 2229 号；俞辛焞、王振锁等译：《孙中山在日活动密录》，第 267—268 页）

△　两次与铃木久五郎会谈。

上午 9 时，住小石川区丰川町 41 号的铃木久五郎来访，在另室之面谈，田桐任翻译。下午 1 时多，铃木久五郎偕森田熊次郎再次来访，在内室与其晤谈，廖仲恺任翻译。铃木久五郎为宫崎寅藏之友人，将赴中国旅行，似为此而要求会见。同来的森田时在高等商业学校学习。（日本外务省档案，1914 年 11 月 8 日《孙文动静》，乙秘第 2229 号；俞辛焞、王振锁等译：《孙中山在日活动密录》，第 267—268 页）

△　拒绝对日英联军攻占青岛事件发表谈话。

日本继 8 月 23 日对德宣战后，派军队即于 9 月 2 日对青岛发起总攻。是日，日英联军攻占青岛。29 日，日人擅自成立青岛市政厅，由日军师团长神尾光臣任行政长官。是日，朝日新闻社记者芳贺荣造来见，请就青岛陷落问题发表意见，拒绝会见之。（日本外务省档案，1914 年 11 月 8 日《孙文动静》，乙秘第 2229 号；俞辛焞、王振锁等译：《孙中山在日活动密录》，第 268 页）

△　杨汉荪来函，详细汇报巴东支部党务及筹饷情况。

函称，巴东支部在公孙长子割臂激众推动之下成立，并举临时职员，杨汉荪被举为正支部长，吴世图被举为副支部长，"各职员均用票举，因未奉到通则，其职员名称均仍国民党之旧"。待奉到通则，因职员名称与本部规定职员名称不符，未便报告存案，故于十月十日重行选举，杨汉荪被举为正支部长，温菊朋被举为副支部长。后又偕同杨咽冰到光务、把东班让组织分部。把东班让因原设有书报社,故成立较易;光务则由旧同盟会友蔡开国、欧阳□、杨水来三人担任组织。爪亚因提倡无人,故未设立机关,支部派李容恢为代表,往彼处运动;八打威亚已由书报社智育会合组支部;日惹、梭罗之分部亦庆成立,其余他埠则由弓长杰担任组织。

　　筹办军饷捐方面,因受欧战影响,"电文不收暗码,内地消息为之不灵,吾党兵事如何进行无从而知,于军饷捐实为一大阻碍"。赞同朱执信所提出的在香港设立一南洋总机关,"此举甚善,凡有紧要事件,须通告各支部者,由其分布,使各支部晓然于吾辈进行之实际,则精神为之奋发,输将倍形踊跃。且居南洋与内地之中心点,消息既灵,指挥亦较敏捷,此为筹饷之第一要着,不可须臾缓也"。同时指出,时之认捐者,悉是义务捐,"倘本部设有公债票,须用本部名义,由中央担保,如此则应募者必多,祈分交各支分部劝募,以裕饷源"。信中也表示极端反对宋渊源到南洋劝募福建公债票的做法,"盖吾党方谋统一,若各省各自为谋,统一之谓何,且公债既出于一省名义,如邻省需款孔急,必不能任意指拨,是陷于危险地位"。(《杨汉苏上总理函》,环龙路档案第04842号)

　　△　是日,受孙中山指示,中华革命党党务部长居正覆函缅甸同志,指示海外党部活动范围,强调团结。函称:"十一月四号由总理交下来函一件,及以全缅协赞会名义来函一件,披核之下,悉谆谆以催发委任为辞。此虽为正式承认之要件,然必须合于一定之手续,敝部始能援例办理。协赞会支部是否能联络全仰同志一体赞成,当日成立情形若何,到会人数若干,现收党员若干,海外支部照章专事筹款,而最近规定,又以款数多寡为单位。协赞会支部能否合于此等要件,一切详细内容,均未经汇册报告,徒凭一纸简略空函,敝部碍难从速办理。且九月七号来函,言与党民日报社脱离关系,尤足滋人疑窦。查该报论调,从未易曩日之态度,主张民生民权,前后如出一辙,是为内外同志所共见者。又谓饶潜川、梁冰心有云:'不用武力推翻袁世

凯者,实欲捧袁世凯之大靴者。'此乃反复证明语气,无事实上之证据,不敢谓其大变宗旨。民党作事,重侠义,不尚感情,筹措之始,不能声气相通,开幕之后,必有分裂之虞,因意见而生冲突,因冲突而生破坏,是当引为勿戒者也。"(《居正覆缅甸同志指示海外党部活动范围函》,黄季陆主编:《革命文献》第48辑,第52—53页)

11月8日 任寿祺、汪鲲南、戴季陶、丁仁杰、余祥辉、陈其美、凌钺、曾孟启、谭根、夏重民、韩恢等先后来访,参与交谈。下午,偕来访的陈其美、戴季陶、谭根、夏重民到芝区樱田町丸木照相馆合影。后至日比谷公园散步。再到芝区南佐久间町一丁目1号陈其美办事处。(日本外务省档案,1914年11月9日《孙文动静》,乙秘第2234号;俞辛焞、王振锁等译:《孙中山在日活动密录》,第268—269页)

11月9日 丁仁杰、任寿祺、张汇滔、王老甫、谭惟洋、夏重民、谭根等人先后来访,与之面谈。(日本外务省档案,1914年11月10日《孙文动静》,乙秘第2241号;俞辛焞、王振锁等译:《孙中山在日活动密录》,第269页)

11月10日 胡汉民、陈其美、丁仁杰、廖仲恺、和田瑞、夏重民等先后来访。(日本外务省档案,1914年11月11日《孙文动静》,乙秘第2249号;俞辛焞、王振锁等译:《孙中山在日活动密录》,第269页)

是月上旬 发出委任状多张,2日,委苏无涯为广西支部长;10日,委郑汉淇为菲律宾群岛支部长,王忠诚为副部长。(罗家伦主编,黄季陆、秦孝仪增订:《国父年谱(增订本)》上册,第638页)

11月11日 宫崎民藏(两次)、戴季陶、王统一、丁仁杰、谢持、廖仲恺、田桐、陈其美、居正、杨庶堪、许崇智、胡汉民、菊池良一、韩恢、濑侠串户、真佐树、夏重民、黄如春等来访,参与交谈。许世钦来访时,未会见,由丁仁杰代为与之面谈。下午,接到和田瑞电话。随后,偕来访的夏重民、黄如春二人外出至芝区南佐久间一丁目1号林蔚陆陈其美办公处,与陈其美、陈中孚、谢持、周应时、任寿祺、余祥辉等会谈,约两个小时。

△ 主持第九次《革命方略》讨论会议。

是日上午,戴季陶、王统一、周应时、丁仁杰、谢持、廖仲恺、田桐、陈其美、居正、杨庶堪、许崇智、胡汉民等如约汇聚孙中山寓所,讨论《革命方略》。孙坐在中间,其他人围坐四周,"在白纸上画图密议"。(日本外务省档案,1914 年 11 月 12 日《孙文动静》,乙秘第 2256 号;俞辛焞、王振锁等译:《孙中山在日活动密录》,第 269—270 页;《中华革命党革命方略讨论会议纪录》,黄季陆主编:《革命文献》第 45 辑,第 10 页)

△ 翁筱生来函,为向华侨劝捐军饷献言三条。

函称:"夫兵必运动于军队,饷必取盈于华侨,此尽人所同知也。惟人知华侨当赞助军饷,而犹未知华侨不尽豪富,且豪富不尽慷慨,欲其倒箧倾箱乐为我助,是非鼓励平日未必可收效于终来。"提出三条建议:"当规定奖励专章,使人知有义务,亦有权利也……今当筹饷之时,似宜规定奖章,捐助多者,即多者之酬庸,少者有少者之报答。""当筹定储饷地点,颁发同一收据,使人知捐款点滴归公,不为谣言所惑也……今当筹饷伊始,似宜确定地点,以为汇总统一收据,以备稽查,庶浮言无从而中伤,劝捐乃易为力矣。""当鼓舞巨商,使其隐为协助也……今期筹巨饷,似宜由我总理专函示以利害,励以勋章,事后必加追叙,事前必为隐瞒,□其如此,则凡有侨居拥有巨资者,由趋势悉变为好义之心,军糈筹蓄,当胜我党员万万矣。"(《翁筱生上总理函》,环龙路档案第 07975 号)

12 月 23 日,收到此函,孙中山极为重视,对来函所陈大为赞赏,次日即指示总务部长陈其美致函巴东支部长杨汉荪,请其邀同翁筱生办理党务,称:"现值各地实策进行之秋,必须物色人材,协图并举,方能克期奏效。查巴东侨胞翁君筱生,道德经验,声望素著,此次来函,所陈各节,洞悉侨民心理,亦实防后日流弊,统先后以为言,着着具有见地,应由总务部函达巴东支部,嘱其邀同办理党内事宜。"

1915 年 1 月 11 日,陈其美为此专函致巴东支部长杨汉荪,要求"务烦遵照总理命令,邀同翁君筱生,悉心筹划支部进行,或请担任职务,以冀将来党务发达。至翁君所陈侨商豪富之家,畏言革命,苟有鼓励,则虽不能显然入党,亦能得其暗助巨资一节,想属实情,当请足下与翁君详细审察,如实有不能显然入党,当由总理具缄联络或请赞助,即能收鼓吹之效者,希即随时函照"。(《总务部长陈其美致巴东支部长杨汉荪邀同翁筱生办理党务函》,黄季陆主编:《革命文献》第45辑,第644—645页)

孙中山本人也复函翁,对其大加赞许。函称:"足下走奔南洋,十有六年,侨民心理,深知洞悉。承示三则,一规定奖章,二统一手续,三多方鼓励,均为事前必要之办法。当第一次革命时,机关远不如现时之完整,汇款无定所,给据无定人,手续参差,致同志启信用上之口实,此亦当时办事者处仓卒而乏经验之故也。兹弟有鉴前辙,特筹大统一机关,遇事必亲为指示,对于集款一节,均嘱其一律汇寄东京本部,由弟发给信实收据,以昭凭证,刻下正拟所定奖励章程,鼓导一切。足下有见及此,所谓不谋而合,亦征策画精详。此后遇各埠巨商富贾,热心国事,见识远大者,如必须本部具函联络,或请其赞助,均祈随时不吝详告,俾得遵途而期锐进。"(《总务部复巴东翁筱生赞许所陈扩充党务意见函》,黄季陆主编:《革命文献》第45辑,第644页)

△　是日,日方情报披露革命党人委托日本人印刷纸币。

情报称,萱野长知受湖南省人刘得胜委托,印刷中国纸币,是孙中山等革命党人之计划。"彼等期待此次革命必可成功,在达其目的之际,成立中央银行,眼下正在计划之中。至其成立便立即发行纸币,故以印刷方法委托萱野长知。"萱野始请求印刷局,因与该局技师某商议未果,遂进一步经由该局职员村上光之的介绍,委托给田中印刷所。"该纸币为三种,总额二十五万五千日元,预定在一九一五年三月以前全部印完。"(日本外务省档案,1914年11月11日《关于印刷中国纸币之事》,乙秘第2250号;俞辛焞、王振锁等译:《孙中山在日活动密录》,第696页)

11月12日　夏重民、谭根、丁仁杰、陈中孚、波多野春房、袁泽民、陈其美等来访,面谈。王统一陪同日本人小田切良吉、堀内寅吉二来访;葛庞来访时,称要去陈其美处,未会见。阎崇义来访时,谢绝会见之。下午,步行至芝区南佐久间町一丁目 1 号陈其美办事处,与陈其美、丁仁杰、陈中孚等会谈,约一个多小时。(日本外务省档案,1914 年 11 月 13 日《孙文动静》,乙秘第 2274 号;俞辛焞、王振锁等译:《孙中山在日活动密录》,第 271 页)

△　黄国民来函,汇报自己的革命热情,请求委任。并表示要在正式集会筹款之日,登台演说,“鼓吹人心进行,设法运动,苦心筹款,随时汇来接济军需,务达之目的”。函又及担任中国报招股责任,“劳心苦力代为,首先认股英金贰拾磅”。信中批评吕杰“有革命口者而无革命心也,一向以来办事不能如力,不合人和见利忘义,爱财如命,殊为可惜”,不堪重任。(《黄国民上总理函》,环龙路档案第 05049 号)

△　戴季陶就山东问题与革命策略发表看法。

据日方情报,是日,时任孙中山秘书和日文翻译的戴季陶就青岛问题发表谈话,称:革命党人曾估计,胶州湾的陷落至早也在本月二十日以后,计划大致在胶州湾陷落时举旗,但是没想到胶州湾之陷落如此之快。先前在杭州的运动,又被袁世凯政府发觉,成了泡影。因此,原来的计划稍有挫折。然而,中国内地、特别是长江沿岸一带,革命形势日益增长,对革命党很有利,和军队的联系也更有希望。但革命所需的军用资金却不能如愿,而且不能得到日本政府的援助,最感痛心。日本陆海军部的某些人曾压制和安抚革命党,言称在青岛陷落之前,不可轻举妄动。青岛陷落后,革命党人正在暗中观察日本政府的态度有何变化。戴认为,“在青岛陷落之今日,不能不想到中国政府必然要向日本要求其撤走驻在山东省之军队,而此种要求的背后,想必有德、美两国暗中支持。日本政府若不接受此种要求,则必然要招致美国的公开抗议。如此这样,将使日本极为痛苦地撤走在山东省的大部分军队。因此,日本政府必然要在其他方面寻找驻兵的借口。在这种情况下,将不得不提出利用我等革命党的策略。此事正是我等所希望的,相信也是得以达到革命目的之时机也"。(日本外务省档案,1914 年 11 月 12 日《中国流亡者戴天仇之谈话》,乙秘第 2255 号;俞辛焞、王振锁等译:《孙中山在日活动密录》,第 711—712 页)

关于此问题,孙中山在 11 月 19 日《致戴德律函》中亦称:"日本政府的态度则因为有英日联盟的关系对我们并不友善。日本人民对我们和我们的事业却极为同情。"(《致戴德律函》,《孙中山全集》第 3 卷,第 136 页)

11 月 13 日　陈其美(两次)、丁仁杰、萱野长知、夏重民、波多野春房、周应时、阎崇义、徐苏中、夏琛、余祥辉等来访,参与交谈。梅屋庄吉陪同土耳其人埃布拉辛·默尼哈和马拉德(译音)二人来访,与之面谈。梅屋很快离开,与两名土耳其人在另室继续面谈,约一个小时。下午,黄德来访时,谢绝与其会见。(日本外务省档案,1914 年 11 月 14 日《孙文动静》,乙秘第 2281 号;俞辛焞、王振锁等译:《孙中山在日活动密录》,第 272 页)

△　印刷大量委任状。

是日,日方情报称,为发动革命运动的需要,孙中山大量印刷了委任状。委任状分白色、蓝色、黄色三种颜色,由上等日本纸印制,纵七寸六分,横九寸二分。(日本外务省档案,1914 年 11 月 13 日《关于孙文印刷委任状之事》,乙秘第 2371 号;俞辛焞、王振锁等译:《孙中山在日活动密录》,第 697 页)

11 月 14 日　戴季陶、丁仁杰、王统一、夏重民、胡汉民、谢持、田桐、陈其美、周应时(两次)、许崇智、廖仲恺、居正、杨庶堪、萱野长知等来访,参与交谈。下午,步行外出至芝区南佐久间町一丁目 3 号民国社,与在场的居正等五六人会谈。又至该町一丁目 1 号陈其美办事处及麹町区三年町,访陈其美并面谈。晚,替陈其美接受电报,并携此电报,走访陈其美,询问其内容。得知陈其美之弟陈其文将于 17 日至横滨港,希望去接他。(日本外务省档案,1914 年 11 月 15 日《孙文动静》,乙秘第 2285 号;俞辛焞、王振锁等译:《孙中山在日活动密录》,第 272—

273 页)

△ 主持《革命方略》第十次讨论会议。

是日上午,在寓所与来访的胡汉民、王统一、谢持、陈其美、许崇智、田桐、丁仁杰、廖仲恺、戴季陶等十余人继续讨论《革命方略》。廖仲恺报告调查各国地方行政制度,斟酌中国地方行政制度,"照所报原案决定"。(《中华革命党革命方略讨论会议纪录》,黄季陆主编:《革命文献》第 45 辑,第 11 页)

△ 总务部致函安徽同志,转告孙中山委定皖北司令之事。

据函称,11 月 5 日安徽同志曾来函报告"公推金君维系任皖中司令,暂兼皖南事宜",其后"续得沪电,业经电复照准,并据电准委毕少山君为皖北司令",同时,孙中山又交代由总务部"再具函答复"。是日,总务部致函安徽同志转达上述委任令,并嘱"将来皖省之事,务望诸公融洽各方面之意见,成一致之进行"。(《总务部为总理已委定皖北司令致安徽同志函》,黄季陆主编:《革命文献》第 48 辑,第 17 页)

11 月 15 日 余祥辉、陈家鼎、丁仁杰、夏重民、韩恢等来访,参与交谈。符节来访,谢绝会见。下午,步行至芝区南佐久间町一丁目 3 号民国社找陈其美,陈未在,当即离开。至该町一丁目 1 号林蔚陆陈其美办事处,值戴季陶、谢持、陈家鼎、田桐、居正、陈中孚、丁仁杰、余祥辉等十一人正在召开各省支部长常会,刘大同报告东三省可以运动张作霖。(罗家伦主编,黄季陆、秦孝仪增订:《国父年谱(增订本)》上册,第 646 页)在另室与丁仁杰、居正单独议事。后偕居正到麴町区三年町 1 号陈其美处,陈因病卧床,三人在陈卧室交谈。(日本外务省档案,1914 年 11 月 16 日《孙文动静》,乙秘第 2289 号;俞辛焞、王振锁等译:《孙中山在日活动密录》,第 273—274 页)

△ 复函宫崎寅藏。

是日上午,宫崎寅藏派特使送来一函,随即回函,称:"刻下倾所有只此二十圆耳,用即奉上,愧甚! 愧甚!"(《复宫崎寅藏函》,《孙中山全集》第 3 卷,第 133 页)

11 月 16 日 胡汉民、田桐、丁仁杰等先后来访,面谈。下午,乘人力车到京桥区出云町 1 号资生堂药店购买药品。后去麴町区三年町陈其美处,陈于是日下午 1 时住进赤坂区高桥医院,改前往医院看望,并与陈及来访的菊池良一面谈约一小时。晚,又与菊池良一电话交谈约五分钟。是日,给旧金山和上海宝昌路宝康里 54 号凌毅各发去一函。(日本外务省档案,1914 年 11 月 17 日《孙文动静》,乙秘第 2298 号;俞辛焞、王振锁等译:《孙中山在日活动密录》,第 274—275 页)

△ 致函邓泽如,仍劝其来东京,并委以南洋筹款重任。

函谓:"弟等行动,当视粤事如何,若粤事尚不能大起有功,则弟欲兄先来东京一行,亲视此间党务情形,然后再往香港或南洋设立筹饷局,选择妥人,担任筹款。""至陆文辉处,伊前将委任状寄回东京,弟加以解释,重复寄之,兹请兄面询伊得弟信后,能否释然于心? 如其尚未释然,即请向伊取回委任状为荷。"并告知"以后筹饷委员,悉归兄节制,委任状亦要兄副署,各埠人员,请选择报告前来,当即发委状寄署,然后交去也"。(《致邓泽如函》,《孙中山全集》第 3 卷,第 133—134 页)

△ 杨益镖来函,为刘艺舟辩护。函称:"本党自失败以来,微弱至今,未形复振者,第一原因在同志分歧,意见杂出,所以一举一动,相助者少,而相阻者终多,独行不能,并进不能,此吾党中之大险象也……刘君艺舟毅诚而兼明干,平生事迹想先生知之甚详,闻近以传者之误,颇形疏阔。然刘君之为人甚尚真实,其对于先生尤终始,未尝稍萌贰意,此晚知之最深者也。先生用人若渴,如此纯良人物似不可微故而弃之也。彼近假戏剧之事,欲联络各处感情,其用意亦良苦,已闻不久将赴东京晋谒之时,先生可以顾念其平生而稍假以辞色耳。"(《杨益镖上总理函》,环龙路档案第 04766 号)

△ 是日,党务部长居正奉孙中山之命复函巴城支部正副部长。

先是,11 月 14 日孙中山将巴城支部来函,并暂行章程、职员表各一件,交党务部。居正奉命回复,称:"备悉贵支部已经成立,诸同志爱国热忱,实勘钦佩。基础甫奠,即进党员百余,以后规模完备,蒸蒸日上之势,不难克日而待。又来函内称,侨埠同胞心理趋重革命,实因书报社鼓吹有年,及各同志分头并进,毅力不挠,有以胚胎至此,尤足征志士苦心,所见深远,将来政治革命必较种族革命时期,人心尤为奋跃也。有今日之因,必有他日之果,希公等协同进行,极力扩张,实为至盼。所拟暂行章程条文,尚属妥善,应请总理批准暂行,一俟本部颁发海外支部通章后,即行取销,以昭划一。惟军事一科与总章三十六条颇有冲突,似应援照办理,以不设专科为宜。至所请发给印信与委任状一节,印信除即日由总务部铸造另寄外,正副两部长前已请总理正式委任,随函附寄,即希查收之后从速致覆。其余所属各职员,规定由支部长自加委任,俾负完全责任。所由汇丰银行汇来入党金一千元,已照数收到,并由总理发给收条,以昭信用。嗣后无论何种款项,均请直接汇寄东京本部,与海外各埠一致办理。事前汇寄香港之数,虽手续不合,而事属既往,可作罢论。"(《覆巴城支部正副部长函》,陈三井、居蜜合编:《居正先生全集》中册,第92—93页)

△　中华革命党东三省支部长刘大同、湖南支部长陈家鼎至总务部接洽公务。

是日下午3时,东三省支部长刘大同至本部总务部接洽事项如下:一、王云峰、薛宝轩、宋奎武三人,前为安东事被押于大连日本民政署,有引渡之议,月前同志刘醇一向总务部长请发川资来东京,以免引渡。二、陈楷前为党人办理吉林事,从长春来函要求接济。三、潜修寄庐所欠旅费已久,催讨甚急,请接济。3时半,湖南支部长陈家鼎来,介绍同志任烈回湖南联络军队,请给川资。(罗家伦主编,黄季陆、秦孝仪增订:《国父年谱(增订本)》上册,第639页)

△　朱执信遣人攻占广东电白,旋弃之。观音山炮兵内应事泄,同志数十人死难,原拟计划未克实现。(邓泽如:《中国国民党二十年史迹》,第149页)

11月17日　丁仁杰来访,面谈,并递交信函两件;袁泽民来访,面谈,带致陈其美信函离去;廖仲恺来访,面谈。下午,梅屋庄吉夫妇偕照相师来访,面谈,而后与梅屋夫妇乘车至麹町区有乐町大武照相馆,三人合影。归途至国技馆观赏菊花并在京桥区尾张町茶馆逗留。(日本外务省档案,1914 年 11 月 18 日《孙文动静》,乙秘第 2305 号;俞辛焞、王振锁等译:《孙中山在日活动密录》,第 275 页)

△　总务部奉孙中山之令致函詹大悲。

函称:"顷奉总理交下执事本月八号所发手书,敬悉执事热心奔走,以致鄂省党务,大有进步。目下时机,瞬息千里,仍希全力奋进。蔡君已来东京,会晤一切,业返长崎,当刻日赴沪也。"(《总务部为鄂省党务致詹大悲函》,黄季陆主编:《革命文献》第 48 辑,第 17 页)

11 月 18 日　王统一、居正、丁仁杰、田桐、谢持、周应时、胡汉民、许崇智等先后来访,共同议事,举行第十一次《革命方略》讨论会议。期间,除王统一外,还向其他来访者颁发委任状。(日本外务省档案,1914 年 11 月 19 日《孙文动静》,乙秘第 2316 号;俞辛焞、王振锁等译:《孙中山在日活动密录》,第 275 页;黄季陆主编:《革命文献》第 45 辑,第 11 页)

据日方情报称,是日午前,党员干部中的王统一、居正、田桐、丁仁杰、周应时、胡汉民,许崇智、谢持等八人在孙中山寓所相会(陈其美因病缺席,廖仲恺、戴季陶因故未到,有电话告知孙文),取出地图,似进行某种密议。尔后,孙中山在委任状上签字,并将委任状交给王统一以外的上述人等。"上述人等均面带喜色而退。据称,领受委任状者,不日即将回国去执行任务。"分析认为,在日革命党人的此种举动与国内革命形势有关系,"先前在广东发起的革命,乃是根据该地同志向孙文呈报的形势情报,由何天炯领受孙文的命令,回国后与广东的同志合作举旗的。但除了云南同志之外,还没有和其他省份的同志联络。原本未抱必定成功之希望,但根据情况,此举或许可能成为中国动乱之导火线。又据称,近日内云南必有小规模举旗革命之形势。且云,现广东都督龙济光,在第一次革命时,是参加革命党活动的人物。第二次革命时,被袁政府收买,继陈炯明之后当上了广东都督。因此,第三次革命时,革命派欲将其拉到自己一边来,先前已有过此种活动,目前,该人之去就已趋显然"。(日本外务省档案,1914年11月18日《关于中国革命运动之事》,乙秘第2307号;俞辛焞、王振锁等译:《孙中山在日活动密录》,第697—698页)

△　陈新政致函陈其美,汇报南洋党务及为粤省行动汇款事。

有关南洋党务方面,函称:"近各埠虽略有报告改组,而来函云难就绪者亦有大半。查南洋党人,凡有举事,向之捐款甚易,而进党甚难一致。前办同盟会时,不收会金,尚难一致,而况今欲每人决定十元乎。"建议南洋可以不必一体改进,"党员方能多集,而筹款时方易着手。南洋党人,职在筹款,却与东京实行党人不同"。在为粤省行动筹款方面,陈称:"十七号香港朱执信来电,报粤已举事,敝处已于本日汇上壹千元,此为粤事已急,汇东恐多转接,贻误时机,故由港汇济,闻怡保已汇港拾捌万元,各埠亦陆续有汇。"(《陈新政为南洋党务事致陈其美函》,黄季陆主编:《革命文献》第48辑,第108—109页)

然而,陈关于党务的建议,并没有得到总务部的认可。总务部复函称必须按照党章办理:"夫不进党,固不能谓之党员,且对于党中无维持之责任,事前不能筹款,安能运动军队举事,故凡各地设立支部,皆必须按照章程,循序以图扩充。侨胞不愿进党,必系惕于利害关系,而有所趋避,是即智识不足,眼光不定之故,务烦切实开导,多方鼓吹,总以得其进党为第一要义。凡人偶有不爱党而断无不爱国,吾党所以不避艰难困苦,日夕经营者,非为国家之事乎?侨胞能见及此层,则移彼爱国之心以爱党,特一南针之拨动耳。诸事尚希热心毅力,勉策其难,若通融手续而显背章程,则非敝部所敢出也。"(《总务部复庇能支部长陈新政请尽力吸收党员函》,黄季陆主编:《革命文献》第45辑,第609页)

11 月 19 日　丁仁杰、廖仲恺、李白平、张汇滔、凌毅、胡秀章、戴季陶(两次)、原口文一、梅屋庄吉、余祥辉、和田瑞等来访,参与交谈。陈中孚来探访丁仁杰,很快离去。收到从香港发来的电报。(日本外务省档案,1914 年 11 月 20 日《孙文动静》,乙秘第 2320 号;俞辛焞、王振锁等译:《孙中山在日活动密录》,第 275—276 页)

△　致函戴德律,再谈百货公司计划。

信中详细分析了百货公司计划,称:第三次革命完成后将在全国建立一个统一经营的百货公司系统,这一系统当为合股公司,半数股份将为中国政府所有,另一半股份将属于外商。在一定时期内,这一系统将完全由外国人管理,晚后,再由逐渐培训合格的中国人员取而代之。愿意承办这项计划的辛迪加或康采恩,可获得股份的半数。"为了实现这项计划,我们希望某一这样的资方能够贷一千万美元给我们充作革命经费。当然,这笔贷款应该是单独的项目,不得与百货公司的计划相混。提供这笔急需贷款的康采恩,即可取得合营百货公司的权利。如果百货公司的计划不合他们的兴趣,也可以同样方式授予建造铁路、开发矿业之类的特许权利。"但百货公司不得发行纸币,因为纸币发行权将只留给政府专有;百货公司也不得垄断进出口权利,因为这类活动在中国要受到条约的约束。

信中还谈了一些有关革命的情况,指出:武器和军火物资的供应,已不十分重要,可以轻易得之于敌方之手,"这种做法可在削弱敌人战斗力量的同时壮大我们自己。只要有钱,就很容易做到"。钱比物资更加重要。"因为,如果我们拥有和敌人相等的物资,我们将极为不利。但是,如果能用金钱收买敌人的军人,则敌人虽欲攻打我们亦无可用的兵力,我们将稳操胜券无疑。"正在为即将发动的一场重大行动进行准备,其结果在两三个月内当可见分晓。"一旦得知我成功的消息,请即前来助我筹划建设事宜。万一失败,则请在美国为我们工作,筹措上述数额的款项,以迎接另一场规模更大也更有把握的行动。在后一种情况下,我本人将前往美国。"信中还提到,"黄兴仅仅是为我们的事业协助筹款,在美国筹得的款项将全部交给我"。

(《致戴德律函》,《孙中山全集》第 3 卷,第 134—136 页)

11 月 20 日　胡汉民、丁仁杰、夏重民(两次)、林来等来访,参与交谈。阙钧来访,谢绝会见。下午,步行到芝区南佐久间町民国社,与丁仁杰、陈中孚、夏重民、林来等会谈。(日本外务省档案,1914 年 11 月 21 日《孙文动静》,乙秘第 2342 号;俞辛焞、王振锁等译:《孙中山在日活动密录》,第 276 页)

△　致函戴德律,报告国内革命行动受阻情况,并嘱代为购买飞机。

信中首先报告了革命开展情况,称:"我正在为一项即将实行的计划工作。我们曾每天都期待着良好的成果。但是不幸,已经有几起意外事件发生。第一,我们的重要领导人之一范鸿仙先生,已被袁世凯在上海的党羽杀害。他在警卫上海及其附近地区的北方部队中颇有影响,并已把他们中间的一大部分争取到了我们一边。第二,浙江省省会杭州的准备工作已由于敌人的某种侦察活动而告停顿。第三,几天前在广东省发起的行动,由于经费短缺,未能同时攻占广州城。目前,战事正在广州外围进行,结果如何尚未分晓。中国南部和北部各省都已准备好合作,只是缺乏经费。"但信中表示,"像一九一一年第一次革命那祥,一种全面行动的时机已经成熟。下一次行动,将由我直接控制全局,定能做到万无一失。我确信,胜利的成果将超过第一次革命"。

信中请求支援,直言:"我此刻急需用钱,你能否立即提供五十万美元以上的一笔现金。如能得到这笔款项,我尚能把握时机在今年或明年初采取一次成功有望的行动。如果你能为我筹得这笔款子,请代为购买至少十架最新式的飞机并立即运交马尼拉的古恩上尉(Capt. Tom Gunn)如果不能购到飞机,则请购买那么多的发动机(至少一百马力)和必要的材料与配备。"(《致戴德律函》,《孙中山全集》第 3 卷,第 136－137 页)

孙中山之所以如此殷切寄望戴德律,据日本情报分析,"孙文一派现今筹集军用资金不利,似处于异常的苦心积虑之中,各方虽然送来一些资金,但因不得不用于怀柔党员和支付其衣食住宿费用……

目前,最有希望筹集资金的是在美国方面"。(日本外务省档案,1914年11月27日《中国革命党之种种杂事》,乙秘第2382号;俞辛焞、王振锁等译:《孙中山在日活动密录》,第698页)

11月中旬　颁发中华革命党干部委任状多件。据《中华革命党总务部机要处文件收存簿》记载:14日委戴季陶为浙江支部长;17日委安健为贵州革命军司令长官,阎崇义为山西支部长;20日委宋瑞珊、黄碧珊为高丽丸分部正副部长,陈槐卿为天津丸分部长。(转引陈锡祺主编:《孙中山年谱长编》上册,第918页)

11月21日　讨论革命成功后必要的法律问题。

是日为革命党人约定的定期聚会日(每周三、六)。上午,王统一、丁仁杰、胡汉民、居正、谢持、周应时、廖仲恺、戴季陶、田桐、杨庶堪等陆续到访,一起共同讨论革命后的法律问题。下午,步行外出,在灵南坂遇张肇基等五人,一行同至麴町区三年町2号陈其美处,与丁仁杰、周应时等三人会谈。后又至赤坂区高桥医院,看望陈其美,并与在场的田桐、周应时、陈中孚等面谈,期间菊池良一、萱野长知二人到访,一起交谈。收到来自上海的电报;向国外发二封电报。(日本外务省档案,1914年11月22日《孙文动静》,乙秘第2353号;俞辛焞、王振锁等译:《孙中山在日活动密录》,第276—278页)

11月22日　余祥辉、丁仁杰、宫崎寅藏、陈家鼐、王天鹏、张汇滔、凌毅、韩恢、刘大同、孙纵横、白耀辰、戴季陶等先后来访,参加议事。(日本外务省档案,1914年11月23日《孙文动静》,乙秘第2354号;俞辛焞、王振锁等译:《孙中山在日活动密录》,第278页)

△　受孙中山之令,总务部致函李绪昌,勉励其奋力猛进。

函称:"顷奉总理交下十月八日所发手笺,敬悉执事留心党事国事,不胜纫佩。所言各条之洞中款要,多与时局有益,通告一节,尚待斟酌。至于国际上之办法,本部略有成竹,可勿过虑。嗣后对于时局,仍希奋力猛进,以达宿愿。"(《总务部勉李绪昌奋力猛进函》,黄季陆主编:《革命文献》第48辑,第19页)

11 月 23 日　廖仲恺、胡汉民、丁仁杰、黄实、余祥辉等来访,参与交谈。葛庞来访,谢绝会见。下午,步行至麴町区三年町 2 号陈其美处,陈外出,未能见。后至芝区南佐久间町一丁目 1 号陈其美办事处,与周应时、谢持、韩恢、余祥辉等六人议事。(日本外务省档案,1914 年 11 月 24 日《孙文动静》,乙秘第 2359 号;俞辛焞、王振锁等译:《孙中山在日活动密录》,第 279 页)

△　致电菲律宾中国青年会,要求从速汇款。(郝盛潮主编,王耿雄等编:《孙中山集外集补编》,第 152 页)

△　以中华革命党总理名义下令委派李峄琹、范慕连为经理借款委员。(《委派李峄琹范慕连职务令》,《孙中山全集》第 3 卷,第 138 页)但是,孙中山同意用特别委任状。是日,陈其美特致函谢持,商讨特别委任状形式。函称:"李、范二君为经手借款事,要求委任状,先生已允发给特别委任状,不用党中所用普通委任状纸,并不用革命党总理名目,别用他纸,用个人名义委任名称:'委任〇〇为经理借款员',不知高见以为何如。另有好办法,更妙也。"(《陈其美致谢持商讨特别委任状形式函》,黄季陆主编:《革命文献》第 48 辑,第 9 页)

△　批复加拿大温哥华埠民国维持会来函:"由党务〔部〕再致函鼓励,并寄章程、誓约,及由总务部第三局循例通告各近事。"(《批民国维持会函》,《孙中山全集》第 3 卷,第 138 页)

△　赵公璧来函,报告在美阻止袁政府借款情况。

函称:"刻已由本党表决联合各团体(已有八团体赞成),派代表入美京运动,破坏袁政府借债,现派定谢英伯君、钟荣光君、蔡基君与弟四人专理其事。惟□其于报纸助袁甚力,将来此行未知鹿死谁手。现弟专在新闻界运动,一俟计划规定,然后另详报告可也。"(《赵公璧上总理函》,环龙路档案第 06372 号)

△　宋渊源来函,详述与张永福、陈楚楠之间的冲突,对张陈的指责予以辩驳。

函称:"今春南渡抵星洲后,因痛论交通部解散之失策,致触张永福、陈楚楠二人忌讳,被其散布流言,诋毁倾轧。迭承各埠同志报告,早已灼彼肺肝,只缘吾党现处失败地位,恐因内讧贻人口实,故隐忍不与置辩。讵彼近日又因揽权不遂,老羞成怒,甚敢将源所筹党事于十月九号公然揭诸国民日报,十号又通缄各埠,破坏不遗余力。"据称,张陈指责者有数端:"(一)与敌党周旋,未与本党亲密也;(二)许世英曾荐源为福建政务厅长也;(三)单独图闽,与彼主张不合也;(四)彼不赞成,恐冒用其名义也;(五)中山先生亦未表同情也;(六)款项出入未使闻知也。"函中就此做了逐条剖释。(《宋渊源上总理函》,环龙路档案第 07340 号)

△ 杭州革命机关被破坏,夏之麒等走避日本。

上年 12 月,夏之麒奉孙中山之命,由日本返回上海,策动浙江军事行动。4 月,第一次事泄失败,夏避往日本。7 月,孙中山又命夏为军事主任,专力谋浙,遍设机关于杭州,决定是月 24 日起事。不料,先一日事机又泄漏,同志死难及被捕者三十余人,内有十余人遭杀害。夏等再走避日本。(罗家伦主编,黄季陆、秦孝仪增订:《国父年谱(增订本)》上册,第 641 页)此事对东南革命策动影响颇大,陈其美在 10 月 28 日的谈话中指出:"杭州方面是最为富有之地,因此想发动一次动乱,以达到夺取军用资金的目的。"(日本外务省档案,1914 年 10 月 29 日《关于中国革命》,乙秘第 2158 号;俞辛焞、王振锁等译:《孙中山在日活动密录》,第 695 页)孙中山对范鸿仙遇刺及杭州谋划失败甚为痛惜,其时误传夏之麒被捕遇害,他在致邓泽如函中称:"夏老成负重望,其在江浙屡为武备学堂总办,与广东之赵声相似,而势力尤大",其不幸遇难"殊可伤也",并赞扬"范君、夏君以流血洗前辈之耻,即以种将来之果,断非徒死者也"。(《致邓泽如函》,《孙中山全集》第 3 卷,第 132 页)

△ 中华革命党总务部复函管毅,告知因经费困难而无款汇沪。

11 日,管毅曾致函陈其美,报告上海同志困难情形。由于陈其美生病卧床,特委总务部复函,告知:"索款一节,理应照办,而本部近来窘状万分,所筹划之款,不但尚未到手,且更不敢遽尔有望,是以实难应命,更希将此间近况酌告沪上同人为幸。"(《总务部为经费困难无款汇沪复管毅函》,黄季陆主编:《革命文献》第 48 辑,第 19—20 页)28 日,孙中山收到电汇单一张,速请陈其美,陈未在。即与戴季陶、陈中孚二人商议,将该汇款让上海的同志带去。(日本外务省档案,1914 年 11 月 29 日《孙文动静》,乙秘第 2394 号;俞辛焞、王振锁等译:《孙中山在日活动密录》,第 283 页)

11 月 24 日 夏重民(两次)、黄增耆、廖仲恺、宋耀如、丁仁杰、韩恢、阚钧、程壮、和田瑞等来访,参与交谈。下午,向旧金山中华青年会发一电,告知"广东大成功,速汇款";给居茨城县的曹亚伯和上海某人各发去一函。(日本外务省档案,1914 年 11 月 25 日《孙文动静》,乙秘第 2370 号;俞辛焞、王振锁等译:《孙中山在日活动密录》,第 279—280 页)

11 月 25 日 是日为定期聚会之日。上午,来访的谢持、丁仁杰、居正、胡汉民、王统一、杨庶堪、许崇智、廖仲恺、陈其美、周应时、田桐等人共聚一室,议事。夏重民(两次)、黄增耆、张汇滔、凌毅等也来访,面谈。下午,以头山满名义致电神田区中华基督教青年会馆的宋耀如,请其速来,宋随后到访,一起交谈。随后,去麹町区三年町访陈其美,未在。返途遇菊池良一、山田纯三郎,遂同往芝区南佐久间町陈其美办事处,途中又遇陈中孚,陈转交一份电报,并一同到陈其美办事处,陈仍未在。(日本外务省档案,1914 年 11 月 26 日《孙文动静》,乙秘第 2374 号;俞辛焞、王振锁等译:《孙中山在日活动密录》,第 280—281 页)

11 月 26 日 丁仁杰(三次)、廖仲恺、陈中孚、袁泽民、张汇滔、凌毅等来访,与之面谈。下午,步行至麹町区三年町,访陈其美,未果。后又至芝区南佐久间町一丁目 1 号林蔚陆处,与陈中孚、丁仁杰、刘大同会谈。(日本外务省档案,1914 年 11 月 27 日《孙文动静》,乙秘第 2381 号;俞辛焞、王振锁等译:《孙中山在日活动密录》,第 281—282 页)

△ 收到某君来函,函中报告该地近议奖励筹款章程,并拟通告南洋各埠,非有孙中山委任状而借名筹款概行谢绝事。阅后批示:"答以所言甚是。此间近正议奖励章程,与足下所见不约而同。以后

有款当直寄此地,以归统一。令党务部长发一通告南洋各埠,凡非有本党总理委任,而自行借名某处设统筹部而来筹款者,谋概行谢绝。则所称同志到各埠运动,虽属〔个〕人行为,亦必由各支部查明其人已立誓约服从新章否。如尚未立誓约者,支部当劝告即行立誓,如不听从,当〔则〕则〔当〕阻止,勿俾到处招摇,以伪乱真,为要。"(《批某君函》,《孙中山全集》第3卷,第138—139页)

△　致某某函,略谓:"昨日温兄始见秋山,秋山对他言:数日后必能全数清还,不再延误云。言得确凿,如此姑待数日,以观后效如何。"(《致某某函》,《孙中山全集》第3卷,第139页)

△　委张汇滔为江北皖北革命军司令长官。(罗家伦主编,黄季陆、秦孝仪增订:《国父年谱(增订本)》上册,第641页)

11月27日　丁仁杰、夏重民、王统一、宋耀如、张汇滔、凌毅、戴季陶、居正等来访,参与交谈。韩恢派陈志成作为使者,送来何海鸣所托的材料。下午,步行至麹町区三年町,访陈其美,陈未在,即刻返寓。(日本外务省档案,1914年11月28日《孙文动静》,乙秘第2388号;俞辛焞、王振锁等译:《孙中山在日活动密录》,第282页)

△　是日,日方情报分析指出,就孙中山领导反袁斗争的形势而言,云南形势最好。

报告称,中华革命党最初计划在青岛陷落前后举旗革命,但因种种岔头,使举兵之机迁延至今。中国内地之革命形势,长江附近原本就好,其他地区也日益有望增长。目前,形势最好者为云南,其次为广东、四川等省。河南最近也有希望。但这些地方与东京之间不能使用密码电报,所以感到非常不便。"军用资金的筹集稍有如意,将以十二月至来年一月为期,在交通不便的偏远地区进一步举旗,一气打倒袁政府,使革命党掌握天下。为期必成,目前正在专门策划推翻袁政府后的施政方针。据称,孙文将自任大总统,副总统由其他适当人员担任,阁员中由陈其美担任总理大臣,王统一任海军大臣,许崇智任陆军大臣。"(日本外务省档案,1914年11月27日《中国革命党之种种

杂事》,乙秘第 2382 号;俞辛焞、王振锁等译:《孙中山在日活动密录》,第 698—699 页)

△　刘大同至中华革命党总务部接洽发动东北军事。

连日来,刘大同至东京中华革命党总务部接洽。昨日,与孙祥夫来部,请复印东北复县被难同志二十四人临刑时的照片,分送同志纪念,并请接济在东京同志之住食费用。是日,刘又来部,请发活动经费,并报告因青岛业已被日军攻占,而大连日署对于党人活动不甚干涉。(罗家伦主编,黄季陆、秦孝仪增订:《国父年谱(增订本)》上册,第 641 页)

△　党人赵璧在南京被捕殉难。

11 月 28 日　王统一、谢持、周应时、居正、胡汉民、丁仁杰、戴季陶、廖仲恺等人来访,参与交谈,共同审议军事规定,由周应时提出,共有三十八条,修改两三处,拟不久付印。随后,陈中孚(两次)、宋耀如、戴季陶等来访,交谈。下午,乘人力车至神田区中华基督教青年会馆访宋耀如,宋未在。后至芝区南佐久间町一丁目 1 号民国社,与陈中孚、谢持、丁仁杰、夏重民等议事。(日本外务省档案,1914 年 11 月 29 日《孙文动静》,乙秘第 2394 号;俞辛焞、王振锁等译:《孙中山在日活动密录》,第 282—284 页)

△　批示复函芙蓉某君:"由横滨汇款尽可,不必汇至东京。挡打银行,到处可以通汇。"(《批芙蓉某君函》,《孙中山全集》第 3 卷,第 139 页)

△　委叶独醒为宿务支部长,伍尚铨为副部长;傅荣华为吉礁支部长,李启明为副部长;吴藻华为江南皖南革命军司令长官。(罗家伦主编,黄季陆、秦孝仪增订:《国父年谱(增订本)》上册,641—642 页)

△　是日,陈炯明不点名批评孙中山。

陈炯明复函东京欧事研究会同人说:"顾持急进者动,以外债断绝为一绝好机会,亦知彼而不知己。机会二字,当具双方观察,袁必有可乘之机,二者凑合,斯为机会成熟。否则,袁单一枝之力,吾党能力不逾婴孩,其能折乎? 今人以盲进突击为能,对于经过之困难毫不计旅,而目无障碍,向壁猛撞,迨烂额而蹐,尚不知返,卒之得,黠者骗钱,良者丧命,群盗外竞,内讧不已,亦可痛也。此殆狃于首次成功之易。然民国肇造,民党之力实未能贯彻始终,故有南京政府之投降。民党不自深省,每贪天之功以为己能,二次相率以败,亦职是故也。""今日袁氏魔力,自非孤儿寡妇可比,苟北方气象无丝毫之摇动,而谓可起东南以经营西北,鉴于首次二次均无可幸之事实,乌得持自欺乎?"陈炯明还表示,如果欧事研究会在日本筹备有窒碍,可另择一地或到南洋一带为宜。(蒋永敬:《欧事研究会的由来和活动》,《传记文学》[台北]第 24 卷第 5 期)

此前,陈炯明一直宣称与孙中山的分歧在于不认同中华革命党党章。据陈新政于 9 月来函称,陈炯明、李烈钧表示:"对于先生(指孙文)十分爱戴,断无不从之理,惜乎总章不善,易惹国人反对,未敢妄从。总之宗旨既同,异途同归,虽未加入本党,施展救民政策,却非为个人而生私心。"(罗家伦主编,黄季陆、秦孝仪增订:《国父年谱(增订本)》上册,第 644 页)

11 月 29 日 余祥辉、谢持、丁仁杰、杨益谦、夏之麒、夏尔玛、夏重民、陈庆云、陈家鼐、段刚、任烈、萧英、刘大同、徐东垣、居正、刘英、保育才等来访,参与交谈。给澳门风顺堂 4 号孙眉发去一挂号邮件。给上海的宋庆龄发去挂号邮件;收到来自旧金山的电报。(日本外务省档案,1914 年 11 月 30 日《孙文动静》,乙秘第 2399 号;俞辛焞、王振锁等译:《孙中山在日活动密录》,第 284—285 页)

11 月 30 日 丁仁杰、戴季陶、王统一(两次)、傅文郁、陈其美、夏重民、和田瑞、黄实等来访,参与交谈。向威尔逊总统和美国纽约摩尔根公司的哈依诺(译音)总督各发去一电。(日本外务省档案,1914 年 12 月 1 日《孙文动静》,乙秘第 2411 号;俞辛焞、王振锁等译:《孙中山在日活动密录》,第 285 页)

△ 致函戴德律,请其协助阻止袁在美借款。

函称,通过密码电报从旧金山《少年中国晨报》处获悉,摩尔根公司正在与袁世凯谈判签订一项一亿金元的借款合同。表示将把拍发给威尔逊总统请求他阻止这笔借款的电报原稿,及向 J.P. 摩〔尔〕根公司发出的警告(如果反袁斗争获胜,"我们将不承认所有新的借款")寄给戴德律。并要求其公开这些电报,与旧金山的组织合作,发动所有在美国的中国人游行示威,以便吓跑那些捐赠提供款项的人们。(郝盛潮主编、王耿雄等编:《孙中山集外集补编》,第 152 页)

△ 致电威尔逊总统,请阻止摩尔根公司给袁政府贷款。

电云:"金钱不能恢复中国之和平,仅能维持中国海威塔之苟延,而使人民多遭其难。袁世凯变共和为专制,人民决心推翻之。广东、广西已开始举事,它省亦将继起。切望美国严守中立。(郝盛潮主编、王耿雄等编:《孙中山集外集补编》,第 153 页)

△ 致电摩尔根公司,劝阻向袁政府贷款。

电称:"谨严正奉劝你们不要为袁世凯筹集贷款。袁背叛人民,变共和为专制,人民已决心推翻之。广东、广西已开始举事,它省亦将继起。成功之日,我们必将拒付一切新举之债。"(郝盛潮主编、王耿雄等编:《孙中山集外集补编》,第 153 页)

是月 签发各埠洪门改组为中华革命党支部通告。

通告声明:"兹袁氏天怒人怨,举国公认。文以天职所在,爰是集合同志,组织中华革命党。阅年以来,机关既备,进行亦有端倪。惟是此次组织与前不同,前此根本未备之经验,今必预防其覆辙,故总章十二条所载,首义党员悉隶为元勋公民,得参政执政之优先权利,纯为保障真正革命党而设,且足以鼓励当时之勇进,而表率后来之平准。渺兹微义,幸海内外同胞均能一律鉴及,故新进党员大率类以千万计……我洪门当日主义,既已昭然若揭,而后此再接再厉,尤应协力并图。况政治革命与种族革命,性质既殊,难易自判。种族革命无妨多立秘密机关,以为分头并进之活动;政治革命则仗义执言,非以堂堂之阵,正正之旗,不足以耸国民之观听,而避外邻之干涉。今日无论各种团体,均已一体改并,万流汇源,实此意也。文忝属洪门一份子,以密切关系所在,意欲各埠洪门团体急起直追,共图革命事业,并全部填写誓约,加入中华革命党。其所存机关外,无论悬示何种通信名义,不妨悉仍其旧;其内部则一律按照总章、通则,改组中华革命党支部,以免消息隔阂,而收指臂相助之妙用。望诸公极力提倡国家主义,而破除门户各立之微嫌,迅速筹办致复,以便正式委任。倘天佑民国,完全之目的能达,则洪门之名誉事功将来益垂无穷矣。"(《各埠洪门改组中华革命党支部通告》,《孙中山全集》第 3 卷,第 140—141 页)

12 月

12 月 1 日 胡汉民、萱野长知、陈其美、山田纯三郎、宫崎寅藏、丁仁杰、夏重民、林来、黄德等先后来访,参与交谈。收到香港来函三件。(日本外务省档案,1914 年 12 月 2 日《孙文动静》,乙秘第 2426 号;俞辛焞、王振锁等译:《孙中山在日活动密录》,第 285 页)

△ 致电旧金山《少年中国报》,请抗议摩尔根公司贷款给袁政府。

电曰:"我已请求威尔逊总统干预,并已劝告摩尔根不要为袁世凯筹备贷款。你们应在各地召开集会,抗议美国以金钱资助中国之海威塔。"(郝盛潮主编、王耿雄等编:《孙中山集外集补编》,第 154 页)

△ 邓泽如致函李烈钧劝其服从孙中山。

函称,时南洋一带华侨之心理,大多数俱以袁世凯横行,日甚一日,深恐不及早进行,贻累无穷,多有裂眦怒目,主持急进者。且以欧洲战云密布,袁氏款械之路俱穷,实为民党复兴之大好良机。若不趁此急图恢复,则后此种种难题,或恐尤难,不免更为束手。人心既如此趋附,而敌疲敝日甚,已不可为。就事势言,"实似大有可为者。近人之主张急进,似亦未尝无见"。"至于实力一层,日前尝接中山先生来书,略言于各省兵备事宜,早经调查及预备一切,所有运动各处军

队，亦多已成熟，前后因是之故，亦经费去二十万有奇，而成绩大佳，
迥非所料。所差者，则现在尚必陆续筹款，俾可赓续办理。而近日款
项支绌，大不易筹，以是深为可惜。若能立得巨款，则随时可发，庶免
因筹款而致延误，并已闻先生已抵南洋，嘱弟速将以上情形，转知一
切，庶可共图筹款之法，早日将事。吾辈但求事之能成，苟有一分之
力，皆望协同办去，俾势力既厚，则成事非难等语。中山先生所言如
是，料彼所称已费去二十余万，早经向各省运动一切者，果能成绩大
佳，则于实力上，亦有把握。今先生由欧专回，将来与中山先生协商
办理，进步自当大增。而筹款之事，既多先生之力，当必更有大效。
若一旦款项既集，实力愈充，则袁贼虽狡，时局虽危，天下事未必无可
为也……先生雄材伟略，对于今日之事，必大有可为者。惟刻下尚未
知已决定如何进行，此为悬念耳。中山先生函嘱转致诸语，料先生当
必为赞成，若夫覆函中山先生，即请尊处直接寄东京，或由弟转均可。
弟固甚愿先生妥商之后，从速进行，以造福于吾国也。"（《邓泽如劝李
协和服从总理函》，黄季陆主编：《革命文献》第 45 辑，第 591—592 页）

12 月 2 日　王统一（两次）、丁仁杰、谢持、田桐、居正、陈其美、
许崇智、杨庶堪、田和瑞、梅屋庄吉、神田梅吉等来访，参与交谈。山
田纯三郎来访时，与之及陈其美、王统一三人在另室密谈议事。下
午，偕陈其美、王统一外出，途中和王统一分手，至陈其美处，与在彼
处等候的许崇智、一濑斧太郎议事，6 时 10 分回寓。6 时 35 分，再次
外出，至芝区南佐久间町一丁目 1 号林蔚陆处，与丁仁杰、谢持、居正
三人面谈。（日本外务省档案，1914 年 12 月 3 日《孙文动静》，乙秘第 2444
号；俞辛焞、王振锁等译：《孙中山在日活动密录》，第 286 页）

　△　澳洲纽丝纶威灵顿埠国民党支部黄国民来函，汇报发动情
势。函称："自首先担任义务以来，党势大有进步，劳心苦力，演说开
会，鼓吹人心进行三次革命，筹饷极之踊跃，热心爱国，争先恐后，一
致赞成大局。"已发展十六名入会，请早日寄来证书誓约。（《黄国民上
总理函》，环龙路档案第 07363 号）

12月3日　丁仁杰、戴季陶、居正、胡汉民、田桐、陈其美、山田纯三郎等先后来访,参与交谈。下午,偕陈其美、戴季陶,至头山满寓,头山因新建房屋设宴庆祝,寺尾亨也来参加。席间,由戴作翻译询问了即将召开的议会情况。下午,发出五封函件,分别致新加坡卢辉堂、夏威夷檀香山谢芭原、旧金山布来安(译音)、夏威夷檀香山顿凯(译音)、香港中环德辅道德昌隆宝号邓仕学。(日本外务省档案,1914 年 12 月 4 日《孙文动静》,乙秘第 2462 号;俞辛焞、王振锁等译:《孙中山在日活动密录》,第 286－287 页)

△　刘剑侠(振邦)来函,报告在南洋各埠联络情形。

函称:"至陈智觉君来传公命,使各机关统一,即招集大会于港永年人寿公司,是以有铁血团之成立,至情形方略,亦已举梅乔林君代表面述一切。仆同时公派到南洋联络,先抵北般岛布置数月,各埠方陆续就绪,更在山打根新建日光书报社一所。十一月二十一日抵星洲,颇蒙各机关欢迎,公新委任邓子瑜君等八人亦颇竭力。所惜者永福君不负责任,致机关散设,进行不大速也。仆已招得旧同盟模范军百数名,先遣回华。仆亦准此数日内返国襄助,认真使各机关联合进行,事方有济。仆不才,南渡数月,只筹得二千余元,接济广东,倘当时得公委任状,一二万不难筹集也。有二三热心资本家,须公另加委任者,待回国与诸同志妥商,方再呈请办理可也。此次必得轻快巡舰一二艘备用,大事方济,乞为留意。"(《刘剑侠报告在南洋各埠联络情形上总理函》,黄季陆主编:《革命文献》第 48 辑,第 110－111 页)

△　邓泽如致函李南生,告知将与陈炯明会商。

函称:"是日阿炯由蓉来庇(昨夜车由星来,今早到芙蓉),晤商进行之事。弟约其共到尊处解决,订定礼拜六日会于怡保。炯在蓉小住一二天,顺道吉隆坡而至怡保云云。弟亦准备六日到怡保,预为奉达。"(程存洁:《南洋筹饷——广州博物馆藏孙中山及其同志有关筹饷手札集》,第 150 页)

邓安排此次见面会商,主要目的是要劝说陈等服从孙中山。邓泽如对此有较为详细记载。据称:"民国三年十二月三日,陈炯明偕同罗觉庵,由星来挂罗庇滕,相访泽如,约往庇能,与协和共商讨袁进行之办法,相与同往坝罗,邀同郑螺生、李源水、区慎刚,六号由坝罗乘汽车出庇能。是晚,到加虏威李烈钧寓所叙谈。陈炯明曰:日前曾与协和共同计划倒袁之办法,内地已陆续进行,望南洋各埠华侨同志,预筹备大款,然后举事,如集小款发难,实不能成事,不观邓铿、朱执信前月在惠州、石龙起事,一举就败,请各位向各埠同志募集巨款接济云。泽如即曰:无论如何进行,万不能离开中华革命党之旗帜。李烈钧发言:吾辈今日之主旨,为推倒袁政府之目的,我们国民党名义,堂堂正正,国内之国民党机关,虽被袁氏解散,而海外之国民党,居留地政府,从未有干涉,而中山先生又新发起组织中华革命党,岂不是将海外已成立之国民党取消,是以绝不赞成。现在惟有各行各是,尽力办去,务达到倒袁之目的而后已。目的之达到,然后请中山出来共同维持,望各埠同志,仍要保全原有之国民党云。泽如答曰:中华革命党现在东京已成立总部,且已陆续办事,而先生等欲另树一帜,其办法必不及东京之完备,其进行必不及东京之速。中华革命党现在南洋各埠,纷纷成立支分部,断无反对中山先生所组织中华革命党之理。李、陈二人知我们不能脱离孙中山,遂无再发言。泽如亦与螺生、慎刚、源水告别,返坝罗、芙蓉两埠,召集各同志,宣布陈炯明、李烈钧、谭人凤、柏文蔚、宋渊源等反对中华革命党新章,另组织水利公司……除陈新政、林义顺、蔡炽三及客籍少数份子赞成外,多数同志反对彼等另树一帜也。"随后,邓亦将李、陈组织水利公司情形,报告孙中山,并发函各埠分部出而反对。(《李烈钧、陈炯明在南洋组织水利公司反对中华革命党》,黄季陆主编:《革命文献》第45辑,第593—594页)

12 月 4 日 丁仁杰来访,带走发往国外的电报。刘艺舟遣特使送来一函,随即复函。随后,波多野春房、陈其美、王统一、许崇智、杨铁生、夏重民等先后来访。(日本外务省档案,1914 年 12 月 5 日《孙文动静》,乙秘第 2478 号;俞辛焞、王振锁等译:《孙中山在日活动密录》,第 287—288

页）

△ 致电马尼拉《公理报》，告知"即汇款来"。(郝盛潮主编、王耿雄等编：《孙中山集外集补编》，第154页)

△ 李烈钧来函，盼大团结以解决国事，表示冀尽一分之力。

函称："前者东瀛暂驻，虑民贼劣迹未尽昭彰，国人犹或酣梦，急切进行，鲜能收效，故不自揣量，商于共生死患难诸将友，规划远大，期于必成。然耿耿此心，亦惟先生之助而已。乃事方进行，而惨雨凄风复卷地而至，此危急存亡之秋，有心人益为之动魄惊心，拔剑斩地者也……到彼南晤诸友，谈及国事，相对叹息，并备道唯先生之热诚，乃克督诸志士同驱死地，远隔重洋，不能踵门领教，至以为歉然，此心固时驰左右也。政治恶劣，人心腐败至此，本不可为，若意不为，则终无能为矣。惟吾辈任重道远，虽失败以后智识不无增进，而贼势益涨，所谓道高一尺，魔高一丈，非结合大群，稳树根基，难图进取。"表示"虽不敢看事太易，亦时欲勉为其难，冀尽一分之力，但事体阔大，非浅识所可及，先生道行高而人才众，想必有硕画鸿图，足以举之者"。(《李烈钧上总理函》，环龙路档案第07834号)

△ 是日，受孙中山之令，总务部致函日里支部批准其正式成立。

函称，12月4日奉总理交到来函，内附暂行章程、宣言书、职员表各一件，"比悉诸公侨居海外，关怀时局，前途殷忧，早深同慨。洎得槟埠转寄到总章各件后，即邀集同志会议组织日里支部，报告成立，具见善与人同，当仁不让，其爱国热忱实堪景赞，敝部自当援照支部存案呈请总理，正式承认，并先委任两部长，批准暂行章程，以策进行，而资运动饷款外，复由敝部寄来誓约通告，务希按照一定手续，召集党员填写，加盖指印汇覆本部存案。其章程本部现正拟订统一办法，一俟颁发各埠后，再行取换，经营之始，诸凡务祈积极进行，以冀速达推翻专制之目的"。随信并寄去誓约一册、通告一份、总章一份、委任二件、印章一颗、筹饷章程一份。(《总务部准日里支部正式成立函》，

黄季陆主编:《革命文献》第 45 辑,第 645 页)

12 月 5 日　王统一、杨虎、丁仁杰、王龙一、杨庶堪、胡汉民、居正、周应时、廖仲恺(两次)、田桐、戴季陶、和田瑞、萱野长知、夏重民、李荴、陈中孚等来访,参与交谈。王统一介绍新井有信、中村利胜来访。下午,步行至麹町区三年町访陈其美,陈未在,后至芝区南佐久间町一丁目 1 号林蔚陆处,与谢持、余祥辉、陈中孚、周应时等会谈。(日本外务省档案,1914 年 12 月 6 日《孙文动静》,乙秘第 2495 号;俞辛焞、王振锁等译:《孙中山在日活动密录》,第 288—289 页)

△　致电河内法国总督,援救被捕同志。电称:"谨再次请求您指示广州湾长官,以应有之公正对待其他被捕之革命者。"(郝盛潮主编、王耿雄等编:《孙中山集外集补编》,第 154 页)

△　致电霍洛吴平越,请"速经横滨汇款"。(郝盛潮主编、王耿雄等编:《孙中山集外集补编》,第 155 页)

△　李烈钧致函郑螺生、陈燊南、李源水等,表示不赞成急进革命,并促慷慨捐输。

函称:"在愚意所主,则吾侪今日进行要点:第一,须结合大群,用温和方法指导国人,以至诚之心团结同志;第二,须联络可恃并中立军队,破坏反对军队,务求有进可以战、驻可持久之实力。二次革命演成今果,欲谋三次,万不能再有失败,即不能不稳立根基,否则随便动手,已易招国人轻视,又适增贼党声威。此钧战战兢兢,不敢看事太易,尤深欲勉为其难者也。贵埠同志多能见其大者,愿将尊处主张,及时表示,以促一致,藉励进行。慷慨捐输,未足以尽,公等之责也。"(周元高、孟彭兴、舒颖云编:《李烈钧集》上册,第 171—172 页;程存洁:《南洋筹饷——广州博物馆藏孙中山及其同志有关筹饷手札集》,第 212 页)

12 月 6 日　丁仁杰、余祥辉、陈其美、陈家鼐、陶珍等先后来访,参与交谈。(日本外务省档案,1914 年 12 月 7 日《孙文动静》,乙秘第 2506 号;俞辛焞、王振锁等译:《孙中山在日活动密录》,第 289 页)

△　凌钺来函,请示处理与白朗军联络办法。函称:"顷接军事

干事长于化卿君报告,内称前曾函约宋老年、李鸿宾方面来人计议。今宋已着其亲信赵安邦到沪,谓李已病故,其部下六百余人现随宋在母猪峡避冬,归杜明德统率,殷老婆现在江荳山泥手寺一带,宋一眼、韩锡锟与敌接战,行止无定,母猪峡天然险要,敌兵不敢近窥云云。据此遂一面告以孙先生在东如何主张,如何进行,一面遣赵先回宋处传布一切,并嘱其速筹巨款,预备购械,刻已计议妥贴,赵即不日起程等因,准此合即报告总理,交军事部查照。"(《凌钺上总理函》,环龙路档案第 00285 号)

　　△　苏理平来函,请求接济。函称:"前月底由夏君仲民手得嘉惠五十金,米盐凌杂之需,藉此呈活跃之状,中心感激莫可言宣。惟是长安原不易居,陈蔡厄又将至,而颂兄家用之款,迄未见到。平一寒畯耳,何以为炊,唯有仰恳执事设法伙助,俾不至冻馁,友人之妻子使获全,古道则幸矣。"(《理平上总理函》,环龙路档案第 01296 号)

12 月 8 日　戴季陶、萱野长知、丁仁杰、何天炯、刘梦、邓恢宇、王统一等先后来访,参与交谈。下午,乘人力车到日本桥区丸善书店,订购二三册书。归途到芝区南佐久间町一丁目 1 号陈其美办事处,在二楼调查事情。(日本外务省档案,1914 年 12 月 9 日《孙文动静》,乙秘第 2530 号;俞辛焞、王振锁等译:《孙中山在日活动密录》,第 290 页)

　　△　刘平子来函,报告孙万乘叛党之事并提醒戒备。函称,党员孙万乘宗旨不纯,志趣卑鄙,讨袁军兴,孙在合肥为庐军总指挥,金陵瓦解,即向倪贼嗣冲纳款,以致有廖少斋被戕,张孟介被困之事。当时同志皆被戕害籍没而孙独安居,至冬间始到日本。在日时,复有与王赓辈通信之事。此次范鸿仙遇害,孙托辞为范赡家,返沪与郑汝成之副官长范明卿、吴淞军官胡兆琼、侦探刘醒吴等辈往来亲密。"前日至朱艮(本党员),自云已托胡兆琼向米统领(指米贼占元)通款,又托范明卿向镇守使(指郑贼汝成)降伏,此后高枕无忧,不过怕人带累,以后革党可不必与我往来,恐两俱不利云云。此系众目共见,众耳共闻之事,且孙言之甚有得色,并自云可望在边省谋以重要军职。"

信中提醒,"此贼既自认降敌,恐不免有反噬本党之事,已一体严为戒备矣。现闻此贼将返日本,以彼既降之人,虽居内地亦可,何必亡命日本,恐此来或系受贼委任,将谋不轨,故特函陈,请先生通谕大众,一体戒备"。(《刘平子上总理函》,环龙路档案第 00843 号)

△ 是日,陈其美抵达神户。陈昨日从东京乘车赴神户,目的是筹集资金。在神户会晤王敬祥、李峄琹、范慕连等商人,并去大阪两次。13 日晨从神户返回东京。

△ 是日,李烈钧致信南洋同志,表面上仍表示对孙中山的尊重。函称:"竞存先生昨日到此,见兄弟寄钧书,甚佩卓见,甚望会中健者,多南来聚商进取……钧等平时筹款,动时听令而已。芙蓉邓泽如、霹雳郑螺生、李源水、悟冈诸君,亦同时来彼南,询问一切,并详述中山先生致彼等函电,竞存与钧均与谈论甚久,彼等益晓然于吾辈之主张,并对中山先生之诚意矣。"(周元高、孟彭兴、舒颖云编:《李烈钧集》上册,第 172—173 页)

12 月 9 日　中华革命党总务部致函陈警天,指示依照新章成立支部。

12 月 8 日,陈警天以全缅协赞会名义致孙中山暨中华革命党各部长一函,长篇巨牍,"反复证明梁、饶二君之非,并所以与觉民日报脱离关系之原因",对此事,总务部回函表示:"此事无论如何,总当认为另系一事,不必再与组织支部相提互论,致启笔戎,反生腹剑,现时以为无评判之必要,暂宜置诸不论。"复函中,总务部特别针对组织支部之事,做了详细的解释:"前次以为必须合于一定之手续,始能援例办理者,查各埠凡成立一支部,其报告内必将支部名称暂行简章,职员全表,现有党员名额,成立开会情形,以及先后组织经过,一切手续,全部汇报本部,始有案卷可存,方能委任,若来书以逐次收到本部寄件时日,井然可考,不得谓手续不备,殊不知本部并无一字可存也。又前询能否联络全缅同志及赞成到会人数若干,现收党员若干各节,实以协赞会支部系表名,内当称中华革命党支部,若以全缅二字冠于支部之上,则后日必名副其实方好,若实地不能统一,后必有第二第三支部发生,所以续询两层,亦欲征舆情以为证明,此全在支部之作用,而本部之对于支部之广收党员,当然界以全权也。海外支部,照章专事筹款,乃系载之于总章,承询以何数目为单位,今已载在海外支部通则专条,为得成立支部资格五项中之一,可不赘也。又来书以敝部前函曾云一切内容均未能汇册报告,徒凭一纸空函,碍难从速办理等情,颇涉愤懑,殊不知吾党机关,虽非法定,而实为将来法定机关之雏形,故一切手续,必正当出之,若一方可以通融,而他方必取严峻,办事人安所遵循乎。足下前次两函,只请委一部长,余俱一无所述,寥寥数语,宜其无所援据办理也。"并寄上新章一册,指示依照组织完备,详备报告,再当呈请孙中山承认加委。(《中华革命党总务部致陈警天依照新章成立支部函》,黄季陆主编:《革命文献》第 45 辑,第 658—659页)

12 月 10 日　丁仁杰、谢持、戴季陶、王统一、胡汉民、廖仲恺、周应时等先后来访,参与交谈。下午,步行至芝区南佐久间町一丁目 1 号陈其美办事处,与丁仁杰、谢持等会谈,约半小时。后又至上野公园散步。(日本外务省档案,1914 年 12 月 11 日《孙文动静》,乙秘第 2553 号;俞辛焞、王振锁等译:《孙中山在日活动密录》,第 290—291 页)

△　许崇智请示江苏省军事办法。

是日下午 3 时,军事部长许崇智至孙中山住处,请示处理以下问题之办法:一、吴忠信经营上海事,异常艰难,请济款以策进行;范光启被刺后,前所经营上海方面之海军及制造局,并其代表者之签名单问题,所有海军代表人员请指定统辖部分,以求统一。二、关于吴藻华请示事项:维持费补助问题;党员赵璧在南京被害之善后问题;臧在新在盐城、阜宁、宿迁、桃源、清江、海属、皖北、扬州筹款进行情形;苏军发动问题。三、伏龙、程壮所部维持费之解决。四、张汇滔请续汇款千元;方刚及谢持之报告。五、西南川、滇、黔事之决定。六、将来之计划如何。均一一予以指示。(罗家伦主编,黄季陆、秦孝仪增订:

《国父年谱(增订本)》上册,第 644 页)

　　△　总务部致函叶独醒,指示宿雾支部不必改称,并告知支部机关已由孙中山加委成定案。

　　是日,孙中山将宿雾支部 11 月 7 日与 28 日来函(内言汇来款项一千元)转交总务部回复。总务部回函称:"贵支部名称,据历次报告,俱称宿雾支部,而章程内忽改称菲律宾南方支部,事实既与前不符,现本部规定海外支部资格,略分五项,实防彼此不相统属之嫌。贵支部职员,果能实事求是,祈于党务上谋为无限制之扩充,不必于名义上求其张大,庶乎于进行上得多少之便利。敝部再四斟酌,仍希照原案称宿雾支部为宜。至支部机关,当然承认,早经总理正式加委,已成定案也。"(《总务部致宿雾支部不必改称函》,黄季陆主编:《革命文献》第 45 辑,第 691 页)

　　12 月 11 日　周应时、谢持、丁仁杰(两次)、宫崎寅藏、何天炯、陆惠生、谭平、黄堃、颂仁等来访,参与交谈。邓恢宇、阎崇义来访时,谢绝会见。收到来自小石川区第 66 町 11 号崇稚的挂号邮件。(日本外务省档案,1914 年 12 月 12 日《孙文动静》,乙秘第 2560 号;俞辛焞、王振锁等译:《孙中山在日活动密录》,第 291 页)

　　△　邓泽如来函,请辞财政部长,并报告李烈钧、陈炯明别立水利公司,反对中华革命党之事。

　　邓在信中声言尽力筹款,但仍力辞财政部长一职:"所委任弟为本党财政部长一节,既承先生推许,且称为党择人,嘱为勉就。弟于义务上奚敢固辞,然亦窃有所欲言者,则以吾党办事,向重实力,不尚虚声,先生所嘱办筹款事,弟于义务上,固当从命,而财政部长一席,则必欲敬辞,其所以敬辞者,诚以弟无论任部长与否,而对于筹款各事,必不敢稍有懈怠,诚能如是,则自为部长与否耳,且部务至繁,弟现下身在南洋,自信虽能于南洋一方面,竭其能力,以资办理,而东京事务,必难顾及。先生来函,虽已声明由东京另行委人帮办,第既如在,则弟更何必据此部长之虚声,且东京财政事务,不特较南洋为尤繁,而部长不在东京,于事实上,尤多窒碍,故鄙意以为部长一职,实不必任之于弟。现在弟于南洋各处,一面竭力筹款,而东京各事,则另行委任别位担任财政部长,于事实上尤能两得其益。"

邓于信中详述了李烈钧、陈炯明等在南洋另树一帜的目的及其影响:"李、陈等在法国已联络一气也,不观协和之布告各埠同志书,竞存之亲往各埠联络,种种已露其另树一帜之举动也,推测李陈有三原因:(一)因与东京总部意见不合,欲运动海外华侨,打消东京机关;(二)因东京与各路已陆续筹款进行,故主张使人预备大款,勿使妄交别人,一则阻止东京总部之进行,二则留此款为将来助彼等之用;(三)因东京现已进行,彼等若不出,则现在不能对人,将来于己无益,故不得不出而组织水利公司。更有庇能陈新政辈,欲效辛亥时总揽南洋同盟会机关时,藉党分润。查辛壬间,庇能支部公款,为黄金庆用去八千,丘有美使去五千,尚有万余元糊里糊涂之数,仍存二万余元,置买吴世荣之房屋两间,一为光华报,一为槟城书报社,所以彼辈今日又欲藉协和、竞存之名而运动,欲思以藉党而染指也。陈新政日前函约弟出庇能,共同相劝协和,不可离开中山先生,若能一致,事方有济,否则两难成事云云。及至弟抵庇能,陈新政言行不对,不特不协同相劝协和,而反对改组中华革命党新章,如此更显出彼辈在庇能另立机关也。"

邓还汇报所采取的应对之策:"经在坝罗、芙蓉两埠召集同志开会,反对水利公司之理由:(一)东京总部现已组织成立,且已陆续办事,而彼现方欲从新组织,其办法必不及东京之完备,其进行必不及东京之速;(二)吾人已赞助中华革命党,断无又赞成反对中华革命党之人,以反对中山先生之理;(三)东京总部派人在粤谋举事,事机正在紧急,而彼等尚未举动,断无济缓不济急之理;(四)彼等以预备大款,然后举事,自然是好,但今时机已迫,若集得大款,恐永无能办之日,革命党做事,有一分财力,办一分之工作,陆续办去,方系革命党本质;(五)南洋同志多数信仰中山先生,今彼等反对中华革命党,而组织水利公司,则他等在南洋筹款,亦必无效,徒碍东京之进行,反延夫己氏之命耳。"并将寄来之中华革命党通告,及事前筹饷章程,翻印数百份,分寄英荷各属同志与书报社,"备述吾党今日之时机及进行,以不可更迟之机会,并促筹备巨款,着其直汇东京矣"。(邓泽如:《中国国民党二十年史迹》,第130—132页;桑兵主编:《各方致孙中山函电汇编》第2卷,第412—414)

12月12日　谢持、胡汉民、丁仁杰(两次)、田桐、王统一、廖仲恺、杨庶堪、萱野长知、颂仁、邓铿等来访,参与交谈。(日本外务省档案,1914年12月13日《孙文动静》,乙秘第2573号;俞辛焞、王振锁等译:《孙中山在日活动密录》,第291—292页)

△　伏龙来函,报告经营江苏讨袁军事情形。

伏龙报告称,前次江北之事,牺牲若干金钱,并同志性命,未能底事于成,咎在难辞。究其原因,"彼时江苏支部尚未成立,各地亦未分人担任,龙等虽专注江北,其于江南之重要地点,如宁镇等处,本为势力所在,且因种种关系,自不得不兼顾之。江北事因青纱帐未及完全利用,不免稍形棘手。然其已发动者,亦曾集合三四千人,树旗讨贼,与袁军战若干日而弗挫。其未发动者,亦急急准备发动。彼时江北大局,确有不可终日之势,驻宁之直隶混成旅,全部调驻江北镇慑者,正为此也。孰意天不由人,竟使江北大水,遍地数尺,行动非舡不可,未发动者固不得不暂行隐忍,即已发动者亦不得不分驻数处,稍行停顿,此实势使之然,而无如何也。程锐生君通扬事,与江北亦有连带关系,且本合谋进行,及其失败,亦不免受其影响。南京自直隶混成旅开出,已去一劲敌,无何镇江之北军一部因中立事,亦开往山东,是宁镇两处均可乘之机会。江北又适值无可为力,于是决议用全力谋宁镇,殚精竭虑,急急进行,而宁镇之进步亦颇速。此龙所以未亲往江北战地者,固以接洽事多,亦以大希望正在江南也。乃未几而经济告竭,罗掘无门,韩恢君仍允不日有款,然渠亦款无来源,久不见到,宁镇间之同志,以功亏一篑,催迫甚紧。而江北以水势潮退,大军环集,要求子弹接济者,又复络绎于途。彼时龙实一无所有,除以空言抚慰,绝无应付之策。后以株守无益,不得已乃急行东渡,乞援于先生之前"。

信中也请求设法接济江苏的革命同志:"近月余来,情况迭变,南京虽破获机关,损失同志数人,然未被牵动者尚多,势力未至大减,镇江未有变动,江北各处虽已发动之绿林,陆续消灭,其未发动及清乡团警备队之一部,现均仍无恙。惟沪上同志及各地之组有机关者,大半无衣无食,甚且无住,危急情状,可谓寒心,进既不能,退亦不可,龙为众同志代表而来,久无确音,何等焦急,内地同志,仰望者更复何堪。先生为党中之元首,究竟能否接济,或如何办理之处,谅必早有裁度,速即示遵,盼甚,幸甚。"(《伏龙报告经营江苏讨袁军事情形上总理函》,黄季陆主编:《革命文献》第48辑,第130—132页)

△　戴德律来函,表示愿意在抵制袁氏向美借款方面做些工作。函称:"我注意到一些反对币制借款的报刊文章,我会在这封信中附带寄给您一些剪报。在华盛顿我会安排好抵抗发生的一切。"(《James Deitrick 书简》,[日]久保田文次编:《萱野長知·孫文関係史料集》,第436页)

△　伍平一来函,请示变通加入中华革命党手续等问题。

函称:"此间党事自商会总理等加盟后,人心愈加踊跃,此地商务全为华商所握,财力甚雄,惜因欧战播及,颇受影响耳……而该商会总理又极热心党事,是以因此趋向益众,此地虽侨胞数千,而将来可以全为吾党所有。日昨弟已到商会提议捐饷,经已通过,但候演飞后举行,观此苏洛之基础已固,其余各岛各埠列名来入会计有数百之多。惟弟所憾者,先生既以弟未宣誓不能为人主盟,今赴岷赴东均为艰难。"特请示变通办法,"倘先生对岷有左右为难之处,答复岷埠,不谓弟誓约寄到,则谓弟已在宿务宣誓,亦一权变行事之法,至弟则容日将誓约寄先生可也"。此外,"海外华侨往往有付函请入会夹来赤纸不能莅会者,先生对于此等以为如何;弟昨有一同志来,允入山内招人,且言极踊跃,惟又无盟书交他,弟惟着其解明宗旨于他并自盖指模,入党金、姓名、年岁一并付出苏洛现在办理党事之商店,然后将其指模贴入可也,未知此变通办法可否暂行,抑另有善法"。悉后批示:"毋答。"(《伍平一上总理函》,环龙路档案第 07737 号)

12 月 13 日 邓恢宇、余祥辉、杨益谦、李维汉、陈中孚、陈其美(两次)、山田纯三郎、菊池良一、阎崇义、刘冠杰、刘大同、林来、颂仁、陈家鼐、刘艺舟、凌钺等先后来访,参与交谈。收到来自神田区中猿乐町 5 号潜修寄庐内的快递邮件。(日本外务省档案,1914 年 12 月 14 日《孙文动静》,乙秘第 2578 号;俞辛焞、王振锁等译:《孙中山在日活动密录》,第 292-293 页)

12 月 14 日 丁仁杰、何天炯、黎梦、胡汉民、陈中孚、吴非、徐炳炎、张岳运、郭汉友、陈其美等来访,参与交谈。给香港的陈永惠、唐梦鱼、蔡庄和某美国人各发去一函。(日本外务省档案,1914 年 12 月 15 日《孙文动静》,乙秘第 2594 号;俞辛焞、王振锁等译:《孙中山在日活动密录》,第 293 页)

12 月 15 日 戴季陶、傅文郁、丁仁杰、夏重民、王统一、曹亚伯、陈其美等先后来访,参与交谈。(日本外务省档案,1914 年 12 月 16 日《孙文动静》,乙秘第 2609 号;俞辛焞、王振锁等译:《孙中山在日活动密录》,第 293-294 页)

△ 党务部长居正遵孙中山指示覆函巴东支部长。

先是,11 月上旬以来,孙中山陆续收到巴东支部汇报支部建设情况来函,"颇深嘉赞",转由党务部回复,指示办法。是日,居正以党务部长名义两度致函巴东支部长杨汉荪。在第一封信中,居正称:"十二月五号奉总理交到十一月七号来函,内称贵支部改组先后情节颇详,并悉班让及巴城之日惹、梭罗各分部,均相继成立,而巨划以巴东交通不及爪亚之便,主张多设分部,令其机关独立,并进以收指臂相使之效。又以分部虽隶属于支部,须常用本部函加劝勉,庶足励其奋进之心,此二要点,均为办理党务必要之手续,敝部极端赞成,当即照所筹办理。巴达维亚支部已经报告成立,正式委任。惟海外通则,当在拟订中,俟颁发后再当函告,一律遵行。贵支部所筹义务捐已达六千余盾,足见同志踊跃输将,且反对福建一省发行之公债票,亦有充分理由。所询由本部发行各节,当呈请总理察夺明定办法以为将来筹集军饷之用。宋君渊源前报告在香港设立闽粤统筹机关,欲将南洋所集饷款悉汇存用。名义既限于偏隘,手续亦欠统一,当已由总理饬总务部通函取消矣。以后汇款及规划等事,均希与本部直接为荷。"

12月11日,孙中山将巴东支部报告组织情节呈文(内附章程职员名表、党员名表各一册,誓约八十七张)及呈请加委推举各职员文书一件、商请变通基本金常年捐意见书一件,交由党务部处理。居正以党务部长名义再复函巴东支部长温菊朋、杨汉荪,称:"贵支部既早经总理正式承认,发给两部长委任状在案,其印章亦由总务部赶紧颁发。惟海外支部通则,本部现在商订中,一俟施行后,所有各项职员,自当一律加委。所商变通基本金常年捐办法,查总章第八条,原有免除明文,尽可按照办理。若党员第八条所列之资格,而如来书所称,热心有余,财力不足者,或即酌量收款,时期略予伸缩,既不违定章亦可洽众意,亦系变通之一法。至常年捐,本部每年各人只缴一元,余款留存支部维持机关,庶乎两得其宜。"

信中对12月12日、13日孙中山转交的函件,也略做了回应。告知:"内称各节,悉能洞察机宜,深有见地,总理颇深嘉赞。本部近正议奖励章程,多方鼓舞,并拟通告海外各支部互相维持。"(《致巴东支部长函》《覆巴东支部长函》,陈三井、居蜜合编:《居正先生全集》中册,第93—95页)

12月16日　戴季陶、王统一、胡汉民、居正(两次)、廖仲恺、谢持、何天炯、丁仁杰(两次)、田桐、杨庶堪、周应时、许崇智、陈家鼐、陈家伟等来访,参与交谈。下午,丁仁杰再次来访时,递交一书信,阅毕即令他回电。下午,乘人力车至芝区南佐久间町陈其美办事处,对在场的谢持、陈中孚等十来人做出指示。(日本外务省档案,1914年12月

17 日《孙文动静》，乙秘第 2625 号；俞辛焞、王振锁等译：《孙中山在日活动密录》，第 294—295 页）

△　居正以党务部长名义致函吴小枚，介绍了孙中山组织中华革命党原由与意义，并寄上总章、誓约、通告、筹饷章程等文书，望鼎力组织支部。

函称，去秋失败之后，同志精神涣散，漫无统属，生计既困，进行尤难。中山先生以大义所在，天职克存，排除万难，起而谋第三次组织。一时各界逃亡人士，风起云合，骈集景附，争立誓约，加入团体。于是革命旌旗，党中壁垒，巍然刷新，先声大振。至今春开成立大会，共举中山先生为总理。先生亦自立誓约，表示平等。一年以来，各省支部全数成立，海外支部亦成立十数处，本部设于东京，以期与祖国接近，便于军事运动。各种章程规则，似较第一次同盟会稍臻完备。"现定进行方针，以扩张党务，膨胀势力，为与伪共和政府持久决战之计。幸海内外同胞，均能苦衷共谅，互相维持。按山口羊一区，为婆罗洲要市，同志侨居于此，受外激刺，爱国之心必能一跃千丈。益以足下望重一方，躬为杓柄，若为南针亲示，必有登高一呼，众山皆响之势。兹奉总理谕令，检寄总章誓约各件，即烦鼎力邀集同志，设立支部，广收党员，填写誓约，加盖指印。一切组织，均望照总章办理。其海外支部章程，现在印刷中，请俟颁行后，即当寄上，务望从速组织机关，举定职员，报告成立，以便转覆总理，再请委任。"（《致吴小枚望鼎力组织支部函》，陈三井、居蜜合编：《居正先生全集》中册，第 95—96 页）

12 月 17 日　田桐、萱野长知、戴季陶、夏重民、余祥辉、曹亚伯、陈其美、谢持等先后来访，参与交谈。（日本外务省档案，1914 年 12 月 18 日《孙文动静》，乙秘第 2637 号；俞辛焞、王振锁等译：《孙中山在日活动密录》，第 295 页）

△　杜去恨、蔡奎祥等云南同志来函，以经费缺乏，请求接济。

函称，滇中事虽大有端绪，"然而未遽发者，以经济缺乏故耳，故函先生筹资，至则易举耳。今坚固之分子，一方面以未聆先生明音，一方面受袁氏密电,滇政府戒严,多有扩散而不能聚合者矣。夫举大事者,经济为惟一之要素何者,嗜利之徒不以银钱饱之,则无以尽其力也;紧要机关无银钱暗为用,则不能通也。其要非一端也,苟无经济,欲举大事,不亦难乎。今日之事不可不举,先生救济不可不急,恳急汇洋若干"。(《杜去恨等上总理函》,环龙路档案第04134号)

12月18日　黎梦、邓恢宇、居正、陈其美(两次)、夏重民等来访,参与交谈。下午,乘人力车到京桥区出云町资生堂购买药品,后围东京站转了一圈。是日,从横滨正金银行领取一笔款。(日本外务省档案,1914年12月19日《孙文动静》,乙秘第2650号;俞辛焞、王振锁等译:《孙中山在日活动密录》,第295—296页)

12月19日　萱野长知、许崇智、田桐、胡汉民、谢持、李容恢、周应时、夏之麒、夏尔玛、陈其美、山田纯三郎、夏重民、陈树民、何天炯等来访,参与交谈。下午,外出至魏町区访陈其美,陈未在,返寓。给旧金山斯特瓦库屯街(译音)的sim sun发去一邮件;给菲律宾爪哇岛的Unping gut发去一电报。(日本外务省档案,1914年12月20日《孙文动静》,乙秘第2661号;俞辛焞、王振锁等译:《孙中山在日活动密录》,第296—297页)

△　致函戴德律,请求筹款援助。

据称,曾在10月20日和11月27日先后给戴德律寄去两信函,但一直未收到回复,故是日又致函戴德律,称此刻急需用钱,问能否设法筹得几十万到五十万之数。"如果现在能够筹得这笔款子,我们就有把握获得成功。我希望你在前来此地之前能为我筹到这笔钱,能否在两三个月之内办妥,请让我知道确切的时间,因为我要根据情况拟定计划。如果在那样一个时期内无法办到,我也许会到美国去。"(《致戴德律函》,《孙中山全集》第3卷,第142—143页)

△　是日,将丘继显来函交由党务部处理。

11月25日,新加坡丘继显来函,称马来半岛诸同志业经组织,新加坡同仁俱乐部亦已组织完备,"前途发达,未可限量",但荷属一带尚属阙如,"拟偕同志陈君夙颖前往组织,以期进行"。并表示"前伴天民、宸组二君,曾到荷属各埠组织国民党支部,与该属诸同志感情不薄,将来此会必臻美满之效果也"。是日,孙中山将此函交与党务部处理。22 日,居正代表党务部致函卢耀堂,托其调查丘等底细。函称:"丘君素行热心,虽久得诸所闻,至办事手腕,及与荷属人地相宜之点,未能真知灼见。阁下朝夕聚首,所知必确,务烦将丘、陈二君从前办事经历,委细密告,以便转呈总理察夺,委任办理荷属联络事宜,实为公便。"(《丘继显致总理书》《居正致卢耀堂函》,环龙路档案第 05050号)

△　是日,李烈钧复函旅日诸同志,主张欧事研究会应有"欧美大政党精神",实暗含批评中华革命党之意。

李谓:"惟吾人当注意者,本会组织原为树立中坚,团结本党健者,联络此外要人,即应有欧美大政党精神,不为利动,不为势屈,标扬正义,独立进行。不期收近效,期收远效;不期容于他党,期见信于国人。若在进行时期,即不宜轻言改组或合并,而在萌芽时期,更无论矣。此点务宜注意。设一不慎,则国人仍视吾辈为捣蛋鬼,而好人且裹足矣。"函中还提到陈炯明"已返星洲,不主张此时动作",在欧洲的蔡元培、吴稚晖、钮永建等"见解同吾辈"。(周元高、孟彭兴、舒颖云编:《李烈钧集》上册,第 174 页)

12 月 20 日　余祥辉、居正、杨益谦、陈家鼐、田桐、刘大同、□耀华、陈其美、戴季陶、山田纯三郎等来访,参与交谈。(日本外务省档案,1914 年 12 月 21 日《孙文动静》,乙秘第 2674 号;俞辛焞、王振锁等译:《孙中山在日活动密录》,第 297 页)

△　李烈钧致函华侨书报社诸同志,反对党人采取鲁莽行动,对孙中山及中华革命党的活动亦不以为然。函称:"以有限之金钱,有限之头颅,而欲解决如此重大问题,讵可不慎? 随便动手,徒招国人轻视,增贼党声威,于事无济也。在欧数月,不详悉东京事,大概先觉诸君自有伟大计划,适当举动,弟愚尚未知之耳。国内民党解散,原

迫于无可如何。国外诸件,正宜毅力维持,以光党史。能以至诚之心团结之、整顿之,前途事犹可为也。"（周元高、孟彭兴、舒颖云编:《李烈钧集》上册,第176页）

12月21日　胡汉民、何天炯、夏重民、张崇海、李子和、张永修、胡振域、曹亚伯、山田纯三郎、戴季陶、菊池良一、陈其美等来访,参与交谈。收到从新加坡来的一函。（日本外务省档案,1914年12月22日《孙文动静》,乙秘第2690号;俞辛焞、王振锁等译:《孙中山在日活动密录》,第297—298页）

12月22日　刘平、陈其美、宫崎寅藏、余祥辉、韩恢、宋耀如等来访。刘平来访时,请其去民国杜,谢绝会见。刘平是日刚到东京,不熟悉东京地理环境,不知民国社地址,强烈要求会见。恰此时陈其美来访,代为会见了刘。刘平报告中国国内革命党的状况及借款等问题时,参加听取汇报。给上海寄去一挂号邮件。（日本外务省档案,1914年12月23日《孙文动静》,乙秘第2701号;俞辛焞、王振锁等译:《孙中山在日活动密录》,第298页）

△　中华革命党各省支部长在东京举行特别会议,产生分歧。

是日下午3时,中华革命党召开各省支部长特别会议,原定讨论支部会议规定草案,湖北支部长田桐及甘肃支部长张宗海因事告假,由各支部长推何天炯为主席。凌钺首对总务部长有微言,刘大同、陈家鼐附和之,浙江支部长戴季陶反对,谓应根据前次会议议定程序,讨论支部会议规定,不应涉及他事。双方争论未得结果,至5时半散会。（罗家伦主编,黄季陆、秦孝仪增订:《国父年谱（增订本）》上册,第647页）

△　是日,受孙中山委托,总务部长陈其美复函庇能支部长陈新政,强调组织中华革命党支部的必要性。

据陈新政称,此前其受孙中山先生委托,在庇能组织中华革命党,但当地同志意见分歧,多数主张仍以国民党党名义,不必改组,认东京中华革命党为总部,"盖为袁世凯能解散者,国内之国民党,若吾海外之国民党,袁氏既无此权力,而国民党在海外得以孤延残喘,待他日再整旗鼓,扫尽妖孽,亦可作吾党在袁氏纵横时代不绝如缕之纪念"。陈将"欲以国民党旧招牌,行中华革命党新精神"的多数意见报告与总务部。总务部覆函指示"仍以非改组不可"。陈新政乃将党务部第4号通告告知诸同志,"以明东京中华革命党所持之理由"。然而,"同人接到以上通告,遂即上书东京本部,告以党首未能一致,殊碍吾党进行,彼不赞成者,既以章程有所未妥,何如将章程变通办法,而容纳之"。

12月8日孙中山将收到的庇能方面来函,转交总务部,"并谕转覆",故是日陈其美复函陈新政。函称:"来函内称各节,均矢口直陈,力为本党谋巩固之基础,言外具见深心。惟各面情节不同,传闻或致失实,本党自改组以来团体主合不主分,已明标大旨,凡在机关办事人等,莫不苦心联络,极意维持。黄某诸公,识高道重,后学准则,若肯再接再厉,孰不顶礼加迎。惟是根本之意见不同,遂致方针各别,或主缓进,或异主张,不于事实上协图共励,徒于文字间藉辞挑剔,责任自弃,乃亦归咎本党,实诸公鄙弃本党,非本党敢外诸公也。且章程不善,若有充分理由,可由立法院提议更改,未闻身居党外,即可干涉党章,要挟更改……来函又称某某等处,因改组支部,多生意见。此乃更始之初,必经之阶段,吾人断不能因噎废食。容当函致各部,嘱其悉心办理,委曲求全。若因此遂云无效,而欲变通手续,其碍难照准理由,前二号覆函,言之綦详,兹不赘述。"(《总务部复函》,黄季陆主编:《革命文献》第45辑,第600—603页)

△　邓泽如致函南洋各埠同志,呼吁支持孙中山的中华革命党,揭批"水利公司"。

函称:"惟吾党欲救中国,推倒权奸,必须集合群力,统一机关,并预防作伪者之阑入,尔后可以成事,故中山先生组织中华革命党,凡入党员,皆有证书,以免他日成功,假冒者,得施其技,并通告各埠,所有筹借各项,统由东京总部签发收条为据,以杜冒认及吞侵各弊。如此厚集财力兵力,急起直追,自能克日成功。乃闻有人反对中山先生之统一办法,别立水利公司名目,向各埠筹款,在热心家慷慨为怀,过听其言,一时不免为其所动。不知彼辈反对统一办法,必致外启争端,内生纷裂,于事无济,徒辜负捐助者之热心,殊可惜也。弟甚不欲热心家之虚掷金钱,故不悼觊缕,将中山先生之政策,贡诸左右,深望同志诸君,对于中华革命党,急为赞助提倡,不胜厚望。"(《邓泽如释总理统一办法致各埠同志书》,黄季陆主编:《革命文献》第48辑,第85页)

12月23日　上午,丁仁杰、居正、夏重民、王统一、陈其美、田桐、谢持、杨庶堪、周应时、廖仲恺、胡汉民等来访,围坐一起,"提示各自携带的材料并进行了讨论。"山田纯三郎、菊池良一、侯源英、邓铿等也来访。给神田区北神保町中华基督教青年会馆宋耀如发去一电。(日本外务省档案,1914年12月24日《孙文动静》,乙秘第2710号;俞辛焞、王振锁等译:《孙中山在日活动密录》,第298页)

△　新华社赣支部长查昆臣报告江西组织情况及全赣军事计划。

报告书称,余子厚、蔡少其、陈伸球等,在上年11月间组织新华社,附从孙中山先生,实行革命,以推倒袁贼,巩固共和为宗旨。今年5月间,复由余子厚委派王天民赴赣联络,查昆臣等二百余人,组织成立南昌支部,暨九湖赣袁各分部,由余子厚委任查昆臣为南昌支部长,王天民为副支部长,柳丙权为九湖分部长,刘涤平为赣州分部长,毕于贤为袁州分部长。同时,附陈全赣军事计划,请求委余子厚为赣省总司令,"以便指挥一切"。全赣军事计划内容如下:

全赣分南昌、九湖、赣州、袁州四军区。南昌方面,"省城水师杨署长、哈所长、杨巡长及兵士(杨哈诸人昆同事),皆能运动。又退伍兵士(系昆旧部)及洪江会,更易联络,待筹划完善后,相机而动。省城丁旅长,有至亲郑某,且最亲信,与昆交好,如得郑某运动,定能邀丁同意。李纯副官姚某、高某,与昆友甚,若至军事紧迫时,可以金钱运动刺杀李纯。现预备督府前后左右,赁房居住,以及军械局、火药库、各城门附近亦赁住室,密制炸弹,待举事时,即用炸弹破坏。举事前将散兵及洪江会内之有胆略者,组织决死队,各掳炸弹直扑军械局火药库,夺取枪械子弹。现在省城散兵,及洪江会匪,皆赋闲无事,生机穷颇,达于极点,是以痛恨北兵深入骨髓,咸欲设法破坏之。至举事时,定能出死力以决一战。举事时可以金钱买动一二人,暗投毒药于反对我军军队之食物中"。九湖方面,"派柳分部长于九湖等处,设立机关,联络退伍兵士、清洪等会,及驻扎该处之军队。全赣水师分为二局,第一局驻扎湖口,局以下分为四区,每区有炮船二十八艘,自吴城以下,全属第一局管辖。第一局局长倪某,与昆熟识,且其亲信者李某,又与昆为生死交,并可托渠运动,以赞助我军。该处王团长,深好酒色,且嗜鸦片,常出入于妓馆中,与倪局长亦花酒征逐。昆可藉李某之情谊,与倪王通声气,并可结花酒缘,以联络感情,待举事时,即请渠等共酌,如得其赞成便可利用,否则从事刺杀,为一网打尽之计。第一局炮船共一百拾八艘,全数兵士皆可运动。至于密设炸弹机关,组织决死队,种种筹划,一如南昌方面"。赣州方面,"派刘分部长设机关于该处,运动南安府警兵(该处警务长系昆家叔)及去岁退伍兵士(系刘分部长旧部)。该处土匪甚众,各有枪械,素称强悍,若与联络定得渠等欢迎,兼之崇山峻岭,毗连广东,可为我军根据地,使敌军难以进攻。该处团部书记官,系昆至交,可托渠运动一切。余有南兵二连,最易联络。该处北兵,常入民间抢掠财物,迨事觉即携械潜逃,若以权利诱动,定得赞助我军"。袁州方面,"派毕分部长于该处设立机关,运动李团长(系昆至交),该团官兵系南方人(内有二连为昆旧部,最有感情,其中军官与毕熟悉)。又去岁五团退伍兵士(多居袁州),及清洪等会,多私藏军火,候湖南好时机即可响应,或者为我军根本地,进退接济容易。抚州地邻福建,亦居重要,该处有缉私埠卡,有枪弹,有炮船,颇有兵力,现以八百元运动,此差当可得手,以作举事时之响应。且平时每月有三四百元出息,可支若干,为赣支部之资助"。

军事计划书还称:"现时正在赣垣,恢复舆论、天佣二报馆,为吾党之口舌,兼通声气。赣垣刻有招兵消息,如果,昆定令清洪等匪,及去岁退伍诸同志,全数入伍以作吾党之主军。刻正筹划于赣垣开设一东洋药铺,为举事前后之制造炸弹机关。又设一客栈于赣垣,以营业利息,补助进行经费,且可作吾党动员之旅舍。刻下正从事调查散兵与土匪私匿军械,将设法收集,待举事时便可应用。如时机一至,即令各处全行举动,以合攻省为宗旨。所有北军不能运动,即用决死队以炸弹破坏,或更以毒药投其食物中,便全失其效力。"并列举了"全赣北兵驻扎地点及兵士数目"。

1915年1月3日接到来函后,孙中山随后做出批示,由总务、军事、江西支部三部审查答复。(《新华社赣支部长查昆臣报告书》,黄季陆主编:《革命文献》第48辑,第142—145页)

△ 谭根来函,报告有关航空学校与组装飞机事宜。函称,航空学校之事似不太顺利,"由于和 Sid Hon Ying 商谈关于航空学校的事,推迟了给您的答复。我前天晚上和他仔细地探讨了,他似乎认为当地党内不同派系的观念使得这一事业很难顺利进行。他的意见就是最好还是等您到来并且弥补裂痕"。而且,带三人入境也有困难,"除非我有航空学校的合作证书来证明他们是来这学习的"。组装飞机也遇到一点麻烦,"自从回到完成飞机的工作上来,我日以继夜的工作,为了能把它运送到霍洛岛(Jolo)。我们还在制作打包所必须的板箱,由于一些误解,发动机由 Well—Fargo 快递公司通过欧洲和苏伊士运河而不是通过旧金山运送,所以它下周才能到达。我明天准备前往霍洛,为了带上新的发动机,我的兄弟和小伙子们将在下周离开"。(《Tom D. Gunn(谭根)书简》,[日]久保田文次编:《萱野長知·孫文関係史料集》,第502—503页)

12月24日 宋耀如(两次)、居正、丁仁杰、黎梦、邓恢宇、陈其美、夏重民、郑振春、菊池良一、萱野长知、曹亚伯(两次)、李容恢、陈家鼐、余嗣靖、韩恢、周震鳞等来访,参与交谈。收到一电汇单。(日本外务省档案,1914年12月25日《孙文动静》,乙秘第2726号;俞辛焞、王振锁

等译:《孙中山在日活动密录》,第299—300页)

　　△　致电香港横滨硬币银行,请"将孙眉款付给永安公司"。(郝盛潮主编、王耿雄等编:《孙中山集外集补编》,第155页)

　　△　批复中华革命党蘇坡支部郑汉武来函。

　　11月29日,中华革命党蘇坡(亦写作麻坡)支部郑汉武致函东京中华革命党总部报告党务。其中表示:"凡有再筹,此后自应汇交到大总理收下,决无有误。"并称"由新加坡台湾银行拍电汇晋日银壹千元,托张永福君代理,想已妥至矣"。(《中华革命党麻坡支部郑汉武党务报告》,黄季陆主编:《革命文献》第48辑,第119页)是日收到信函后,孙中山批示称:"三年十一月二十八日收到星洲由台湾银行电汇到壹千元,即日已发回收条第拾九号,寄星洲同志卢伟堂查交。如未交到,请向〔卢〕问取可也。"(《批郑汉武函》,《孙中山全集》第3卷,第143页)

　　△　因经费困难,国内反袁革命行动大受影响。

　　是日,许崇智、周应时致函王天鹏,因经费困难,请缓经营岳州。函称:"惟此间经济,刻下异常困难,以致各路同志均因此事限制,不能极力进行,且有典质一空,而饥寒交迫,病苦颠连,函牍交驰,无从接济。在各同志真心爱国,惨淡经营,固自以为各循天职,未尝有归咎弟等之心之言,而弟等究何能梦寐安耶。只以日前人力所不及,无可如何,亦惟有自咎自勉而已。此中苦处,台驾既到此多日,谅必略有所闻。倘可再蒙详察,当知弟等艰贞坦荡,不肯作一欺人语也。足下经营岳州一节,以足下大才热心,自可迎刃而解,弟等固极赞成,但妙手空空,与其急而追悔于后,徒增弟等之愆尤,何如缓而筹划于前,以待将来之机会。"(《许崇智周应时致王天鹏请缓营岳州函》,黄季陆主编:《革命文献》第48辑,第34页)

　　27日,周应时覆函华痴侠,亦告知经费困难,勉励其竭力维持。函称:"惟凡属机关办事,决非易易,加以款项困难,各处不能接济。如此而欲维持于艰难困苦之中,非足下忧国丹忱,素符人望,安能至此。但此间现在经济,异常困难,其苦处至不可言,一俟有款到时,当即拨寄不误。诸事仍望足下竭力维持,无任感盼。"(《周应时复华痴侠勉竭力维持函》,黄季陆主编:《革命文献》第48辑,第40页)

31日,许崇智、周应时覆函刘艺舟,告以经济困难情形。函称:"以足下慷慨热忱,现此时弟苟有可以效力之处,决无坐视之理。奈此时困难,直不可以言语形容,故此次年关,于各同志处,实属抱惭无地,负负徒呼,高明如执事,想必能明察而垂谅之,不罪弟等之方命也。"(《许崇智周应时复刘艺舟告经济困难情形函》,黄季陆主编:《革命文献》第48辑,第34-35页)周应时覆函周天侠,讨论时势,亦叹经济之困难。函称:"此间一切事务,未尝不可奋发有为,时机之来,弟亦非漫无把握,所缺经济一方面耳。此中困难,以致上负国家,下负同志,魂梦间犹觉时深自咎耳,岂民贼性命,应苟延此一时耶。然吾党险夷,一致凌厉无前,此时为中华民国三年之终,应为民贼最后度岁之日。"(《周应时复周天侠论当前形势函》,黄季陆主编:《革命文献》第48辑,第41页)

12月25日 胡汉民、宫崎寅藏、俞子厚、蔡突灵、杨伟、俞钰、丁仁杰、邓铿、徐苏中、居正、任寿祺、阚钧、陈其美、戴季陶、山田纯三郎、葛庞、刘道衡、夏重民(两次)、陈家鼐、张肇基、林德轩、禹瀛、田桐等来访。晚,陈家鼐、王祺、李金桂、陈元□、谢彬五人来访,谢绝会见,递交一函后离去。(日本外务省档案,1914年12月26日《孙文动静》,乙秘第2732号;俞辛焞、王振锁等译:《孙中山在日活动密录》,第300-301页)

△　致函区慎刚、郑螺生、李源水等,谈经费筹措及组织事项。

函称,汇款收据办法可以变通:"收据转付,既有窒碍情形,则由南洋将各埠汇去款项若干,随时报告存案,由弟处查察收支实情,再发给收据。如来书所言办法,亦无不合,即请通知泽兄等查照可也。"

信中又针对林师肇来函声言郑、李推其为闽、粤交通员之事,发表看法,指出:"近来各地热心同志急欲□□,故派人回内地组织机关,其用心实可嘉佩。但此事每易生不统一之弊,港地现有数十机关,各不相谋,半系自逞头角者所为,而由外洋热心同志所派回者,亦居其半(由美洲回者最多)。其始意本在联络疏通,乃机关告成,常与初意违反。同办一事，不能联合，久而久之，且生冲突，故杜渐防微，不可不慎之于事前。"进而强调任人亦须归于统一："林君师肇，弟未谋面，以兄等所知，或不至如美洲归来之某某辈。惟弟既立本部于东京，为全国枢纽，则请兄等及各埠同志，如物识有可为之人物，宜直接介绍前来，由本部支配，以归统一，庶于大局有裨。"（《致区慎刚等函》，《孙中山全集》第3卷，第144页）

△　致函戴德律，仍请筹款。

戴德律于是月12日由芝加哥致函孙中山，谓已抵芝城数日，与友人探讨财政状况，并拟赴华盛顿活动，反对借款与袁世凯。是日，孙中山复函称："目前我身边没有英文秘书。我先前的两位女秘书，是两姐妹，姐姐宋蔼龄女士刚结婚，妹妹宋庆龄女士最近已回上海。所以，我不得不亲自用英文写信。""在以前的两三封信里，我都提到请你立即为我筹款。不知能否做到，请立刻给我一个明确的答复，以便我为明年的行动拟定计划。"（《致戴德律函》，《孙中山全集》第3卷，第145页）

△　复电澳门孙眉。

12月23日，孙眉电告："银行拒绝借款给永安公司。"本日乃复电告知："已通知银行。"（郝盛潮主编、王耿雄等编：《孙中山集外集补编》，第155页）

△　是日，中华革命党军事部部长许崇智呈请孙中山委任王善继为河南军事联络员、白耀辰为关外军事联络员。次日收到后，批复："准照办理。"（《许崇智请委王善继白耀辰为军事联络员上总理函》，黄季陆主编：《革命文献》第48辑，第20页）

12月26日　居正、丁仁杰、王统一、戴季陶、许崇智、廖仲恺、谢持、胡汉民、夏重民、陈其美、萱野长知、杨庶堪、陈中孚（两次）、葛庞、王祺、陈元郑、李维汉、韩恢、凌钺等来访。（日本外务省档案，1914年12月27日《孙文动静》，乙秘第2739号；俞辛焞、王振锁等译：《孙中山在日活动密录》，第301—302页）

△　伍平一来函，告知飞演安排，请示计划。

函称："飞机若果用为吾党军备，而授徒实为上策。公司在此飞后，当往三宝彦再演，计期至少明年二月初方办妥，此时当照前函实行可也，否则时机又失，非弟所愿。万望示覆，以便决定行程。"（《伍平一上总理函》，环龙路档案第 06416 号）

12 月 27 日　致函陈其美、许崇智、居正、周应时等，嘱应付钟甄、谭文二人。函称："钟、谭二君由何海鸣处介绍来见，兹特转介前来，请详询各节，酌量处理便是。"（《致陈其美等函》，《孙中山全集》第 3 卷，第 145－146 页）

12 月 28 日　陈中孚（三次）、陈家鼐（两次）、丁仁杰、胡汉民、萱野长知、陈其美、山田纯三郎、林来、任寿祺、戴季陶等来访，参与交谈。（日本外务省档案，1914 年 12 月 29 日《孙文动静》，乙秘第 2754 号；俞辛焞、王振锁等译：《孙中山在日活动密录》，第 302 页）

△　致函邓泽如，劝勿为李烈钧等之缓进说所动摇，并请其担任南洋各埠筹款委员长。

函中称："（陈）新政前此数月即有书来，言出资助党，以既占有名城大省，声势赫濯时始能唤起群情，故缓进之说一出，即中其心曲。来书所言对付此派人之办法甚是，先使有志者不为此等言论所摇动，最为要着也。"针对邓辞财政部长之职一事，赞赏其"不徒谦德可钦，亦见处事之卓识"，但是，为名实相副起见，改请为南洋各埠筹款委员长，"如此既无旷事之嫌，亦不必更谦让矣"。（《致邓泽如函》，《孙中山全集》第 3 卷，第 146 页）

△　致电《少年中国报》辟谣。

时美国旧金山谣传孙中山遇刺身亡。《少年中国报》来电询问："传闻孙逸仙遇刺身亡，请复。"是日，致电辟谣，声明："谣传毫无根据。"（郝盛潮主编、王耿雄等编：《孙中山集外集补编》，第 156 页）

12 月 29 日　陆惠生、戴季陶、夏重民、丁仁杰、肖萱、田桐（两次）、谢持（两次）、陈其美（两次）、山田纯三郎、何天炯、王统一、胡汉民、阚钧、成城、刘铿、杨庶堪等来访。向国外发出三封电报,其中一封发往纽约哥伦比亚大学;一封发给旧金山《少年中国》。(日本外务省档案,1914 年 12 月 30 日《孙文动静》,乙秘第 2759 号;俞辛焞、王振锁等译:《孙中山在日活动密录》,第 303—304 页)

△　是日,与秋山定辅谈话。

上午,偕来访的陈其美、戴季陶乘车至麹町区麹町八丁目 19 号,访秋山定辅,在其二楼议事。期间,宫崎寅藏来访,五人一起谈话。问:日本众议院选举结果如内阁更迭,是否由寺内正毅任首相? 如寺内任首相,其对华政策如何? 秋山答以:无可奉告。(郝盛潮主编,王耿雄等编:《孙中山集外集补编》,第 156 页)访秋山定辅是要了解日本政局。此时日本政局动荡,日本众议院于 12 月 7 日开幕,否决了选举法修改草案和增设两个陆军师的两个提案。因此,大隈内阁于 12 月 25 日解散议会,并决定 1915 年 3 月 25 日举行众议院选举,当时大隈内阁积极推行以"二十一条"为中心的侵华政策。秋山定辅系日本众议院议员,故有此问。(据日本外务省档案乙秘第 2 号,1915 年 1 月 1 日;俞辛焞、王振锁等译:《孙中山在日活动密录》,第 303 页)

△　朱卓文由上海来函,报告国内革命形势。

函称,蕉广所谋各事,似乎无甚希望。广东此次不能大举,皆由有数小部分之首领都不认真办事,以骗钱为目的。龙侠夫负责省城之事,全靠几辈无意识之徒。不但他自己一部分不能有济,且连安健之最可靠一部分亦为之破坏,殊为痛心。龙济光卫队连长尹某及贵州军官布某等全家被杀。"现在党事日见光明,惟人心之险恶实属可惊可怖。弟临别香港时,适系龙贼调遣千余广西军队来际,邓鼎封甚知其中之内容,故数次晤弟,谓此千余桂军来粤,实假吾人一莫大之机缘。并得其中彼等(军人)如何开山科堂如何图判等,一一对弟详及。惟彼等以前车可鉴,决议严守秘密,舍指定一人与先生接洽外,均不交手云。但欲图此一部分之的确成功非六七千金不可云云。弟以鼎封君素来忠厚过人,且不会吹牛,故甚信其言之可靠。若单独筹划安舜卿君及此两部分之势力,粤垣之事可谓优优有余矣。其他如各地绿林等,此次所化去之金钱其效力尚在,不必再起炉火矣。"函中建议:"果四川独立之事实确,则沪上万万不可不设一交通机关,否则必至事败垂成。愿先生立刻审而行之,勿以为不急之务为幸。"信中也谈到不利的局势:"近日沪上党人为贼人之侦探者十居四五,即前日之最可靠老同志今亦不可靠矣,殊令人寒心。"并嘱"千万千万不可轻于会人"。(《朱卓文(朱超)书简》,〔日〕久保田文次编:《萱野長知·孫文関係史料集》,第550—551页)

12月30日　丁仁杰、曹亚伯、肖萱、陈其美(两次)、王统一、许崇智、田桐(两次)、周应时、谢持(两次)、杨庶堪、廖仲恺、何天炯、张静江、周淡游、陆惠生(两次)、夏尔玙、夏之麒、戴季陶、山田纯三郎等来访,参与交谈。陈家鼐来访时,谢绝与其会见。(日本外务省档案,1914年12月31日《孙文动静》,乙秘第2761号;俞辛焞、王振锁等译:《孙中山在日活动密录》,第304—305页)

△　是日,以中华国民党理事长的名义致函南洋坝罗同志,阐述改组中华革命党之目的,并通告海外革命党支部概行改组为中华革命党。

函中指出国民党已经失去作用,"民国成立以来,同盟会以五党合并组织强有力之国民党,可谓民国第一产儿。乃袁氏以武力铲除国会,宪制荡然,政治不容人民置喙,本党早已失其作用,袁氏即不迫令解散,亦已名存实亡。兹已解散,我辈精神主体克存,更不必为机关名称惜也。"但是,又指出,"今国民党虽被解散,而一般革命之精神,日久弥笃,未稍磨灭,有今日破坏之能力,始有他日建设之余地,因时权宜,方不失之胶固。故国内国民党支部、交通部,凡在各省经政府解散者,及其余驻设租界者,均一律秘密改为中华革命党支部或交通部,加写誓约,遵行新章,直接受本部指挥"。

进而呼吁国民党支部改组为中华革命党。"惟海外各支部,袁氏命令不逮,机关岸然独存,不为势屈,不为时懈,较之随波逐流者,自当高出千万。然值此风雨飘摇之民国，袁氏不足救亡，已为国民共见，由是推知党员心理，莫不共以革命为前提，而以研究政治为第二之问题也。既溯国民党之历史，复征国民党之舆情，均与革命事业相维相系，只以机关名称隔阂，致未能联络一致。兹特公函通告海外各埠国民党支部、交通部，如有未经加入中华革命党者，务希填写誓约，照总章重新改组，外虽不妨暂仍其名，内必一律厉行其实。或有一部分已先改为中华革命党支部者，所余部分，亦望概行改组，或与前所立之支部并合，或另立支部，均听酌量各地情形办理。如能依照一定手续章程办理妥善，呈报本部，当即正式委任，以归统一。"（《致坝罗同志函》，《孙中山全集》第 3 卷，第 147—148 页）

△　缅甸支部长何荫三来函，报告党务不顺原由，并请发给委任状等。函称，改组两月来，加入者仍觉寥寥，原因有二："一则疲倦之余已减热度，益之以三五挟私嫌者播弄是非，致自好者急先洁身，观望者尤亟引退，此原因之大者；二则本部之委任状誓书未到，事事形式，尚不完具，难免令人怀疑，此原因之小者也。"认为"惟三数旧人坚持不扰，徐图进取，必底有成效"。

次年 1 月 9 日，居正复函，告以："贵支部自收到总章后，即已改组成立，前次本拟呈请总理速加委任，因来函内未列职员名表，究竟不知举定何人，是以函促从速报告。兹查来函，仍属略而不详，手续似未觉完备。惟念军事吃紧，党务立策进行，于是不妨变通办理，当即呈请总理先行发给正支部长委任状，并仰光支部印章，克日邮寄，以维持机关信用。现在蜀滇两省进行大已得手，需款甚急。贵支部如收有入党金，祈速寄本部为盼。"（《何荫三上总理函》，环龙路档案第 04851 号）

△　戴德律来函，告知在美与林森、黄兴接触的情况，以及聘请律师之事。函称："我先前邀请 Rankin 先生作为中国国民党的代理人，无偿服务。但是在国民党掌权之后，可通过我的提议得到一些酬金。Rankin 先生愉快地接受了这一安排。他是华盛顿的老公民，是

一位很有能力的律师,而且和美国当地 Rufas H. Thayer 法官是长期的合伙人关系。Thayer 先生是我在 1912 年介绍给您认识的驻上海美国法庭的法官。Rankin 先生受人尊敬且值得信赖,如果我不在美国,您可以直接写信给他探讨问题。如果我在美国,有什么需要他帮忙的最好是我和他联系。如你我都一致认为的那样我了解情况,很有可能有其他人更能够达到期待的结果。"信中还提到争取资金的困难,"我们要竭尽全力的奋斗,我们要阻止他们给袁贷款,这令人不安的战争可能会让贷款异常艰难。我会很快告诉您结果,我因召集正有资金的人冒险尝试一试,并竭尽所能,虽然处境艰难"。

　　信中,戴德律附上了其给黄兴的函,函中告知已和《华盛顿星报》的编辑共同探讨了中国的形势,并给了他一份林森先生的签名采访录,还就局势和《华盛顿时报》的所有者及社论作者进行了讨论,要求与黄兴尽快见面,称:"我们六十位优秀的社论作者都会在主流报刊上发表强大的社论,我觉得我们应该私下见个面,以便确定日后社论的基调。请务必赴美一趟,如果您和林森议员的名字也能在上述采访录中被提及,都将有利于中国的未来,无疑也会使事实得到更全面的陈述。我是一名资质较老的铁路经理,对西部的建设很感兴趣。我知道怎么和社论作者们打交道,在我们这片土地上,他们是社会舆论的塑造者。因此,为了中国的未来,同样也是出于商业目的,我一定尽我全力给您服务,我们有必要尽快会面。"(《James Deitrick 书简》,[日]久保田文次编:《萱野長知·孫文関係史料集》,第 439—440 页)

　　12 月 31 日　邓恢宇、陈家鼎、陈其美(两次)、梅屋庄吉、陈中孚(两次)、胡汉民等来访,面谈。(日本外务省档案,1915 年 1 月 1 日《孙文动静》,乙秘第 1 号;俞辛焞、王振锁等译:《孙中山在日活动密录》,第 306 页)

　　△　致函咸马里夫人,祝贺新年,并请其前来协助。

　　函称:"因我们的事业进展甚为缓慢,故无新情况可以奉告。而且我的英文秘书宋蔼龄近已结婚,并偕同其妹宋庆龄返回上海(她们均曾就学于美国,精通英语),故目前无人掌管我的英文通信事宜。

我希望你能前来协助我，然而一切又如此多变，使我无法安排一固定之计划。但我希望我们能够有所作为的时日不久即将到来。"（《致咸马里夫人函》，《孙中山全集》第 3 卷，第 1148—149 页）

△　致电旧金山皇宫饭店戴德律，告知："佛兰芒语。"（郝盛潮主编、王耿雄等编：《孙中山集外集补编》，第 156 页）

是月下旬　复函宿务同志，指示筹款事项，并告知收款数目。

信中着重解释收条之事，称，关于收条一节，本党自开办以来，对于海外筹款，只发给总收条，其分收条，则由各支部、分部自发。"伍君所主张之法，非本部常例，如海外各埠均以此法为良善，亦可由本部另订新章办理。"各埠既有支部、分部，则本部只对于支部、分部各部长交涉，支部、分部对于党员交涉，较为妥善。他日赏勋酬劳，亦容易调查，因本部办事人员一遇革命得手，则全数入内地，分往各省担任职务，此时军事旁午，难以会合商办党事，故对于海外党员，当以各支部、分部为交通点。"倘各支部、分部恐当地党员有不信用者，当由党员公举理财员，汇款至本部，得回总收条，昭示大众，当无不信也。另望支部、分部造详细征信录以示大众，而备考查，则他日偿债酬勋，俱易泾渭如法矣。至于党员入会基本金，则与军需捐不同，将来由党务部发回党证，交给各党员，即不必另发收据也。"并告知"经收一千三百九十二元五角七分。"（《复宿务同志函》，《孙中山全集》第 3 卷，第 149—150 页）

是月　中华革命党党员蔡锐霆于上海就义。

是年冬　派周应时、吴藻华、施方白、陈南阳、丁士杰回沪组织秘密机关，以图再举。（《周应时革命经过节略》，黄季陆主编：《革命文献》第 46 辑，第 193 页）

是年　致函吴稚晖，与其辩论革命党人的权利问题。

信中主要针对"东京革命党自号元勋公民"之称呼做出回应，称：元勋公民之名，草定于革命党新章，以许首义之党人于宪政未布之时期内有优先之选举权，几经反复详审，"而认为非过举者也"。

信中指出，"今日救中国，不能不言政治；既不能不言政治，即不能不言权利,亦甚明矣。若曰心虽欲之,而不可以明言,是则中国数千年伪善者之习惯,吾辈当力矫而正之者也"。而事实上,"以革命党人而论,其真能绝对高尚不好权利者,为至少数,固不能以此至少数之思想律之于人人。于是有犯百难、冒十死之士,幸观革命之成功,乃欲其掉弃一切权利,实无以平其心"。"自非道德粹然之人,未有施而不望报者,稽勋酬劳,有国者所不废。然五等之爵,既非民国所宜,黄金厚禄,尤生人倚赖之性,今惟以其有为政治革命首义之功,因而报以政治上优先之权利,初未见其不当也。"

信中认为,此举既是保障革命党人的办法,亦是新政权建设的保证,"自弟倡言革命以来,同志之流血者多矣,然见杀于敌,一死成仁,一或可以瞑目。所最奇者,则革命成功,而革命党乃纷纷见杀于附和革命、赞成共和之人,如东三省、河南、安徽、湖北、湖南、贵州等处,一一稽考其故,可为痛哭流涕。他日第三次革命,自不能不稍谋保障此辈人之方法。前车已覆,吾辈宁犯私于党人之谤,不欲好广人教主之名矣。且弟意尤不止此,破坏之后便须建设,而民国有如婴孩,其在初期,惟有使党人立于保姆之地位,指导而提携之,否则颠坠如往者之失败矣。革命党人未必皆有政治之才能,而比较上可信为热心爱护民国者。革命党以外未必无长才之士,而可信其爱护民国必不如革命党,则国本未甚巩固之时期,后彼而先此,其庶几无反复捣乱之虞,至于宪政既成,则举而还之齐民"。(《致吴敬恒书》,《孙中山全集》第3卷,第150—152页)

△ 致函居正,请其接洽同志谢某。函称:"兹有同志谢君,欲经营联络南洋航路各船,组织分部,以便交通,而张党势,特来请领誓约并任状等件。请与接洽,幸甚。"(《致居正函》,《孙中山全集》第3卷,第152页)

△ 致电某君,告诫勿被骗,函称:"接慕韩函,有人冒名筹款,幸勿被欺。公等有款,请汇澳门孙眉收,乃妥。"(陈旭麓、郝盛潮主编,王耿雄等编:《孙中山集外集》,第462页)

△ 白玉朗来函,报告行动计划及请款。函称:"现闻欧洲大战,正是当此之秋,伏望总理号招各省同人进行,准备讨逆。朗前两月特派专员往外五路,约会同人聚合,以作我军外援,共图大举。惟现下袁贼派狗外巡森严,内外支度碍难转运,外五路同人苦无聚合之资,朗特派族兄白玉五随同代表杨君往东面谒总理,俯望筹拨银款三千两,交五手收,速往外五路聚合同人,即便火发,是祷至要。但我省军政,朗已商诸凌君,内设机密分部于我军,接洽灵便,无烦分心。惟朗与袁贼弗同日月,不共戴天,愿民国兴盛,除贼除害。朗纵以一身狼狈,是所愿也。"(《白玉朗上总理函》,环龙路档案第 00304 号)

△ 朱执信受孙中山之托,致函古应芬请协助吴业刚在乡办民团。函称:"现有吴业刚君,前在纽约助筹款最得力,后归国从煮豆公办事,今岁从指天诚出攻江门及攻台山。现欲在乡办民团,欲得新会沙堆民团长之委任(吴本古井人)。中山嘱弟请兄一调查,今新会知事为何人,可与说话否,或另觅人托李子云求其委任。若无他碍,则办之,亦可收侨民之心也。"(李穗梅主编、李兴国等整理:《古应芬家藏未刊函电文稿辑释》,第 198 页)

△ 朱执信致古应芬函,请求派人协助孙中山。函称:"请兄等任一人来,弟皆可交代而去;若无人肯来,徒多去弟一人,则益使先生伤心而已。弟非不知,循此以往惟有死之一途,而不忍使天下人视先生为二十余年奔走理事,乃无一人肯随之也……使弟能以一死塞责,亦所不辞,何况只要求弟去! 特是弟虽既去,公等仍不偕来,又将如何? 此种条件,兄等尽可提出,不必隐而不宣也。"(李穗梅主编、李兴国等整理:《古应芬家藏未刊函电文稿辑释》,第 200 页)

△ 朱执信致函古应芬,请其向孙中山进言。函称:"先生已允调停,兄等须乘此时进言,勿使人以众叛亲离疑先生;而先生以兄等疏远之故,恐又不得不近佞人也。"(李穗梅主编、李兴国等整理:《古应芬家藏未刊函电文稿辑释》,第 200 页)

△ 本年次孙治强生。

1915 年(民国四年 乙卯)四十九岁

1 月

1 月 1 日 何海鸣、陶珍、陈家鼐、任寿祺、余祥辉、郭崇渠、陈璞、刘祖章、丁仁杰、居正、肖萱、赵瑾卿、谢持、杨庶堪、徐苏中、蔡□零、俞子厚、邓惟贤、李天骥、张球、胡汉民、夏重民、陈罗生、陈树人、戴季陶、殷文海、田桐、刘廷懂、邵元冲、徐忍茹、周应时、周淡游、廖仲恺、杨益谦、陈其美、刘大同等三十六名中国人及萱野长知、神田常夫两名日本人来祝贺新年。(日本外务省档案,1915 年 1 月 2 日《孙文动静》,乙秘第 4 号;俞辛焞、王振锁等译:《孙中山在日活动密录》,第 306 页)据谢持记述,是日,孙中山"仍未停笔也"。(谢持:《谢持日记未刊稿》第 1 册,第 324 页)

△ 致电戴德律,询问能否寄款来。

戴德律收到此电后,于本月 9 日回复称"目前不行"。([美]韦慕廷著、杨慎之译:《孙中山——壮志未酬的爱国者》,第 96 页)在同日的另一复信中又告知,争取资金援助及引进实业建设项目困难很大。函称:"我过去几日为了您的业务奔波于巴尔的摩、费城、波士顿、匹斯堡、芝加哥和纽约。我和我的朋友们数次会面,他们有能力预付百万美元以上的个人借款,但他们并未同意……银行不愿意让现金流入证券交易所和城市不动产,因此他们面对的问题都是经济上的处境。
我芝加哥的朋友是小麦的大型采购商,携有大量的保证金。今天在
Waldorf－Astoria 酒店我们相谈甚欢,他们最终决定依靠现有的财
产度日,以待将来。投资一个他们看来完全成问题的项目,这并不是
笔好买卖。他们希望能有所作为。他们很仰慕您,希望将来能加入
这次的资金支持中,但是他们坚持决定现在什么也不做。正如您所
知道的那样,欧洲的这场大战让他们的经济形势恶化。我并不气馁,
还将继续尝试另一条获得资助的途径,相信很快就能有好结果。”实
业项目方面也遇到困难,和 Bethlehem Steel Works 公司的 Schwab
先生有过初步交谈。这家公司现在拥有霍河造船厂和旧金山的联合
钢铁厂,手头上有很多生意,故没法在中国再设一个工厂了,认为“如
今为国内事务筹集资金同时找到愿意去国外冒险的财阀实在太难
了”。信中希望孙中山能到美国做为期六或者八周的演讲旅行,“会
起到非常好的宣传作用,也可以借此向前来听演讲的当地要人们传
达特殊信息”。并表示,如果安排好演说的日期而不能过来,可以安
排 Tong 先生或者其他中国绅士代替进行演说。信中也告知袁氏政
府在美借贷也不会成功,“我曾与这里的银行家交谈,当时他们非常
关注已故的柔克义先生关于给袁世凯借款的方案。十二个小时之
前,银行的一个主要负责人告诉我,必须要等到国会通过使这样一笔
贷款合法化的法案后,才能认真考虑给中国贷款。即使在那之后,还
要准备一个适用的计划,将资金集合起来,因为他们国内的需求也很
大。袁在美国不会拿到贷款。在符合宪法的国会法案通过之前什么
也做不了”。(《James Deitrick 书简》,[日]久保田文次编:《萱野長知·孙文関
係史料集》,第 441—444 页)

　　△　总务部复函檀香山支部,转达孙中山的指示,欢迎前国民党
海外各支部加入。

　　是日,总务部收到檀香山支部上年 12 月 16 日来函。随之复函,
称:“前国民党海外各支部,现拟全体加入本党,协同进行,自是融和

派别之良好机会,务望贵支部极力联络,表示欢迎,以为扩张党务之地位,本属同流共贯,今更殊途同归。"对于来函中所称"惟有先任其加盟,然后劝其交费,若确因一时未便,姑延其期而已",认为是"权宜办法",未表反对。而对于"免费一层",则认为"总章以革命有功为标准,似难变通尽善,若一味胶固,又恐启多数向隅之虑"。经请示孙中山,得到指示:"凡属国民党员收入,其入党费,如无总章第八条规定之资格,而又无力遵缴者,则当特别变通,各人依生活力为衡,有则纳之,无则免之,以示大公,俾出资赞助与出力赞助,皆系一种义务所在,本党毫无成心,自当一律认为事前首义党员也。"(《总务部复檀香山支部欢迎前国民党海外各支部加入函》,黄季陆主编:《革命文献》第 45 辑,第 460—461 页)

　　△　袁世凯颁布所谓的"附乱自首特赦令",声称凡在 1914 年 12 月 31 日前"犯附和乱党之罪"者一律赦免,意在分化革命党人。内容有六条:

　　"第一条,在中华民国三年十二月三十一日以前,犯附和乱党之罪,凡系被胁,或系盲从,查无扰害行为而实非甘心从逆者,无论在国内在国外,得因其自首特赦之。前项之附乱人等,凡曾奉通缉命令,或被嫌疑牵涉有案,或虽无发觉案据而与乱党曾有关系以致怀疑畏罪者,均得依本令之规定特赦之。

　　"第二条,前条得予特赦之人,准投所在地方行政官署自首,出具悔罪切结,由该地方官查明,详报巡按使或都统或京兆尹核准后,给予免罪证书。其曾充军官佐者,得径赴所在地将军署或镇守使署自首。如系曾奉大总统命令通缉者,并由各该管长官呈请大总统特赦后,给予免罪证书。免罪证书之给予,除应呈请大总统者外,须将投首者之姓名、年岁、籍贯、职业及所犯事由,分别汇报统率办事处、内务、陆军、司法各部。其在国外者,报由所在国公使或领事或回国入境之行政官署,依第一项之规定行之。悔罪切结及免罪证书之格式另定之。

　　"第三条,各官署接到此项投首状时,应立予核办。该官署员役人等,如有藉词需索,故意留难者,由该管长官查明惩处。

"第四条,已给免罪证书之人,除证明在一定处所有正当职业者外,应责令各回本籍,赴地方官署报到。如有必要情形,得由该管官署派人护送或酌量资遣回籍。

"第五条,免罪回籍者应自谋正当职业,并由地方官详细考查,其有才堪任使,或特别功绩者,得由该管地方官随时保荐,听候录用或酌予奖励。免罪回籍后,如查有暗通乱党及阴谋内乱行为,按律加等治罪。

"第六条,本令自公布日施行。"(《元旦特赦令之内容》,《申报》1915年1月6日,"要闻二")

1月2日　郑振春、邓恢、丁仁杰、曹亚伯、居正、肖萱、蔡济民、田桐、张肇基、周道万、黄展云、夏尔玛、夏之麒、胡汉民、季箕、王介凡、程壮、宫崎寅藏、黎梦、何天炯、菊池良一、王统一夫妇、山本俊磨等来访,参与交谈。(日本外务省档案,1915年1月3日《孙文动静》,乙秘第6号;俞辛焞、王振锁等译:《孙中山在日活动密录》,第307页)

△　横滨华侨学校英文教员苏汝湘来函,请求维持学校。

函称:"华侨学校者,南京政府成立后遵教育部令正定学制而得首先立案之小学校,与夫讲国民精神教育之小学校,亦即袁贼所最不喜欢之小学校,与夫现时不能立于祖国境内之小学校也。本校向以补助清贫子弟,谋教育普及,多造有用之国民为宗旨。"由于前国民党驻横滨支部长黄焯民、副部长卢逸堂、政务科长鲍次楼三人"见袁贼得势,利心顿起,借本校经济困难为名,擅自将本校交与保皇党何恭甫接办,欲先将先生与诸伟人之匾额剥落,后将本校之名称更变,以冀得袁贼之嘉禾章。幸本校教员陈自觉先生与缪安光等恶其无耻,与之力争,始争得本校嗣后归教员全体办理,今已交代清楚矣"。但学校内无基本金以为后盾,外无援助以觅孔方,教员虽肯先义务而后酬劳,然巧妇难为无米炊,岌岌可危之中,请求"助以筹款之方,或假以将伯之助",使"一线之国民教育可延,而先生昔日设学之志亦得行

于今日矣"。(《苏汝湘上总理函》,环龙路档案第 04767 号)

1月3日　胡汉民、李萁、居正、刘世杰、戴季陶、张静江、陈其美、王天鹏、山田纯三郎等先后来访。(日本外务省档案,1915 年 1 月 4 日《孙文动静》,乙秘第 8 号;俞辛焞、王振锁等译:《孙中山在日活动密录》,第 307—308 页)

1月4日　邓恢宇、李萁、刘德泽、郭云楼、黎梦、山田纯三郎、丁仁杰、曹亚伯等来访,参与交谈。下午,陈其美、王统一、周应时、许崇智、谢持、杨庶堪等来,一起会议,直到晚 8 时后才结束。(日本外务省档案,1915 年 1 月 5 日《孙文动静》,乙秘第 10 号;俞辛焞、王振锁等译:《孙中山在日活动密录》,第 308 页)据谢持记,是日决进行大计,但分歧较大。"而四川外,实未与一言,财少而分多,吾以为非胜算也。以吾所理想裁兵之办法告中山,而中山遂举财政之易为,如铁道收入、矿税、地价、水电经营、市政诸端。以愚见,着手固不易也。中山又谓国乏才可资外人,以日本、暹罗为例,而吾则兢兢焉。盖用外者往往反为人用吾国是矣。"(谢持:《谢持日记未刊稿》第 1 册,第 327 页)

△　批示居正复函曾集棠:"嘉奖其志,并本党现已设立统一机关,凡愿效力于革命,须就各地支部或分〔部〕立誓加盟,由部长荐去候用。"(《批曾集棠函》,《孙中山全集》第 3 卷,第 153 页)

△　委李萁为广东游击司令。

1月5日　丁仁杰、赵殿英、汉恒等先后来访,参与交谈。下午,乘人力车至京桥区圣路加医院药品部购买药品。归途,在芝区南佐久间町一丁目 1 号陈其美办事处逗留。(日本外务省档案,1915 年 1 月 6 日《孙文动静》,乙秘第 13 号;俞辛焞、王振锁等译:《孙中山在日活动密录》,第 309 页)

△　委刘光为山东支部长,陈廷楷为缅甸仰光联络员。

1月6日　廖仲恺、周应时、田桐、居正、陈其美、富永龙太郎、王统一(两次)、山田纯三郎、杨益谦、邹明庄、山本俊麿、徐苏中、李容恢、刘平、丁仁杰(两次)、陈家鼐、余嗣靖、肖萱等人来访,参与交谈。

居本乡区菊坂町 16 号的篠方毅来访,和陈其美面谈数分钟后离去。
(日本外务省档案,1915 年 1 月 7 日《孙文动静》,乙秘第 17 号;俞辛焞、王振锁
等译:《孙中山在日活动密录》,第 309－310 页)

△　令总务部等核委李容恢职务。

命令称:"李容恢君自请效力往南洋联络,可否给予委任,着总务
部长、副部长、党务部长与江西支部长会议,从详查核施行。"并要求
9 日以前答复。(《命总务部等核委李容恢职务令》,《孙中山全集》第 3 卷,第
153 页)

△　是日,将黎莘报告及粤省各处所有已受运动之军队与各处
绿林情形表一纸交与军事部。军事部决计"俟调查后再定办法"。
([日]久保田文次编:《萱野长知・孙文関係史料集》,第 565－566 页。)

△　夏尔玛致函许崇智、周应时,请代呈孙中山委盛碧潭为浙江
革命军宁波司令官。函称:"浙事亟需进行,而宁波为海澨重镇,尤非
得贤才主持不为功",盛碧潭"长于军事,而于甬军尤素有联络,以膺
此任,可云得人"。(《夏尔玛请委盛碧潭为浙江革命军宁波司令官致许崇智
等函》,黄季陆主编:《革命文献》第 48 辑,第 139－140 页)

1 月 7 日　刘大同、邓恢宇、刘佐本等来访,面谈。史古香、□理
清二人来访,与其交谈,史等转交了来自上海的机密文件,系四川彭
光烈等汇报四川省情况及今后行动计划。下午,携此文件乘车至麹
町区三年町与陈其美密商。随后,刘平来访,提交江西省革命党员的
意见书,报告江西军事布置情形,并将赣省同志所拟计划书呈阅,建
议迅速采取军事行动。(日本外务省档案,1915 年 1 月 8 日《孙文动静》,乙
秘第 18 号;俞辛焞、王振锁等译:《孙中山在日活动密录》,第 310 页;罗家伦主
编,黄季陆、秦孝仪增订:《国父年谱(增订本)》上册,第 649 页)

△　军事部许崇智、周应时遵令复函谭天钟,告以经济困难
情形。

先是,孙中山将谭的报告书交由军事部处理,昨又接谭来信函。
是日,许崇智、周应时回复称:"此间现无公私经济之收入可资挹注,

又非有政府名义招人信任。虽南洋各埠,赖当事者以精诚文字相感,曾稍有策应,类皆虚湿濡沫之为。其主要希望,惟在二三同志,以精神革命,不以金钱革命也。自去岁年底,款事中变,旅申各同志,呼救之声,日盈于耳。平均计算,每日必有告急手书十数通,皆以空拳赤手,徒为壁上之观。刻虽四处张罗,仍无实在着落。旅怀羁苦,不仅贵部为然,在内地各部,殆莫不皆然。局内之苦衷,恨不能遍执人袪而告之。""以方今经济现状测之,恐不能如愿也。"(《许崇智周应时复谭天钟告经济困难情形函》,黄季陆主编:《革命文献》第48辑,第35页)

近日,因困难而请款者纷至沓来,军事部忙于应付。5日,程壮至军事部,述上海所部困难达于极点,请先筹小款维持现状;哈在田、蒯韩亦至军事部,称江北大有可动希望,并"述沪上困难状形",军事部答以"竭力筹措,请静待命令出发"。夏之琪、夏尔玙也至军事部"述沪上困难情形,请有款时接济",军事部"允之"。阚钧至军事部,述吴礼卿已至长崎,不日抵京,届时乞接济小款为房膳费,军事部"允之"。曾杰至军事部汇报河南情形,提出"须经费六千元"。是日,苏苍又至军事部,请补发在闽运动垫用之款四千元。军事部当即偕其至总务部长寓所筹商,答应"款到时照发"。(《中华革命党军事旬报》,[日]久保田文次编:《萱野長知·孫文関係史料集》,第565—566页)

1月8日 下午,林来、夏重民来访,面谈,夏并递函三件。(日本外务省档案,1915年1月9日《孙文动静》,乙秘第23号;俞辛焞、王振锁等译:《孙中山在日活动密录》,第310页)

△ 张拱辰、范玉田于南通举事失败。

上年11月16日,孙中山致函在上海活动的凌毅(蕉庵),凌旋来东京。11月19日、22日、25日、26日、27日,张、凌二人多次与孙中山晤谈。随即奉命回国活动,与张拱辰共谋南通举事。是日,起事即败,张拱辰、范玉田上书中华革命党本部,报告南通举事失败经过。(罗家伦主编,黄季陆、秦孝仪增订:《国父年谱(增订本)》上册,第648页)

△ 孙继横、白耀辰至军事部领取委任状,并请转达孙中山,备

好奖励郭兰亭、曲一占之书信,以便白带回关外转交。郭、曲二人乃愿单独行动实行暗杀者。(《中华革命党军事部旬报》,[日]久保田文次编:《萱野長知・孫文関係史料集》,第 566 页)

1 月 9 日　居正、廖仲恺、谢持、周应时、丁仁杰、田桐、杨庶堪等来访,共同议事。王统一来访,议事。(日本外务省档案,1915 年 1 月 10 日《孙文动静》,乙秘第 30 号;俞辛焞、王振锁等译:《孙中山在日活动密录》,第 311 页)

△　批复傅铁民来函。

傅铁民在中华革命党吉礁支部工作,来函请委任名誉正副部长及各科正副科长。悉后,批示"可准行。正副名誉部长总理委;其他由党务部长委任"。(《批傅铁民函》,《孙中山全集》第 3 卷,第 154 页)

△　批复刘平的"江西革命计划书"。

时任职军事部的刘平,条陈江西革命布置情形及计划,并建议迅速武装起义。阅后批示:"交总务部、军事部会同审查。"(《批刘平函》,《孙中山全集》第 3 卷,第 154 页)

刘平于"经营江西革命计划书"中称,自上年三月由日本返回内地,以个人名义单独进行,"数月以来,与诸同志困苦经营,其中经济,或借贷知交,或牺牲私产,从未向本部支部需索接济"。嗣因告贷已穷,家产被没,以力难支持,不得已再返东京,求助于本部。江西的革命形势面临危机,"迩来机关迭破,吾党之健儿,或陷囹圄,或饮枪弹……若再稽延,不为急进之图,则从前之困苦经营,化为乌有。为大局计,为本党计,为己死之同志计,惟有为积极之进行"。

计划书从地势、人心、敌情、自力等方面论证了江西革命"皆宜急于进行",并详述了布置情形与发动计划。布置方面,区分全省为四区,赣南宁为一区,吉袁临瑞为一区,饶广抚建为一区,南九南为一区。每区或以原有之军队,或以退伍之兵士,及赋闲之会党,部署为四个支队,每支队合一团人数,"几经挫折,现已完全告成。惟南昌、铜鼓、饶州、袁州曾破获机关,而实力未大损益。且广信可联动浙江之衢州、江山,铜鼓可联动湖南之浏阳、平江。所有情形确有十分把握,如常山之蛇,一旦有事,可以首尾相应"。发动计划方面,"原欲为响应地位",广东起义,则赣南宁一区应之;湖南起义,则吉袁临瑞一区应之;浙江起义,则饶广抚建一区应之;长江流域起义,则南九南一区应之。如皆不能,则拟饶广抚建起事(此区力稍单薄),俟其调兵来攻,而于湖口九江等处,以最猛烈之手段对之。湖九为江西门户,敌人必注意守之,声东击西,使敌人疲于奔命,然后以袁赣两区(此两区力厚),为一鼓进取南昌之计,南昌之巡逻队及同志机关,为激烈之内应,"一鼓而下,非难事也"。如各省不动,则声称进取南昌,而实向建宁方面退却,沿闽粤之边以为流寇。刘声称,"以上皆切实有把握之情形也,时乎时乎不再来,稍纵即逝。所苦经济困难,不能活动,倘本部能接济五千元,可由本部限期举事。如到期不能,由本部宣布死刑,平自当束身归罪,以为同志儆"。(《刘平条陈经营江西革命计划书》,黄季陆主编:《革命文献》第48辑,第145—148页)

　　15日,刘平再至军事部报告称,江西广信方面不但退伍兵士及土匪可靠,即警察保安团亦已接洽成熟;赣州方面情形正好,惟赣南军不日有解散消息;铜鼓自师凯军去后,不过举家奔避,将屋宇焚去,祖坟掘露,产业充公,其余同志均无恙;浏阳向义团局已增成机关枪两枝,七生的口径过山炮一尊。并请示方法并起程日期。军事部认为其举动虽有条理,惟以书生而谈兵事,恐实行上不无稍逊。决定"俟将该员所上计划书再加审查,与总务部筹议后再定办法"。随后,徐苏中至军事部,副部长周应时向其询问江西最适之人才。徐认为,俞奋、李自光、欧阳豪、张惟坚四人为最。"惟俞奋已在申办江南事,李自光虽可靠而有一小部分反对,张惟坚已随从林虎不能分身,惟欧阳豪资格学识均佳,反对者亦少。"(《中华革命党军事部旬报》,[日]久保田文次编:《萱野长知・孙文関係史料集》,第571页)

　　△　叶独醒来函,求证孙中山遇刺消息。函称,从报纸获悉孙中山在日本被粤人李鸣皋"枪伤其肩,势甚轻微","但未知尊体伤处如

何,是否有此情形,或者袁派之狂诬捏造,闷葫芦不知底里如何,总祈指示"。函中也指出此事亦可以做成文章,"惟李已被逮,此又是袁贼谋宋之故智。幸而天鉴尔德,临危不危,如将此力求日政府,许以改过,出首袁氏之委律,有数贼作证之条,若报出袁氏之委,可借此以动天下之公愤,想李之吠尧,罪有攸归"。(《叶独醒上总理函》,环龙路档案第 04758 号)

1 月 10 日　邓恢宇、山田纯三郎、夏治□、夏之麒、邵元冲、徐忍茹、余祥辉、和田瑞、肖萱、周应时、吴飞、徐炳炎、陈中孚、丁仁杰等人来访,参与交谈。刘平、张珠来访时,徐忍茹代为接待。(日本外务省档案,1915 年 1 月 11 日《孙文动静》,乙秘第 34 号;俞辛焞、王振锁等译:《孙中山在日活动密录》,第 311 页)

△　党务部长居正呈请核委覃振为湖南支部长。

先是,上年 12 月 25 日,湖南支部以"更选之故稍有争执",推举代表面谒孙中山请示办法。谕以"党员既各有意见,不能达圆满推荐之目的,开会推荐权当然收回,任党员自由推荐,由余拣选委任"。随后,该支部党员即集合未散会之党员四十六人,记名推荐覃振(得四十五人之同意票),并由党部呈请核委。但总务部"以该会不能成立,委任覃振一节尚待调查,本部应静候命令,何敢再渎"为由不办。是日,党务部又呈报孙中山,请示办法,称:"惟该支部届满任期间只有七日,若不委人接办,则迟之又久,恐于湖南党务进行滞碍颇多,党务部实无从负责。且查覃振君为人,奔走革命事业十年有余,辛亥以前曾入狱,辛亥以后不争权,亡命以来,一贫如洗,其性行颇有可嘉者。至反对覃振者之口实,谓覃不应与某同居。曾派人查寝,确为穷所使,兼有蒋翊武之师李执中招之往,故随寓而安,并无政治的意味。今覃已另迁矣,其心迹亦可表白。吾党此际任人,鄙见以为先观其大节,次当察其对于党事诚意与否。若覃君之大节无亏,且对于党事又有诚意,似不可以少数反对者而遂没其长也!"(《请核委覃振伟湖南支部长上总理呈》,陈三井、居蜜合编:《居正先生全集》中册,第 10—12 页)11 日,委覃振为湖南支部长。

　　△　委刘大同为东三省支部长,何荫三为仰光支部长。

　　是日,党务部报告称,东三省支部开支部长选举会,到会者十四人,投票之结果,刘大同以十票当选,呈请孙中山核夺并给予委任状。([日]久保田文次编:《萱野長知·孫文関係史料集》,第606页)

　　1月11日　胡汉民、王统一、田桐、山田纯三郎、谢持、居正、王介凡、宁武岩等来访,参与交谈。邓恢宇来访时,谢绝会见之。(日本外务省档案,1915年1月12日《孙文动静》,乙秘第40号;俞辛焞、王振锁等译:《孙中山在日活动密录》,第311—312页)

　　△　批复怡保某君来函。

　　先是,怡保某君来函询问关于发给海外筹款收条办法。悉后,批示发给收条,并答以:"本党自开办以来,对于海外筹款,只发给总收条,其分收条,当由各支部、分部自发。伍平一君所主张之法,非本部之意,如海外各部若以此法为良善,亦可由本部另订新章办理。但各埠既自立支部、分部,本部只对于支部、分部各长交涉。支部、分部对于党员较为妥善,他日赏勋酬劳,亦容易调查。因本部办事人员,一遇革命得手,则全数入内地,分往各省担任职务,如此则恐难再行会商党事也。故对海外党员,当以支部及分部为交通点,倘各支部、分部恐当地党员不信用,当由党员公举理财员,汇款至本部,得回总收条,昭示大众,当无不信也。另由支部、分部造详细征信,以示大众及备考,则他日偿债筹划,亦由支部经理便可。"(《批怡保某君函》,《孙中山全集》第3卷,第154页)

　　1月12日　曹亚伯、戴季陶、殷文海、王统一、何天炯、夏之麒、程壮、王介凡、李岩恢等来访,参与交谈。陈家鼐来访时,谢绝与其会见。(日本外务省档案,1915年1月13日《孙文动静》,乙秘第49号;俞辛焞、王振锁等译:《孙中山在日活动密录》,第312—313页)

　　△　山东支部长刘光向军事部递交山东军事计划说明书。

　　5日,孙中山委任刘光为山东支部长。是日,刘即向军事部提出

1919 年 1 月(民国四年　乙卯)四十九岁 / 1919

山东军事计划,要点有四:(一)山东兖州、曹州、沂州等处有投诚土匪万余人,解散后穷无所归,若一旦有事,无不乐从;该处有巡防队四十营左右,与土匪非亲即友,以土匪发难则防营之响应当有三分之一。(二)德州有军械制造局,如能光复,不独枪弹可资接济,且使全省之精神一振。(三)敌人为陆军第五师,然众军一旦发动,彼趁机抢掠。(四)以山东我军之力扑灭山东之敌军,不无余力。军事部认为其所报军情失于疏略,拟邀其来部面询再定办法。(《中华革命党军事部旬报》,[日]久保田文次编:《萱野長知・孫文関係史料集》,第 568－569 页)

1 月 13 日 丁仁杰、曹亚伯、廖仲恺(两次)、谢持、居正、杨庶堪、田桐、周应时、王统一、山田纯三郎、陈中孚、余祥辉、安健、凌霄、明超北、张肇基等来访,参与谈话。王道来访时,谢绝会见之。(日本外务省档案,1915 年 1 月 14 日《孙文动静》,乙秘第 53 号;俞辛焞、王振锁等译:《孙中山在日活动密录》,第 313 页)

△　周应时呈请委任曾杰为河南司令长官

是月 4 日,总务部长将曾杰的经营河南计划书交与军事部。5日,曾杰又到军事部,说明 4 日所上计划书之内容,面陈机要,谓彰德府附近绿林已发动,请求回国经营,并提出三点要求:(一)照计划办到须三个月;(二)须经费六千元;(三)各费不必一时全数领取,可陆续拨给,但第一次之经费须多给若干,因还申债约三百元,又须租房二三处及派人旅费等。军事部以其第二次革命时期曾在皖充支队长,所言颇为实在,当即答应呈请总理及会商总务部长后,再行通知。是日,军事部副部长周应时呈请孙中山委任曾杰为河南司令长官,称:"再四审查,其革命经验与军事知识,迥非大言涑听者比。""其人豪爽勇敢,确系实行家。"随文并附计划书、履历书各一纸。[日]久保田文次编:《萱野長知・孫文関係史料集》,第 565、607 页)

△　是日,委沈鸿柏为麻六甲支部长,龙道舜为副部长。

1 月 14 日 邓恢宇、陈其美、胡汉民、山田纯三郎、王统一、杨虎、徐苏中、程壮、县纵、俞奋、曹亚伯、丁仁杰、夏之麒、邓文辉等来访,参与交谈。陈家鼐来访,请其去民国社。向上海发去一挂号邮件。(日本外务省档案,1915 年 1 月 15 日《孙文动静》,乙秘第 58 号;俞辛焞、王振锁等译:《孙中山在日活动密录》,第 313—314 页)

△陈其美致函谢持,请接济广东同志。

函称:"广东同志有情形困苦不堪者,祈酌量小有接济,免得为难。"(《陈其美致谢持请按济广东同志函》,黄季陆主编:《革命文献》第 48 辑,第 10 页)

1 月 15 日　曹亚伯、山田纯三郎、程壮、杨虎、葛庞、张肇基、居正、刘平等人来访,议事。(日本外务省档案,1915 年 1 月 16 日《孙文动静》,乙秘第 61 号;俞辛焞、王振锁等译:《孙中山在日活动密录》,第 314 页)

△　王孟榢来函,申述张汇滔受同志责难之事,并请函召其往日本,"加以劝勉,以备收孟明之用"。悉后批示,交由居正和田桐代为答复,并劝王孟榢填写誓约,加入中华革命党。

王孟榢函谓:"张君孟介(张汇滔)此次归来,所有一切规划,孟榢始而本不与闻。继阅报章之所载,及诸同人之口述,乃知各处所谋均归失败,此间诸同志因对于孟介咸有责言,孟介尤愤闷异常,几不欲生。刻闻在东诸人亦多不满意。孟榢隔阻海内,未曾加入新党,此事本不宜妄忝未〔末〕议。然伏念先生领袖同人,组织新党,实欲改进国家耳。孟榢亦民国一分子,偶有所见,何敢默而不言。且孟榢与孟介相处有年,深知其雄才大略,勇于任事,实为吾皖中之不可多得者。惜热度过高,处事用人亦欠精细,乃其所短。况今日党德日下,所往来于国内外好为大言,口热诚而心金钱者,所在皆是。以孟介之豪放,尤易受其诋骗,此次之败正为此故。即孟榢等夏间以爱惜孟介之意,出为反对,盖亦早虑其有今日矣。虽然以伊之为人,若考其才而用之,将来成就当亦未可限量。"(《王孟榢为述张孟介受同志责难上总理函》,黄季陆主编:《革命文献》第 48 辑,第 137 页)

1 月 16 日　陈树人、廖仲恺、居正、许崇智、谢持、黄实、田桐、胡汉民、杨庶堪、丁仁杰、邓恢宇、邓文辉、王统一、陈扬镳、张肇基、王烈、曹亚伯、县纵、白耀辰、王道等来访，参与交谈。给上海寄去挂号邮件一件。（日本外务省档案，1915 年 1 月 17 日《孙文动静》，乙秘第 65 号；俞辛焞、王振锁等译：《孙中山在日活动密录》，第 314—315 页）

△　复函谭根、伍平一，嘱等候消息。

函称："飞行之事业，此间正在筹划，与两兄之意相同，请兄等暂待，当有消息通知。如此间一有电报，望即启行来东。故爪哇之行，请暂作罢论，盖恐因是耽搁时机也。"（陈旭麓、郝盛潮主编，王耿雄等编：《孙中山集外集》，第 366 页）

△　是日，与总务部副部长谢持谈话，交代存案办法，"务使逐日所商决或面嘱应办之事无一忘者，宜存记之，可备后日考核"。（郝盛潮主编、王耿雄等编：《孙中山集外集补编》，第 157 页）

△　委卢师谛为四川革命军司令长官。

1 月 17 日　余祥辉、朱卓文（两次）、陈家鼐、覃振、谢持、李师、丁仁杰、赵瑾卿、廖仲恺、杨少佳、陈泽景、山田纯三郎、王统一、安健、凌霄等人来访。王天鹏来访时，谢绝与其会见。（日本外务省档案，1915 年 1 月 18 日《孙文动静》，乙秘第 69 号；俞辛焞、王振锁等译：《孙中山在日活动密录》，第 315 页）

△　与卢师谛谈"游勇部署"之见。

是日，卢师谛来辞行，以"游勇部署"嘱之。指出："游勇之长在弹不虚发也，善用地形也，健行路也，能饥饿也，人自为战，不因头目被创而退也。故宜选调若干技熟体强者，准四则而练之，为横行国内之备。其法多行实弹射习，教以地形，选择伏行跪行，时时远走，备干粮，遇敌则静以持之，即不支亦必至夜而后退也。"（谢持：《谢持日记未刊稿》第 1 册，第 340 页）

1 月 18 日　刘雍、王□、朱卓文、萱野长知、廖仲恺、居正、覃振、曹亚伯、胡汉民、丁仁杰等来访，议事。程壮、丁士杰、张宗海、李子和、张永修来访时，谢绝会见，请他们去民国社。（日本外务省档案，1915 年 1 月 19 日《孙文动静》，乙秘第 73 号；俞辛焞、王振锁等译：《孙中山在日活动密录》，第 315—316 页）丁士杰近期由上海返回东京，昨日曾到军事部，报告苏事可为及经济困难情形。军事部决议"即日筹款二百元，遣令回申密布一切。关于苏事之办法及在东苏人之处置，统待吴阴华来东后，决定一致进行"。（《中华革命党军事部旬报》，[日]久保田文次编：《萱野长知·孙文関係史料集》，第 572—573 页）

　　△　日本驻华公使日置益向袁世凯提出"二十一条"。

　　该条约共分五号，其主要内容包括：要求承认日本继承德国在山东的一切特权并加以扩大；要求承认日本在东三省南部和内蒙古东部的各项特权，旅顺、大连的租借期和南满、安奉两铁路期限延至九十九年；要求中日合办汉冶萍公司；要求中国沿海的港湾岛屿不得租借或割让给别国；要求中国政府聘用日人为政治、财政、军事顾问，中日合办警察和兵工厂，并承认日本在武昌、九江、南昌、杭州、潮州间的铁路建筑权。据美国公使芮恩施称，日置益向袁世凯面递"二十一条"要求时，表示："彼等（指中国革命党）与政府外之有力日人有密切之关系，除非中国政府给予友谊证明，日本政府直不能阻止此辈之扰乱中国。"从 2 月 2 日起，两国代表就此事交涉会谈。（王芸生编著：《六十年来中国与日本》第 6 卷，第 76—77 页；陈锡祺主编：《孙中山年谱长编》上册，第 927—928 页）

　　1 月 19 日　上午，朱卓文、周仁、王统一、曹亚伯等来访。下午，乘人力车至丸善书店买书。归途到芝区南佐久间町一丁目 1 号陈其美办事处，与丁仁杰、居正等四人议事。后又到麴町区三年町 2 号陈其美住处，与陈其美、朱卓文、王统一、徐忍茹面谈。面谈时，有九名青年来访，均谢绝会见。下午，徐苏中两次来访，和田瑞来访，值外出，均未相见。傍晚，徐苏中又来访。给香港的安郑献和冯子潮各发一函；给上海和马尼拉各发一西文函。（日本外务省档案，1915 年 1 月 20 日《孙文动静》，乙秘第 81 号；俞辛焞、王振锁等译：《孙中山在日活动密录》，第

316 页)

　　△　批示居正呈文。

　　党务部长居正请示可否委任吉礁名誉部长,并代巴达维支部询刘子芳在港设立机关是否奉命令行事。阅后批示:"可以准行。""此事已直达〔答〕巴城,并无其事,此乃刘擅行自立。"(《批居正呈》,《孙中山全集》第 3 卷,第 155 页)

　　△　居正遵指示致函麻坡支部长郑汉武等,嘱协助麻楮巴辖分部并注重发动商会。

　　先是,上年 12 月 17 日麻坡支部来函,并代麻楮巴辖分部转来函一件,报告组织分部并隶属麻坡支部之事。孙中山据党务部所呈先行委任两部长,正式承认立案,并指示党务部直接函复该分部,鼓励一切。是日,居正致函麻楮巴辖分部雷绵超、甄寿南等,表达"立盼勇往迈进,扬厉精神,以收发达之结果"之意愿,并称:"章程为共守之条约,人材为团体之根基,务祈依据总章大旨,自先制定章程,再由章程产生各种职务名义,遴选完全分子担任。手续完结之后,即将章程及职务名表抄寄本部,以便批准加委,成立完备机关。"同时,党务部又复函麻坡支部称:"该埠为柔佛之属,华侨约五千余人,距麻坡二十二英里,雷君徙居于此,颇为得力,务烦贵支部常川接洽,并与雷君商榷进行方法,以辅厥成。"并嘱注重发动商会工作:"夫商会为公开之社团,其组成分子,大半系老成持重之商人,且多染畏葸因循之旧习,其机关几与旧时官厅无殊,故凡对于政府,只有服从之义务,而不敢为激烈之行动,亦固其当然。故于二次革命时,内地商会多趋炎附势,反对革命。一年以来,受袁氏之敲剥,亦怨声载道,颇悔前次赞助袁政府之非,而犹念吾党之宽仁于不置。此亦事实可征者也。故吾党同志,对于商会机关则置之不问。对于组织商会之分子,则视其性行,相机劝诱,以诚心诚意感动之,庶几革面洗心,同为吾国造成真正共和之头等国民,此则敝部所馨香祝者也。"(《致蘇坡支部长郑汉武函》,陈三井、居蜜合编:《居正先生全集》中册,第 97—98 页)

1月20日 朱卓文(三次)、田桐、曹亚伯、廖仲恺、周应时、萱野长知、居正、王统一、富永龙大郎、山田纯三郎、谢持等到访。(日本外务省档案,1915年1月21日《孙文动静》,乙秘第89号;俞辛焞、王振锁等译:《孙中山在日活动密录》,第316—317页)

△ 对豫、鲁地区军事做出指示。

宋拚三、庞三杰向本部报告河南、山东等地军事及运动情形后,谢持予以转呈。悉后嘱:"豫之军队,出于意外,亟应特别留意。至宋、庞若果能动,则不惜小费而使之急进可也。"并指示:"铁道以毁为主,盖我得时,于兵事政治皆不能立时适用,莫如毁之,免资敌也。"(郝盛潮主编、王耿雄等编:《孙中山集外集补编》,第157页;罗家伦主编,黄季陆、秦孝仪增订:《国父年谱(增订本)》上册,第649—650页)

△ 陈炯明来函,不赞同组织中华革命党的做法,并表示暂不能赴日。

函称:"东游之念,积之年余,弗克为愿,竟亦可望而不可即。欧战发生,立即过英,本谋渡美看克强,再赴日看我公,乃谋之连月,终不得行。遂南到星,仍拟来东一行,冀有涓助于党事。乃闻东京吾党内讧之声,至今未息,颇为厌闻,是以废止。惟遥祝先生所行早日成功,或则大家猛省,操危虑深,求得一当以报国民二者而已。窃谓今日之事,不患袁贼之不倒,而患吾党之自乱,自乱则必无大力可以图猿,亦必无好结果可以报国,稍有心肝及负前途责任者,当无不引为深惧。想先生规划新盟时实具此意。然新盟之内容,炯至今尚未之悉当否,姑且勿论,唯为狭义之组织,择人最严,已可概见。然在先生地位及责任,似不必以此为惟一的集合人材之计划也。今承函招,本应如命抵东,但目下尚有羁绊,容俟春间,当即趣装就教,如有紧要委嘱,请随时赐书,当即如数照办。"(《陈炯明上总理函》,环龙路档案第07383号)

△ 黎萼、阚钧请款回粤。

是日,黎萼至军事部,称已得到孙中山及总务部同意,设法回粤,并提出:"自去年四月潮州失败以来,同志流离香港者尚有数千人,请拨千元左右,回粤一面维持一面进行。"军事部答应与总务部长磋商再通知。军事部认为:"粤事宜归总务部邓铿君节制,以谋统一,若查该员事实果确,应稍给川资遣令回南,与邓君接洽,再由邓君量情给费,为适当之办法。"是日,阚钧也至军事部,请于月内设法付给旅费若干,以便其先回上海,稍料理再赴港与邓铿接洽,"介绍驻粤之皖军两营"。军事部允之。(《中华革命党军事部旬报》,[日]久保田文次编:《萱野长知·孙文関係史料集》,第 574 页)

1 月 21 日 黎梦、曹亚伯、廖仲恺、胡汉民、周应时、丁士杰、王统一、朱卓文、安健等人来访,面谈。王统一派夫人送来中国沿海航线图十余张。史古香来访时,谢绝与其会见。(日本外务省档案,1915年 1 月 22 日《孙文动静》,乙秘第 95 号;俞辛焞、王振锁等译:《孙中山在日活动密录》,第 317 页)

△ 面谕许崇智,指示对待湖北救世军办法。

本月 19 日,李文甫代表湖北救世军团体聂豫来东京与中华革命党本部接洽,据称:"该团体以地球狮子图为标记,上印无人无我,不生不灭,取社会主义,现有二千余人,于孝感、宜昌、汉阳、大冶、德安、武昌、汉口、黄陂、襄阳、麻城等处皆有机关。"是日,许崇智代李文甫呈聂豫上孙中山书。孙中山指示:"转嘱聂豫君及该救世军团体,立约者认为党员,入党后再与之接洽。"后孙中山委聂豫为湖北第一区司令部参谋长。(罗家伦主编,黄季陆、秦孝仪增订:《国父年谱(增订本)》上册,第 650—651 页;郝盛潮主编、王耿雄等编:《孙中山集外集补编》,第 158 页)

△ 听取丁士杰汇报江苏军事情况,并派其回沪。

丁士杰于本月中旬由上海来东京,汇报吴藻华领导江苏军事策动和经济困难等情况。是日,周应时引丁士杰晋谒孙中山,面陈情况。当经商定,派丁士杰回沪维持,命吴藻华来东京共商办法。(日本外务省档案,1915 年 1 月 22 日《孙文动静》,乙秘第 95 号;俞辛焞、王振锁等译:《孙中山在日活动密录》,第 317 页)

△ 李烈钧来函,解释目前困难。

函称:"东京之行,原有此意,到南洋闻公等在东行动颇不自由而止。兹闻彼邦民党有活动消息,果成事实,当行初意。但钧部同志,云散风流,极形困苦,刻筹收容,须缓时日。心心相印,先生有异举时,在南方策应反较便也。"(周元高、孟彭兴、舒颖云编:《李烈钧集》上册,第177页)

△ 批准许崇智、周应时呈拟之《中华革命军委任通则》。(罗家伦主编,黄季陆、秦孝仪增订:《国父年谱(增订本)》上册,第650页)

1月22日 朱卓文、曹亚伯、张宗海、史古香、郭云楼等来访,面谈。收到来自横滨的快递信。(日本外务省档案,1915年1月23日《孙文动静》,乙秘第102号;俞辛焞、王振锁等译:《孙中山在日活动密录》,第317页)

△ 徐苏中来函,强烈请求辞去江西支部长之职。

函称:"去夏诸同志谬采虚声,□□推荐,先生宽怀纳物,亦遽加以委任,蹙□堪怜,几于竭蹶。旧腊部长更迭,私幸可藉□拙陋,不意滥竽如故,求全之毁,遂日以益多。""自就职以来,无效可忆,虽党务可期扩充,而军事困于财荒,外惭□议,内咎神明,□□不变,匪惟一省大事将冥冥堕败,即为本党计,威信失于一人,影响恐及于全体。务恳先生俯察私衷,江西支部长一职另予贤能,俾区区余生得留以供驱策,江西之幸,实先生之赐也。"(《徐苏中上总理函》,环龙路档案第00026号)

△ 委凌霄为贵州支部长;委林天奇、李友朋为吉礁支部名誉正副部长;甄寿南、雷绵超为麻褚巴辖正副分部长。

1月23日 戴季陶、朱卓文(两次)、曹亚伯(两次)、居正、廖仲恺、谢持、杨庶堪、胡汉民、田桐、萱野长知、席正铭、刘廷汉、刘程北、陈中孚等来访。邓恢宇来访时,谢绝与其会见。(日本外务省档案,1915年1月24日《孙文动静》,乙秘第106号;俞辛焞、王振锁等译:《孙中山在日活动密录》,第318页)

△ 拒绝会见《朝日新闻》社记者山中岸太郎。

本月 22 日,东京《朝日新闻》印发号外,将日本政府提出的"二十一"条要求公诸于世。日本政府惊慌失措,出动大批警察予以没收销毁,但消息终于外泄。北京《亚细亚日报》与英文《北京日报》亦刊出"日本又向外交部提出新要求"的消息。31 日,《亚细亚日报》又译刊《朝日新闻》号外全文。顿时,国内外议论纷纷。是日下午 3 时 25 分,《朝日新闻》记者山中岸太郎来访,孙中山拒绝与之会见。(日本外务省档案,1915 年 1 月 24 日《孙文动静》,乙秘第 106 号;俞辛焞、王振锁等译:《孙中山在日活动密录》,第 318 页)

1 月 24 日　许崇智、周应时呈请委任夏尔玛为浙江革命军司令长官。

呈谓:"浙江军事原系夏尔玛担任,经营颇著成绩,现值军事吃紧之际,拟请委任该员为中华革命军浙江司令长官。"并附履历如下:夏尔玛,号次岩,年四十四岁,浙江青田人。庚子入安徽武备学堂,癸卯毕业。甲辰三月,充武备练军右三哨哨官。九月祖母病请假回籍。乙巳充桐城崇实学堂监学,兼中学体操教员。至丙午下学期,充芜湖赭山中学监学。丁未充安徽师范学堂监学,兼体操教员。己酉兼陆军测绘学堂提调。庚戌又兼浙江中学监督,庚戌丁父艰回籍。辛亥充安徽陆军小学提调。王天培光复安徽充庶务长。黄焕章到皖,离皖至合肥组织北伐队未成。合肥军民公举代表,欢迎孙少侯到皖,任军务部次长,兼庶务科长,军需科长,壬子四月解职。二次在临淮一带,察视军情,后至徽州组织军队,未成,取销独立。阴历八月二日返沪。27 日收到后,孙中山批示:"着照办理。"(《许崇智周应时请委夏尔玛为浙江革命军司令官上总理呈》,黄季陆主编:《革命文献》第 48 辑,第 20—21 页)

1 月 25 日　黎梦、曹亚伯(两次)、陈中孚、安健、林来、居正、周游仙夫妇、邵安华、陈其美(两次)、山田纯三郎、菊池良一、夏尔玛、和田瑞等来访,参与交谈。葛庞、方汉儒二人来访时,谢绝会见之。(日本外务省档案,1915 年 1 月 26 日《孙文动静》,乙秘第 116 号;俞辛焞、王振锁等

译:《孙中山在日活动密录》,第318—319页)

△　致函邓泽如,介绍曹亚伯赴南洋考察矿务。

函谓,曹亚伯系多年同志,曾在英国学矿毕业,近以国事被嫌,不能复返故土,却乘此余暇欲到南洋考察矿业,"如有可资其参观之机会,敬乞指导勿辞"。(《致邓泽如函》,《孙中山全集》第3卷,第155—156页)

△　委徐苏中连任江西支部长。

1月26日　王统一、李容恢、居正、邓文辉、俞子厚、戴季陶、山田纯三郎、津久居平、陈其美等来访,参与交谈。黎梦来访时,谢绝与其会见。(日本外务省档案,1915年1月27日《孙文动静》,乙秘第120号;俞辛焞、王振锁等译:《孙中山在日活动密录》,第319页)

△　复函宿务同志,揭穿遇刺谣言。

信中指出,日报所载刺客事,毫无故实。"其谣言捏造,始自沪上,继而港澳亦复有之,美洲各埠并以电询,袁氏殆故为此,以摇惑人心耶？日本警察甚严密,对于弟等之保护,尤为周至,决无意外之虞,爱我诸同志可无过虑。"(《复宿务同志函》,《孙中山全集》第3卷,第156页)

△　批示军事部长许崇智所呈请,委任蔡济民为湖北革命军司令长官。(《批许崇智等呈》,《孙中山全集》第3卷,第156页)

△　是日,中华革命党总务部由南佐久间町迁至麻布区市兵卫町二丁目十二番地,与民国社及党务部同在一处办公。

1月27日　洪兆麟、邓文辉、廖鉴臣、胡汉民、田桐、杨庶堪、谢持(两次)、居正、邵元冲、曹亚伯(两次)、周应时、丁仁杰(多次)、肖萱、陈其美、戴季陶、山田纯三郎等来访,参与交谈。下午,托曹亚伯代发致旧金山一封电报和八封信。(日本外务省档案,1915年1月28日《孙文动静》,乙秘第129号;俞辛焞、王振锁等译:《孙中山在日活动密录》,第320页)

△　致电戴德律,嘱勿让黄兴谈判借款。

上年12月30日,戴德律曾在华盛顿使用秘密电码,电告其与黄兴见面情况,以及与黄兴在纽约作进一步讨论的安排。戴德律称,打算把黄兴介绍给"在纽约涉及百万元借款事宜的朋友",并称"如果我们能够确定这项任务,那么,借款的细节规定就是很重要的。当然,在谈判中,黄将军是很能施展才具的"。同时附上了同日写给黄兴信函之复本,并要黄兴和他立刻进行商议。孙中山接信后,于是日致电戴德律,劝其"今后必勿用黄谈判借款"。(陈旭麓、郝盛潮主编,王耿雄等编:《孙中山集外集》,第462页;[美]韦慕廷著、杨慎之译:《孙中山——壮志未酬的爱国者》,第96—97页)

△　与谢持谈话,提示:"办事人员既有意见,则办事权限必清;无意见时,可从便办理。"(郝盛潮主编、王耿雄等编:《孙中山集外集补编》,第158页)

△　批示杨熙续来函。

杨熙续来函请求接济钱财。悉后批示:"调查应否补助。"(《批杨熙续函》,《孙中山全集》第3卷,第157页)

△　张德荣、孙克勤来函,请给以川资,拟在安徽发难。函中主要介绍了自己的经历与革命志向,称:"早随行伍,当辛亥革命之余□,曾于枪林弹雨中,从淝上诸健儿驰骋于大江南北。二次革命失败后,逃居沪上,迄今一载。于兹境遇,则无锥可立,生计则悬釜待炊,虽千辛万苦,然一片热诚,无日不以誓除国贼求一死以为快,此种心理,非仅德荣等所独具,即内地人民沪上诸同志中比比皆然。"表示"拟在皖南北首先发难,拼此一身报国,只求得先生一知,则德荣等死有余荣矣"。并告知,已于本月3日在法界郑家木桥被恶探实行暗杀,身中两枪,正在广慈医院。信中对党内同志存在的问题表示强烈不满:"年来受吾党蟊贼所误所愚,不堪列举。若辈只知窃他人势力,夸耀同侪,或借招待之名,为吃饭碗,或以人命为试验品,甚或利口甘□,在先生前骗取经济,但得金钱到手,即住高大洋房,制华丽衣服,呼朋引类,共出风头。而被愚受误者,欲沾其唾余而不得,即真正好同志,任其妻离子散,亦〔不〕肯慨赠分文,徒在上海称雄,不敢过雷池一步,利则独享,而怨归东京,可胜慨然。不但阻滞进行,亦且有失人

望。不清内政，欲御外侮，杞人之忧，曷其有极。"(《张德荣、孙克勤上总理函》，环龙路档案第 00865 号)

2月3日，孙中山将之交军事部，4 日军事部回复称："大致佳电热诚，特派丁士杰与之接洽，赴皖川资可与丁商筹。"([日]久保田文次编:《萱野長知·孫文關係史料集》，第 583—584 页)

1月28日　中华革命党军事部请示组织司令部及委任各地司令长官诸事宜。

呈文称:中华革命军各省各区司令长官及司令官业经先后委任，而司令部如何组织，职务权限如何规定，尚附阙如。"兹经部长等拟定中华革命军司令部通则草案，拟俟核准即颁发。各司令长官及司令官是否有当，应请批示祗遵。再各省区司令长官及司令官之关防尚未颁发，请饬总务部照单分别规定制交军事部。并请饬该部以后遇委任司令长官及司令官，随时务即查照制造关防，送交军事部，以便随时颁发。"随呈附上中华革命军司令部通则一本、已委各省区司令长官司令官之姓名、区域、职权清单并四川司令长官卢师谛履历。清单内容如下:邓铿，中华革命军广东司令长官;刘崛，中华革命军广西司令长官;高建瓴，中华革命军湖北荆州司令官;安健，中华革命军贵州司令长官;张汇滔，中华革命军江北皖北司令长官;吴藻华，中华革命军江南司令长官;梁宗汉，中华革命军湖北宜昌司令官;李箕，中华革命军广东游击队司令;卢师谛，中华革命军四川司令长官。卢师谛履历内容如下:卢师谛，字锡卿，年二十八岁，原籍江西，今籍四川射洪，然居成都，四川高等学堂毕业，前同盟会会员，辛亥光复任蜀军政府第二团团长，成渝两军府议合后，任四川第五师第十六团团长，民国二年渝讨袁军兴，任邓绥忠石成军司令官。([日]久保田文次编:《萱野長知·孫文關係史料集》，第 608—610 页)

次日，批准中华革命党司令部通则，并嘱军事部将其编入革命方略内。(罗家伦主编，黄季陆、秦孝仪增订:《国父年谱(增订本)》上册，第 652 页;[日]久保田文次编:《萱野長知·孫文關係史料集》，第 579 页)

△　总务部复函芙蓉支部伍熹石,解释港报载李鸣皋行刺之事,并申孙中山与华侨之深厚感情。

函称,港报载李鸣皋暴行不法,纯属子虚,"当系伪政府及其附属品卑劣谣摄之故智,不外希图荧惑我团体之听闻耳"。"侨胞拥护总理,如家人父子,隔海惊心,重劳远念,总理深为之歉仄不安,现已一律慰报矣。"(《总务部复芙蓉支部伍熹石关于港报载李鸣皋事函》,黄季陆主编:《革命文献》第45辑,第635页)

1月29日　史古香、郭云楼、胡汉民、徐苏中、邓文辉、田桐等来访,参与交谈。下午,接到陈其美电话,得知其因腹部疼痛不能来访后,即步行至麹町区三年町陈其美住处,与其商谈。(日本外务省档案,1915年1月30日《孙文动静》,乙秘第148号;俞辛焞、王振锁等译:《孙中山在日活动密录》,第320—321页)

△　吴忠信由上海来东京,报告上海经营情况。

吴于本月初由沪抵长崎,是日来东京,向军事部陈述,因经济困难,沪事已数月未着手经营,所有办事人员遣散不少。"现既积极进行,已函招刘某来京商办沪事,拟派阚钧回申经营松江。"军事部复函吴藻华,促他即日东渡。(罗家伦主编,黄季陆、秦孝仪增订:《国父年谱(增订本)》上册,第652页;[日]久保田文次编:《萱野长知·孙文关系史料集》,第580页)

△　是日,曾广焯、宋拚三、潘乃镉向军事部提交河南讨袁军事责任与计划书。

称:"为贯彻本党目的起见,关于河南军事行动,吾叁人能所力及者,甘愿竭力进行。除遵守誓约所定严守秘密、服从命令、誓共生死、尽忠职守各条件外,特具状分别申明各人所负职任,如有虚伪退思等情,甘当军法。"其中,曾广焯的责任为:"陆军任耀武一旅(现驻开封)及胡鸿宾一团(现驻信阳武胜关),又游击队之下级官,又郭殿邦所统毅军右翼二十三营(现驻洛阳一带,郭殿邦、郭子俊接洽),又可由任耀武派人说陈伯生(现驻潼关同州秦军)",行动分甲乙两项:"(甲)发难,当在五六月间,但必得鲁皖省响应;(乙)响应,鲁皖既举义则数日内河南必响应之，或鄂省举义亦然。"宋拚三的责任为："与于化卿共同担任会党之联络指挥，又代于君担任镇嵩军之联络（但该军首领刘镇华在外）。"行动分甲乙丙三项："（甲）会党小股可以发动（现时已动，但以会党之名义及举动行之）；（乙）会党大动，必待各股头目连络一致，枪弹完备而后敢行动，揭本党旗帜；（丙）如枪弹未完备而邻省已行发难，则必即时响应，指鲁皖二省或鄂省。"曾广焯、宋拚三共同职任包括："一、各种军队及会党相互连络或互通声气之办法；二、铁道之破坏。"潘乃鋆的责任为："一、留东时与本部接洽；二、还国时与曾广焯、宋拚三负共同之责。"（[日]久保田文次编《萱野长知·孙文関係史料集》，第 611—612 页）

1 月 30 日　居正、萱野长知、田桐、周应时、杨庶堪、谢持、山田纯三郎、邵元冲、张秉兰、李容恢、刘大同等先后来访，参与交谈。（日本外务省档案，1915 年 1 月 31 日《孙文动静》，乙秘第 175 号；俞辛焞、王振锁等译《孙中山在日活动密录》，第 321 页）

△　与谢持谈话。

是日，谈论各省情形，嘱谢持"查考有的确需款者，可将所需款项数目列一清单，便酌量办理"。谢报告："永平、承德一带须着手。"孙中山答复："如有可靠之人，则派往办理。"（郝盛潮主编，王耿雄等编《孙中山集外集补编》，第 159 页；罗家伦主编，黄季陆、秦孝仪增订《国父年谱（增订本）》上册，第 653 页）

△　发表告诫党员的训词，阐释平等自由之义。

称："吾党固主张平等自由，然党人讲平等自由，都把平等自由安错位置，不把平等自由安给国民，而把平等自由安在自己身上。自己要平等，而不肯附从创造主义之人，偏要人来附从他。自己要自由，而不肯牺牲，偏要人来供他的牺牲，所以自第一次革命以来，吾党之受人攻击，以致失败者，大半都是将平等自由弄错了。故欲举第三次革命，以求真正成功，非先把以前错处都改了，则无成功之希望。"（郝盛潮主编、王耿雄等编《孙中山集外集补编》，第 159 页）

△　周应时与刘大同商讨东北军事问题，告以孙中山主张。

近月来，东三省支部长刘大同多次访晤孙中山。日前，刘大同到军事部，询问对于黑龙江、吉林两省的进行持如何态度。是日，刘又至军事部，周应时与之商讨东北军事问题。刘问："对于吉林、黑龙江究竟如何？"周答道："总务部长云：总理意思，该处关于日俄交涉，动辄荆棘，目下暂置之。"刘又言："该处由军队内部，无外交之可虑，且长江以南如有发动，无该处以响应之，亦非计之得者。"周答："此言诚然。如联络该处，究竟需费若干，乞询明前途。至此事之应办与否，须俟面陈总理。"（［日］久保田文次编：《萱野长知·孙文関係史料集》，第 580 页）

△　是日，对苏北一带发动情况做出指示。

昨日，哈在田至军事部，述"江北清河徐泗各方面由丁明清、臧在新接洽，现已集有土侠三千余，且清江军队可以内应等情，徐淮海三处须有款三千方能大动"。是日，军事部将此情况向孙中山汇报。当即指示：与总务部长商定，关于江北之办法，"宜□地委人担任，由军事部直辖"。（［日］久保田文次编：《萱野长知·孙文関係史料集》，第 580 页）

△　戴德律来函，建议孙中山前往美国演讲。函称，"您的一些朋友和 Lecture Department of Chautauqua Society 的干事讨论过……它会给您一个出现在美国公众面前的绝佳机会，它有助于您被出席 Chautauqua Lectures 的美国民众所熟知。国务卿布莱恩先生、前总统塔夫脱、前总统罗斯福以及其他人都列席夏天举办的演讲会"。并称"与这个部分建立联系并在那里发表演讲会是一个很好的计划"。信中还告知已经安排黄兴和前总统罗斯福会见。（《James Deitrick 书简》，［日］久保田文次编：《萱野长知·孙文関係史料集》，第 445—446 页）

1 月 31 日　黎梦、波多野春房、余祥辉、周应时、丁仁杰、肖萱、谢持、陈其美、王统一、山田纯三郎、李容恢等先后来访，参与交谈。（日本外务省档案，1915 年 2 月 1 日《孙文动静》，乙秘第 164 号；俞辛焞、王振锁等译：《孙中山在日活动密录》，第 322 页）

△　军事部长许崇智、副部长周应时呈请委任庞三杰为鲁豫淮

游击队司令官。

22日,庞三杰与刘本至军事部,说明上年携款赴申招集所部,因待军火接济,故未发动。庞并述,海州及砀县附近前会集有三千余人,皆有器械,随时可以响应,"拟以海州根据地,往取徐州,不利则入山东之灵蒙山为流寇,且甘立军状"。刘亦甘立军状以保庞。军事部认为,俟一般计划定后,饬令担任破坏津浦铁路之责,或可稍有把握。因此,决定待筹划后,再定办法。([日]久保田文次编:《萱野长知·孙文関係史料集》,第576—577页)是日,军事部长许崇智、副部长周应时呈文:"拟请委任庞三杰为鲁豫淮游击队司令官,担任由丰沛砀三县起义,同时即破坏津浦铁路,以阻北兵南下,并游击于鲁豫淮交壤一带,而尤以破坏津浦铁路为主要之任务。"2月1日收到后,批示:"准照办理。"(《许崇智周应时请委庞三杰为鲁豫淮游击队司令官上总理呈》,黄季陆主编:《革命文献》第48辑,第21—22页)

△　中华革命党总务部长陈其美、军事部长许崇智呈请拟定军事服务状式,孙中山批示:"所拟适当,着即日施行。惟以前已领委任状者,按时地宜否酌量办理就是。"(《批陈其美许崇智呈》,《孙中山全集》第3卷,第157页)

△　是日,对周应时汇报的军事事项做出指示。

包括:请委蔡济民为湖北司令长官,批示"着照所请";关于徐扬淮通河之计划及经费,嘱"照计划筹备";报告贵州席正铭、凌霄拟往该处四县,袭取叙城再劫兵器为入手办法,因该处均洪门三点会,故易于着手,嘱"缓办";报告党员瞿钧在法捕房,请筹小款营救,允设法。([日]久保田文次编:《萱野长知·孙文関係史料集》,第581页)

△　国内报纸传出李书城、沈缦云向袁政府"自首"的消息。

称沈缦云"前日电致其亲戚周某,欲在镇守使立誓自首,今后永不与乱。经周托人关说,郑君谓姑准其回沪,来署当面解决"。对于李书城,"现经内务部批准,着本人亲赴上海镇守使署,亲填悔悟誓书,免予通缉。李约于阴历明年二月回申办理一切矣"。(《特赦声中之乱党》,《盛京时报》1915 年 1 月 31 日,"杂录")

2 月

2 月 1 日　胡汉民、谢持、夏尔玙、陈其美、余祥辉、蔡中和、田桐、山田纯三郎、丁仁杰等先后来访,参与交谈。(日本外务省档案,1915 年 2 月 2 日《孙文动静》,乙秘第 170 号;俞辛焞、王振锁等译:《孙中山在日活动密录》,第 322 页)

△　军事部长许崇智、副部长周应时呈请委任哈在田为徐淮革命军司令官等事项,获得批准。

呈文称:"自四川起义以来,各省志士,咸思急起直追。而据海内各部最近报告,谓贼军近日纷纷在鄂湘一带调兵入川。为灭此朝食计划,当此千钧一发,若非他省有二三处同时响应,遥相控制,则贼军得注全力以图川。川局一失,则此后更难于号召。部长等日夜焦思,自来长江流域为用兵者所必争,淮扬徐海通等处,尤扼南北之冲要。目前要着,莫如以江北淮徐海一带为主动,以通扬为被动,牵制北寇之行动。"拟委任哈在田为徐州革命军司令官,臧在新为淮上革命军司令官,丁明清为海州革命军司令官,"担任在于该三处先后起义,协同一致进行,以胁制清江原有军队,就我范围为主要之目的"。因通扬两处,基础尚形薄弱,拟委任程壮为通州革命军司令官,詹炳炎为扬州革命军司令官,"即时着手经营,俟徐淮海起义,乘时响应"。江南计划,候该区司令长官吴藻华到东后再定。至山东河南计划,俟酌定担任,再行呈请核夺。2 月 3 日收到后,批示:"准照办理。"(《许崇智周应时请委哈在田等为徐淮革命军司令官上总理呈》,黄季陆主编:《革命文献》第 48 辑,第 22—23 页)

△　是日,党务部长居正发布《党务时局报导文告》,阐明组织中华革命党的必要性。

文告指出："本系亡命客中之有资格者，而不同意于新中华革命党之组织，口头上谓不反对孙先生，只是誓约不应要，总章上不应以权利相号召，又谓国民党仅可不消灭，议论纷纷，似亦持之有故，言之成理。吾党海外同志，或有不明白国民党失败之真相，新党再造之苦心，为所摇惑。"

文告着重分析了此种人的危害性。称："国民党之失败，自改组以来，即伏阴谋，分子既属复杂，官僚因之侵入（赵秉钧亦入国民党），将吾党之本来主张抛弃，对于国家不敢直负责任，主持党务者半为官僚所软化。迨宋案、借款发生，风潮激烈之际，犹欲和平解决。孙先生自日本返国，即竭力主张以武力争之，不听。孙先生欲再返日本，由外交解决，力阻其行。孙先生又欲亲至南京举事，强止之。厥后战事发生，又不从孙先生之计划，并不与孙先生以名义，而另举岑某为大元帅。未几，元帅不赴任，将军不守城，而全局瓦解矣。约言之，即私心自用，不听孙先生之言之过也。向使当宋案发生，国会未成，借款无着，全国人心愤激之秋，北兵无一南下者，此时举事，不难一蹴而倒袁。乃始终不听孙先生之言，一败涂地。亡命以来，几无生气，孙先生独主急进，振刷二十年来之革命精神，重申誓约，再造规模。稍有良心者当痛改前非，牺牲意见，附从孙先生再举革命矣。乃不惟不改过，而反惜过，不惟不附从，而反阻碍。若以写一纸誓约为害羞，打一指模为犯罪，其见解如是，不仅可笑而又可怜乎！"

分析还指出，不同意见于中华革命党者之心理有二种：一是有畏难心，"自二次失败，志气颓丧，而个人幸福自由无大损害，即终身不返国，而不失为富家翁；若再生急进而投身于中华革命党，服从孙先生命令，势必牺牲现有之利益幸福，且有种种危险之可虑"。二是有虚荣心，"以为附从孙先生则为个人奴隶，于自己之名誉地位有损。且须服从命令，于以个人为本位之权利上，亦有种种之不便"。因有此二种心理，不能直出诸口，"故避反对孙先生之名而举非难之实"。一年以来，口实纷腾，皆为此种。

文告引用孙中山的"平等自由"观，批评反对誓约者，强调"吾党欲图三次革命，与袁氏反对，则吾党所占之地位，即为先天之国家，凡欲取得党籍者，必照吾党一定之手续，否则手续不清，如一次革命时，真革命者向隅，假革命者得势，吾党主持者亦无从而别之。此前车之鉴，不可不深长思也"。(《党务时局报导文告》，陈三井、居蜜合编：《居正先生全集》中册，第74—76页)

△ 中华革命党党务部发布告示，对党务部调查党员做出解释。

告示称，本党成立以来，深赖众同志之力与各支部长任劳任怨，革命进行一日千里，总理甚为嘉奖，本部亦无任钦崇。"惟是党务□繁，扩充靡已。若不时时振刷，切实调查，则积久恐有因敷衍因循之弊，于吾党前途进行颇多滞碍，故本部现拟于一年来，迄于今日有托各支部对于党员须切实调查。"告示明确调查的内容包括：党员之住址及行踪；党员对于誓约上之精神服务分别调查(实行宗旨与否、附从命令与否、尽忠职务与否、严守秘密与否、誓共生死与否、有二心与否，右六项须一一注明，如有实行宗旨而不服从命令者，亦须切实注明)；党员介绍入党者之成绩(此项须注明人数)；党员□事者之所在□□身份履历；党员关于事前筹款出资之多少等等。告示要求："各支部长于接到此通告之后，凡有支部设在东京者，以半月内为限，设在海外者除□□往返□间外，亦以半月为限，分别汇齐清册寄来，交本部备查为荷。"(《党务部对党员调查释示》，陈三井、居蜜合编：《居正先生全集》中册，第77页)

△ 曾石泉来函，报告加拿大党务情况。

函称："温哥华有本党始基之历史，亦吾侨来往之孔道，因得名为加拿大支部，但徒status乏实久矣，几各自为名(如此信笺，前执事忽自命为交通部，域今仍称交通部，都城自命为总分部之类)，各自为政，或转附金山，或直接内地，统系秩序，荡然无存。"造成此种局面的原因，"从广义言，均应有蒙混忽略之罪；从狭义而归缩之，温同志前日办事丛脞而少经营，亦不能辞咎。丛脞失于无专责，劳形义务，有不能周，势实使然；少经营者，因未尝得内地一言一字可为凭藉，鼓吹之资料，空谈无补，冷且随之"。进而提出须因地制宜加以整顿，"拟将温埠向来办事混一机关分而为二，一为地方上分部，专理关于该地方上党务，与各分部同；一为原有加拿大支部，职员由所属各分部照章公举，其中酌给月薪一员，使得养其身以专其事，长驻党所，即文牍员是也，规定寻常接洽通信，月凡几次，特别报告党务消息、公款数目，咸使闻知。彼此无遗憾横梗于胸中，远近感情自臻于团结，期或逐渐收回统一之效，免长陷散而不纪之域"。由于加属党员待淘汰者多，党务待整顿者大，但因循既久，离散已惯，犹恐人微言轻，不足以资信服，请求"予解释统系关系，书十余纸寄来，俾得转勉所属各分部知照，或易就绪也"。(《曾石泉上总理函》，环龙路档案第04856号)

是日，曾石泉于另一函中，密报邝棠已叛党附逆，请令通缉铲除，信并附邝之住址与照片。函称："本埠党员邝棠自客岁由云回国，川资动膳均为吾人供给一切，殷殷□别，岂料人情世态尽丧天良，闻确邝棠充当龙贼侦探，日前刘君省悟为其所卖，现又接内地通信云有香邑陈某、谭某两同志亦为他所卖。此种贼仁贼义之贱隶，何忍独存于世界，必先杀之而后杀袁，今伪政府之所恃者，不外此等辈耳。"并将邝棠之常驻地址及相片等附上，请即通令内地军事部"铲其根枝，以安先烈之魂，亦为吾人除一大害也"。(《曾石泉上总理函》，环龙路档案第07294号)

2月2日　丁仁杰、肖萱、陈其美(两次)、周应时(两次)、谢持、王统一、徐苏中、张球、李维汉、梁骥、谢彬、谷声震、刘道衡、刘佐成、山田纯三郎、夏尔玛、庞三杰、刘本、陈中孚等人来访，参与交谈。(日本外务省档案，1915年2月3日《孙文动静》，乙秘第179号；俞辛焞、王振锁等译：《孙中山在日活动密录》，第322—323页)来访者中，据谢持记，"有许覃理明者辩于中山，辩而不胜，遂悻悻然。有为脱党者"。(谢持：《谢持日记未刊稿》第1册，第356页)

△　是日，徐苏中来函，请辞江西支部长。

函称："去年六月间，苏中奉委为江西支部长，当以不能回赣，未敢就职。今苏中仍不能回赣，而江西支部长一职，又与本党新章不合，应恳准予辞去江西支部长一职，另选贤能加委，实为至便。"（《徐苏中请辞江西支部长上总理函》，黄季陆主编：《革命文献》第 48 辑，第 148 页）

△　庞三杰、刘本来面陈机宜。

昨日，庞三杰偕刘本至军事部汇报情况。是日，军事部副部长周应时偕庞、刘谒见孙中山，面陈一切机宜。（罗家伦主编，黄季陆、秦孝仪增订：《国父年谱》增订本上册，第 655 页）次日，军事部又向刘本、庞三杰、李佩莲等"面授机宜"。（[日]久保田文次编：《萱野长知·孙文关系史料集》，第 583 页）

△　委林森为中华革命党美洲支部长，冯自由为副部长。

△　朱卓文来函，报告在上海活动情况及各地革命形势。

函中首先汇报其 29 日抵沪后与宋庆龄相晤情况，称宋"极愿效力党事，且急盼党事之成"，也赞同筹备地方一所为宋办事之用，并已将附近一房子"陈设妥当，任他可时均可到彼处办事矣"。但提出，"惟须待数日，思一善法以避他母之疑眼云"。朱还汇报，本拟 3 日乘招商局轮船，与富永君同往香港，由于其时湖南破一机关，有数党人被捕，供出系朱委派主持，数日间捕朱之函电交驰，谣言蜂起，"故不得不择一安妥之船乘之"，改于 7 日乘加茂丸前往。国内革命形势方面，"长江各地近日寂然，独刘舟书等湖北一方面稍为活动，然甚难望其有大效果也"。"刻下上海之党人授首投降者不知凡几，亦未尝非本党淘汰恶劣分子之一好机会。今后办事若稍秘密则当比此前易些，因无复杂故也。"信中并告知已购得上海及附近地图四幅、苏州至杭州地图三幅，将一并邮寄。（《朱卓文（朱超）书简》，[日]久保田文次编：《萱野长知·孙文关系史料集》，第 551—552 页）

△　总务部复函曾集棠，告以铁血团应经过入党手续。

是日，孙中山将曾之来函交总务部处理。总务部遵示复函，称："本党自去岁正名定义以来，在东京有统一机关，在国内外各省各埠，有分立支部,其余范围狭小者,亦皆设置分部,若网在纲,同源共贯,一时义士风起云合,纷纷陈请效力者,日不暇应,于是本部特定手续,几个人或团体如有宗旨相同,愿意归附本党者,当即就近所属之支部或分部填写誓约,加盖指印,然后得将进行之目的,由部长代陈本部核夺采用。若系个人行动,切具志愿者,亦须由部长推荐,候本部核用,非故设法迁递,实为统一慎重起见,故规定一律照行。"来函所称已组成中华模范新军炸弹暗杀团,并得周仲龙授制各种炸药方法,正拟积极进行,事固极端赞成,"惟贵团体曾否全体立誓加盟,经过入党手续,均未能一律洞悉,所请总理委任一节,碍难从速照办"。要求其照上开手续,转由所在地方之支部或分部详悉报告,再行呈请总理核夺。(《总务部复曾集棠铁血团应经过入党手续函》,黄季陆主编:《革命文献》第45辑,第67页)

2月3日 廖仲恺、何天炯、杨益谦、胡汉民、田桐、居正、山田纯三郎(两次)、谢持(两次)、阚钧、戴季陶、郭云楼、王统一、和田瑞、肖萱、李明佐、丁仁杰、周应时等来访,参与交谈。下午,电话请陈其美速来,陈随后两次来访,参与交谈。(日本外务省档案,1915年2月4日《孙文动静》,乙秘第187号;俞辛焞、王振锁等译:《孙中山在日活动密录》,第323—324页)

△ 是日,许崇智、周应时呈请委任浙江革命军军务人员。

先是,浙江革命军司令长官夏尔玛函致军事部,称:"前奉总理明命办理浙事,力薄任重,深虞陨越,特以天责所在,勉承其乏,未敢固辞,第进行事务至为繁重,苟非同舟共济,岂能迅收成功。"拟请委任郑炳垣为浙江革命军第一旅旅长,蒋介石为浙江革命军宁波司令官,邵元冲为浙江革命军绍兴司令官,金维系为浙江革命军严州司令官。是日,军事部转呈孙中山。2月4日收到后,批示:"除蒋介石外,悉着照议办理。"(《许崇智周应时请委浙江革命军军务人员上总理呈》,黄季陆主编:《革命文献》第48辑,第23页)

△ 日外相加藤高明约中国驻日公使陆宗舆密谈,解释"二十一

条",并表示:"袁大总统如有意联交,即或遇革命纷乱之事,日政府自应中政府希望,尽力援助,并非干涉。"(王芸生:《六十年来中国与日本》第6卷,第96页)

△　国内报纸传出钮永建、何海鸣"自首"的消息。

消息说,钮永建"近奉大总统特赦后,于上星期本月十七日由日本横滨拍电于冯上将军,自愿投效,拥戴中央,永远赞助共和"。何海鸣在东京编辑《国民日报》,"一身尚能敷衍,特函嘱某甲先行禀请镇守使立誓自首,如能达到目的,何亦愿回沪向镇守使署具结,要求恢复自由云"。(《特赦声中之人物》,《盛京时报》1915 年 2 月 3 日,"中外要闻")

2 月 4 日　周应时、夏尔玛、廖仲恺、何天炯等来访,参与交谈。周、夏主要报告关于浙江请委各司令事宜,并陈述江苏计划。(日本外务省档案,1915 年 2 月 5 日《孙文动静》,乙秘第 193 号;俞辛焞、王振锁等译:《孙中山在日活动密录》,第 325 页;[日]久保田文次编:《萱野长知·孙文关系史料集》,第 584 页)

△　是日,许崇智、周应时呈请委任吴醒汉、江炳灵为湖北革命军参谋长、副官长,获得批准。

先是,湖北革命军司令长官蔡济民致函军事部称,"刻下为时势所迫,不能返国,全体幕僚似无设置之必要。惟参谋长及副官长各一员,一则因计划进行,一则因办理机要,设置势不宜缓"。本党党员吴醒汉堪以委任为湖北革命军司令长官部参谋长,江炳灵堪以委任为湖北革命军司令长官部副官长,函请转呈总理迅赐委任。军事部复查后,认为"该司令长所请尚属实事求是,除转知吴醒汉、江炳灵速将履历送部外,应请迅赐委任施行"。是日,收到呈文后,孙中山批示:"着照办理。"(《许崇智周应时请委吴醒汉江炳灵为湖北革命军参谋长副官长上总理函》,黄季陆主编:《革命文献》第 48 辑,第 23－24 页)8 日,蔡济民至军事部,领去吴醒汉、江炳灵之委状,并办理有关湖北军事事项。主要包括:"请筹日币三十元,拟以召在申之查能一来东京,面授进行方针";"请接济在汉口之曾庆溢,此人前由田桐派去,本许每月接济十元,在该处座探军情。今已数月未付,请多筹若干寄去,嗣后由军事部月付十元";"请由军事部通知在申湖北同志,已委蔡某担任军事,以便联络一气,一致进行"。军事部皆应允之。次日,军事部即致函湖北支部长,"请转达留沪鄂同志,以后湖北全省军务,可与蔡济民接洽"。([日]久保田文次编:《萱野長知・孫文關係史料集》,第 587 页)

△　准委张宗海为甘肃军事特派员。(罗家伦主编,黄季陆、秦孝仪增订:《国父年谱(增订本)》上册,第 656 页)

△　朱卓文来函,告知宋庆龄在上海情况及广东革命形势。

函中告知,已在隔邻布置一房,作为宋庆龄办事处。她订于每星期一三五三天教朱之女英文。此后有函件与她,照前日之住址便能直接收到。"书已在通运搬回,惟零星四散,前之书箱已由彼等拍卖,一无所存,殊为可惜。"但已"再购数书箱重行编好,置于宋小姐办事之房"。函中提到:"闻广东各属跃跃欲动,吾人虽不往主持,他等亦欲自动云。"故朱自己急欲前往,"恐彼等有无意识之举动,以致伤却元气也"。(《朱卓文(朱超)书简》,[日]久保田文次编:《萱野長知・孫文關係史料集》,第 552 页)

△　陈其美致函黄兴,胪举党人有负孙中山、历致失败五点,对黄颇多指责,并望黄"克日命驾言旋,共肩艰巨"。(湖南省社会科学院编:《黄兴集》,第 399—405 页)黄兴不应。

△　国内报纸传闻袁世凯派员赴日招抚孙中山、黄兴、陈其美等革命党人。

是日,《盛京时报》刊出消息称,据上海华人云,"袁总统拟将孙文、黄兴、陈其美等诸革党一律招抚,使其来京宣誓。现已特派委员前往日本,据情游说"。(《大总统派员招抚革命党人》,《盛京时报》1915 年 2 月 4 日,"东亚之情势")同时,传出孙中山在日本"向富豪岩崎家订借军费巨款"的消息。(《孙逸仙果有订借军费之事实乎》,《盛京时报》1915 年 2 月 4 日,"东亚之情势")

2月5日　山田纯三郎、陈其美(三次)、藤田礼造、王统一、周淡游、张如霞、郭云楼、杨益谦、戴季陶、盛碧潭、唐瑞年、唐熙年、曾子乙等来访，参与交谈。下午，刘平、李容恢亦分别来访，均谢绝会见。（日本外务省档案，1915年2月6日《孙文动静》，乙秘第200号；俞辛焞、王振锁等译：《孙中山在日活动密录》，第325—326页）

△　致函戴德律，劝其勿与黄兴过多来往。

函称："（你）不应该和黄以及黄的人过多来往，因为他们没有参加我在二次革命失败后创建的新团体。除非他发誓对我效忠，绝对地服从我的命令，我和他以及他的人就将毫无关系。"提出，一切事情可以和在美国的林森商量，哥伦比亚大学的学生邓家彦，也是"忠实的追随者之一"。

函中还告知，五月以前，不可能到美国去，因为直到那个时候为止，都进行某些令人为之吃惊的工作。如果这项工作失败了，将赴美国作一系列的讲演，这些讲演将以"对某些美国公众完全新鲜的事物而使他们感到瞠目结舌"。因此，要求其切勿安排任何中国讲演者去代替，"因为我担心这样做会把事情弄糟，没有别的人为我所期望地那样对于中国问题能够作出令人满意的分析"。信中还建议把这件事情暂时搁置，"比起（对中国问题）作一肤浅的分析观察而使美国公众为之沮丧失望"要好一些。（陈旭麓、郝盛潮主编，王耿雄等编：《孙中山集外集》，第366—367页）

△　与陈其美、山田纯三郎、王统一拟订并草签所谓的《中日盟约》。

本月1日至3日，山田纯三郎每日来访，3日连来二次，来时与孙中山密商，有时与陈其美、戴季陶、王统一共商。是日上午11时，山田纯三郎来访，孙中山即打电话请陈其美持印速来。11时48分，陈其美与藤田礼造（日人，在沈阳市新市街经营火药店，其总店在大连市山县路112号）来寓，参与交谈。陈于11时53分一度离去，但到12时10分再来，同时王统一亦来，共同商谈。藤田于1时2分、陈于1时45分、王于2时先后离寓。

"盟约"中提及中日两国相互"提携",如"他外国之对于东亚重要外交事件,则两国宜互先通知协定";日本"须与中华改良弊政上之必要援助,且速使之成功";"须助中华之改良内政,整顿军备,建设健全之国家";"须赞助中华之改正条约,关税独立及撤废领事裁判权等事业"等。并约定在武器供应、军政顾问人员聘用、引进外资等方面优先考虑日本。(《小池宛书简》复印件;陈锡祺主编:《孙中山年谱长编》上册,第933—935页)

日方签订此"盟约"之主要代表为犬塚信太郎(1874—1909,佐贺县人,实业家)。1890年后在三井物产公司任职。1906—1914年任满铁理事,后在立山水力电气公司、大凑兴业公司等任要职。二次革命失败后,同孙中山、陈其美、戴季陶等革命党人关系密切,支持山田纯三郎等参与革命党人方面之活动。曾对日俄战争时任东乡元帅参谋长的秋山真知将军以及外务省政治局长小池张造表示:"如果孙文有什么计划的话,就要给予援助。"其第一步即支持革命党人刘大同、蒋介石、陈其美等在东北活动,曾交几万元给山田纯三郎,嘱"到上海去作准备",并将三十多万经山田转给孙中山。(山田纯三郎《支那革命和我》,载日本《协和》248—249号,转引自陈锡祺主编:《孙中山年谱长编》上册,第935页)

上述"盟约"在是年3月出版的《民族评论》揭布,但当时外界似有所闻。1915年2月15日发行之上海《正谊》杂志卷7号,登载林虎、熊克武、程潜、李根源等给各报馆函中,一则表明他们停止革命、一致对外的政治主张,另则含蓄指责:"然借异虐同之举,引狼拒虎之谋,前为天良所不容,后为智计所不许。"(陈锡祺主编:《孙中山年谱长编》上册,第935页)

△　奉孙中山之命赴南洋宣传改组中华革命党宗旨之邓铿、罗翼群与邓泽如会谈。

邓泽如说:"近日陈炯明、李烈钧在庇能函邀柏文蔚、谭人凤、周震鳞等南来,反对中山先生改组中华革命党,保全国民党,别立名目,曰水利公司,以避拘留政府之干涉。"并认为要应付时艰,须请孙中山派许崇智或陈其美南来联络各埠同志。(邓泽如:《中国国民党二十年史迹》,第 134 页)

2 月 6 日　萱野长知(两次)、胡汉民、吴忠信、阚钧、杨庶堪、山田纯三郎、黎梦、陈其美、廖仲恺、丁仁杰、肖萱等来访,参与交谈。覃振来访,递交中华革命党湖南支部报告,面谈后离去。下午,刘平、李容恢又分别来访,仍谢绝会见之。给纽约某人发去一函。(日本外务省档案,1915 年 2 月 7 日《孙文动静》,乙秘第 207 号;俞辛焞、王振锁等译:《孙中山在日活动密录》,第 326 页)

△　是日,许崇智、周应时呈请委任盛碧潭为浙江革命军宁波司令官,获批准。

先是,浙江司令长官夏尔玛致函军事部,称"浙江亟宜进行,而宁波一隅尤为海滋重镇,非得人主持不为功。兹查有盛碧潭长于军事,于甬军尤有联络,函请委任为浙江革命军宁波司令官,以资进行"。2 月 7 日收到军事部转呈后,即批示:"着照办理。"(《许崇智周应时请委盛碧潭为浙江革命军宁波司令官上总理呈》,黄季陆主编:《革命文献》第 48 辑,第 24 页)

△　是日,高普呈皖省经营计划书;张宗海呈甘省军事计划书。

皖省经营计划书主要内容如下:"亳州地关豫皖枢纽,防营民团散兵复杂,应接机关需费五百元";"寿州所有民团,散布城厢内外之商团一切联络,诸多不便,应接机关需费三百元";"霍邱、蒙城、涡阳、颖上四县地面毗联,势有连带关系,应分设机关两处,每处一百五十元";"上海所住内地遣来代表及在沪办事,数月以来房伙一切款缺需洋二百元";"请发到沪一切公用及自费需二百元"。

甘省军事计划书提到可以策动的军队主要有是:兰州九营,凉州二营,甘州一营二连,肃州五营,宁夏二营,固原三营,西宁二营。次日,王介凡至军事部表示,"此次赴甘,誓不一事无成"。并转达张宗海增加经费的请求,"此次偕行六人前往,所领之款,除旅费外,或有千元余剩,但各处联络恐有不敷之处。兼之该处与日本遥隔,汇兑不通。明知本部艰难,如能多筹若干带去,尤所切盼"。军事部答以"此次所筹之数较他处已多,亦因该地僻处西隅之故,今既如是云云,俟商诸总务部长再答复"。([日]久保田文次编:《萱野长知·孙文関係史料集》,第585—586页)

△ 丘继显反映新加坡同志各派意见不同,请孙中山函致各方调停。

是日,总务部接到丘继显来函,据称,星洲同志略分三派,陈张君等为甲派,二林君等为乙派,同仁俱乐部为丙派,且"一数派之中意见,互相不合,推其原因,则均由宋君子清一人而起"。并拟请孙中山函致各方调停。随后,总务部复函,请丘再做解释:"甲派与乙丙二派之意见,果如来书所称之原因,尚不难调和,惟乙丙二派对于党事均颇热心,未审缘何关系,亦生意见,此难解者一。"而宋子清"既非袁探,实则无足轻重,何至以一人之故,而动全局,此不明之点者二"。(《总务部覆丘继显希详述各派意见不同之原因》,黄季陆主编:《革命文献》第45辑,第623页)

2月7日 余祥辉、吴忠信、田桐、石璜、李文、王天鹏、邵元冲、陈其美(两次)、夏尔玙、石俊卿、孙纵横、丁仁杰等来访,参与交谈。李容恢来访时,仍谢绝与之会面。下午,向上海发出两封电报,收报人为 Mrs. E. Ling Kung, 628 E Yuhang Road Shanghai; Mr. Sai Sao Song, 445 Chanfoong Road Hongkew Shanghai 。(日本外务省档案,1915年2月8日《孙文动静》,乙秘第213号;俞辛焞、王振锁等译:《孙中山在日活动密录》,第326—327页)

△ 批复卢耀堂来函。

卢耀堂来函询问是否曾命令徐朗西到南洋购买山园,以为办事地方。是日批示答以:并未有嘱托买山园之事,此事实不知情由,请为详示。徐往南洋全为个人计,并未何种党务委托。(《批卢耀堂函》,《孙中山全集》第3卷,第159页)

△　陈家鼐来函，报告周诗暗中连络北方军官之事。

函称，上年介绍入党之湖南周诗，闻已运动陆宗舆咨送北京陆军部作官。但周诗为人纯系民党性质，断不致中途变节，虽作官谅不致违背本党宗旨。"并闻周有暗中连络北方军官援助吾党之意，或者效赵声、吴禄贞辈之作用，亦未可知也。"并进言："近日中日邦交大有决裂之势，党员纷纷请问者，想不乏人。我公宜持镇静态度，并希早定革命进取方针，使同志便于遵守。"阅后批示："交总务部。"（《陈家鼐报告周诗暗中连络北方军官上总理函》，黄季陆主编：《革命文献》第 48 辑，第 160－161 页）

2 月 8 日　刘佐成、胡汉民、夏重民、郑振春、丁仁杰、和田瑞、山田纯三郎、陈其美等来访，参与交谈。肖萱、蔡济民二人来访时，谢绝会见。陈其美离去时，托其发一封电报。（日本外务省档案，1915 年 2 月 9 日《孙文动静》，乙秘第 221 号；俞辛焞、王振锁等译：《孙中山在日活动密录》，第 327－328 页）

2 月 9 日　刘佐成、吉田新三郎、廖仲恺、波多野春房、山田纯三郎、吴忠信、陈策、祁耿寰、丁仁杰、肖萱、和田瑞、周淡游、盛碧潭等来访，参与交谈。收到来自上海的一函和上海法租界喇格纳路合兴里 18 号的一挂号邮件。（日本外务省档案，1915 年 2 月 10 日《孙文动静》，乙秘第 229 号；俞辛焞、王振锁等译：《孙中山在日活动密录》，第 328 页）

△　是日，满洲船支部长函请改委赵植芝。

满洲船支部长平函称："前由林来君赍来委任状，为满洲船部长，敢不躬亲执行，尽忠党务。惟自忖志行薄弱，众望未敷，于交通党内机关，诚恐弗克乃责。兹本船同事中赵植芝其人者，本同盟先进，旷达涵养，为敝同事等所乐认，想大总理亦颇有所闻，诚恳将驻满洲船支部长委任状转发给与赵植芝君，俾得以措置党务一切事宜。至前部长戴卓民乞祈准免部长，仍事协助赵君进行，以尽责无旁贷，吾党幸甚。"3 月 15 日收到此函，阅后批示："准照办理。"（《满洲船分部长请政委赵植芝为分部长上总理函》，黄季陆主编：《革命文献》第 48 辑，第 125－126

页)

　　△　居正呈请委王敬祥为大阪支部长。

　　呈称:党员王敬祥在神户大阪华侨商界颇富声望,对于党事夙抱热忱,特呈请委为神户大阪支部长,"以资联络而张党势"。是日收到后,批示:"准照办理。"(《居正请委王敬祥为大阪支部长上总理呈》,黄季陆主编:《革命文献》第48辑,第54页)

　　△　军事部接黄震白来函,内称福建机关遭破获,萧其章、张瀚乡被捕。([日]久保田文次编:《萱野長知·孫文関係史料集》,第587页)

　　2月10日　杨庶堪、谢持、廖仲恺(两次)、居正、胡汉民、陈中孚、陈其美、周应时、许崇智、吴藻华、杨益谦、周知礼、祁耿寰、陈策、吴忠信、何天炯、山田纯三郎、田桐等来访,参与交谈。葛庞、陈家鼐来访时,均谢绝与其会见。藤田礼造来访,和陈其美面谈。(日本外务省档案,1915年2月11日《孙文动静》,乙秘第233号;俞辛焞、王振锁等译:《孙中山在日活动密录》,第328—329页)

　　△　听取吴藻华面陈经营江南计划。

　　2月9日,吴藻华自上海到东京。是日下午,周应时、许崇智陪同吴藻华来访,呈请委任江南军事人员名单,并面陈江南革命运动情况。名单如下:俞奋,南京司令官;陈剧,镇江司令官;吴江左,苏州司令官;张建勋,江宁革命军第一旅旅长;刘泽,江宁革命军第二旅旅长;陈雄洲,江苏革命军第二师师长;华盛文,南京军事特派员;丁联英,太湖军事连络员;吴正卿,江南司令长官部参谋长;丁士杰,江南司令长官副官长;伏龙,南京司令部参谋长;蒯韩,南京司令部副官长;狄锡钧,苏州司令部参谋长;孙宗孺,苏州司令部副官长;王程远,江苏革命军警务厅长;文鼎仙,南京军械局正局长;李郯,南京军械局副局长;周栖云,江南司令长官部参谋;施恨公,江南司令长官部副官;周济时,江南司令长官部副官。([日]久保田文次编:《萱野長知·孫文関係史料集》,第588—589页)

　　2月14日,军事部长许崇智、副部长周应时根据吴藻华的请求呈请委任江南革命军军事人员。呈称:"江南司令长官一职委任已久,现值进行紧急之际,所有应设担任军事人员,亟应遴材委任,以便分途着手,各专责成。复查该司令长官请委各员,均系奔走江南军事日久,成绩颇著,除周栖云、施恨公、周济时三员,照中华革命党军委任通则,由军事部委任外,其余一十七员,均拟请分别委任。"并附列请委江南军事人员姓名职务清单。悉后批示:"准照办理。"(《许崇智周应时请委江南革命军军事人员上总理呈》,黄季陆主编:《革命文献》第48辑,第24—26页)

△　总务部奉指示复函琼州分部,告以不宜称琼州支部。

是日,孙中山将琼州分部1月28日来函交总务部,并谕答复。来函内称琼支部经"已完全成立,现一面布置军事"。对此,总务部复函指出,"诸公富于热诚,宏于毅力,言论事实,相提并举,将来扩充而张大之,使吾党势力,如元气布濩,无间不入,亦意料中事耳。惟开幕之始,正名为第一要义。查琼州一屿,在广东行政区域之内,既与海外各埠有别,现各省支部,既相继成立,尔分部尚未有发达至万人者,故每省只照章先设一支部。诸公组织在广东支部成立之后,且标明为驻港琼州字样,其属于一部之范围者,显而易见,所称支部,得难允为存案。凡事重实际,不重虚名,广东既有支部,则琼部希改称分部为宜,务希从速推定正副部长及职务长员一律列表主报,以便转请总理颁发委任印章,并介绍广东支部,相辅办理党务事宜"。(《总务部复琼州分部不宜称琼州支部函》,黄季陆主编:《革命文献》第45辑,第68页)

△　邓铿致函邓泽如,表达南洋之行的感受。

奉孙中山之命,邓铿赴南洋改组党务,得到邓泽如帮助。是日,邓铿于旅次致函邓泽如,表达感受,称:"此次南来,重亲榘范,殊慰阔怀,复蒙介绍与各埠同志握手联欢,尤深感谢。同志诸君子尚不以铿者此番丧师失利为不才,仍复优礼有加,奖勉备至,具见爱人以德,益征谋国之忠,令铿感惭无地。铿虽驽下,敢不益自奋发,敬随诸君子后,冀稍稍补过于将来,特以返棹匆匆,未克多承雅教,怅歉奚如。然公谊私情,均从此而益加恳挚,同舟共济,又可以行为息壤矣。丁兹国事多难,端赖志士仁人同心协力,急起直追,庶可救亡于万一。中山先生命铿南来,与诸君子互相研究,职是故耳。"(《邓铿为南来改组党务致邓泽如函》,黄季陆主编:《革命文献》第45辑,第532—533页)

2月11日 廖仲恺(两次)、山田纯三郎、黄展云、萱野长知、肖萱等来访,参与交谈。山田纯三郎来访,实为辞行,次日上午,山田纯三郎即离开东京赴上海。收到神田区里猿乐町3号古口宅某人寄来的一挂号信。(日本外务省档案,1915年2月12日《孙文动静》,乙秘第241号;俞辛焞、王振锁等译:《孙中山在日活动密录》,第329—330页)

△ 是日,澳门来电,告知孙眉病逝。(郝盛潮主编、王耿雄等编:《孙中山集外集补编》,第160页)

△ 袁世凯政府对"特赦"孙中山等革命党人开出所谓新的条件。

据是日报载,条件如下:"(一)主要党人,如孙逸仙、黄兴、陈其美、李烈钧、柏文蔚等,须亲自入京邀赦,后即授以职;(二)次要诸党人须立誓悔过自新,并以照片存官立案,若能安居一年,即可授以职务;(三)现在监禁中之一切党人,得以后安分之担保,即许其恢复自由。"(《特赦声中之乱党》,《盛京时报》1915年2月11日,"民国要闻")

2月12日 王统一、宫崎寅藏、廖仲恺、荆嗣佑、刘毅夫、夏重民、陈其美、丁仁杰、肖萱等来访,参与交谈。下午,偕陈其美至麴町区三年町陈住处,与王统一面谈。后又偕王统一回寓并去头山满宅。(日本外务省档案,1915年2月13日《孙文动静》,乙秘第252号;俞辛焞、王振锁等译:《孙中山在日活动密录》,第330页)

△ 致电三藩市《少年中国报》,告知"四千元收到",并请转告孙科,其伯父在澳门去世。(郝盛潮主编、王耿雄等编:《孙中山集外集补编》,第160页)

△ 委张人杰为中华革命党本部财政部长,廖仲恺为副部长。(罗家伦主编、黄季陆、秦孝仪增订:《国父年谱(增订本)》上册,第657页)

　　△　总务部复函槟榔屿支部陈新政,告知报载孙中山被刺之事"纯系子虚,毫无影响"。并望其消除意见,统一主张。

　　函中重点阐述了统一的必要性,称国家危急存亡之际,民困虐政,望革命如望岁,加以主权不振,外交受困,欲顺民意而张国本,则非以积极武力推翻现政府,从根本解决不可。"然袁氏手握兵柄,借款有国家抵押,损失巨细,在所不惜,回顾我民党实力,须艰难缔造,并合全体,犹恐不逮,何堪各树旌帜,乱国民目标,摧残信用,若真释嫌明理,安忍出此?又况军力财力,能被运动者原有限数,若运动之机关不归统一,则被运动者势将疑信参半,易生观望之念,究其结果,双方失败。所谓铸造实力者,不过大言壮语,其实运动之点,接近反攻,互相冲突,一无所成,言念及此,可为寒心。而近日复查独树一帜之领袖,不惟不以相辅相翼为前提,抑且对于本党,故辞挑剔,诚难遽获深解,果能如来书所云:'各行其是,勿相践踏,虽意见不一,殊途同归,似无妨也。'洵能灼见其大,敢不佩悦。"信中要求,以后其党所主张,如党员有未能深知洞悉者,即望从速报告,以便详细解释,"务使主旨大明,则进行方自易易,万希足下留意密察"。信中也认可其提出的"南洋同志如有能捐助巨款者,不必限定入党"的变通办法,"前此以为不符党章碍难照行,继思此中手续伸缩,颇有作用,故筹饷奖励章程第二条第二项实采足下之建议也"。(《总务部覆槟榔屿支部陈新政望消除意见统一主张函》,黄季陆主编:《革命文献》第45辑,第610页)

　　△　孙科来函,报告袁世凯借款不成功及戴德律、林森等相关信息,称:"袁的代表正在美国争取一个借款并且看来似乎并不成功,目前看来,他们已经放弃了在这个国家争取任何经济援助的一切希望。袁的代表王璟芳两周前已经回国了。""可以确定袁无法从这边筹集任何钱,这对于我们来说是又一个优势。"戴德律去欧洲出差并且将途经西伯利亚前往日本;林森在古巴逗留一个多月,已经回到美国,"我们已经为他获得了几封给参议员和众议员的介绍信,他准备拜访华盛顿的各界名流,向他们宣传我们的行动和目标,他无疑会在美国

政界留下了一个很深的印象"。信中还报告了孙治强出生的消息，称："随着又一个男丁的到来，孙氏家族人丁越来越旺。"（《Sun Fo（孙科）书简》，［日］久保田文次编：《萱野長知·孫文関係史料集》，第500—502页）

2月13日　廖仲恺、田桐、谢持（两次）、胡汉民、周应时、祁耿寰、陈策、王统一、陈其美、刘大同、周知礼、朱龙楹、明超北等来访，参与交谈。覃振、侯深英来访，面谈并递交湖南支部的两封信。丁仁杰来访，和胡汉民面谈。上午，偕来访的廖仲恺步行外出，在灵南坂町英国大使馆旁遇胡汉民，让胡在头山满宅等候。至麹町区三年町陈其美住处，与黄实、陈其美、一濑斧太郎等面谈，后偕廖仲恺回寓。是日，神田区猿乐町5号的臼田时光来一函；神田区仲猿乐町3号高沢来一函；给目白3626号的宫崎寅造发去二函。向外发出四函，其中一封致澳门姚尊权，两封寄往旧金山。（日本外务省档案，1915年2月14日《孙文动静》，乙秘第264号；俞辛焞、王振锁等译：《孙中山在日活动密录》，第330—332页）

△　居正致函广东支部长，告知孙中山委任防城分部长之事[①]。

防城分部党员孔广察等曾致函党务部，称陈荣奉委筹备防城党务，成绩甚佳，经开会公推为防城分部部长，呈报支部在案，"现闻总理委任防城县长何治伟为分部长，诸多障碍"。是日，党务部将函件原文寄送广东支部，并指示："应为何请委之处，请察酌办理为幸。"（《致广东支部长陈炯明函》，陈三井、居蜜合编：《居正先生全集》中册，第107页）

2月14日　余祥辉（两次）、王统一、陈其美、周应时、吴藻华等人来访，参与交谈。下午，乘人力车至京桥区银座三丁目圣路加医院药品部购买药品。归途游日比谷公园。后又至麻布区市兵卫町二丁目12号民国社，与陈中孚等七八人商谈。（日本外务省档案，1915年2月15日《孙文动静》，乙秘第269号；俞辛焞、王振锁等译：《孙中山在日活动密录》，第332页）

△　军事部长许崇智呈请核准江苏全省进行计划事。批示："着

---

① 《居正先生全集》中册第107页标为"广东支部长陈炯明"，应有误。

总务部长酌量办理。"(《批许崇智等呈》,《孙中山全集》第 3 卷,第 159 页)

△　致函海防同志,为黄隆生辩护,指出其并无中饱公款之事。

信中指出,黄隆生在粤经手之公款"乃前分汇京沪各处,系已出之物,而藉此偿还者也。故不止海防旧欠未及还(亦以钟、张等军人从中阻挠,故即时截止),即海外多埠之款,亦同此例也。此款当局者毫无沾染,隆生更无从中饱"。信中还表示:"对于昔日赞助诸君,久未归赵,实为歉然。故此次规定新章,一俟功成,不问新旧之款,悉从优偿还,吾人亦止有惟一之期望而已。"(《致海防同志函》,《孙中山全集》第 3 卷,第 160 页)

△　军事部长许崇智、副部长周应时呈请委任张宗海为甘肃革命军军事特派员。

呈称:甘肃党员张宗海,原担任偕同李子和、赵殿英、胡振域、王殿魁、王介凡等前赴甘肃经营,嗣该员呈送甘肃军事计划表并说明书到部,部长等详细审查,"语皆确实,所定办法亦征妥协。现当进行吃紧之际,拟请委任张宗海为甘肃革命军军事特派员,一面饬令该员赶速出发"。是日,批示:"准照办理。"(《许崇智周应时请委张宗海为甘肃革命军事特派员上总理呈》,黄季陆主编:《革命文献》第 48 辑,第 26—27 页;[日]久保田文次编:《萱野长知·孙文关系史料集》,第 590 页)

2 月 15 日　陈其美、郭云楼、谢持、许崇智、张宗海、杨清汉、李子和、菊池良一、陈其美、周应时、吴藻华等来访,参与交谈。

△　下午,夏重民携《民国》杂志二十册来访,赠孙中山一册,其余带回。

《民国》杂志系美洲金山大埠民国杂志社发行,经理刘日初,编辑马醴馨。此期于 1914 年 12 月 10 日发行,目录有:第一,论民国宜急起三次革命;第二,论袁独夫拍卖利权与国民之速宜自觉。(日本外务省档案,1915 年 2 月 16 日《孙文动静》,乙秘第 284 号;俞辛焞、王振锁等译:《孙中山在日活动密录》,第 332—333 页)

△　是日,军事部部长许崇智呈请更委江苏革命军军务人员。

本月 14 日军事部曾呈请委任江南军事人员十七名，已获批准。是日，许崇智又呈请更改，呈谓："各省皆设有司令长官综理全省军务，江南办法独异，于进行尚难统一，拟请委任军事部副部长周应时兼充江苏革命军司令长官，综理江苏全省军务。"并请取销前委的张汇滔江北司令长官一职；江南之司令长官吴藻华改委江苏革命军司令长官部参谋长；前请委任江苏革命军司令长官部参谋长之吴正卿改委任苏州革命军司令部参谋长；前请委苏州革命军司令部参谋长之狄锡钧改委苏州革命军司令部参谋；请委任刘斌为通州革命军司令部参谋长，童勤培任通州革命军司令部副官长。孙中山批示："准照办理。"(《许崇智请更委江苏革命军务人员上总理呈》，黄季陆主编：《革命文献》第 48 辑，第 27 页)

△　委任周知礼为云南支部长，黄展云为福建支部长，王敬祥为神户大阪支部长。

6 日，党务部呈报，据云南支部长杨益谦陈述，该支部成立以来已届六月，遵照总章由本省党员推荐周知礼为支部长。"经正于本日接洽，理合呈请给予委任，以重党务而专责成。"孙中山批示："准照办理。"是日，签署第 20 号委任令。(《居正请委周知礼为云南支部长上总理呈》，黄季陆主编：《革命文献》第 48 辑，第 55 页；《委任中华革命人员姓名录》，《孙中山全集》第 3 卷，第 421—422 页)

1 月，党务部长居正呈称，因兼任福建支部长许崇智请辞，请委黄展云为福建支部长，"蒙谕准如所请，除由正通告许崇智外，即请委黄展云为福建支部长。令总务部查照执行，以重党务，而专责成"。2 月 7 日收到后，孙中山批示："着照办理。"是日，签署第 20 号委任令。(《居正请委黄展云为福建支部长上总理呈》，黄季陆主编：《革命文献》第 48 辑，第 53—54 页)

△　Herbert Jenkins 来函，询问是否考虑了此前信中所提出写一部关于孙中山回忆录的建议，并对前景表示乐观，"现在的战争期间，中国的未来并不明朗。但我相信，一旦恢复和平，欧洲国家很快

就会再次将目光投向远东"。(《Herbert Jenkins 书简》,〔日〕久保田文次编:《萱野长知·孙文関係史料集》,第460—461页)

2月16日 居正、胡汉民、谢持、徐苏中、何天炯、夏重民(两次)、丁仁杰、肖萱、杨熙绩、李祚辉、黄时初、谭平等人来访,参与交谈。给香港的冯子潮和陈永惠各发去一函。(日本外务省档案,1915年2月17日《孙文动静》,乙秘第300号;俞辛焞、王振锁等译:《孙中山在日活动密录》,第333—334页)

△ 军事部部长许崇智、副部长周应时呈请委任余良材为武汉军事联络员。

昨日,军事部收到湖北革命军司令长官蔡济民来函,请委余良材为武汉军事联络员。是日,得军事部之转呈后,批示:"准照办理。"(《许崇智周应时请委余良材为武汉军事联络员上总理呈》,黄季陆主编:《革命文献》第48辑,第28页)

△ 军事部部长许崇智呈请委黄国华为福州革命军司令官。

呈称:福建军事非有资深军官主持指挥,难于着手。"黄国华在闽军队最久,且向隶部长部下,第二次革命失败后,该员因为贼党所忌,赋闲闽垣。现值时机紧急,拟请委任黄国华为福州革命军司令官,俾其就地迅速筹备,以资进行。"是日,批示:"准照办理。"(《许崇智请委黄国华为福州革命军司令官上总理呈》,黄季陆主编:《革命文献》第48辑,第28页)

22日,军事部部长许崇智又呈请委任福建革命军军务人员。呈曰:"闽省军事进行之难,难于得人。部长再四思维,当此时机,穷变变通,全资人力,若过于其难其慎,何以前进而就事功。兹就闽省现在带兵军官,并系部长从前在闽时历年汲引及平日交好,素有感情者,拟请分别委任数员。部长前以内地声息难通,业经由闽调来向在军队一员,拟即日仍遣回闽,俾该员等确知部长从事其间,并动之以情义,歆之以权利,不从则压之以威力,若得其一致进行,则事可迎刃而解。如蒙俯允,拟一面遣员回闽接洽,一面将委任状设法径寄各员,以坚其信心。"请委任各员名单如下:徐镜清,拟请委任为福建革命军第二师师长兼延建邵司令官;沈国英,拟请委任为福建革命军泉州司令官;江涛,拟请委任为福建革命军兴化司令官;吴俊杰,拟请委任为福建革命军第一师第一团团长;沈汉秋,拟请委任为福建革命军第一师骑兵营营长。是日收到后,批示:"准照办理。"(《许崇智请委福建革命军军委人员上总理呈》,黄季陆主编:《革命文献》第48辑,第28—29页)

　　△　党务部部长居正呈请委任江苏支部各职员。

　　江苏支部长吴藻华致函党务部,请委任茅祖权为江苏支部总务科科长,张维为江苏支部党务科科长,施承谟、张锦堂为江苏支部参议。党务部呈请"鉴核示遵",批示:"准照办理。"(《居正请委江苏支部各职员上总理呈》,黄季陆主编:《革命文献》第48辑,第54页)

　　△　总务部遵示复函麻坡支部长郑汉武,告知领取汇款收条事。

　　是日,将郑汉武来函交总务部。总务部遵示复函告知,去岁11月下旬,麻坡支部由张永福电汇台湾银行日银一千元之款早经收到,由孙中山于11月28日发给第19号收条,寄与卢耀堂转寄麻坡支部收执,并曾于总务部1号函内声明,"即望就近直函向卢耀堂君领取可也"。就在此信发出之后,总务部即收到麻坡支部2月8日来函,函中告知已收到卢耀堂转寄的第19号收条。总务部随即又复函,嘉勉郑汉武"热心党务",并称马六甲与麻楮巴辖诸同志,"热心毅力,固堪嘉佩,足下敦促进行,尤属难得,使各处同志,人人如足下者,袁贼不足平矣"。(《总务部覆麻坡支部长郑汉武嘉勉热心党委函》,黄季陆主编:《革命文献》第45辑,第629—630页)

　　2月17日　是日系定期开会之日,来访的陈其美、胡汉民、谢持、周应时、廖仲恺、杨庶堪、田桐、丁仁杰、何天炯、戴季陶、许崇智等十一人将带来的材料递呈给孙中山,并共同议事。夏之麒、宋围等来访,参与交谈。赵瑾卿来访,递交材料,丁仁杰代为接待。上午,明治大学的加来美知雄和居赤坂区青山南町四丁目7号的新井有仁来访,仅与加来面谈,新井在另室等候。下午,美国人安得安、印岛廉、尹兹布斯三人(后二人是横滨某食品公司职员)乘车来访,面谈,四十分钟后离去。(日本外务省档案,1915 年 2 月 18 日《孙文动静》,乙秘第 311号;俞辛焞、王振锁等译:《孙中山在日活动密录》,第 334－335 页)

　　△　是日,党务部部长居正呈请委任李祖诒为汉口交通委员。

　　湖北支部长田桐致函党务部,请委任李祖诒为鄂属汉口交通委员。是日,党务部请示孙中山。获准。(《居正请委李祖诒为汉口交通委员上总理呈》,黄季陆主编:《革命文献》第 48 辑,第 55 页)

　　△　康德黎夫人来函,告知欧洲战场一些情况,并表示对袁世凯的担扰。函称:"袁似乎是要把暴君当到底。你可能对他的特点判断恰当,只是他对于他的国家毫无用处。"(《Mabel B. Cantlie 书简》,[日]久保田文次编:《萱野長知·孫文関係史料集》,第 434 页)

　　2 月 18 日　刘佐成、陈其美、陈策、祁耿寰、吴忠信、夏之麒、周应时、黄时初、廖仲恺、田桐、蔡中和、丁仁杰等来访,参与交谈。陈策、祁耿寰二人并呈上计划书。廖仲恺来访后,又奉命去神田区小川町 1 号永昌印铺用永昌自然石刻制一方长一寸八分、宽七寸的"革命党本部合符之印"的印章。(日本外务省档案,1915 年 2 月 19 日《孙文动静》,乙秘第 332 号;俞辛焞、王振锁等译:《孙中山在日活动密录》,第 335－336页)

　　△　陈策、祁耿寰等报告东北民军运往上海费用预算情况。

　　据报告称,2 月 11 日孙中山面谕陈策等,将关东军战斗员一千员运往上海之水陆运费及食宿料杂用各费,开具预算表册详细报告。是日,陈等报告如下:一、"由海参崴、毛克崴、绥芬、甸子、东宁厅、宁古塔、穆棱一带运军至哈尔滨,汽车费及食宿料,并各队由居住地至火车站之川资,每员计五十圆,由哈尔滨至大连每人二十圆,由大连至上海每人二十圆,以上均有食宿料在内,以一千人费用计算,须洋九万圆。外运大首领十员并优待费在内,每员二百圆,计共二千圆。又运头目一百名,并优待费每名一百三十圆,计共一万三千元。以上总计运费十万三千圆"。二、"由奉天省辽西一带及新民府沟帮子各地运军至大连之车费及食宿料每人十五元,由各队员之居住地至奉天辽西一带之火车站川资每人十五元,由大连至上海船费及食宿料二十元,计每员须五十元,共运一千人合须洋五万元。外运大首领十名优待费及船运费每员一百元,计共一千。又运小头目一百名,船车费及优待费每名六十元,计六千元"。以上总计运费五万七千元。

([日]久保田文次编:《萱野長知·孫文関係史料集》,第613页)

△　袁世凯政府颁布《党员自首特赦令》施行办法。

据是日报载,所谓办法的要旨如下:(一)此项赦令非本人有悔罪之诚特行自首者,不得适用,无论该人之亲友均不得代恳。(二)此项赦令须由本人亲赴各军民署,自具誓结,其仅以函电呈恳者,有不能认为有效。(三)其已在获并经判决为科罪之执行者,与所谓自首者有别,不得适用此赦令。(《〈党人自首特赦令〉之施行办法》,《盛京时报》1915年2月18日,"民国要闻")

2月19日　徐苏中来访,随致电问陈其美是否能来? 陈答,因头疼卧床,不能来。徐表示自己去访陈。(日本外务省档案,1915年2月20日《孙文动静》,乙秘第343号;俞辛焞、王振锁等译:《孙中山在日活动密录》,第336页)

△　加拿大中国国民党域多利交通部部长马杰瑞等来函,报告致公堂与同盟会之间的纠葛,请示对策。

函称:"本埠前月致公堂人以本报载他议案(所有同盟人不得为议员并兼抽赌金装饰神像等议案,系公堂内人传出,然后交来本报登载),诅公堂人久欲中伤本埠,趁此大起风潮,几演拆报物人之卑劣手段。幸本报以武装为和平,兼得埠中和事老调停,现暂无事。然彼等屡憎同盟人,大汉崔妖,乱言狂吠,近日大埠世界报及云埠妖报俱载'孙文在东京被人暗杀,击中右股,伤势甚重云',并署以上海访员或横滨访员。旋经先生电达美洲支部,始悉谣言,然可见此等诬蔑已不一次。又谓陈其美、钮永建、林虎等百余人俱投顺袁贼,似此无稽尤不值议者,一晒要之,崔妖不去,则云域公堂及商户长受迷梦而已。

现加属各处为中日交涉事，多组织爱国救亡救国等会，提倡者胥保妖中人。舍本逐末，已为见惯，但顷在风云吃紧未卜，于革命方面有无窒碍，而先生等近采何等善策，希为时赐教言，以启茅塞。"（《马杰瑞等上总理函》，环龙路档案第07295号）

△ 美洲砵仑分部部长陈煊等来函，为回应袁世凯电召孙中山之传言献言。

函称："即若复电于袁氏者，于表面上声明外交吃紧时期内，各省民党暂不从事进行（非解散，不过养精蓄锐，观机而动），望袁氏出全力整顿内政外交，惟政府当即于此时期内解除党狱，其间有未接到总机关之函电命令或行个人主义而从事进行者，不得处以极刑等语。如是则袁氏固不能因外交失败而开罪于民党，而民党救国救民之苦心亦大白于天下，无论袁氏允否，而全国人民仇外一致之心理可转移致仰趋向于吾党。设若外交决裂，以武力解决者，势必征兵，而吾党各同志即可应募，置身军界，其实力可收事半功倍之效。若交涉和平解决，而潜势力之布置，亦日益巩固。"故信中建议："果袁氏有电召，不妨复电宣布中外，以显先生与吾党救国救民之心迹，似属有利而无害。"

随函并附条件：一、要即召集国会各省议会自治会，复回前日固有之议员；二、行政党内阁制，三权鼎立不得妄加侵犯；三、照前宪法起草案所定之宪法颁布而行；四、两粤、两湖、赣、皖、蜀、秦、陇、沪、闽、浙、江、宁留守与各省都督归回民党；五、民党被枉杀之志士并被封产业均由国会从优体恤，拨回原主。（《陈煊上总理函》，环龙路档案第07836号）

2月20日 戴季陶、葛庞、谢持、胡汉民、陈其美、廖仲恺（两次）、何天炯、田桐、丁仁杰（两次）、杨庶堪、夏重民、高峀、王统一、杨清汉、师尚谦、肖萱等来访，参与交谈。中午，万钧来访陈其美，要求面见，遭陈谢绝后离去。（日本外务省档案，1915年2月21日《孙文动静》，乙秘第355号；俞辛焞、王振锁等译：《孙中山在日活动密录》，第336—337页）

△ 以"中华革命党总理"名义,与陈其美(总务部部长)、居正(党务部部长)联名颁发黄壬戌委任状,委任黄壬戌为仰光支部总务科副主任。(《给黄壬戌委任状》,《孙中山全集》第3卷,第160页)

△ 叶独醒来函,希望抓住机遇。函称:"今日之交涉乃为养成民气,造就三次革命之导线,希为留神注意。时势之机,不可再也。"并对遇刺之说实属谣传,表示欣慰。(《叶独醒上总理函》,环龙路档案第04759号)

2月21日 余祥辉、陈中孚、周应时、祁耿寰等来访,参与交谈。何天炯偕宫崎寅藏夫人来访,宫崎夫人请题字。收到一封来自纽约的电报。(日本外务省档案,1915年2月22日《孙文动静》,乙秘第360号;俞辛焞、王振锁等译:《孙中山在日活动密录》,第337页)

△ 总务部报告东三省支部长刘大同请领归国旅费情况。

刘大同请领归国党员川资数目如下:张维翰,日币一百元;冯大为,日币一百元;杨树民,日币八十元;乔根,日币五十元;周櫂,日币五十元。([日]久保田文次编:《萱野长知·孙文关系史料集》,第614页)

2月22日 周应时(两次)、黄实、何天炯、田桐、丁仁杰、杨汉卿、林尊等来访,面谈。中午,乘车至麹町区三年町2号访陈其美,与因病卧床的陈面谈。收到自国外来一电报,随后令丁仁杰回电。(日本外务省档案,1915年2月23日《孙文动静》,乙秘第376号;俞辛焞、王振锁等译:《孙中山在日活动密录》,第337—338页)

△ 致电某人,告知:"款刻已电汇香港家,一星期内均可准备。"(陈旭麓、郝盛潮主编,王耿雄等编:《孙中山集外集》,第462页)

△ 是日上午,黄兴之子黄一欧访头山满,谈约十五分钟后离去。(日本外务省档案,1915年2月23日《孙文动静》,乙秘第376号;俞辛焞、王振锁等译:《孙中山在日活动密录》,第338页)

2月23日 胡汉民(两次)、谭蒙、何天炯、丁仁杰、周应时等来访,参与交谈。(日本外务省档案,1915年2月24日《孙文动静》,乙秘第385号;俞辛焞、王振锁等译:《孙中山在日活动密录》,第338页)

△　报载林虎、熊克武、李根源等发布公开声明，阐明政治立场，驳斥"自首"之谣。

声明称："年来国内所传吾党消息，动失真相。欧战既起，流说愈多，谓将效法平南，以图一逞。复谓要求当轴立誓投诚。种种误传，骇人闻听。夫国政不纲，有目共睹，同人思之，诚所痛心。然借异虐同之举，引狼拒虎之谋，前为天良所不容，后为智计所不许。人虽不肖，亦安至此。""吾人第一主见乃先国家而后政治，先政治而后党派，国苟不存，政于何有？政苟有成，何分于党？故吾人反对政府，非有恶于其人而有不足于其政，虽欲大革其政，而决不敢有危于国。矢心如此，自信可告国人。此次外交受侮，举国惊惧，虽由国之积弱而亦中央失政所招。""至反对政府，全然别为一事……政府苟能推诚明政，举国倾心，即吾人客死他邦，亦所甚愿。不然一纸束缚，驰骤托名特赦之书，曾不足以欺童蒙，而谓足欺吾辈。如钮君永建于昨年三月六日由东经美赴英，至今与吴君敬恒同居伦敦，而报纸传其于本年一月十七日自横滨电冯国璋自首，凡此诸耗，皆游探所造，好事者所为，一语道破，不值一笑。夫改革之权，本操自民，不知为过，何有于悔？谨布腹心，告我同胞，知我罪我，未遑熟计。"署名者有：林虎、熊克武、冷遹、张孝准、耿毅、章梓、程子楷、陈强、龚振鹏、赵正平、程潜、李根源。（《乱党最近之言论》，《盛京时报》1915 年 2 月 23 日，"民国要闻"）

2 月 24 日　许崇智、居正、田桐、胡汉民、戴季陶、杨庶堪、谢持、廖仲恺（两次）、丁仁杰、何天炯、王统一、高桥胜藏、覃振、林德轩等来访，参与交谈。上午，自称为每日新闻社记者的斋藤某来访，谢绝会见。给上海发去一函。晚，乘人力车去麴町区三年町 2 号访陈其美，与卧床的陈面谈。（日本外务省档案，1915 年 2 月 25 日《孙文动静》，乙秘第398 号；俞辛焞、王振锁等译：《孙中山在日活动密录》，第 338－339 页）

△　是日，军事部部长许崇智呈请委任邹云彪为福建革命军汀龙司令官。

呈称：福建现任汀州司令官邹云彪，"久于闽军，于分防各府县亦颇有声誉,所带队伍亦以湘人为多。拟请委任该员为福建革命军汀龙司令官,期与各方面联络同一进行"。2 月 25 日收到后批示:"准照办理。"(《许崇智请委邹云彪为福建革命军汀龙司令官上总理呈》,黄季陆主编:《革命文献》第 48 辑,第 30 页)

2 月 25 日 居正、廖仲恺(两次)、王统一、周应时、丁仁杰等来访,面谈。上午,方汉儒来访时,谢绝与其会见。下午,新井有仁来探访王统一,因王已不在,即刻离去。(日本外务省档案,1915 年 2 月 26 日《孙文动静》,乙秘第 412 号;俞辛焞、王振锁等译:《孙中山在日活动密录》,第 339 页)

△ 是日,党务部部长居正呈请加委弓长杰为荷属联络委员。

先是,吧城联络委员弓长杰致函党务部,称荷属分吧城、泗水、三吧垅三埠,前承委任,限定吧城方面,范围既小,信用亦隘。据此,是日,党务部呈请加委弓长杰为荷属联络委员,"以便进行"。悉后批示:"俟派员往南洋切实调查后,再行办理。"(《居正请委弓长杰为荷属联络委员上总理呈》,黄季陆主编:《革命文献》第 48 辑,第 55—56 页)

△ 黄兴与陈炯明、李烈钧、柏文蔚、钮永建等联名通电上海各报,主张"暂停革命","一致对外"。电称:"兴等无状,与父老兄弟别亦既两年,前此粗疏缪戾,国人所以切责兴等者,皆一一深自引咎。""今无尺土一兵,安敢妄言激进……至言假借外力,尤为荒诞。兴等不肖,然亦安至国家大义蒙无所知?""国人既惩兴等癸丑之非,自后非有社会真切之要求,绝不轻言国事……夫兵凶战危,古有明训,究可以免,畴日不宜? 重以吾国元气凋凌〔零〕,盗贼充斥,一发偶动,全局为危,故公等畏避革命之心,乃同人之所共谅。惟革命之有无,非可求之革命自身,而当下之政象良恶。故辛亥之役,乃满洲政府成之,非革命党所能自为力也。今者政治清浊、事业兴废、士气盛衰之度,较之满清何如? ……至今空尸共和之名,有过专制之实。一语反诘,真相立明。年来内政荒芜,纲纪堕地,国情愈恶,民困愈滋。一言蔽之,只知有私,不知有国。""夫只知媚外,亦有穷时;专务欺民,何异

自杀？吾国经此惩创,乃为迷梦猛醒发愤独立之秋,曰存曰亡,惟视民气。兴等流离在外,无力回天,遇有大事与吾徒有关者,亦惟谨守绳墨,使不危及邦家而已。虽怀少卿不蒙明察之冤,犹守亭林匹夫有责之志。"(《东京公电》,《时报》1915 年 3 月 4 日,"中日交涉要电")

△　委林德轩为湖南革命军司令长官,祁耿寰为关外革命军司令长官。(罗家伦主编,黄季陆、秦孝仪增订:《国父年谱(增订本)》上册,第 659 页)

2 月 26 日　陈中孚、丁仁杰、周应时等先后来访。上午,来一电,随即回电。(日本外务省档案,1915 年 2 月 27 日《孙文动静》,乙秘第 419号;俞辛焞、王振锁等译:《孙中山在日活动密录》,第 339—340 页)

△　军事部部长许崇智、副部长周应时呈请委任赖天球为江西革命军赣南宁司令官,未获准。

江西支部长徐苏中致函军事部,称江西一省司令长官尚属未定,而地方情形各殊,缓急不一。赣南宁一区,控西江上游,为赣粤门户,关系尤为重要。本党党员赖天球,自上年 4 月回至该处,联络士绅,运动军队,"迄今将近一年,势力日涨",且该党员前习武备,后肄法政,民国 2 年被选为江西省议会议员,旋因二次革命关系,亡命东来,复入大森讲习所研究战术战略,"核其资格成绩,均堪独当一面"。依照支部有推荐人才于本部之定例,函请转呈总理委任赖天球为江西革命军赣南宁司令官。是日,军事部转呈请示。孙中山随后批示:"江西司令长官尚未定当,俟司令长官定人后,由长官推荐,以成统系为妥。"(《许崇智周应时请委赖天球为江西革命军赣南宁司令官上总理呈》,黄季陆主编:《革命文献》第 48 辑,第 30—31 页)

△　马六甲支部长沈鸿柏来函,告知收到委任状及第 4、5 号通告,并请邮寄誓约。函称:"支部不日成立,成立日期俟后再行报告,党员几达百人,惟誓约未蒙掷下,现由麻坡暂借五十张,仍未敷用。函到之日,恳即邮附一百张,以便转给党人照填。"此为沈鸿柏第一次通信。收到后,3 月 25 日由党务部寄出誓约三册,令蔴坡支部转交。(《沈鸿柏上总理函》,环龙路档案第 04858 号)

2月27日　胡汉民、居正、谢持、韦玉、廖仲恺、丁仁杰、戴季陶、夏重民（三次）、叶夏声、田桐、肖萱、陈其美、王统一等来访，参与交谈。是日为定期开会之日。与来访的胡汉民、居正、谢持、陈其美等围坐一起，打开各自携带的材料议事。期间，曾请陈其美、叶夏声等四人到隔屋密谈，听取叶夏声从中国国内带来的情况汇报。（日本外务省档案，1915年2月28日《孙文动静》，乙秘第427号；俞辛焞、王振锁等译：《孙中山在日活动密录》，第340—341页）

△　批准委任简英甫为新加坡联络委员。

卢耀堂来函称，有南洋烟草公司主人简英甫，素具热心，"颇可担任巨款"，请酌予委任，以示鼓励。是日，党务部据之呈请委任简英甫为新加坡联络委员。孙中山批示："准照办理。"（《居正请委简英甫为新加坡联络委员上总理呈》，黄季陆主编：《革命文献》第48辑，第56页）

△　陈其美来询问有关开支情况，告之已由丁景梁取钱去。次日陈又致函谢持，了解"究竟今日之开支款项，是否可以敷衍过去"。（《陈其美致谢持询问款项可否足以开支函》，黄季陆主编：《革命文献》第48辑，第10页）

△　袁世凯政府统率办事处将《孙文小史》《黄兴小史》等书寄送各省，要求翻印散布。

是日，报纸报道，统率办事处曾致函各地，污蔑称："倡乱各党魁，勾结土匪，扰紊安宁，假革命之名称，以遂其盗贼之行为。内地青年或不悉底蕴，致被煽惑，追念祸首，实堪切齿。前经坊间所刊之《孙文小史》及《国贼孙文》两书寄送请为翻印传播。顷复见有所撰《黄兴小史》《黄祸讨国贼》二书，烛奸抉隐，亦颇足资警士，广为散布，藉下针砭实，于世道人心，不无裨益。兹将以上三书仍检寄各二十余份，希即付梓多本，分发所属，更为翻印，辗转散布各该处学校、军队、社会团体，咸使阅之。"为此，山西巡按使金永将翻印的万余本转发各学校、军队以及各机构。（《孙黄小史之颁布》，《盛京时报》1915年2月27日，"民国要闻"）

2月28日　余祥辉、何天炯、陈其美、谢持、丁仁杰、王统一、田桐等来访,参与交谈。(日本外务省档案,1915年3月1日《孙文动静》,乙秘第434号;俞辛焞、王振锁等译:《孙中山在日活动密录》,第341页)

△　致函旧金山中华民国总公会,详述"还款""洪门立案""通信美洲华侨"三事。

关于"还款"事宜,函称,在南京时,即提交参议院,请立稽勋局,同时提款偿还华侨债务,但遭参议院驳回,"谓须俟统一之后"。南京解职后,曾将各款详列,移交北京财政部,以后屡与交涉,北京方面"均以财政困难为解"。后又"函令广东筹还此款",广东都督胡汉民"即略事调查,提出现银一百七十余万,特设专局经理其事"。由于胡汉民被袁罢职,使陈炯明代之。而陈"使其部下钟鼎基、张我权,以兵力胁迫取消胡之命令,事遂中止"。

关于洪门立案之事,指出:"在南京首先除去党会之禁,悉使自由立党立会。及解职回粤,以粤为洪门最发达之省,故思从吾粤入手,使其立案,自由公开,为改良进步之办法。商之胡汉民,胡大赞成。弟遂授意黄三德上呈以请,其与黄联名者则外交司陈少白、税务处监理官史古愚,皆胡之属僚也。而是时适陈炯明为军统,握兵权,锐意办匪,而彼并嫉会党,力沮其事,谓彼必俟土匪荡平之后,否则土匪窜入,会党更难收拾。胡不能强夺其意,而弟之目的,又不能达。此事应追怨陈炯明,其次胡汉民身为都督而不能制陈,致受阻挠,亦非无过。若弟则系发起为洪门立案之第一人,今闻三德发布传单,并谤及弟身,则不顾事实,不明是非者也。"

关于通信美洲同志之事,信中表示:"在南京百务倥偬,两月余之光阴,无一暇晷,故于朋友应酬,自然多缺,此亦我同志之所谅;其后奔走数省,居处不遑,及弟在沪,乃稍闲暇,弟因用黄三德在弟左右,名为行街调查,实则招呼美洲同志,及通信应酬,月支薪水五十元,另由弟津贴,每次数百元不等,故此时犹令美洲同志手足有疏远之憾,则三德当为我分谤矣。"

最后,函中直言,凡此三事,至今耿耿,未尝去怀,追述本末,事实俱在,来者难诬,知我罪我,听之而已。并声言,第一次革命,政治问题并未解决,实不能谓为革命成功。各种组织俱不能如意,各种政策不能实行,不能收政治之实效。"鉴于前失,毅然以一身担任第三次革命之事,求真实之统一,而力矫前非。""而为第三次革命,则必以入中华革命党为第一手续,共图政治之解决,恢复民国,实行民权、民生主义,造福海内外,何止尽释前日之所负而已耶。"(陈旭麓、郝盛潮主编,王耿雄等编:《孙中山集外集》,第367—369页)

△　致函宫崎寅藏,对其当选日本众议院议员表示期望之情。

函称:"闻足下立候补为日本帝国众议院议员,欣盼之至。足下怀抱莫大之政见,故二十余年与弟共图支那之革命,弟深信足下为真爱自由、平等、博爱之人,此所以热望足下之赫然当选也。贵国民权日益发达,将以足下之当选而卜之。"(陈旭麓、郝盛潮主编、王耿雄等编:《孙中山集外集》,第369页)

△　复电宿务叶独醒。2月27日叶独醒来电谓:"交 Leekeaya 款已收到,请复。"是日,即回电告知:"已悉。"(郝盛潮主编、王耿雄等编:《孙中山集外集补编》,第161页)

△　暹罗交通部干事员陈逸川、冯熙周来函请派萧佛成为暹罗交通部长。

函称:"自讨袁军失败之后,国运日就颓危,吾党政纲又将随世而没,本埠华侨悉焉忧之,常思所以救亡之策。故去年夏间组织一交通分部,隶于香港南方军务统筹部,由众公举萧佛成君为部长。同年秋间邓铿君倡义惠州,本交通部亦曾捐助微款,足征人心之尚未尽死也。顷陈君逸川抵暹,道及先生组织中华革命党本部,七月间已成立于日本东京,各省埠皆已委人设立支部,弟等闻之,不胜欣怀。今本交通部欲另行改组,与本部联络,请将所有誓约、方略、钤记、总章及办法如何,号数由若干起,请详示知。且祈仍委萧君办理,以专责成。此间同志盼望已极,恳早日指示一切办法,幸甚。"悉后批示:"用总理名给委任状,并覆函。"(《陈逸川冯熙周请派萧佛成为暹罗交通部长上总理函》,黄季陆主编:《革命文献》第 48 辑,第 124—125 页)

是月 陈炯明等发起成立水利促进社。

据邓泽如记述,中日交涉起,梁启超等力倡排日主战,竞言募兵筹饷,供袁氏对日之需,而指斥革命为反于一致对外主义。黄兴在美,情势隔膜,因联李烈钧、陈炯明、柏文蔚、钮永建五人,通电宣言,停止革命,一致对外,"多忏悔辩解之语,以日本为敌地,党人不宜再留为词。并谓孙中山一部,沉迷于革命,不足与言救国也"。折柬遍邀留日欧事研究会各员,如柏文蔚、谭人凤、周震鳞、龚振鹏等到南洋,开大会议,陈炯明出资招待,"欲藉为搜括海外华侨报效之金钱,招降薄行之革命党"。后又趁广东水灾,组织水利公司,派员赴各埠募款,声言办邮船,并派学生赴欧美留学,习飞机,"所至辄阻挠中华革命党之筹饷,反对孙中山。惟我南洋各埠,多数同志于是渐知陈炯明之宗旨,不独政见不同,盖欲为一党之首领也"。(《李烈钧、陈炯明在南洋组织水利公司反对中华革命党》,黄季陆主编:《革命文献》第 45 辑,第 592—593 页)

据李睡仙等记述,陈组织水利促进社,对抗孙中山的意图很明显。陈炯明与李烈钧相继返居南洋后,"折柬遍邀留日欧事研究会各员赴南洋,开大会议,炯明出资招待,独遗中华革命党人不问"。复致留日友人书,"有头山卖国等语,隐指孙公"。又电袁氏,"愿得返粤募义勇为外交后盾"。孙中山"派许崇智、宋振、叶夏声、何天炯等赴南洋任宣传、募军费,顾晓音瘏口,犹未能回炯明之意……汪精卫适返自巴黎,对于孙公组党,欲有所调停,既买舟赴日矣。而炯明知之,遣人追留精卫于沪上。旋复乘广东水灾,组织水利公司,派员赴各埠募款……所至辄阻止孙公之筹饷"。(李睡仙等:《陈炯明叛国史》,章伯锋、顾亚主编:《近代稗海》第 9 辑,第 427—428 页)

从欧事研究会成员言论看,成立此机构之举,主要目的在于筹款。在水利促进社成立之前,陈炯明已在新加坡用某实业公司名义组织一个筹款机关,向美洲和南洋华侨筹款。1914 年秋冬,李烈钧也从法国到槟榔屿向华侨筹款。陈、李二人感到筹款问题"门户太深,不能融洽","华侨又应付为难"。柏文蔚、白逾桓发现此问题后,受陈、李两人委托,将"两筹款处混合起来"。其时恰好广东发生水灾,于是,以救济广东水灾,发展国内水利建设为名,将筹款机构合并,改称"中华水利促成社"。其对外宗旨称"拟兴办水利,并计划在南洋设立世界轮船大公司,分劝募股"。还声称要"办邮船,并派学生赴欧美留学,习飞机"。其实,陈炯明、李烈钧等仅借"中华水利促成社"之名,避开居留地政府的干涉,而真正的用意在于"筹备大款,然后举事"。该社成立后,成员分赴各埠募款,但因南洋华侨中信仰孙中山者居多,水利促成社的筹款活动,颇有阻力。李烈钧也感慨:"小款随时可捐,大款决难筹集。"柏文蔚称成员奔走半年,仅募得"荷兰纸币九万三千余盾,英纸币一万镑,共合中国钱十二万数千元"。1915 年初,为营救洪兆麟、龙侠夫、任鹤年、刘振襄、廖简荃,陈炯明在南洋各埠多方募集诉讼费,但"各埠多所筹商,只可得之数万",可见筹款的确艰难。为改变这种局面,陈炯明、李烈钧等改用公司集资办法,给以股票。经过多方努力,其筹款活动还是收获不少。据日本外务省档案的记载,中华水利促成社在南洋的筹款约有一百五十万元之谱。而据袁世凯密探赵国勋所述,李烈钧赴滇时,携有四十余万元,同时侨界也寄来百余万元。中华水利促成社在南洋的四出筹款活动,使中华革命党在南洋的筹款活动受到挤压。(段云章、沈晓敏编著:《孙文陈炯明史事编年》,第 155—157 页)

3 月

3 月 1 日　胡汉民、韦玉、夏重民、戴季陶、叶夏声、何天炯、居正、苏曼殊、廖仲恺、陈其美、丁仁杰等来访,参与交谈。下午,给宿在

熊本市坪井米屋町上野屋的宫崎寅藏发去一函。(日本外务省档案,
1915 年 3 月 2 日《孙文动静》,乙秘第 445 号;俞辛焯、王振锁等译:《孙中山在日
活动密录》,第 341—342 页)

　　△　是日,部分革命党人在长崎聚会。

　　据长崎县知事李家隆介报告,逗留当地的中国流亡者柏文蔚等
三四人和日本人原口闻一、西乡四郎等,在市内广马场町四□楼聚
饮,随后到丸山町菜馆杉本馆,再次聚饮。席间谈话中,谭人凤提出,
鉴于当前日本政府的状况,计划第三次革命终不可能,莫如去南洋以
图再举。但柏文蔚、陈子玉等人完全不赞成其意见,认为离开日本不
但更一事无成,而且各地发起的革命都将归于失败。"现在不是急于
求成之时,只宜留在日本以待时机的到来。"谭人凤经此劝告,最后也
同意留住在日本,并说流亡者应相互扶持,生活下去,如将来事不成
功时,则不得不归化于日本,"意见已趋于一致"。报告还提及,关于
中日交涉一事,"这些流亡者都不相信新闻报道,认为日本决不会提
出无理要求,对此均持乐观态度"。此次聚会的主要人物还有潘鼎
新、陈子玉、刘领、季雨霖,以及东洋日之出新闻社福岛熊次郎等。
(日本外务省档案,1915 年 3 月 5 日《关于流亡者聚会之事》,高秘特收第 445
号;俞辛焯、王振锁等译:《孙中山在日活动密录》,第 710—711 页)

　　△　戴季陶发表谈话,揭批中国公使馆破坏革命党人活动的种
种行径。

　　先是,留日学生千余人于 2 月 11 日在东京冒雨集会,抗议日本
提出"二十一条"。28 日,戴季陶来与孙中山、胡汉民、居正、廖仲恺、
谢持、陈其美等商议。是日,戴受命发表谈话,否认革命党煽动留东
学生反对中日交涉,进而揭批中国公使馆破坏革命党人活动的种种
行径。戴季陶表示:"中国公使馆专事散步种种流言,说自中日交涉
以来,之所以出现中国流日学生之盲动行为,是因为革命党在背后加
以煽动。在众多革命党员中,也许原来就有人被卷进其学生盲动旋
涡之中,现在也仍有人投入这一活动。但是,这些人表面看来,情况

各不相同,有的人作为个人,只是为了某种利益而参加运动,他们虽然都是党员,但不是作为革命党员参加这一活动的。公使馆散布如此流言,目的是败坏革命党名声,使革命党甚感难堪。同时,中国国内的各报刊也报道说,此次中日交涉问题,背后也有革命党的暗中活动。称呼我们同志时,冠以卖国党之名,这显然是袁总统的手段,借革命党之名,达其使民心背离革命党之目的。"

戴还揭露,中日交涉问题发生以来,中国公使馆利用这一问题,为达扰乱革命党之目的,玩弄种种恶劣手段。"其中最为巧妙的说法是,目下正值祖国危难存亡之际,不是国民就内政问题相互反目之秋,而应举国一致对外,首先一致解决外交问题,然后再着手改革内政。在此情况下,不问主义政党之异同,为了国家,必须举国一致,抵御外患,说得冠冕堂皇,并以金钱相引诱。在我们同志中,目前生计不如意者,确有一些被收买或正在被收买的人,但这些人,多半是党员中二三流以下者。其中稍微重要的何海鸣、张尧卿等人也已经被其所骗。"在平素所知的同志中,也有二三人被收买回国。不过,他们回国时"告诉我们由于生活困难而被收买的内情,并且保证回国后,不管从事什么事业,都要尽力间接地支援革命运动,定下这样誓约才回国的"。

戴季陶也表示,这些扰乱行为已经引起革命党人的高度警惕:"数日前,在长崎的柏文蔚同志等十二三人,联名给在东京的十几名同志写信说,最近,有人为损害革命党之名,在我党员身上散布种种流言蜚语,施以离间中伤之策,我们身上不论有何风言风语,但我们意志弥坚,决不听信,我们也联名发出同样内容的复信。""前不久看到一报纸报道说,金邦平最近突然来日。前些年我在东京留学时,金也曾在日留学,在当时留学生中他是长者,早稻田大学毕业,是天生的官僚派人物,是一位出色的谋士。我相信,他们突然来日,决非无意,肯定带有袁的某些使命。"(日本外务省档案,1915 年 3 月 1 日《中国流亡者戴季陶的谈话》,乙秘第 435 号;俞辛焞、王振锁等译:《孙中山在日活动密

录》,第 717—718 页)

3月2日 廖仲恺、何天炯、韦玉、刘义章、刘平子、吴忠信、夏重民、陈其美、许崇智、王统一、叶夏声、周应时、陈策等先后来访,参与交谈。(日本外务省档案,1915 年 3 月 3 日《孙文动静》,乙秘第 454 号;俞辛焞、王振锁等译:《孙中山在日活动密录》,第 342 页)

3月3日 肖萱、丁仁杰(两次)、廖仲恺(两次)、胡汉民、居正、谢持、叶夏声、韦玉、陈其美、田桐、蔡中和、萱野长知等来访,参与交谈。戴季陶来访后,随即去邻居头山满宅议事。经杨益谦介绍,庄怀恭来访,转交白鹤浦(住青山甫町七丁目 1 号)的一封信,并面谈。下午,许崇智来探访陈其美,因陈未在即刻离去。随后,用电话叫陈其美来,陈乘人力车再次来访,议事。其中,上午陈其美、廖仲恺、居正、谢持、胡汉民、叶夏声、丁仁杰、戴季陶、田桐等来访是共同研究问题。(日本外务省档案,1915 年 3 月 4 日《孙文动静》,乙秘第 463 号;俞辛焞、王振锁等译:《孙中山在日活动密录》,第 343—344 页)

△ 委许崇智、何天炯、叶夏生声为南洋特务委员,谭根为航空队司令长官。

9 日和 14 日分别致函南洋同志与邓泽如,告以许等奉派赴南洋事,旨在"联络同志,扩张党势"。(罗家伦主编,黄季陆、秦孝仪增订:《国父年谱(增订本)》上册,第 661 页;《致邓泽如函》,《孙中山全集》第 3 卷,第 161—162 页)许等于 4 月 4 日抵芙蓉,旋由邓泽如陪同遍历巴罗、吉隆坡、马六甲、新加坡诸埠。(邓泽如:《中国国民党二十年史迹》,第 135 页)

3月4日 黄实、丁仁杰、廖仲恺、叶夏声、韦玉、夏重民、吴叶刚、王统一、戴季陶、萱野长知、须藤荣吉、弘田治十郎、大石茂美等来访,面谈。上午,去麻布区陈其美办事处,随后又到麴町区三年町陈住处,与陈议事。(日本外务省档案,1915 年 3 月 5 日《孙文动静》,乙秘第 473 号;俞辛焞、王振锁等译:《孙中山在日活动密录》,第 344 页)

3月5日 李国柱、丁仁杰(两次)、陈其美、吴忠信、刘义章、刘平子、何天炯、居正等来访,参与交谈。给上海的 Mr. SuiSoong 发去一函。（日本外务省档案，1915 年 3 月 6 日《孙文动静》，乙秘第 478 号；俞辛焞、王振锁等译：《孙中山在日活动密录》，第 344—345 页）

3 月 6 日　居正、胡汉民、许崇智、蔡中和、叶夏声、廖仲恺、谢持、林德轩、陈其美、田桐、丁仁杰（两次）、何天炯、萱野长知、王统一、蒋介石、韦玉等来访，参与交谈。（日本外务省档案，1915 年 3 月 7 日《孙文动静》，乙秘第 491 号；俞辛焞、王振锁等译：《孙中山在日活动密录》，第 345—346 页）谢持以"中山宜离日本之说"告诉廖仲恺和胡汉民。（谢持：《谢持日记未刊稿》第 1 册，第 388 页）

3 月 7 日　余祥辉、王统一、陈其美、韦玉、欧阳豪、夏重民等来访，参与交谈。（日本外务省档案，1915 年 3 月 8 日《孙文动静》，乙秘第 498 号；俞辛焞、王振锁等译：《孙中山在日活动密录》，第 346 页）

3 月 8 日　廖仲恺、林德轩、李有德、胡汉民、韦玉、王天鹏、陈其美、叶夏声、居正、丁仁杰等先后来访，参与交谈。（日本外务省档案，1915 年 3 月 9 日《孙文动静》，乙秘第 507 号；俞辛焞、王振锁等译：《孙中山在日活动密录》，第 346—347 页）

△　复函伍平一，解答所提出的"党员基本金"问题。函称："此项只以发回党证作据，不另发收单，以其性质与军饷殊也……捐军饷者乃发回债票。"并请"即以此意宣告各同志知之"。（陈旭麓、郝盛潮主编，王耿雄等编：《孙中山集外集》，第 370 页）

△　是日，曾广焯从上海致函谢持，求证袁世凯致电孙中山"媾和"并"请回国共襄国事"之传闻。函还表示："以弟观之，孙先生断不致与猿媾和。"并痛骂"刻下纷纷自守求免赦者，真人类不齿之徒耳"。（《曾广焯致谢持函》，环龙路档案第 00266 号）

3 月 9 日　宋耀如、谢持、居正（两次）、何天炯、夏重民、胡汉民、邓铿、陈其美、许崇智、韦玉（两次）、戴季陶、王介凡、杨清汉、廖仲恺、丁仁杰（两次）、田桐（两次）等来访，参与交谈。令田桐去日本桥区丸善书店，买来大信封，并请胡汉民代书十余个，封好寄出。葛庞来访时，谢绝会见之。给熊本市镇西馆井手三郎和绪方二三发去一函。

(日本外务省档案,1915 年 3 月 10 日《孙文动静》,乙秘第 517 号;俞辛焞、王振锁等译:《孙中山在日活动密录》,第 347—348 页)谢持建议孙中山"以游美国表示决绝日本为宜。内可祛国人之疑,树吾党之信,外可戢日本野心而促其东亚和平之念,且吾党居是邦,其政府为利用之资,其国民不能举臂助之实。中山离此,一呼二三十万金不难立至,而吾党义旗举矣"。孙中山表示,日本苟加干涉,"则吾党断无成,当思抵抗之策,然美国不能"。(谢持:《谢持日记未刊稿》第 1 册,第 391 页)

△　致函南洋同志,介绍许崇智、叶夏声、何天炯、宋振等到南洋。

函称:比来海内是非渐明,人心日去彼而就我,加以内地同志奋发不懈,海外同志力予扶持,民国不亡,共和必复。"惟弟与同志诸兄各居异地,虽其间书信往来,可以道达情意,吾人为目的而集合,孚感在于精神;然关于党事进行各节,不获相聚一处,商榷尽言,诚为歉憾。且近颇闻有人怀挟私异,故作违言,此纵不能惑我同志诸兄,而中立者间为所动,则亦于大业有妨。兹故特传许君崇智、叶君夏声、何君天炯、宋君振偕到南洋,与兄等接洽,并宣布弟近日之所怀。"(《致南洋同志函》,《孙中山全集》第 3 卷,第 161—162 页)

△　是日,邓文辉托陈群普带函致孙中山,报告江西运动情况,并请求拨款接济。函称:"江西腹地,虽属无从重要之区,然赣南萍乡等处,运动已有把握,一朝湘粤有事,亦可同时响应,各属派来代表日间皆已遣还原地,专候总部动静。"函中表示:"刻下中日交涉势将决裂,国亡无日,推原其故,皆因袁贼一人擅权卖国,全国人民莫敢过问,故日人敢乘机打劫,凡我党人皆宜急起图存,死中求活,推倒袁氏,即或不能,能于东南数省共谋独立,亦策之次也。先生硕谋巨画,对于现时世势必有成算,辉等在沪专候命令,如有驱遣,虽赴汤蹈火亦所不辞。"(《邓文辉上总理函》,环龙路档案第 00106 号)

3 月 10 日　廖仲恺、陈其美(两次)、韦玉、丁仁杰、宋耀如、居正、蔡中和、谢持、林德轩、王统一等来访,参与交谈。方汉儒来访时,谢绝与其会见。下午,乘人力车至麴町区三年町访陈其美,略谈。归途经京桥区银座三丁目圣路加医院药品部,购买药品二三种。(日本外务省档案,1915年3月11日《孙文动静》,乙秘第522号;俞辛焞、王振锁等译:《孙中山在日活动密录》,第348—349页)

　　△　是日,答复柏文蔚等来函。

　　复函称:"谬者几以为吾人强与夫己氏附合,即可以抗御外侮,此说之非理,公等固灼见之矣。且亦知袁氏实为误国卖国之魁,设非急速去袁,则祸至无日!今之所见,惟日国耳,假如欧洲战争底定,必及于东亚问题。俎上之肉,挟均利均势之名义临之,庸得免耶?故吾人于此,惟有返其本而已。急待革命主义,一致进行,然后安内攘外之实,可以言也。"指出"能用真正之民气捍卫国家者,惟吾党为能。袁氏事事袭满清之故智,则外交上安得不蹈满清之后尘?故革命正以救亡,并非空沦"。表示"至于昏昏者,是非不明,更矫诬其词,横相谤讟,此则两年以来已数见不鲜,吾辈何暇为此无聊之毁誉,自作辩难。就使如星台先生故事,蹈海自明,亦未足使若辈之俱悟也。来日大难,急起疾追,犹恐不及,身家性命,吾曹早拚牺牲,则所望于此时,各消意见,为统一之进行,天下事尚可为耳"。(郝盛潮主编、王耿雄等编:《孙中山集外集补编》,第161—162页)

　　△　致函美国华侨同志,陈述反袁救亡主张。

　　函中首先就中日密约问题辟谣,称:"袁世凯前日必与日本私缔密约,及种成日本目下要求之恶果。近更阴险家倡言余通于东京,欲借助日本之势力,以推翻袁政府之说。然余固深信驱除袁世凯为今时所当行之事,若谓借助于日本一说,虽至愚之人,亦足以知日本万不可靠,稍有识者亦当知造谣者立说之谬妄矣!"进而列举反袁的理由,指出"袁氏自任总统以来,绝未稍留意于全国人民之利害,其足以令我国民恐慌者,即为近日中日交涉问题;再推远观之,则将来欧洲战事完结之后,列强相继而来,效尤日本,则中国瓜分之惨祸立至,尚何疑义?苟中国目前之交涉,一旦退让,则其后中国亦难再有革命图存之机会矣! 职是之故,我国人当速即起事,以救亡于未亡之际。否则,日本之吞并中国,如英之吞并埃及,同一破亡,永无复见天日之望矣。愿我党人勿畏破败,勿惧牺牲,其速起! 勿待袁氏卖断中国,始谋补救也"。(郝盛潮主编,王耿雄等编:《孙中山集外集补编》,第162—163页)

△ 指示党务部部长居正发出第8号通告。

中日交涉事起,有一些党人发声,可否暂停国内革命运动,以实行举国一致御侮政策,并有"请转告中山先生慎勿驱虎进狼"之言论,"函电纷驰,答不胜答",为此,孙中山乃发表意见,并命令党务部发出中华革命党第8号通告,揭发日本"二十一条要求"交涉的真相,及其与袁世凯帝制阴谋的关系,要求党员积极讨袁。

党务部第8号通告分三部分:

其一,简要交待发布通告的背景:"中日交涉事起,国人不明交涉之真相,实由夫己氏卖国而来,乃与二次革命有关系者,借此为举国一致之美名,有迎机投降者,如何海鸣等之自首是也。有恐为夫己氏分谤而急欲自白者,如林虎等通电国内各报馆是也。有恐受借寇复仇之嫌疑而自供二次革命有罪(认革命为罪而不认私逃为罪),急向国人哀告者,如黄兴等之通电宣言是也。独孙先生对于此事默不一言。吾党有志之士,几若以本部与此种交涉有关系者。然函电纷驰,答不胜答,今将本部同仁答长崎柏烈武诸君之来函录之,以为吾党告。"

其二,详录孙中山答复柏文蔚函以及柏等的回应:"当交涉问题初起,此间同人亦不甚惶罹,因吾询中山先生意见,乃俱释然。""中山先生意见如此,弟等信为至言,故敢以覆命,尚祈垂察。"

其三,党务部对柏函的回应:"吾党见之,庶几知孙先生之所以不言者,如日月经天,昭然若揭,尤无俟本部之辞费也。且据个中消息,此次交涉之由来,实由夫己氏欲称帝,要求日本承认,日本政府欲先得相当之报酬,要求夫己氏,夫己氏隐许诺之,故有条件之提出。讵知所提出之条件,即系中国为朝鲜第二。夫己氏亲信之外交部与陆

军部颇不谓然,因有磋商讨论之说,交涉一事始宣传中外,不然夫己
氏早秘密逃却,国人咸被奴于不识不知之中也。传曰:'不去庆氏,鲁
难未已'。今夫己氏引盗自重,国人不忍去之,而反迁怒于人,并欲嫁
祸于吾党,国人之昏愦若此,尚何言哉! 尚何言哉! 且夫吾党所处之
地位,纯系一秘密组织之团体,对于国际交涉,固未可以立言者也,若
关于内部之暗示,则誓约上所书明,总章上所规定,其目的单纯,其宗
旨正大,其态度明了,固已印入吾党之脑际。即如寻常人所谓以救国
为前提者,要为舍去夫己氏之外,而别无方法也。乃犹有不明斯旨,
若疑本部对于此次交涉态度之不明了,反欲本部为或种之宣言者,
噫! 何其务于虚而不求实也。今本部亦不惧烦,略举所知以告,务希
吾党人切己体察,着紧用力,不为浮言所动,不为外惑所摇,本坚忍不
拔之精神,粪除卖国之蠹,庶几巨奸授首,内治廓清,民权因之伸张,
国基因之巩固,外侮将无侵入矣。否则不揣其本,而齐其末,其何能
淑载胥及溺,亦终必亡而已矣。愿吾党人深思之。"(《党务部通告第八
号》,陈三井、居蜜合编:《居正先生全集》中册,第 84—86 页;《中央党务月刊》第
4 期)

　　△　黄甲元来函,报告支部筹备迟缓原因。函称,组织筹备进行
各节,本应理宜早日急当奉命实行,因客岁自接通告各函之后,值遇
欧战风云丛生,南洋各地俱受莫大之影响。"凡我侨民工商各界,人
心极其浮动,地方大局商务为之一变,敝地孤悬海岛,一隅之地,其时
英利政府俱亦宣布戒严,所有往来函件检查极周,以是交通极多窒碍
故也。嗣后急于着手,筹办一切,则又所有同志素性稍有热诚者,东
奔西走,亦寥寥无几矣。固不能收完全效果者,是以进行之迟迟故
也。"(《黄甲元上总理函》,环龙路档案第 04860 号)

　　3 月 11 日　王统一、谢持、萱野长知、居正、何天炯、叶夏声、和
田瑞、陈其美、丁仁杰等来访,参与交谈。东京晚报记者斋藤龙三郎
来访,谢绝与之会面。上午 11 时,至麻布区市兵卫町民国社,与肖
萱、王统一、谢持、丁仁杰、郭云楼等面谈。(日本外务省档案,1915 年 3

月 12 日《孙文动静》,乙秘第 535 号;俞辛焞、王振锁等译:《孙中山在日活动密录》,第 349—350 页)

△　对富永龙太郎汇报的革命运动情况表示不满。

富永在中国为革命党开展了一些活动,刚回到日本。是日,富永龙太郎在王统一陪同下来访,报告运动情况,但内容贫乏。孙中山大为不满,有所指责。富永称,目前生活困难,要求借些款项。王统一答应,两三天内可筹措五十日元借给他。(日本外务省档案,1915 年 3 月 12 日《孙文动静》,乙秘第 535 号;俞辛焞、王振锁等译:《孙中山在日活动密录》,第 349 页)

△　陈民钟来函,汇报党事进展情况,并推荐陈克恨。

函称:"此间同志无多,向于党事少有稗补,深以为憾。兹幸李其先生辱临,使各同志得藉此而互相联络,并发起组织一本党支部,将来党事进行自必较易为力,顾瞻前途,无任额手。所有职员姓名,业已抄录,交由李先生转呈矣,到请察核可也。"并称荷属巴达维亚陈克恨才堪委任,遇事热诚,"若委以组织支部,洵称厥职,且查该处同志尚多,于吾党经济必大有稗补,故钟前日特奉函介绍,不识曾否接及"。(《陈民钟上总理函》,环龙路档案第 05080 号)

3 月 12 日　许崇智、宋耀如、陈其美、邓铿、何天炯、戴季陶、菊池良一、丁仁杰等来访,面谈。王统一偕东京日日新闻社记者□田晓来访,面谈。下午,去麹町区三年町陈其美住处,陈未在。又到麻布区市兵卫町民国社办事处,和陈谈约十分钟后,二人一起回寓所继续商讨。(日本外务省档案,1915 年 3 月 13 日《孙文动静》,乙秘第 544 号;俞辛焞、王振锁等译:《孙中山在日活动密录》,第 350 页)

△　军事部部长许崇智呈请委任湖北革命军司令官。

湖北司令长官蔡济民呈称,湖北关系重要,地方辽阔,分区过少,难免无鞭长莫及之虞。"筹酌本省情形,业经划分五区。四、五两区之属地,除由总理已委荆沙、宜昌二司令官,暂不另请委任外,其余一、二、三区各司令官急应委任,俾专职守,以资进行。查有本党党员熊炳坤,堪以委充湖北第一区司令官;王华国堪以委充湖北第二区司令官;刘英堪以委充湖北第三区司令官。请即转请总理迅赐委任,俾各该员早日就职,以专责成。"是日,军事部转呈。悉后批示:"准照办理。"(《许崇智请委湖北革命军司令官上总理呈》,黄季陆主编:《革命文献》第48辑,第31页)

3月13日　许崇智、李梅臣、陈其美、韦玉、居正、蔡中和、丁仁杰、谢持、廖仲恺(两次)来访,参与交谈。(日本外务省档案,1915年3月14日《孙文动静》,乙秘第549号;俞辛焞、王振锁等译:《孙中山在日活动密录》,第350—351页)

△　复函伍平一,解释筹款收条及委任之事。

函中解释称:"苏洛款收条一节,此间适接该埠张成谟、江琼波兄函,亦为此事。当即检查收条存根,适有发飞〔菲〕律宾同志一千元收条一张,而未有发苏洛者,想必当时事机至忙之顷,以为此即寄往苏洛之收条,故一时漏却。因当时财政部尚未成立,百务皆直接经理,事端繁冗,偶然生此错误。现财政部已于本月告成,委任张君人杰为部长,一切办事顺序皆有条理,断不致再有此失也。"对于委任人员之事,信中告知,因不知相关人员的情况,"请先调查速复为要","此间已派军务部长许君崇智、广东支部长何君天炯及叶君夏声来视察党务,报告本党近日进行情形,并商委任事宜。俟许君等到飞〔菲〕岛后,请彼等与许君等面商"。信中还提及,谭根"南行亦无不可,此间进行极有希望。至于吾兄东来皆可,不必汲汲,俟有确耗,当电招耳。飞机问题,刻以阙款,尚难办到,请转告谭君可也"。(上海图书馆编:《孙中山先生遗札》;陈旭麓、郝盛潮主编,王耿雄等编:《孙中山集外集》,第370—371页)

3月14日　丁仁杰、韦玉、许崇智、宋耀如、余祥辉、陈其美、夏重民、居正、徐苏中、陈承志、陈球、陈家鼎等来访,参与交谈。(日本外务省档案,1915年3月15日《孙文动静》,乙秘第553号;俞辛焞、王振锁等译:《孙中山在日活动密录》,第351页)

△ 致函邓泽如，介绍许崇智等前往南洋。

函中称，此次派许崇智等去南洋，目的是"联络同志，扩张党势，并报告进行各情"，希望"到时请为接洽，并带往各埠介绍于各热心同志"。同时，嘱咐邓协助解决许等旅费，"许君等动程时，刚值公款支绌，所带旅费无多，如有所需，望兄处设法筹垫，作公款所支。所支若干，即向许君取回收据，他日汇款前来本部财政部，将收据寄来，财政部长当如数发给债票也"。（《致邓泽如函》，《孙中山全集》第 3 卷，第 162 页）

△ 致函日本外务省政务局长小池张造，对中日关系提出看法。

函中指出日本政府向袁世凯政府提出所谓日中交涉事件，"则不能不使人失望灰心，诚所不堪焦虑者也。且如欲求东亚之和平，则舍实行真正之日中提携以外，决无其他途径。"并表示"以今日之形势，欲实现如此理想，虽属不易，然今日世界大势动乱、欧洲战局变化极大之秋，更是需要日中提携不可一日或缓之际"，应"尽一切方法以挽回局面"。但对此种"与吾人最终目的之日中提携之本旨相背离之手段"等至感遗憾。也认为"将真正提携问题置于度外且缺乏诚意之敌国政府当局"，采取始终一贯之强硬交涉，将出现可悲之事实。（转引自〔日〕藤井昇三著、陈明译：《第二次革命失败后孙中山亡命日本和二十一条问题》，《岭南文史》1986 年第 1 期）

小池张造曾任日驻英公使，1913 年 9 月，原外务省政务局长阿部守太郎被刺死后，调充政务局长，深受日外相加藤高明信任，积极推行日本军部侵占中国满蒙政策。

3 月 15 日 胡汉民、邓铿、陈其美、廖仲恺、夏重民（三次）、韦玉、王统一夫妇、丁仁杰、肖萱等来访，参与交谈。（日本外务省档案，1915 年 3 月 16 日《孙文动静》，乙秘第 559 号；俞辛焞、王振锁等译：《孙中山在日活动密录》，第 351—352 页）

△ 复电周应时，告知方针不变："无延期之议，惟款源忽滞耳，当另力筹。中日交涉，想必无事，但无论如何，吾党方针不变。"（《复

周应时电》,《孙中山全集》第 3 卷,第 163 页)

△ 是日,陈其美对中日交涉等问题发表看法,表示与孙中山同舟共济。

陈其美指出,中日交涉问题,单就国家而言虽不得不反对,但从现今世界大势观察,则不值得反对。"吾今日以流亡之身,对此问题尚不知其内容,但相信无助于和平。再者,关于袁政府收买革命党一事,近来日本报界时有所载。其中虽有部分事实,但多与事实相违。关于此事,吾人同志正在共同调查。据查,何海鸣、刘艺舟、黄郛、凌钺、林云等人被收买,确有其事,其他人则全无根据。余乃孙文部下,与孙同舟共济,发生任何事情,都将决心为中国国是而献身。"(日本外务省档案,1915 年 3 月 15 日《中国流亡者陈其美之谈话》,乙秘第 556 号;俞辛焞、王振锁等译:《孙中山在日活动密录》,第 719 页)

3 月 16 日 韦玉、夏重民、曾子乙、徐苏中、陈家鼎、陈其美、丁仁杰等来访,参与交谈。蔡中和来探访陈其美,陈未在,即刻离去。(日本外务省档案,1915 年 3 月 17 日《孙文动静》,乙秘第 567 号;俞辛焞、王振锁等译:《孙中山在日活动密录》,第 352 页)

△ 洪兆麟在香港被捕。

据报道,洪于上月 24 日从日本返回香港,定于 16 日往新加坡,"已先由益生栈代买一百八十元之两个半位船票,讵事泄,遂为粤探引捕"。与之同时被捕的还有龙侠夫。(《洪兆麟被捕纪》,《申报》1915 年 3 月 24 日,"要闻二")

26 日,陈炯明致函郑螺生、李孝章、李源水、区慎刚等,请筹款营救在港澳被捕之黄明堂、洪兆麟等。函谓:"日前,黄君明堂在澳被捕,恶政府欲以他罪,谋为引渡,正在营救之中。本日复持港函,洪兆麟、龙侠夫、任鹤年、刘振襄、廖简荃五君同时在港被捕,任、刘、廖虽经释出,而洪、龙二君则现隔别羁留。恶政府使人持二万脂膏来港运动,务达引渡之目的而后快。以黄、洪、龙为吾党健将,恶政府早经欲得而甘心,则今日被捕,阴谋引渡,自在意中。当此官僚祸国,吾党以扫清毒孽、强固国家为责任，自非依赖人才万难奏效，若不急为谋救，一任恶政府之肆毒，即在旁人犹当扼腕，矧为同党，何以为情。故弟接书以后，焦急万分，想兄闻此，应具同感。惟此讼费之款未便向各埠多所筹商，只可向三数知已谋之，故特嘱丘君耀西亲至兄处及芙蓉泽如兄处告急而已，即请兄处设法力速筹集小款。若兄等有妥人在港，将款汇往托其料理最佳，否则将款径汇香港永安街成章匹头店文彬（即林警魂，香山人，此次与洪等联名宣意见者）收亦可，因渠对于此事，现亦经手料理也。"（程存洁《南洋筹饷——广州博物馆藏孙中山及其同志有关筹饷手札集》，第 188 页）

3 月 17 日　廖仲恺（两次）、杨庶堪、胡汉民、韦玉、居正（两次）、谢持、陈其美、丁仁杰（三次）、何天炯、陈中□等来访，参与交谈。萱野长知夫人来访，和陈其美面谈。富永龙太郎、新井有仁二人来访时，因故未会见，由廖仲恺代为接待。上午 9 时，乘车至东京站，接 9 时 40 分抵东京的宋庆龄。9 时 50 分，同车返回，宋晚 8 时 40 分离去。下午，给横滨市山下町 188 号侨海联义会吴叶明发去一函。（日本外务省档案，1915 年 3 月 18 日《孙文动静》，乙秘第 575 号；俞辛焞、王振锁等译：《孙中山在日活动密录》，第 352—353 页）

3 月 18 日　王统一、宋耀如、宋庆龄、韦玉、陈其美等来访。中午，向国外发去一电。（日本外务省档案，1915 年 3 月 19 日《孙文动静》，乙秘第 579 号；俞辛焞、王振锁等译：《孙中山在日活动密录》，第 354 页）

△　居正呈请委任李笃彬为巴城筹饷局长。

巴城支部长沈选青来函，请委李笃彬为巴城筹饷局长，党务部照章呈请委任。批示："准照办理。"（《居正请委李笃彬为巴城筹饷局长上总理呈》，黄季陆主编：《革命文献》第 48 辑，第 56 页）

△　是日，上海绅商学界三四万人，在张园开国民大会，反对中日"二十一条"交涉。约法会议闭幕。

3 月 19 日　宋耀如、夏重民（两次）、丁仁杰、肖萱、韦玉、徐苏中、陈群普、陈仲球、陈其美、邓铿、黄实等来访，参与交谈。陈中孚来探访陈其美，因陈未在，即刻离去。夏重民下午来访时，递呈美洲金山大埠民国社发行的杂志一册。下午5时，波多野春房来电话，问是否能来访？答以很忙，拒绝接待。（日本外务省档案，1915年3月20日《孙文动静》，乙秘第584号；俞辛焞、王振锁等译：《孙中山在日活动密录》，第354页）

△　函致康德黎夫人，请其在英国宣传袁世凯亲德，以阻英国政府助袁。

函称："由于英国政府的干预及其保守影响，日本政府未敢给我们以友好支持。我们正不靠外援，独立工作，深信必能成功。""倘能使英国公众明了英国若帮助袁世凯，即无异间接为德国利益效劳，便能给我以莫大帮助。袁世凯作风之暴戾，对权力之贪婪，其本性之自私，与德皇毫无二致。袁世凯乃一彻头彻尾亲德人物，德国若在此次战争中获胜，中国必将沦为德国之附庸。英国若支持袁世凯，非但会一无所获，而且会丧失在中国既有之地位，请务必使贵国人民知晓：袁世凯其人亲德。"信中还表示："在此次战争中，我对英国同情最深。得知贵国每日均有无数青年丧生，至感哀痛。而此次战争，纯系一贪得无餍之国家强加于贵国的流血灾祸。"（《致康德黎夫人函》，《孙中山全集》第3卷，第163页）

3月20日　居正（两次）、丁仁杰、韦玉、杨庶堪、谢持、廖仲恺、夏重民、富永龙太郎、陈其美、陈中规、徐苏中、宋耀如等来访，参与交谈。黄展云来访时，谢绝会见之。（日本外务省档案，1915年3月21日《孙文动静》，乙秘第590号；俞辛焞、王振锁等译：《孙中山在日活动密录》，第355页）

△　李国柱来函，请求接济治病。函称："去岁来东，荷蒙不弃，赐金三百元，俾同事诸人不为枯鲋，感戢至情，莫可言谕。比来申江同志窘迫已达极点，柱之头眩腹痛较昔为重，然柱染此微恙时发时止，已历半载，惟经济困难未曾疗治，而数月间虽一二知己不时馈送药资，因被难同志过多，义不忍独善其身，故每款资到手刻即分散。

今柱病日深日益,意欲疗治而借台百级,无处设法,加以申江同志索款函件急如星火,不得已再求先生加意接济,倘不漠视,则感激者不仅柱之一分子也。"(《李国柱上总理函》,环龙路档案第 04570 号)

3 月 21 日 余祥辉、宋耀如、宋庆龄、韦玉、陈其美、廖仲恺等来访,参与交谈。郑克成来访时,谢绝与之会见。上午,偕来访的宋耀如、宋庆龄二人至芝公园散步,约一个半小时,返回后,宋耀如离开;下午,又偕宋庆龄乘车至青山练兵场转一圈,十余分钟即回。随后,与来访的陈其美、廖仲恺二人乘车至日本桥□町涩泽荣一事务所,与涩泽共进晚餐,晚 8 时告辞。和陈、廖分手后,于 9 时许回寓。(日本外务省档案,1915 年 3 月 22 日《孙文动静》,乙秘第 595 号;俞辛焞、王振锁等译:《孙中山在日活动密录》,第 355－356 页)

3 月 22 日 宋耀如、陈其美、居正、廖仲恺、胡汉民、谢持等来访,面谈。上午 9 时 30 分,偕宋耀如、宋庆龄和头山满女儿岩生至东京车站,乘火车赴静冈县热海,看望因病修养的张仁方。下午 6 时宿樋口饭店。(日本外务省档案,1915 年 3 月 23 日《孙文动静》,乙秘第 603 号;俞辛焞、王振锁等译:《孙中山在日活动密录》,第 356 页)

△ 张本汉来函赞成改组华侨爱国团为菲律宾中华革命党第二支部。

函称:"昨叶夏声君抵埠,将先生所主张扩充海外支部,以及本党对于现时主持之态度,敝团同志均一致赞成。叶君未到时,吾人之主见,亦不外解决讨贼问题后乃御外,今得本总部同意,同志中更加奋励。惜本支部一大部分倡救亡团,为恶劣政府之后盾,不知此辈之居心如何? 最可恶者,称为党报之公理报,叶君所托刊登各文件均却不登,而反为民号报所登,可谓奇也。刻下据叶君所云,着敝团组织一支部,名曰菲岛中华革命党第二支部,敝团同志均赞成其议,未审总部以为然否。至于爱国团之发生,系在二次革命失败时,由弟等组织,专为筹饷讨贼,今将成立时所订之简章以及职员表呈阅,应如何办法,速复为盼。"阅后批示:"总务、党务、财政三部复。"(《张本汉报告改组华侨爱国

因为菲列宾第二支部上总理函》,黄季陆主编:《革命文献》第48辑,第120页)

△ 纪念宋教仁逝世两周年大会在东京举行。

是日下午2时,在东京神田区表神保町10号大松俱乐部举行纪念宋教仁逝世两周年大会,陈其美、居正、肖萱、夏重民、陈家鼐等一百九十四人出席。大会由刘毅夫主持,陈其美等九人登台演讲。(日本外务省档案,1915年3月23日《孙文动静》,乙秘第603号;俞辛焞、王振锁等译:《孙中山在日活动密录》,第356页)

△ 玉山来函,报告在广东广西因经费困难办事受阻之情形。

函称:"前所得款均由杜晦君开办西省实业,但除还欠款千金外,余交各府分头从事,只因范围太广而款项不充,致不能指挥如意,便不能同时开张,殊为恨事。平乐一区,虽已开张,旋遭挫败,余寻州、郁林、庆远各处,以款项不济,尚迟迟未敢兴工,倘能济以数千元,即可乘时而动也。"广东方面,"已招得股分六七百元,复有同乡六七人到玉处,亦认招股数百元,开办时一二千元可立致也。但颂仁君尚未返国,究竟如何办法,未得而知,大为焦灼"。并称,由于"目下经济缺乏,势难支持,火食尚且不敷",何去何从,深表忧虑。(《玉山上总理函》,环龙路档案第04769号)

3月24日 陈其美离开东京,说去神户,实际去了蕃根。30日,陈其美和丁仁杰在横滨上船赴上海。

3月25日 在热海。上午,接到居赤坂区青山南町四丁目18号的戴季陶来电。(日本外务省档案,1915年3月28日《孙文动静》,乙秘第620号;俞辛焞、王振锁等译:《孙中山在日活动密录》,第356页)

△ 宿务支部叶独醒致函总务部,推荐怡朗支部长人选。总务部在复函中转达了孙中山的赞许,称陈民钟能以孤力排万难,辟新地,其热心毅力,孙中山颇深推赏。而叶择能友人介绍指导之功,尤为孙中山称赞。并称:"今观陈君,益足证足下知人之明,爱因之诚,与夫开拓党势之功矣。怡朗支部,亦曾来函报告成立,业经总理核准,加委陈君为该埠支部长,此后更望协力并进,俾吾党势力,一日千

里,大收卓效,是所深盼。"(《总务部覆宿雾支部叶独醒赞其推荐得人函》,
黄季陆主编:《革命文献》第 45 辑,第 692—693 页)

3 月 26 日　在热海。上午,致电戴季陶;两次接到民国社丁仁杰的电话,令其来热海;接到廖仲恺来的电话。中午 12 时,自东京牛込邮局来一密码电报,约二百字。下午,一行和张仁方乘人力车至伊豆山旅舍相模屋,进千人浴池。(日本外务省档案,1915 年 3 月 28 日《孙文动静》,乙秘第 620 号;俞辛焞、王振锁等译:《孙中山在日活动密录》,第 356—357 页)

△　是日,黄兴等公开声明,否认将发动革命。

黄兴等致函上海《字林西报》,否认"将乘外交急迫之机,与第三国钩连,起而革命",称:"夫吾等为之革命党,无取〔需〕讳言,中国民福之未臻亦为事实。但革命者,全国心理自表征,自非多数人责望吾人,吾人断不妄动。吾人痛思前失,自安放逐……吾人神圣之目的,在使吾最爱之国家庄严而灿烂,最爱之同胞鼓舞而欢欣。至何人掌握政权有以致此,吾人不问。且革命者全然属于一民族之事,自来繁荣有序之国,盖无不为民族国家。吾国政府纵为万恶,亦惟吾人有权改革其非。"(《黄兴致各西报函》,《时报》1915 年 3 月 27 日,"要闻二")

△　曹亚伯、陈耿夫致函郑螺生,谈因孙中山关系,李烈钧不愿相见。

函称,来槟城转瞬将一星期,"李协和至今不愿与弟相见,或者彼以为吾辈乃中山死党,故意拒绝之也。吾辈惟努力进行,各行其是而已。昨日与岑春煊先生谈一次,彼尚热心,但求现金百万,百事可为。弟拟下礼拜一仍回邓泽如先生处,以待内地消息。弟个人事觉难得手,陈耿夫兄欲组织一日报于吉隆坡。此地报馆与学堂,据弟看来,不过私人机关耳。幸仗先生与源水诸公能作中流砥柱,否则南洋人心又不知摇惑至若何境地也"。(程存洁:《南洋筹饷——广州博物馆藏孙中山及其同志有关筹饷手札集》,第 178 页)

3 月 27 日　宋耀如偕头山岩生返回东京,并拟再赴热海。夏重民、波多野春房、杨庶堪、刘佐成、赖雄西、蒋仰贤、张廷发、廖仲恺、徐苏中、梁宗极等先后到访在东京的寓所，均即刻离去。（日本外务省档案，1915年3月28日《孙文动静》，乙秘第620号；俞辛焞、王振锁等译：《孙中山在日活动密录》，第357页）

△　是日，戴德律来函，告知关于蒙古的情况以及欧洲战场局势。函称：协约国看起来胜利在望。随着从各个国家特别是俄国而来的大量部队涌入，德国不一定能够坚持得住，他不能够与整个世界作战。但是对于人们的大屠杀仍旧在继续，二十世纪最伟大的文明以世界上最"伟大的屠夫"而闻名，这是非常不幸的。而且认为欧战影响了革命党人在美国的筹款，"欧战是一件困扰我们国家的事情，这使我的朋友不可能为您的事业大量筹款"，并决定停止筹款。信中还告知物色印刷纸币方面人才的情况。（《James Deitrick 书简》，［日］久保田文次编：《萱野長知・孫文関係史料集》，第447—450页）

△　王天鹏来函，解释自己并未投诚，亦非袁政府的侦探，实属有人造谣离间。函称："有人于本部进谗，谓鹏为张何等什么坐探，令人诧异，以鹏度之，必无此丧心病狂造谣离间之事。"前之与张何往来者，因伊等革命志合道同，由公爱而成私爱，同志则胡越为一体，不同志则骨肉仇雠。况张何之投诚亦所不及料者，值伊等拍电时，极力反对，断绝往来，知之者亦不少。之所以忍守苦海，不为境遇所移，"希望附从先生革命之成功，以达三民主义之目的，何世人之无天良，妄加诬陷耳。鹏观现状，党员既多，性情不一，不善应酬运动者，目之为侦探，能守次序者，目之为拍马，热心殉国者目之为吹牛，以此三种之新名字加人头衔，此等恶潮流，热血健儿将被莫须有三字，寒心有不忍言之痛。自相疑忌，自相离间，是何异为渊鱼丛雀耳"。（《王天鹏上总理函》，环龙路档案第01253号）

△　方汉儒来函，希望回湘西"再造鼓旗"，请求回国川资。

函称："偷生东都已两月于兹矣，然□碌终日，究非汉儒所愿，实以川资无着，虽欲求一冒险而不得。当前月得常德机关破坏音后，本拟即速回国继续进行,然迟迟未能就道者,盖以孔方困□耳。此番常德机关虽破坏,仅同志被难者十余人而已,而于事实上并未受何等影响(日前已往英士先生处详言之)。且此机关势力颇大,金融亦稍活动,去岁已由汉儒绍介并归先生团体,刻间汉儒沪上尚有一同志,决意与之仍返湘西,再造旗鼓,但务乞先生共给川资百元之谱,俾汉儒得以回国前赴后继,以免废弃前次澹淡经营之苦。至进行诸用费,汉儒尚可以与在内诸同志自筹,惟此路资在海外实无门径可告,故不得不向先生求援,盖先生是吾党首领,虽首领不限定纯粹给党员之款,而党员当毫无设法余地时,只得向首领求援而已。"悉后批示,答之如有款时可以给之。但谢持面见孙中山时,则未答。(《方汉儒上总理函》,环龙路档案第 04578 号)

3 月 30 日　致函某人,指责袁世凯"已与日本政府订密约,许让各种特权,得日本以军火接济,藉以剿灭革命党人,以固其独尊之地步"。(郝盛潮主编,王耿雄等编:《孙中山集外集补编》,第 163 页)

△　致函中华革命党菲律宾宿务支部正副支部长叶独醒、伍尚铨、梁实珊等,嘉其襄助革命。函称:"独醒、尚铨两兄矢志革命有年,武汉起义,力任提倡捐助军费,功不可没。此次更得实珊兄之赞成,以助长支部之发达,此可为一班党员之矜式矣。愿更奋励前途,终达目的而后已。"(《致叶独醒函》,《孙中山全集》第 3 卷,第 164 页)

同日,又复函宿务同志,指示:"叶、伍、梁三君向能为人所难,兹已致函奖励,请转交为幸。""党员入会,其力不能缴纳入会捐者,由支部查确实情,自可予之通融。来书所请甚合,请由贵支部权衡斟酌。"(《复宿务同志函》,《孙中山全集》第 3 卷,第 165 页)

3 月 31 日　下午 5 时 30 分,自热海返回东京。下午 5 时 35 分,廖仲恺即来访,随后,戴季陶亦来访,会谈。(日本外务省档案,1915 年 4 月 1 日《孙文动静》,乙秘第 639 号;俞辛焞、王振锁等译:《孙中山在日活动密录》,第 357 页)

是月　致函黄兴,对黄兴昔日主张法律制袁、未能坚持南京讨袁,以及东渡后的离异颇多指责。

函称:"癸丑之役,文主之最力,所以失败者,非袁氏兵力之强,实同党人心之涣。犹忆钝初死后之五日,英士、觉生等在公寓所讨论国事及钝初刺死之由,公谓民国已经成立,法律非无效力,对此问题宜持以冷静态度,而待正当之解决。时天仇在侧,力持不可。公非难之至再,以为南方武力不足恃,苟或发难,必致大局糜烂。文当时颇以公言为不然,公不之听。及其后也,烈武、协和等相继被黜,静山观望于八闽,组安反覆于三湘,介人复盘据两浙,而分南方之势,以掣我肘。文不胜一朝之忿,乃饬英士奋起沪滨,更檄章梓倡议金陵。文于此时本拟亲统六师,观兵建康。公忽投袂而起,以为文不善戎伍,措置稍乖,遗祸匪浅。文雅不欲于兵戈扰攘之秋,启兄弟同室之阋,乃退而任公。公去几日,冯、张之兵联翩南下。夫以金陵帝王之都,龙蟠虎踞,苟得效死以守,则大江以北,决不致闻风瓦解,而英士、铁生亦岂至一蹶不振?乃公以饷绌之故,贸然一走,三军无主,卒以失败。尧卿、海鸣难为善后,而如火如荼之民气,于是歼灭无遗。推原其故,文之非欤?公之咎欤?固不待智者而后知之矣。

"东渡以来,日夕共谋,非欲雪癸丑之耻,实欲竟辛亥之功。而公又与英士等互相龃龉,溥泉、海鸣复从而煽之,公不维始终之义,遂作中道之弃。离日以后,深虞失援,英士明达,复以函问,而公又置不与复。是公不复以同志为念耶?

"二十年间,文与公奔走海外,流离播迁,同气之应,匪伊朝夕,癸丑之不利,非战之罪也。且世之所谓英雄者,不以挫抑而灰心,不以失败而退怯。广州、萍醴几经危难,以公未尝一变厥志者,岂必至今日而反退缩不前乎?中国当此外患侵逼、内政紊乱之秋,正我辈奋戈饮弹、碎肉喋血之时。公革命之健者,正宜同心一致,乘机以起。若公以徘徊为知机,以观望为识时,以缓进为稳健,以万全为商榷,则文虽至愚,不知其可。临纸神驰,祈公即日言旋,慎勿以文为孟浪而菲薄之,斯则革命前途之幸云〔也〕。"《致黄兴函》,《孙中山全集》第3卷,第

165—166 页)

△　复电钮永建等。

钮永建、马素、邓孟硕、钟荣光、谢英伯及林森联名致电孙中山，请示对日意见，可否暂停国内革命运动，实行举国一致御侮，免为国人借口等语。旋即复电，指出："袁世凯蓄意媚日卖国，非除去之，决不能保卫国权。吾党继续实行革命，即如清季之以革命止瓜分。"(冯自由:《革命逸史》第 3 集，第 382 页)

4 月

4 月 1 日　宋耀如、韦玉、胡汉民、居正、夏重民、廖仲恺、和田瑞、谢持等来访，参与交谈。(日本外务省档案，1915 年 4 月 2 日《孙文动静》，乙秘第 627 号;俞辛焞、王振锁等译:《孙中山在日活动密录》，第 357 页)

△　面谕谢持，指示:"凡属江浙方面关于军事者，一律令于上海接洽。"(罗家伦主编，黄季陆、秦孝仪增订:《国父年谱(增订本)》上册，第 665 页;郝盛潮主编，王耿雄等编:《孙中山集外集补编》，第 164 页)

△　王天民、李昂致函孙中山、陈其美，报告对江西支部人事变更的态度，表示拥戴夏之麒。函称:"先生以蔡、俞之推荐加以委任，是以信任蔡、俞者信任夏君。走等承赣部同志推举来沪，即以拥戴蔡、俞者拥戴夏君。为统一计，为吾赣计，为大局计，此事所必至理，有固然者也。即汉衣、群普、绍光三君趋谒亦复为此，始则为挽留蔡、俞，陈述意见，继则以夏君一二门徒不理人口，恐趁机攫位，遗误大局，此三君热忱可质天日者，虽少有燥急，亦适以见其维持大局之苦心。幸夏君明达，拒绝金壬，闻已致书三君，表示态度，双方既已唧接，误会自可冰释。"(《王天民等上总理函》，环龙路档案第 00028 号)

4 月 2 日　宋耀如、韦玉(两次)、王统一、谢持、廖仲恺(两次)、郭云楼、田桐等来访，参与交谈。彭而强、徐苏中来访时，谢绝与其会见。（日本外务省档案，1915年4月3日《孙文动静》，乙秘第630号；俞辛焞、王振锁等译：《孙中山在日活动密录》，第358页）

△　嘱谢持、廖仲恺"注意考查党员"，并问："吾党秘密事，何以袁政府总能得消息？"（罗家伦主编，黄季陆、秦孝仪增订：《国父年谱（增订本）》上册，第665页；郝盛潮主编，王耿雄等编：《孙中山集外集补编》，第164页）

4月3日　宋耀如、吴忠信、居正、徐苏中、陈仲球、陈群普、杨庶堪、廖仲恺、邓铿、谢持（两次）、胡汉民、郭云楼、和田瑞、刘佐成、赖雄西、蒋仰贤、张廷发、韦玉、陈瑛等来访，参与交谈。上午，乘车至京桥区出云町资生堂购买药品。归途路经麴町区三年町陈其美住处，陈未在，在二楼与一个约四十四五岁的日本人面谈。（日本外务省档案，1915年4月4日《孙文动静》，乙秘第633号；俞辛焞、王振锁等译：《孙中山在日活动密录》，第358—359页）

△　致电葡萄牙总统，援救黄明堂。电称："谨请求阁下劝告澳门当局，依照法律审理政治逃亡者黄明堂。"同时，又致电澳门总督，称："谨请求阁下依照法律公正审理被捕之逃亡者黄明堂。"（郝盛潮主编，王耿雄等编：《孙中山集外集补编》，第165页）

△　复函中华革命党泗水支部长陈铁伍，嘉其为国事尽力，并望继续鼓吹讨袁。函称："国内同志进行，纯倚海外同志之赞助，故仍望极力提倡鼓吹，俾党史蒸进，同济难离，则大业可成，民贼可去也。"（《复陈铁伍函》，《孙中山全集》第3卷，第167页）

△　是日，党务部部长居正呈报安徽推荐支部长诸多不合及江西支部请求补助二事。

呈文称：安徽支部推荐支部长前来请求委任，"事前既未与本部接洽，事后又未得确实报告，只以不署名之公函来部请委，于章程前例，诸多不合，碍难允准"。江西支部与新华社合并后一再请求补助，"本日奉面谕以种种理由，该支部长尚欲本部与以切实之答复，故即据情通知该支部长，以俟本部经济活动，即量予补助等语答复"。（《为安徽支部推荐支部长诸多不合与江西支部请求补助上总理呈》，陈三井、居

蜜合编:《居正先生全集》中册,第 19 页)

　　△　委曾杰为河南革命军司令长官。(罗家伦主编,黄季陆、秦孝仪增订《国父年谱(增订本)》,第 665 页)

　　4 月 4 日　上午,刘佐成、赖雄西、蒋仰贤、张廷发等来访,谈约三十分钟。下午,曾子乙、苏无涯二人来访,谢绝与其会见。随后,乘车至麴町八丁目 18 号访秋山定辅,面谈,6 时 5 分回寓。外出期间,陈家鼐、王统一、夏重民、苏无涯、曾子乙等五人来访,即离去。此后,夏重民、苏无涯二人再来访。晚,和田瑞等来访。(日本外务省档案,1915 年 4 月 5 日《孙文动静》,乙秘第 637 号;俞辛焞、王振锁等译:《孙中山在日活动密录》,第 359 页)

　　△　许崇智、宋振抵达南洋。

　　是日,许崇智、宋振(又名宋亚藩)由日本东京南抵芙蓉,携有孙中山致邓泽如之函,内称:"兹派许崇智等南来,联络同志,扩张党势,并报进行各情,并带往各埠介绍于各热心同志。"据邓泽如记载,许、宋南洋行程很紧,6 日邓泽如偕同许、宋直往坝罗,9 日约同区慎刚、郑螺生乘汽车出庇能,10 日经高烟、巴里、文礁、巴眼、色海、太平,11 日经沙叻而回坝罗,13 日到吉隆坡,15 日返芙蓉,回挂罗庇胜,18 日往麻六呷,20 日返,出新加坡,许、宋在新候船往荷属。(《许崇智、宋振南来联络同志扩张党务》,黄季陆主编:《革命文献》第 45 辑,第 533 页)

　　4 月 5 日　宋耀如(两次)、谢持、韦玉、廖仲恺、居正、田桐、苏无涯等来访,参与交谈。王烈来访时,谢绝会见之。(日本外务省档案,1915 年 4 月 6 日《孙文动静》,乙秘第 648 号;俞辛焞、王振锁等译:《孙中山在日活动密录》,第 359—360 页)

　　4 月 6 日　谢持(两次)、郑振香、胡汉民、廖仲恺、韦玉、田桐、戴季陶等来访,参与交谈。下午,往上海发去一电报;给上海的 H. H. Kung 发去一挂号邮件。(日本外务省档案,1915 年 4 月 7 日《孙文动静》,乙秘第 653 号;俞辛焞、王振锁等译:《孙中山在日活动密录》,第 360 页)谢持记述,是日孙中山略言党的收束办法,"不幸江浙又败,则吾党非再待三年不能图再举，而财力复竭，难久支持，计惟先散不能自活之党员，继将机关解散，留三数人居日本，余皆它行"。（谢持：《谢持日记未刊稿》第 1 册，第 419 页）

△　电召王统一、戴季陶来东京。（罗家伦主编，黄季陆、秦孝仪增订：《国父年谱（增订本）》上册，第 666 页）

△　朱卓文来函，汇报经费使用及南方革命困难情况。

信中提到，经费使用方面，月前由山田君汇来日金一万元，伸港银一万千二百元，计交澳门孙府二千元，邓鼎封用去三千二百元左右，安健及黔军方面共支出千余元，董昭堂之讼案五百元，洪兆麟之讼案支出二百余元，朱自己之办事处，每月开销约百余元，及其家用提出约四百余元，"刻统计支出已达八千以外，似此用途实出弟预料及预算之外者，刻下尚只存银二三十元之谱"。而邓鼎封预算运动来往布置须费六七千元，另预备临时举费四千，"今一算已觉相去太远，故望先生急再接济，方可克成厥事"。

信中还汇报了有关革命情况："诸省桂军之军官由连长以下者确有可靠及有心理之同志廿余人"，抵港以来与之接洽将两个月，本应大有可动之机，"与彼相商，迫他急动，奈中国之所谓有须斯军事学者竟无冒险胆量，固持稳健主义，不以吾人之急为急，奈何之"。据邓鼎封云，"是两月来粤垣军队左遣右调东抵西移，竟令吾人不能成一团结之力，足以发动者只九广车站仅有百余人，其中尚有不及一连，系贵州军队表同情于吾人者（即旧年失败之余力），其他之最得地步者，乃西得胜炮台一排余，该炮台之地位虽足以炮攻轰观音山，惟如是单薄，乌可以成大事……吾人虽为排长连长，惟自己部下之人多属无知识之辈，若非假时以手段得却他等之欢心甘为死党，则虽冒险一掷，终属无益"。邓提出，"为桂军费出之款，他愿负咎，惟望其可以发动，非至阴历五月不可"，且必须答应他所预算之款于此时期内筹足。安健方面，"除徐君（贵州人）有党多人外（实可响应而不能发动者），其余均无把握。至安君同来之两云南人用去港银七百余元，毫无建白。

今已停止,遣他返沪矣"。

信中提到当时舆论对革命有不利影响:"近日为党人之宣言书,如何海鸣等之布告及袁政府之造谣等大有影响,故于是进行上不无阻碍……现在为中日交涉事,党中无赖之宣言出,竟影响及军队之同志,亦信此际革命有害无益,殊形棘手,大费唇舌。"(《朱卓文(朱超)书简》,[日]久保田文次编:《萱野长知·孙文関係史料集》,第553—554页)

△ 许崇智、宋振来函,报告南洋与李烈钧、陈炯明接洽情形,认为李、陈在南洋难以立足。

函称,到新加坡本偕谭、周两君,寄居张永福府中,所嘱面致陈炯明、李烈钧之函,先后均已照办,"协和则仅递函时一晤,与之商,悉置不理,寥寥数语,无足说者,彼不来相访,而智等亦不更往矣。初以为谭周为彼而来,协和必善周旋之,遽料协和亦以待智等待谭、周,只云袁世凯是不好的,命总是要革的。谭、周大为扫兴,此后竟不相往来,牢骚发矣。尚是竟存终日守尽东适□之谊,差强人意,究亦无甚良图。盖彼等素所主张时机大举主义,尚牢不可破也"。南洋同志除新、槟两处或有附同陈李者之外,所经之埠,"则皆与之龃龉,尤不直李之举动,而怡保之各志,势将不与之并立,协和夜郎自大,信口雄黄,不足道也,南洋新、槟转瞬间彼将无立足矣"。

信中还提到,南洋同志对革命却十分热情,"此行所过两埠,均辱各同志款厚,今来怡保集事尤易,此间(谓南洋也)闽人今日对于中日交涉惊悸非常,咸思救亡之策,有为一倡,集腋不难"。在南洋的闽人尤为踊跃,"拟趁此机到处另集闽人,说其共图国事,先救闽疆,彼将必踊跃赞助,新、芙两埠已有成议,怡保已略与商,亦表同意,看来凡南洋之闽人,皆可使其出资谋举,计闽人之在南洋者,不下二百万,彼皆各自有团聚地,普遍不难每人每月平均取一元,每月二百万之巨资集矣。有此巨资,革命必可成功,岂仅救一福建哉"。故"将专以闽事另集闽款,以举革命事业,其办法则用均抽,若均抽不足,则继以特别捐。所谓特别捐者,盖取少数之资本家而集巨额之款,稍费苦心,兹事必成。此外,则以全国之事责之南洋全体,亦效此法行之,谅亦无做不到者"。(《许崇智、宋振上总理函》,环龙路档案第07370号)

4月7日　宋耀如、蔡中和、李□、杨庶堪、谢持、廖仲恺(两次)、波多野春房等来访,参与交谈。(日本外务省档案,1915年4月8日《孙文动静》,乙秘第658号;俞辛焞、王振锁等译:《孙中山在日活动密录》,第360—361页)

△　对来访之日本大阳通讯社社长波多野春房发表关于时局的谈话。

是日,日本大阳通讯社社长波多野春房来访,孙中山对波多野表示,在中日交涉问题上,袁世凯为敷衍中国国民,并为自己的立场辩解,正极力煽动国民掀起排日运动。因为国民舆论和态度益加强硬,袁进退维谷,处境愈益窘迫,将乘此时机,以遂平生素愿。"目下正通过某日本人(姓名秘而不宣)谋求日本政府之援助,正在活动中。倘若日本政府不应允予之要求,予当赴美求援,那时将用一年余时间在美国各地游说,以赢得其国民之同情,并筹备好军资等事宜。然后赴英国、再去欧洲各地游说,继而举事。到那时,时机上虽稍迟些,但既然得不到日本的援助,只好如此。"并指出,美国对日本交涉的态度,表面装作平静,实则非常反感。据闻,美国对袁政府有好感,决定提供五十万挺枪支及相应所需弹药,已送去二十万挺,其余三十万挺将在今后两个月内送到。当波多野问及:"风传阁下接受了德国巨款,事实如何?"孙中山说得模棱两可,未作确切回答:"若有如所传之事实,就太好了。"(日本外务省档案,1915年4月8日《孙文之谈话》,乙秘第659号;俞辛焞、王振锁等译:《孙中山在日活动密录》,第719—720页)

△　陈其美函请委魏诚为江西筹饷局长。

函称,昨晚夏之麒来,转达江西欧阳豪等请委魏诚为江西筹饷局长之见。称魏君曾任该省民国银行总理,家富巨万,"一次革命时,捐款达十万,热心国事,迄今未减。现如委以要职,进行之费,当不难筹"。4月12日晚,面谕谢持"照办"。(《陈其美请委魏诚为江西筹饷局长上总理函》,黄季陆主编:《革命文献》第48辑,第13页;俞辛焞、王振锁译:

《孙中山在日活动密录》,第 363 页)

　　△　是日,蔡济民呈请委任湖北革命军各区司令官,并接济经费。

　　呈文称,鄂事未经统一以前,曾由总理委任荆沙、宜昌二处司令,原系一时权宜之计。"自济民承责后,划定军区,分别责成,复呈请委任熊秉坤为湖北第一区司令官,王华国为第二区司令官,刘英为第三区司令官在案,其余第四第五两区尚付缺如。现与田桐、居正等会议,既函征在内同人之同意,拟改任赵鹏飞为第一区司令官,熊秉坤调第二区司令官,刘英仍任第三区司令官,曾尚武为第四区司令官,王华国调第五区司令官。除刘英委状无须更动外,其第一、二、四、五四区各司令官即请迅赐委任,以便进行。其各区司令人员等均在沪上,并设有机关。据实在情形,每区拟暂定每月接济百元,以为随时派遣联络交通人员等各项费用,亦请迅赐批准,俾济民有确实把握,以答复同人。"4 月 10 日收到后,批示:"着即发委任状,其款俟有着时方给。"(《蔡济民请委湖北革命军各区司令官上总理呈》,黄季陆主编:《革命文献》第 48 辑,第 157 页)

　　△　委萧佛成为中华革命党暹罗支部长。(罗家伦主编,黄季陆、秦孝仪增订:《国父年谱(增订本)》上册,第 666 页)

　　△　陈新政致函郑螺生,辨析并未"倚李离孙",请勿生误会。

　　函谓:"一来书云,李旅屿前闻贵埠同志聚资供用,近来各埠同志责问为开同盟会云云。来言措词如是,不知所据而云。然夫李之春老同志告有由个人之力量招待,继乃由粤闽捐款所伸之款拨给,此款系屿埠所捐汇闽粤所伸者,何干□埠同志之事……即孙先生处本月前亦有汇项济用,非倚李离孙,幸勿误会。吾辈由良心上而作党人,非攀龙附凤妄生派别者。"(程存洁:《南洋筹饷——广州博物馆藏孙中山及其同志有关筹饷手札集》,第 226 页)

　　4 月 8 日　谢持、徐苏中、邓铿、廖仲恺先后来访,面谈。(日本外务省档案,1915 年 4 月 9 日《孙文动静》,乙秘第 665 号;俞辛焯、王振锁等译:

《孙中山在日活动密录》,第361页)

4月9日　谢持(两次)、宋耀如、居正、萱野长知等来访,参与交谈。下午,至麻布区市兵卫町民国社,与田桐、居正、陈中孚、郭云楼议事。(日本外务省档案,1915年4月10日《孙文动静》,乙秘第673号;俞辛焞、王振锁等译:《孙中山在日活动密录》,第361—362页)

△　嘱谢持将中日交涉黑幕提示要义,通告各支部。

据《总理嘱件记录》载,是日,孙中山与谢持谈话,揭露中日交涉黑幕,并提示要义:"袁世凯原与大隈重信友善,故大隈组织内阁,袁氏大喜(此与吾国新闻可征者也),遂以二事要求日置益公使还国与大隈商议,求其赞助。二事者何:一、渠欲称帝;二、代平内乱是也(此事西文新闻纸言之颇详)。及日置还国,大隈赞成。然日本元老虽亦希望中国仍为帝国,而实存以朝鲜视我之心,而又深恶袁世凯,于是强大隈先提出此次条件(即二十一条)。故日置公使于开始交涉之初,面见袁世凯,即申言日本国人皆谓足下系排日者,足下今日欲与日本亲近,而求其助,不能不有所表示。足下能将此次二十一条件完全承认,则日本国人皆信足下而即助足下云云。袁世凯本欲承认,而其左右如段祺瑞、汤化龙及外交总长陆征祥诸人皆大反对,渠不得已,乃有此次抗议。然综观前后局势,袁终必承认也。"(罗家伦主编、黄季陆、秦孝仪增订:《国父年谱(增订本)》上册,第666页;郝盛潮主编、王耿雄等编:《孙中山集外集补编》,第166—167页)

△　陈其美致函谢持,讨论丁明清等策动情况及江北军情,并请转达孙中山。

信中议事数项,包括:一、"江西新华社之代表三人,请给发川资,使之早回,计划进行为要"。二、关于丁明清、丁少羲、金鉴人、曹斌等的情况,指出:"丁明清忠厚糊涂,到处为人利用欺骗,其自不能知。而在海州四近地方,尚有信用,该处绿林中,尤为信仰,惟部下无忠诚之辅者,类多挟其名而招摇,如金鉴人者甚多也。自彼认金为代表后,其同类大多表示不服,因素来相处,彼此不分上下,乃起妒忌之心，从而攻击之者众也。所以周、吴之意思，非丁明清自来更难着手。丁少羲所称一节，据周、吴来称，有汪姓者，与臧在新、丁少羲二人为友，汪有至好三人，现在南京北兵内，充当连排长。一日汪、臧、丁同餐，汪曾有言，如革命再起，彼可说其至好，连络动作。臧、丁闻之，乃有南京北兵可以运动，而丁更称北兵彼有把握可靠，其实惟有此一线也……金鉴人者，所称江北方面之势力，即丁明清之关系，如上所述者。所称上海之势力，即曹斌等所称，实属毫无把握也。彼等人往往某营中认识一下级官或一兵，即认为此一营可靠，凡来报告可靠者，类多是也。骤任之事，实属危险。"三、江北方面情况，"来接洽类多绿林，实属难靠，庞、刘本意见日深，难得调和，尤超凡到上海转后，又回大连。彼等在青岛另有组织，看来难得听命。又如哈在田、程壮等所任之事，均难得发展"。四、"对于江北事甚为悲观，现在惟有完全用力于杭苏贸沪及海军之进行也。剑飞已到沪，其所办事，亦无范围，前约所招一百二十人（人人自有枪），今招来有二百人（到沪已有百人），而枪只有六十支，如此经济上不堪矣（大连一方约需万金）。何海鸣反噬，料其必有，不理可也"。信中还关心陆惠生、洪兆麟、王敬祥等事，且特意询问孙中山对王敬祥事的态度，并交代"如须签名，请代之"。（《陈其美致谢持论丁明清等运动军事及江北军情函》，黄季陆主编：《革命文献》第48辑，第11—13页）

同日，周应时也致函谢持，对江浙经营事项提出处理意见。函称：杨虎之筹办海军，实江浙前途之大利益，为不可漠视者，"已商请高公尽力扶助"；刘本云庞三杰不能统辖全部，已唤游超凡到此，意欲令游暗中为之指挥，统辖其全部，是刘述庞非，难以轻信；江西事已与欧阳豪接洽，所有该省军界三十余人均赞成夏之麒主持全省事宜，"并布已有头绪，不日将再具正式公文，呈请总理委任"，反对者邓文辉所运动之少数人，不足为虑，请转陈中公勿听浮言，毅然行之；丁明清请饬令速回，如伊不回，请就令军事部办稿，转请总理取消司令，另候委用，另行择人接办，以免与全部计划相左；"李、金等人行为极坏，谨可将来相机用之,此时虚与周旋为宜,万不可使来会弟。丁少義之为人亦与李、金等同,其节略中之某君,早在部中任事矣,无庸与之接洽";"汪自强事,无余款可给,请发正式公文,致江苏支部长,以便谢绝"。(《周应时报告江浙经营情况致谢持函》,黄季陆主编:《革命文献》第48辑,第42—44页)

　　4月10日　和田瑞、杨庶堪、谢持(两次)、居正、廖仲恺、夏重民(两次)、林□庭、戴季陶、张如霞、王元、黄实等来访。上午,收到居熊本县玉名郡小天村前田宅的宫崎寅藏来函。下午,偕宋庆龄、戴季陶、张如霞乘车去向岛、上野、青山一带游览,约两小时。(日本外务省档案,1915年4月11日《孙文动静》,乙秘第676号;俞辛焞、王振锁等译:《孙中山在日活动密录》,第362页)

　　△　嘱谢持与杨庶堪拟订招降北军条例。(罗家伦主编,黄季陆、秦孝仪增订:《国父年谱(增订本)》上册,第667页)

　　△　邓泽如来函报告南洋筹饷情况。

　　函称:"本月一日接来电,知有急需,当即分函各埠催促,速行筹汇东京林蔚陆处,迄今数日尚未知成数若何,俟得复函,当再详布。去年广东之役,南洋捐款,虽有仲元兄签发收条,惟日前财部刊布收支清册,尚未列入,想因仲元兄忘记册报之故。惟南中捐款者,有因是生疑,且亦与统一收支之道未合。兹将是役南洋各埠筹款,开列一单,寄呈察照,请交财政部补列收款。其支款则请向邓仲元兄查取,一并列入,以清款目而昭大信也。许汝为兄过蓉时,曾支取四百元,立有收据,兹将收条寄上,亦请交财部将此款列入敝处来款可也。"表示虽当地"筹款因欧战影响,少数真确同志,亦应付已疲。但无论如何,当竭力之所能,以尽义务之一分"。"查庇能前同盟会有存款万余元,当此事机迫切,自当提拨充用,蓉、怡同志均极赞成。惟此款现为陈新政所据,藉以招待李协和而别倡缓进主义,由先生赐来一函,询问此款,弟当通知蓉、怡两埠同志,联往诘问,则此款可提回也。"信中还提出:"此间报纸罕有真实新闻,外处寄来报纸亦取缔甚严,祖国消息传递甚迟,且未得其真相,深望先生将东邻朝野对吾党之真态度,及近顷亡国政府所出之劣手段,与吾党应如何办法,详示一二。"

(邓泽如:《中国国民党二十年史迹》,第 138—139 页)

△　党务部遵示复函菲律宾支部张本汉,予以嘉励。

3 月 22 日,张本汉来函,报告改组华侨爱国团为菲律宾第二支部之意见。孙中山悉后,指示总务、党务、财政三部回复。是日,总务部复函,称:"夏君莅贵埠后,诸同志深依嘱托,已将爱国团改组菲岛中华革命党第二支部,具见主义从同,名实攸副,热忱毅魄,佩何如之。已会商党务部禀陈总理正式承认,而总理亦颇深嘉励,已命党务部将各项应备手续文件直接寄上,所有总章内关交部条文即祈妥照办理。"同时,也在组织建设方面给予指导,称:"贵团原成立于第二次革命以后,历史光明,基础稳固,今更励行新意,重整壁垒,自当精神凌厉,勇进无前。但开幕之始,部署纷繁,团结内部,主持新进,种种手续实赖因时制宜,务望诸公投艰任劳,为将来开辟无穷之势力,则种繁实裕,翘足可期。尚乞随时不吝详商,敢竭驽驾,以输臂助。"

(《中华革命党总务部复张本汉嘉励函》,黄季陆主编:《革命文献》第 48 辑,第 120—121 页)

4 月 11 日　谢持、郭云楼先后来访,略谈。下午,陈家鼐来访,谢绝与其会见。随后,外出至麻布区市兵卫町民国社,与郭云楼等十来人议事。5 时 30 分告辞回寓。(日本外务省档案,1915 年 4 月 12 日《孙文动静》,乙秘第 678 号;俞辛焞、王振锁等译:《孙中山在日活动密录》,第 362 页)

4 月 12 日　宋庆龄、宋耀如(两次)、胡汉民、廖仲恺(两次)、戴季陶、韦玉、肖萱、谢持等来访,参与交谈。上午 8 时 10 分,偕宋庆龄乘车至新桥车站,接来自神户的宋蔼龄,未果。9 时 25 分,和宋庆龄再次乘车去东京站接宋蔼龄,仍未接到。10 时 40 分回寓。(日本外务省档案,1915 年 4 月 13 日《孙文动静》,乙秘第 686 号;俞辛焞、王振锁等译:《孙中山在日活动密录》,第 362—363 页)

△　是日,党务部呈请委任英国利物浦支部正副支部长。

呈称:据欧洲利物浦支部报告,该支部开支部长选举会,公举陆孟飞为正支部长,骆谭为副支部长。批示:"准照办理,着委为英国利物浦支部长、副支部长可也。"(《党务部请委英国利物浦支部正副支部长上总理呈》,黄季陆主编:《革命文献》第48辑,第56—57页)

△　朱卓文来函汇报西南发动情况,并告知安健将返日本。

函称,西南方面的发动似乎并不理想,"此间事或能速亦可未定。惟彼一般人之意见,终以稳健派为宗旨。安君因云贵诸同志都以他太过硬直,且彼之性非急激派,黔军事用去七百余元,只探知其中之内容少许,对于事实则毫无裨益。滇军方面进步则无,惟获有之势力即安君部下者的确可靠,第彼等乃驽驽之马,势力过于薄弱,故断不敢能发难耳。安君在此与不在似无轻重,且因伊在此,至今龙贼更加注意,故他决意一返东京,而弟亦赞成之"。同时,提出:"果经济到手,万希再为接济。"信中还提醒须加强保密:"洪湘臣君之案及为奸者属某,已托颂仁兄之信译及。该信未封缄,先生可启一阅。某君返沪虽属船中同志之力,弟仍恐彼等不能认真秘密,因前日弟与赵君植芝晤时,赵亦以某君已返沪,先生知之否问弟。及昨夕与黄林君晤时,黄君亦以此为问,弟因不知某君之返沪也,知之则由此二君之问耳,是则弟终恐彼以为诸人都是可靠同志而不密也,幸也彼等均是粤人,与长江人毫无关系,否则遍传长江矣。□嘱重民兄千万嘱船中诸同志守秘为要。"(《朱卓文(朱超)书简》,[日]久保田文次编:《萱野长知·孙文関係史料集》,第554—555页)

4月13日　早晨,宋耀如来寻访佣人朱妈;上午,宋蔼龄、宋庆龄来访,约一个半小时后离开。随后,王统一、廖仲恺、郭云楼、戴季陶、菊池良一等来访,参与交谈。下午,步行至麴町区三年町陈其美处,偕宋蔼龄至青山一带选租住房。路经陈其美处,晚8时40分返寓。期间,廖仲恺、刘大同、班麟书、阎崇义、韦玉、肖萱等来访,未见即离去。(日本外务省档案,1915年4月14日《孙文动静》,乙秘第692号;俞

辛焞、王振锁等译:《孙中山在日活动密录》,第 363—364 页)

△　是日,党务部长居正呈报海内外支分部建立及收到党员已填誓约情况。

呈文称:"自袁贼盗国,破坏共和,实行专制,癸丑秋,义师败绩,我民党几一蹶不振。惟总理不忍中国危亡,民生困苦,再行提倡革命,务达民权民生两主义,并实行五权宪法。登高一呼,众山响应,海内外志士各遵照总章第三十二条及海外支部通则第二、三、四、五各条,踊跃组织,支部及分部之成立者更仆难数。"并将自 1914 年 7 月起至 1915 年 3 月底止,所有海内外业经成立的三十五个支部、七个分部,分别支分部名称地点、成立年月、支分部长之姓名附列呈报。同时,居正还将自 1914 年 7 月起至 1915 年 2 月底止党务部所收到党员已填之誓约,分别簿别发出号数、收入号数列表附呈,合计二千七百六十张。(《为呈报海内外支分部负责人等上总理呈》《为收到党员已填之誓约上总理呈》,陈三井、居蜜合编:《居正先生全集》中册,第 20—32 页)

△　康德黎夫人来函,表示仍然对中国的事业抱有希望,而且知道终有一天会实现。同时,对欧洲局势表示忧虑,"摆在我们眼前的是场战争,但是没有人曾相信权利会普遍存在。上帝会保佑我们最终取得胜利的。但是欧洲被战争无情地彻底分割了。德国人的傲慢、无情、不道德、商业及其它方面必须被击溃,但是一切都很糟糕"。(《Mabel. B. Cantlie 书简》,[日]久保田文次编:《萱野長知・孫文関係史料集》,第 434—436 页)

4 月 14 日　宋耀如(两次)、蔡中和(两次)、居正(两次)、谢持、廖仲恺(两次)、田桐(两次)、韦玉、邓铿、黄实(两次)、夏重民、戴季陶等来访,共同议事。下午,刘大同、阎崇义、班麟书三人来访时,谢绝与其会见;宋耀如偕宋蔼龄、宋庆龄来访。(日本外务省档案,1915 年 4 月 15 日《孙文动静》,乙秘第 697 号;俞辛焞、王振锁等译:《孙中山在日活动密录》,第 364 页)

△　居正呈请委任刘廷汉代理第三局长、曾省三为第二局职务

员、区汉奇为第二局职务员、孙镜为机要处职务员。是日收到,批准之。(《居正请委刘廷汉等职上总理呈》,黄季陆主编:《革命文献》第48辑,第57页)

　　△　居正呈请委任仰光支部职员。

　　呈文称,据仰光支部长何荫三报告,该支部开选举职员会,公举曹伯忠等分任各科职务,并附抄仰光支部职员姓名。是日下午收到,批准之。(《居正请委仰光支部职员上总理呈》,黄季陆主编:《革命文献》第48辑,第57—59页)

　　4月15日　胡汉民、苏无涯、严华生、徐苏中等来访,面谈。下午,萱野长知偕大阪朝日新闻记者绪方竹虎来访;外出至麹町区三年町陈其美住处,与宋耀如、黄实等商谈。(日本外务省档案,1915年4月16日《孙文动静》,乙秘第705号;俞辛焞、王振锁等译:《孙中山在日活动密录》,第365页)

　　△　指示谢持清理海外来函。

　　是日,交谢持三通海外来函,指示"清理其可存者存之,不必存者焚之。但清理之人,须择其永久可靠者,不然恐将来熟习后既知内情,而赴海外捣乱也"。(罗家伦主编,黄季陆、秦孝仪增订:《国父年谱(增订本)》上册,第667页;郝盛潮主编、王耿雄等编:《孙中山集外集补编》,第167页)

　　△　叶夏声来函,报告新加坡党事大有起色,推荐许逸夫等人。

　　函称,新加坡党事大有起色,党员日渐增加,支部不日成立,邓子瑜再在此办一旅馆,以为交通机关及支部办事所在,不日开业。新收三党员许逸夫(号莫多、闽人)、徐洞云(大埔人)、郭剑存(广府人),均于此间有势力,三人均代表多数之势力,请求委为联络委员,"令其办理星加坡主盟事宜,然后由前受委任为联络委员诸君联名推荐于本部,加发委状"。并请速给邓子瑜委任状,"俾其专从事于荷属之活动,以子瑜所见,荷属人最为热心,又多客人,彼定能多出军资,故苟得一名义而行,则必可如愿以偿也"。信中对陈炯明、李烈钧二人也表不满,"此间陈李目前中日未解决时,则肆骂吾人谓为□诬袁氏,一旦开衅则归国助袁,自签约以来即复变计,又谓非革命不可,反复如此真可痛恨。汪精卫如到东作两氏说客,望先生勿信其言,遂尔迁就。声观之,汪诚不免深中陈李之毒者也。况其偕邹鲁同来者乎,汪苟不能离两氏者,吾人当并汪而攻之"。(《叶夏声上总理函》,环龙路档案第05087号)

4月16日　陈中孚、葛庞、肖萱等来访,因已外出,未能见。上午,给梅屋庄吉打电话,告知明日下午去访,望其在寓等候。中午,外出至麹町区三年町陈其美住处,与黄实、宋耀如、宋蔼龄、宋庆龄议事。随后,与四人一起去大久保公园散步。后再回到陈其美处,共进晚餐。晚9时10分回寓。(日本外务省档案,1915年4月17日《孙文动静》,乙秘第206号;俞辛焞、王振锁等译:《孙中山在日活动密录》,第365页)

△　复函饶潜川等,嘱加强团结。

函称,民国尚未稳固,党务尤宜扩充,当力任其难,勿萌归志,以维大局。"刻雷(瑞庭)曹(华璧)等既已被举为新任职员,假觉民书报社以办事,则刻社准可认为公共团体,冀于筹饷前途有所补助。至中华革命党党员,多属中竖之士,维持国事,蹶功甚伟,尚望暗中固结团体,以为异日奋斗之实力。"(《复饶潜川等函》,《孙中山全集》第3卷,第168页)

△　委夏之麒为江西革命军司令长官。(罗家伦主编,黄季陆、秦孝仪增订:《国父年谱(增订本)》上册,第667页)

△　咸马里夫人(Ethel Lea)来函,谈中日关系及万国博览会中国表现。

在中日关系方面,函称:"日本只是利用了欧战制造的机会,而且从它的立场来说是极为正确的。即使是从我的立场来看,我也不明白为什么中国不能把日本视为朋友和支持者。两国最终都是要结合双方利益的。因为这将是东西方之间的较量。我不能说这是否是日本的意愿,但它迟早将是中国最好的朋友。我相信,时间可以证明一切。"信中对中国在博览会上的展览大为赞赏,称:为中国在博览会上的展览感到骄傲。"真的很完善,我们甚至可以说这场博览会就是为了中国和日本所举办的。目前为止都没有任何一个国家可以与这两国相媲美。日本的展览真的很精彩。他们无微不至,我只听到对其工作的赞扬。中国的展览实际上是'广式的'。当然我们知道中国最好最先进的东西都来自那个区域,但我相信应该很少有人在此前注意到这一点。"(《Ethel Lea 书简》,[日]久保田文次编:《萱野長知·孫文関係史料集》,第 468—469 页)

4 月 17 日 戴季陶、田桐、蔡中和、杨庶堪、谢持、肖萱、夏重民、邓国平等来访,参与交谈。下午 3 时 30 分,偕宋庆龄、宋蔼龄乘梅屋庄吉派的小车外出,至府下轫久保町梅屋庄吉宅,面谈,晚 8 时 40 分告辞。归途至麴町区三年町陈其美处,和宋氏姐妹分手。9 时 55 分离开陈处,又至麻布区市兵卫町民国社,与谢持、肖萱等面谈。午夜 2 时余回寓。下午,收到经头山满宅转来的一封国外电报。(日本外务省档案,1915 年 4 月 18 日《孙文动静》,乙秘第 718 号;俞辛焞、王振锁等译:《孙中山在日活动密录》,第 365—366 页)

△ 朱卓文来函谈国内革命之困难及与陈炯明联系等事。

函称,舆论极不利于革命,自中日交涉发生后,各无聊党人之宣言书种毒于军界诸同志头脑,其阻力之大,尤甚于敌人增多十师团之兵。"以粤垣一方面计,前一月间,军界诸同志虽少有迟疑,然尚不致以革命发动于此际为非,乃自何狗子及洪湘臣君为龙侠夫所说,在港各报宣传停止革命之后,于是各同志并举黄克强之宣言书以为理证,于是乎前日一鼓之气为之馁,即邓鼎封辈亦生出无限疑问,而弟只有以舍革命及不急速革命之外,实无别策可以救亡;若舍革命急进,附从袁氏,一致对外以救亡之心理是促中国之亡,此等说论为彼解释。奈持此种心理或为此种□毒所传染者属多数,而不能逐一与之辩白,且并无一言论机关可以传布足气□人也。前夕赵君亲至由省垣至港问疑,而弟与之谈论两三小时,而虽辞穷而终疑弟为急进之尤者,或未可深信之意。"请求将有关通告速多寄数千张,托船上同志带返,以便通告一般之不明同志,而亦可省却无限口舌。

　　信中也谈及革命经费困难情况："今夕省垣贵州军界同志将遣人带一函至徐君（安君部下）相商进行之事。徐君领他见弟筹商一切，但前款刻下只存一千左右。前日电汇交法昌隆，为湘臣君案之壹千，刻下已用去六七百元矣。进行事为中日交涉之影响，非再一贰月断不能达目的。倘经济不能即速接济，则又不能不为之停止。"

　　信中还谈到与陈炯明联系之过程，称"前日寄返英士君寄黄克强书时，适陈竞存委谭教五等在港组织一机关，弟将一纸与他，翌日彼来见弟，谓彼对于辛亥南京政府大不满意，于先生之政策，今始释然云云"。"据谭胡任等谓，竞存在刻下极主急进，故伊等劝弟致函与先生，谓时至今，万不可互生意见，必须同心协力等语。刻下竞存授一万与彼等，在此组织一筹备机关，并特设一旬报云。"

　　信中还提醒，"龙侠夫刻下已往上海与史古香同居，且明宣布其为龙济光所用矣。此后至东京之人，万祈慎之为祷"。（《朱卓文（朱超书简）》，[日]久保田文次编：《萱野长知·孙文関係史料集》，第 555 页）

　　△　周应时致函谢持，请转达孙中山难以购买江苏方志。

　　函称："此间情形尚好，惟困于无款，高先生焦躁异常，幸得渠来遇事亘商，尚少慰意趣。若久无款筹，恐有前功尽弃之虞。又孙先生嘱购江苏志及县志，此皆人民家藏之书，殊难觅，乞转达。"（《周应时为呈苏皖地图及说帖致谢持函》，黄季陆主编：《革命文献》第 48 辑，第 44 页）

　　4 月 18 日　吴忠信、祁耿寰、谢持、彭示疆、阎崇义、刘大同、班麟书、梁宗极等来访，参与交谈。宋蔼龄来访，与之在另室议事。下午，外出至麴町区三年町陈其美留守处，与黄实、宋耀如、宋蔼龄、宋庆龄等议事。期间，肖萱、谭平、黄堃、吴业刚、苏无涯等来访，因已外出，均未见即离去。（日本外务省档案，1915 年 4 月 19 日《孙文动静》，乙秘第 722 号；俞辛焞、王振锁等译：《孙中山在日活动密录》，第 366—367 页）

　　4 月 19 日　吴忠信、陈策、祁耿寰、葛庞、黄堃、谭平、谢持、吴业刚、宋耀如等来访，参与交谈。（日本外务省档案，1915 年 4 月 20 日《孙文动静》，乙秘第 727 号；俞辛焞、王振锁等译：《孙中山在日活动密录》，第 367 页）

△ 陈其美函请分电各埠华侨阻止对袁政府捐款。

函称:"南洋及美洲各埠华侨,因中日交涉关系,开会捐款,为数已巨,拟汇交战政府,作为战备之用,吾党同人,输资者亦多。美意欲相机利用,可否请先生分电各埠同志,申明该款,如政府不敢以武力相抗,而屈服于日本之要求,则该款不能汇交政府,而另行存储,或办国民银行,或组各种工场。如能办到,一可不使政府经济活动,因政府现正欲利用此款,以活动其经济;二可希望我党现在或将来之用"。(《陈其美请分电各埠华侨阻止对袁政府捐款上总理函》,黄季陆主编:《革命文献》第48辑,第13—14页)

△ 周应时致函谢持,请转达孙中山沪事取决于陈其美。

函称:"自高先生到此以来,本随事就商,取决于彼。前陈之意,不过期示权限耳。今奉函谕,定当勉竭力,随时就高先生妥商行之,请转达总理为祷。此间情形除一事不办外,必须三千元方能立足,天下事其不易言也。"(《周应时为沪事取决于陈其美请转总理致谢持函》,黄季陆主编:《革命文献》第48辑,第44—45页)

4月20日 宋耀如、胡汉民、廖仲恺等来访,参与交谈。下午,徐苏中来访,谢绝会见;谢持等来访时,恰已外出,未见即离去。下午3时20分,外出至麻布区市兵卫町民国社,与肖萱、居正等面谈。后又到麴町区三年町陈其美留守处,与宋耀如、黄实等面谈,晚7时35分告辞回寓。晚8时45分,又去麴町区三年町陈其美留守处,与宋耀如、黄实、宋蔼龄、宋庆龄面谈,10时30分告辞回寓。(日本外务省档案,1915年4月21日《孙文动静》,乙秘第735号;俞辛焞、王振锁等译:《孙中山在日活动密录》,第367页)

4月21日 宋耀如(两次)、戴季陶(两次)、宋庆龄(两次)、宋蔼龄、廖仲恺(三次)、蒋介石等来访,面谈。(日本外务省档案,1915年4月22日《孙文动静》,乙秘第741号;俞辛焞、王振锁等译:《孙中山在日活动密录》,第367—368页)

4月22日 宋耀如(两次)、廖仲恺(两次)、黄实、谢持、田桐、肖萱、和田瑞等来访，参与交谈。下午 3 时 15 分，患肠胃病发烧，请神田区美士代町板垣医师来诊疗。明星辰、周知礼、明超北三人来访时，因病谢绝会见。（日本外务省档案，1915 年 4 月 23 日《孙文动静》，乙秘第 748 号；俞辛焞、王振锁等译：《孙中山在日活动密录》，第 368 页）

　　△　是日，陈其美秘书黄实向国内、新加坡、旧金山、日本等地寄去印刷品，散发了关于"二十一条"交涉的通告，指责袁世凯"捏造谣言，嫁祸于革党"，力辩与日人无订密约事。印刷品的内容如下：

　　一是指出日本之要求，实由袁氏启之。"袁以有贺长雄、青柳笃恒之关系，与大隈重信私交极密，人所知也。大隈既为首相，袁乃请求日本政府赞助伊及身为帝。兹事重大，日本内阁不能独断，于是由元老指示机宜，提出各种条件，向中国要求。盖日人自高丽事件以来，素恶袁氏。袁欲帝中国，而求日本，适启其蔑视之心。且虑袁之狡狯，一旦得志，将更利用他国且持日本之短长，故为种种要求，作将来之保障。日置公使第一次见袁，即曰：'日本国上下，素疑总统为排日者流，若此度要求，能予通过，始可证其非是。'即此寥寥数语而日本实有为而发。使袁与日本政府无秘密之结论，则日置公使，必不能唐突而为此言。其曰日本上下见疑，亦聊示其非大隈内阁之本意也。袁氏初恃大隈私交，以为目的易达，而不虞元老之主张足以左右内阁，提出交涉，视为相当之报酬。传曰：'有求于人，必先下之'，况袁为其私，岂知国家之利害，故丧权卖国。袁氏之罪，百死莫赎！论者徒以内治不纲为惹起外患之原因，犹未明此事之真相也。"

　　二是揭露交涉之状态与袁氏之诈伪。"交涉既来，袁氏知不能拒绝，则欲密为承认，故汤化龙以御用党之领袖，厕身国务大臣，思有所关白，而袁冷语斥之。迨外报侦得其内容，条件宣布，舆论哗然，即官僚派人，亦多极力反对。袁于是乃不得不有所踌躇，则故与日人迁延谈判。此固满清以来外交上之惯态，而袁氏尤有深意于其间。倘诉之一国公论，破烈〔裂〕谈判，袁之所不肯为也。而舆论激烈，亦企以稍得减轻其条件，非为国也，避外交上大失败之名也。即其机关报，亦逢迎时论,而日肆抨击。若曰非袁之所欲,亦掩其与日人密相结托之迹也。迁延复迁延,则日人必增加其强硬之态度,然后承认通过,更示人以国力之无可如何,斯必有相谅,其无池〔他〕者。为阴为阳,几令人不可捉摸。袁之自为计,亦至工矣。"

三是声讨袁氏嫁祸于党人。"袁以掩耳盗铃之术遇〔愚〕弄国人,同时捏造谣言,嫁祸于革党,谓革党已与日人有密约矣,日人先以兵力助革党矣,此次要求,日人实革党与俱。以此摇撼国人之视听,以为痛心外者,必将嫉视革党,其计尤毒!然事有浅而易见者,则使日人果与革党为密约相助,则已视袁氏为寄生物,一切要求自可向革党为之,何必与袁氏为无谓之交涉?而况其条件开列中,有代平内乱一节耶?袁欲为帝,密求日人赞助,至启此次交涉,乃欲嫁祸他人……此等谣言,审其所出,可不待辨。抑民族主义,惟吾党持之坚而行之力,故能恢复满洲窃据二百六十余年之中国,而还之汉人……盖革命者,国民真精神之发现,本此精神为立国之根本,未有能胜之者,故能受助于人而不为人所利用。政府而求助于他国,则已生倚赖而失其独立之性。更摧残其民党,消失爱国之精神,故他国得而陵之。二者之得失,判然两途,不可易也。"

"故吾党遇此次交涉,依然持我目的,猛厉进行,丝毫无所摇动。知袁氏为卖国之罪魁,则讨贼不容缓,而革命救亡,根本解决。为祖国计,亦未有逾此者也。须知满清季年,胶广旅顺已割,各国已布置其势力范围,保皇党日为革命召瓜分之说,而武昌起义,各国乃点视而莫敢如何。满清虽有'宁赠朋友之心',不得不还我中国,此前事之可师。今日有以外患为疑者,但以满清之故事折之可矣,袁犹满也。虎视中国者,不止一日本。有甘心卖国之袁氏在,纵一国不足以亡我,我亦亡与瓜分。及今讨贼,犹未云晚。愿我海内外同志共勉之。"(日本外务省档案,1915年4月26日《散发印刷品之事》,乙秘第760号;俞辛焞、王振锁编译:《孙中山在日活动密录》,第720—723页)

4 月 23 日　宋耀如(两次)、宋蔼龄(两次)、宋庆龄(两次)、戴季陶(两次)、居正、廖仲恺等来访,参与交谈。板垣医师来诊疗。王天鹏、苏无涯来访时,均谢绝与其会见。(日本外务省档案,1915 年 4 月 24 日《孙文动静》,乙秘第 752 号;俞辛焞、王振锁等译:《孙中山在日活动密录》,第 369 页)

△　批复叶独醒来函。

是日,叶独醒为推荐谭根、欧阳尧事来函。悉后批示:交回总务部复,"关于飞机人员,此间无从酌夺,该员自行裁夺,或贵埠同志与他酌夺可也"。并提示:"复函,对于谭根不置可否乃妥。"(《批叶独醒函》,《孙中山全集》第 3 卷,第 168—169 页)

4 月 24 日　宋耀如(两次)、杨庶堪、谢持、廖仲恺、胡汉民、蔡中和、戴季陶、苏无涯、刘玉山、韦玉、周知礼、徐忍茹、徐苏中、田桐、宋蔼龄、宋庆龄等来访。(日本外务省档案,1915 年 4 月 25 日《孙文动静》,乙秘第 758 号;俞辛焞、王振锁等译:《孙中山在日活动密录》,第 369—370 页)

△　总务部通告海外各支分部汇款改交财政部。

通告称:上年 11 月 28 日奉总理命令,规定海外各支分部汇交款项办法,"惟当时系值财政部未经成立以前,故各处款项汇交日本东京本部核收后,须由总理发给收证为据,原财务重要,须求核实,尊重信用起见"。本年 3 月成立财政部后,复奉总理命令,"凡海外支分部汇款寄交本部者,径可直交财政部收领,即由财政部发给收条,以重专责"。要求"自本通告发布之日为始,一律改照现在规定办理,所有各处款项,务一律汇交日本东京本党总机关内财政部核收,由财政部填给收证为据。关于财政事宜,统由财政部遵奉总理命令直接处理"。(《总务部致海外各支分部汇款改交财政部通告》,黄季陆主编:《革命文献》第 45 辑,第 50—51 页)

4 月 25 日　居正、肖萱、夏重民、谢持、黄实、安健、廖仲恺(两次)来访,参与交谈。何仲良、阮复等来访,均谢绝会见。下午 5 时 20 分,步行外出至麴町区三年町陈其美处,与宋耀如父女及黄实面谈,约一小时。后乘人力车至麻布区市兵卫町民国社办事处,与居正、肖萱面谈。一小时后又返回陈其美处,与宋耀如父子及黄实面谈。晚9时回寓。(日本外务省档案,1915年4月26日《孙文动静》,乙秘第763号;俞辛焞、王振锁等译:《孙中山在日活动密录》,第370页)

△ 王天鹏来函,述个人革命经历,请求接济,并对被诬为侦探表示愤慨。函称:"自问无开罪于本党,至今惟有挺而走险,实逼处此也。而本党不谅鹏之苦衷,反以张尧卿、何海鸣之投诚,诬鹏以伊等作什么坐探,大抵欲迫鹏之效张何,以实若辈之诬,重若辈之信欤,是尔又何苦用此卑污官僚之手段。大丈夫合则留,不合则去,一言解决也。我欲自首,鹏非无自首之资格,环球之大,何地不容,日月之长,何时不可发迹,英雄之众,何人不可假借,只知惟真心救国者是崇耳。"(《王天鹏上总理函》,环龙路档案第04284号)

4月26日 邓铿、阮复、宋庆龄(两次)、韦玉、宋耀如、戴季陶、津久居平吉等来访,参与交谈。日本议员古岛一雄前来问候病情,约5分钟后离去。下午,刘玉山来访,谢绝会见之。廖仲恺来访,因已外出,未见。下午5时30分,外出至麹町区三年町陈其美处,与宋耀如父女面谈,后和田瑞亦来参与交谈。晚10时55分告辞回寓。(日本外务省档案,1915年4月27日《孙文动静》,乙秘第768号;俞辛焞、王振锁等译:《孙中山在日活动密录》,第370—371页)

△ 党务部因各地支部人事变动请示孙中山。

呈文称:广东支部长何天炯因事他往,函请伍云坡代理;四川支部长黄复生因任满改选,召集在京党员开会,另行推荐支部长,到会者十四人,公推龙光为支部长;巴城金一清前委荷属主盟今请改委为荷属联络委员。孙中山批示:"行。"(《居正请委龙光为四川支部长等事上总理呈》,黄季陆主编:《革命文献》第48辑,第59页)

△ 是日,委任夏重民为加拿大联络委员;委任苏无涯、严华生为海洋各船舶交际员。(《委任令第二十八号》,《孙中山全集》第3卷,第423页)

4月27日 谢持(两次)、肖萱、胡汉民、廖仲恺、田桐、王统一、刘玉山、宋耀如、居正、安健、明星辰、祁耿寰、吴忠信、夏重民、戴季陶、津久居平吉等来访,参与交谈,或面谈。上午,葛庞来访时,谢绝会见之。晚7时40分,乘人力车去麹町区三年町陈其美处,与宋耀如父女及黄实面谈,10时告辞回寓。(日本外务省档案,1915年4月28日《孙文动静》,乙秘第779号;俞辛焞、王振锁等译:《孙中山在日活动密录》,第371-372页)

4月28日 蔡中和、王统一、谢持、蒋介石等先后来访,参与交谈。(日本外务省档案,1915年4月29日《孙文动静》,乙秘第785号;俞辛焞、王振锁等译:《孙中山在日活动密录》,第372页)

△ 朱卓文来函汇报南方运动情况以及洪兆麟被捕之事。

函中首先提到,策动滇桂军队进展不大,"若非前两三星期计黔军抵粤之发动当可发动矣,今尚须稍待"。所谓的"刘玉山颇有势力,当与筹商"之说,并不准确。刘玉山固与刘崛、苏雾崖等同事,"果其有能力足以举,则于去年时当有为矣。若谓玉山对于其时省城之桂军毫无把握,则不可,其中实有三数人曾受他用者","惟今则已与吾人共事矣。若又与玉山同事,而玉山又不外用乎此数人而已耳,是置刘玉山于不理,则其平日所用之三数人自然与吾等共事。若用玉山则反将吾人全部分为两部,不见其益而反有害"。与安健同来之两云南人,确与云南军队中多数军官有密接关系。前日曾派其至省,在某司令部居住数天,调查彼中实情。据云黔军程度极低,断非可能运动者。经费问题仍是重要困难,请求继续支持:"至经济一节,若只办弟及舜卿君两方面之事,当可做到。惟每有意外之事,为吾人意料所不及者颇预算,即最近也如黄明堂、洪湘臣之讼事,与夫各同志所查之地方为检查严密左迁右移,耗费至数百元,以一千金计只有十百,何难尽之。故以前之数虽无论如何善筹省节,犹恐不续,仍望先生续济数千为要。"洪兆麟之讼案最少须二千余金,"刻下龙贼备有惠州乡民数十人,谓他去年在惠州举事实非革命,乃焚掳劫掠之强盗,且粤垣之英领事亦有公事至港政府运动提解,故此案甚费手续"。信中还提及到李箕、洪兆麟、邓铿等革命党人的情况:"李箕君昨日与夏声君同船由菲岛抵港。据云菲岛本有万余元可筹之希望,不料为王正廷一到,种毒于侨民脑中,谓刻下革命大非其时,以至侨心为之大变,闽侨全体一文文筹□,粤侨方面筹得二千余元,且此次返国内地势力为之一变。"洪兆麟被捕之事确为史古香作奸,"已查本港电局查出史亲笔至省之电报,及湘未捕拘前数日,他身上携有粤币及港币累累。及被拘之晨,他匣中之文件尽行焚毁,今则往却省城矣。至龙侠夫虽亦在被拘之中,惟其可疑之点尚多,史为其最亲信最调密之友,国人皆知,当湘未捕前□有同志察出史之破绽,对龙预告,而龙则极力为之辩护,且同史秘密出街两天,及英差一入屋则先执湘君之手,验之是否有枪伤者。且湘君之夫人亲闻,侠夫问英差曰我要去吗,英差答曰亦要去云云,足见侠夫之为人矣"。邓铿到港,已万分危险,"不料伊不但不信弟之言,且反以弟疑侠夫为不是,殊失仲兄知人之明"。并提醒粤人谢某甚不可靠。由于涉及不少人与事,朱在信封写明此函带至日本须面交夏重民,再由其亲至孙中山处当面开启。(《朱卓文(朱超)书简》,[日]久保田文次编:《萱野长知·孙文关系史料集》,第556—557页)

4月29日 波多野春房、戴季陶、谢持、王文湘、胡汉民、黄实、廖仲恺、周知礼、郭云楼、宋耀如、苏无涯、吴业刚、田桐等先后来访,参与交谈。晚7时许,乘人力车去麻布区市兵卫町民国社,与谢持议事,并交其二百日元。离开该处后,又至麹町区三年町陈其美处,与宋耀如父女及黄实面谈,晚10时40分告辞回寓。(日本外务省档案,1915年4月30日《孙文动静》,乙秘第793号;俞辛焞、王振锁等译:《孙中山在日活动密录》,第372—373页)

4月30日 肖萱、杨庶堪、葛庞、刘德泽、居正、宋耀如、丁仁杰、谢持(两次)、黄实(两次)、胡汉民、廖仲恺(三次)、田桐、波多野春房、陆惠生等来访。下午2时许,偕来访的杨庶堪、居正、田桐、廖仲恺、胡汉民、谢持六人外出至比日谷公园散步,约半小时后,离开公园到麴町区有乐町一丁目 3 号,访问律师塚原嘉藤,询问外国人居住登记手续问题。后又至麴町区三年町陈其美处访宋耀如,宋未在,即刻离开回寓。晚,又外出至麴町区三年町陈其美处,与宋耀如父女及黄实面谈,11 时 48 分告辞回寓。徐苏中来访时,恰外出,未见。晚,丁仁杰又来访,见不在寓,即刻离去。(日本外务省档案,1915 年 5 月 1 日《孙文动静》,乙秘第 800 号;俞辛焞、王振锁等译:《孙中山在日活动密录》,第 373—374 页)

△ 复函伍平一,称:"亦非笔墨口舌所能争,故不与书也。"(陈旭麓、郝盛潮主编,王耿雄等编:《孙中山集外集》,第 371 页)

5 月

5 月 1 日 宋庆龄(两次)、丁仁杰(两次)、廖仲恺、蔡中和、王华国、杨庶堪、谢持、戴季陶、田桐、居正、韦玉、邓铿、吴业刚、肖萱等来访,参与交谈。中午,令廖仲恺发出一封电报。晚 7 时 20 分,步行外出至麴町区三年町陈其美住处,偕宋庆龄乘人力车去靖国神社,因下雨即刻回到陈其美住处,与宋耀如父女面谈,晚 10 时 5 分回寓。(日本外务省档案,1915 年 5 月 2 日《孙文动静》,乙秘第 811 号;俞辛焞、王振锁等译:《孙中山在日活动密录》,第 374—375 页)

△ 党务部部长居正呈请委任各地支部人员职务。

呈文称,仰光支部长何荫三函请准委彭攻坚为书记;伍平一来函称,苏洛支部业已成立,举张成谟为正支部长,江琼波为副支部长,谭攻阻为总务主任;安徽支部党员等函称,该省支部长张汇滔辞职后,缺已久悬,兹届改选之期,于 3 月 29 日推荐谭惟洋为该省支部长;云南支部长周知礼呈请添设云南缅甸分部,举定寸海亭为分部长。悉后批示:"行。"(《居正请委苏洛支部职员上总理呈》,黄季陆主编:《革命文献》第 48 辑,第 60 页)

△ 指示谢持等解决党员救济问题。

昨日,谢持、廖仲恺多次来商如何解决留日党员衣食住和治病问题。孙中山力主尽力解决党员困难,谢持提出当分三类处理:"(一)直接负担之各债;(二)寄宿舍之取销,最好分给路费遣之返国;(三)未入舍之党员,最好清其馆费,亦给路费。"关于第一项,孙中山谓然;第二、第三两项,因无一钱之故,孙中山初谓寄宿舍再从省钱上办去,继谓宜设法截止。谢持谓:"苟如此截止,而不能设一法,必至捣乱,须由总理或仲恺、觉生商定办法,由总务部执行。"孙中山命由谢持主持一切,谢未敢承。(罗家伦主编,黄季陆、秦孝仪增订:《国父年谱(增订本)》上册,第668页)

5月2日 萱野长知、居正、任寿祺、汪鲲南等先后来访,面谈。下午,陈家鼐来访时,谢绝与其会见。晚8时30分,外出至麴町区三年町2号陈其美住处,与宋耀如、宋蔼龄、宋庆龄及黄实面谈,晚10时30分回寓。(日本外务省档案,1915年5月3日《孙文动静》,乙秘第818号;俞辛焞、王振锁等译:《孙中山在日活动密录》,第375页)

△ 致电巴达维亚胡独波,指示:"是。速办。"(郝盛潮主编、王耿雄等编:《孙中山集外集补编》,第168页)

△ 批示周应时来函。

是日,周应时来函,主张党务部第二通告宜补行宣示国人,以救国者决不卖国;并声明未与他国订约事。批示,由谢持代答:"所言极是,当照来函意,作救国通告一章。"(《批周应时函》,《孙中山全集》第3卷,第169页)

5月3日 上午,刘玉山、徐苏中等来访。上午10时30分,外出至麴町区三年町陈其美住处,和宋庆龄、宋蔼龄、宋耀如、黄实等交谈。下午,和田瑞来陈处,参与交谈。廖仲恺、戴季陶、丁仁杰等来访,已外出,未能会见。下午3时20分,去麻布区市兵卫町的民国社,与丁仁杰、谢持、郭云楼等议事,约半小时后回寓。(日本外务省档案,1915年5月4日《孙文动静》,乙秘第829号;俞辛焞、王振锁等译:《孙中山

在日活动密录》，第 375—376 页）

△　美国总领事馆 Leo. H. Scidmore 来函，称：“受马尼拉初审法院的委托，采取您及陈其美、胡汉民、谢持、凌钺、杨庶堪、田桐以及居正等在美国状告 G. U. Liongsin and others 一案中证人的证词。”并要求提供可以前往总领事馆的时间。（《George H. Scidmore 书简》，[日]久保田文次编：《萱野长知·孙文关系史料集》，第 490—491 页）

5 月 4 日　蔡中和、黄展云、韦玉、明星辰、席园青、龙光、杨庶堪、周知礼、凌霄、谢持、和田瑞、丁仁杰、肖萱、蒋介石、徐苏中、廖仲恺等来访。下午 6 时，韩恢来访时，谢绝与之会见。（日本外务省档案，1915 年 5 月 5 日《孙文动静》，乙秘第 836 号；俞辛焞、王振锁等译：《孙中山在日活动密录》，第 376 页）谢持记述，滇黔代表来见孙中山，“计西南事，请款十万。安能得之？数千行路之资且不能定于何日有也”。（谢持：《谢持日记未刊稿》第 2 册，第 27 页）

△　是日，在东京向革命党员散发“揭露中日交涉黑幕之通告”，披露“二十一条”全文，竭力辩解中华革命党人决无卖国之事。

通告前言部分交代背景：“中日交涉经三月间之谈判，袁氏将允日本之大体要求。国人神经，如受痛刺，仿佛失其作用。袁氏又复多方舞弄，一面假顾全邦交之名，禁止排外之种种举动，一面又将关系地方驻屯军队，故意调动，以示为外交上最后之准备，令国人堕其术中，得便私图。若虽为石敬瑭、刘豫，而国人犹莫知其所以。彼党袁氏者，固应为袁氏怙恶，嫁祸于人。国人昧昧，吠影吠声，无足怪也。奈何平素以民党自命，本爱国为前提，号称聪明才智之士，有政治上智识者而亦不免为所扰惑，何不忍之甚也！”

通告从远近两个角度分析了“交涉”的原因。远的方面，指出：“先是，袁氏与早稻田大学总长大偎伯素有交谊，袁氏术得总统，即由伯荐有贺长雄博士为袁氏顾问。有贺氏就聘，即唱政权移转，由清帝委任，全权组织共和政府。又唱必须修改约法之设，连篇累牍。同时有早稻田大学教习浮田和民博士，亦引申其说，为之鼓吹（该论见于三年正月《太阳杂志》)。袁氏心德之,以为改玉改步,得法律及学说上之依据,天下后世,无有议其非者。但恐吾党之乘时而起也,于是托青柳笃恒氏(早稻田大学干事,现为内阁秘书)窥探吾党之举动,得有所谓秘密,上书而宣布之(此事见于日本《中央新闻》)。洎大偎伯膺大命,组织内阁,袁氏闻之,喜而不寐,其机关报亦大表欢迎。未几,日本政府调日置益氏为中国公使。日置氏到北京,除照例谒见外,有一日晤面密谈数小时,他人鲜有知其内容,只知有如此如此而已。日置氏含命返国(时在去年十一月下旬),面呈现内阁亦云如此如此。现内阁为个人交谊上起见,似无不可,但此事关系重大,不敢直承认其如此如此,于是请示于元老,而交涉之近因起矣。"近的方面,指出:"吾人须知日本元老对中国之意见:利用中国为帝国,而不愿中国为民国,故定对付中国之政策。若以中国仍复为帝国,恰合日本之国是,但日本亘于上下皆不信任袁氏,以袁氏称帝,则其狡诈百出,将不利于日本。然事实上袁氏已为一国之代表,又不能去亦谋诸他,故必使其如此如此,令为前将所谓大韩帝国相等,方可以挟制之,而不敢背日本。于是因现内阁之请示,留遂提出如此如此,交付现内阁。现内阁作成交涉案,交驻北京公使日置氏,日置氏提交于袁氏外交部(时在本年正月十八日)。外交部见之,大为错愕,请命于袁氏,袁氏嘱令秘密,但已成交涉案。二月二日开第一次全体会议,在袁氏肘下之陆军部颇有所闻,初不知由袁氏惹起此段交涉,以为日本之无理要求,群起反对。交涉风声渐渐传播,袁氏各省将军及各种机关亦各电中央,表示反对,并请求宣布交涉之真相。经袁氏以遁辞手法,术之愚之,或从而压制之,而交涉真相仍任报纸之模糊影响,终在不明不白中。于是群疑满腹、众难塞胸。志行薄弱之党人惶恐无措,间有乘机降贼,捏造谣言见好于袁氏,诬蔑之矢遂集注于留东党人之一部。"

通告中还揭露"交涉"之内容,袁氏对日提出条件有二:"要求日本政府首先承认改共和国为君主国,并承认袁氏称帝";"要求日本政府驱逐居留日本之革命党。"而日本对袁氏政府提出"二十一条"。通告指出,日本提出的条件,"不离乎亡国者近是"。"由甲、乙两方面要求对照,甲之要求于乙者甚简单,乙之所要求于甲者甚繁重。甲为个人谋权利,是灭厄国;乙则为国家谋权利,是亡我中国也。"

通告严正声明革命党人绝无卖国之事。"此次中日交涉不容第三者之干与,即第三者掌右国权而难干与此中交涉,且不可得(外间传闻美国干涉,其实不闻直接干与),须以无权无位之亡命党人乎?……党人之不能干与交涉,此理至易明也。又有谓'党人不去日本,心迹终不能明,不免有多少关系',此说尤极幼稚,试问,党人亡命,随遇而安,日本可以居则居之,即如人言,党人果去日本干涉之乎?如去他国,他国与中国或又有交涉问题发生,党人又将安适之?总之,党人之所以主张革命者,以政治不良故……吾闻有匹夫而起革命者,未闻有匹夫而卖国者也。此等成近理由,即显事实,不待智而知了,乃国人犹昧昧然,无怪外人之欺我国人、詈我国人为未开化人种也!党人不欲多言,必后中日交涉之结果,袁事之变相,而国事陷于不可为,国人痛定思痛,始信党人之主张正大,主义昌明,则已晚矣!故党人于此际除力行革命,推翻袁氏恶劣政府外,无可以容喙之余地。凡属党人,深明斯旨,则吾国其庶几乎。"

通告署名"东辟",日本方面推测此人很有可能"是孙文派的干部,如果是革命党本部党务部长居正的化名,此檄文就是该人执笔起草的"。日本警视厅于10日将此通告递交日外务省。(郝盛潮主编、王耿雄等编《孙中山集外集补编》,第168—175页;日本外务省档案,1915年5月10日《关于孙文向在东京革命党员散发檄文之事》,乙秘第931号;俞辛焞、王振锁等译《孙中山在日活动密录》,第725—731页)

△ Herbert Jenkins 来函,动员出版传记。函称:"如果西方世界能够了解您的目的与理想尤其是您在过去所取得的成就,最终很有可能会对您的事业产生重大而有利的影响。"希望孙中山在没有时间写作的情况下,可以通过口述记录的方式进行,"向秘书口述整本

书对您来说也不会是件难事"。"如果您能根据回忆将材料按照您所期望的排序口述给速记员,且每部分都有大概的日期,这样草稿就可以交给任何愿意做这份工作的人,他会完成所有诸如划分章节之类的工作。""校对稿稍后会交给您修改或者批准。您会发现您所花费的时间少之又少,而且一点也不枯燥。"并希望能够先写一部分试试。

(《Herbert Jenkins 书简》,[日]久保田文次编:《萱野長知·孫文関係史料集》,第462—464 页)

5月5日　邓铿、徐忍茹、田桐、萱野长知、居正、廖仲恺(两次)、林德轩、龙光、谢持、杨庶堪、王统一、谭发、吴忠信、戴季陶、波多野春房、肖萱、和田瑞、覃振、刘毅夫、丁仁杰等来访,参与交谈。(日本外务省档案,1915 年 5 月 6 日《孙文动静》,乙秘第 852 号;俞辛焞、王振锁等译:《孙中山在日活动密录》,第 376—377 页)

5月6日　谢持(两次)、田桐(两次)、居正、胡汉民、杨庶堪、廖仲恺、丁仁杰(两次)、苏无涯、王统一、肖萱来访,参与交谈。连城来访,递交电报一封,回其五张报纸和一封信。上午 10 时 30 分,副岛道正伯爵引二位美国记者来访,见已外出,即刻离去。下午 4 时 40 分,此两位美国记者又来访,转交一封信,面谈后离去。下午 6 时 10 分,美国人 Henry B. Hitsick 来访,面谈约二十分钟。下午,席正铭来访时,谢绝与之会见。

　△　是日,去横滨美领事馆会晤领事。

　　上午 9 时 40 分,偕谢持、田桐、居正、胡汉民、杨庶堪、廖仲恺至新桥车站,10 时 10 分乘车去横滨。11 时 5 分至横滨后立即去本町路美国领事馆会晤领事。11 时 40 分离开领事馆,至车站乘 12 时 10 分火车。下午 1 时 20 分返回东京新桥车站。在车站和随行的人分手,并令廖仲恺向国外发一电。下午 1 时 40 分回寓。离开美国领事馆时,廖仲恺从领事馆接受了一个大信封,内装有十来张英文材料。

(日本外务省档案,1915 年 5 月 7 日《孙文动静》,乙秘第 868 号;俞辛焞、王振锁等译:《孙中山在日活动密录》,第 377—378 页)

是日，偕胡汉民等前往美领事馆，起因是一位中国人在马尼拉某银行贷用了一笔款，美国领事馆召唤孙中山等协助调查。是日，美国总领事馆 George. H. Scidmore 来函并寄来质询书，询问出席时间。孙中山就相关问题做出回答。主要内容如下：

"因为我反对袁世凯暗杀农林总长宋教仁，以及他未获国会同意即与五国银行团签订借款协定。在江西、江苏、湖南、安徽、福建和广东各省相继发动武装讨伐袁世凯后，袁即要求上海租界引渡我，我只好离开中国。

"为了和平与避免流血，我辞去总统职务，让位给袁世凯，条件是他必须依据宪法信守效忠中华民国的誓言。我辞职之后，向参议院推荐袁世凯继任总统。其后，我离开政坛，担任铁路总公司总理职务。但在南方武装反袁抗议期间，袁世凯废除铁路总公司章程，我只好离开这个职位。

"袁世凯当上总统是凭两种手段：第一靠贿赂，第二是使用暴力。在总统选举期间，有两度他未能获得足够票数，于是他派武装警察包围国会，扬言如果他没有当选，就要杀害他们全体。凭这两种手段，最后他才勉强得到过半数的票数当选。

"这四人（指陈景华、张振武、方维和宋教仁）中我个人认识两人：广州市警察局长陈景华和宋教仁；另外两人张将军和方维，我和他们只在武昌有过一面之缘，关于这两位将军之死，他们是应袁世凯之请前往北京就任新职，到达北京后，他们应邀前往六国饭店参加晚宴，宴罢返回住所途中，在路过东交民巷外面遭到逮捕，当晚即被处决。有关广州警察局长陈景华之死，在八月十五日那天，他接到广东都督（按为龙济光）的中秋晚宴邀请。晚宴结束时，都督向他出示袁世凯的电报，电文说陈景华有阴谋反叛政府之嫌，应予枪毙。陈景华就在没有证据也未经审判的情形下当场被处死。宋教仁是国民党领袖。袁世凯打电报请他前往北京。他在上海火车站正要出发时遭枪击重伤。几天后，他在铁路医院逝世，与此同时，刺客武士英和唆使者应夔丞(桂馨)也已被法国租界警察所逮捕。应夔丞家中的文件全被没收,文件中有国务总理赵秉钧从北京发出的密码电报,命令应夔丞杀死宋教仁,并答应给他一笔丰厚的酬劳。在上海的电报房也找到了应夔丞在刺杀宋教仁前后发给赵秉钧的电报。这个案子在上海的会审法庭初审,凶手被判有罪后再交由中国当局审理。在上海审判期间,英国领事道格拉斯和哲尼干担任宋教仁这一方的顾问。刺客交给中国当局后,江苏都督程德全和民政长应德闳向总统详细报告整个事件的经过,指出国务总理赵秉钧是刺宋案的唆使人,并要求袁的总理和秘书前往上海接受审判。袁世凯对这项要求非常不悦,他罢免了这两名官员的职务。

"袁世凯自立为中国的无上统治者,一切事情都依他的意志为依归。他虽宣誓遵守临时约法,却又废除了约法和国会,不但如此,他还逮捕国会议员,杀害抗议他行为的人。

"在袁世凯政府的统治下,法律没有保障,他可以不经法律程序逮捕任何人。因此,与袁世凯意见相左的人都不得不出国避难,以求保命。

"国会主张共和思想,并希望采行宪法所阐扬的民主原则,但袁世凯忖度,果真实施民主,他的权力必然大受限制。因此,他在去年十一月十日以政变行动,干脆解散了国会。

"在职担任民国第一任临时总统时期,我废除了所有审讯时的刑求,但袁世凯继任后,恢复了所有以前使用过的刑求方式,甚至还发明新的刑求手法,诸如强迫犯人跪在烧红的砖块上和铁链上,以绳子捆绑犯人的拇指和脚趾,把他四肢吊起,还有许多其他残酷的刑罚,是以前帝制时期所未曾听闻的。

"袁世凯废除宪法会议的手法和他废除国会的手法完全相同,他指控他们叛变,只因他们拥护中华民国肇建所根据的民主原则。"

(《George H. Scidmore 书简》,［日］久保田文次编:《萱野长知·孙文関係史料集》,第491页;郝盛潮主编,王耿雄等编:《孙中山集外集补编》,第176—178页)

△　吴忠信函请代还川资。

函称:"准于今晚起行,今朝趋领训言,适先生公出,匆匆不克再往拜辞。但此次川资,一时无出,系由同乡龚君石云暂借六十元,又代担任馆账三十元,而伊亦急须他往,则信所借之款实不能不即还之。然信又无即还之法,故只得仍请先生设法代为付还,此事已与龚言,务望先生极力一为筹措。"悉后批示:"总务部存查。"(《吴忠信请代还川资上总理函》,黄季陆主编:《革命文献》第 48 辑,第 334 页)

5 月 7 日　蔡中和、钟鼎、刘兆铭、朱镜清、丁造、刘雍、徐剑秋、庄怀恭、安健、居正、梅屋庄吉、廖仲恺、蒋介石、田桐、谢持等来访,参与交谈,或面谈。上午,刘佐成来访时,谢绝与之会见;葛庞来访,亦谢绝会见,二十五分钟后,葛再访,面谈。晚 7 时 30 分,乘人力车去神田区北神保町中华基督教青年会馆,探访宋耀如。宋未在,即刻返回。(日本外务省档案,1915 年 5 月 8 日《孙文动静》,乙秘第 886 号;俞辛焞、王振锁等译:《孙中山在日活动密录》,第 379 页)

5 月 8 日　胡汉民、和田瑞、王统一、韦玉、徐忍茹、杨庶堪、田桐、居正、谢持(两次)、宋镜清、钟鼎、徐剑秋、廖仲恺、刘佐成等来访,参与交谈。上午 9 时 40 分,肖萱来访,尚未起床,其即刻离去。上午 11 时 10 分,美国人 Joseph Sharkey 来访,因忙于工作,请他明日上午 11 时再来。本日为定期开会之日,与来访的胡汉民、王统一、韦玉、杨庶堪、田桐、居正、谢持、廖仲恺等围坐一起,共同议事。下午 6 时,经头山满向上海发去一电。(日本外务省档案,1915 年 5 月 9 日《孙文动静》,乙秘第 902 号;俞辛焞、王振锁等译:《孙中山在日活动密录》,第 379—380 页)

△　批复陈慕徐来函,请谢持代答:"此间无款,已函着上海同志代筹,如筹得多少,当由周君接济也。"(《批陈慕徐函》,《孙中山全集》第 3 卷,第 169 页)

5 月 9 日　廖仲恺、黄焯民、陈树人、杨寿彭、苏无涯、田桐、居正、肖萱、陈中孚、祁耿寰等来访,参与交谈。上午 10 时 30 分,某通信员(美国人)来访,11 时离去。上午 10 时 35 分,因有急事遣人去请戴季陶,戴早晨外出尚未返寓。(日本外务省档案,1915 年 5 月 10 日《孙文动静》,乙秘第 915 号;俞辛焞、王振锁等译:《孙中山在日活动密录》,第 380—381 页)

△　朱卓文来函,汇报广东发动情况及营救洪兆麟事。

函中指出,广东发动情况并不顺利,李箕所部"前两月他来东及往菲岛时元气被挫,须重新再组";自己及安健之部"为经济告渴,又不能再作急激筹划"。"刻下箕君所部及高属等希望于此两星期内举发。此间现由多数商人拥弟组织一支部,惟此支部与进行事毫不关涉,只罗致彼等先行加盟,为他日筹小款地步耳。"关于洪兆麟之事,函称:"湘臣之案颇紧,据律师云,若得去岁湘君往惠州举事时先生之委状,则此案当有裨益",恳请"补给去岁拾月初派伊办惠州党事委任状一纸,交船上同志带返,以速为妙"。并告知所致港督之电"毫无效力",该督接电报时"有谓先生为 Missguided Dr. 等口气,幸翌日英京理藩部将先生之电致他,并嘱他小心办理此案"。(《朱卓文(朱超)书简》,[日]久保田文次编:《萱野长知·孙文関係史料集》,第 557—558 页)

△　陈青遄来函,赞同革命,并表示愿为革命而尽责。

函称:"余国一般新闻报纸不知时局为何物,徒反唇骂人,顷闻申报见有载先生无爱政府何不爱国乎等语,即指先生欲乘中日交涉之机会而大举第三次革命,日本亦得乘此机会而灭余国也。噫,此辈负开通民智之责而出此言,余国前途岂不可大哀哉……革命为改良政治,世界各国所共认,所以各国政治之良者,亦由革命之产出也……故革命一道,外人视为祥物,而谓非革命,吾人将无以自救之方术也。"认为在"一般人民极悔前抵抗第二次革命之非,怨怒政府之声浪几于冲天震地,或者谓时日曷丧,予及汝偕亡之事复见于今日"的背景下,"不可泥于君即国之主义,国者,众民之国也,君者,众民之代表也,君不良,易之可也,以四万万人生命殉之不可也"。(《陈青遄上总理函》,环龙路档案第 07838 号)

△　袁世凯政府向日置益复文承认"二十一条"。国内对日同志会等四团体，在上海法租界召开大会并致电袁世凯，誓不承认"二十一条"。全国教育联合会定 5 月 9 日为国耻纪念日。（陈锡祺主编：《孙中山年谱长编》上册，第 946 页）

5 月 10 日　黄实、廖仲恺（两次）、谢持、徐苏中、戴季陶、和田瑞、菊池良一等来访，参与交谈。上午，早稻田大学学生张求来访，谢绝接见。（日本外务省档案，1915 年 5 月 11 日《孙文动静》，乙秘第 833 号；俞辛焞、王振锁等译：《孙中山在日活动密录》，第 381 页）

△　致函区慎刚、郑螺生等，告知国内革命形势，促速相助。

函称："袁氏与某某密相结托，昨日要求条件，悉已通过（其第五项亦非撤回，但作为悬案，随后谈判秘密承认，以避人耳目耳），袁旦夕将称帝，已授意北京商会电询上海商会意见。从此中华民国名义，亦将归消灭。内地不平之声甚烈，即袁所部如冯、段辈亦表示反对（观其严诘外交一电可知），比较满清末年铁道国有风潮，尤易激动全国，洵为吾党不可失之时机。"沿江数省，自前年以来，极力筹备，至此时运动已成，更与机会人心相应。党中重要人物，已冒险深入内地，急思发动。"成败在此一举，不能复待，敬望我同志相助！固知英属势成强弩之末，然过此不图，则事势难料；且已派入之人员、已布置之机关及已运动之军队会党，亦骤难维持收束也。望以此实情转告有心之同志，共筹尽力，副我期望，幸甚。"（《致区慎刚等函》，《孙中山全集》第 3 卷，第 169—170 页）

△　致函王敬祥，请助款。函称："刻下进行甚急，但为财力所困，未审贵埠同志能设法相助否？盼甚，望甚。"（日本兵库县立历史博物馆藏《王敬祥关系文书》，第 0128 号）

△　上海南京路 8 号林某来函，提出应变时局建议。指出应变之方针有二："一曰离日赴美。吾党之亲日为东亚计也，今观其举动，纯以侵蚀吾国为主义，是其不足与谋世界之和平已可证明，前此吾党在彼，彼总处处监视，此后自当更甚，不特一事难为，且人民恨彼已成

极点,抑无以系全国之心。美本亲我,南洋华侨又多热心,吾党困难惟在经济,此事得手,后忧难成,此应稍斟酌者一也。一曰放大范围。从前同志多实心为国之人,一手一足,各有势力,现在国势舆情已非昔比。美取开放主义,凡称领袖或召之来,孰无天良,岂甘亡国,欧战终结,或者不久,藉时各国对我,焉知何等要求,与其取材严重致有救己不及之虞,何如姑释小嫌,以收急起直追之效,多助则易成,寡助则鲜效,此应请斟酌者二也。"(《林某上总理函》,环龙路档案第 04760 号)

△　总务部陈其美覆函叶独醒,转达孙中山请其主持飞机事宜之意。

4 月 23 日,叶独醒来函,内称谭荣、欧阳尧二君,技艺既臻娴熟,又忠于本党,愿服从命令,为国家尽力。悉后,陈其美复函称:"足下与贵埠同志,对于两君,极力慰留,以待本部处置,尤能特见其大,足征宏识,比即面呈总理中山先生,商计一切。惟飞机事业,应当如何计划进行,以副将来应用时,得收圆满之效,此间无从酌夺。总理命令,即请足下主持,或宿务同志就近协商办理,以期妥善,并希将本部瞩望殷勤之意,转达于谭荣、欧阳尧二君,一面将办理情形,报告本部,以便呈请总理核夺。"(《总务部复叶独醒请主持飞机事宜函》,黄季陆主编:《革命文献》第 45 辑,第 693—694 页)

△　周应时为本党方针问题致函谢持,并附致孙中山函稿。

函称:"沪上人心,恨日恨袁,已达极点,时势既变,吾党之方针,自不能坚执不移。兹有致孙先生书,抄稿呈电。鄙见以为此事于吾国家存亡,吾党前途有生死关系,务请力主开会讨论,公决施行。或另有高见,亦请示知。此地月非二千元儿不可维持,住宿断炊之惨,日日来告。非速筹经济,必且涸死,何论进行,所最可惜者,大好时机耳。"(《周应时为本党方针问题致谢持函》,黄季陆主编:《革命文献》第 48 辑,第 45 页)

是月上中旬　嘱柏文蔚转告东京同志,对"二十一条"可自行通电反对。

据柏回忆:"二十一条"签订后,住东京同志约其到东京研究对策,其至东京讨论发通电反对,被公推往孙中山处请示决定。"余见孙先生后,首先补办了参加中华革命党手续。关于反对日本向中国提出二十一条要求问题,孙先生考虑后要余转达东京各同志,自行通电反对,彼自己另有对策。于是余与协和、竞存、惕生研究以克强领衔发出通电,反对日本强迫中国订立二十一条要求。电文中措词有'停止内争,一致对外'字样,引起一部分人不满,认为余等希望与袁世凯妥协,尤其日本人对发电几个人处处为难。"柏也于 5 月下旬离日赴南洋。(柏文蔚:《五十年经历》,《近代史资料》总 40 号,第 42 页)

△　曹亚伯致函郑螺生、李源水、区慎刚、李孝章、朱赤霓以及诸同志,请速布告孙中山急电,助力革命。

函称:"今午得上海切实电报,谓日本于本月四日议院闭会,即于是日与袁政府行最后之通牒,将从前磋商之廿一条改为十六条,逼袁凶承认。如袁不承认,则日兵由东三省、山东两路夹攻北京,半日之程,北京可破;一面由日本驻防汉口之一师团(计三万人)占领武昌,已准备好矣。如袁承认,袁畏人民反抗,只好借日本兵力平之。英国议院欲反对,质问政府,无奈英国正打败仗,自顾不暇,美国亦爱莫能助,只好任袁贼将大好江山极多人民断送,高丽亡国之惨,行将见之民国矣。此中山前日有事急之电也,望诸公速为布告同志,力助中山一臂,以图救亡于万一。"(程存洁:《南洋筹饷——广州博物馆藏孙中山及其同志有关筹饷手札集》,第 174 页)

5 月 11 日　韦玉、胡汉民、谢持等先后来访。(日本外务省档案,1915 年 5 月 12 日《孙文动静》,乙秘第 939 号;俞辛焞、王振锁等译:《孙中山在日活动密录》,第 381 页)

5 月 12 日　廖仲恺、刘德泽、刘玉山、田桐、居正、谢持(两次)、蔡中和、王华国、邓铿、杨庶堪、周知礼、徐忍茹、徐苏中、安健(两次)、凌霄(两次)、萱野长知等来访,参与交谈。下午 2 时 40 分,步行至麻布区市兵卫町民国社,与黄实、刘大同、肖萱、居正、邓铿、杨庶堪、谢

持、蔡中和、廖仲恺、蒋介石、宋涤尘等面谈,约两个小时,主要商讨解
决在日党员生活苦难问题。是日上午 10 时至 11 时半,刘大同、钟
鼎、徐剑秋等二十一人在东京表猿乐町聚集讨论如何解决生活困难
问题,众推宋涤尘向孙中山反映情况,故有此次会商。据称,孙中山
认为,革命党员中许多下层党员住在东京太不经济,想让他们回国,
而他们中有人希望前往南洋或美国。(日本外务省档案,1915 年 5 月 13
日《孙文动静》,乙秘第 953 号;《关于中华革命党之事》,乙秘第 959 号,见俞辛
焞、王振锁等译:《孙中山在日活动密录》,第 382—383 页,第 733 页)

　△　朱卓文来函汇报在粤港筹款情况。

　函称:"此间虽有少数热心者或可筹小款,惟彼等非悉吾人之内
容则断不肯筹,因彼等在港乃属内地,不若海外华侨之便于鼓吹,且
港中向无组织以维系之故。"为此,"于前两星期设立一机关,专罗致
一般商家加盟入党,及一切之小部分,俾免复杂扰乱,甚有成功。计
此两星期内已得庄口商家数家及解散铁血团,使该团长加盟,及前日
省垣驳壳会之会长、北江一小部分之首领邱绍棠等均已加盟"。同
时,告知与香港殷商简让之接触情况。简为香山东乡南便塘人,甚为
热心,"若先生立速致他一亲笔书,求他备银一万数千元,当可达目
的。弟今日至他家坐谈,见客坐中高悬先生大像,他指而问曰,孙先
生近日之容尚有此像如是之好否? 弟对以差不多。他云甚仰崇先
生,甚愿得先生一最近肖像,弟曾允为代请先生,故恳先生将去年尾
所摄之像题以款,俾船上同志带返,或由邮局带返,当无危险。简之
为人甚有胆计。现在港中及内地商界与夫一般拥护袁氏者,因此次
中日交涉一变而为大反对袁矣。故吾人虽明知彼等不能为党人之
福,然亦不可不乘机利用他,筹以为吾等小款之用"。(《朱卓文(朱超)
书简》,[日]久保田文次编:《萱野长知·孙文关系史料集》,第 558—559 页)

　5 月 13 日　黄展云、肖萱、宋涤尘、谢持(两次)、胡汉民、廖仲恺
(两次)、郭云楼、蔡中和、韦玉等来访,面谈。刘大同、徐剑秋、钟鼎、
伍云眉、梁宗极、刘雍、傅仲三、龙光、王烈、丁造、班鳞村、谭惟浑等来

访时,谢绝接见。下午,廖仲恺再次来访时,托其发出一电报。(日本外务省档案,1915 年 5 月 14 日《孙文动静》,乙秘第 962 号;俞辛焞、王振锁等译:《孙中山在日活动密录》,第 383 页)

△　是日,军事部部长许崇智呈请委任席正铭为贵州中华革命军参谋长。

贵州司令长官安健函呈军事部,谓:"党员席正铭曾充陆军八十三团团长、黔军总司令等职,学识俱优,素富经验,以之充当参谋长之职,同谋合作,必能收远效,申请核请总理委任",是日,军事部转呈请示。批示:"准照办理。"(《许崇智请委席正铭为贵州中华革命军参谋长上总理呈》,黄季陆主编:《革命文献》第 48 辑,第 31—32 页)

△　是日,委任明星辰为云南军事联络员。

△　葛庞来函,请求接济。函称,自上年八月抵东京后,陷入困苦,已两次致函反映,虽"屡承先生面允款项,又得陈君英士两次来函承认,至今十月矣,毫无着落",近日谢持着人送与洋四十元,但仍觉不够用。表示"不忍遂置同志于不顾耶,革命不守信义,岂不丧失人道,以后做事焉能取信于人耳……亦情愿死于此地,决不失信义于天下同人也。""今得此四十元不尤不痛心者也,欲死则无颜见死难同志,不死亦无能救做事同志之急也。庞之困苦,乞先生与庞一决,死亦甘心矣。"(《葛庞上总理函》,环龙路档案第 04589 号)

5 月 14 日　宋耀如、徐苏中、章国威、路程、廖仲恺、郭云楼、居正、肖萱、周知礼、明星辰、谢持等来访。上午 8 时,方汉儒来访时,谢绝与其会见。(日本外务省档案,1915 年 5 月 15 日《孙文动静》,乙秘第 975 号;俞辛焞、王振锁等译:《孙中山在日活动密录》,第 383—384 页)

△　朱卓文来函报告广东革命形势及请求款项。

函称,广东革命形势大为好转,"自二次失败以来,党派分歧,一盘散沙,今则互相联结,同声于应矣。如陆领君主持广属、海云兄四邑,箕君阳江、阳春,陆君高州电白,西江一带之驳壳会等,今亦使彼等尽行加盟,受听指挥矣"!拟先由自己的一部分发难,附以贵州之一部分，虽力不足，倘一举而四面齐发，敌人之力虽有三四倍，但我方声势已足破故胆，且人心之变尤甚于辛亥，故当操胜券。虽然"此间支绌已达极点，不能活动"，却也看到了希望，各部分之自筹款者则自筹之，其他赢余者则移此助彼，果真不足则设法由商界处运动。"现在已收得本港富商三数人矣，仍望其陆续进来，倘此筹得展，将来经济上之运动虽不能达完全希望，当亦不至如是其困也。刻下之机关部费亦摊由各商家担负，而前日弟云觅先生亲出一信京华号简让之君，求伊借银万元以为粤事用之件，望先生照行为祷。现在先施公司与永安公司两司事人亦应允于日内加盟矣。弟谅彼等于加盟之后，当可帮助款项。"此外，虽"抵港时未尝决意于此机关之组织矣，前两星期始行发起，然亦不迟，前途甚觉光明，足堪告慰"。

是晚，朱卓文又写一函，请求经费支持。内称："粤事自二次失败以来，团体之联结未有现在如是之良好者。且也中日交涉之渐流民心之变，又为吾人意所不及者。弟自返港以来怖于去岁之失败，思有以补之。若合各方面军事绿林之首领一一使之加盟，俾得大举时号令统一，到时自当大效果。刻下附寄之联函如李海云、陆领、张炳等，因先生所素识者，陆君向附执信兄办事，故未加盟，今弟与之谏述利害，亦已加盟矣。邓君鼎封则为军界一部分代表，陆君乃高州电白一带之人，毕伍等乃西北江一带之首领，昨日邀弟至澳讨论。此次之急进，弟固尽力鼓吹之，奈讲于经济不能赏领，故特联函求先生设法。李箕兄前日已动程矣，故此函中未有他之答押。计吾人预算，联合大举至少须三万金方可。倘款项一到，当于三星期可动。"同时又提到面临新的困难："弟已决请箕兄先发，而弟应之。奈箕君所部虽举而有无影响尚属疑问。且弟之部分有六成驻在城外，而贵州军内诸同志仍以势力薄弱为恐，终未得彼等之决心。且也桂同志均谓，假以多数时日，必能达完全目的为辞，故弟虽急而亦无法。"（《朱卓文（朱超）书简》，[日]久保田文次编：《萱野长知·孙文関係史料集》，第559—560页）

5月15日　上午，杨庶堪、胡汉民、谢持等来访。8时40分，和杨、胡、谢三人乘人力车至新桥车站，与廖仲恺、田桐、居正汇合。七人乘 9 时 30 分车，于 10 时 20 分抵横滨。下车后乘人力车至山下町美国领事馆。11 时 40 分离开领事馆。在东京新桥车站与居正、田桐分手，与其余四人一起回寓。下午，田桐、居正又来访，参与交谈。据 5 月 17 日神奈川县知事报告，孙中山一行此次来横滨美国领事馆，仍与某中国人向马尼拉的美国银行借款一事有关，因为美方就此事向法院起诉。（日本外务省档案，1915 年 5 月 16 日《孙文动静》，乙秘第 987 号；俞辛焞、王振锁等译：《孙中山在日活动密录》，第 384 页）

△　复函伍平一，嘱其做好联络工作，不必东行。

函称："所作联络各埠之事，既征得力，此时不必东行，盖勤党事有如炊米为饭，半熟而舍之，往往前功并废也。岷埠弟已许立第二支部后，前素无隔阂，但吾人遇彼此之有意见者，仍宜极力疏通排解之。克强等持缓进主义，故猝难一致。至弟与伊私交，则丝毫无损。"并称："现在时局，袁氏大失人心，近来交涉经过，人心益为激昂，甚于清季铁路问题，若吾人实力稍足，不患不去此民贼也。"（《复伍平一函》，《孙中山全集》第 3 卷，第 170—171 页）

△　是日，各省支部长举行会议，商讨联络留东学生问题。（罗家伦主编、黄季陆、秦孝仪增订：《国父年谱（增订本）》上册，第 671 页）

5 月 16 日　上午，黄展云来访，谢绝与之会面。随后，谢持来访。中午，陈中孚、吴非、金鉴人、丁明钦四人来访，丁、吴、金等决定回国进行革命活动，前来辞行，接见并有所指示。下午，田桐、萱野长知、宋耀如等来访；宫崎震作持其父宫崎寅藏的信来访。晚 7 时许，宋耀如偕林植宇再次来访。（日本外务省档案，1915 年 5 月 17 日《孙文动静》，乙秘第 1003 号；俞辛焞、王振锁等译：《孙中山在日活动密录》，第 384—385 页）

△　批示葛庞来函。

先是葛庞来函，恳请再借千元作为遣散同志费用。悉后批示："惠生代答以不能再为力。"（《批葛庞函》，《孙中山全集》第 3 卷，第 171 页）

△ 李海云、朱卓文、陆领等来函,请求汇款以便乘机速举。

函称,此次中日交涉失败,全国人心异常愤激,莫不痛骂袁贼卖国,即非袁莫属派亦皆反颜怒骂,社会心理已大转变,对于袁贼,均欲灭此朝食,对于本党共生感想,有此良好机会不可失。"此处同志均拟乘时速起,因粤省自去秋举时后,一切布置仍继续整理。现虽势已穷窘,有一分力量即尽一部义务,保持至今,势力仍不散失。乘此时复举,可卜事半功倍。惟款项问题无法解决,坐失时机岂不大可惜。用特联恳先生急筹款项汇来,俾得乘时举发,如筹有现款,汇付较为便捷,不然或指定某款委为转收亦可,总以迅速为上。"(《李海云、朱卓文等书简》,[日]久保田文次编:《萱野长知·孙文関係史料集》,第533页)

5月17日　苏无涯、蔡中和、居正、胡汉民(两次)、廖仲恺、韦玉、谢持、黄展云等来访。(日本外务省档案,1915年5月18日《孙文动静》,乙秘第1026号;俞辛焞、王振锁等译:《孙中山在日活动密录》,第385页)

5月18日　邓铿、陈中孚、谢持等来访,面谈。杨熙绩、高憬、赵瑾卿来访,均谢绝接见。(日本外务省档案,1915年5月19日《孙文动静》,乙秘第1039号;俞辛焞、王振锁等译:《孙中山在日活动密录》,第385页)

△ 是日,夏重民呈请委派朱卓文为交通员驻港负责联络及筹款。

呈文称:"自袁凶承认日人条件后,吾党所受反响甚大,日来港地党务,异常发达,入党者络绎不绝。港中各大公司之资本家,愤袁贼之卖国,均已来党加盟。观目下人心,袁巢不难立倒,所堪忧虑者,恐其为一时之客气耳。吾人倘能善用之,一鼓作气,则大事必可成。目下各大腹贾之赞成吾党资助吾党者甚多,惟专责乏人,各皆迟疑观望。重民等熟议再三,敦请先生特委一驻港交通员,兼筹款委员,授以全权,俾得就地接洽。重民等以斯职非卓文兄莫任,先生如以鄙见为然,请即迅加委任。"(《夏重民请委交通员驻港员负责联络及筹款上总理函》,黄季陆主编:《革命文献》第48辑,第86页)

5月19日　肖萱(两次)、胡汉民、萱野长知、杨庶堪、谢持、陈中

孚(两次)、廖仲恺(三次)、居正、徐苏中、韦玉、蒋介石等来访。下午
3 时许,收到电报汇款。(日本外务省档案,1915 年 5 月 20 日《孙文动静》,
乙秘第 1053 号;俞辛焞、王振锁等译:《孙中山在日活动密录》,第 385—386 页)

5 月 20 日　黄展云、戴季陶、胡汉民、廖仲恺、苏无涯、叶震平、
山本俊麿、谢持等来访。刘大同、朱镜清二人来访时,谢绝与其会见。
谭平来访,递交一材料后即离去。下午,和来访的戴季陶、胡汉民、廖
仲恺三人外出到荏保郡大井町字浜川 803 号戴季陶住处,查阅材料,
并共同议事。期间,居正来访,随即离去。(日本外务省档案,1915 年 5
月 21 日《孙文动静》,乙秘第 1067 号;俞辛焞、王振锁等译:《孙中山在日活动密
录》,第 386—387 页)

△　陈中孚就第三次革命发表看法。

陈中孚连日与孙中山等晤谈。是日,孙中山与戴季陶、胡汉民、
廖仲恺共同审阅的材料,可能是陈中孚的谈话稿。随后,陈奉命发表
谈话,声称:"由于此次日中交涉问题的解决,余等同志预料,国内不
满分子必将采取盲目行动。余等计划与住在长崎的同志及目前在新
加坡的陈其美等取得联系,乘此机会发起第三次革命。为视察国情
并做国民的鼓动工作,已向北京及上海各派一名同志,还将派遣第二
批,目前正在物色人选。此次(日中交涉问题)的解决,将会给我党的
政治策略带来绝好的机会。因此,决心根据形势断然揭竿而起。"(日
本外务省档案,1915 年 5 月 20 日《中华革命党党员陈中孚之谈话》,乙秘第
1073 号;俞辛焞、王振锁等译:《孙中山在日活动密录》,第 733 页)

5 月 21 日　廖仲恺、居正、杨庶堪等先后来访。接到住在本乡
区菊坂町 94 号春阳馆的陈某来一函;给香港孙光明寄去一挂号邮
件。(日本外务省档案,1915 年 5 月 22 日《孙文动静》,乙秘第 1086 号;俞辛
焞、王振锁等译:《孙中山在日活动密录》,第 387 页)

△　是日,黄兴复函,表达革命不宜急进的看法。

函称:"先生与英士诸君于三次革命兼程并进,所以爱祖国爱同
胞者,备极周至。兴非下愚,岂无同情? 然英雄之举事也,当先图利

害之如何,顺逆之如何,强弱之如何,众寡之如何。袁氏执政,诸多专擅,凡属同志,无不扼腕。政治上之革命,无非欲促进社会之幸福。起视同胞疮痍遍体,回顾本党元气凋残,癸丑以后飘摇异邦者若干人,逋逃海外者若干人,以兴所见,丘壑之填,陈蔡之厄,比比然也。石屏师自东来,为言同志之沦落于长崎、横滨诸埠多至数千,甚有为东人执贱役、司奔走,以求一日之温饱者。兴闻而痛之。乃先生与英士诸君犹谆谆以革命相劝,并谓同志大半在东,正可利用,岂使之冻馁者不足,复将驱之炮火中耶? 此兴之期期以为不可者也。

"或谓中日交涉未解决,吾侪正可藉此谋革命,振臂一呼,援者立至,苟能乘时勃起,必能收疾风扫箨之效。此言似焉而实非。我同志既以爱国为标帜,以革命相揭橥,无论借他国以颠覆宗邦,为世界所窃而笑,而千秋万岁后又将以先生为何如人矣? 兴非忘情于革命者,不过有时势之不同,今昔之各异。当壬癸之交,本党之声威若何,权力若何,然举宁、湘、粤之众犹不能抗少数之北军,岂民党兵力之不逮耶? 亦以民心之向背为之转移耳。今日则既无稳固之根据,又无雄厚之财力,乃必欲以求一逞,恐必有覆□折足之虞。兴与先生奔走二十余年,金兰之契非比他人,先生苟有所图,兴无不竭力相追随。惟必欲乘隙急进,则兴之私心窃为不然。

"英士贤达,襄赞辅翼,必能为同志谋实益,为祖国建远谟。顾锻炼需时,要非一蹴所能几也。卧薪尝胆,待之十年,兴与先生必有殉国之一日。若不此之审,孟浪从事,则效果何如,兴不敢言。朱浮复彭通书曰:'凡举事毋为亲厚者所痛,而为见仇者所快。'愿先生与英士诸君再三□之。"(《黄兴近复孙文书》,《申报》1915 年 5 月 23 日,"要闻二";刘泱泱编:《黄兴集》,第 767—768 页)

△　陈烈来函,请解决住院治疗费用。函称:"本部对于党员本无支给药费之责任,而党员对本部亦无强请担此责任之权利,不过既已患病,处无可奈何之地,不能不以好意作将伯之呼耳。本部纵一文不给,烈亦何敢为怪,然烈如有可筹之处,亦奚必恳求本部,令本部诸

执事为难。烈此间既乏亲戚,所与游者,悉党中人,其穷屈无一不与烈等。回顾渺茫,实不能不仰望本部。先生博爱为怀,敢恳以一言命知本部,俾得从速了结,即日退院,不胜感戴之至。"悉后,批示谢持处理。(《陈烈上总理函》,环龙路档案第01012号)

　　△　是日,陈炯明与黄兴、李烈钧等通电指责袁世凯政府卖国。

　　黄兴、陈炯明等致电《时事报》《时报》《新闻报》《神州日报》等,痛称"警报飞传,外交失败,丧权蹙国,胜清未闻,远适异国,昔人所悲,况复闻此,更增怆怛",而袁政府"一味屈让,罔识其他。条约既成,国命以绝","来日大难,更不猛省,其何能淑。夫一国之危,待救于一人,孰若自救之……兴等眷念祖国,义愤填膺。今日盖有不忍,为父老兄弟尽毕其词者矣"。(周元高、孟彭兴、舒颖云编:《李烈钧集》上册,第181-183页)

　　5月22日　陈中孚、戴季陶、廖仲恺(两次)、宋振、杨庶堪、胡汉民、韦玉、肖萱(两次)、谢持等来访。阮复、张眉轩、董必武三人来访时,谢绝会见。(日本外务省档案,1915年5月23日《孙文动静》,乙秘第1095号;俞辛焞、王振锁等译:《孙中山在日活动密录》,第387页)

　　△　是日,党务部部长居正呈请发给石瑛回湖北路费。

　　呈称:拟派遣石瑛还国,到湖北方面联络党人,运动军队,约需路费一百元。石瑛,湖北兴国人,在东留学,于上年夏间入党,"其人颇精敏稳重,于湖北内地情形,尚称熟习"。阅后批示:"着总务部照给。"(《居正请发给石瑛到湖北路费上总理呈》,黄季陆主编:《革命文献》第48辑,第61页)

　　5月23日　刘大同、王统一、安健、杨庶堪、席正铭、阎崇阶、姚文华等来访。萱野长知来访,议事。期间,萱野给政务局长小池张造寓所打电话,询问是否在家。(日本外务省档案,1915年5月24日《孙文动静》,乙秘第1105号;俞辛焞、王振锁等译:《孙中山在日活动密录》,第387-388页)

　　△　刘大同等致函总务部,请转达致孙中山改善党务意见。

函称，至于今日，交涉已经解决，袁氏罪恶，益益显著，内而国民，外而学生，皆知反对政府，再进一步，即将倾向革命。如此机会，如此人心，苟不利用，稍纵即逝。"乃默察吾党内部，不特涣散，抑难维持，求其进行，未有把握，此真同人日夜思之，而可为痛哭流涕者也。故于日前开会，研究三端，陈之总理，虽蒙指示，未测高深，是必同人等忠诚有所未尽，智虑有所未周也。诸公总持部务，眼光当更远大，才识尤高百倍，岂谓所见不及。同人当此危急，遂能满志踌躇乎。兹将今日同人致总理公函一件，内有关于各部者，附请察核，以为可采，则宜稍纾智计，力谋进步……总之，同人之宗旨，在求吾党之健全，而谋事业之发展，尽此二语，他非所计。"（《刘大同等为上总理条陈改善党务意见致总务部函》，黄季陆主编：《革命文献》第48辑，第175页）

5月24日 谢持、胡汉民、廖仲恺（两次）、韦玉、萱野长知、杨庶堪、居正、席正铭、姚文华、阎崇阶等人来访。上午，向 The manager of International Banking, corporlion （ sic. corporation ） yokohama 寄去一挂号邮件；收到丰多摩郡下户塚光政馆某人的来函。（日本外务省档案，1915年5月25日《孙文动静》，乙秘第1113号；俞辛焞、王振锁等译：《孙中山在日活动密录》，第388页）

△ 毕靖波来函，请求回国资费。函称："近日连接国内来函，催靖速回，筹商一切。现因袁贼卖国，内地民气澎涨，同人等均拟利用此大好时机。前与谢君慧生面商筹划回国之资及行动费三百元外，此地零欠九十余元，共四百元之谱，谢君已允商之先生，理应静候，不便烦渎。因事已在急，不能久待，但回国之资及行动费万不能与此地馆帐列为一途，务请先生嘱咐总务部速为筹办，俾靖早日就道，以免坐失机宜。"据谢持称，孙中山悉后，曾向廖仲恺与谢持表示无法支持之意。（《毕靖波上总理函》，环龙路档案第01015号）

△ 孙婉来函，告知假期计划，并询接手筹集资金之事。函中告知正在假期中，这个夏天应该不会待在学校，计划多去看一些展览会。并征询："您认为夏天之后送我去东方怎么样？您是否已经决定

让我接手筹集资金一事？如果方便,请让我知道您的想法,以便我决定要做什么。"(《Grace Sun 书简》,[日]久保田文次编:《萱野長知·孫文関係史料集》,第502页)

△　是日,中华革命党致函洪门会,劝其全体加盟。(中国科学院近代史研究所中华民国史组编:《中华民国史料丛稿·大事记》第3辑,第337页)

5月25日　廖仲恺、胡汉民、居正、杨庶堪、韦玉、谢持、陈中孚、宫崎寅藏、王子蘐、褚民谊等先后来访。(日本外务省档案,1915年5月26日《孙文动静》,乙秘第1121号;俞辛焞、王振锁等译:《孙中山在日活动密录》,第388—389页)

△　陈其美致函区慎刚、郑螺生、李源水、朱赤霓、谢八尧、李孝章、黄怡益、陈增坡等,嘱加速筹款以助革命。

近日,因国内革命形势发展的需要,革命党人期望南洋华侨加大筹款力度,5月20日,陈其美致函郑螺生、李源水、区仁甫、谢八尧、李孝章、朱赤霓等南洋同志,请汇款支持革命,称:"似此飘摇风雨之国家,内贼外侮相逼而至。吾党若不急起直追,将现政府一举推倒之,不独共和之名实均亡,且人民之税驾无所。""现海陆军之表同情者,日见其多,各方面之布置,亦渐臻完备。唯困于经济,待款万难,各省维持机关之费月达万金,糜费旷时,可惜孰甚,务望公等将已筹之款立即汇寄,并乞继续募集,以作后援,则将来大功之成,均公等所赐也。"(程存洁:《南洋筹饷——广州博物馆藏孙中山及其同志有关筹饷手札集》,第162页)

△　是日,孙中山亦致函南洋党人,称:"迩来各埠共议集款救亡之策,马六甲、麻坡已议定募捐及征抽出产品店伴工资之办法,想贵埠亦已在策划进行中。以贵埠同志之素养,足知收效尤大,似此众擎并举,一致扶同,真民国前途之幸也。自中日交涉经过,夫己氏卖国证迹已彰,内地人心异常激昂,将视满清末年铁路风潮为烈,吾人当此时局,允宜急速进行。现在沿江各省准备颇周,若经济问题稍能解

决,定可如意发展,望兄等速图之,毋失良会。"(《致区慎刚等函》,《孙中山全集》第3卷,第171—172页)

28日,许崇智也致函郑螺生、谢八尧、李源水、李孝章、区仁甫、朱赤霓诸同志,述国内革命大好形势,嘱筹款。函称,"经各同志集议,决于两月以内,分途大举。所幸人心激昂,大异曩日,内地各省,向之迷信袁氏万能者,兹以交涉失败,莫不群起攻之。沪上之国民大会虽经拘捕,代表而奔走号召,益增其热。《爱国》《救亡》《五七》《公论》等日报应时而出,均痛诋政府,主张革命,即平日为政府辩护之各报亦多变其论调。海军向以中立闻天下,亦翻然变计,多表同情于吾党,此皆国民反抗之明证,我辈进取之时机。倘事过境迁,欲再造成如火如荼之舆论,不其难乎?""兹筹算起事之款,共需十余万。如公等之旅居英荷两属者能担认十万,弟再往小吕宋募集数万,则以之发难,绰有余裕。仍乞公等查照前信,如数迅即汇寄,以便过期举事,乘千载一时之会,竟九仞一篑之功,惟公等是赖耳。至收款债券,已派人走取,到时当即寄上,再请分别补发可也。"(程存洁:《南洋筹饷——广州博物馆藏孙中山及其同志有关筹饷手札集》,第118页)

△ 委陈楚楠为新加坡筹饷委员,简让之为香港筹饷委员。(罗家伦主编,黄季陆、秦孝仪增订:《国父年谱(增订本)》上册,第671页)

△ 袁世凯颁令究办孙中山等革命党人。

通令称:"据驻日汪公使电报,逆首孙文近乘中日交涉和约成立之后,在日开会密议,诋毁政府甘心卖国,藉词伐罪吊民,密派党徒潜赴内地串通土寇,希图摇动人心,破坏大局",饬令各地严加防范,并"加赏花红,获案究办"。(《政府所不忘怀者乱党》,《觉魂日报》1915年5月26日,"本省要闻")

5月26日 上午8时50分,宋振第一次来访时,谢绝与之会见。随后,肖萱、宋振(再次)、谢持、邓铿、和田瑞、杨庶堪、廖仲恺、徐苏中、苏无涯(两次)等来访,参与交谈。下午,王烈、柯范晋二人来访,谢绝会见;刘雍来访时,亦谢绝会见。赵瑾卿来访,递交一材料后离去。(日本外务省档案,1915 年 5 月 27 日《孙文动静》,乙秘第 1143 号;俞辛焞、王振锁等译:《孙中山在日活动密录》,第 389 页)

　　△　致函南洋同志,嘱变卖有关屋业筹款。

　　函称:"现在需款甚殷,而同志之力甚形竭蹶。查辛亥同盟余款存庇能者(除经手人被蒙吞之外)尚有二万余元,置有大屋二间,请即商同庇能同志,将此屋业变卖,统汇东京本部应用。在昔辛亥广州三月二十九之役,温哥华、域多利两埠俱将致公堂物产变卖,以助军需,海内外壮其义举。矧兹存款,本为党中公积,则当务之急,以为军用,更无疑义。"(《致南洋同志函》,《孙中山全集》第 3 卷,第 172—173 页)

　　△　致函邓泽如,嘱过问庇能筹款之事,并与其分析革命形势。

　　函称:"此款乃党中公积,原非一埠之事,即兄等亦有责问之权也。△△(指日本)政府自△△(指大隈内阁)当局即趋向夫己氏,故有此番秘密关系,凡所要求既经承认,且除公布外,另有密约四条,所以为报酬者既如是,则夫己氏之求援,亦必实践,惟驱逐党人一节,则外交上之黠者不以为然。现时我辈对于△△,实无何等奢望,弟以此地与内国消息较灵,取道返国较便,现时方着手进行,则碍难他去。△△国民与政府意见歧而为二,将来若果有事,政府即怀恶意,亦难实行,犹之满清季年,元老本欲干涉我国革命,卒以民党反对而止,是其前例也。夫己氏于去月曾授意京总商会,电询帝袁之事于沪商会,求其同意,此后乃未见发表,或以内地愤交涉失败,人心激昂,故不敢遽然做去耳。"(《致邓泽如函》,《孙中山全集》第 3 卷,第 173—174 页)

　　△　黄实来函,请接济政法学校学生。函称:"有郑生经纶希实秉英公命招来求学,英公奔走国事,别时只云再行设法,迄今两月津贴无着。屡来催索,只得托词延缓,此月底已恐延无可延,进退维谷,不独该生焦急而已,实意请先生周急四十金以内,一面由实再飞函就商英公如何发落。乞有以谅实之愚,而详解该生之困,亦即所以成英公之美也。"悉后批示:"惠生代复,此事可以办到,惟必当一次了之乃可。"(《黄实上总理函》,环龙路档案第 01306 号)

△ 军事部部长许崇智、副部长周应时呈请委任蔡济民为湖北革命军司令长官。

呈文附履历一纸。内容如下：蔡济民，字幼襄，年二十九岁，湖北黄陂县人。湖北陆军特别小学堂卒业，充二十九标排长，联络同志，旋充该标革命同志总代表。辛亥八月武昌起义，充军务部副长。二月黄申芗举兵逐孙武，其时南京政府告成，改军务部为军务司，充军务司长。袁政府成立，授以中将勋二位。二次革命入南京，事败走日本。孙中山批示："着照办理。"（《许崇智周应时请委蔡济民为湖北革命军司令官上总理呈》，黄季陆主编：《革命文献》第48辑，第32页）

5月27日 陈惠生、廖仲恺、胡汉民、萱野长知、谢持、肖萱等先后来访。上午，发出三封电报。（日本外务省档案，1915年5月28日《孙文动静》，乙秘第1149号；俞辛焞、王振锁等译：《孙中山在日活动密录》，第389－390页）

5月28日 谢持（两次）、肖萱、安健、陈中孚、萱野长知、廖仲恺等来访。郭云楼来访，未见，郭候谢持、肖萱，一起参观东京高等工业学校工业品展览会。（日本外务省档案，1915年5月29日《孙文动静》，乙秘第1163号；俞辛焞、王振锁等译：《孙中山在日活动密录》，第390页）

△ 陈其美来函报告筹款及上海军事进行情形。

函称，交涉结局，人民中稍有识者，虽多不满意于现政府，然求其毅然以助吾人，则仍不可得。不过经此事变，预料将来有事时，必可减许多障碍。"日前国民大会到会者，虽有数千之众，而卒以军警之强暴，未得结果而散，激迫之余，吾人或可留为临时之助。江浙各处及海军进行如常，上海方面承办者虽多，而美则以其所言，或有不尽不实之处，故仍俟吴礼卿君至。吴君办法，以渐进确实为主眼。据云，非假以三月之长限，万金之用费，不能确有把握，美已允其陆续筹付。海军一切情形，均系杨虎、周哲谋君意，拟请委以相当名义。美以此事，关系甚大，海军总司令权限（是否应商诸王君），请就近商诸王君，或由先生直接裁夺。南洋款项已商诸许汝为、何晓柳二君，一面由美出名函催,一面由二君另函加催,效果如何,尚不可必。精卫兄初来时,已允美之请赴东,旋有变计,其原因虽不得而知,但可信伊之革命宗旨,始终不致有变,迟或可得端倪。此间筹款,尚在进行中,公债票仍望照前数照寄为盼。"(《陈其美报告上海军事进行情形上总理函》,黄季陆主编:《革命文献》第48辑,第14—15页)

　　△　委朱卓文为广东全权筹饷委员。(罗家伦主编,黄季陆、秦孝仪增订:《国父年谱(增订本)》上册,第672页)

　　△　指示确定美洲总支部之辖地及职权。

　　是日,谕令:"现在事机日迫,对于海外支部分部,当变通办法,以求事实上之便利,及经济上之汇集。所有驻设美洲各国,并美属檀香山(除菲律宾地势接近东京可由本部直辖外,其余一概含纳)及欧洲利物浦,并英属坎拿太等处各支部分部,统由旧金山支部接洽,即以旧金山支部为上开各处支部分部之领袖支部。并予旧金山支部长林森、冯自由以权宜处分之权。惟各分支部名称机关,悉仍其旧。"31日,总务部发出通告,将此谕令转达各支部。(《总务部为确定美洲总支部之辖地及职权通告》,黄季陆主编:《革命文献》第45辑,第441—442页)

5月29日　韦玉、胡汉民、谢持、廖仲恺、杨庶堪、萱野长知等先后来访。(日本外务省档案,1915年5月30日《孙文动静》,乙秘第1177号;俞辛焞、王振锁等译:《孙中山在日活动密录》,第390页)

5月30日　肖萱、韦玉、谢持(两次)、陈树人、苏无涯、黄增耇来访,参与交谈。下午,王烈来访时,谢绝会见。戴季陶偕岛田经一来访,交谈约半小时。(日本外务省档案,1915年5月31日《孙文动静》,乙秘第1191号;俞辛焞、王振锁等译:《孙中山在日活动密录》,第390—391页)

　　△　高亚东来函,反映待遇不公,请求川资与生活费。函称:"至本月初,总部忽然宣布停止接济,以前所允许者,概归无效,但有返沪或他往者,每人发给川资卅元。当时亚虽焦急,然因各党员均系如此者,亚又何敢作例外之要求,即请谭君代领二人川资,俾得早日返国,免作他乡之饿莩。不料谭君回云,川资亦无款发给。亚犹以为总部

既云无款,亦无可如何也。然未几,而光政馆中诸同志每人之川资均领出矣,其他之党员之馆账有全开者,有先开半数者矣。同系党员,同系困难,而总部竟薄此厚彼。亚实不能无惑,遂往请教谢君理由,不意谢君固执己见,似以此厚彼薄为当然者矣。吾党因袁贼专制而革命者也,若尤而效之,又何贵乎有吾党。况先生素持博爱主义,数十年对于党务之经营,党员之待遇,无不一秉大公,从无此疆彼界,稍事分歧,故敢冒昧敬请先生饬谢君速发亚两人川资六十元、房馆账四十元,俾亚早日返国,庶不至再累先生。倘不早为设法,势必至房主提起诉讼,届时亚一人之荣辱不足惜,如吾党何,如先生何。"(《高亚东上总理函》,环龙路档案第 01016 号)

5月31日 居正(两次)、陈中孚、宋振、萱野长知、胡汉民、廖仲恺、韦玉、苏无涯(两次)、肖萱等来访。下午,外出至京桥区出云町资生堂,购买药品两三种。后至麻布区市兵卫町民国社,与陈中孚、谢持、居正、肖萱、徐苏中、苏无涯等面谈,6 时离开,又到该町二丁目 4号,打算租借岩伟堂的房屋,因房租太贵(八十五日元),未谈成。外出期间,一欧美人来访,当即离去。晚 7 时 30 分,此人再次来访,五分钟后离去。(日本外务省档案,1915 年 6 月 1 日《孙文动静》,乙秘第 1209号;俞辛焞、王振锁等译:《孙中山在日活动密录》,第 391—392 页)

△ 复函阮本畴,告知已收到汇款并嘱办报之事须慎。

函称:"昨承寄美金百元,已照收到。该款收条应列何名,望示知,俾嘱焕庭照发。前说请代托叶君竞生催收钱债案事,经代函及,料叶君当能为兄设法也。办报一节,刻值时局未定,在内地开办,尚非其时,希审慎行之。"(《复阮本畴函》,《孙中山全集》第 3 卷,第 174 页)

是月 复北京学生书,揭批袁世凯甘心卖国以求僭帝位之阴谋。

书中指出:"迫'宋案'发生,弟始翻然悟彼奸人非恒情所测,且必有破坏共和之心,而后动于恶,故一念主张讨贼,以爱国之故,不能复爱和平也。彼战胜而骄,益无忌惮,二年以来,莫非倒行逆施,国人憔悴于虐政之下,至不可言状。欧洲战争,不遑东顾,乃乘间僭帝而求助于日本。此次交涉,实由彼请之。日人提出条件,彼知相当之报酬为不可却,则思全以秘密从事。迨外报发表,舆论沸腾,所亲如段、冯亦出反对,乃不得不迁延作态,俟日人增加强硬之态度,然后承认,示人以国力无可如何。

"由日本要求条件观之,如山东、如满洲、如东蒙、如福建、如汉冶萍煤铁,皆为利权之重大者。而袁于未得最后通牒以前,固已无甚龃龉。至第五项,则我国实为第二高丽,城下之盟,局外亦讶其〔非〕者。因日本审国民都无战意,而国际上宜取圆滑之手段,故假为让步,谓俟他日协商。何期袁氏回答文中乃有左之一节:第五号五项(即顾问、军器、学校、病院、南满铁道、宗教五问题)承认日本政府之提案,惟民国政府希望中日两国永远平和,愿将此等一切悬案速为解决。

"是山东、满蒙、福建廿一条件,日人所急欲得者,固承认不遑;即其为暂时之让步者,亦惟恐其不速攫取以去,是真别有肺肠者矣。上海《大陆报》云,'据北京电报,中日条约于公布外,有密约四条'。盖仿中俄密约之先例。日本报纸亦云:'此次条件,以条约及附属公文、宣言书三种,为约束条文中一部分,从支那政府之希望,为密约不公布。'

"就以上观之,则袁氏以求僭帝位之故,甘心卖国而不辞,祸首罪魁,岂异人任? ……呜呼! 区区民国之名义,吾国民以无量数之牺牲而搏得之者,亦归于澌灭,尚何言哉,尚何言哉! 辱承来书奖饰,更加责备,谓不宜忍视甚艰难缔造之民国坐致沉沦,弟不敏,请事斯语。"
(《复北京学生书》,《孙中山全集》第3卷,第174—176页)

△ 回复叶独醒来函,解释迟发捐款债券缘由。

函称:"尊处所开三次捐款人名总单,系四月二十三日始由飞岛寄来,本月初旬始行收到。且尊处所开系三次总计之数,而不知此间已照第三次捐款名单先办债券寄上,故就来单所开,应将第三次各人所捐数目除出,然后照发债券,其数始符,所以延迟。"并指出:"此间办事,一秉至公,无后先歧视之理也。"(《复叶独醒函》,《孙中山全集》第3

卷,第176—177页)

　　△　是月,许崇智、宋振致函怡保支部暨各分部同志,转达孙中山等感激之情,并论时局。函称:"弟等前月初返棹倭京,即将贵埠赞助热忱一一转达,此间同志自中山先生以次,皆感激莫名。中日交涉,五月七号最后通牒达到,日人不费一兵,袁贼竟俯首帖耳,全般承认,置民气舆论于不顾。弟等前与公等所言第一、第二两项,已不幸而中。今条约方调印,海内各报宣传帝制即日宣布,是前所言之第三项,又将不幸而中矣。最近探闻袁贼与日人所订密约尚多,俄英因此要求北满西藏之全部权利,皆援日人为比例。据目前状况视之,欧战结局,各师皆将接踵而来。在袁贼,为个人打算,中国虽亡,固犹不先张邦昌、石敬瑭之位置。可怜者,好大河山因彼一人而断送□□殊痛楚耳。迩者海内民气正愤,吾党布置已周,怡保为南洋各埠领袖,得诸君子登高一呼,自必万山皆应,尚冀鼎力玉成。"(程存洁:《南洋筹饷——广州博物馆藏孙中山及其同志有关筹饷手札集》,第128页)

　　△　许崇智、宋振致函怡保诸同志,呼吁筹款汇沪,且告知孙中山已知情。

　　函称:"中日交涉,袁氏已为城下之盟,此时正奋起除恶之机。陈君杉颐离倭国时,信誓不成厥功,必不复践异土。其慷慨激昂之气,和者益众,皆勃勃欲试。现在各方面布置稳妥,惟陈君所筹之额无多,尚待资而发,迫切极矣。前辱襄筹之款,千万从速收集汇沪,以救危局,并希为广为劝募,终始助援为恳。此种办法,兹已电达孙先生矣。"(程存洁:《南洋筹饷——广州博物馆藏孙中山及其同志有关筹饷手札集》,第130页)

6月

6月1日　廖仲恺(两次)、萱野长知(两次)、谢持、居正、肖萱等来访。(日本外务省档案,1915 年 6 月 2 日《孙文动静》,乙秘第 1220 号;俞辛焞、王振锁等译:《孙中山在日活动密录》,第 392 页)

6月2日　谢持、胡汉民、廖仲恺等先后来访。(日本外务省档案,1915 年 6 月 3 日《孙文动静》,乙秘第 1238 号;俞辛焞、王振锁等译:《孙中山在日活动密录》,第 392 页)

△　陈其美来函,谈对汪精卫的看法及南昌事败情形等事。

函称:"总之精卫兄为人不变宗旨,小德出入,或受夫人之牵制亦未可知,但决其必不致妨碍进行。其所主张由教育着手,乃留欧之知名者皆同一之见识也。""川款遵示交二千与卢君,余款存储候拨,鄂既有望,转用之鄂亦好。拟另筹济川,现正竭力设法,能筹到再由电报告也。仲恺兄来函,所称□□办法,美极表同意,此事有许汝为兄到东面商,务求完善之法行之,愈速愈妙也。此间一切如昨,留沪之东三省人,虽不时有小事闹,好在捕房招呼在前,发生后不致大碍也。江西破坏,被捕办南昌事之数要人,料来必无幸免,但死者虽死,而生者愈愤,毫不退缩,足见明义者之日多,国事前途尚有望焉。"(《陈其美报告汪精卫言行及南昌事败情形上总理函》,黄季陆主编:《革命文献》第 48 辑,第 15 页)

6月3日　廖仲恺、胡汉民、居正、田桐、查能一、谢持(两次)、陈中孚、肖萱、韦玉等人来访,或面谈,或参与交谈。(日本外务省档案,1915 年 6 月 4 日《孙文动静》,乙秘第 1245 号;俞辛焞、王振锁等译:《孙中山在日活动密录》,第 392 页)

△　致函伍平一,要求解释有关言论。

函称:"顷得氓(菲律宾马尼拉)同志书,言近见兄,兄为言弟寓他移,且有人函谤支部等语。弟寓并未他移,亦未有人造作谗谤,兄不知何所据而云然,殊堪诧异。岂兄至氓时,适弟摒挡《公理报》事件未了,未即裁答。氓之来书,或人举以询兄,兄乃随口举似耶?请明以告我,并释氓同志之惑。"(陈旭麓、郝盛潮主编,王耿雄等编:《孙中山集外集》,第 372 页)

△　是日,居正呈请委任瓦城、勃生分部长。

据称,仰光支部长何荫三来函,呈请委任陈泰高为瓦城分部长,李庆标为勃生分部长。是日,党务部呈请委任。阅后批示:"行。"(《居正请委瓦城勃生分部长上总理呈》,黄季陆主编:《革命文献》第48辑,第61页)

6月4日　韦玉、戴季陶、田桐、居正、邓铿、谢持、苏无涯、宋供、胡汉民、肖萱等先后来访。(日本外务省档案,1915年6月5日《孙文动静》,乙秘第1252号;俞辛焞、王振锁等译:《孙中山在日活动密录》,第392—393页)

△　致函叶独醒,促速筹饷。

函称,"袁贼卖国,证迹彰明,内地人亦甚激昂,我党宜乘时奋起。惟款饷不足,令人焦愤。盖在进中,虑失时机,而普通人虽一时极热,久之则事过情迁,将复冷却也,还望兄等鼎力助我。今日根本救〔国〕,舍倒去恶劣政府,更无他术。家有巨盗,则外贼日至,如取如携,国势阽危,更何能待耶"。(《致叶独醒函》,《孙中山全集》第3卷,第177页)

昨日,居正复函宿务支部长叶独醒,也呼吁为革命筹款。函称:"袁氏卖国,始而曰和平解决,继而曰自由把握,终则曰无可如何。断送南满、东蒙、山东、福建,以及汉冶萍之唯一矿产,犹嫌不足,复留一下次硬索之伏线,直欲藩属我国家,奴隶我人民,以徒搏一身一己之荣。……于是湖南有独立之电传,四川亦有举旗之消息,即长江滨海等地,皆筹备得手。如来函所云:斩路易之首,以谢天下,斯其时矣。然经济支配力不足,今居东同志,不克赴军前效力,怅何如之!窃愿海外侨胞,按此时机,各谅其财力之厚薄,补助军需,以期速收效果,庶外人不致平分中土也。损失权利一节,本部已逐条编辑成书,俟排印后,通告海内外同胞,以收给人心,俾得乘时并起也。"(《党务部复叶独醒告袁世凯断送权利已编辑成书函》,黄季陆主编:《革命文献》第45辑,第697—698页)

6 月 5 日 廖仲恺、谢持、杨庶堪、戴季陶、田桐、林若水、居正等来访，参与交谈。李维汉来访，谢绝会见。下午，坂垣医师来诊疗。发出两封电报，分别给上海的 Jungaburo 和 Saisoosang。（日本外务省档案，1915 年 6 月 6 日《孙文动静》，乙秘第 1265 号；俞辛焞、王振锁等译：《孙中山在日活动密录》，第 393—394 页）

△ 参加同气俱乐部聚会，作演讲，并回答提问。

是日，下午 6 时许，波多野春房乘车来访。随即和来访的戴季陶乘其车至筑地三丁目 15 号同气俱乐部，与在那里的松浦伯爵、福冈秀猪、渡边千冬等七人聚会，并共进晚餐。晚 8 时，到二楼，站着做了约一个半小时的演说，戴季陶翻译。后闲谈。参加者除松浦、波多野春房外，还有违部邇吾、金井延、中村进午、吉野作造、立作太郎、山川义太郎、和田吴松、福冈美井，后八人为文学及法学博士。直至晚 11 时，才和戴季陶一起告辞，乘车返寓。戴归途中下车。（日本外务省档案，1915 年 6 月 6 日《孙文动静》，乙秘第 1265 号；俞辛焞、王振锁等译：《孙中山在日活动密录》，第 393—394 页）

此次受邀演讲的主题是民族问题。演讲结束后，有教授进而提问："欧美列强同一侵掠〔略〕中国，其程度不减于日本，何以近者中国人对于同文同种同洲之日本排斥独甚，其故亦可闻欤？"答之："中国民族已日不堪外力压迫之痛苦，而日本帝国主义乃后起而益甚，中国人不能不首先抵抗，谓其遂已忘情于他国者，非也。其有时恶日本过于他国，则正以同文同种同洲之故，譬如一家有兄弟二人，其长者，因于种种关系，久受邻里之欺侮掠夺，其少者，初时亦同受欺凌，幸而奋发有为，独立门户，乃不惟无救于乃兄之受欺，且追逐强邻之后，一如其所为，以为兄家已至于破产，其家人子女生计无足顾惜，予取予求，毋失时会，则其兄之家人子女恨此恶弟过于强邻。况此恶弟犹日以同胞亲爱之名词夸称于众，则谁能堪之！君等于此岂犹未悟耶？"闻者皆爽然自失。（郝盛潮主编、王耿雄等编：《孙中山集外集补编》，第 179 页）

6 月 6 日 下午，谢持、许崇智、邓铿等先后来访。（日本外务省档案,1915 年 6 月 7 日《孙文动静》,乙秘第 1270 号;俞辛焞、王振锁等译:《孙中山在日活动密录》,第 394 页)

　　△　听取许崇智南洋之行的汇报。

　　许崇智于日前从南洋返抵东京,是日,谒见孙中山,报告南洋情形,并述及邓泽如热心赞助,恳切招待之情。次日,孙中山与廖仲恺、胡汉民、田桐、许崇智、居正、谢持、宋振共商,以时机甚迫,不便函商,乃复派许崇智赴南洋与邓泽如商谈,并带债券,以便筹款。许崇智于 8 日、10 日两次来访。10 日下午离东京到神户,11 日晚搭天津丸又赴南洋。(邓泽如:《中国国民党二十年史迹》,第 138 页;日本外务省档案,1915 年 6 月 7 日《孙文动静》,乙秘第 1270 号;俞辛焞、王振锁等译:《孙中山在日活动密录》,第 394 页)

　　6 月 7 日　廖仲恺(两次)、胡汉民、田桐、宋振(两次)、居正、谢持、宫崎寅藏、许崇智等来访,参与交谈。胡并协助撰写书面材料。陈家鼐来访时,谢绝会见。下午 3 时 50 分,宫崎寅藏离去后,在内室和廖仲恺、胡汉民、田桐、宋振、居正、谢持、许崇智共同议事。(日本外务省档案,1915 年 6 月 8 日《孙文动静》,乙秘第 1279 号;俞辛焞、王振锁等译:《孙中山在日活动密录》,第 394 页)

　　6 月 8 日　韦玉、胡汉民、许崇智、苏无涯等先后来访。(日本外务省档案,1915 年 6 月 9 日《孙文动静》,乙秘第 1291 号;俞辛焞、王振锁等译:《孙中山在日活动密录》,第 395 页)

　　△　是日,委陈楚楠、林作舟为南洋及芙蓉筹办福建军债委员,许崇智、宋振、黄展云为南洋各埠筹办福建军债特派员。(罗家伦主编,黄季陆、秦孝仪增订:《国父年谱(增订本)》上册,第 672 页)

　　6 月 9 日　陈中孚、谢持、苏无涯、韦玉、廖仲恺来访。下午 3 时许,一印度人来访,谈约三十分钟。(日本外务省档案,1915 年 6 月 10 日《孙文动静》,乙秘第 1295 号;俞辛焞、王振锁等译:《孙中山在日活动密录》,第 395 页)

　　△　朱卓文来函,详述广东发动情况。

　　函称:"鼎封所部甚要求款项而后发难者,固为所驻重要地点,已全为调离,计省垣刻下其有军队二万人,初以逼逼三数营与之抵抗,赖其必败,故各排长军士有要求每人先发十元八元,以为失败逃亡之费。弟虽以胜则生,败则死,现势无逃亡之望等理晓之,奈彼等不能全体有此决心,以至迟疑。乃尔今均席君之来,事当有济。即席君不来,弟亦决心信〔从〕别方面发难。务祈一举,即不能达吾人之期望,而第二次黄花岗之效果尽一可冀,其必得会也。茫茫大陆,已无吾人立足之地矣,不死何俟。"

信中详细谈及了通过谭教五与龙济光军方人员龚得胜、王国俊等接触经过。"龚得胜甚草莽,惟尚勇快,若假以权利则事必谐。云他之所谓权利者,即彼若能去龙,而举独立之旗,则广东之总督必由他做之意。谭已允之,惟他必先加盟约而后可,伊已允至省城时筹划此矣……觉其颇有大希望,故即将筹谋于此两星期间之举动(即前信所云者)暂行停止,以听彼之消息及席君之一方面是否可行。"

信中还就有关人员情况,作了简要汇报,其中提到:"香港各界因中日交涉之失败,甚为愤慨,若有五十及壹百元等债票,至少当可销售三贰万元",请求即刻寄来。"少白完全持一消极主义,伊云他定当覆先生一函。云虎门炮台完全成熟,他等自备有三千余元为费,即彼等来港加盟,亦未尝费支部一文,计加盟者有台官一名,并陈姓乡绅二名,其余共三十余名。第以该处于军事计划,若省垣不动则彼处虽举动属无济,故留以待时。"(《朱卓文(朱超)书简》,〔日〕久保田文次编:《萱野长知·孙文関係史料集》,第560—562页)

6月10日　肖萱(两次)、胡汉民、田桐(两次)、居正(两次)、郭云楼(两次)、廖仲恺、许崇智、梅屋庄吉夫人、宋振、徐苏中、黄展云等来访。许崇智是日离开东京再赴南洋,来辞行。上午,遣人从邮船会社购买中国南部沿海及长江航海图二十张。下午,与郭云楼、廖仲恺一起给十余张委任状盖上革命党总理之印和陈其美的革命党总务部长之印。随后,令郭云楼携之去麻布区市兵卫町民国社。阅此委任状之前,曾给李书城(黄兴派革命党员)打电话,商谈有关事宜。(日本外务省档案,1915年6月11日《孙文动静》,乙秘第1306号;俞辛焞、王振锁等译:《孙中山在日活动密录》,第395—396页)

△ 是日,党务部部长居正呈请委任许逸夫等为星洲联络员。

据新加坡联络委员邓子瑜来函,许逸夫、郭剑存、徐洞云、李天如等热心党务,请委为星洲联络委员。党务部呈请核夺。批示:"行。"(《居正请委许逸夫等为星洲联络员上总理呈》,黄季陆主编:《革命文献》第48辑,第61—62页)

△ 党务部部长居正呈请委任陈侠农、吴伯为琼州分部正副分部长。

据琼州分部党员陈得平等报告,该分部公举陈侠农为正分部长,吴伯为副分部长。党务部转呈总理核夺。是日,批示:"行。"(《居正请委陈侠农吴伯为琼州分部正副分部长上总理呈》,黄季陆主编:《革命文献》第48辑,第62页)

6月11日 李国柱来访,谢绝会见。随后,田桐、廖仲恺、居正、谢持等分别来访,面谈。上午,致澳门风顺堂4号孙宅卢夫人一函。(日本外务省档案,1915年6月12日《孙文动静》,乙秘第1317号;俞辛焞、王振锁等译:《孙中山在日活动密录》,第396页)

△ 何天炯来函,婉拒财政部副部长职务。函称:"前蒙委任财政部一职,自揣才力绵薄,不敢遽行接受。迩来感伤时事,益觉无聊。广东支部长一职已□人,左支右绌无完全进行之方法,若再重兼财政,则举鼎而绝筋,孽自作法也。"(《何天炯上总理函》,环龙路档案第01667号)

6月12日 田桐、谢持、刘佐成、涂开榘、韦玉、陈中孚(两次)、胡汉民、廖仲恺、何浏生等来访,或面谈,或参与交谈。下午,向上海发出一邮件。(日本外务省档案,1915年6月13日《孙文动静》,乙秘第1320号;俞辛焞、王振锁等译:《孙中山在日活动密录》,第396—397页)

6月13日 上午,遣人去麻布区市兵卫町民国社,请陈中孚速来。随后,陈中孚来访,五分钟后即离去。林德轩、王占鳌、张少元、谢持、蒋介石、小室敬二郎、韦玉、居正等亦来访。晚,收到横滨山下町华侨学校陈树人寄来的邮包。(日本外务省档案,1915 年 6 月 14 日《孙文动静》,乙秘第 1326 号;俞辛焞、王振锁等译:《孙中山在日活动密录》,第 397 页)

△　是日,陈中孚奉命回国。

日方情报称,"关于陈中孚回国一事,革命党总部严守秘密"。但也是近期革命活动的一个信号,"在京孙文一派的革命党员,近来情况有些异常,似在秘密策划什么。据查,关于此前日中交涉问题,在中国人士中间,有许多人责难攻击袁政府之措施,并乘此时机准备在八月,以广东方面为中心发动第三次革命。去年在本溪湖为呼应南方而举起革命大旗的陈中孚,奉孙文之命,于本月十三日从东京车站出发前往香港。其他党员中,也有数人为同一目的回国"。(日本外务省档案,1915 年 6 月 15 日《关于中华革命党之事》,乙秘第 1333 号;俞辛焞、王振锁等译:《孙中山在日活动密录》,第 733—734 页)

6 月 14 日　黄增耇、和田瑞、谢持先后来访。是日,发出电报数封。(日本外务省档案,1915 年 6 月 15 日《孙文动静》,乙秘第 1330 号;俞辛焞、王振锁等译:《孙中山在日活动密录》,第 398 页)

6 月 15 日　居正(两次)、廖仲恺、韦玉、徐苏中、谭平、和田瑞等来访。(日本外务省档案,1915 年 6 月 16 日《孙文动静》,乙秘第 1342 号;俞辛焞、王振锁等译:《孙中山在日活动密录》,第 398 页)

△　朱卓文来函,告知在港发动等情况。

函称:已发令各部决于二十日至三十日内举事。"此数日间邀请省垣各同志来港,及遣派同志出发已费出千余元矣。竞生君昨夕抵港,席君方面刻下尚无一定消息,有无把握尚难豫〔预〕定。然桂军部分终以力薄为虑,安君所部只得六连,决不肯作原动情。屠龙之人须要先储定壹千五百金于港中一商店,以为成功后他之安家费,而后着手。今弟亦在商榷此手续中矣。此间若有债票一贰万,当不难销售也……昨夕周先精来港,面弟谓,吾人如有把握,竞存愿助金拾万元等语。弟只云颇有把握,第不论陈之金多少,须陈先写誓约,而弟等照后可以其事等词对之……陆领亦已加盟矣。"(《朱卓文(朱超)书简》,[日]久保田文次编:《萱野長知·孫文関係史料集》,第562页)

6月16日 杨庶堪、廖仲恺、韦玉、居正、苏无涯、谢持、邓铿等先后来访。上午,给上海发去一电报,寄去一挂号邮件。下午,与谢持乘车去赤坂区桧町24号王统一处,看望患病的王统一。(日本外务省档案,1915年6月17日《孙文动静》,乙秘第1345号;俞辛焞、王振锁等译:《孙中山在日活动密录》,第398页)

△ 致函邓泽如,嘱其相助许崇智等。函谓:现在时机利在急进,而各处零星小款,皆不足以图大事,"故复遣许君等前赴飞律滨群岛,筹措巨资,约一阅月,即当再返南洋,冀收成袭之效,到时尚须仰仗大力,为之周旋"。(《致邓泽如函》,《孙中山全集》第3卷,第177-178页)

同日,又致函郑螺生、李源水、李孝章、区仁甫、谢八尧、朱赤霓等,感谢对许、宋的接待,并告以许、宋再赴南洋之信息。函称:"许崇智、宋振两君自南洋归,备道诸兄招待盛意,无任感谢。此间以积极进行,刻不容缓,故遣许、宋、黄数君前赴飞律滨群岛,一以视察党务,一次筹措军资,事竣之后,当再有南洋之行也。"(《致郑螺生等函》,《孙中山全集》第3卷,第178页)

6月17日 上午,派人请居正速来,随后,居正两次来访。此外,廖仲恺、韦玉、郭云楼等亦来访。下午,给 Mr. B. K. Sarkar (Tsukuji Seiyoken Hotel Tokyo)发去一快递邮件。(日本外务省档案,1915年6月18日《孙文动静》,乙秘第1348号;俞辛焞、王振锁等译:《孙中山在日活动密录》,第399页)

△ 是日,党务部居正呈请委任涂寄舫为福建支部党务联络员。

据福建支部长黄展云函称,福建兴化地方向为国民党最发达之所,自中华革命党成立以来,该处尚未派有专员筹办,拟请委涂寄舫为党务联络员。党务部据之呈请总理委任。阅后批示:"行。"(《居正请委涂寄舫为福建支部党务联络员上总理呈》,黄季陆主编:《革命文献》第48辑,第62页)

6 月 18 日　戴季陶、谢持、廖仲恺等来访。下午 1 时，投宿筑地精养轩的外国人来电话，晚 7 时 30 分，其又来访。（日本外务省档案，1915 年 6 月 19 日《孙文动静》，乙秘第 1355 号；俞辛焞、王振锁等译：《孙中山在日活动密录》，第 399 页）

△　是日，致电法国驻上海总领事及法国外交部长德尔卡塞，援救梁钟汉。

梁钟汉早年加入同盟会，武昌起义爆发后，任汉川民军司令，后又参加二次革命，"事败，走日本，复奉总理命充湖北第三路国民军司令返国。抵沪滨，即被捕而入西狱"。（张难先：《湖北革命知之录》，第 94 页）法国驻华公使徇袁政府之请，同意引渡梁钟汉。孙中山闻讯后，于是日致电法国驻上海领事，告知："请延缓引渡梁钟汉，我正恳求德尔卡塞部长进行干预。"（陈旭麓、郝盛潮主编，王耿雄等编：《孙中山集外集》，第 462 页）同日，又致电法国外交部长德尔卡塞，告以："贵国驻北京公使已同意将共和政体拥护者梁钟汉自上海法租界引渡给袁世凯政府。为了正义，我恳求您干预制止。"（陈旭麓、郝盛潮主编，王耿雄等编：《孙中山集外集》，第 463 页）后法驻上海总领事未将梁引渡。袁死后，梁由唐绍仪、黄兴交涉出狱。（陈锡祺主编：《孙中山年谱长编》上册，第 951 页）

6 月 19 日　韦玉、杨庶堪、谢持、居正、廖仲恺等先后来访，参与交谈。（日本外务省档案，1915 年 6 月 20 日《孙文动静》，乙秘第 1359 号；俞辛焞、王振锁等译：《孙中山在日活动密录》，第 399 页）

△　委邓子瑜为南洋荷属筹饷委员。（罗家伦主编，黄季陆、秦孝仪增订：《国父年谱（增订本）》上册，第 673 页）

△　吴大洲来函，汇报青岛革命党人脱险等情。函称："惟四十余人释放后，想即详函报告，不料平地又起波澜，将已释之人追回五人，仍要引渡，事情实属奇□，况被拘者皆初到青岛，知者甚少，即山东政府向无逮捕之事。今山东政府交涉员到青仅指此五人，真令人不可测。此五人者张健斋、范冠武、尤超凡、庞子舟、高庸魁也，去岁

在上海于刘新一同居者。本山东政府系秘密运动，非正式交涉，所运动者仅神田宪兵队长一人，未禀明司令部，所发追回五人之电，他人不知。洲得信后，即托日友到司令部交涉，皆以党人不强引渡反噬宪兵长，是以此五人又于十八日释送大连矣。"又言，前次日军逮捕中逃生数十人已渐秘密返青，赵君等已安全无事，所有被日军搜去枪枝俱已发还，且已秘密运送内地各处，候时机可再行动用。信中还表示绝不会投诚反颜，"近拟同数人到上海面谒陈君，藉聆伟谋，且因近来有党人欲投诚者，屡屡设法制伏，卑人相率而去，洲以对天发誓，不与袁贼同立，反颜事仇，小人之事，奈若辈群相暗谋，日无暇晷，于事既难进行，何若暂行脱离，以使若辈无术可施，遂后再行进行较为完全，当此人鬼难分之时，真令人无法布置也。可为前途一哭，但愿先生向后对于同人之行动尤宜格外注意，因时势不同，人心难必，风闻胡敬武有投袁之说，洲固知必无，然皆反颜者之造谣也"。（《吴大洲上总理函》,环龙路档案第 03237 号）

6 月 20 日　居正、苏无涯、谢持等先后来访。（日本外务省档案,1915 年 6 月 21 日《孙文动静》,乙秘第 1364 号;俞辛焞、王振锁等译:《孙中山在日活动密录》,第 399—400 页）

6 月 21 日　邓铿、韦玉、廖仲恺、阎崇义、居正、谢持等先后来访,面谈。（日本外务省档案,1915 年 6 月 22 日《孙文动静》,乙秘第 1373 号;俞辛焞、王振锁等译:《孙中山在日活动密录》,第 400 页）

△ 是日,陈中孚、林虎等离开神户,前往青岛,筹备起义。

据日本驻大连民政署报告,从拘禁的山田昇（从青岛方面秘密乘船来大连）那里获得陈中孚、林虎等本日离开日本回国等消息,包括:陈、林与部下数人乘神户启航的西京丸赴青岛,准备以青岛为根据地,在山东方面组织讨袁军,陈任讨袁军总指挥,林虎任参谋长,"正在秘密制定作战计划"。陈中孚从东京出发时,从该党总部带来约两万元军用资金,青岛方面当已准备好武器。鉴于以往的失败,这次讨袁军禁止嗾使各类匪徒。将联络山东各地的中国军队和重新组织的党员,并采取极其秘密之举事方针。其作战计划是,第一次举事在青岛附近,第二次在济南附近,与以上海为据点的陈其美派党员相呼应。山东及华南方面成功后,再着手在东三省举事,"正在徐□与本省各地军内的党员取得联系,张作霖似已默契配合"。(日本外务省档案,1915年7月14日《关于革命党员之事》,大连民政署长报告;俞辛焞、王振锁等译:《孙中山在日活动密录》,第659—660页)

　　△　萧汉卫来函,吁请发表声明,揭示日本对中国革命党的真正态度。函称,因为大多数在美国的民众并不理解造成最近危机的真正原因,他们中的大多数仍然责怪反对当局的革命者,"一些人指责我们造成了日本的无理要求"。所谓的激进主义者和中立者们,在谈判期间,坚持开战并且创办周刊《战报》。在纽约,"一无所知的中国商人"都保持绝对的沉默,没有任何主张,"这种感觉如此之尴尬以至于没有人加入国民党"。函中告知,尽管中华革命党本部通告上个月已经在《少年中国》上印刷出版,但是由于《少年中国》是国民党创办的,并且这份通告只是出现在普通的社论专栏,无法引起所有人的关注。如果发表声明,则"会帮助在美国的国民党吸收不同派别,这样我们就能筹集更多的活动资金了"。"美国的华人是易受感染和被带动的,如果您关于我党本部的声明可以通过像在纽约和旧金山的国民慈善会那样的机构,以传单形式邮寄让每个中国人都读到。我认为这是我们唯一能为我党做的事。我们确实需要一些有计划有执行力的人在这个国家经营业务。"(《萧汉卫书简》,[日]久保田文次编:《萱野长知·孙文关系史料集》,第507—508页)

　　6月22日　赵瑾卿、廖仲恺先后来访。上午,向国外发出一电;并向上海发出两封信。下午2时40分,外出访问住在筑地精养轩的印度人柏内库莫诺哈罗卡博士和巴瓦聂(译音),均未在,即刻离去。至麻布区市兵卫町民国社,与郭云楼、赵瑾卿等数人面谈。(日本外务省档案,1915年6月23日《孙文动静》,乙秘第1379号;俞辛焞、王振锁等译:《孙中山在日活动密录》,第400页)

△　吴大洲来函,报告山东情况并告知将去上海。

函称:"近数日尚无别故,拟近日去上海,大约三二日即起身也。""东事自经此次失败,略生滞碍,倘他处有事,此处响应,无论何时皆可。洲去上海之意,原系面谒英士,就商一切也。"(《吴大洲上总理函》,环龙路档案第 03319 号)

6 月 23 日　杨庶堪、谢持(两次)、廖仲恺等来访。下午 2 时 30 分,与廖仲恺乘人力车去芝公园 6 号访议员菊池良一,菊池未在,与廖在芝公园散步后再访菊池寓,菊池仍未回,即刻离开回寓。(日本外务省档案,1915 年 6 月 24 日《孙文动静》,乙秘第 1389 号;俞辛焞、王振锁等译:《孙中山在日活动密录》,第 400－401 页)

△　批示中华革命党金山支部来函,指示:"指模本定用左正指,金山支部大约为避洪门之底号,故改用右正指,但吾党以指纹为重,倘前已用了左指者,将来如有查对,则说明右指便可。以前宜一律用左指为妥。"(《批中华革命党金山支部函》,《孙中山全集》第 3 卷,第 178－179 页)

6 月 24 日　韦玉来访,约两小时后离去。上午,收到来自上海的电报。(日本外务省档案,1915 年 6 月 25 日《孙文动静》,乙秘第 1397 号;俞辛焞、王振锁等译:《孙中山在日活动密录》,第 401 页)

△　顷士顿中国国民党分部成立开幕。

是日,美国顷士顿中国国民党分部举行开幕礼。下午两点钟,群贤毕至,欢聚一堂,首由赞礼员李基汉领众起立,向国旗及孙总理像三鞠躬礼,欢呼中华民国万岁,国民党万岁,孙总理万岁,顷士顿中国国民党万岁。随请新任部长李铁血就职,李演讲谓"弟本谫陋无才,不敢当此任,蒙同志大义见责,当负国民一份,惟本分部成立之始,同志须一心一德,努力前进,达救国救民之目的"。(《顷士顿中国国民党分部历年庆典纪略》,黄季陆主编:《革命文献》第 45 辑,第 462 页)

6 月 25 日　居正、廖仲恺(两次)、戴季陶、严华生、黎玉书、谢持等来访。(日本外务省档案,1915 年 6 月 26 日《孙文动静》,乙秘第 1399 号;俞

辛焞、王振锁等译:《孙中山在日活动密录》,第 401 页)

6 月 26 日　韦玉、廖仲恺、邓铿、苏无涯、居正、谢持、徐苏中等先后来访,参与交谈。(日本外务省档案,1915 年 6 月 27 日《孙文动静》,乙秘第 1403 号;俞辛焞、王振锁等译:《孙中山在日活动密录》,第 401 页)

6 月 27 日　谢持、居正、戴季陶、韦玉、印度人柏内库莫诺哈罗卡和巴瓦聂等来访。(日本外务省档案,1915 年 6 月 28 日《孙文动静》,乙秘第 1407 号;俞辛焞、王振锁等译:《孙中山在日活动密录》,第 401-402 页)

6 月 28 日　廖仲恺、徐朗西、谢持、徐苏中等来访。徐苏中来访时,谢持代为接待。中午,某外国人来访,直接递函三件,约五分钟后离去,来者似是居镰仓一带某外国人的使者。致上海宋耀如一函。(日本外务省档案,1915 年 6 月 29 日《孙文动静》,乙秘第 1410 号;俞辛焞、王振锁等译:《孙中山在日活动密录》,第 402 页)

6 月 29 日　韦玉、居正、廖仲恺、谢持等来访,参与交谈。下午,葛庞来访,谢绝会见之。上午,向上海发出一挂号邮件。下午,向上海某人发出一函。(日本外务省档案,1915 年 6 月 30 日《孙文动静》,乙秘第 1419 号;俞辛焞、王振锁等译:《孙中山在日活动密录》,第 402 页)

6 月 30 日　王斗玉、廖仲恺(两次)、杨庶堪、谢持、安健、谭平、居正等来访。下午,郑克成来访时,谢绝会见之。晚 7 时许,宿精养轩的某印度人来电话。晚 9 时,一印度人来访,约一小时后离去。上午,给上海陈其美发去一电。(日本外务省档案,1915 年 7 月 1 日《孙文动静》,乙秘第 1426 号;俞辛焞、王振锁等译:《孙中山在日活动密录》,第 402-403 页)

△　汪精卫致函郑螺生、李源水、李孝章、区慎刚等,告知将到怡保会晤。

函称:"弟自沪归,亟欲一晤先生,拟于明晨八点钟快车来怡保。先此通知,届时或更电告,幸勿使多人知之,因弟欲先与先生熟商后始见人也,余容面谈。"(程存洁:《南洋筹饷——广州博物馆藏孙中山及其同志有关筹饷手札集》,第 196 页)

7月

7月1日 居正、张思、董武、宫崎寅藏、廖仲恺、苏无涯、冯自由、居正、宋玉、和田瑞、谢持等先后来访。上午,给上海宋某寄去一挂号信。(日本外务省档案,1915年7月2日《孙文动静》,乙秘第1433号;俞辛焞、王振锁等译:《孙中山在日活动密录》,第403页)

△ 与冯自由商量促进党内团结问题。

袁世凯承认"二十一条"后,海外党人原持暂停革命论者,多改前见,转主讨袁。在美国之钮永建决计东归,过旧金山访冯自由,详论调解党内同志意见,以期团结讨袁。时美洲支部长林森亦以国势危急,力求党内早谋团结,共图进取,因决议请冯自由赴日向孙中山请示促进同志团结办法。冯于本日抵东京,下午,由苏无涯陪同来访,转述美洲同志意见。嘉许之。(日本外务省档案,1915年7月2日《孙文动静》,乙秘第1444号;俞辛焞、王振锁等译:《孙中山在日活动密录》,第404页;陈锡祺主编:《孙中山年谱长编》上册,第952页)

7月2日 戴季陶(两次)、邓铿、谢持、廖仲恺(两次)、冯自由、韦玉等来访。上午,接到梅屋庄吉打来的电话。遣特使给住在芝区南佐久间町旅馆麻屋的高桥送去一函件;给横滨某人寄去一挂号邮件。(日本外务省档案,1915年7月3日《孙文动静》,乙秘第1440号;俞辛焞、王振锁等译:《孙中山在日活动密录》,第403—404页)

7月3日 廖仲恺、居正(两次)、杨庶堪、戴季陶、冯自由、马泽、张本汉、区玉、赵瑾卿、区汉奇、谢持等先后来访,参与交谈。上午9时30分,乘车外出,至麹町区麹町八丁目18号秋山定辅宅,在其二楼与秋山及来访的中国天津中日贸易会社夏森觉(宿京桥区筑地三丁目5号有明馆)等三人鼎座谈话。午1时许回寓。(日本外务省档案,1915年7月4日《孙文动静》,乙秘第1444号;俞辛焞、王振锁等译:《孙中山

在日活动密录》,第404页)

7月4日 蒋介石、谢持、廖仲恺、菊池良一、居正、曾尚武、熊秉坤等来访,参与交谈。戴季陶来访,和廖仲恺议事。下午,梅屋庄吉来电话。是日,向上海等地发出数电。下午1时30分,乘车外出访大久保百人町梅屋庄吉邸,与梅屋夫妇和先来访的印度人阿鲁新等人议事。后参观"月冈一座"剧的拍摄,并受晚餐招待。(日本外务省档案,1915年7月5日《孙文动静》,乙秘第1446号;俞辛焞、王振锁等译:《孙中山在日活动密录》,第404—405页)

△ 国内报纸传出陈其美在上海的消息,当局加强戒备。

是日,国内有报纸报道,上海军警各机关近日接到当局密饬,谓陈其美已由外洋回华,匿居沪北美租界虹口某旅馆。并有湖南、湖北两省退伍兵士二千余人,暂在沪北小沙渡某纱厂及该处附近之德国某酒厂内充当小工,一经起事,借以招为扰乱军队。其余重要党人在法界吕班路某里居住,自1号门牌起至10号门牌为止之房屋,"均系该乱党等租赁,每日在内会议谋乱方针"。声言"当此国家危亡之际,该乱党等蓄意破坏祖国,扰乱治安,实属罪大恶极,应严密查缉,务获到案,尽法惩办,以弭乱患"。为此,军警各机关长官已派干练侦探密往访缉。(《党人谋乱之密饬》,《盛京时报》1915年7月4日,"民国要闻")

7月5日 冯自由、张本汉、谢持(两次)、邓铿、苏无涯、廖仲恺来等来访。(日本外务省档案,1915年7月6日《孙文动静》,乙秘第1450号;俞辛焞、王振锁等译:《孙中山在日活动密录》,第405页)

△ 党务部部长居正呈请委任巨港、巴城、芙蓉、宿务、仰光、菲律宾、吉礁各支部职员。

呈请委任职员情况如下:据巨港支部长谢谦楷、潘珠安等报告,拟请委任总务科正主任林连称,党务科主任郑太奇,财务科主任许清滚等;据巴城支部长沈选青、温君文等报告,拟请委任总务科主任吴公辅,副主任沈树良,干事梁亘文、连义齐、陈晋堂、梁伟君,党务科主任陈柏鹏,副主任钟少文,干事巫爱我、钟朗清、李呈祥、郭焕文,财务科主任钟莠珊,副主任黎倬云,干事李宝三、谢耀南、饶十谷、张逮楼,调查科主任李逊三,副主任饶弼臣,干事邹荣佑、钟仁超、李贞如、彭春郎,交际科主任钟公任,副主任饶镜彬,干事吴心晖、张季宾、温竹湾、陈慎道,参议员吴肇甫、颜湘度、蓝耀庚、钟则农等;据芙蓉支部长伍熹石、伍蕴山等报告,拟请委任总务科主任麦炳初,干事李文范、谭盛,党务科主任邓培生,干事李容,财务科主任梁英,干事陈梯云,评议部议长邓泽如,副议长黄旭南,评议员叶泽民、谭元贵、李义、何送来、劳子森、林谷我、邱谭秀、陈鸿锐、谭伦、邓寿如、邱玉如、邓耀权、邓叔平、林莩臣、伍祥初等;据宿雾支部长叶独醒、伍尚铨等报告,拟请委任总务科主任谢汉兴,党务科主任傅子政,财务科主任陈伯豪,交际科主任刘谦祥,评议部议长杨仲平,副议长包魏荣等;据仰光支部长何荫三报告,拟请委任总务科主任饶潜川,副主任李引随,干事邱子安、钟宪之,党务科主任郑士铨,副主任池吉尹,干事王金鼎、朱璧山,财务科主任黄德源,副主任彭炳森,干事黄传宽、梁卓贵,调查科主任蓝磊,副主任杜督夷,干事刘友士、陈陆明,交际科主任曹华碧,副主任朱立初,干事朱伟民、陈顺德,评议部议长曾省三,副议长许显南,评议员朱雁行、黄雄裔、梁荣芳、王景昇、朱惠民、陈渊源、黄日初、杨旭达、林尔佑、柯建章、张光崎、许有才、符史书、林军国、蔡如波、吴连拱,书记彭攻坚等;据菲律宾张本汉交来冯伯罹报告,该处爱国团改为菲律宾第二支部,已于六月六日按章改组,拟请委任支部长李思辕,副支部长张本汉,总务科主任黄燮泰,干事梁德镇、黄裔、邝伦、罗善卿,党务科主任冯伯罹,干事陈球、谭佐廷、曾照华、欧阳鸿钧,财务科主任陈天扶,干事黄曜佳、邓宝廷、甄植生、李省三,评议部长王忠诚,副议长任子川,评议员陈兆文、区宝汉、余汉宗、冯衮臣、叶长、吴汉顺、甄绍、余海、梁广文、何燕、李侠樵、刘秀堂、余梓章等;据吉礁支部长傅荣华、李启明等报告,拟请委任总务科正主任林偶然,干事林水长、蔡乾元、覃国炳,党务科主任蔡怀安,副主任李茂海,干事叶芳秋、陈典铿、黄子择,财务科主任林有祥,副主任徐群芳,干事李列三、茹碧溪、陈质明，调查科主任陈英担，干事黄秀春、卓复兴、陈金水，交际科主任李引口，副主任颜金叶，干事陈文灶、许有贵、李钦水，评议部副议长郑玉池，评议员林文炳、林子元、蔡元龙、傅锦泉等。

是日，孙中山阅后，在原件末批示："除菲列〔律〕宾一处暂行缓办外，一概准行。"又在原件有关菲律宾事项眉端批示："此处暂行缓办，待专派员许崇智回来报告再酌。"（《居正请委巨满港巴城芙蓉宿务仰光菲列宾吉礁各支部职员上总理呈》，黄季陆主编：《革命文献》第48辑，第63—65页）

7月6日　邓铿、廖仲恺、邓文烈、居正、冯自由、张本汉、谢持、印度人阿保纽加罗基（译音）等先后来访。（日本外务省档案，1915年7月7日《孙文动静》，乙秘第1458号；俞辛焞、王振锁等译：《孙中山在日活动密录》，第405—406页）

7月7日　谢持、刘醇一、善爱犀、武健、马青山、廖仲恺、梅屋庄吉夫人、中久喜信周、冯自由、张本汉、居正等来访，参与交谈。（日本外务省档案，1915年7月8日《孙文动静》，乙秘第1467号；俞辛焞、王振锁等译：《孙中山在日活动密录》，第406页）

△　邓子瑜来函，请认可梁谷勋、简英甫两人为支部名誉部长。

函称，星洲支部经同志公举名誉部长梁谷勋、简英甫，后因何德如、卢耀堂等极力破坏，对简言"如此等秘密结社应无名誉可称，不过以此笼络其人，欲嗾使简君不敢担任，冀破坏本部之进行"。"梁简二君之被举也，因选举时此二君俱受生理事，不能兼顾，故不允就支部长职。各同志欲使支部发达，不能不借重其名望，是以举为名誉部长。设使总章无此规定，不合委任，则请总部缮就两函，一致简君，一致梁君，说明理由，顺为奖励其热心办党，使其不因此挫其意。"（《邓子瑜上总理函》，环龙路档案第05091号）

△　汪精卫致函郑螺生、李源水、区慎刚等，告知将赴东京见孙中山，并对南洋同志的资助表示感谢。

函称，拟于星期六搭船出新加坡，与陈炯明、李烈钧等榷商，然后搭船赴香港与朱执信会晤，再搭船赴东京见孙中山。信中对南洋同志资助表示感谢,但声言不愿接受公款资助,"承先生允假盘费,感激无任,但弟有不得不先言者。元年以来,弟赴欧洲及留欧学费,用度虽极俭省,然亦非弟寒士所能任,全藉张静江、李石曾二君之助,及陈宅之代为料理,始得支持。而外间不察,竟以为弟之费用必由在内地扒掘而来,张大其辞,一人传百,故弟前次赴上海,宁托人借债,不敢求助于同志,今先生等既信弟而助弟,若出自先生三二人之惠助,则弟拜赐亦如昔之拜赐于静江、石曾两君,如系出自公款及多数同志之醵集,则弟决不敢受,盖以此间同志未必能人人信弟如先生也。弟现时所入,足敷家用及弟学费,至于奔走各处之盘费,则实无此力。如无可设法,只有仍托人借债以应急需。因此次在港在日及或须再赴上海见英士,统计非数百元不敷用也"。(程存洁:《南洋筹饷——广州博物馆藏孙中山及其同志有关筹饷手札集》,第198页)

△ 夏重民致函谢持,对香港经营情形表示乐观。

函谓:"此间所谋生意甚好,前星期省中各伴,几乎爆发,大起暴动,幸有人为之制止,否则不得了矣。现弟等正极力运动资本中,现颇有头绪。弟由友介绍,识得数女史,均拥巨资,愿认股与吾人合做生意,此事一成,当可大发展。近来港中女史热心者多,堪称巾帼须眉,足以愧煞一般守财男子,而各女史之年龄,均在不惑耳顺之年,尤足令人羡慕。"(《夏重民陈述香港经营情形致谢持函》,黄季陆主编:《革命文献》第48辑,第88—89页)

7月8日 廖仲恺、谢持、冯自由、张本汉等来访。下午3时许,偕来访的冯自由、张本汉二人乘车至靖国神社境内的游就馆游览,4时30分返回。期间,居正来访,即刻离去。(日本外务省档案,1915年7月9日《孙文动静》,乙秘第1470号;俞辛焞、王振锁等译:《孙中山在日活动密录》,第406页)

△ 致电旧金山国民党支部,预祝美洲国民党恳亲大会。

是年1月,美洲同志集资组织《民气报》于纽约,以声讨袁贼,宣传党义,并筹备美洲国民党恳亲大会,讨论党务。虽袁政府驰电中国驻美公使、领事，百计阻止，但所谋未遂。7月24日会议在旧金山开幕，8月3日闭幕。到会者有各埠国民党支部代表数百人，推举黄兴为名誉会长。冯自由于18日与孙中山商谈后即离日返美，与林森、黄兴、钮永建商谈"团结一致对袁方策"。

是日，孙中山致电旧金山国民党支部，表达对即将召开之美洲国民党恳亲大会的祝贺，电云："亲仁善群，树德务滋，百尔君子，念兹在兹。"（黄季陆主编：《革命文献》第45辑，第306页；日本外务省档案，1915年7月9日《孙文动静》，乙秘第1470号；俞辛焞、王振锁等译：《孙中山在日活动密录》，第406页）

7月9日　谢持（两次）、邓铿、戴季陶、林来、廖仲恺、林德轩、谭福生、王统一、居正、安健等来访。区汉奇来访，与居正面谈。（日本外务省档案，1915年7月9日《孙文动静》，乙秘第1478号；俞辛焞、王振锁等译：《孙中山在日活动密录》，第407页）

△　是日，发出委任状多件。其中有委黄廷剑为关外游击司令官，委饶潜川为仰光筹饷局长等。（陈锡祺主编：《孙中山年谱长编》上册，第953页）

7月10日　谢持（两次）、廖仲恺、居正、冯自由（两次）、张本汉（两次）、杨庶堪、胡汉民、马青山、刘醇一、善爱犀、武健、苏无涯等来访。向马尼拉和香港各发去一电。（日本外务省档案，1915年7月11日《孙文动静》，乙秘第1481号；俞辛焞、王振锁等译：《孙中山在日活动密录》，第407页）

7月11日　居正、冯自由、张本汉、谢持、黄孝直、林德干、王有德、张福生、和田瑞、印度人柏内库莫诺罗卡等来访，参与交谈。上午，给澳门风顺堂4号孙宅卢夫人寄去一挂号邮件。（日本外务省档案，1915年7月12日《孙文动静》，乙秘第1484号；俞辛焞、王振锁等译：《孙中山在日活动密录》，第408页）

7月12日　廖仲恺、胡汉民、林德轩、刘毅夫、居正、黄孝直、冯自由、张本汉、梅屋庄吉夫人、谢持等来访。给上海某人寄去一挂号邮件。（日本外务省档案，1915年7月13日《孙文动静》，乙秘第1487号；俞辛

焯、王振锁等译:《孙中山在日活动密录》,第408页)

△ 是日,军事部部长许崇智呈请委任湖北革命军各区军事人员。

据湖北革命军司令长官蔡济民呈称:"自中日交涉失败以来,人心为之大变,反对政府之声,喧传各处,值此机会,正吾党猛力进行之时,如责任不明,则进行无从着手。查有高建瓴,堪以委充湖北军事联络员。再据本省第一区司令官赵鹏飞呈请委聂豫为该区司令部参谋长,黄石为副官长;第二区司令官熊秉坤呈请委熊持中为该区司令部参谋长,田曦为副官长;第三区司令官刘英呈请委谢超武为该区司令部参谋长,陈人杰为副官长;第四区司令官曾尚武呈请委吴继玠为该区司令部参谋长,冉鑫为副官长等情前来,敝司令长官斟酌情形,尚属妥善,用请核请总理迅赐委任,以重职守,而专责成。"是日,军事部转呈请示。阅后批示:"准。"(《许崇智请委湖北革命军各区军事人员上总理呈》,黄季陆主编:《革命文献》第48辑,第33页)

△ 批示驻英利物浦国民党支部评议部来函,强调统一行动。

先是,驻英利物浦国民党支部评议部来函,报告该处关于党务中的争论。悉后指示"写信郑螺生、李源水并寄原函去",并称:"近来各地热心同志急欲进,故各派人回内地组织机关,以图进行,热诚实为可嘉。惟不统一之弊,则从此生矣,故香港有数十机关,各不统一,则多半由外洋热心同志所派回者,如公等派林师肇君同为一例,一旦机关完成,进行有望,则断难联合矣……同办一事不能联合,久而久之,自然生出冲突,此时欲救无法矣。故对于第三次革命,弟力任其难,发起中华革命党,设本部于日本东京,为全国之枢纽。请公等及各埠同志如物识有可为之人物,宜直接介绍前来本部差遣,以归统一,庶于大局有补。"(《批驻英利物浦国民党支部评议函》,《孙中山全集》第3卷,第179—180页)

7月13日 林植中、邓铿、冯自由、张本汉、廖仲恺、居正、朱仲英等先后来访,面谈。上午,向上海寄去一挂号邮件,并发去一函。

（日本外务省档案，1915年7月14日《孙文动静》，乙秘第1491号；俞辛焞、王振锁等译：《孙中山在日活动密录》，第409页）

△　党务部部长居正呈请委任巴东、怡朗、星洲各支分部职员。

巴东支部长杨汉荪、温菊朋等来函，拟请委任总务科主任翁享周，副主任黄济澄，干事郭毓齐、廖招贤、林恩，党务科主任廖南华，副主任张义齐，干事吴仰勋、李新宇，财政科主任颜春侯，副主任韩亨丰，干事林振邦、余成福等。怡朗支部长陈民钟、余以和等报告，拟请委任关国昶为总务科正主任，余陶民副之，谢耀公为党务科主任，吴庆馀副之，关国深为财政科主任，余治中为调查科主任，黄汉兴为交际科主任，关国赓副之，以余陶民为书记，以胡维材、甄汝伟等为干事。新加坡卢耀堂报告，该分部于6月21日成立，照章选举职员，公推卢耀堂为分部长，何德如副之，以梁允祺为财政科主任。邓子瑜报告，星洲支部业于6月12日开会，到会者二百余人，遵照海外支部通则第十条选举职员，拟请委任星洲支部长黄吉宸，副部长徐统雄，名誉部长梁谷勋，副部长简英甫，总务科主任黄子明，副主任廖挽权，党务科主任陆指明，副主任陈湛权，财务科主任刘福田，副主任陈紫和，调查科主任欧达泉，副主任李访仙，交际科主任丘夫锡，副主任杨蕃史，评议部议长吴逢超，副议长吴炽寰，英文书记曾纪宸等。总务部悉后转呈请示孙中山。阅后批示："行。"（《居正请委巴东怡朗星洲各支分部职员上总理呈》，黄季陆主编：《革命文献》第48辑，第65—66页）

△　是日，宋耀如来函，告知因身体缘故不能赴美。

函称：曾致信阿福（Affo）告知打算前往旧金山一事，但终因无法成行，令他失望了。"总感觉您那位在东线战场的朋友一定遇到了麻烦；那里俄、德两军激战正酣。他像他的大多数同胞一样，竭力接近棘手的港口地区——因为那里是战线——就为了亲眼目睹德国人和俄国人如何施展作战策略，为就在这同时，不长眼睛的子弹误伤了不该伤的人。无论如何，我希望他平安归来，与您团聚。"告知，因身体欠佳，不宜远洋旅行，所以冬天之前无法赴美。仍有头痛状况。小便略发炎症，血压亦甚高，正遵医嘱服药降压。"关于赴美事宜，若您收到美方回复，请告知。如若可能，我将与您的手下一同前往，并鼎力相助。我从卫处得知，马素已致电《上海每日新闻》报，建议各政治党派团结一致支持袁世凯政府。他精神不正常吗？抑或他已臣服于袁世凯万能的金钱诱惑之下？这是对他仁慈朋友的背信弃义！"（《孙中山宋庆龄文献与研究》第2辑，第276—277页）

7月14日 戴季陶、黄孝直、杨庶堪、谢持、廖仲恺、杜去恨、居正、徐朗西等人先后来访。（日本外务省档案，1915年7月15日《孙文动静》，乙秘第1495号；俞辛焞、王振锁等译：《孙中山在日活动密录》，第409页）

△ 致函吕俊德等，嘉其义举，并促其速筹款项。

函称："袁氏擅权辱国，妇孺切齿，矧在明达，悲愤可知。吾党力创共和，理无中辍，现正重整旗鼓，以期扫除腐败，图根本之救亡。睹兹大势，时机已熟，冒险勇进，责在内地诸人；而捐款输财，端赖海外同志。"望努力筹捐，迅速收集，克期汇付，毋使功亏一篑，致失机会。（《致吕俊德等函》，《孙中山全集》第3卷，第180页）

7月15日 谢持、廖仲恺先后来访。下午3时15分，乘人力车至芝区三田南寿町7号，选租住房。后去大久保百人町访梅屋庄吉，又选租该町柳泽伯爵的房屋。后乘梅屋的汽车离开回寓。（日本外务省档案，1915年7月16日《孙文动静》，乙秘第1498号；俞辛焞、王振锁等译：《孙中山在日活动密录》，第409页）

△ 是日，居正呈请委任菲律宾支部职员。

昨日，面谕居正，称菲律宾第二支部碍难成立，然既由特派员前来接洽，不可无相当之委任，以资臂助。是日，居正即呈请委李思辕为菲律宾支部主盟正委员，张本汉为菲律宾支部主盟副委员，黄燮泰为菲律宾支部总务委员，冯百罹为菲律宾支部党务委员，陈天扶为菲律宾支部财务委员，甄祐为菲律宾支部联络委员。阅后批示："所委六人均改为菲律宾联络委员。"（《居正请委菲列宾支部职员上总理呈》，黄季陆主编：《革命文献》第48辑，第66—67页）

△　居正请示委任彭养光为长崎联络员等事。

是日，党务部向孙中山请示二事：一、"江西支部长徐苏中请派徐鉴前往江西省内视察各地党务情形，需费二百元已蒙批示在案。只以款尚未到，故迟迟至今未给，现据徐苏中再三函催"；二、"党员彭养光热心党事，拟请委为长崎联络委员兼办交通事务"。阅后批示："江西派人从缓，彭养光照委。"（《居正请委彭养光为长崎联络员上总理呈》，黄季陆主编：《革命文献》第 48 辑，第 67 页）

△　致电美洲同志，赞许设立军事研究所。

函称："顷冯君自由由美洲来东京，谓尊处自设军事研究所，请其代表在本部存案等语。其狁焉思启者，何国蔑有，立国于二十世纪，非实行军国民主义，无以竞立争存，试以中日交涉近事观之，使吾国秉政者，光复以来，稍注意于军备，日人虽狡，何至肆无忌惮，蹂躏我主权至于如此之极。盖虎豹在山，藜藿为之不采；袁氏之罪，即此亦擢发难数矣。君等侨居海外，惓怀祖国之积弱，不忘尚武之精神，心热眼明，感甚佩甚。除由军事部存案外，尚望极力进行。并希将军事研究所内职员及研究军事之各同志姓名开具清单，寄由金山总支部转报本部备案。"（郝盛潮主编、王耿雄等编：《孙中山集外集补编》，第 180 页）

△　是日，宋耀如来函，告知宋庆龄不会去美国。

函略谓："信中说您的朋友将于 20 日离开彼得格勒前往华盛顿。我也将于 12 月 1 日或此日前后去往美国。我认为罗莎蒙德（宋庆龄的教名）不会去美国，因为她要在家中陪伴她的母亲，帮忙料理家事。但是现在距离 12 月还有数月之久，计划也有可能改变。"（《孙中山宋庆龄文献与研究》第 2 辑，第 277 页）

7 月 16 日　居正、徐苏中、谢持等先后来访。下午 3 时 30 分，外出至芝区高轮一带选租住房。近期正在寻找每月五十至八十日元房租的住房。（日本外务省档案，1915 年 7 月 17 日《孙文动静》，乙秘第 1502 号；俞辛焞、王振锁等译：《孙中山在日活动密录》，第 410 页）

7 月 17 日　邓铿、冯自由、张本汉、廖仲恺、胡汉民、郭云楼、杨

庶堪、居正等先后来访,参与交谈。(日本外务省档案,1915 年 7 月 18 日
《孙文动静》,乙秘第 1510 号;俞辛焞、王振锁等译:《孙中山在日活动密录》,第
410 页)

△　是日,致函叶独醒,嘉其消融党内分歧。

前此,曾收到许崇智、叶独醒来函,备述南洋筹款情形。是日,致
函叶独醒,称:"足下热心为国,奔走运动,不遗余力,至为感佩! 国步
艰难,民贼逞恶,吾人于此,惟有一致猛向前进,党内手足,岂复有意
见之可言。足下能见其大,力予消融,竟收良果,甚可喜也。许君(许
崇智)等亦有书来报告,并详述厚谊,无任慰谢。"(《致叶独醒函》,《孙中
山全集》第 3 卷,第 181 页)

△　革命党人钟明光谋炸广东将军龙济光,伤其兄广惠镇守使
龙觐光左足,毙卫士十余,钟当场被捕,次日遇害①。(罗翼群:《有关中
华革命党活动之回忆》,《广东文史资料》第 25 辑,第 98 页)

钟明光,字达权,嘉应府兴宁人,年三十五岁。上年八月由南洋
受陈炯明委任,回粤起事。据其称,"同时领到炸弹来省者三人,现掷
之弹有五千斤力,窥伺两月余,始有今日。此炸弹系以洋毫一元瞒使
售卖儿童玩具之小童借其坐桶暂贮,临时取用,其实该小童不知情"。
"在南洋领费用一百元,如能炸死龙上将军奖银三千元,炸死龙镇守
使奖银一千元。用棉花藏在桶内,顷因包裹过密,取出略慢,否则必
能命中。"(《五羊城之新人醢(广东)》,《盛京时报》1915 年 8 月 5 日,"民国要
闻")

△　吴铁城来函,告以旧金山党务因当局及保皇党人活动而受
阻情况。

函称:"本应早日前往金山,不意为当地中国领事所阻,是故尚未
成行。彼利用华工禁所豫之证明权,滥订取缔党行之章程,凡由檀赴
金山有国民党关系者,非照章脱党不发护照。而移民局固执非验明

————————

①　有学者考证认为所炸者确为龙济光本人。(《钟明光炸龙济光史料考》,《中山文
史》第 35 辑)

领事证明书不放行。此案早已延律师向华盛顿交涉。唯工部 Department of Labor 徇夏偕覆之请，交涉无效，今已将此案移往金山支部，请该处延律师与金山移民局交涉，其结果如何尚难逆料。此案与此岛党务前途关系颇大，万一不得直，袁家好方益形猖獗，各处将援例取缔党人行动，则其影响所及不止此岛而已。……因保皇党人所组织之中华商会控本党人违法选举盘踞中华会馆案，已经法庭判决，保皇党一派得直。唯照决词尚有多少争执之点，故诸人近尚无暇及此也。"（《吴铁城书简》，[日]久保田文次编：《萱野長知·孫文関係史料集》，第542—543页）

7月18日　冯自由、谢持、张本汉、苏无涯来访，面谈。下午2时30分，乘人力车至本乡区丸山新町22号选租住房，因不合适，未订租借合同。归途经麻布区市兵卫町民国社，与居正、谢持等谈约三十分钟。（日本外务省档案，1915年7月19日《孙文动静》，乙秘第1512号；俞辛焞、王振锁等译：《孙中山在日活动密录》，第410—411页）

△　汪精卫致函郑螺生等，述与陈炯明等商谈合作事宜。

函称：连日与陈、李等熟商，陈、李等托其代达，条件包括："（一）改良誓约及章程；（二）邀克强兄共同任事。"并称如能做到此两条，彼等必加入团体，无有二心；如不能做到，则望孙中山不加以攻击。"彼等虽不赞成改组之办法，而宗旨无变，且现在高野（指孙中山）为党魁，将来认高野为总统，亦必无变。""拟在此商妥后，并得其手书，即遄往东京也。"并表示"因念及当日议和南北时，亦是如此。和议既成，全不想及不得不和之苦衷，而一味以调和为误事，以为苟不和则必全胜也。积此心理，酿成二次之革命。今但愿调和结果不致又蹈此覆辙耳。以诸先生深识宏虑，故一述其艰状，不必为余人道也"。且指出，"调停陈、李合作，总理已准备改章程。惜乎陈、李无诚意，足见其意见之深也"。（程存洁：《南洋筹饷——广州博物馆藏孙中山及其同志有关筹饷手札集》，第202页）

7月19日　居正、胡汉民、廖仲恺（两次）、榊原政雄（大连纪伊町9号农场主)、谢持(两次)、安健、戴季陶、谭平等来访。(日本外务省档案，1915年7月20日《孙文动静》，乙秘第1519号；俞辛焞、王振锁等译：《孙中山在日活动密录》，第411页)

△ 是日，以同志之不满陈其美者诘谢持。谢答以："是宜分二派，一因于权与钱之关系，一责备其于事之大处未能尽辅助之道也。"(谢持：《谢持日记未刊稿》第2册，第103页)

△ 钟鼎发表与孙中山书，表示决裂之意。

书称：自二次革命失败，随诸同志之后，亡命海外，深恐名不符实，内绝同胞之渴望，外贻列邦之讪笑，战战兢兢，如履薄冰。"及闻先生崛起宣言，包办三次革命……乃慨然缮立誓约，涂盖指印，抹掌拭拳，恭候命令。不料将近两载，寂若无闻。"究其原因，"即在中山先生目不识人，团体开创伊始，引用陈其美、居正、田桐、戴季陶、谢持等一般无赖，盘踞要津，排斥同志(如黄兴、李烈钧、张继、柏文蔚、陈炯明、林虎、钮永建、谭人凤、白逾桓、杨时杰诸君，皆在排斥之列)，经凌钺君迭次密告陈等罪恶，先生不惟不察，且被陈等主使，大出传票，迫凌君与先生断绝关系。试问凌君非同志等共称为先生之死党乎？死党忠告，尚加排斥，先生可谓无情矣"！

又言："而今革命健将，陆续远扬，所余宵小数人，以先生为木偶，藉此诓骗华侨之金钱，断送同志之性命。而今春三月，阅中外各报载称，先生语大阪新闻记者，竟诬黄兴、李烈钧、柏文蔚、林虎、谭人凤、钮永建、凌钺、白逾桓诸君投降袁贼。传闻中外，颠倒是非。之数君者，既为同志所共悉，何待鼎为之辩护！不过先生，年逾半百，身居党首，何以信口雌黄，陷人三字之狱？清夜自思，良心何在！鼎赋性耿直，代抱不平，亦曾迭进忠告，置若罔闻。国事如彼，党事如此，若不急起直追，前途何堪设想！夫天下兴亡，匹夫有责，鼎虽下愚，岂忍坐视！兹因事业与名誉两端，有不能不宣布与中山先生脱离关系者也。"

信中还称："以上所具两端，为鼎与中山先生脱离关系之主因。

至鼎之革命宗旨,虽海枯石烂,不得稍有变更。鼎知先生得函之后,不日为敌所收买,即曰受人所指使,他日大权在我,根据誓约,必死钟鼎于刀斧之下。要知包办革命者,先生也;背叛誓约者,亦先生也。去年7月19日,假精养轩开成立会,先生当众立誓,厉行革命,殆后种种设施,无一不与党章相背谬。有人责问,答以由余定之,由余废之。出尔反尔,为所欲为。总理之誓约已废,党员之誓约有何继续之效力? 先生日以三次革命总统为自居,即以誓约为专制党员之利器。威信,革命之要素。先生历年之威信已尽丧于陈等之手,今日犹不自觉,日发总统之梦迷,不啻蒸沙求食,磨砖作镜也。"(杨天石:《海外访史录》,第175页)

7月20日 刘佐成、廖仲恺、苏无涯、徐朗西等先后来访,面谈。梅屋庄吉打来电话。上午,向上海寄去一挂号邮件。(日本外务省档案,1915年7月21日《孙文动静》,乙秘第1526号;俞辛焞、王振锁等译:《孙中山在日活动密录》,第411页)

7月21日 居正、韦玉、胡汉民、廖仲恺、夏庆云等先后来访。(日本外务省档案,1915年7月22日《孙文动静》,乙秘第1531号;俞辛焞、王振锁等译:《孙中山在日活动密录》,第411—412页)

7月22日 蒋介石、刘佐成、林相寺、谢持、廖仲恺、戴季陶、居正等先后来访。上午,居本乡区菊坂町94号春阳馆的陈某(疑为陈家鼐)来一函。下午5时15分,乘车至大久保百人町访梅屋庄吉,9时许回寓。(日本外务省档案,1915年7月23日《孙文动静》,乙秘第1535号;俞辛焞、王振锁等译:《孙中山在日活动密录》,第412页)

7月23日 印度人慕加鲁基和嘉克(译音)、郭云楼、胡汉民、韦玉、廖仲恺、居正、谢持、印度人巴瓦聂、柏内库莫诺罗卡等来访。下午,给上海发去一电。(日本外务省档案,1915年7月24日《孙文动静》,乙秘第1542号;俞辛焞、王振锁等译:《孙中山在日活动密录》,第412页)

7月24日 戴季陶、胡汉民、廖仲恺、苏无涯等来访。和田瑞来访时,见已外出,即刻离去。上午,向国外寄出两邮件。廖仲恺以孙文名义发出一西文电。上午 8 时许,与胡、戴二人乘车去新桥车站,乘 8 时 51 分火车赴箱根。下午 2 时至箱根小涌谷,宿三河屋。(日本外务省档案,1915 年 7 月 25 日《孙文动静》,乙秘第 1547 号;俞辛焞、王振锁等译:《孙中山在日活动密录》,第 413 页)

　　△　邓泽如致函李南生,告以孙中山并未离开东京,及各地认购债券情形。

　　函中告知,7 月 6 日孙中山来信,称离东之说全属虚构,"倘局面仍旧,不至他行"。且由许崇智来函得知,小吕宋方面认购债票,不独同志踊跃尽力,"即平日未当联合之人,亦乐于购买,十二三万之数,冀可达到";马六甲、麻坡各埠,十元之券已售清,"若十元之券已到,各人甚是欢迎,因同志中有心无力者众多,皆以勉力购十元之券,留为纪念,各资本家亦乐于介绍"。陈耿夫由仰光来函,称彼处各同志"均赞助中山之中华革命党,不为谭人凤之所惑,款项陆续筹措,甚有希望,三二万必能达到"。(程存洁:《南洋筹饷——广州博物馆藏孙中山及其同志有关筹饷手札集》,第 152 页)

　　7 月 26 日　在箱根。上午,戴季陶和在热海富士屋别墅的张人杰通电话,约五分钟。(日本外务省档案,1915 年 7 月 29 日《孙文动静》,乙秘第 1560 号;俞辛焞、王振锁等译:《孙中山在日活动密录》,第 413 页)

　　7 月 27 日　在箱根。上午,游览千筋瀑布和浅间山一带。下午,向上海、香港、旧金山各发出一函。(日本外务省档案,1915 年 7 月 29 日《孙文动静》,乙秘第 1560 号;俞辛焞、王振锁等译:《孙中山在日活动密录》,第 413 页)

　　7 月 28 日　在箱根。上午,胡汉民和戴季陶修改即将印刷的文稿。下午 6 时 30 分,印度人巴库曼·辛、比·埃达·达库鲁和埃斯·埃·西夫三人来访,房东按戴季陶的旨意,将其回绝,三人即离去。悉后,非常生气,责问其为何说不在。房东当即遣人至来访者所住宾馆。印度人表示稍后来访,但当晚并未来。(日本外务省档案,1915 年 7 月 31 日 《孙文动静》,乙秘第 1569 号;俞辛焞、王振锁等译:《孙中山

在日活动密录》,第413—414页)

7月29日　在箱根。上午9时30分,巴库曼·辛和达库鲁二人来访,面谈。下午,印度人埃斯·埃·西夫来访。下午2时30分,游览强罗公园,归途烧毁十余份材料。廖仲恺奉命从东京过来。收到上海城要学校来信。(日本外务省档案,1915年7月31日《孙文动静》,乙秘第1569号;俞辛焞、王振锁等译:《孙中山在日活动密录》,第414页)

△　湖北革命党活跃,袁政府之侦探搜出孙中山书札。

是日,国内有报纸消息说:"革党"二字又复盛传于湖北,近来"亡命之徒"在武昌被逮者,屡有所闻。"日前京汉铁道广水(译音)车站中,由中国侦探逮捕党人七名,搜出炸弹二十四枚,以外尚有孙文之书札……观夫上列种种之事迹,足见孙文党羽又复从事于蠢动,即使蠢动者非孙氏之党羽,然暗中实酝酿一重大之祸乱,似不难有测度。"(《湖北革党之活动》,《盛京时报》1915年7月29日,"民国要闻")

7月30日　晨6时55分,偕廖仲恺离开旅馆,由箱根返回东京。下午,和梅屋庄吉通电话。随后,居正、谢持先后来访,一起交谈。(日本外务省档案,1915年7月31日《孙文动静》,乙秘第1569号;俞辛焞、王振锁等译:《孙中山在日活动密录》,第414页)

△　周知礼、明星辰来函,报告云南行动计划。

函称:已议定滇事办法,先选定军事长官,然后策进行。其选定方针先由在野上级官中筹商,如不成,再由在位下级官中着手,但此手续较难,"然不如是,无法耳"。两星期前已前进二人,即李子瑾、万平阶,计期已早抵滇。明星辰定数日内即行,其稍迟缓者,"一因待董鸿勋□消息,董君字幹丞,滇军团长,即本年春间仗义滇声报,被忌解职者,现因出游赴沪,在港以生等相左,不能晤面,曾由港电函余剑民、刘少廷、杨蕙诸君,同其接洽,此君声誉魄力最著,如得斯人,滇事大易可为;二因滇□□严异常,不能不先后而行;三因此间手续不清□□滇越铁道倒坏,停止开车(此不关要,当可步行),缘此三因,故不能不稍缓其行"。(《周知礼、明星辰上总理

函》,环龙路档案第 04129 号)

7月31日 田桐、居正、杨庶堪、谢持、张达、苏无涯、廖仲恺、肖萱(两次)等来访,参与交谈。廖仲恺来访时,托其到日本银行取回汇款,约一万日元。下午 5 时 25 分,乘人力车至京桥区出云町资生堂购买药品。6 时 55 分,再乘车外出,至府下大久保百人町 350 号访梅屋庄吉,梅屋夫妇在内室设晚餐招待。下午,向横滨国际(会馆)经理发出一信,另向国外发去两封电报。(日本外务省档案,1915 年 8 月 1 日《孙文动静》,乙秘第 1578 号;俞辛焞、王振锁等译:《孙中山在日活动密录》,第 414—415 页)

△ 是日,党务部部长居正呈请委任山口洋、泗水、新加坡各支分部职员。

呈请事项如下:据山口洋林龙祥报告,公推正部长林龙祥,副部长邓铿堂,总务科主任邓克辛,副主任廖耀轩,干事黄庚才,党务科主任吴小枚,副主任沈炳煌,干事蓝孔付、苏万安,财务科主任龚桂森,副主任谢广源,干事张德桓、谢耀宗,调查科主任李公杰,副主任黄能昌,干事林敬提、汤敬提、汤祥益,交际科主任林西黎,副主任邓剑南,干事廖焕南、傅贤水,书记邓任衡、谢伯扬,评议部评议长黎星楼,评议员林汉初、谢文轩、黄顺怀、刘永生、谢永仁、曾学廷、龚寿宁、邹汉荣、易丽生等;据泗水谭焯耀报告,该支部公举支部长陈铁伍,副支部长陈瑞昌,总务科主任赖文齐,副主任黄北明,党务科主任谭焯耀,副主任张恩汉,调查科主任梁其,副主任李紫宸,财务科主任冯锦堂,副主任刘福江,评议部评议长谭瑞炘,评议员吴熙、邓吉、梁彰、冯柏胜等,又请委玛垄分部长赵超,干事张近进、古华民;据星加坡支部长黄吉宸、徐统雄、邓子瑜等函称,该支部调查科副主任李访仙改委蓝衡史,交际科副主任杨蕃史改委何少芝;据星加坡分部长卢耀堂函请,该分部副部长何德如改委何瑞廷,总务科主任李霞举,干事邓群英、叶希、周黎、岳云、黄钜全,党务科主任何德如,干事周演明、梁允暄、冯锦泉、谭少军,财务科主任梁允祺,干事郭耀泉、郭宽、黄廷光、冯西平,调查科主任胡廷川,干事李渭川、林一鸣、冼锐兰、伍馀庆,交际科主任何国基,干事张慎初、冯伯翚、高笃平、梁赤、谢炳光、李北、钟灼卿、关星朝、黄擎一、姚仲文等。是日下午收到后即批示:"准。"(《居正请委山口洋泗水新加坡各支分部职员上总理呈》,黄季陆主编:《革命文献》第48辑,第67—68页)

△　周震鳞来函,报告湖南讨袁军情并请经费。

函称,因谭延闿滑头,无诚意,已与伟民、步青及在湘有力同志,猛力依计划进行。准备力量,已逾全湘三分之二,"惟须款甚急,又非少数小款所能济"。特嘱伟民来沪,报告一切,并请将款速交伟民携来,"汇存外国银行拨交鳞处,均听伟民妥办。且请派人同来任军需职务"。湘南方面,有四千劲旅,可直攻桂林,即黄钺所部。据调查,其干部均可靠同志军人,其人数枪械训练,确实可用,防地去桂林百余里,南与湘南驻军衔接,已经联合,拟先从此处发动。"无论如何为难,务求先交二万圆与黄钺,飞速由粤赴目的地发动。此乃已定之进行计划,万不可误。"(《周震鳞报告湖南讨袁军情上总理函》,黄季陆主编:《革命文献》第48辑,第159—160页)

是月　陈炯明等否认孙中山为创建民国之元勋。

陈炯明通过其乡人国会议员徐傅霖勾结加拿大致公堂黄三德、尤烈等,反对孙中山。"是年七月,炯明竟领衔与黄三德等在上海《中华新报》宣言孙公罪状,否认孙公为创建民国之元勋。"(李睡仙:《陈炯明叛国史》,章伯锋、顾亚主编:《近代稗海》第9辑,第428页)

是年夏末　召集本部部长会议,决定组建大地区中华革命军。

据钟冰《中华革命军煽动讨袁始末》载:为组建大地区中华革命军,先后开会十余次,决定组建中华革命军东南军、东北军、西南军、西北军四个总司令部。密令陈其美任东南军总司令,筹备处设青岛;胡汉民任西南军总司令,筹备处设广州;于右任任西北军总司令,筹备处设陕西三原。(《文史资料选辑》第48辑,第83页;陈锡祺主编:《孙中山年谱长编》上册,第953页)

8 月

8 月 1 日　谢持、郭云楼、肖萱、居正等来访。上午 10 时许,外出至新桥车站乘火车,再次去箱根。晚,和田瑞来访,见不在,即刻离去。(日本外务省档案,1915 年 8 月 2 日《孙文动静》,乙秘第 1584 号;俞辛焞、王振锁等译:《孙中山在日活动密录》,第 415 页)是日下午 3 时,抵箱根小涌谷三河屋旅馆,与胡汉民、戴季陶会面。随后,令戴季陶发出信函五件。(日本外务省档案,1915 年 8 月 3 日《孙文动静》,乙秘第 1595 号;俞辛焞、王振锁等译:《孙中山在日活动密录》,第 415-416 页)

△　党务部部长居正呈请委任张民达为南洋联络委员,唐正隆为天洋丸分部长,陈炳生为满堤高船分部长。是日,批示:"行。"(《居正请委张民达职上总理呈》,黄季陆主编:《革命文献》第 48 辑,第 69 页)

△　陈其美组织革命党人进京行动。

是日,国内有报纸消息称:陈其美组织暗杀团,已派韩恢部下之吴某带同党羽数人,携带危险暗杀品,"拟取道天津转入京城,谋入各重要府第充当弁兵或夫役,相继刺杀要人"。(《揭破乱党暗杀阴谋》,《盛京时报》1915 年 8 月 1 日,"民国要闻")

8 月 2 日　在箱根。上午,指示戴季陶给上海和旧金山同志发出四封信。(日本外务省档案,1915 年 8 月 4 日《孙文动静》,乙秘第 1603 号;俞辛焞、王振锁等译:《孙中山在日活动密录》,第 416 页)中午,廖仲恺至孙中山东京寓所,整理书信、文件。(日本外务省档案,1915 年 8 月 3 日《孙文动静》,乙秘第 1595 号;俞辛焞、王振锁等译:《孙中山在日活动密录》,第 416 页)

8 月 3 日　在箱根。上午 10 时 40 分,偕胡汉民、戴季陶两人访涩泽荣一男爵(亦居三河屋饭店),会谈到 12 时。下午 2 时许,又偕戴季陶外出至邻居开花亭饭店休息。2 时 30 分,议员秋山定辅来访,和秋山在另室会谈,戴季陶未参加,约两个小时。和秋山分手后,离开该饭店,回三河屋。是日上午,给上海的"コサモソト"发去一电,给上海的"ライサオサン"和"アルシー"各发去一封挂号信。(日本外务省档案,1915年8月5日《孙文动静》,乙秘第1604号;俞辛焞、王振锁等译:《孙中山在日活动密录》,第416—417页)下午,廖仲恺两次至东京寓所整理电报和文件,收到住香港浪花饭店织田某的来函。(日本外务省档案,1915年8月4日《孙文动静》,乙秘第1603号;俞辛焞、王振锁等译:《孙中山在日活动密录》,第416页)

△　是日,宋耀如来函,对宋庆龄婚恋传闻表示吃惊与不可信,同时也表达对孙中山崇敬之意。

函称:"听您说罗莎蒙德允诺嫁人,并期待婚姻的到来,我甚感震惊。此前她曾告诉过您,她一回到上海就会结婚,并同丈夫一起返回东京,找份工作。您从未向我提及过这些,她也从未向我说起她未来的打算。前些时候,您来函询问罗莎是否会和我去美国,我马上复函奉告,据我所知她会留在家中陪伴其母。现在您却告诉我不一样的消息,让人难以置信。我总觉得这只是一个小孩子的玩笑话。

"不要相信一个年轻女孩如此新奇之言,她总是喜欢开自己的玩笑。我可以向您保证,我们都是如此地尊敬您,我们不会做任何有损您及您事业的事情。'大叛逆者'是我们大家永远的敌人,罗莎跟您一样憎恨这种人,因此她根本不可能嫁给这样的坏人。此外,我们是一个基督教家庭,我们的女儿不会给任何人做妾,无论他是这世上最伟大的国王、君主抑或总统。也许我们贫于'世俗之物',但我们既无贪心,也无野心,更不会低贱到去做违背基督教义之事。您似乎担心她想成为皇后,她没有这样的打算……此外,我们绝不会允许我们的女儿嫁给一个有家室的人,无论他是谁。对我们而言,一个好的名声比一切现世之光环和特权都来得重要。"

信中,还表达了崇敬之意:"无论情况多么糟糕,我们都是您忠实的朋友……您致力于缔造一个伟大的中国,然有些人对此并不领情,

但我们绝对是领情之人。"(《孙中山宋庆龄文献与研究》第 2 辑,第 277—280 页)

8月4日 上午 9 时 40 分,和胡汉民、戴季陶乘汽车离开三河屋返东京。途中在宫下给上海某人发去一电报。在小田原,和戴季陶分手,戴走访居热海的张人杰。上午 11 时 5 分到国府津换乘火车。下午 1 时 55 分,抵东京新桥车站,与胡汉民分手。下午 3 时 50 分,外出至麻布区市兵卫町民国社,与居正、肖萱、刘瑾卿、郭云楼、谢持等议事。晚 7 时 15 分离开回寓。(日本外务省档案,1915 年 8 月 5 日《孙文动静》,乙秘第 1604 号;俞辛焞、王振锁等译:《孙中山在日活动密录》,第 416—417 页)

△ 复函南洋同志,鼓励捐资革命。

函称,本部成立以来,尝赖海外同志资助,革命运动继续进行,"以至今日各处机关林立,准备完全,中间以经济力不足而遭失败者,正复不少。然前仆后继,毫无间断,俾革命之权威于以不坠,海外同志筹饷之力居多。但以车薪之火,终非可以一杯水救之也,海外侨胞,谅明斯旨,所以迟疑观望而仍不肯出资者,则以不明革命之利益与本部筹划革命之苦心,而无由激起其热心也"。"闻近日南洋方面,邪说纷起,人多摇惑,于筹款又多掣肘。本部统筹全局,积极进行,只以资力不充,计划刻难实现,无以慰侨胞之望,良用疚心。然出资出力,责任尤贵分担,今内地同志准备实行,几有刻不容缓之势(先是许君南游,云七月间可以大举,只以款项不敷分配,海军要求较巨,故不能即起)。而经济力之支绌仍如故,此所以日夜焦思,而不得不有望于海外之侨胞也。用是特派张君为联络委员,即命南旋,对各侨胞现身说法,激劝之,鼓舞之,使人人如张君之热心,以牺牲为本旨,则以百万侨胞同心协力,袁政府可立碎也。况以侨胞之地位,为现在利益之牺牲者正不在多,例如每人各出资一元,百万巨资不难立集,以此制敌,何敌不摧,以此图功,何功不克,故吾所希望于张君成莫大之功者在此,即希望侨胞成莫大之功者亦在此。"(《复南洋同志函》,《孙中山

全集》第3卷,第182—183页)

△　复函杨汉荪,阐述组建中华革命党之必要性。

7月3日,时任中华革命党巴东支部长的杨汉荪来函,建议与陈炯明等人"杯酒释嫌","收罗天下之英俊"。是日,复函杨,详述组建中华革命党的必要性。首先,强调事权统一必不可少,但并不等于专制。指出,自第二次革命失败后,鉴于党事之不统一,负责之无人,"至以全盛之民党,据有数省之财力兵力,而内溃逃亡,敌不攻而自破,惩前毖后,故有中华革命党之改组,立誓约,订新章,一切皆有鉴于前车,而以统一事权、服从命令为主要"。李烈钧、陈炯明等"谓以党魁统一事权,则近于专制;以党员服从命令,则为丧失自由"并无道理,"而政权统一,与所谓专制政体,实截然两事,不可同日而语。吾人立党,即为未来国家之雏形,而在秘密时期、军事进行时期,党魁特权,统一一切,党员各就其职务能力,服从命令,此安得妄以专制为诟病,以不自由为屈辱者"。

其次,指出勉强联络必有后患,"陈、李、柏、谭始终强执,苟非不明,则我不识其何所用心矣。故天下苟有人能以其耳目手足为革命致力者,弟无不欢迎之,企其一致进行。而所谓一致者,要如身之使臂,臂之使指,一体一志,无有差贰,而不可徒用虚名,不然,则是虚与委蛇者也,强为撮合者也……他日功成,更益以争权争利之私见为可患也。弟于此数人,绝无私恨,惟弟以统一事权、服从命令为必要,而彼则以为不然,又岂可以苟且弥缝勉强联络者?"

再次,强调用人必然认同宗旨,"吾爱吾友,吾尤爱公理,其犹能同一宗旨目的,一致进行,则痛洗前耻,灭贼朝食,所以告无罪于国民者,宁有他道? 而为此大事,有所牺牲,亦宁足惮。若夫怀挟意见,不泯其私,藉有可为之资,不为讨贼之军,先树异色之帜,如谭石屏所云殊途同归者,途则殊矣,亦听其所归可耳。足下谓并以收罗天下之英俊,弟意亦重视天下未来之英俊,而不敢谓可与言大事者,只前兹曾有资格地位之人,而所以能有资格地位者,亦只由党造成之,正宜复为党用之，否则无以为未来之英俊劝；若名为党员，而依然自用，尤非劝也"。（《复杨汉孙函》，《孙中山全集》第3卷，第183—185页）

党内对孙的主张，也有不同看法。如被孙中山任命为南洋特务委员之何天炯在8月27日致宫崎寅藏函中就表露出失望之情，谓："自南洋回中后……瞻顾党事，益愤懑无聊。前月底曾致函于胡汉民、廖仲恺、邓铿诸兄，嘱可切劝中山公改订盟约，以维系人心。鄙函痛哭流涕，指陈得失，质之良心，尚无愧怍。闻三君对于此事俱太息无法挽回。当时该函为孙公所见，不独毫无悔改之心，且责弟为不明事体。然则民党前途毫无希望，弟尚何有东来筹谋一切之事乎？"并表示："东京地方虽小，有中山一人之请负（日语，意为承包），不知革命事业可稍有起色否？"（杨天石、狭间直树：《何天炯与孙中山》，《历史研究》1987年第5期）

△　汪精卫致函郑螺生、区仁甫、李源水等，告以孙中山可能到南洋的消息。

函称："不料日来此处所得消息，云日本政府已以好言劝高野先生出境，高野拟日内往菲律宾，或往美洲，尚未定云云。同时得港函亦如是言。""如高野先生往菲律宾，弟仍可以此作为盘费，往菲律宾一行。若往美洲，则力所不能逮矣。但弟度高野若离东京，必赴菲律宾为多。前闻宋振君亦曾言及也。"信中还提及革命党人之间的分歧："宋振君言间颇有怪弟之意……而彼一方面则亦怪弟，其意与宋君相同也。"（程存洁：《南洋筹饷——广州博物馆藏孙中山及其同志有关筹饷手札集》，第204页）

8月5日　韩恢、田桐、居正、张达、谢持、胡汉民、廖仲恺等先后来访。韩恢来访时，谢绝会见。下午5时10分，乘梅屋庄吉派来的汽车就访，受晚餐招待。10时许告辞回寓。是日，向上海等地发出数电。（日本外务省档案，1915年8月6日《孙文动静》，乙秘第1609号；俞辛焞、王振锁等译：《孙中山在日活动密录》，第417页）

8月6日　谢持、廖仲恺、杨庶堪、席正铭、波多野春房等先后来访。下午,梅屋庄吉来电话。是日,收到上海某人来电;给上海发去二封电报和一封挂号信。(日本外务省档案,1915 年 8 月 7 日《孙文动静》,乙秘第 1616 号;俞辛焞、王振锁等译:《孙中山在日活动密录》,第 417—418 页)

8 月 7 日　胡汉民、廖仲恺、谢持、居正、苏无涯等先后来访,参与交谈。上午 9 时 50 分,乘人力车至麻布区市兵卫町民国社,与谢持、居正会晤。归途经丸善书店,购书两册,12 时回寓。是日,向上海等处发出挂号信及电报数封。(日本外务省档案,1915 年 8 月 8 日《孙文动静》,乙秘第 1620 号;俞辛焞、王振锁等译:《孙中山在日活动密录》,第 418 页)

△　汪精卫由南洋庇能来函,汇报与李烈钧、陈炯明会谈情况。

函称,陈、李之意见有二:一、望孙中山允改中华革命党之誓约与其章程。二、望孙中山招黄兴与共事,"如前在同盟会时"。"若先生不能允者,彼等所望如左:(一)望先生通告中华革命党员,以现时陈、李等虽因意见不同未即入党,然革命之目的则彼此一致,虽非党员要亦同为革命党人,不宜加以攻击,加以阻扰,以收殊途同归之效。(二)彼等亦必发一通告声明,只因对誓约及章程有不同意,故未入党;而对于先生之为二十余年之党魁固无疑。如是虽不能收一致之效,亦可免纷争之患。"并建议"以豁达大度,合群才于一炉而冶之,在今日则谋党势之不分裂,在他日则谋国势之不分裂也"。(《汪兆铭书简》,[日]久保田文次编:《萱野長知・孫文関係史料集》,第 538—539 页)

8 月 8 日　上午,致电和田瑞。下午,和田瑞来访,谈约两小时。安健、区汉奇、张达等来访,未见区汉奇。下午,外出至代代木参观葬场殿遗址,归途路经麻布区市兵卫町民国社,与杨庶堪、谢持、郭云楼、胡汉民、赵瑾卿等人面谈。是日,给上海寄去两封挂号信。(日本外务省档案,1915 年 8 月 9 日《孙文动静》,乙秘第 1624 号;俞辛焞、王振锁等译:《孙中山在日活动密录》,第 418—419 页)

△　吴忠信来函,介绍同志钱通面谒,称其"对于安徽情形最熟,且有布置,请询之,即知底蕴矣"。(《吴忠信上总理函》,环龙路档案第

01090 号）

8月9日　胡汉民、王统一（两次）、廖仲恺、席正铭、居正等来访，参与交谈。下午，印度人阿保尼慕加罗基（译音）来电话，约谈五分钟。下午，乘车外出至芝公园八早地和田町八丁目 1 号，选租住房。晚，印度人阿保尼慕加罗基来访，面谈，约 1 个半小时。是日，向国外寄出邮件两件。（日本外务省档案，1915 年 8 月 10 日《孙文动静》，乙秘第 1633 号；俞辛焞、王振锁等译：《孙中山在日活动密录》，第 419 页）

△　蔡突灵来函，请求接济。（《蔡突灵上总理函》，环龙路档案第00162 号）

△　汪精卫致函郑螺生、李源水、区仁甫等，请截留款项营救黄复生，且表示孙中山不会有异议。

函称：黄复生在沪被捕，得知可救，但须急汇五千元为衙门使费。"上海地方贿赂公行，得钱即释，已成惯例。趁此急救，或可得脱，但五千元之款，猝无可筹。因思先生前信曾言所收股份，二三礼拜内即可汇去，望急于此款内截留四千元，如不能，二三千元亦可。弟对于此负完全责任，当函告中山先生作为正项开销。黄君为人，中山先生所知。此次来沪，亦受中山先生委托，使中山先生得款亦必如此办理。截留与汇去东京，无所分别。如蒙俯允，乞即电汇 Thonglee Singapore，以便弟汇齐电沪，以脱黄君于囹圄。"（程存洁：《南洋筹饷——广州博物馆藏孙中山及其同志有关筹饷手札集》，第 206 页）

8月10日　廖仲恺、蒋介石、谢持等来访。下午，给旧金山发去一电报。（日本外务省档案，1915 年 8 月 11 日《孙文动静》，乙秘第 1639 号；俞辛焞、王振锁等译：《孙中山在日活动密录》，第 419 页）

△　收到马尼拉、香港、上海的银行经日本三菱银行汇到的一万日元。

本月 9 日，马尼拉、香港、上海的银行经三菱银行汇来一万元，汇款人姓名不详。是日，廖仲恺奉命至三菱银行办事，嘱其领出其中的七千五百元，剩余的两千五百元，由三菱银行将其中一千日元由美国旧金山银行电汇给一个叫"サニフ——"的人，其余一千五百元仍存该银行。（日本外务省档案，1915 年 8 月 12 日《孙文动静》，乙秘第 1646 号；俞辛焞、王振锁等译：《孙中山在日活动密录》，第 420 页）

8 月 11 日　戴季陶、杨庶堪、廖仲恺、谢持、阎崇义、王烈、田桐、居正、徐朗西、肖萱等来访。下午 2 时许，偕戴季陶去头山满处访问，3 时回寓。随后，两度外出选租住房。下午，廖仲恺给和田瑞打电话，约定明日下午将奉命走访。（日本外务省档案，1915 年 8 月 12 日《孙文动静》，乙秘第 1646 号；俞辛焞、王振锁等译：《孙中山在日活动密录》，第 420 页）

△　居正呈请改委泗水支部职员。

据泗水前支部长陈铁伍、谭卓耀等报告，该支部前因联络员金一清抵泗后，遂偕同运动各大商出襄党事。于 7 月 8 日开会照章另举职员，拟请改委古宗尧为泗水支部正支部长，黄谷如为副支部长，杨灼如为总务科主任，陈铁伍为党务科主任，古仰周为财务科主任，莫炯为副主任，谭卓耀为调查科主任，叶新元为交际科主任，赖文齐、古汉光为干事，陈瑞昌为评议长，黄北明、冯锦堂、张思汉、吴熙等为评议员。是日，党务部呈请总理鉴核委任。阅后批示："准。"（《居正请改委泗水支部职员上总理呈》，黄季陆主编：《革命文献》第 48 辑，第 69 页）

8 月 12 日　林德轩、张有光、陈树人、安健、谢持等先后来访。上午，给上海寄去一挂号信。下午 5 时许，与和田瑞电话交谈，约五分钟。（日本外务省档案，1915 年 8 月 13 日《孙文动静》，乙秘第 1657 号；俞辛焞、王振锁等译：《孙中山在日活动密录》，第 420—421 页）

8 月 13 日　胡汉民、廖仲恺、谢持、肖萱、居正等先后来访。与戴季陶电话交谈。下午，乘人力车去赤坂区桧町和青山南町选租住房。（日本外务省档案，1915 年 8 月 14 日《孙文动静》，乙秘第 1662 号；俞辛焞、王振锁等译：《孙中山在日活动密录》，第 421 页）

△　致函金一清，要求追回张杰委任状。

此前，有南洋特派员报告称："弓长杰持反对意见，并出委任状示人,谓伊本受委任,今见中山不能办事,故不复附和。"是日,致函金一清,称:"可谓悖谬之至。弓长杰如果反对,即不应复受委任;既受委任,而借以反噬,天下宁有是理耶? 查弓氏曾由兄介绍,今请兄即向彼追回委任状寄来,无得任其借端蛊惑。盖此等反侧之人,最为弟生平所不愿也。"(《致金一清函》,《孙中山全集》第3卷,第185—186页)

　　△ 宋耀如来函,告知宋庆龄在上海做家庭教师,自己将回上海休养。

　　函称:刚刚收到宋庆龄的来信,说不能陪其母亲前去山西看望姐姐,因为正在上海的一户人家做家庭教师。"她和母亲都央求我陪宋夫人去山西,但我无法答应,原因种种,其一是近日来我的身体渐愈不佳。但是,我即使痊愈也不会去,因我艰于行走。实际上,我非常虚弱,根本不可能完全康复。星期日,我将搭乘'法国邮船'号回上海休养。依据中国风俗,宋夫人必须要去山西,所以我必须尽力找到某人陪她前往。我有可能再回日本,如若回来,我会去拜访您。我离去期间,恕不能奉陪。"(《孙中山宋庆龄文献与研究》第2辑,第280页)

　　8月14日　刘佐成、罗佛、杨庶堪、廖仲恺、王统一等来访,面谈。下午,偕廖仲恺至赤坂和麻布一带,选租住房,在麻布区市兵卫町二丁目66号租借一栋房,房租每月五十日元,押金一百五十日元①。回寓后,接到梅屋庄吉电话,与之交谈五分钟。随后,乘车出访梅屋宅,受种种招待,9时告辞回寓。(日本外务省档案,1915年8月15日《孙文动静》,乙秘第1668号;俞辛焞、王振锁等译:《孙中山在日活动密录》,第421—422页)

　　△ 韦玉再来函,请求接济,并告知有革命党人在法国被捕。函称,王道人别号王甫益,被法国警察逮捕了,获悉他将被送往日本。另一个叫庞的,在法监狱里,愈加困难,但是对他的自由并未绝望。法国当局已保证不会把庞交给中国当局,希望可以信守承诺。

---

① 翌日,又通过头山满取消了租借合同。

(《Y.C.Wai(韦玉再)书简》,[日]久保田文次编:《萱野长知・孙文関係史料集》,第506—507页)

8月15日 王统一、徐苏中、谢持(两次)、戴季陶、赵子戎、印度人阿保尼慕加罗基、田桐、廖仲恺、居正、陈爱云、李德山、班麟书等人来访,参与交谈,或面谈。下午,田桐带去一封发往国外的电报。(日本外务省档案,1915年8月16日《孙文动静》,乙秘第1674号;俞辛焞、王振锁等译:《孙中山在日活动密录》,第422页)

8月16日 上午10时许,钱通来访,谢绝会见。钱递交一份书面材料,请求接见,略谈约五分钟后离去。随后,胡汉民、苏无涯、王统一、陈庆云、居正、田桐、廖仲恺、蒋介石、谢持等先后来访,参与交谈。下午,偕居正乘人力车至赤坂区冰川町和桧町选租住房。回寓后,议员古岛一雄来访,面谈约十五分钟。是日,向上海发去电报与一封挂号信。(日本外务省档案,1915年8月17日《孙文动静》,乙秘第1679号;俞辛焞、王振锁等译:《孙中山在日活动密录》,第422—423页)

△ 党务部复函金一清,指示凡筹款人员须有孙中山委任书。

函称:"据近接海外各埠报告,多以革命军起,备款接济为词,其办法非不善,然各方面谋臣如雨,将士如云,不啻盘马鞍弓以待命,与其筹款于发难之后,不若筹款于发难之前之为愈也。况当此天怒人怨之时,进行犹易,仍望足下于经过之地,竭力解释事后筹款等词,并请催促各埠,按照海外支部通则,从速设立支部,或兼设筹饷局,共策进行。又闻柏文蔚等,近在荷属筹款,藉与本部接洽为名,究之本部毫不相涉。以后凡属筹款各员,须奉有总理及各部长委任证书者,方生效力。此次所致各埠公函,业经声明,希即就近转告各团体与各侨商,以重信用,而免流弊。"(《党务部复金一清凡筹教人员须有总理委任函》,黄季陆主编:《革命文献》第45辑,第639—640页)

8月17日 谢持、郭云楼、廖仲恺、居正、田桐等先后来访,面谈。上午,乘车去赤坂区一木町和表町选租住房。下午3时许,外出至麻布区市兵卫町民国社,在十来份委任状上盖章。随后,至芝区高轮南町选租住房。与居正等面谈后，又偕居正两人至千驮谷字原宿选租住房。（日本外务省档案，1915年8月18日《孙文动静》，乙秘第1684号；俞辛焞、王振锁等译：《孙中山在日活动密录》，第423—424页）

△　是日，报载袁世凯政府与法国签订《中法协定》，企图阻止革命党人由西南边境进入国内。

据悉，协约内容包括："一、两国之官宪如侦知己国有革党或匪徒潜藏于他国境内之时，即由该国官宪自行解散；二、在两国之国境内如有紊乱他国秩序之行动者，当即严加取缔；三、如有武装之革党匪徒由己国逃窜于他国之时，当即处以一定时日之监禁而后释之；四、罪人之引渡，两国互相执行；五、禁止秘密输入军械、弹药。"（《中法维持国境之协约》，《盛京时报》1915年8月17日，"东亚之情势"）

8月18日　谢持（两次）、郑宾声、廖仲恺、陈树人、田桐、邓铿、肖萱、居正、徐朗西等来访，面谈。上午，向上海发去一电。（日本外务省档案，1915年8月19日《孙文动静》，乙秘第1689号；俞辛焞、王振锁等译：《孙中山在日活动密录》，第424页）

8月19日　胡汉民、宫崎寅藏、王统一、田桐（两次）、居正（两次）、苏无涯、赵桓之、戴卓民、廖仲恺、郑宾声、谢持、肖萱等来访。下午，葛庞来访，谢绝与其会见。下午，偕来访的田桐、居正至千驮谷町选租住房，在该町原宿108号发现稍合意的住房，和其主人交涉，但未签订合同，约定随后再议。在此，与田桐、居正二人分手。回寓后，住在横滨的美国人阿慕新特伦库等三人（其中一人为妇女）来访，约半小时后离去。是日，令廖仲恺取回存在三菱银行的一千五百日元存款；给上海发去一件挂号信。（日本外务省档案，1915年8月20日《孙文动静》，乙秘第1693号；俞辛焞、王振锁等译：《孙中山在日活动密录》，第424—425页）

△　以中华革命党总理名义，与陈其美、张人杰联名给黄德源、何荫三颁发委任状，委任黄德源为仰光筹饷局长、何荫三为仰光筹饷局监督。（《给黄德源等委任状二件》，《孙中山全集》第3卷，第186页）

8 月 20 日　田桐、郭云楼、陈庆云(两次)、廖仲恺、徐苏中等来访,面谈。上午,偕来访的田桐乘车至本乡区富士前町选租住房。归途在芝区楼川町与田桐分手。(日本外务省档案,1915 年 8 月 21 日《孙文动静》,乙秘第 1701 号;俞辛焞、王振锁等译:《孙中山在日活动密录》,第 425 页)

△　汪精卫致函郑螺生、李源水、区仁甫等,告以孙中山或来菲律宾等事。

函称:"前闻中山先生离日赴美,传闻不一,欲以密电相询,则格〔终〕不得达,欲以明电,又虑中山不欲宣之于众,故即飞函问讯。拟得复书,即定行止。星坡逗留,倏倏旬余。黄君复生噩耗忽至,五千之数,猝未可筹。闻宋振君言,菲岛筹款得资十万,已续汇沪,因一面电知英士筹济,黄君亦中山先生所派驻沪有所谋划者也,一面竭弟能力,向此间某君,只得六百元,因念前承惠赠川资四百元,以未成行,尚未动用,敢先挪借以济燃眉,日后如须往菲见中山先生,车陆之资,弟自筹度,如须往美,则非能为力矣。坡银千元,前已电沪,祸福如何,数日可知……如得中山先生书,在日在菲,弟将往时,当至尊处,再一决商也。此间情事,弟已详告中山先生及汉民兄,欲将扞隔稍与扫除,未知已如愿否耳。"(程存洁:《南洋筹饷——广州博物馆藏孙中山及其同志有关筹饷手札集》,第 208 页)

8 月 21 日　马沧江、胡汉民、田桐、居正、宫崎寅藏、邓铿(两次)、王统一、杨庶堪、廖仲恺、谢持等来访,面谈。因自昨晚患病,下午又请板垣医师前来诊疗。下午,向上海发去一电。(日本外务省档案,1915 年 8 月 22 日《孙文动静》,乙秘第 1707 号;俞辛焞、王振锁等译:《孙中山在日活动密录》,第 425-426 页)

8 月 22 日　头山满两次来看望,并嘱注意卫生、饮食。随后,田桐、居正、肖萱、刘佐成、和田瑞、苏无涯、王统一、谢持等来访。刘佐成来访时,田桐代为接待。下午,板垣医师又来诊疗。是日,接到数电,给上海寄去一信。(日本外务省档案,1915 年 8 月 23 日《孙文动静》,乙

秘第 1711 号;俞辛焞、王振锁等译:《孙中山在日活动密录》,第 426—427 页)

△ 以中华革命党总理名义,与陈其美、张人杰联名给黄壬戌等颁发委任状,委任黄壬戌、陈甘敏、梁卓贵为仰光筹饷局董事,黄德源为仰光筹饷局理财员。(《给黄壬戌等委任状四件》,《孙中山全集》第 3 卷,第 187—188 页)

8 月 23 日 居正、邹永成、廖仲恺、田桐、谢持等来访。下午,萱野长知夫人和女儿来访,会见廖仲恺,并递交纸条。廖转交纸条并商谈。随后,萱野夫人偕田桐去青山居正宅。此后,按摩师来按摩;板垣医师来诊疗。是日,给上海寄去一挂号邮件。(日本外务省档案,1915 年 8 月 24 日《孙文动静》,乙秘第 1717 号;俞辛焞、王振锁等译:《孙中山在日活动密录》,第 427 页)

△ 陆孟飞来函,汇报航空学校情况,请拨款支持。函称:航空学校成立月余,复购得机械三乘,增补生徒,大加扩张,以为大举之用。“惟机械既多折毁,盖大学生愈众,耗费转繁,以刻下之经济状况衡之,几于难以为济,而将来之亏空尚不可知。”祈俯念学校成立之艰难与将来致用之广大,拨给款项维持进行,不然学校一旦中歇,“则不徒吾党飞行界之不幸矣”。并提请由总部通告各支分部维持航空学校“似更可靠”。(《陆孟飞上总理函》,环龙路档案第 04770 号)

8 月 24 日 廖仲恺(两次)、胡汉民、邓铿、肖萱(两次)、林来、居正、谢持等来访。林来来访时,谢绝会见之。下午 3 时许,按摩师前来按摩。是日,向菲律宾某处寄去一挂号邮件。(日本外务省档案,1915 年 8 月 25 日《孙文动静》,乙秘第 1726 号;俞辛焞、王振锁等译:《孙中山在日活动密录》,第 427—428 页)

8 月 25 日 上午 10 时,郑鹤年来访。随后,偕郑去麻布区市兵卫町民国社,与在那里的同志面谈。中午,廖仲恺来访。(日本外务省档案,1915 年 8 月 26 日《孙文动静》,乙秘第 1731 号;俞辛焞、王振锁等译:《孙中山在日活动密录》,第 428 页)

8 月 26 日 胡汉民、郭云楼、田桐、谢持、居正、廖仲恺、肖萱等来访,参与交谈。下午,蔡突灵来访,居正代为接见,数分钟后离去。下午,偕胡汉民、田桐乘人力车至青山北町七丁目 1 号,查看深泽金次郎准备出租的房屋,每月房租一百日元,押金三百日元,此栋房适合做办公室。后至千驮谷原宿 108 号查看伴某准备出租的房屋(已订出租合同),检查警察值班室、电灯、瓦斯等设施。归途在青山北町四丁目与田桐、胡汉民分手。下午,向上海某处寄去数张英文报纸。

(日本外务省档案,1915 年 8 月 27 日《孙文动静》,乙秘第 1735 号;俞辛焞、王振锁等译:《孙中山在日活动密录》,第 428—429 页)

△　收到史建本等来函。函中报告了经营长淮一带的情况,表示愿意听从张汇滔指挥。函称,两年来,经营长淮一带,大有头绪。长淮一隅,土地虽偏小,于军事地理上实占最险要之位置,盖争天下者,必先争长江,欲争长江,必先争长淮,长淮固长江之保障,东南之锁钥也。民风刚劲,素有尚武之风,前淮军所遗之枪弹均散布于该处,一旦有事,人人皆可执兵杀贼。"是以运之不遗余力,或密遣心腹暗为运动,或潜赴内地联络进行,幸人民深明大道,莫不鼓舞向义。""惟各部分均与张君孟介有密切之关系,非彼担当莫能统一,盖张君本系淮人,声望素著……昔日旧有之部署,咸引领而望其出山……前合词电请返申讨论一切进行方略,复责以匹夫有责之大义,已蒙其慨然首肯,买轮东渡往谒先生,面陈一切,此后凡关吾皖之事,请径与张君接洽。"函后署名者有:葛崐山、郑荃荪、管曙东、史建本、罗光华、马仁生、陈淮生、何占玉、朱文斌、史紫卿、张烈、武尚、方缉西、朱文华、何献廷、刘明哲、熊慕唐、孙宗田、年东升、宋鸿钧、周士端、宋步云、孙凤楼、王明五等。(《史建本等上总理函》,环龙路档案第 00976 号)

8 月 27 日　陈庆云、蒋介石先后来访。下午,乘人力车去即将迁居的千驮谷町字原宿 108 号,交代郭云楼购置数件家具,并指点安装瓦斯灯的方法。下午,再乘人力车至麻布区市兵卫町民国社,与数人面谈。(日本外务省档案,1915 年 8 月 28 日《孙文动静》,乙秘第 1243 号;俞辛焞、王振锁等译:《孙中山在日活动密录》,第 429 页)

8月28日 刘崛、胡汉民、戴季陶、廖仲恺、谢持、田桐等来访。下午,请按摩师来按摩。随后,乘车至青山北町七丁目1号的新办公室,6时35分回寓。(日本外务省档案,1915年8月29日《孙文动静》,乙秘第1247号;俞辛焞、王振锁等译:《孙中山在日活动密录》,第420页)

△ 致函宿务同志,申述讨袁的意义,并赞其爱国。

函称,自袁氏专政以来,满清官僚复活,共和民政,一切荡然,海内人民,惨遭荼毒。"近更私与□人结托,急欲制其王冠,公然为卖国之举,以我同胞竭无数生命财产之牺牲,收复河山于满人之手,岂可听二三民贼,甘心破坏,自致沦亡。弟为是誓起义师,申讨此贼,以企重造共和,图内外同胞之幸福。""此次许君等代表到埠,荷蒙兄等热心欢迎,并尽力提倡臂助,爱国之诚,与见义勇为之素,令人纫感不置。昨郑君由岷东来,具谂壹是,因便专函奉候,惟兄等一心祖国,固非私人所能言谢也。"(《致宿务同志函》,《孙中山全集》第3卷,第188页)

8月29日 刘佐成、戴季陶、印度人巴库曼·辛(化名佳克)、黄复生、陈庆云、谢持、胡汉民(两次)、邓铿、肖萱(两次)、居正等来访。(日本外务省档案,1915年8月30日《孙文动静》,乙秘第1251号;俞辛焞、王振锁等译:《孙中山在日活动密录》,第429—430页)

△ 是日,李萁等来函,对朱卓文不满,推荐胡汉民主持广东事务。函称:"前者,先生委派朱君卓文返港,以全权筹备粤事,此间同志初庆得人,咸能戮力,同心共襄义举,良由服从之义,著于誓章,而大局所关,无敢放弃。讵半载以来,成效不彰,空怀大愿,迩者声息销沉,大势已去,此虽由人谋之不臧,抑亦天罚未加于民贼,固不能独咎主事者之不得人也。顾顷闻先生专电召朱君东还,或将更选贤才,重任粤事。然弟等之意,以为粤局纷歧散满,被难冲斥,自经此次失败,欲图收拾,非其人夙有信用于社会,暨不为无责任之言者,定不足以餍同志之欲。若徒有虚誉,人地不宜,或志在调剂,不求称职,则每况愈下,决其无成。弟等惓怀大局,情关桑梓,难安缄默。日来集合诸同志,鸠首凝思,佥谓欲为粤省得人计,无有过于胡君展堂者。胡君

识量宏达,于粤省利病谙熟无遗,于此间愚智又能鉴别不□,人望所属,专任应归。先生为地择人,即加委任,庶粤事不致中止,而同志有所归依焉。"函后署名者有:李萁、李海云、陆领、陈卓、陆觉生、陈耀平、叶夏声、郑振春。(《李萁上总理函》,环龙路档案第02757号)

8月30日　居正(两次)、肖萱、廖仲恺、胡汉民、戴季陶、田桐、萱野长知、印度人阿保尼慕加罗基、张林生等来访,参与交谈。下午,偕来访的戴季陶、胡汉民至半多摩郡千驮谷町原宿109号新租的住房,戴、胡当晚留宿该处。(日本外务省档案,1915年8月31日《孙文动静》,乙秘第1258号;俞辛焞、王振锁等译:《孙中山在日活动密录》,第430－431页)

△　是日,党务部部长居正署名发布第15号通告,呼吁认清形势,襄助中华革命党,勿为少数别有用心者误导。

通告称:"数月以来,海外各埠党务,日形发达,党务亦日见扩张,翘首前途,无任欣怀。诸公提倡之劳,赞助之力,吾国四万万人,实受其赐,匪仅本党同人已也。""本党总理孙先生,怀抱民权民生主义,内准国情,外察大势,知非三次革命,必不足以救亡,乘时而起,组织本党,为革命进行机关,目光所注,一以扫除现在之官僚政治,实行法美之平民政治为归宿,宗旨纯正,识见远大……孙先生为中华革命之鼻祖,其资格,其名望,其器识,其道德,求诸国中,实无二人,奉为首领,亦不殊天经地义。"

"诸公今日地位,具赞助革命之能力,譬之水也,载舟覆舟,一视诸公运用之方法何如,如赞助彼野心家也,则贻祸将来,墨西哥事是其前车,诸公不能辞其责也。否则,本党大公为怀,兼收并蓄,一无成见,刻下党势,逐渐磅礴海外。彼野心家之羽毛未丰,得假诸公之力以困抑之,使之敛财就范,抑志归型,加入本党,共图大事,革命前途之幸,抑亦中华民国之福也。今者此机已发动矣,履霜坚冰,其来已渐,星星之火可以燎原,中国前途之安危,俱系于此,不可不察也。窃有微义,敢作忠告,遏而绝之,引而正之,使适于道,此去恶之说也,属他动方面言。择善而从，审以定识，守以定力，此知止之说也，属自动方面言。明乎此，而诸公之职务尽，能事亦毕矣。来日方长，关系非鲜，惟诸公善图之。"（《党务部通告第十五号》，陈三井、居蜜合编：《居正先生全集》中册，第85—87页）

8月31日　宫崎寅藏、黄复生、金驮□、萱野长知、居正、肖萱等来访。晚7时余，戴季陶、胡汉民离去。终日在屋，"无异常"。下午，向上海发函两件。（日本外务省档案，1915年9月1日《孙文动静》，乙秘第1263号；俞辛焞、王振锁等译：《孙中山在日活动密录》，第431页）

△　是日，复函旅美同志，倡议捐款赞助革命。

函称：当欧洲风云大起，不暇东顾之际，而袁氏势力日坠，信用日失，海内人心跃跃欲动，此正推倒彼恶政府之机会。"近已由金山大埠派人到东美，联络同志，协力救国，望贵埠同志各矢热诚，共同赞助。此次改革，当由吾党负完全之责任，宜鉴于前失，不容放弃，惟我同志共勉。兹当发动之始，万事以经济为前提，海外能多助一分之力，即海内多收十分之效，不胜厚望。"（《复旅美同志函》，《孙中山全集》第3卷，第189页）

是月　复函叶独醒，告知收到汇款，并赞其贡献。函称："读尊函有'倘有用处，不敢自外'语，足见精神魄力所在。吾党于中国大局，责任艰巨，得如足下者相与图谋，革命前途，庶几有赖矣。"（《复叶独醒函》，《孙中山全集》第3卷，第189—190页）

9月

9月1日　杨庶堪、献光、赵钱镐、黄复生、谢持、戴季陶（两次）、廖仲恺、王统一、田桐等来访。田桐并在寓过夜。下午，按摩师来按摩治疗。是日，神田区三崎町三丁目1号的山科多久马医师寄来一邮包；给上海某人寄去一挂号邮件。（日本外务省档案，1915年9月2日

《孙文动静》,乙秘第 1267 号;俞辛焞、王振锁等译:《孙中山在日活动密录》,第431 页)

△　是日,夫人卢慕贞抵达东京。

卢夫人系应请来日商谈离婚之事,是晚午夜 12 时 5 分,卢夫人偕侍女一人至东京,宿寓所。18 日,偕卢夫人游上野公园。22 日,又偕夫人出游并购物。23 日,送夫人至东京车站,卢夫人经横滨回澳门。(日本外务省档案,1915 年 9 月 2、19、24 日《孙文动静》,乙秘第 1267、1856、1881 号;俞辛焞、王振锁等译:《孙中山在日活动密录》,第 431 页、441 页、444 页)

△　是日,留日学界侨商假神田日本基督教青年会馆,召开留日各界全体大会,声讨筹安会,反对帝制。戴季陶、覃振、陈家鼐、田桐、杨庶堪等发表演说。戴说:"吾人宜在精神上发挥其恶恶心,更宜在事实上发挥其除恶之手段,能达此精神手段两方面之惟一方法,厥为革命。此革命之大责任,乃民族国家文明道德上之责任,乃吾人对于已往数千年之历史,向后千万年将来之责任。"会上还向京沪各报发出通电,称:"筹安会反叛民国,大逆不道,请遵据约法,大张笔伐,以息邪说,而伸正义,五族幸甚!"(《留日学界侨商集会反对帝制》,黄季陆主编:《革命文献》第 46 辑,第 34、41 页)

9 月 2 日　刘崛、谢持、胡汉民、和田瑞、居正、黄增耉、萱野长知(两次)、萱野长知夫人、陈中孚、肖萱(两次)、苏曼殊等来访。上午,田桐短暂外出后又回寓,直到晚 8 时 50 分才离去。下午,通过铁路运来卢夫人行李,包括八个提箱、两件中国式行李、一个篮筐。(日本外务省档案,1915 年 9 月 3 日《孙文动静》,乙秘第 1276 号;俞辛焞、王振锁等译:《孙中山在日活动密录》,第 432 页)

△　批复马杰瑞来函,指示:"着速将款寄金山筹饷局,以便早日汇寄前来应急。"(《批马杰瑞函》,《孙中山全集》第 3 卷,第 190 页)

△　吴大洲来函,谈青岛革命党人遭日军驱逐之事,请求协助。函称,青岛军司令官竟于 20 日下全体驱逐命令,当到宪兵部,扣问其

故，谈论多时，未得其详。大约因金鼎辰之胡匪部下到青岛者夥，嫖赌招摇，被袁侦探悉报告交涉日署，虽与彼毫无关系，亦遭连带，实属愤恨。托日友仓谷等连日询问，非他适不可。进退两难，"因前一日已有五十余人赴内地，尚无音信，现尚住四十余人，皆因粮食不足，尚未动身，亦因钱项不足故少迟延，今遽遭此，奈何奈何"。函中还报告，已定于 23 日到大连，由大连去上海。并祈设法转圜，以图将来。（《吴大洲上总理函》，环龙路档案第 03210 号）

9 月 3 日　头山满夫人、戴季陶、廖仲恺、邓铿、谢持等来访。下午，田桐来访并留宿。下午，收到上海某人发来的两函。（日本外务省档案，1915 年 9 月 4 日《孙文动静》，乙秘第 1781 号；俞辛焞、王振锁等译：《孙中山在日活动密录》，第 432 页）

△　复函泗水支部长古宗尧、陈铁伍，告知已收到汇款，并嘱努力筹款支持讨袁。函称：北京近有筹安会之设，盛倡帝制之说，有反对者竟被逮捕，袁氏积恶至此，将来反动，比之满清末年尤大。"吾党处此，当更努力，望与兄等共勉之。……尊处筹饷局成立，已举支部长古君宗尧兼充，可谓良选，其委任状当由财政部寄上。但照定章应尚有监督一人，应请再行举员请委。至足下于筹饷事宜，深资臂助，拟屈驾充筹饷联络员，委状并由财政部寄奉。"（《复古宗尧陈铁伍函》，《孙中山全集》第 3 卷，第 190 页）

△　吴大洲来函，请协助解决青岛事情，并表示愿在青岛效劳。

函称："惟外出同人虽已派人通告，缘青岛之故，深受影响，事之成否，不敢预定，刻欲日署前令取消，是为庆幸。近接日友函云，大有头绪，详情不知，伏乞先生格外运动，早见成效为盼。青岛区区海陬，原不□容纳多人，洲对此地情形熟悉，自后此地有为，祈勿另派多人，有何计划，洲情愿效劳也。"（《吴大洲上总理函》，环龙路档案第 03321 号）

△　硑仑支部雷瑞庭来函，提出应对局势的数条建议。

函称："袁贼称帝诡谋早已在吾人洞破之中，无庸形于笔墨，唯今他老贼驱逐黎民，种种预备手段愈演愈辣，若非大有所恃，安敢如此声势,某国之协助,故如是,而英国亦必在其协助之中,决无疑矣。吾人此次对外交上问题,并起义时居于租界与轮舶接济种种关系问题(如输运军火接济人马粮食等务要注意)必倍烦难,不可不审慎周详,以谋胜算之策,方免临事无措。"提出四条建议:(1)接济党人输运军火要谋定何国为我协助;(2)党人居于各租界是何国有所恃无恐;(3)请黄兴先生预为运动美政界重要人物赞助本党,为起义时有臂助我之能力(如借款军械轮舶接济等类);(4)日人方面轮舶接济等谨慎从事,"如政界政府党野心家顾住,在野党或个人向赞本党者要接洽"。此外,还指出,美洲英文报未能开办,"吾党无对外喉舌,殊为憾事,祈公等力谋成之,为现时当务之急,勿视等闲"。(《雷瑞庭上总理函》,环龙路档案第 07840 号)

9 月 4 日 胡汉民、廖仲恺、宫崎寅藏、萱野长知偕夫人、谢持(两次)、陈树材、和田瑞、戴季陶、居正(两次)等来访。朱卓文仍留宿①。(日本外务省档案,1915 年 9 月 5 日《孙文动静》,乙秘第 1785 号;俞辛焯、王振锁等译:《孙中山在日活动密录》,第 433 页)

9 月 5 日 陈其美、蒋介石、邓铿、廖仲恺、谭平、居正、钮永建、宫崎寅藏、谢持、陈中孚等来访。

△ 陈其美等来见孙中山,商讨国内革命行动之事。

陈其美于 4 日自上海抵达东京,本日零时 15 分即到孙中山住处。据邵元冲之《陈英士先生行状》载:"秋筹安会起,世凯逆迹益暴,国人大愤,孙公乃电促公行。"(郡元冲:《陈英士先生行状》,黄季陆主编:《革命文献》第 46 辑,第 133 页)据陈中孚说,陈其美至东京不是偶然的,似有计划。陈到之日,蒋介石、邓铿、廖仲恺、居正、钮永建、宫崎寅藏、谢持、陈中孚、谭平相继来访。"谭平曾和孙在另室密谈十五分钟,其他来访者均参加会议,似在商议要事。"日方情报方面也注意到,"文迁居原宿以来,同志们的行动不像平素那样平静,正在秘密而

---

① 此后朱卓文一直宿孙中山寓所。

敏捷地东奔西走,似在策划着什么事。萱野长知、宫崎寅藏、和田瑞等这些早就和革命党有关的日本人,与孙书信往来频繁,时常应约前来"。可见,陈其美是日到访,实为革命党的重要计划而来。(日本外务省档案,1915年9月6日《孙文动静》,乙秘第1790号;俞辛焞、王振锁等译:《孙中山在日活动密录》,第433—434页)

9月6日　戴季陶、陈其美、胡汉民、田桐、王统一、鹰取忠明(头山满夫人之弟)、居正、廖仲恺、陈树人、陈中孚、萱野长知、苏无涯等先后来访。是日,收到上海某人来函。(日本外务省档案,1915年9月7日《孙文动静》,乙秘第1798号;俞辛焞、王振锁等译:《孙中山在日活动密录》,第434页)

△　致函神户大阪支部长王敬祥,力促其借款。

函称:杨寿彭提议借款一节,"事甚可行,请力图之。至其条件,当由债权者提出,吾人无从悬定。在我一方固宜审重,而彼一方则必求相当之报偿,要之,视其价值如〔何〕以为判;若于我国主权无碍,则重大之利益亦不必靳也"。(《致王敬祥函》,《孙中山全集》第3卷,第191页)

9月7日　上午9时许,王统一陪同日人一獭某来访,约一个半小时后离去。随后,田桐、陈策、胡汉民、戴季陶、陈其美、萱野长知、宫崎寅藏、犬塚信太郎等来访。上午9时30分,乘人力车至日本桥路三丁目丸善书店,后又去京桥区出云町资生堂药店。下午,陈树人来访时,谢绝与之会见。是日,往上海寄去一挂号邮件。

△　与陈其美等密议。

是日下午,与陈其美、戴季陶、胡汉民、萱野长知、犬塚信太郎、宫崎寅藏等六人,在二楼秘密开会,协商事情,一概谢绝来客,并禁止家属入内,朱卓文在门口站岗,戒备森严。(日本外务省档案,1915年9月8日《孙文动静》,乙秘第1800号;俞辛焞、王振锁等译:《孙中山在日活动密录》,第434—435页)

△　班林书(即班麟书)来函,汇报回国之计划。班林书时任中

华革命党代理山东支部长,函称愿回国一次,到大连青岛诸处面见山东同志,商酌一切,筹划进行。目的有三:"(一)敦睦党员感情,(二)可以宣扬先生德意,(三)可以预备将来发动之计,以免临时仓卒意见参差。"但真正的目的是回国实施暗杀,认为"本党现在进行,计划宜稍注重于暗杀一途,夫以弱敌强,明攻为难,暗袭则易。唐诗有云:射人先射马,擒贼先擒王。谚曰:明枪易躲,暗箭难防。为今之计,既不得袁贼而戮之,当先杀其爪牙,取射人射马之计。盖袁贼护卫森严,固不易杀,至其走狗将军者流,暗杀之固易易也。苟取重要地点,炸其一二人,则袁贼势力自易震破,而革命元神自可随此爆裂之声活跃于神洲大陆,又何愁国民之不信任我哉"。暗杀从山东开始,"欲先自山东将军靳云鹏始。夫山东为南北重地,济南比近北京,靳某亦袁贼心腹,苟吾革命之文明爆药对准靳某之身,于历山明湖之间大轰一声,未始不可震起大江南无数豪杰共起讨贼,于袁贼帝王梦中,裂而焚之。盖暗杀之事,于原有势力无损,更能引起无数党人而取海内外同志之信用。先生如以其言可采,则暗杀靳某,林愿负完全责任,出发之际,更与先生立特别誓约,若靳某身无炸火,林愿甘当军令"。并请求保密,"至于事之计划,当然应守秘密,先生而外,不可令多人知之。盖林之父母家族皆在济南也"。悉后,批示:"所言若果诚心,可准其办理,惟费不得过应用之数。"(《班林书上总理函》,环龙路档案第03444号;《批班林书函》,《孙中山全集》第3卷,第191页)

9月8日　陈树人、胡汉民、陈其美(多次)、黄复生(两次)、邓铿、宫崎寅藏、廖仲恺、谢持、许崇智、戴季陶、居正、田桐等来访。陈其美并留宿于寓所。是日,收到头山满发来一快递邮件,中有来电。(日本外务省档案,1915年9月9日《孙文动静》,乙秘第1803号;俞辛焞、王振锁等译:《孙中山在日活动密录》,第435-436页)

9月9日　上午11时30分,留宿的陈其美离去。此后,廖仲恺、居正、陈其美等来访。下午5时10分,偕夫人和陈其美乘车至牛道区富久町110号,访胡汉民寓所,与许崇智、邓铿、廖仲恺等议事,并共进晚餐。晚9时10分,与夫人、陈其美一起告辞回寓。陈其美仍留宿孙寓。是日,向国外发出一邮件。(日本外务省档案,1915年9月10日《孙文动静》,乙秘第1811号;俞辛焞、王振锁等译:《孙中山在日活动密录》,第436页)

9月10日　胡汉民、戴季陶、廖仲恺、许崇智、田桐等来访。下午,向国外发出二邮件,给上海某人发去一电。(日本外务省档案,1915年9月11日《孙文动静》,乙秘第1814号;俞辛焞、王振锁等译:《孙中山在日活动密录》,第436页)

9月上旬　派朱执信赴南洋各埠筹款。朱致函古应芬,促其听命于孙中山。

函称:"诸兄等任一人来,弟皆可交代而去;若无人肯来,徒多去弟一人,则益使先生(指孙中山)伤心而已。弟非不知,循此以往,惟有死亡一途,而不忍使天下人视先生为二十余年奔走理事,乃无一人肯随之也。"并称:"先生已允调停,兄等须乘此时进言,勿使人以众叛亲离疑先生;而先生以兄等疏远之故,恐又不得不近佞人也。"(李穗梅主编、李兴国等整理:《古应芬家藏未刊函电文稿辑释》,第200页)

9月11日　田桐(两次)、居正(两次)、宫崎寅藏、萱野长知、黄复生、谢持、杨庶堪、廖仲恺、陈中孚、陈其美、戴季陶、和田瑞等来访。仇鳌来访时,因怀疑其为袁探,谢绝会见。(日本外务省档案,1915年9月12日《孙文动静》,乙秘第1817号;俞辛焞、王振锁等译:《孙中山在日活动密录》,第437页)

△　王道、萧美成、殷之辂来函,报告杨玉桥殉难情形。

函称,上海亚细亚报"敢于共和国体之下,大倡君主惑人心,其用心非变更国体,俾袁逆得有专责卖国之能力而不止"。时人痛愤,"故于该报出版之第二日,得义士杨玉桥之同意,由道处携爆烈弹,奋勇无前,向该报内抛掷,登时死五人,杨烈士亦同时以身殉之"。时年二十五岁。(《王道萧美成殷之辂报告杨玉桥殉难上总理函》,黄季陆主编:《革命文献》第48辑,第135—136页)

△　致函郑螺生、李源水、区慎刚等，嘱其鼎力筹款，并指示款项直汇本部。

函称："比来袁贼于国内信用大失，又值欧洲战乱，诚吾党恢复大业之机，维我海外同志，热心不懈，故望兄等能鼎力提倡筹款，以济军需。""此次吾人办事，鉴于前失，要取最统一之办法，庶事无所纷歧，事后不致冲突，对内对外方有完全之美果。所虑旧日同志未见及此，一时辄欲为一方面计，出外运动，筹款办事，其用心未必尽非，而于事实则殊无裨益。现在本部统筹全局，南洋、美洲设局筹款，俱直接汇到本部，以得本部弟亲发收据为凭。其有以他种名义未经本部承认与未得本部收据者，将来概不负责。"(《致郑螺生等函》,《孙中山全集》第 3 卷,第 192 页)

△　国内报纸刊出"同盟救国党"在国内活动的消息。

是日,《盛京时报》称,"逆党"张煊、林虎、熊克武、白逾桓、张孝准、耿毅、赵正平、程潜、杨时杰、李根源、程子楷、陈强、谭人凤、陈治平等发起组织同盟救国党,散布宣言书。其本部设在东京,上海设有交通部,南洋一带设有支部。"该党与中华革命党分驰,其势力在孙派之上。现拟派人赴内地组织机关,借口帝制复活,耸动国人,图谋倡乱。"(《同盟救国党阴谋》,《盛京时报》1915 年 9 月 11 日,"民国要闻")

9 月 12 日　戴季陶、钮永建、田桐（三次）、居正（三次）、谢持、张毅、林德轩、廖仲恺、陈中孚、萱野长知等来访。陈其美仍留宿孙寓。下午,偕来访的廖仲恺、萱野长知乘车至北半岛郡巢鸭町字上驹口 422 号田中昂宅,受晚餐招待。田中赠送日俄战争史相册一册和一把日本刀。是日,赤坂区葵町邮局就电报、通信事宜等问题来一电,随后即给赤坂区葵町邮局发去一函。(日本外务省档案,1915 年 9 月 13 日《孙文动静》,乙秘第 1823 号;俞辛焞、王振锁等译:《孙中山在日活动密录》,第 437—438 页)

△　是日,邓子瑜来函,报告民安栈经营困难情形。

函称:民安栈开业以来,所助党务颇著成效,独惜资本太少,不能支持。除此之外，事权不能统一也是经营困难的主要原因，"兼之股东李天如擅用私人赵子周，凡广属伙伴均归赵某主聘，而赵得此权限，更滥用私人，荒唐乱作，被其一人所累，既达六七百元之多。瑜则名为筹办人，实为股东傀儡"。本月5日曾召开第五次股东会议，讨论维持办法，"然各股东均不允充本，各埠同志又因办理债券未竣，不敢向之招股，混碍债券之进行，是于困难已极。欲任其倒闭，则关系党务窒碍重大；欲从事维持，则瑜困难万分，力之莫逮，无可如何"。后据徐统雄提议，"以其不充资本维持，亦不能任其倒闭，致碍大局。览乎前者之民安栈，有因股东滥用私人，致累多耗数百金，因之失败，不如各股东将所有股银送出本部，此后该栈求先生委人接办，而生理之盈亏，均归本部所有云云。此议经众议决，各股东亦署名将股送出矣"。并请示"将来办理若何"。(《邓子瑜报告民安栈困难情形上总理函》，黄季陆主编：《革命文献》第48辑，第112—113页)

9月15日，星洲支部长黄吉宸、徐统雄亦来函，请设法维持民安栈。函称：星洲自成立民安栈旅馆以还，其辅助党务进行颇著成效，"如敝支部之组织，党员之发达，实该栈有以提携而玉成之，以故各埠同志不啻视该栈为吾党交通之总汇机关。独惜资本微薄，周转维艰，合之尊处拨助之款，及交得之股，综计仅得二千八百六十元，竟能与各大旅馆相角逐，其进步之速，且日增而月不同。就以现在之局面而论，外人视之非万金曷克臻此，然此种办法，殆暂为目前斯可矣。若图永久，则是区区者，纵有巧妇，其何以为炊耶。顾维持民安栈为今日最重要而万不容缓之举，盖民安栈不幸而中辍，则支部当然弗能独存。不宁为是，即各埠机关与各同志之交通，亦因而梗阻，适足使一般敌党得乘机以逞信口揶揄，而人心之向背，难免不为所轩轻也。至维持之法，若再向各埠招股，则子瑜君为筹饷委员，当此发行债券时期，倘同时招股，似与办理债券相抵触，亦非妥善办法。该栈爰于本月五日开第五次股东会议，要求维持久远，无如各股东均以无力投资为辞。而且三数宵小徒中破坏，直诬第二次发出无印之证书，为敝支部伪造,他人不知,固无足异,不谓卢耀堂、何德如等,亦藉口于此,以耸惥同志幸灾乐祸,一若视为快心之事也者,是则大可异矣。其挟私怨而忘大局,如此同志云乎哉"。恳请"专函责之,当顾全大局,免致败坏党德而离散人心"。

并提出维持民安栈办法二条,请"择尤批准,从速电示遵行":(一)将原日所有股金,由各股东自行取销,全盘送归总部,由大总理委员赓续办理,并加拨五千元维持之。但此种办法宜用委员名义,且避去总部拨款之名,使投寓同志,无从藉言公业不付租食之弊。(二)如大总理不允第一种办法,则将该栈委邓子瑜君担任维持,并请借给五千元与邓君,以资扩充营业。因招股有碍债券,故不如拨借债券,使办理债券得单独进行也。

函中还称:民安栈与支部实有连带之关系,万一瓦解,则必影响及于支部,"以是极力挽留邓君暂撑此危局,以俟钧命,邓君始允担任。惟目前已由债券移出千余元与邓君,暂济燃眉之需矣"。并指出,主持民安栈者,实舍邓君莫属,"缘邓君于客栈营业富有经验,办理党务亦久,况知名者众,尤易得人。观其此次以最少之资本,创此难能之宏业,复查该栈六月份之进款不过五十三元五角,七月份则增至四百三十五元八角一分,及至八月份竟达七百五十七元四角三分,进步之速,一日千里,其办理之能中绳墨,足见一斑矣"。请求将此栈责之邓担任,俾资熟手,"想邓君以党为重,当必有以慰同志之热忱,而副大总理之期望也"。(《星洲支部长黄吉宸徐统雄请设法维持民安栈》,黄季陆主编:《革命文献》第48辑,第113—115页)

10月4日,孙中山将来函交总务部。5日中华革命党总务部即覆函黄吉宸、徐统雄,讨论续办民安栈事。函称:"据第五次股东大会决议二条,奉总理核准,参酌两种办法,以资尽善。而邓君子瑜同时亦有函呈总理,自愿承认经理该栈善后事宜。兹奉总理命,即派邓君子瑜为该栈总司理,各旧股东为董事,代本部办理该栈。准由本部拨给五千元,作为资本。除前拨一千元外,再由财政部发给债券四千元,交由贵支部转交邓君。所有一切善后,当由邓君按照营业性质,制定规则,整顿将来。惟此事经管匪易,同志藉辞负账等情,在所不免。为是再希贵交部通告各党员,须知本部出资维持,纯系为交通机关起见,并非为个人便利而设,务使人人各有维持之心,方不使经理者之随时棘手。"(《中华革命党总务部为续办民安栈事复黄吉宸徐统雄函》,黄季陆主编:《革命文献》第48辑,第115页)

　　10月6日,总务部又复函邓子瑜,转达孙中山指定办法四条:(甲)委邓子瑜为总司理,各旧股东为董事,代本部办理该栈。(乙)直接拨给该栈公债券五千元,但除前拨一千元,再由财政部添发四千元,以合要求之额。(丙)以后每月用费限制五百元以内。(丁)总司理人得聘定办事人员,但薪水务宜从廉。如年终营业所得利益,以半数分配各办事人为花红,半归总部。其款虽由本部拨给,而办理仍照营业性质,援有限公司惯例,责成邓子瑜全权经营,通盘筹备,极力整顿一切。并由财政部"函令星洲支部照数拨给,立为继续之资本。以后无论何人,不得借用公款,致生负账等弊"。(《中华革命党总务部为续办民安栈事复邓子瑜函》,黄季陆主编:《革命文献》第48辑,第116页)

　　9月13日　李若霖、刘心源、梁恢、陈洁、田桐(两次)、居正(两次)、方惟贞(携一孩童)、廖仲恺(两次)、萱野长知、胡汉民、许崇智、陈其美等来访。下午4时30分,偕陈其美、廖仲恺、胡汉民、许崇智到青山北町一丁目1号民国社。6时30分,与陈、廖、许一起离开该社回寓。晚9时廖仲恺、许崇智离去。陈其美仍留宿于寓所。是日,收到自国外来邮五件,横滨谭莱处来一函。(日本外务省档案,1915年9月14日《孙文动静》,乙秘第1828号;俞辛焞、王振锁等译:《孙中山在日活动密录》,第438—439页)

　　9月14日　王统一、何天炯、邓铿(两次)、许崇智、印度人巴库曼·辛(译音)等来访。对何天炯异常生气,并挥拳二三次。邓、许二人进内室躲避,何虽深表内疚,仍不获原谅,颇不安。下午,外出至青山北町民国社。是日,收到上海来函二件。(日本外务省档案,1915年9月

15 日《孙文动静》，乙秘第 1833 号；俞辛焞、王振锁等译：《孙中山在日活动密录》，第 439 页）

9 月 15 日　胡汉民、萱野长知、陈中孚、居正、廖仲恺、戴季陶、黄复生、杨庶堪、谢持、陈树人等来访。下午 5 时，留宿的陈其美外出，未回。上午，香港某人来一函。（日本外务省档案，1915 年 9 月 16 日《孙文动静》，乙秘第 1840 号；俞辛焞、王振锁等译：《孙中山在日活动密录》，第 439－440 页）

△　复函黄吉宸、徐统雄，略谈汇款之事。

函略谓："此后汇款，请照本部通告新迁住址，书付银行，当无错误也。宋、黄两君抵叻后，诸荷鼎力赞助，铭感不置。"（《复黄吉宸徐统雄函》，《孙中山全集》第 3 卷，第 192－193 页）

△　郭汉图来函，告以在省港经营前景可观，请给予资本支援。函称："自去年八月旋港，至今实未曾去港别往，因鉴前人之失败，故思挽救之方，而苦心孤诣，勉力经营，亦已期年。现自信颇见奇效，其完备之处，与别人营业别之霄壤，别人之营业或偏处一隅，或专一方，而全不注意省城之商务，如此岂能望其发达，故弟与一伟等专心研究，其商务必注重四通八达处处分设支店，其货极为畅销，其精神信仰之力，亦算充足……现在因生意大畅，资本未免困难，不能周转，亦从来未有与人借贷，惟有自受拮据，因见困难日甚，若不招股帮助，难免解体，则前功尽弃，惟可惜今已派人往南洋陈君处切磋，劝其入股，因他前者来函，有欲入股之意，故派人往商。然想先生处本是有资本之人，故敢通知，如能信仰，可否代为招股五万元，如不及或三万元亦可周转，如有意，则不妨帮助，更可由先生处派员监督财政，俾弟等极力经营，同派厚利，如何之处，请速覆我，以定弃取。"悉后，批示："心准代复以应酬语，以嘉勉之。"（《郭汉图上总理函》，环龙路档案第 01950 号）

△　邓泽如来函，介绍谢心准来见，函称："谢心准君为吾党之同志，自癸丑避地南来，仍复坚持宗旨，对于新组织并能鼓吹颇力。兹

拟来东谒见先生，欲得亲聆大教，俾得稍尽义务。望赐延纳并有以教之，幸甚。"（《邓泽如上总理函》，环龙路档案第 01407 号）

△　是日，《青年杂志》在上海创刊。自 1916 年 2 卷 1 号起改名为《新青年》。

9 月 16 日　居正、田桐、胡汉民、廖仲恺（三次）、萱野长知、戴季陶、陈树人、谭发等人来访。上午，昨日外出的陈其美回孙寓，下午又外出，未回，宿民国社。是日，上海某人来一函；上海法租界萧某来一挂号邮件。（日本外务省档案，1915 年 9 月 17 日《孙文动静》，乙秘第 1845 号；俞辛焞、王振锁等译：《孙中山在日活动密录》，第 440 页）

9 月 17 日　宋振、许崇智、胡汉民、廖仲恺、居正等来访。下午，至赤坂区灵南坂町 26 号访寺尾亨。归途至青山北町民国社。朱卓文、陈其美等人外出未回孙寓。是日，香港某人来一邮件；赤坂区葵町邮局来一有关通信事宜的函。（日本外务省档案，1915 年 9 月 18 日《孙文动静》，乙秘第 1849 号；俞辛焞、王振锁等译：《孙中山在日活动密录》，第 440－441 页）

9 月 18 日　上午 9 时 30 分，偕夫人等乘电车至上野公园，参观博物馆和动物园。12 时 30 分回寓。上午 11 时谢持来访，见已外出，即刻离去。下午，王统一、黄复生、杨庶堪、谢持（两次）、宫崎寅藏等来访。是日，镰仓大佛前黄某来一函；台湾基隆夏住民来一明信片；自新加坡来一函。（日本外务省档案，1915 年 9 月 19 日《孙文动静》，乙秘第 1856 号；俞辛焞、王振锁等译：《孙中山在日活动密录》，第 441 页）

△　是日，党务部居正呈请委任宿务、芙蓉、槟榔屿、仰光、嘛六呷各支部职员。

呈称，宿务支部长叶独醒请委薛家弼为调查科正主任，林伸寿为调查科副主任；芙蓉支部长伍熹石请委邓子实为总务科主任，请委林世安为槟榔屿支部长，廖桂生为总务科正主任，王镜波为党务科正主任，熊玉珊为财务科正主任，朱伯卿为财务科副主任；仰光支部长何

荫三请委李雁行为笠庇坦分部长;嘛六呷支部长沈鸿柏、龙道舜等请
委刘汉香为总务科正主任,蔡石泉为总务科副主任,郑炳南为党务科
正主任,邱仰峰为党务科副主任,张庆为财务科正主任,杨焜为财务
科副主任,姚金溪为交际科正主任,何纲为交际科副主任,陈炳坤为
调查科正主任,程文岳为调查科副主任。阅后批示:"行。"(《居正请委
宿务芙蓉槟榔屿仰光嘛六呷各支部职员上总理呈》,黄季陆主编:《革命文献》第
48 辑,第 70 页)

9 月 19 日　谢持(两次)、安健、夏重民(陪一中国妇女)、戴季
陶、许崇智、廖仲恺、杨庶堪、邓铿、居正、黄复生、田桐等来访。陈其
美回寓。昨日,许、廖、杨、邓、居、黄六人接到谢持通知,是日来共同
协商事情,谈约五个小时,晚 9 时 30 分离去。晚,和田瑞的车夫递函
来。是日,自收到国外给朱卓文的一邮件;自头山满宅转来国外来电
一件。(日本外务省档案,1915 年 9 月 20 日《孙文动静》,乙秘第 1859 号;俞辛
焞、王振锁等译:《孙中山在日活动密录》,第 441－442 页)

9 月 20 日　胡汉民、田桐(两次)、廖仲恺(两次)、谢持、肖萱、宋
振、许崇智、夏重民、苏无涯等来访。下午,来一函,封面写有"在东京
的中国人"字样。(日本外务省档案,1915 年 9 月 21 日《孙文动静》,乙秘第
1866 号;俞辛焞、王振锁等译:《孙中山在日活动密录》,第 442 页)

△　是日,指示党务部发布第 16 号通告,驳斥筹安会谬论,再次
揭露袁世凯帝制自为行径。

通告谓:"神奸窃柄,金壬弄权,专制炎威,炙手可热,求诸世界君
主立宪国中,亦不概见,遑论民主? 故虽曰民国,共和真髓,实无一
存,所存者,不过其名而已矣。""数年来蓄志以亡民国者,袁氏实为第
一人,外患不与焉。中日交涉之主动者,袁氏亦为第一人,日本且居
其次焉。与伥合力以拒虎,事宁有济? 害且随之。"

证据有四:"隔未四月,内外喧传,筹安会发生。筹安会者何? 一
种主张变更国体,改民主为君主之政治结社也。此种结社,何以不发
生于中日交涉以前? 又何以不发生于欧战结局以后? 由前言之,未

得密迩强邻之许可也,由后言之,虽得密迩强邻之许可,未得欧美列强之许可,惧有违言故也。事迹昭然,洞若观火,其足证明者一。""筹安会发生,日本一般报纸论调,都持反对态度,盖惧吾国有变动,贻累于其商务……亦所不惜焉。夫不惜于此,则必有倍于此之权利,足以相偿者可知矣,其足证明者二。""交涉中第五项,为日人希望之条件。中国承认开议,乃其始愿所不及者。交涉结果,卒至明定约内,俟诸后日。揣其情形,与夫当日报章所载,乃出于外交次长曹汝霖之自动,特为提出,载诸约内,为日人承认何种要求条件实行之保证。日人苟能履行此项条件,则履行之日,即为第五项开议之日,亦即为承认之日,否则当两消者然,怪奇幻离,其足证明者三。""京沪各西报,自筹安会发生,即有日本将以此时得中国政府承认在中国第五项权利之说。吾国人麻木不仁,醉生梦死,外人知觉与消息,常较吾国人为先,今作是说,决非无故,其足以证明者四。"

通告驳斥筹安会谬论有四:"以极端专制所得之恶果,归罪名存实亡之共和,犹之枭盗假名医术,暗以毒剂杀人,谋财折狱者,乃不归罪枭盗,不归罪毒剂,独归罪假名之医术,以为是害人物而禁之,违情背理,其悖谬一。""利害相权,轻重倒置,其悖谬二。""独颠倒是非,爱恶生死,其悖谬三。""该会力量,曷若当日之副总统与都督,其悖谬四。"

通告呼吁:"时事急矣! 团体变更,仅仅时日问题。""近来吾国社会中有一种流言,谓有国而后可以革命。本党今日敢反其意,以最正确最简单之语,敬告我海内外诸同胞曰:能速革命而后有国,否则事机一去,噬脐莫及,埃及、朝鲜,其前车矣。千钧一发,时不我与,惟我内外诸同胞速图之。"(《中华革命党务部为驳斥筹安会谬论通告》,黄季陆主编:《革命文献》第46辑,第12—17页)

9月21日 王统一、陈中孚、萱野长知、廖仲恺(两次)、安健、余祥辉、鹰取忠明(代头山满)、田桐、许崇智、黄复生、杨庶堪、胡汉民、居正、肖萱、戴季陶、谢持等来访,与陈其美一起,共同议事。是日,头山满转来一件国外来电;芝区明舟町鸟羽馆旅舍给周笑生来一函;另有来函来电数件。(日本外务省档案,1915 年 9 月 22 日《孙文动静》,乙秘第 1873 号;俞辛焞、王振锁等译:《孙中山在日活动密录》,第 443—444 页)

9 月 22 日　上午 9 时 20 分,偕夫人和朱卓文乘车去九段,参观游就馆,11 时 20 分返寓。上午 10 时 30 分,萱野长知陪同白井勘助来访,等候并面谈。随后,田桐、许崇智、宋振、郑铎麟、曾子乙、廖仲恺、和田瑞等来访。郑、曾来访时,与朱卓文面谈。下午,偕夫人乘人力车去银座和三越和服店购物。因卢夫人近日离日,下午将其八件行李送往新桥车站,由该站转至停泊在横滨港的春日丸上的中国人罗某。是日,由革命党本部民国社转来一电,收到函电数件。(日本外务省档案,1915 年 9 月 23 日《孙文动静》,乙秘第 1876 号;俞辛焞、王振锁等译:《孙中山在日活动密录》,第 444 页)

　△　批复马杰瑞等来函。

时任中华革命党域多利交通部长的马杰瑞来函,报告办理报务及筹款情况。悉后,批复:"着速将款寄金山筹饷局,以便早日汇寄前来应急!"(《批马杰瑞等函》,《孙中山全集》第 3 卷,第 193 页)

9 月 23 日　晨 7 时,偕卢夫人、阿春顺(女侍)和朱卓文乘车至东京车站。朱卓文陪同卢夫人乘 7 时 30 分车赴横滨。徐苏中、杨庶堪、田桐、王统一、胡汉民、许崇智、宋振(两次)、戴季陶、居正、安健、谢持、蒋介石、郭云楼等来访。

　△　是日,召集党内干部会议,确定人事任命。

先是,本月 19 日下午 3 时,曾召集党内干部商议事情。随后,参加会议的干部又召集各自部下,研究今后应采取的方针,并将此决议汇报给孙中山。孙中山以多数人的意向为基础,再三商议,确定了方针。22 日,以陈其美的名义发出书信。是日,又致电胡汉民、戴季陶等人,通知上午 10 点以前来孙寓所会议。胡汉民、田桐、居正、杨庶堪、许崇智、安健、徐苏中、戴季陶、宋振、王统一、谢持等到后,会集在内室,由孙中山和陈其美"作了种种讲话"。接着孙中山作了约一小时说明性谈话,然后各自发表意见。大家从下午2时20分至3时半之间,先后到青山七丁目民国社。下午4时,民国社的事务员郭云楼乘人力车来访,带来二十几份委任状,请孙中山在委任状上签字。逐份查阅了文字和姓名后签字并交给郭云楼。郭于4时25分离开,回到民国社。前段时期内再三协商讨论的人事任命事项于是日最终确定下来。(日本外务省档案,1915年9月24日《孙文动静》,乙秘第1881号;俞辛焞、王振锁等译:《孙中山在日活动密录》,第444—445页)

△ 党务部居正呈请委任巴双支部及吉生船分部职员。

据宋振报告,请委吴采若为巴双正支部长,郑受炳为总务科正主任,陈总为党务科正主任,谭进为财政科正主任;据夏重民报告,请委周柏祥为吉生船正分部长,吴芳为吉生船副分部长。党务部据之呈请委任。是日,批示:"行。"(《居正请委巴双支部及吉生船分部职员上总理呈》,黄季陆主编:《革命文献》第48辑,第70—71页)

△ 党务部居正呈请委任雪兰峨支部职员。

据雪兰峨支部陈占梅、张志升等函称,该支部经众推举陈占梅为正支部长,彭泽文为副支部长,张志升为财务科正主任。是日,党务部呈请委任。批示:"行。"(《居正请委雪兰峨支部职员上总理呈》,黄季陆主编:《革命文献》第48辑,第71页)

△ 是日,委胡汉民、宋振、杨庶堪为菲律宾筹饷特派员。(罗家伦主编,黄季陆、秦孝仪增订:《国父年谱(增订本)》上册,第677页)

9月24日 胡汉民、黄复生、杨庶堪、戴季陶、邓铿、许崇智、田桐、居正、钮永建等来访,从上午10时至下午2时在二楼一室,与陈其美一起秘密开会议事。此外,廖仲恺(两次)、郭云楼(两次)、宋振、萱野长知、宫崎寅藏、田中昂等亦来访。是日,王统一遣特使送来一函;发出函电多件。(日本外务省档案,1915年9月25日《孙文动静》,乙秘第1884号;俞辛焞、王振锁等译:《孙中山在日活动密录》,第446—447页)

△ 党务部居正呈请改委李竹田为天洋丸分部部长。

据苏无涯转呈林来报告,天洋丸唐正隆已他适,请改委李竹田为天洋丸分部长。是日，党务部呈请委任。批示："行。"（《居正请改委李竹田为天洋丸分部部长上总理呈》，黄季陆主编：《革命文献》第 48 辑，第 71—72 页）

△　薄子明等致函谢持，转请孙中山拯救青岛被捕党人。函称："本月十号，日署忽然秘捕党人，当晚捕去男女数十名，大加拷问，仆等幸脱，秘不能出，多法调查，始悉住青反贼刘星若（即刘心一）之毒计，函投日署，诬青岛党人纯系土匪，并指名明某事某案某等所作，故一切同人俱受坑陷。日署现已少察，知其情，将伊拘留署内。然彼现尚倔强不服，自称纯粹之党人，仆等决非善辈，始终欲□遂其奸谋。□将一切党人解送内地。当此之际，是非尚在难明，祈先生将此情形达知中山先生，速速来电声明刘贼奸谋，以为交涉之地步。"署名者有邓天乙、赵韶涵、薄子明等。（《薄子明等上总理函》，环龙路档案第 03228 号）

△　（萧）汉卫来函，详述美洲党务存在的问题，并提出建议。

函称，近来人心趋向革命党者日多，然支部中人终日开欢迎会，频于应酬，其他关于党务之进行，多置于脑后，虽有恳亲会之伟举，而收效则未见也。曾向支部条陈数事，以振党务。"然办事中人则无办事运筹之魄力，如美洲商业场中之 manager 者，苟得其人，则美洲华侨中之保皇党即稍有政治之观念者不难尽驱之于革命党之群，使之同化于我。今者筹款一事，若向美洲尽力以科学的法造去，则必多于黄花岗之役。"

信中对有关人员多有不满，称："前日于先生演说筹款之人物多变节，或绝国民党之门，若曾造过新官者，若钟荣光、钱树芬两物，则来美时，受尽不少欢迎，饮了不少酒，今则噤若寒蝉，只得一'作文章'之邓家彦现在纽约卖日本饼仔及谢英伯作《民气报》而已。"认为"根据社会心理学与经历所得确信得美洲能筹大款者，惜支部中人文士多而办事家小，故年来一筹莫展，百事无成，为可悲矣"。

信中建议："近日对于党事，当由先生委以全权组织党事者一人或二人,则美洲党势始有兴盛之望,若长以往一事不办,则真正无日矣。"同时加强宣传,"保党人物见于袁氏允日要求及称帝之举,大不满意,苟吾党人能以文字之力感化之,则未有不回头者,而用文字之力,则非即送小书册单张外无他物□曾商之支部,而支部以无款对,弟见于此无法可施,他日当发起一中华革命协会,以为此事,若章程草就,当寄党务部察阅"。(《汉卫上总理函》,环龙路档案第 04881 号)

9 月 25 日 上午,陈其美、□西峰□、阎崇义、廖仲恺、郭云楼、许崇智等来访。中午,胡汉民来访。下午,王统一、罗伟、刘佐成、林相、萱野长知、陈其美来访。下午,乘人力车至赤坂区青山北町民国社,与同志谈约三十分钟,并合影。是日,经头山满处转来国外电报一封。(日本外务省档案,1915 年 9 月 26 日《孙文动静》,乙秘第 1886 号;俞辛焞、王振锁等译:《孙中山在日活动密录》,第 447—448 页)

△ 是日,在民国社与三十余名准备回国的重要同志合影留念。

据日方情报,由于帝制问题日趋进展,不久将实现帝制,形势紧迫。中国国内的知识阶层人士也迫于形势,表面上表示赞成,而背地里持衷心反对意见者也不在少数。在东京的革命党认为这是革命良好时机。"散居于海内外的同志,正与其他各种结社取得联系。近日已相互沟通关系,所以决定将在最近举旗。"在东京的革命党员中,包括一些重要人物在内,将有许多人乘神户(或下关)开出的笠户丸回国。因此,是日,在作为中华革命党总部的民国社,以孙中山为首,为诀别三十余名重要人物而摄影留念。(日本外务省档案,《关于中华革命党之事》,乙秘第 1885 号,1915 年 9 月 26 日;俞辛焞、王振锁等译:《孙中山在日活动密录》,第 734—735 页)据闻,不单是为纪念这次的举动,还向六十余人颁发了此前拟好的关于分担革命运动的委任状。这次诀别留影,是为接受委任状的人这次回国开展各方面运动提供某些手段。(日本外务省档案,1915 年 9 月 27 日《关于中华革命党之事》,乙秘第 1888 号;俞辛焞、王振锁等译:《孙中山在日活动密录》,第 736 页)

9 月 26 日 上午 10 时 15 分,政法学校学生仇鳌前来探访陈其美,被告知陈外出未在,遂要求会见,因怀疑其为袁探,谢绝会见之。随后,居正、覃振、廖仲恺、田桐、和田瑞、蒋介石、余祥辉、安健、徐昌侯等来访。安健、徐昌侯二人来访时,说安可见,疑徐为袁探,不见,请安明日来,遂谢绝会见两人。是日,葵町邮局就通信事宜又来一函;自上海来函两件;发出函电多件。(日本外务省档案,1915年9月27日《孙文动静》,乙秘第1892号;俞辛焞、王振锁等译:《孙中山在日活动密录》,第448—449页)

△　部分在日的中华革命党骨干开始回国。

据是日日方情报称,袁世凯称帝阴谋引发中国国内社会强烈不满,造成革命良机。前不久,长江沿岸一带的人民,特地派代表来日,向孙中山询问有关帝制问题的意见,并鼓动发动讨袁义军。南洋方面的同志自不必说,其他方面的一般中国人也反对帝制,敦促讨袁。保皇党首领梁启超也声明坚决反对袁当皇帝,主张虽不同于革命党,但若袁即帝位,则表示出要与革命党共同行动的态度。"这样,自然就出现人心归于革命党的倾向。因此,革命党如失此良机,则再难以得到这样的好机会。与南洋及美国方面的同志取得联系,决心在此之际举旗倒袁,树起真正共和政治的大旗。一俟袁宣布称帝即位(革命党似乎确信袁将在明年一月一日即位),则在中国南方举起讨袁大旗,乘此民心所向与天赐良机,一举推翻袁。"为准备这一计划,在东京的革命党员中,除孙中山及戴季陶、王统一、田桐、廖仲恺(该四人在干部中最精通日语)等数人外,大多数重要人物都从是日开始,"三三五五分批回国,以便避开袁政府耳目,行动极其秘密"。由于从日本直接去上海,有被发觉之虞,大部分人都迂回途径大连、台湾等地,然后赴香港,再秘密进入上海的法国租界。第一批乘二十八日从神户开航的笠户丸,有胡汉民、许崇智、黄复生等五六人。陈其美也预定于十月十日左右回国,其回到上海后,据说东京的革命党总部将迁移到上海或者汉口,东京只作为一个通讯地点。

不仅如此,在南洋方面的革命党员,"也分别秘密行动,正准备陆续回国。在庇能(槟榔屿)的李烈钧,据说已经由新加坡,最近可能已潜入中国境内某地"。黄兴与孙中山向来意见多不一致。关于这次的行动,在时机方面也有不同意见,孙中山认为在复辟帝制的同时采取行动,黄主张复辟后,等待时机的自然成熟,"但在美国的同志,要求孙进行调停和解,为此,以戴季陶为中心正在与黄派在东京的同志反复磋商"。(*日本外务省档案,1915 年 9 月 27 日《关于中华革命党之事》,乙秘 1888 号;俞辛焞、王振锁等译:《孙中山在日活动密录》,第 735—736 页*)

9 月 27 日　上午,萱野长知、田桐、居正、李执中、覃振等人来访。中午,许崇智来访;麴町区饭田町二丁目 53 号檀上照相馆职员来访,取放大二百零六张照片之费用后离去。下午,邓铿、廖仲恺、覃振等人来访。是日,上海肖某来一挂号邮件;□械和陈孔各来一函。(*日本外务省档案,1915 年 9 月 28 日《孙文动静》,乙秘第 1899 号;俞辛焞、王振锁等译:《孙中山在日活动密录》,第 449 页*)

△　致函王敬祥,嘱加快筹款,并略及同志之间的关系。

函称:"前周倩英士奉商筹措之款,恳速鼎力,因各方面事情甚急,亟须有以应付也。黄展云君当已晤面,如捐募等方法咄嗟未办,则望设法暂垫,俾得维持。此为时日问题,大局即受赐不浅,幸速为之,无任祷盼。"在信中还述及同志之间的关系,称:"黄大椿信,想传闻者过。惟夏重民向与黄伯群有恶感,伯群前曾入公民党为干事,多夸张无实之举动;夏以党事嫉之已甚,故二人交恶。而两方之言,类多过实。伯群此次往闽,系专听刘佐成指挥,伯群曾在弟处,承其以前作事之失,然伊决不足以独当一方面,刘佐成亦知之,陈自觉则偏于伯群者。至谓重民造谣,破坏大局,当不至是也。"(*《致王敬祥函》,《孙中山全集》第 3 卷,第 193—194 页*)

△　陈家鼐来函,表示愿意出面调和各方面意见,为党内统一尽力。

函称:迩来东京出现同盟救国党以及革命联合会各种名目,时有所闻,而近日并有革命联合会中重要军人来劝加入彼会,婉辞拒绝,并劝其同为革命,不必另立门户,"而若辈不但不以鼐言为然,反痛责鼐不用服从先生一人为一姓之奴隶革命党,种种荒谬言语,笔难尽书。然只好忍耐,不与之计较,以全大局而已。惜若辈不知革命大义殊可叹也"。表示:"吾党既公推先生为革命首领,当然服从先生,而尽革命之责任,况我辈军人以绝对服从为天职,当此秘密进行革命时代,而能岂可任意毁党造党乎,稍有知识者,必不以为然也。然既有如此现象发现,鼐实不忍坐视,现在决意出而纠合一般中坚同志,调和各方面意见,无论如何困难,誓必达到革命统一之目的而后已。鼐虽无他能,然苟利于党,虽效奔走微劳,亦心所愿也。"(《陈家鼐上总理函》,环龙路档案第 07299 号)

9 月 28 日　上午,刘佐成、罗伟二人来访,未见。随后,陈其美、萱野长知、肖萱、邓铿、罗翼群、陈中孚、廖仲恺等相继来访。中午,吴大洲来访,直到晚 7 时许才离去。下午,戴季陶、宋振、许崇智、胡汉民、黄增者等来访。4 时,刘佐成又来访,仍谢绝会见之,刘递交一函后即离去。晚 7 时许,印度人摩加基、卡布特来访。陈其美、朱卓文仍留宿。是日,和田瑞来一函;本乡区菊坂町 70 号酒井正雄来一快递邮件。(日本外务省档案,1915 年 9 月 29 日《孙文动静》,乙秘第 1904 号;俞辛焞、王振锁等译:《孙中山在日活动密录》,第 449—450 页)

9 月 29 日　上午 8 时 30 分,梅屋庄吉乘车来访。9 时,与陈其美、梅屋乘车至久保梅屋宅(中途杨庶堪上车)。下午 2 时,与陈、杨离开梅屋宅,经练兵场至青山北町民国社。在民国社和陈分手,和杨一起返寓。期间,胡汉民来访,未能相见。随后,和田瑞来访。下午 6 时许,杨庶堪离去。晚,陈其美返寓。(日本外务省档案,1915 年 9 月 30 日《孙文动静》,乙秘第 1910 号;俞辛焞、王振锁等译:《孙中山在日活动密录》,第 450—451 页)

9 月 30 日　下午,阎崇义、张宗海、胡汉民来访。下午 3 时 30 分,头山满夫人来访,避开人谈十分钟后离去(似带电报和现金)。其后,詹大悲来访,谢绝会见之。安健、菊池良一来访。是日,收到上海来函多件。（日本外务省档案，1915 年 10 月 1 日《孙文动静》，乙秘第 1917 号；俞辛焞、王振锁等译：《孙中山在日活动密录》，第 451 页）

△　是日，为陈其美、胡汉民、许崇智等七人赴南洋筹款事致函南洋同志。

函称，"以先烈无量之头颅、无量之热血所获得之共和两字空名，行将归于消灭，是可忍，孰不可忍？……本党决意积极进行，举年来所希望、所预备者，决定大举计划，务期一举即达吾党素志"。"惟举义要件，不外乎兵力财力；而扩充本党之势力，则整理党务更为必要。且国内同志虽有舍身为国之毅力，而财力上之补助，不能不望国外同志之协力输将，是以本党特派陈其美、胡汉民、许崇智、杨庶堪、宋振、郑鹤年、邓铿七君，分赴南洋各属，筹募起义军饷及协办整理党务之事宜。诸同志热诚爱国，素为弟等所钦佩，国民所素仰，当此革命事业急待进行之时，务望与此次特派诸君协力办理，俾筹款及整理党务两事，早一日就绪，即可早一日起兵。"（《致南洋同志》，《孙中山全集》第 3 卷，第 194—195 页）

是月　陈炯明、马育航等人与邹鲁密商讨袁事，在香港设立工作机构。随后又亲自前往香港，召开会议，决定分工如下：陈炯明负责东江地区；苏慎初负责高、廉、雷、钦地区；姚雨平负责广惠地区；邹鲁负责潮梅地区。陈炯明于是年冬潜回博罗一带，招集旧部，组织"讨逆共和军"，计划十路十八支队同时起兵。（《惠州举义记》，黄季陆主编：《革命文献》第 47 辑，第 395—396 页）

9 月至 10 月　派林焕廷至越南，为讨龙筹饷。

林到越后，即召集西堤各同志商议讨龙筹饷事。到会人数约百余人，起初均表承奉孙中山意旨，但数日后"则志向各异，竟作反对孙总理之空气出现，有拥陈炯明者，有拥唐继尧者，而财政地位几不能成立矣！幸有少数同志，坚持拥护孙总理到底，即联合十数人……集合各同志筹办讨龙饷项"。指定香港公慎隆陈耀平为接收款项地址，是年 10 月 9 日，在堤岸亚东兴三楼开办秘密筹饷，至 1918 年 4 月结束,经付往香港陈耀平转财政部收饷银,前后共汇八次,银一万八千元。(《安南筹办讨龙军饷经过》,黄季陆主编:《革命文献》第 45 辑,第 671—673 页)

10 月

10 月 1 日　上午 9 时,昨日外出的陈其美返回。随后,胡汉民、钮永建、萱野长知、王统一等来访。下午 1 时 30 分,陈其美又外出,未回。下午,廖仲恺、郭云楼、戴季陶(两次)、和田瑞、额田傅七(医师)等来访。是日,收到各地来的函电多件,其中有麴町区饭田町六丁目 1 号长盛馆的某人来函;向香港集智亭和外国某人各发去一函。(日本外务省档案,1915 年 10 月 2 日《孙文动静》,乙秘第 1921 号;俞辛焞、王振锁等译:《孙中山在日活动密录》,第 451—452 页)

△　党务部部长居正呈请委任驾芽鄢支部职员。

驾芽鄢支部长黎玉墀、吴世华等来函,请委任张侯椿为财务科正主任,林忠华为交际科正主任。是日,党务部呈文请示。悉后批示:"行。"(《居正请委驾芽鄢支部职员上总理呈》,黄季陆主编:《革命文献》第 48 辑,第 72 页)

△　审阅山西支部军事计划书。

该计划书提出:"按山西地势及现时之情形状况,非有南省起义决不能发动,否则一败涂地,不可收拾。而山西全省情形可划为中北南三段",并列举各地可以参与举义的队伍和人数,且称:"惟于义丁一方,军械虽有三分之二,然子弹缺乏,实难持久,此一大困难也。如南方起义之后,山西出全省之力,或攻击或牵制或阻滞,于全局亦不无小补也。"阅后,批示交军事部存档。(《山西支部军事计划书》,黄季陆主编:《革命文献》第 48 辑,第 171—174 页)

10 月 2 日　夏尔玛、廖仲恺、肖萱等来访。(日本外务省档案,1915

年10月3日《孙文动静》,乙秘第1926号;俞辛焞、王振锁等译:《孙中山在日活动密录》,第452页)

10月3日 上午,丁仁杰、山本俊麿来访。下午,宋振、黄展云、廖仲恺、刘德泽、明德恒、杨庶堪、丁仁杰(再次)等来访。夏之麒、赵铁桥来访时,谢绝与其会见。麹町区饭田町檀上照相馆送来陈其美加洗照片二百六十张。(日本外务省档案,1915年10月4日《孙文动静》,乙秘第1929号;俞辛焞、王振锁等译:《孙中山在日活动密录》,第452—453页)

△ 是日,致函邓泽如,告知陈其美、许崇智等将赴南洋筹款。

函称:袁氏卖国交涉,公然帝政,革命不可避免,"内外人心,愤激异常,即袁素所亲信者,亦多叛离,吾人手创共和,更复何能忍是?"但经费是革命的重要保证,"顾两年以来,谋之非不急,任事者亦各致其力,乃辄因经济支绌,往往功败垂成"。并解释派陈、许赴南洋的理由:"今兹拟厚集吾力,乘时大起,非先筹有巨宗款项不办,故派委陈英士君、许汝为君、邓仲原〔元〕君南行,至英荷及暹罗各属筹措饷需,其意尤注重荷属。"并着重介绍了陈其美,称:"陈君为吾党健者,第一次革命,于沪上握东南之锁钥,其功最大,至第二次革命后,志意极为坚锐,本部成立,以掌总务,实能代弟任劳任怨。"信中还告知胡汉民"日间亦往小吕宋筹款"。(《致邓泽如函》,《孙中山全集》第3卷,第195—196页)

10月4日 张方井(服装商,居横滨市山下町80号)、刘德泽、胡汉民、廖仲恺(两次)、邓铿、吴伯、许崇智、萱野长知、蒋介石、周之贞、谢心准等来访。上午10时,偕朱卓文至青山北町民国社,与二十来人议事。(日本外务省档案,1915年10月5日《孙文动静》,乙秘第1938号;俞辛焞、王振锁等译:《孙中山在日活动密录》,第453页)

△ 蔡奎祥致函陈其美,述西南发动相关布置情况,请转呈孙中山。

函称,其于上月17日辞别登舟,27日抵香港,与申江仿佛,滇中前来诸同志均在相候,到后即商令张文艺、杜去恨等先后潜入内地,

"亦定于本月四号动身,此行不达目的不止"。并报告有关情况如下:
"(一)凌霄君为吾党义侠男儿,因乏款踏此危机,且波及湘同志之应款者同时枪毙,一闻其语,心骨俱悲,凌现由死中逃生,急恳从速汇款医痊,以备指臂之用。(二)奎此番返国,渡过太平洋,此身即作既死观,惟鸿毛泰山不可不权其轻重,印度人同乘一船,由沪开轮时,该等召集同人开会演说,非革命不可图存,词意悲切,声泪俱下,殊船抵香港,船主暗通消息,英人多方检查,扣留印度人二十余名。亡国奴之痛苦如是,奎也何人而敢袖手旁观,坐枕安逸乎。(三)叶君已赴小吕宋筹款,奎来未晤,粤事据他同志言之,恐一时不能收效,桂事因党人意见纷歧,且经济困难,亦非目前所能动。(四)滇中可靠同志及军官已被唐继尧派送数人入京,不识曾否泄漏消息,故促张杜等急急进去。(五)滇中已宣布戒严,因刘贼显世党羽盘踞该省,安君等均劝奎不宜遽入,奎以为不入虎穴焉得虎子,古今许多伟大事业未有不由艰难险阻中成者,但须郑重出之,不可孟浪从事耳。(六)前来刘德泽君亦勇于做事者,惟性情急躁,恐进去有碍,已劝令暂留中途,先令张文艺君潜进,杜去恨继之,张君极好,杜稍染留学生气习,渐有不明之处,奎苦口谏之,幸尚听从,不至误事。(七)带来之款,尚余陆佰元之谱,奎恐渠等滥用,于事无补,已勒令交与杨华,杨颇明大义,现已急急筹借小款,以备临时紧急需用。(八)奎所得律费除在东开除外,又在沪挪出数十元接济病穷同志,现仅余五十余元,简君与奎偕行,纵多方节省,实行不敷,已函滇中代筹,送至河口,勉强混进,再为设法,尚望先生维持,倘十分困难,不能接济,亦请函知滇同志,代为张罗,俾奎得以分其余力兼营敝省,庶免得此失彼之虞。奎实碍难启齿,祈谅之。(九)详查滇省关系西南甚为重要,倘能得此作根据地,出其余力以谋黔川,则粤桂湘鄂诸省何患不能响应。(十)奎入滇后详加调查,苟一举可望成功,无论如何艰险,自当乘时首义,否则与其轻举妄动,徒伤元气,宁可蓄锐养精,扩充实力,兼营黔川,以俟他省发动,然后大举。"(《蔡奎祥上陈其美函》,环龙路档案第04061号)

10月5日　上午10时,外出至青山北町民国社,与二十来位即将回国参加革命活动的同志面谈,下午1时回寓。下午,胡汉民、黄增耇、印度人Mukhjel、苏无涯、伍洪培、和田瑞等来访。是日收到函电多件,其中有来自上海致长林生的一件信函、居本乡区菊坂町70号陈孔宅某人的来函。(*日本外务省档案,1915年10月6日《孙文动静》,乙秘第1944号;俞辛焞、王振锁等译:《孙中山在日活动密录》,第453—454页*)

10月6日　陈树人、苏无涯、谢心准(两次)、伍洪培(两次)、丁仁杰、廖仲恺、张方井、许崇智、周之贞、谢持等来访。上午10时30分,步行至青山北町民国社,在总务部长办公室阅读材料,12时30分回寓。期间,苏无涯、谢心准、伍洪培来寓造访,值已外出,未能相见。是日,自横滨市山下町179号和香港各来一邮件。(*日本外务省档案,1915年10月7日《孙文动静》,乙秘第1952号;俞辛焞、王振锁等译:《孙中山在日活动密录》,第454—455页*)

△　总务部部长陈其美呈请委任张祖汉为军事部第二局局长。

10月5日,军事部部长许崇智函请总务部呈请委任张祖汉为军事部第二局局长。据许函中介绍,张乃"前清时由闽省讲武学校毕业,第一次起义与各同志组织闽省同盟会,成效甚著。光复后历充军务部执法科长及邵武府知事等职,均实心实力,一扫官僚敷衍贪污恶习"。许崇智开办新兵团,以期整顿闽省军队,也曾委该员"以征兵训练事务,第二次独立亦复极力进行","热心任事,常变不渝,堪以委充本部第二局局长"。是日,总务部呈请察核,阅后批示:"行。"(*《陈其美呈请委任张祖汉为总务部第二局局长上总理呈》,黄季陆主编:《革命文献》第48辑,第16—17页*)

△　党务部长居正呈请委任横滨支部职员。

先是,苏无涯、刘廷汉等至党务部面称,横滨支部业已组织就绪,请委黄绰民为正支部长,陈自觉为副支部长。是日,党务部呈请鉴核。批示:"行。"(*《居正请委横滨支部职员上总理呈》,黄季陆主编:《革命文献》第48辑,第72页。*)

△ 批示总务部复函邓子瑜。

中华革命党总务部长陈其美来函,请派邓子瑜为新加坡民安栈总司理事。悉后批示回复:"委足下为总司理,各旧股东为董事,代本部办理该栈。"(《批总务部复邓子瑜函》,《孙中山全集》第 3 卷,第 196 页)

10 月 7 日,陈其美复函星洲支部,转达孙中山指示,派邓子瑜任民安栈总司理。函称:"所称民安栈,关系本党在南洋交通机关一节,自属实情,现因经费不充,不得不商筹继续办法。据第五次股东大会决议二条,奉总理核准,参酌两种办法,以资尽善。而邓君子瑜,同时亦有函呈总理,自愿承认经理该栈善后事宜。兹奉总理命,即派邓君子瑜为该栈总司理,各旧股东为董事,代本部办理该栈。准由本部拨给五千元作为资本,除前拨一千元外,再由财政部发给债券四千元,交由贵支部转交邓君。所有一切善后,当由邓君按照营业性质,制定规则整理,将来惟此事经管匪易,同志藉辞负账等情,在所不免,为是再希贵支部通告各党员,须知本部出资维持,纯系为交通机关起见,并非为个人便利而设,务使人人各有维持之心,方不使经理者之随时棘手。"(《陈其美复星洲支部派邓子瑜任民安栈总司理函》,黄季陆主编:《革命文献》第 45 辑,第 624 页)

△ 回复叶独醒来函,嘱其协助胡汉民等筹款。

函称:袁氏运动帝制,明目张胆,海内人心,不胜愤激,天怒人怨,众叛亲离。兴师讨贼,急不容缓,拟再遣胡汉民(前广东都督)、杨庶堪(前四川民政长)偕宋振"前赴飞岛,筹备军资,务期得达巨额,以与南洋、金山各处捐款相应。一面命令内地同人,准备款集即发"。并嘱叶等鼎力协助,"当此时机,必能有济于事,深望吾兄于筹款一着,再三加意也"。(《复叶独醒函》,《孙中山全集》第 3 卷,第 196—197 页)

△ 派石青阳赴川,策动起兵讨袁。

据《四川护国之役纪实》称:"先是,中山以为讨袁,四川革命为急。三年秋,以卢师谛为中华革命军四川总司令,吕超为川南区司令,石青阳为川东区司令。"于是,石青阳奉命回国,与郭崇矩、张佐臣、刘扬取道昆明，"唐继尧将助之，云须称护国军，青阳未决，佐臣以为权藉之亦可。刘扬因曰：实负总理命。青阳遂谢继尧，继尧以是不肯助青阳。临行，仅馈二千金。青阳以之治军装及旅费。入酉阳时，李善波与酉阳人王子履、王子骦方起义龚滩，号复兴中华革命军"。（四川文史资料研究馆编：《四川军阀史料》第1辑，第74、82页，）

国内报纸也指出，四川川南省界各地，"乱徒蜂起，势颇猖獗。闻该乱徒性质暴烈，危险异常，于政局前途尤为可虑"。"四川有革命党陆续入境，有与军队勾通声气消息，川省民心因此颇形动摇。"（《四川果首先发难耶》，《盛京时报》1915年10月15日，"东亚之情势"）

△　陈炯明等在南洋秘密加紧反日反袁活动。

是日，陈炯明致函李源水、郑螺生、李孝章等，告以："刻已抵坡，此行仍取秘密，以期便于作事，吾国前途异常危险，日本出其狡狯手段，利用袁氏变支那为朝鲜，一面耸动民党坠其诡谲之计，吾党一有不慎，必至以救国之心事结亡国之恶果，洵可惧也。弟等甫回东方，务必审清大局，然后联合各省中坚人物妥商挽救之方。诸兄暨各友关怀宗邦，当有以见教也。至粤中现亦有谋，但弟已告诸友力作准备工夫，未可草草一试，盖现在局面非如昔日只属对袁问题也。"（程存洁：《南洋筹饷——广州博物馆藏孙中山及其同志有关筹饷手札集》，第190页）

10月7日　上午，外出至青山北町民国社。期间，徐苏中、田桐来访，未能相见。中午，横滨市山下町147号的侨海联谊会会员严华生来访。下午，廖仲恺、刘一恒、谢持、伍洪培、谢心准、周之贞、田桐等来访。晚7时，朱卓文乘车离开东京回国。（日本外务省档案，1915年10月8日《孙文动静》，乙秘第1961号；俞辛焞、王振锁等译：《孙中山在日活动密录》，第455页）

△　朱执信致函李源水等，告以孙中山派胡汉民总办南方数省革命之事。

函称：桂、滇、川、黔各地，"现已渐厌官礼品物腐败有害，趋向新派食品。其主要商人,亦已幡然,密通诚款,愿就范围。大局如此,定为我商界前途之福。现展兄已承总理之命,总办此数省事务。弟拟就彼一商进行良法,约计一月有余,可以往还"。(《朱执信告粤省情势致李源水等函》,黄季陆主编:《革命文献》第48辑,第103页)

△　吴大洲致函陈其美,请接济,指示答应之。

吴函称:自上海来东时,系向哲谋挪供川资,至此时久已用尽。"日前由本部借用卅元,移至本乡弓町本乡馆,已分文无存。且洲尚同来二三人,及原有在东之陈愈武、方润田等,皆须略予接济,因数人系山东纯粹分子,且有活动希望者。祈设法代筹数百元,俟青岛汇款到时,再行奉还。"孙中山批示:"此事可以答应,俟有款时给之。"(《吴大洲致陈其美请接济函》,黄季陆主编:《革命文献》第48辑,第167页)

10月8日　张方井、廖仲恺、王统一、胡汉民、黄增奇、邓铿、罗翼群、谢持、许崇智、杨庶堪、伍洪培、周之贞、谢心准等来访。上午,外出至青山北町民国社,后与戴季陶一同回寓。镰仓町长谷镰仓医院黄某来一函,另来国外两邮件。(日本外务省档案,1915年10月9日《孙文动静》,乙秘第1968号;俞辛焞、王振锁等译:《孙中山在日活动密录》,第455—456页)

10月9日　上午8时30分,麻布区广屋町1号树上院僧侣森永传次郎来访,递交内容为经文一函,并约稍后来访。10时再次来访,因需外出,未见,其即刻离去。随后,徐苏中、谢持、周之贞、谢心准、伍洪培、安健来访。上午10时30分,偕周之贞、谢心准、伍洪培、王统一等四人,步行外出。10时40分,中途回寓。11时,又偕以上四人至青山北町民国社,批阅文件。下午1时25分,偕以上四人回寓。下午,胡汉民、丁仁杰(两次)、刘廷濮、谢持、田桐、詹大悲、张汇滔、和田瑞等来访。是日,从头山宅转来国外电报一封;宫崎寅藏来一函;中华民国国庆纪念大会□□事务所和上海某人各来一函。另有函电多件。(日本外务省档案,1915年10月10日《孙文动静》,乙秘第1978号;俞辛焞、王振锁等译:《孙中山在日活动密录》,第456—457页)

　　△　是日,党务部居正呈请委任菲律宾、新加坡、海防、印度各支部职员。

　　据菲律宾支部吴宗明报告,该支部各职员因任满改选,特函请委任戴金华为正支部长,陈贵成为副支部长。新加坡联络委员许逸夫请委陈电洲为诗鹅联络委员,李汉为砂勝越联络委员,请委吴伯为琼侨联络委员;据李海云报告,海防支部业已成立,请委梁丽生为正支部长,杜子齐为副支部长;据印度汉雨翘、熊明兴等报告,该支部公举汉雨翘为正支部长,熊明兴为副支部长,朱明为总务科正主任,王梯云为总务科副主任,欧岳舟为党务科正主任,黄应辉为党务科副主任,欧卓兰为财务科正主任,李汉修为副主任,李玄为评议部正议长,熊文初为副议长。是日,批示:"行。"(《居正请委菲列宾新加坡海防印度各支部职员上总理呈》,黄季陆主编:《革命文献》第48辑,第72—73页)

　　△　接冯自由、刘崛自香港来函。函中报告广西陆荣廷派曾苏至港与伊等接洽情形及对付袁世凯方法;并称需重要军人主持进行。(罗家伦主编,黄季陆、秦孝仪增订:《国父年谱(增订本)》上册,第678页)

　　△　张静江致函郑螺生、李源水,询问款项情况,并告以国内革命形势。

　　8月17日,李源水曾致函孙中山,内有"计筹款所及者五六千元,约一二星期后达到八千,即行先付一万"等语。但迟迟未见汇款,故是日张静江致函询问。函称:"日前,此间前月廿八日以款项支绌,故分电尊处及暹逻萧佛成,请电汇接济。后约暹电汇二千余圆。惟至今未获尊处覆电,想必因有人从中播弄,致认捐者临时不能出款,抑有必故,请覆示为慰。"函中还告知有陕西、四川行动的消息,"以上两事倘能持久不变,加以袁氏称帝,众叛亲离,革命义旗,当翻翻于内地,以为响应也"。(程存洁:《南洋筹饷——广州博物馆藏孙中山及其同志有关筹饷手札集》,第234页)

　　10月10日　萱野长知、宋振、梅屋庄吉夫人、田桐等先后来访。下午,偕萱野、梅屋夫人一起乘车至芝区爱岩下町西洋家具店尾张屋,购买了两三件家具。和萱野分手后,又去银座二丁目酒井镜店购物。5 时 50 分,和梅屋夫人一起回寓。晚,梅屋夫人离去。(日本外务省档案,1915 年 10 月 11 日《孙文动静》,乙秘第 1986 号;俞辛焞、王振锁等译:《孙中山在日活动密录》,第 457—458 页)

△　革命党人和留日学生在东京举行中华民国四周年纪念大会,致贺词。

是日下午 2 时,在东京的革命志士季执中、覃振、戴季陶等于麹町区大手町大日本私立卫生会,召开中华民国四周年国庆纪念会,约一千二三百人参加。季执中致开幕词后,刘大同宣读了孙中山送来的贺词,然后大家合影留念及自愿演说。戴季陶、陈强、覃振、詹大悲、田桐、成均、张煊、康家伟(陈家鼐夫人)、李大斗、余祥炘、黄侦元、何飞雄、王梅森、熊尚文等先后演说。其中戴季陶说,“今天召开的纪念会,理应至少有二千多人到会,但只有一千多人到会,这是因为一些人屈服于袁总统的权势而没有到会,从这一趋势看,可看出袁的势力还很大。综合各种情报来看,袁称帝是确实的,并且显然要在近日内实现。我们同志要趁此时机崛起,为革命而努力。时至今日,在日本,同志们像今天这样的聚会,恐怕是最后一次”。这一疾呼唤起了与会者的同情。季执中又宣读了黄兴从美国发来的电文:“共和之本,创自东京,共和之基,存乎心理,一夫作乱,千夫能指,无病而死。”在王梅森、熊尚文的演说中,因有赞赏袁总统的词句,陈家鼐等学生对此表示愤慨,会场一度出现混乱。三呼中华民国万岁后,于 5 时散会。

孙中山的贺词内容如下:“文以不德,猥随国中仁人志士之后,张皇国事,卅有余年矣。辛亥之役,武唱〔昌〕首难,卒底成功。爰定此日为国庆,纪念其盛典也。于美有七月四日,于法有七月十四日,而于吾中华民国有此十月十日。中西媲隆,何其懿也。此皆所以求永矢于共和于弗替一日之泽,万礼之庆者也。乃者神奸窃国,妄希非分,民权善对,毁灭无遗。至敢藉口筹安,变及国体。同时遂有废罢国体庆之令，告朔饩羊，摧残靡击，叛逆不道，至斯而极！而吾国人于此日其亦念缔造艰难。国光之不易爱护之，斥匆失坠乎？抑但凄怆伤心，坐视民国之亡破，以为凭吊事也？庆吊唯吾自择，充斯义也，虽与天地同庥可也。爰为祝曰，觥觥民族，为国民之柢。共和纪元，千岁一遇；眷兹嘉辰，国以永府〔固〕。彼元恶者，与民为雠。既坏我权，又绝我庆。覆载不容，人神共愤。招〔昭〕示大义，由绖讨□。百尔君子，念诸先烈。"（日本外务省档案，1915 年 10 月 10 日《中华民国四周年国庆纪念大会之事》，乙秘第 1980 号；俞辛焞、王振锁等译：《孙中山在日活动密录》，第 748—750 页）

△　《民国》杂志发表胡汉民警告杨度书。

书中揭披杨氏所作所为，实乃袁氏父子指使，称："凡足下所称引论列举，不足以自完其说，有如足下素所持者，忧满、蒙、回、藏分离，故反对种族革命，今则五族共和无异词，而忽思以一族一姓，临以帝制，斯已大谬。足下又宣言辛亥之岁，本主帝制，格于武人，不能卒伸己意，乃筹安会立，首先求各省将军之赞可，其为矛盾自攻，无可辩护。稍有识者，亦审足下受人穿鼻，语不由衷。故足下非不知身在民国，国是不容扰乱，邪词惑众，邦有常刑，而敢率先干犯不韪，斯决为公路父子指令无疑，得此奥援，有如铁券，于是检察厅长，至不敢纠弹，而筹安会会长之气焰，几乎炙手可热。设有人起，与足下斟酌国情，论其是非，当亦嫌为迂阔。"

对此，胡汉民警告其将身败名裂："公路拥兵恣恶，犹能保其旦夕之地位者，以其犹戴共和之面具，是以国人迷惑徜徉，疑民党操之过蹙。若竟篡称帝号，则逆情暴彰，讨贼者名正言顺，莫为左袒，独夫之首，行见悬于太白。足下教猱升木，其何以逃民国之诛耶。且公路夙志已然，本不劳足下等之劝进，而觑机度势，常若不敢自决者，彼亦知名器之不可轻犯，若有反复，则当使陈玄伯更思其次耳。况攀鳞附翼，正大有人，足下自思，于彼何若。而踏众求荣，欲首邀推戴之赏，此事即遂，足下能为美新之文，必不甘于寂寞，无媒见妒，势必相残

(沈、宋无辜,徒以都人一言推毂,即便置死,此足下所知)。足下此时
虽欲以君家莽大夫终,亦不可得。里谚有之曰:枉作小人。其足下之
谓。夫卖文求禄,曲学逢时,纵其必得,犹为自爱者所不屑,况由足下
之道无往而非危。民国确认足下为罪人,袁家究不以足下为忠仆,徒
博得数十万金一时之挥霍,而身死名裂,何所取哉。"(《胡汉民警告杨度
书》,黄季陆主编:《革命文献》第46辑,第17—18页)

10月11日　上午,丁仁杰、居正、周之贞、谢心准、伍洪培、廖仲
恺来访。随后,偕来访的居正、周之贞、谢心准、伍洪培、廖仲恺等五
人至民国社,批阅文件。事毕和廖(仲恺)一起回寓。中午,萱野长
知、胡汉民来访。下午,杨庶堪、龙光、傅棠、吴光老、林德轩、朱锦等
来访。梅屋庄吉介绍按摩师酒井繁藏前来诊疗。(日本外务省档案,
1915年10月12日《孙文动静》,乙秘第1989号;俞辛焞、王振锁等译:《孙中山
在日活动密录》,第456页)

△　党务部居正呈请任免有关支分部职员。

据称,横槟支部长黄绰民、陈自觉等请委陈荷苏为总务科正主
任,陈泽景为财务科正主任,杨少佳为交际科正主任,成均为调查科
正主任,刘季谋为调查科副主任;广东琼州分部陈侠农、吴伯等请委
陈岛沧为总务科主任,陈得平为党务科主任,龙唐阶为财务科主任,
吴公侠为交际科主任,符公民为调查科主任;代理山东支部长班麟书
呈请辞职;山西支部长阎崇义因返国呈请辞职。是日,批准所请。
(《居正请委横滨琼州各支分部职员上总理呈》,黄季陆主编:《革命文献》第48
辑,第73—74页)

10月12日　上午,外出至民国社。下午,廖仲恺、宋振、胡汉
民、田桐、居正、周之贞、谢心准、萱野长知、林德轩、朱锦等来访。是
日,上海某人、香港井田饭店的井上某以及居住在长崎市小口町305
号新纳宅的凌某各来一函。(日本外务省档案,1915年10月13日《孙文动
静》,乙秘第1994号;俞辛焞、王振锁等译:《孙中山在日活动密录》,第458—459
页)

△　陈家鼐来函,告以提防谭蒙,并称陈学政可靠。

函称:据党员陈学政由上海来报告云,湖南党员谭蒙前在上海与汤芗铭派驻沪之坐探盛华林常联络一气,谭蒙之父亲尚在湖南将军署充当调查员。"既有如此之利害,若不早察觉,则我党之大事危矣。而谭又系入党最早之老党员,且前谭回国并在先生处领过律费,以前鼐实不明伊之行迹,而连月以来,经鼐派得力党员明查暗访,方了然其底细,以后一切机秘事万不能告伊知之,并不可发银钱与伊,以免受其愚也。"并告以陈学政此次由上海来,系由王道、黄本汉派来买药,不久即返沪,且陈前已在湖南浏阳平江一带连络一番,"现系与王道、黄本汉同谋进取岳州事,此人诚实可靠,断无有误也"。(《陈家鼐上总理函》,环龙路档案第04266号)

10月13日　长江清助来访,自称是宫崎寅藏的使者,送来桃中轩右卫门赠与的苹果并求见,谢绝会见之,其放下礼物后离去。上午,到民国社。下午,胡汉民、林德轩、仇鳌、田桐、丁仁杰、连城、孔立、梅屋庄吉夫人、陈其美等来访。下午4时20分,偕陈其美、梅屋夫人乘车外出,在赤坂区溜池桥与陈分手,至日本桥区路一丁目伴传商店,购买毛毯、垫子等物品。又至四谷区麴町十三丁目衣柜店购买衣柜。在内藤新宿甲武线车站与梅屋夫人分手后回寓。是日,横滨市山下町铃木□球游场的某人、本乡区菊坂町70号的陈孔各来一函。另有函电多件。(日本外务省档案,1915年10月14日《孙文动静》,乙秘第1997号;俞辛焞、王振锁等译:《孙中山在日活动密录》,第459—460页)

△　是日,党务部居正呈请委任菲律宾、新加坡、苏洛各支部职员。

据宋振报告,菲律宾支部陈贵成等请委黄开物为总务科主任,吴宗明为党务科主任,叶扳桂为财务科主任,黄三记为交际科主任,黄家声为调查科主任;据新加坡支部长黄吉宸、徐统雄等函称,该支部党务科副主任陈湛权,调查科副主任蓝衡史,因店事纷繁,不能兼顾等情辞职,请改委徐飞虎为党务科副主任,刘华生为调查科副主任;

据苏洛支部长张成谟、江琼波等函,请委江沃华为财务科副主任。悉后批示:"行。"(《居正请委菲列宾新加坡苏洛各支部职员上总理呈》,黄季陆主编:《革命文献》第48辑,第74—75页)

10 月 14 日　上午,安健、余祥辉、谢持、陈其美、邓铿、丁仁杰、宫崎寅藏等来访。上午 11 时 15 分,与陈其美、邓铿、丁仁杰一起步行至青山町民国社。郑仲廉、和田瑞来访,见不在寓,即刻离去。下午 1 时 30 分,偕陈其美、郑仲廉回寓。此后,宫崎寅藏(两次)、邓铿、胡汉民、廖仲恺、印度人塔库鲁、谢心准、孔立、连城等来访。孔立、连城二人来访时,告以明日去民国社,二人即刻离去。(日本外务省档案,1915 年 10 月 15 日《孙文动静》,乙秘第 2009 号;俞辛焞、王振锁等译:《孙中山在日活动密录》,第 460—461 页)

△　是日,居正遵示复函宿务支部长叶独醒。

9 月 25 日,叶致函孙中山及党务部,报告有关党务情况,孙中山交党务部回复。是日,居正复函称:"所言各节,亦系实在情形。惟近得内地来电,陕西已得十余县,四川、河南、湖北、湖南亦先后响应,其余各省,均筹尽成熟。惜经济缺乏,不能一致进行。本部同人,深为焦灼!况现值帝制之声,日甚一日,国基为之动摇,人心为之愤激,窃愿海外诸公,熟读楚子文汉卜氏各传,以救祖国危亡,匪特本党之幸,抑亦民国前途之福也。执事热心素著,尚祈勉为其难,力求最后之胜利。"同时,告知"总理已派胡汉民、杨庶堪、宋振诸君来菲、面商一切"。(《覆宿务支部长叶独醒函》,陈三井、居蜜合编:《居正先生全集》中册,第 105 页;黄季陆主编:《革命文献》第 45 辑,第 698 页)

10 月 15 日　上午,吴大洲、夏尔玛二人来访,约一小时后离去。吴大洲为山东司令长官,为策划山东起义,此后与吴大洲有多次会谈计议。随后,外出至民国社。中午,菊池良一来访,候一小时后离去。下午,与菊池良一离开回寓。王统一来访,与之面谈。随后,杨庶堪、傅常、刘一恒、伍洪培、萱野长知、田桐、谢心准、谢持、陈中孚等相继来访。(日本外务省档案,1915 年 10 月 16 日《孙文动静》,乙秘第 2021 号;俞

辛燀、王振锁等译：《孙中山在日活动密录》，第461—462页）

　　△　批复周应时呈。

　　周应时呈请取消所担任的中华革命党军事部副部长及江苏司令长官职务，另派贤能接管。悉后，批示："与英士酌量，由英士决夺办理。"（《批周应时呈》，《孙中山全集》第3卷，第197页）

　　是日，周应时亦为辞职事致函陈其美。函中所言，辞职的主要理由是缺少款项，招致多方怨言与不满，且不能发挥其为革命尽力之长处，于公于私皆不利，称："近更两手空空，供求不给，他人不谅，不免时有怨言，且有疑时有款不发者，有因给款不满其所求而退还者，有认为应发之款已允而无款可发者，种种失信遭谤，随在皆是。而本部实情，又难急切宣布，致或因恐慌而生意外，在他人未悉本部情形，及时所处景况，任意责备，无怪其然。但弟年岁方壮，区区不量，尚思有为，而现在日在疑谤之中，每念众口铄金、积毁销骨之语，良用心悸。夫牺牲一人，而有益于公家，牺牲可也。无益于公家，而大有损于个人，局外者不为，局中者亦未必肯为也。""故于今日，已正式呈请总理，另派贤能，来沪接管。敬乞先生从旁赞助，取消各项职务，俾时得以供各方之奔走，或可收效于万一。若今日者，枯坐沪隅，一无事事，有如木偶，为本部计，亦无取焉。"（《周应时为辞职事致陈其美函》，黄季陆主编：《革命文献》第48辑，第46页）

　　△　复函希炉革命党人，告以革命形势，并呼吁赞襄。

　　函称：袁氏假托共和，实行专制，大多数人俱切齿反对，"民贼之亡，当在旦夕。近更值欧洲战乱，无暇东顾，彼伧向所恃为外债军伙之接济者，已绝其来源，此正吾党光复大业之机会"。呼吁同志"共励进行，彼此扶助，以底于成也"。信中还告知已收到杨广达寄来的国民捐，以期消除误会，称："杨广达原是旧同志之曾任事者，故弟先委为筹饷员，惟近得正埠同志书，多不满于杨，而杨又对于谢苣原等有微词，究莫知其真相。国民捐一款，已由杨汇来，弟已照付收据，杨当可披示于众，以释群疑。至正埠既有组织，自可进行，亦不必因个人

感情,致沮大事也。"(《复希炉革命党人函》,《孙中山全集》第3卷,第197—198页)

　　△　陈炯明解释不加入中华革命党的理由。

　　南洋革命党人叶独醒曾劝说陈炯明与孙中山合作,加入中华革命党。是日,陈复叶函称:"弟与中山,本无丝毫意见。其改组新盟,实在去岁。维时居东同志,如黄、李、柏、谭、林、熊诸公以及各省重要党人,多半以其章程誓约,有背民党宗旨,均期期以为不可,未敢盲从。弟实居南,未闻其事,故游欧之后,乃知吾党因新盟之故,一时未能步调一致,乃询悉其章程誓约,实未妥善,欲出而斡旋,以中山当能从善如流也。南旋之后,闻改章易约一时未易办到,遂止南中,暂候机会。然中山亦曾以书见召,弟亦不惮以书致效。忽忽至今,此事未能达到,致劳同志有本党未有一致之忧,殊深抱憾。至章程誓约应否改良,判诸良心已得,无须赘述,述之反近于诋諆。现在国事已急,吾人只求宗旨坚定,切实向革命做去,各尽天职。至将来大功告成,党事自有一致之日,毋须远虑也。"(《陈炯明为党章程誓约问题复叶独醒函》,黄季陆主编:《革命文献》第48辑,第122—123页)

　　△　徐璞来函,报告在粤两次接洽黔军情况。函称,上年8月下间,悉委任邓铿办理广东革命事务,"全体闻之不胜踊赞,当时召集同乡军官密会研究,曾派代表到港,安叶两人介绍直与邓铿接洽。既后九月中,闻惠州佛山两处革军起义,复派代表到港,请于邓铿趁时发难,并邀援于动后各军食费"。不料,19、20两日,佛惠两路失败,"省中又加惊报,遂将黔军分调出防,廿一二等日,史古香之机关,老步之炸弹,运动滇军之李姓者,相继失败,惟史之租去□人被拿,供出黔军,廿三四陆续调回,密毙军官十余名,军士数十人,廿五日王度与璞前后揖逃至港,同居叶夏生处"。第一次接洽办理失败。本年3月,朱卓文到港,续办党事,"商安健,转仍任璞调查黔军,遗力设法响应,当舍身为之,幸同乡亲谊子弟向有报愤复仇之义,概然赞成,其势力地点虽不及前次之优,遇响时亦足以御一方,可望收指肩之效,满拟

将受指挥,以尽分子,不料朱卓文搁置来日,两同事住澳,三人业已驰港",接办亦无实效。此次道经上海,曾会安健,磋商黔军要则,意欲将黔军一部联络完备。"正筹划未熟,适闻贞丰致亲胡小昆在沪,其人系在桑梓办理团防事宜,颇有爱国之心,此次因召集同志起义,黔粤地方事发失败,现已来日,对于广东黔军方面,若得勷办,尚望扩充势力",故拟同小昆驰回港澳,"预为布置"。并请"饬令为首者转饬将接洽之军队士官,或系何营,或系何连,官士姓名,何处驻扎,系何地点,逐实详报,而免大都含糊办理,以顾将来此黔军之关系也"。(《徐璞上总理函》,环龙路档案第 02379 号)

△　陈学政来函,报告来东京的目的。

函称:8 月奉令回湘运动,后因"前年在马团同事之何致尧,刻在湘督署充当眼线,拿学政甚急,不得已暂避祸沪上。适遇王君道及黄君本汉,互相磋商,以炸药尚嫌缺少,嘱学政来东于陈支部长磋商。故于本月八号抵京,即拟晋谒,诚恐先生公务旁午,故往陈支部长处曾详细面述一切,想陈支部长已呈报先生处矣"。(《陈学政上总理函》,环龙路档案第 04277 号)

10 月 16 日　上午,丁仁杰来访。10 时 40 分,步行至民国社,12 时许返回。中午,王统一、廖仲恺来访,并用电话请和田瑞来。下午,张人杰、田桐(两次)、居正、戴季陶、萱野长知、苏无涯等来访。收到本乡区菊坂町 70 号陈孔的来函及各地函电多件。(日本外务省档案,1915 年 10 月 17 日《孙文动静》,乙秘第 2025 号;俞辛焞、王振锁等译:《孙中山在日活动密录》,第 462 页)

10 月 17 日　萱野长知、谭平先后来访。(日本外务省档案,1915 年 10 月 18 日《孙文动静》,乙秘第 2033 号;俞辛焞、王振锁等译:《孙中山在日活动密录》,第 462—463 页)

10 月 18 日　谢持、戴季陶、萱野长知、王统一、吴大洲、陈中孚、谢心准等来访。上午 10 时 20 分,外出至民国社,下午 1 时 15 分返回。上午 11 时,在民国社已见吴大洲;下午 3 时,其复至寓所,和萱野长知接洽。兵库县兵库宝塚医院的某人来一明信片。（日本外务省档案，1915 年 10 月 19 日《孙文动静》，乙秘第 2038 号；俞辛焞、王振锁等译：《孙中山在日活动密录》，第 463 页）

10 月 19 日　萱野长知、郑仲廉、吴大洲、伍洪培、周之贞等先后来访。上午 11 时，偕萱野长知至民国社。下午 1 时 10 分，偕萱野、胡汉民、廖仲恺回寓。是日，上海某人寄来中国报纸数张。（日本外务省档案，1915 年 10 月 20 日《孙文动静》，乙秘第 2047 号；俞辛焞、王振锁等译：《孙中山在日活动密录》，第 463—464 页）

　△　接见辞行回国之安徽支部长谭惟洋。（罗家伦主编，黄季陆、秦孝仪增订：《国父年谱（增订本）》上册，第 678 页）

10 月 20 日　上午，外出至麹町区麹町八丁目 18 号，访议员秋山定辅，离开时带走三十册西文杂志。下午，居正、萱野长知、吴大洲、田桐、邓铿、杨庶堪、郑鹤年、林德轩、周之贞、谢心准等人先后来访。晚，和田瑞派使者来访。是日，收到函电数件，其中自美国三藩市国民党支部来一函；居神田区中猿乐町王小山处某人来一函；居本乡区菊坂町宫岛宅的杜械和小石川区某人各来一函。（日本外务省档案，1915 年 10 月 21 日《孙文动静》，乙秘第 2056 号；俞辛焞、王振锁等译：《孙中山在日活动密录》，第 464 页）

10 月 21 日　上午，去民国社，约两小时。下午，廖仲恺、吴伯、蒋介石、萱野长知、田桐、余祥辉、伍洪培、吴大洲、居正等先后来访。（日本外务省档案，1915 年 10 月 22 日《孙文动静》，乙秘第 2059 号；俞辛焞、王振锁等译：《孙中山在日活动密录》，第 464—465 页）

　△　委周之贞为广州湾联络委员。（罗家伦主编，黄季陆、秦孝仪增订：《国父年谱（增订本）》上册，第 678 页）

10 月 22 日　胡汉民、廖仲恺、居正、田桐、和田瑞、宋振、吴大洲等先后来访。（日本外务省档案，1915 年 10 月 23 日《孙文动静》，乙秘第 2062 号；俞辛焞、王振锁等译：《孙中山在日活动密录》，第 465 页）

　△　黄铸九来函，介绍自己的革命经历，请求经费支持其在江苏一带行动。函称：近来政府日事苛征敛税，虚有共和之名，而行专制

之实,内政不修,外交丧权。今又倡复帝制,舆情反对,以兵戎相胁,人民处于水深火热之中,拯救之责非吾人其谁负。虽不敏,已派人分赴淮河下游一带,筹备一切,如五河、盱眙、天长、泗洲、灵璧、宿迁、睢宁、桃源等县,尽在掌握之中,一俟预备齐全,即行发难。"惟此刻经济窘困已达极点,同人等家产被抄,来源断绝,异乡飘零,求升斗之粟而匪易,前次派人行动等费由铸以私人名义筹措二百余金,已财尽力竭,来日方长,如各机关之经常费以及派人督察各处接洽一切,稍一行动,再再须资,刻下功亏一篑,中止可惜,势不得不求助于先生。"

(《黄铸九上总理函》,环龙路档案第 01035 号)

10 月 23 日　田桐、胡汉民、王子明、邓铿、居正、伍洪培、谢心准、周之贞等先后来访。是日,收到上海法租界郑昇三寄来的挂号邮件及上海某人来的一普通邮件。(日本外务省档案,1915 年 10 月 24 日《孙文动静》,乙秘第 2066 号;俞辛焞、王振锁等译:《孙中山在日活动密录》,第 465—466 页)

△　批示杨汉孙来函,指示多用书信方式传达信息。

时任中华革命党巴东支部长杨汉孙来函,报告捐款及汇款情形,并请密码本等事。悉后,批示答以:"现当欧战之际,凡经英国管治下之电局,检查甚严,所有不明白之电,皆不准发。则照来信所言,以商场通话编成密码,若简单则不敷于用,若详细则编制为难;且一电之语气,前后不接者,英电局亦必不发。是以以电报传时局之变,恐不能尽达其意,自后当着接洽海外同志局员,频频致书,将国内时局详报就是。"(《批杨汉孙函》,《孙中山全集》第 3 卷,第 198 页)

△　敬州侠客来函,请款发难。函称:岭东及广东之事确已有完全把握,无奈发难经济未曾筹足,故迟未发。"本拟亲来东京,与诸先生商酌办法,因陈贼炯明派邹鲁返港,又欲谋广东进行报销款项,但陈贼近日因李烈钧娶妻之事发生,筹得之款,侨胞纷纷问陈贼取回款项,陈贼无法可施,故派邹鲁返来,令人预先承办赌饷、烟饷、花捐饷,为进行之军费,因其归来,广东少受影响,特书前来,乞先生助一臂之

力。"表示：广东与岭东同时发难，尚欠一万五千元，岭东一方面则五千元足矣。愈速愈妙，款即到，即可发难，若不发难，甘受极刑。（《敬州侠客上总理函》，环龙路档案第02879号）

△　李心镜来函，表达拥护革命之情。

函称："虽然一国之事，人人负责，一切进行，非金莫属，海外侨民，素明大义，久苦于外人之欺凌，内向之心，纵毁家而纾难，在在有其人也。仆亦为国民之一份子，而身力能及之处，不惜寸舌，登门而唱，使之家喻户晓，则自然界之所以逼迫人者，定能踊跃输将，丰贮救国储金，为公之作后援，并晓以国民有奋斗精神，然后能享自由之幸福，国家危亡利害关系，逢人泣告，虽苦何辞。"（《李心镜上总理函》，环龙路档案第07379号）

△　叶独醒来函，请示阻止袁政府在美借款之法，并设立陆军速成学堂的想法。

函称："惟是袁贼一生多以金钱主义巴结手段逢迎尊上，残害生民，此之所谓能人，今又主动帝制，以遂其大欲，但他之所能者，恃以金钱而已。闻近使古德诺向美谋借五千万元，以为收买军心、收买人心及一切行军用武，以杀反对及违己者。如此款借成，不利我党，经于昨天，特电美洲三藩市林森先生，求其设法联力阻止等语，请祈知照，如何设法，曾经知会垠垣合力攻之。务经提议，欲设一所陆军速成学堂，□人数少，多未能及格，以是未能实行，经咨垠设法提倡，以为实际上求取者也。"（《叶独醒上总理函》，环龙路档案第06370号）

10月24日　丁仁杰（两次）、廖仲恺、胡汉民等来访。下午，乘车至东京站接自上海来的宋庆龄和一位中国妇女。是日，美国旧金山的某人来一电；美国的某人来一电；和田瑞来一函。指示丁仁杰向美国发去一函；给上海某人发一电。（日本外务省档案，1915年10月25日《孙文动静》，乙秘第2071号；俞辛焞、王振锁等译：《孙中山在日活动密录》，第466页）

△　上海革命党四十余人被捕。

据报纸消息,是日,四十余名革命党人在上海法租界被逮,"谣诼蜚语因此纷起,人心遂汹汹不安于其堵"。(《上海捕获革党四十余人》,《盛京时报》1915 年 10 月 27 日,"东亚之情势")

10 月 25 日　丁仁杰、和田瑞、杨庶堪、田桐、朱卓文、王统一、廖仲恺、宋振、谢持等来访。下午,廖仲恺再次来访。下午 4 时 30 分,偕宋庆龄乘车去牛道区袋町 5 号造访和田瑞,受晚餐招待。7 时偕和田瑞乘车离开,将和田送至赤坂区溜池待合三岛。下午 6 时 30 分,居正来访并等待,回寓后与之面谈。(日本外务省档案,1915 年 10 月 26 日《孙文动静》,乙秘第 2074 号;俞辛焞、王振锁等译:《孙中山在日活动密录》,第 466—467 页)

△　与宋庆龄在东京结婚,订立婚姻誓约书。

昨日下午,宋庆龄自沪抵东京,孙中山迎其回寓。是日下午 4 时 30 分,孙中山与庆龄在东京律师和田瑞家举行婚礼。和田瑞又接受委托到东京市政厅为孙中山、宋庆龄办理了结婚登记,并由他主持签订了婚姻誓约书。该誓约书一式三份,分别由孙中山、宋庆龄与和田瑞保存。

誓约共三条:"一、尽速办理符合中国法律的正式婚姻手续。二、将来永远保持夫妻关系,共同努力增进相互间之幸福。三、万一发生违反本誓约之行为,即受到法律上、社会上的任何制裁,亦不得有任何异议;而且为了保持各自之名誉,即使任何一方之亲属采取任何措施,亦不得有任何怨言。"上述诸条誓约,均系在见证人和田瑞面前各自的誓言,誓约之履行亦系和田瑞从中之协助督促。誓约书制成三份,誓约者各持一份,另一份存于见证人手中。(《与宋庆龄婚姻誓约书》,《孙中山全集》第 3 卷,第 199 页)

孙中山与宋庆龄结婚时,有同志反对孙中山再婚,于是孙中山对同志发表声言。称:"我爱我国,我爱我妻。我不是神,我是人。我是革命者,我不能受社会恶习惯所支配。"(郝盛潮主编、王耿雄等编:《孙中山集外集补编》,第 181 页)

关于和宋庆龄结婚一事,孙中山于 1918 年 10 月 17 日致康德黎函作如下说明:"从您最近的来信,我发觉您还没有获悉三年前我在东京第二次结婚的消息。我的妻子在一所美国大学受过教育,是我最早的一位同事和朋友的女儿。我现在过着一种前所未有的新的生活:一种真正的家庭生活,一位伴侣兼助手。""我的前妻不喜欢外出,因而在我流亡的日子里,她从未有在国外陪伴过我。她需要和她的老母亲定居在一起,并老是劝说我按照风俗再娶一个妻子。但我自己又离不开她。这样一来,除了同我的前妻协议离婚之外,再没有别的办法了。"(《致康德律函》1918 年 10 月 17 日,英文稿原载《国父全集》第 5 卷,第 416—419 页,陈明译;陈锡祺主编:《孙中山年谱长编》上册,第 960—961 页)

△ 是日,党务部长居正呈请委任黄益为衣士顿船分部部长。

据朱卓文函称,衣士顿船员黄益等遵章组织海外分部,业已成立,请委黄益为衣士顿船分部部长。总务部依规章,呈请总理鉴核批示施行。批准之。(《居正请委黄益为衣士顿船分部部长上总理呈》,黄季陆主编:《革命文献》第 48 辑,第 75 页)

△ 指示美洲国民党与保皇党酌量接洽。

芝加哥同志萧汉卫来函报告:美洲保皇党"近颇不直袁氏,屡函支部注意收纳,均置之不理",故拟设一中华革命协会,以融合一部分之失望者,请给委任状,以专事权。是日,批示:"答以当将来信详情转告支部,由彼地设法办理乃合,不能另给委任状。"11 月 4 日,又致函旧金山林森,告以"在美保皇党有与吾党接近之意,请就近酌量接洽"。(罗家伦主编,黄季陆、秦孝仪增订:《国父年谱(增订本)》上册,第 679—680 页;郝盛潮主编、王耿雄等编:《孙中山集外集补编》,第 182 页)

是日,管应启来函,请求援助管鹏案律师费。函称,管鹏之案虽已判结年余,而倪嗣冲贼心犹不死,"近复派该路副理程某出面赴浙,诉捏以私借私用之罪名,责以清理赔偿之义务",多方运动。"似此案已成立,吾方若不速延律师以为抵制,将来结果之险恶,仍不堪设想也。"但延律师必先律费,无法可设,恳请大力援救,"刻下已延罗杰律师包办。渠曾索费银五百两,启正以穷乏无出,恳其减少,虽减至何数不可知,大约有四百两上下之谱,当可成功"。(《管应启上总理函》,环龙路档案第 01041—1 号)

10 月 26 日　周之贞、胡汉民、廖仲恺、杨庶堪、刘一恒、田桐等先后来访。下午,偕宋庆龄外出,至日本桥区路丸善株式会社观览书籍。朱卓文、胡汉民也往观览。遇见印度人塔库鲁(译音),朱卓文与之寒暄。佯装未见,未交谈,不久离开丸善,和胡汉民分手,偕朱至银座三丁目十字屋及竹川町共益商会观赏乐器,后又至芝区琴平町室内装饰品店观赏家具。下午,安健来访,见不在寓,即刻离去。是日,横滨市某人来函两封;英国伦敦的某人来一函。(日本外务省档案,1915 年 10 月 27 日《孙文动静》,乙秘第 2079 号;俞辛焞、王振锁等译:《孙中山在日活动密录》,第 467—468 页)

△　汇款给澳门卢夫人。(中山市翠亨孙中山故居藏致卢夫人原函)

10 月 27 日　廖仲恺、胡汉民、王子明、安健、葛庞、杜去恨等来访。喻焜靖来访时,告以明日去民国社面谈,谢绝会见。上午,偕胡汉民、王子明去民国社。朱卓文外出,下午偕宋耀如夫妇返寓。下午,偕宋庆龄乘车至大久保百人町 350 号,访问梅屋庄吉。晚 10 时,偕宋耀如夫妇和宋庆龄乘车外出,在水道桥和宋夫妇分手,11 时返寓。期间,萱野长知、陈中孚来访,未能相见,即离去。是日,经头山宅转来一封国外电报。(日本外务省档案,1915 年 10 月 28 日《孙文动静》,乙秘第 2086 号;俞辛焞、王振锁等译:《孙中山在日活动密录》,第 468 页)

△　是日,复函叶独醒,对其招待卢夫人表示感谢。

函称:"日前内子过岷时,蒙君等种种招待,高谊隆情,感谢无既。兹读大函,对于内子复过承奖许,愧何克当。尊夫人在雾,能力辟颓风,造福世界,其热心处,良足与阁下之奔走国事,互相辉映。至所嘱内子以影片寄上一节,现因内子方在乡居,觅人摄影,殊为不便,异日若摄就后,当再寄呈也。"(《复叶独醒函》,《孙中山全集》第 3 卷,第 200 页)

△　萱野长知来商购械事。

是日下午 4 时，萱野长知、陈中孚来讨论购械事宜。适偕宋庆龄出访梅屋庄吉，萱野等寻至中华革命党本部，告以"大连方面能罗致枪械五百支，请本部从速购买，否则，恐益不易得也"。次日，萱野再次来谈。（罗家伦主编，黄季陆增订《国父年谱（增订本）》上册，第 680 页；日本外务省档案，1915 年 10 月 28—29 日《孙文动静》，乙秘第 2086 号、2089 号，俞辛焞、王振锁等译《孙中山在日活动密录》，第 468—469 页）

△　委石青阳为四川川东区司令官，刘国佐为川北区司令官，韩侯为下川南区司令官；委赖天球为南赣游击司令官，嗣改委为韶赣游击司令官。（罗家伦主编，黄季陆增订《国父年谱（增订本）》上册，第 680 页）

10 月 28 日　上午，喻焜靖来访，谢绝会见之，喻即刻离去。随后，廖仲恺、胡汉民、萱野长知、王统一、吴大洲、印度人塔库鲁、谢心准等相继来访。上午，外出去民国社。其间，刘德泽、明德恒二人来访，和朱卓文面谈。是日，神田区三崎町三崎馆的张汇滔来一邮件；宫崎寅藏来一函。（日本外务省档案，1915 年 10 月 29 日《孙文动静》，乙秘第 2089 号；俞辛焞、王振锁等译《孙中山在日活动密录》，第 468—469 页）

△　联名陈其美、张静江，以中华革命党总理名义给李源水等颁发委任状，委任李源水为霹雳筹饷局理财，郑螺生为霹雳筹饷局监督。（《给李源水等委任状二件》，《孙中山全集》第 3 卷，第 200—201 页）

10 月 29 日　上午，宋耀如、谢心准来访。上午 11 时 15 分，外出到民国社，下午 1 时 30 分回寓。下午 3 时，再次外出至民国社，4 时离开回寓。下午，胡汉民两次来访。晚 8 时许，周之贞来访，约 5 分钟后离去。是日，上海某人来一邮件。（日本外务省档案，1915 年 10 月 30 日《孙文动静》，乙秘第 2094 号；俞辛焞、王振锁等译《孙中山在日活动密录》，第 469—470 页）

△　准许崇智之请，同意陈其美留沪。

许崇智于本月 25 日来函，略谓："时机迫，人心动，保皇、进步二党，确有联合消息。吾党以周应时君独当其冲，恐应接不暇，拟留陈君驻沪,暂勿往南洋,亦已得其同意,请酌夺。"允之。(陈锡祺主编:《孙中山年谱长编》上册,第962页)陈其美与许崇智、邓铿奉命于10月14日离日赴南洋筹款。船泊吴淞口时,由党人接应秘密在上海登陆。(罗翼群:《有关中华革命党活动之回忆》,《广州文史资料》第11辑,第14页)

10月30日　下午,胡汉民、田桐、张汇滔、梅屋庄吉夫人、黄增耇等来访。2时45分,偕梅屋夫人和宋庆龄乘车外出,至日本桥区骏河町三越和服店购物,归途路经该区日本桥路一丁目伴传商店和芝区爱岩下町四丁目1号仲井家具店。后送梅屋夫人至四谷区信农町甲武线车站。是日,发出函电数封;黄增耇提交一函;收到来自香港的一邮件。(日本外务省档案,1915年10月31日《孙文动静》,乙秘第3000号;俞辛焞、王振锁等译:《孙中山在日活动密录》,第470页)

10月31日　和田瑞来访,逗留约两个半小时。(日本外务省档案,1915年11月1日《孙文动静》,乙秘第3002号;俞辛焞、王振锁等译:《孙中山在日活动密录》,第470页)

是月下旬　黄兴遣子黄一欧持函来,并面交。函略谓:袁将帝制自为,发难机会已到,如有所命,亟愿效力。悉后表示,望黄早日来日,共商反袁事宜。(罗家伦主编,黄季陆、秦孝仪增订:《国父年谱(增订本)》上册,第680页)

是月　唐继尧来函,请示机宜。

唐继尧拟发动护国战争,特派唐继虞(萍赓)、李宗黄(伯英)二人代表驻沪,秘密与各方面联系,并来函表示:"窃盼我公登高一呼,俾群山之皆应,执言仗义,重九鼎以何殊。一切机宜,祈予随时指示,得有遵循。"同时,唐亦致函陈其美,望鼎力相助。(云南档案史料馆编:《云南档案史料》第1期,第17页)

是年秋　复函邓泽如,策励南洋筹款,并辟"离东"之谣。

函称:"款项直接汇沪之说,前因事急,故允照办。但该方面事,非同时有十万金不济,今既无有,仍当汇存此间,以为积集,策应较便,计算较易也。陆军段总长去职,次长被劾,皆确有其事,北京内讧正烈,猜慊正深,及时一举,当具冲天之势。汝为函来述小吕宋方面认捐踊跃,十万之数,冀可达到。南洋一带,倘由吾兄加以策励,同时汇集,则此间所定计划,当能实现也。"信中还解释,"离东之说,全属虚构,倘局面仍旧,我不致他行也"。(《复邓泽如函》,《孙中山全集》第3卷,第201页)

11 月

11月1日 上午,偕朱卓文步行至民国社。丁仁杰、胡汉民、廖仲恺、张方井、谢心准等来访。丁仁杰来访时,已外出,未能见,其当即离去。下午,收到议员秋山定辅邮来其父仪四郎去世的讣告。(日本外务省档案,1915年11月2日《孙文动静》,乙秘第3008号;俞辛焞、王振锁等译:《孙中山在日活动密录》,第471页)

△ 委海防、印度等地支部长。

委梁丽生为海防支部长,汉雨翘为印度支部长,叶夏声为港澳支部长,郑螺生为怡保支部长,梁省躬为太平支部长,叶青眼为闽南支部长,朱若平为缅甸瓦城筹饷局长,区慎刚为霹雳筹饷局长。(罗家伦主编,黄季陆、秦孝仪增订:《国父年谱(增订本)》上册,第680—681页)

△ 宫崎民藏来函,建议断然放弃现结党组织,撤弃命令权,亲发通知各地重要人物,同执倒恶、改造共和之大义。

函称:"今日之急务在计成同志之大统合,而其方法在先生断然采舍小异取大同之方策。"大统合已成,"则对内进行步调整焉,对外筹款信用举焉,否则对外筹款难成,而对内进行步调乱焉,而举事恐有失败之虞。假令举事奏功,达倒恶之目的,其后收拾统一全国之群雄恐非容易也"。故今日之急务,"在先生执共通广义之大方针,招集倒恶之同志诸领袖会谈共议,以计成大统合也"。"今先生收拾统合诸方之诸领袖,以自为倒恶举行之总负担者(总负担者非有权利之谓而有任务之谓也），以完成倒恶之大举，则众心必归向先生矣。于此时先生揭理想之政纲，号呼天下以着手于真同志之团结，必一呼得结成大众团体，而建设之大业得如理想矣。然若反之，当现今倒恶未成之时，精撰细识精通共和政理者，计团结则得人甚少，而不能结成大团体也。而对外受不统一之批议，有失坠威信筹款难成之虞，而对内将来倒恶后有先生不能得实行理想之势力之虞。"

对于"现结党之组织"规则中有"绝对命令权之一项，而入党者宣誓捺印始得党员资格"表示忧虑和同情。"忧虑其不得策也"，原因是"于率天下之大众欲为革命的大举之时，以精致之规则律之整之，殆为不可能之事也；对主执自由平等的共和主义者，以绝对命令权计统合又为不可能之事也，于革命的时代对多数无宗教的信仰之人以宣誓捺印保证其心术，殆为无效之手段也"。而同情者，"熟考命令权者为先生成大事达大目的之方法，计之确为大不得策也，不利益也"，但"由此方法，先生必失多数之好同志与多数之有力人物也，而且有举事之大准备难成之患也"。故切望招集黄兴、岑春煊、张继、李烈钧、谭人凤、柏文蔚、熊克武诸氏等会议，"以共谈共定进行之大计"，如是则"大统合决不难也"。（《宫崎民藏上总理函》，环龙路档案第 04771 号）

△ 安徽支部长谭惟洋来函，请求援助管鹏案。函称：管鹏之案，倪嗣冲又派人控诉，"此方急宜延请律师以为抵制，而苦于经费，不得已惟乞助于先生，恳请极力代设一法，俾管君不至受蹂躏。当此时机，党事正赖人进行，管君鹏乃敝省党员中健全分子，果得早日出狱，必能振作有为，用敢函恳于先生之前，设法保全"。（《谭惟洋上总理函》，环龙路档案第 01036 号）

同日，管鹏之弟亦来函，称：家兄之案死灰复燃，"吾方欲有所维持，在在需钱，而律师费尤为吃紧"，请大力援救，"速汇款来，以资进行而解危难"。随函并附原告安正铁路有限公司理账员程庆福之诉讼状。（《管鹏上总理函》，环龙路档案第 01037 号）

11月2日 上午，偕宋庆龄，送朱卓文和黄玉珍回国。四人乘车至东京站,朱、黄二人乘车回国。后至上野公园,参观漆器展览会和美术展览会。归途在赤坂区桧坂町洋货店购买妇女帽子。上午11时15分,外出至民国社,下午1时离开回寓。上午,宋振来访,见不在寓,随即离去。下午,廖仲恺、陈树人、吴大洲、宫崎寅藏等先后来访。晚,周之贞、和田瑞相继来访。(日本外务省档案,1915年11月3日《孙文动静》,乙秘第3015号;俞辛焞、王振锁等译:《孙中山在日活动密录》,第471页)

△　周伯祥来函,对未能相见表示遗憾。函称:本月30日轮抵神户,随赴晚车来东京,曾诣机关部处敬谒钧座,呈递新进党员誓章,"适值先生大驾公出,是以无缘晋谒尊仪,惟有望风引领向日暌心,本拟居留日间,以图握晤,藉聆伟教,祈以放洋在即,逗留未果,故将同人誓章贮在机关部处,承理事员即给发证书,弟返轮定照章转发,以昭郑重,蒙委任之职,尽己棉力履行,藉张党势"。(《周伯祥上总理函》,环龙路档案第06661号)

11月3日　胡汉民、王子明、蔡中和、居正、田桐、廖仲恺、丁仁杰、谢持、蒋介石、杜去恨、殷觉真、杨庶堪、谢心准等来访。上午,给横滨市上州旅馆朱卓文发去一电。晚9时15分,朱卓文、黄玉珍自横滨来访,10时5分离去。是日,收到函电多件。(日本外务省档案,1915年11月4日《孙文动静》,乙秘第3018号;俞辛焞、王振锁等译:《孙中山在日活动密录》,第471—472页)

11月4日　上午11时15分,步行至青山北町民国社,下午1时15分回寓。随后,宫崎寅藏、高塚广次、河田作介、周之贞、林德轩、杨沅、蔡中和、肖萱、廖仲恺、谢心准、丁仁杰等来访。经宫崎寅藏介绍,与高塚广次、河田作介交谈。下午,滞留于横滨市本町六丁目车站前某旅馆的朱卓文来二邮件。下午3时许,宋庆龄乘人力车外出,5时10分返寓。(日本外务省档案,1915年11月5日《孙文动静》,乙秘第3024号;俞辛焞、王振锁等译:《孙中山在日活动密录》,第472—473页)

△　致函叶独醒等,告知胡汉民等将赴南洋的消息。

函称,出于"图谋大举"的需要,特派胡汉民、杨庶堪、宋振于本月12日由日本起程,转赴菲律宾岛各埠,"与同志诸公会同办理"筹款及整理党务两项事务。函中简要介绍了胡、杨、宋三人的情况:"胡君历史为诸公所深悉,杨君为前四川民政长,宋君为前福建海军司令、闽海关监督,均本党健者。"并要求"诸同志热诚爱国爱党,当此一发千钧之时,务望于三君到后会同协力进行,俾筹款及整理党务两事,早日就绪,则可早日举兵,以恢复共和,芟除国贼"。(《致叶独醒函》,《孙中山全集》第3卷,第202页)

11月5日　蒋介石、戴季陶、王统一、杨庶堪、李守信、菊池良一等来访。上午11时,和戴季陶去民国社。下午1时40分回寓。下午3时,宋庆龄乘人力车外出,5时50分返寓。晨7时,头山满遣使者转来电报数封;牛道区药王寺町71号鹿门宅的李某给宋庆龄来一函。(日本外务省档案,1915年11月6日《孙文动静》,乙秘第3029号;俞辛焞、王振锁等译:《孙中山在日活动密录》,第473页)

11月6日　致函吉隆坡各同志,告知革命形势,并促筹款。函略谓:"现已规划大举,除陕、蜀已动外,滇、黔、湘、鄂、宁、皖,皆已遣人深入,一月内外可动,望竭力筹济。"(郝盛潮主编,王耿雄等编:《孙中山集外集补编》,第182页;罗家伦主编,黄季陆、秦孝仪增订:《国父年谱(增订本)》上册,第681页)

11月7日　白蘋洲来函,详述在菲律宾各埠发动情况,及个人对国内革命行动的详细建议。

函称:接汪精卫信函,约同组织学风社,各埠一致赞成,正拟着手进行,无如一月以来,风云大变,时势已迫,不得不改变方针,适神户王敬祥来游吕宋,遂于10月27号偕同出游到宿务(Cebu)住了一个星期,后又到怡朗,"宿务国党只五六十人,皆劳动家,商会昔居反对地位,蘋到后,避去国党二字,以中立名义,颇受该会欢迎,十月卅号就商会开全埠华侨大会,到者数百人,当鼓吹革命时,掌声如雷,为该会素来所未有,盖华侨商会大都福建漳泉人,绝少提倡革命,所有各省人之游历鼓吹，以语言不通，彼等终以情意隔绝，无由发其热心，且素来居于反对地位，明知革命为善，宁违良心，不愿赞成。蘋以漳泉人资格且避去彼所厌之革命党名义，故能得其欢心也。十一月一号及三号，复在工党演说，此党为宿埠全体华侨新组织，除商会派少数大资本家不在内，其余中下商店及一般劳动家皆列名，为埠中最大之团体，当演说时，晓以国事危急，当□时舍弃社会主义，注力于国家主义，以赞助革命，全体一致赞成，计住宿一星期，与商工两派约者如下：一、两派一致提倡储金以备革命时之用，皆赞成，业已进行；二、用商会工党名义举蘋为代表，回国游说各省将军，劝其独立，皆赞成许可"。

信中提出两点建议："一、刻下各省将军不满于帝制者实居多数，特以无为后盾，不肯独示反对耳，若海外各埠华侨商会一致劝其独立，彼以有华侨可恃，较之屈服附顺于民党，稍胜一筹，必可听从，若各省将军能听从华侨之劝，一致独立，则袁势不攻自破，较之流血革命，不无有益，迨各省独立后，彼时民党可自由活动，于是乃设法渐渐改其兵权，此一愚见也。二、各省将军如不肯听从独立，然华侨商会业已出面任事，势无再从袁氏之理，彼时骑虎之势，必愤恨尽赞同革命，则经济之接济与民气之奋发，足为吾等后盾，一切进行事亦易为矣。"

同时，建议可以充分发挥华侨作用，策动龙济光独立，已达推翻袁政府的目的。函称：黄仲涵颇有出山之意，"若得彼出面，华侨必一致附顺，然后返香港，藉英荷美三属华侨商工会名义，通电龙济光，举蘋为代表，劝其先行独立，龙为人不甚恶，且素与袁不合，辛亥革命时，彼退住观音山，蘋以龙军改编华侨北伐队劝之，往返相商，彼极愿行，嗣为伪充革命之小人所破坏，遂不成议。然龙对于华侨方面，其信仰心至今仍未衰也。倘若劝其独立，加以黄仲涵之名义，可决其必听，如此则不费一兵可令其来降。龙能独立，桂林为蘋原籍，同志甚多，一纸之书，即可自下。两广独立，而云贵不招自来矣。两广云贵已着先鞭,朱瑞素为光复派,断无助袁之理,湘蜀为黎系,鄂皖为段系,必守中立,所难者,只南京一隅耳,但冯之为人虽愚憨无宗旨,然亦颇明大义,前年因南京暨南学校事,颇见面数次,相悉颇稔,彼亦极崇拜华侨,若以海外各商会名义劝其独立,谅必能允从也。冯能俯首,则袁无所恃,彼时乃组织临时政府,率两广精兵,约湘鄂劲旅,长驱北上,直捣黄龙,则帝制夭雾或可扫清,真正共和或可从此实现"。(《白蘋洲上总理函》,环龙路档案第 07745 号)

△ 是日,夏之麒在沪被刺遇难。

夏之麒于上年 4 月被孙中山委为江西革命军司令长官,随即回国活动,先遣刘、万等回赣设立机关,谋举事,但事败,万等牺牲。秋,再遣欧阳靖国在江西活动。时夏尔玛赴日本,夏之麒复兼浙江策动之事,新旧同志云集,革命势力日张,引起袁氏恐慌。赣浙袁氏爪牙各派侦探至沪,乘间行刺。是日,夏遇刺身亡,时年 38 岁。(《夏之麒烈士事略》,黄季陆主编:《革命文献》第 46 辑,第 231—233 页)

11 月 8 日 上午 10 时 30 分,外出至民国社,下午 1 时 30 分回寓。随后,胡汉民、杨庶堪、王子明、廖仲恺、蒋介石、丁仁杰、张宗海、谢心准等先后来访。是日,收到各地函电数件,其中,自上海的某人来邮三件。(日本外务省档案,1915 年 11 月 9 日《孙文动静》,乙秘第 3039 号;俞辛焞、王振锁等译:《孙中山在日活动密录》,第 474 页)

△ 委谢介僧为湖南革命军司令长官部副官长,林修梅为参谋长,仇鳌为军事参议。(罗家伦主编,黄季陆、秦孝仪增订:《国父年谱(增订本)》上册,第 682 页)

△ 史建本、罗光华来函,请速拨经费,并请转嘱张汇滔返申主持一切。函称:运动皖淮及滁来全等处首先举义,情状甚窘,需财孔亟,期待款到,即为发难,而近日各分部复纷纷来函,日数催促,但仍缺钱款及指挥之人。"窃思当此人心愤激,民气膨胀之时,若失此良好之时机,殊觉甚为可惜……惟有毅然决然冒险行之而已,刻已决定光华亲赴战地,概加布置,即于滁来全等处首举义旗,为各省倡。建

本仍驻沪机关处,藉通中外消息。"但此举实有不得已之苦衷,按原有之计划,本欲俟款到,将前安置南京之人大加布置,"复将长淮各处布置妥善,始从滁来全等发难,令各处起而响应"。可款项一节寂然杳然,而各分部复催迫无已,只得应时势之要求为报国之义举。由于各分部所有之势力散处多方,既无招集之费,一时恐难齐集,此次之成败兴衰,"非敢逆料,惟有凭我良心实行革命耳。"

悉后,着交总务部代复。总务部决定待上海方面调查后再复。

（《史建本、罗光华上总理函》,环龙路档案第 00945 号）

11 月 9 日　是日,容星桥来函,推介陈春生所作的革命史稿,并请印行。

函称:陈君在中国报主笔十余年,于历次起事,颇知一二,而报纸上所纪革命事迹,必剪出留存,资料甚富,恐再无别人能保存至如是之多、如是之久者。"窃以为宜将此稿付刊,作为史稿,以免散失,印成书后分寄各旧同志合力修正之,然后请汪精卫等文豪,编成完全之革命史,则煌煌大文可称信史,而从事为国流血诸同志,亦可以瞑目于地下矣。若欲省一重手续,将陈君之稿寄交汪君等修正,然后付印,未尝不可。但恐汪君等或行踪无定,或不暇著书,倘中途将稿散失,则大可惜矣。此举吾人义不容辞,倘使非有陈君之资料,则茫无头绪着手,亦非容易。倘今不付刊,将来或将资料散失,则难以弥补矣。"信中表示将史稿之一二抄呈阅览,"如以为应刊,请示知办法"。并提出"大约除印费之外,倘有余金,似宜送回笔金若干与陈君,作为购买版权之代价,因陈君系寒士故也"。

悉后,批示代答以:"陈君春生虽久主笔政,然对于革命仍是门外汉。其所收藏不免街谈弄语,挂一漏万,殊不足为革命之史料。本党不能代为印行,并将原件寄回。"（《容星桥请印陈春生革命史稿上总理函》,黄季陆主编:《革命文献》第 48 辑,第 335—336 页）

△　杨广达来函,表示愿尽力筹款,并请随时告知国内革命消息。函称:党事自当竭力维持,筹饷一节,亦必尽力之所及,勉相补

助。"近闻内地动机日就成熟,粤省吾党进行亦大有希望,倘有特别事件,尚望随时见示,以慰各同志之盼望。"(《杨广达上总理函》,环龙路档案第05122号)

11月10日 胡汉民、王子明、蒋介石(两次)、戴季陶、榊原政雄、谭平、杨庶堪、林德轩、吴大洲、谢心准、周应时、安健、丁仁杰、肖萱、谢持等来访。谭平来访时,已外出,未见。中午12时30分,去民国社,直至下午3时离开返寓。(日本外务省档案,1915年11月11日《孙文动静》,乙秘第3045号;俞辛焞、王振锁等译:《孙中山在日活动密录》,第474—475页)

△ 复函希炉革命党人,解释捐金之事由,并述国内革命形势,冀望海外援助。

函中对党员"捐金"之事,解释称:"旧日党人免收基金一节,总章有此规定。惟金山大埠对于美属党员,则悉以捐金过十圆者,方予从新宣誓入党。檀埠支部当系一体照办,非违碍总章也。"函称时下袁氏政权内外交困,正是有利的革命形势:"袁贼自立筹安会以来,逆迹昭彰,竟公然篡改国体,内外人心异常愤激。而袁以金钱武力为可恃,日日进行,近日遂有四国之警告。袁以势成骑虎,仅有支吾,四国盖侦得中华必有大变,故为将来地步,作外交资源,但亦足寒老奸之心,而今彼进退维谷。彼之内部自生溃裂,如冯国璋、张勋、朱瑞、汤芗铭、陆荣廷等,皆有起与反抗之谋,并各派人与吾党接洽,联络举事。惟弟只此认此为一种机会(从来官僚不足深恃),主动仍须在我,故现在厚集吾力,乘此时机,先发制人。陕西已发动,破十余城;四川之党军亦屡败官兵;而滇、黔、湘、鄂,蕴蓄尤厚,必有大成,先从西南造我根据。至长江各省,纵彼官僚反正,我亦必占据要地,不落人后。计袁贼之覆亡,不出数月,中原大局不难定也,所望兄等各抒伟力,为海外之后援,共襄大业。"(《复希炉革命党人函》,《孙中山全集》第3卷,第203—204页)

△ 致函国际社会党执行局,表达对社会主义的认同。

函称:国际社会执行局"寄来的友善而又富予同情心的信函"有很大的帮助,使革命党人都感到"有如醍醐灌顶,增加了不少勇气和希望"。

函中明确表示了对社会主义的认同,称在第一次革命完成,当选中华民国临时大总统时,就"原计划以社会主义的理想来建设中国",由于"中国人民对社会主义毫无所知",而革命同志当中,"社会主义者寥寥无几,而且他们对社会主义的了解也是粗浅而模糊的"。缺少人才的支持,"是无法重建中国的",为了避免延长战争和流血,才与袁世凯谈和,"同意由他来统治我以真正民主的精神辛苦建立的民国"。即便如此,仍"迫不及待的想着手培育有思想而前进的人才来为社会主义进行铺路的工作"。在让位给袁世凯以后,"立即完全脱离政治,潜心研究逐步以社会主义理想来塑造政府的最佳途径"。并称,"在彻底体认我这一生奋斗的唯一目标和愿望之后,我坚信,只有中国成为一个社会主义国家,我们的人民才能更幸福,他们的苦痛也才能减轻。社会主义将治愈中国的疾苦"。

信中还指出,不管袁世凯看来多有权力,他还是要下台,他的日子已经不多了。而资本主义者相信支持袁世凯就能维持中国和平的想法也是错误的,因为中国根本就尚未和平,只要袁世凯继续实施暴政和为自己谋利,中国就永远不会有和平。信中也坦言,推翻袁世凯是必然的结果,做起来也并不困难,所担心的是在袁下台以后重整中国的工作,"因为我没有得力的人才来协助我实现长久以来的梦想,引导国家走向那个目标。我将像一九一二年一样,受到重重阻碍。如果我得不到优秀、可靠的智囊的协助和建言,以实行社会主义的原则和政策,我就没有理由再让我的国家陷入另一场血腥战争"。

信中还表达了希望得到国际社会党帮助的强烈愿望:"诸君劳工和我共同奋斗,我希望使你们深切了解,中国是可以实现社会主义的国度,这个国度应该用来作为社会主义政府的典范。中国的资源丰富,数万万百姓都是热诚、勤劳的工人,生性恬淡,易于领导也易于满足。只要他们有工作,他们就很快乐。中国的工业尚未发展,资本主义尚未抬头,一般大众服从而守法,因此这个国家可以轻易的塑造成任何形状,中国接受帝王统治已经太久了,人民从来也不了解社会民主与独裁之间的区别。""我吁请你们协助我把中国建立成全世界第一个社会主义国家,把你们的注意力和力量放在中国,提供各行各业的人才协助我。我需要像贵局这样的机构,提供的人才,以便从事这项伟大的志业。""如果你们同意我的提议,可否尽快提出你们的意见以便我们安排可行的办法以实行我们的计划。倘若你们能把我的想法转告各国的社会主义领袖,我将非常高兴,假使他们赞问我的构想,也许我会到欧洲和你们讨论细节。"(郝盛潮主编、王耿雄等编:《孙中山集外集补编》,第183—186页)

△ 是日,王晓峰等刺杀上海镇守使郑汝成。孙中山多次表示赞赏。

陈其美留沪后,以郑汝成为袁忠实爪牙,且拥精兵数万,控制海军,为上海革命进行之巨大障碍。乃选勇士十余人,拟乘郑往驻沪日总领事馆祝贺日皇登极之时予以狙击。其中,王晓峰、王明山凤以义勇见称,特委以重任。是日上午11时许,王晓峰、王明山于英租界外白渡桥袭击成功,郑当场被击毙。王晓峰、王明山虽被捕,仍从容,且行且语曰:"吾志已成,虽死无憾。"慷慨就义。孙中山闻讯,在随后几次致华侨函中,对烈士极为称赞,指出"此等气魄,真足令人生敬。沪去此贼,事大可为"。(中国国民党中央委员会党史委员会编印:《国父全集》第3册,第344页)

《盛京时报》报道,革命党人以炸弹袭击了郑:"上海郑镇守使于十日午前十一时半前往驻沪日总领事署,申贺日皇即位大典,途被革命党员投掷炸弹。党员二名当场就缚,其余均已逃窜。郑镇守使负伤甚重,送入医院后即时逝世。"(《革命党暗杀郑镇守使》,《盛京时报》1915年11月12日,"东亚之情势")

此事件对革命形势有着积极影响。国内有报纸说:"现在上海城内警戒颇严，街路每十步设岗，驻兵各要处均架机关炮，如临大敌。无辜人民因嫌疑被逮捕者，无日无之。一般商民因此异常恐慌，避难外国租界者，实繁有徒。并闻孙文、胡汉民、李烈钧等革党领袖刻已齐集上海，其徒分为铁血团、讨袁团、共和维持会三派。在十三处设立本部，开始活动，以暗杀赞成帝制之文武大员为目的，是以上海物情近时益形汹汹，蜚语纷传，或谓北京政府已于十一日正午承认四国之劝告，向该四国正式通告，展缓举行帝制。"（《郑镇守被炸后之沪上景象》，《盛京时报》1915 年 11 月 14 日，"东亚之情势"）

是月上中旬 朱执信应召，由港赴日。

月初，朱执信应孙中山之召，由港赴日，由孙中山主盟，廖仲恺介绍，宣誓加入中华革命党。是月中旬，朱执信回粤，积极筹划讨龙反袁行动。12 月 3 日，孙中山委朱执信为广东革命军司令长官。（吕芳上：《朱执信与中国革命》，第 164 页）

随着国内形势的变化，革命党人之间的融合加强。有消息说："侨居某埠之革命党领袖谭人凤，顷有由某方面接收军费三十万元之消息，革命党各派融合组成一大团体，现拟不俟袁氏登基，期蹶起起事。"（《海外党人大形活动》，《盛京时报》1915 年 11 月 10 日，"东亚之情势"）也有消息说："民国改变国体问题刺激革命党人，该党已破除情面，一致结合团体。在海参崴及南洋之党员业已开始活动。在美国之党员由黄兴统率，亦将大举。岑春煊则在南洋统辖全体。谭人凤亦在长崎充一方首领，筹划不懈。"（《海外党人乘机活动》，《盛京时报》1915 年 11 月 13 日，"东亚之情势"）

△ 黄镜波来函，略述其革命经历，表达为国决死效力之愿。

函称：其经历过黄花岗起义与广东光复，二次革命失败后，潜回乡间，"闲居数月后，动程赴港，欲取证于三次革命，然深探其本源，则真假难辨，故恐指鹿为马者导，是以复回缅甸仰光坡支部取证，现身决死效力，但未得消息，实行起义期限，专望指示"。（《黄镜波上总理函》，环龙路档案第 04882 号）

11月11日　批示洪兆麟来函。

1914年洪兆麟在惠州举事,负伤至香港,为龙济光购探拘捕,孙中山延请律师为之辩护,已证明无罪,后港督仍循龙之请拟将洪引渡回粤。洪于1915年10月20日自港上书,向孙中山报告。是日,接书后愤然批示:"答以函悉,兄过堂数十次,已证明无罪,而港督以行政干涉,以偏袒龙济光,实属失英人素来公正之态度。如果被诬提解往省,文当将事诉之英国议院并英民公论,以彰港督之无理枉法,想英人民必有公道也。"(罗家伦主编,黄季陆、秦孝仪增订:《国父年谱(增订本)》上册,第683—684页)

11月12日　是日,党务部居正呈请委任吡叻朱毛、摩洛棉埠、南海漳各分部职员。

呈文称:据吡叻朱毛分部欧雨初等报告,该分部业已组织成立,公举欧雨初为正分部长,陈克萨为副分部长,霍荫为总务科主任,招爽为党务科主任,林滔为财务科主任,梁滟为调查科主任,林维生为交际科主任;据仰光支部长何荫三报告,请委黄汉章为摩洛棉埠分部长;据泗水支部党务科正主任陈铁伍报告,南海漳分部业已成立,请委潘云村为分部部长,伍丽臣为财务科主任。阅后批示:"行。"(《居正请委吡叻朱毛摩洛棉埠南海漳各分部职员上总理呈》,黄季陆主编:《革命文献》第48辑,第75—76页)

△　批示潘祯初来函。

先是,潘祯初来函,表示愿意效力革命。函称:"不才之辈,常有切齿之心,惟惜微力不振,亦无可如何,纵有长泉万斛,亦难洗恨。倘先生设有马前之职推荐,仰为预期通知,愿为执鞭之使,虽赴汤蹈火而不辞,弹雨枪林而不避,此弟平生之志,万望先生明察秋毛,拯民于水火之中,挽回祖国,恢复中华,免至生灵受苦,将来平权博爱,永登自由之境,皆赖先生再造也。"悉后批示:"代答以函悉,热诚可嘉,并询其事何业,长于何技,着向利物浦或伦〔敦〕中华革命党分部注名入党,到时便可投效军前也。"(《潘祯初上总理函》,环龙路档案第04772号;

《批潘祯初函》,《孙中山全集》第3卷,第204页)

△　胡汉民偕宋振奉命启程赴南洋,许崇智等再抵新加坡。(中国国民党中央委员会党史委员会编印:《国父全集》第3册,第305页;邓泽如:《中国革命党二十年史迹》,第159页)

△　袁世凯发布所谓的"大总统令",诋毁革命党人,企图破坏革命。

申令谓:"孙文、黄兴之徒捏造谣言,巧构邪说,印刷册单,由海外潜寄内地,希图煽惑,扰乱治安。"并诬蔑辛亥革命后革命党人为乱党,革命活动为暴乱:"溯自辛亥革命以后,广东、湖南、江西、安徽、江苏、福建等省全在乱党势力范围,托名共和,实行贪暴。其所举动,无非敲诈绅商,残杀良善,谬解平等自由之学说,倡为公妻公产之妄谈,颠倒是非,造言惑众。所在沦丧道德,放弃纪纲,灭绝人伦,败坏风化,几使赤县神州成一暴民土匪之世界,政府稍加裁抑,即联合六省弄兵抗命,迨至遣将勘定。该乱党等预以纸币广行散用,吸收现金,卷逃域外。发难者,饱载远飏;附从者,伤生害命。寻常盗贼尤爱其群,与共生死,若此利己祸人之乱党,并盗贼而弗如。厥后勾结白狼,窜扰数省,奸焚掳掠,所过为墟,残忍行为不可胜数,事实具在,言之痛心。"

进而混淆视听,误导人民,以达破坏革命之目的:"海外华侨胼胝营业,艰难辛苦,所获锱铢,何非血汗?该乱党等利其远离祖国,情形隔膜,遂得多方诱骗,诈取资财,任意挥霍。有时买用匪徒小生扰乱,即藉故开销,以欺饰侨民之耳目。此等惯技由来已久,侨民亦渐知其诈,戒不出资。该乱党等每捏称某处已集款数百万,某处已贷款数百万,某处已备械千万件,实则毫无影响,大言夸炫,藉以惑其党徒,张其声势。往古来今,讵有如此诞妄之流而能成事者乎?当二年湖口倡乱之时,政府财政困难,军队纷杂,各省秩序多未恢复,而乱党以六省二十余万之众,器利饷足,毒焰熏天,党羽遍于海内,曾不五旬,冰销瓦解。今日之百十遗寇,欲以造谣鼓吹倾覆国家,讵非枉费心力,断无几希成事之望。况现在政府财政业经规复,军队亦已整饬,各省长官、军人皆深明大义,公忠体国,又岂少数乱党所能摇动? 惟最堪悯念者,激烈青年知识单简,贫民蒙昧,图利心深,非受牵引,即被欺愚,误入迷途,致罹法网。抑知该乱党等忽倡民权,忽煽宗社,□张为幻,匪夷所思。迹其鬼域之谋,不外假名肇乱以利其私,乘本国之殷忧,作覆亡之先导。且该乱党等贪财惜命,工于藏身,牺牲他人之生命,从未顾惜,险恶情事,历历可征。予以爱人为心,不惮苦口诰诫,保我黎民,即附乱之徒,但能悔悟自新,无不立予赦免。总期涤旧作新,生灵免祸。着各省将军、巡按使等通饬所属,剀切晓谕,凡我人民,各有身家父母妻子,相依为命,切勿误听谣言,流于邪僻,重典自蹈,追悔已迟。务各安居乐业,保身肥家,无负予反复训勉之至意。所有乱党印刷散布之册单,并着分饬禁止寄送,查出立即销毁,以遏乱萌。"(《十一月十二日大总统申令》,《申报》1915 年 11 月 14 日,"命令")

11 月 13 日 夏重民来函,报告加拿大党务及筹款情形。

函称:是月 2 日,其由域多利启程游埠,联络各地分部,已行七八埠。据其所见,各埠分部均纷以统一加属党务为急务,以温埠支部,有名无实,办事无人,多数赞成移温哥华支部于域多利,认为"如改设支部于域埠,力谋加属之统一,可决党务必日渐发达"。并函请即委域埠马杰端为正部长,高云山为副部长。筹款方面,"各埠同志,异常热心认购债票,点问顿埠 Edmonton 同志二百四十余人,重民演说后,即时认购者廿余人。已得二千四百余元,仅该部约可得五千元以上,各埠能如是,则大款不难集矣"。(《夏重民报告加拿大党务情形上总理及陈其美函》,黄季陆主编:《革命文献》第 48 辑,第 87 页)

△ 财政部廖仲恺呈请改委饶潜川为仰光筹饷处委员。

10 月 16 日,仰光支部长何荫三致函中华革命党本部,请求改委饶潜川为该处筹饷委员。是日,财政部呈文请示。阅后批示:"行。"(《廖仲恺请改委饶潜川为仰光筹饷处委员上总理呈》,黄季陆主编:《革命文献》第 48 辑,第 81 页)

△ 黄兴致书李西屏,谈与孙中山革命宗旨之同异。

函称:"袁贼称帝在即,凡拥护共和之士,皆当一致进行。苟非别抱野心,断不抛弃从前所主张,以趋于自杀之绝境。中山与弟只谓今日宗旨之不同,不得谓昔日之意见。中山并未派有代表,钮君亦未来函言及。足下所闻,想是好事者播弄之。夫革命之事(姑舍主义不言,专以手段论),在准备能行与否,断不得强为缓急之分。盖急进而徒张空拳,于事实无补,且有锄绝根株之害;缓进而不事预备,于时机坐失,更有积重不发之嫌,两者至不通之论也。足下以为何如? 今幸袁贼罪恶贯盈,全国皆悉举而伐之,易甚,易甚。惟宗旨不问,若有仍踵专制之淫威,蹈袁氏之故辙,则残局不易收拾,野泽龙种所在多有,僭窃一开,杀戮无已,大非共和之福。数月以来,忧煎如捣,吾为是惧,想足下未见及之矣。"(武昌辛亥革命研究中心编:《李西屏文集》,第 206 页)

11 月 14 日　王统一之弟、廖仲恺(两次)、波多野春房、萱野长知、和田瑞(两次)、周应时、和田瑞夫人等来访。廖仲恺来访时,派其去宫崎寅藏处。波多野春房、萱野长知以及廖仲恺第二次来访时,已外出,未能相见。是日,萱野长知到革命党本部,称有大宗毛瑟六百余枝,请本部设法订购,以供他日使用。萱野可能为此事而来访。下午 1 时 50 分,偕宋庆龄去原宿站、千驮谷町、青山练兵场一带散步,3 时 5 分回寓。(日本外务省档案,1915 年 11 月 15 日《孙文动静》,乙秘第 3050 号;俞辛焞、王振锁等译:《孙中山在日活动密录》,第 475 页)

11 月 15 日　廖仲恺、徐昌侯、梅屋庄吉夫人、头山满偕夫人和两名儿女、寺尾亨夫人、谢心准等来访。徐昌侯来访时,已外出,未见即离去。上午 10 时 50 分,至民国社,用电话请波多野春房来议事。下午 2 时许离开该社返寓。(日本外务省档案,1915 年 11 月 16 日《孙文动静》,乙秘第 3065 号;俞辛焞、王振锁等译:《孙中山在日活动密录》,第 475－476 页)

△　是日,复函叶独醒,赞其设立陆军速成学校,并嘱襄助筹款事项。

函称:"袁氏素藉金钱以作恶,故屡次滥借外款,最为可恨。然今全国人情已群趋革命,加之吾党种种猛进,不遗余力,想此贼罪恶贯盈,其授首之期,当必不久矣。本处前日已得消息,上海镇守使郑汝成为党人炸毙,此贼既去,则沪事当更易得手矣。尊处近拟设立陆军速成学校,此事甚为有益,望竭力成之,俾能多获军事人才,于吾党不无所补也。此间所派胡汉民君等,此时当将抵岷,筹款诸事,尚希竭力襄助为荷。"(《复叶独醒函》,《孙中山全集》第3卷,第205页)

△ 复函吕双合,略述国内革命形势,嘱力促捐款。

函称:上海镇守使郑汝成被轰毙,"沪去此贼,事大可为",而且"陕西革军尚能持久;四川一省已纷纷起事(邛州离省城甚近,已起兵变);此外携款内渡者计期将到,一月以内当可发动"。在革命形势大好的情势下,款项仍是最为主要的困难,"惟湘、赣、闽、粤四省尚待款项,不能同时着手,殊为憾事"。嘱其尽力于此,"吾党刻正得机得势,加以人心趋向有过于辛亥,前事应请奋力提倡,捐款济用,毋使九仞之功亏于一篑"。(《复吕双合函》,《孙中山全集》第3卷,第205页)

△ 居正奉命到青岛就职中华革命党东北军总司令,以许崇智为参谋长,聘萱野长知为顾问,设总司令部于原德国驻青岛总督住宅,随即建立各级机构,组织队伍,积极策划起义。萱野长知亦于12月3日到达青岛。(钟冰:《中华革命军山东讨袁始末》,《文史资料选辑》第48辑,第83—86页)

11月16日 上午11时30分,至赤坂青山北町民国社,下午1时回寓。下午,谢心准来访,略谈后离去。下午,头山满来一亲启函。(日本外务省档案,1915年11月17日《孙文动静》,乙秘第3070号;俞辛焞、王振锁等译:《孙中山在日活动密录》,第476页)

△ 国内报纸盛传孙中山将在明年春起事。

是日,《盛京时报》载:自帝制问题发现以来,革命党益形活动。"亡命日本之孙文暨其幕僚与在本国之同志,近来函电纷驰,来往尤繁。闻孙氏密使蔡民生因某项要务于七日急赴长崎。查革党无论帝制如何缓期举行,拟在明春二月间起事,现已据情通告各地党员,一面极力准备,毫不懈怠。"(《党人准备倾覆中华现政府》,《盛京时报》1915 年 11 月 16 日,"东亚之情势")

11 月 17 日 周应时、肖萱(两次)、冯自由、廖仲恺、徐昌侯、陈中孚、林德轩、仇鳌、李立、刘云、申伯猛、谢心准等来访。周应时来访时,尚未起床,未见。徐昌侯来访时,已外出,亦未能见。上午 11 时 30 分,偕来访的肖、冯二人至民国社,下午 2 时 30 分,与冯离该社回寓。(日本外务省档案,1915 年 11 月 18 日《孙文动静》,乙秘第 3075 号;俞辛焞、王振锁等译:《孙中山在日活动密录》,第 476—477 页)

△ 葛玉斋来函,告知:"于今晨八时抵沪,拟于明早午后乘轮西上。"(《葛玉斋上总理函》,环龙路档案第 00871 号)

11 月 18 日 上午 11 时 45 分,至民国社,下午 2 时离开。归途遇冯自由,二人一起回寓。下午,波多野春房来访,谈约 10 分钟。是日,向上海某人发去一电;本乡区菊坂町 19 号松籟馆的陈械(疑为陈家鼐)来一函。(日本外务省档案,1915 年 11 月 19 日《孙文动静》,乙秘第 3075 号;俞辛焞、王振锁等译:《孙中山在日活动密录》,第 477 页)

△ 致函宿务同志,催促汇款济急。

函称:广东已经发动,各省同志皆急于进行,本部需款支付甚急,"见书请将尊处之款悉数汇来,横滨密迩东京,电汇横滨,即可照收也"。并表示款项集中管理支配,可以避免弊端,"从前因各处机关办理未善,弟此次力矫其弊,取统一办法,各处之款悉汇东京本部,由弟亲发收据,各省之用款则由本部支付,现在美洲金山各埠俱如此办理"。(《致宿务同志函》,《孙中山全集》第 3 卷,第 206 页)

△ 致函戴德律,询问贷款结果。

函称:"不知先生商谈贷款之事结果如何,是否有成功之机会?请便中尽速示知。"并表示"一俟得到先生的消息,我当详叙我的工作及其进展"。信中还表达了渴望会面之情:"自获先生彼得格勒来电,便期待着先生随时光临,及至得悉先生前往纽约之计划,始放弃会晤的希望。"(《致戴德律函》,《孙中山全集》第 3 卷,第 206—207 页)

△　复函中华革命党云南革命军司令长官明星辰,请灵活发动云南军事行动。(罗家伦主编,黄季陆增订:《国父年谱(增订本)》,第685页)

11月19日　廖仲恺、苏无涯、□侯杰、林德轩等人来访。上午11时45分至下午1时30分,在民国社。是日,收到给伍洪培函一件,澳洲梨南民国社来挂号邮件两件(日本外务省档案,1915年11月20日《孙文动静》,乙秘第3078号;俞辛焞、王振锁等译:《孙中山在日活动密录》,第477页)

△　吴宗明来函,报告筹款情形。

吴在函中报告了筹款的困难,谓:"川陕进步甚慰,款已力筹,但商场窳败,巨款难集,为缺然耳。最可痛者,礼智被人破坏,至今尚未寄来,任函电催亦不复。弟思亲往一行,又无人代理职务,气急交并,无可奈何也。接信后,弟经请支部长开会讨论,进行如何,容后报。"信中并对许崇智、宋振所嘱"查澳洲事"请示办法。悉后批示:"财政部代复。"(《吴宗明报告筹款情形上总理函》,黄季陆主编:《革命文献》第48辑,第123—124页)

△　批示王敬祥来函。

先是,王敬祥来函,请筹还代借之款。批示答以:"前拟以南洋之款寄到乃还,但近因粤以起事需款极急,南款已着直汇香港,以应粤需。阁下所借之四〔银〕数,现尚无的款可以指定,未知阁下能否另行设法代还。如其不能,则此间当另行设法。万一不得手,则请设法转期三月,或先还多少,到时或可为力也。"(《批王敬祥函》,《孙中山全集》第3卷,第207页)

△　缅甸仰光筹饷局董事杨昭雅来函,报告党争情形,并责备支部长何荫三不作为。

函称:李引随、陈允洛两人背叛党纲,阴谋阻碍本党之进行,以破坏《觉民日报》为目的,将报馆出入全盘账目掠去。后经法庭究办,将李引随判监禁一天外加罚钱一十盾,无银缴纳,改加监禁十天,该账目批还报馆。虽然如此,李尚不甘,日邀集少年再造党员陈允洛、庄银安、徐赞周等开会,"造谣贴白煽众,誓欲推倒吾党及党民日报而后已"。值党争之际,正部长何荫三,副部长曹伯忠"任外人诽谤污蔑,未常敢为党人争气"。(《杨昭雅上总理函》,环龙路档案第07300号)

　　△　是日,《盛京时报》披露袁世凯政府颁布所谓的《防缉乱党十四条》,对付革命党的反袁运动。

　　所谓十四条的具体内容如下:"(一)近来各省乱党煽惑扰乱多在荒僻之区,或二三省,或数县交界之处,盖以此等地方为军警耳目所不及,可以任意行动,即至败露亦可从容逃遁。应责成各县知事嗣后对于管辖区域内冲繁城镇,应认真侦防。对于前项荒僻或毗近邻境之地,无论有无军警驻扎,亦须特派探线严密查防。其向来匪类素多,或帮会蔓延之处,尤须注意。倘侦得乱党踪迹,或秘设机关,立即派人搜捕。并应与邻境彼此联络,发给相当护照,不分畛域,越境捕拿,但不得借端骚扰。(二)乱党每借集会结社名义为造谣构乱行为,嗣后一切集会结社均责令先赴该处军警及县知事署报名,将发起人及宗旨、章程详细开列,候经批准,方许实行。并由该军警及县知事届期派员弁临场监视。倘未报经核准,擅自开会,即无谋乱煽惑情形,亦治该为首之人以违警之罪。(三)乱党并无实力,其计划无非欲勾结退伍军人及痞棍土匪以图不轨,并诱惑青年子弟,借资利用。应责成军警及县知事随时派遣侦探,对于此类之人慎密注意。查察各县城乡绅者、团保、办学人员等亦谕令各就所住所管之区域为慎密之调查。并各约束子弟,不许与匪棍往来,以杜勾煽。(四)旅馆、会馆、学舍、庙宇、船舶、公共寄宿之地,乱徒最易潜迹。除由军警及县知事随时派人稽查外,亦应由警厅或县知事饬令所属,对于各该处按日开送往来住客一览表,详加注意。如有可疑或有须考查者,即向该客详加盘问,查对明确。倘有假冒,即当羁留澈究。新由他处搬至城镇,或无女眷,或行李简单,或箱筐极形沉重,或人少而赁大宅,种种可疑之点,或经问明职业,或向邻右调查,勒加注意,务得真情。(五)酒馆、浴堂、娼寮、一切游戏场所,人类极为复杂,应由警厅或县知事常川派探侦查。遇有异言异服,或形迹可疑之人物,应设法盘诘,跟踪密察。至于开设照相馆、旅馆、洗衣店、理发铺、书药局等各种新事业,亦为乱徒常欲托迹之所,其经理来往人等,均宜注意调查。(六)印刷所及报馆、书报社等店,应由警厅或县知事严加取缔,不许代人印刷、登载、派送言语悖谬、摇惑人心、妨害治安之件,并由军警及县知事会同派人随时检查。倘敢违犯,一经发现,即分别封禁拘究,从严处罪。(七)《自首特赦令》颁布之后,甘心悔罪者固不乏其人,而假投诚为名阴谋构乱者,亦难保必无。应由军警及县知事对于投诚免罪之人,随时特别注意侦查。并严防乱党假冒自首之人,如查有与证书所开年貌、籍贯不相符合者,即行拘留究治。(八)民间私藏枪械子弹等项,虽经一再收缴,仍恐未能净尽。嗣后军警及县知事如查有民间私藏军械者,仍须随时没取。但边僻地方案有匪患,其殷实之家所备枪械,系为保卫起见,经官核准者,不在此例。(九)检查邮电,应陈由中央,经部核准,照章办理。未施行检查地方,该地方官及军警官亦宜与邮电两局随时接洽,如有可疑之函电,随时由局送官查核。(十)凡有特别命令防缉私党之件,自当随时遵办,不因本办法而有所变更,但相抵触者可以请示该管长官办理。(十一)军警及县知事能破获大股乱党或私党,首要乱党机关,绅民人等能侦知乱党踪迹或乱党机关,赴官密报,因而破获,讯实者均准照章从优给赏。旅馆、学舍、船主人等能查知住客中之乱党,赴官首告;印刷所、报馆、书报社等能将他人送印、送登、托派悖逆文件均扣留送究,人证俱获者,亦准量予优赏。至于乱党潜匿谋乱有据,事当紧急,不及报官,无论商民人等均准立予拘捕送究。但如有借端诬陷或串诱陷害者,亦即按律惩处。(十二)军警及县知事于管理区内乱党秘设机关,或勾结起事,漫无觉察者;商民人等明知乱党所在,或子弟雇佣人等受乱党勾煽,不自行举发者,分别从严惩罚。(十三)前条所规定关于绅商人等赏罚各节,应由警厅或县知事摘录大要,出示晓谕,俾得周知。(十四)各县地方如遇乱党爆发特别紧急之时,即由该处军警及县知事或专电或专差驰投该管长官，一面会商驻扎就近军队，长官严密防缉，并得参酌《戒严条例》，妥慎办理。"（《防缉乱党办法之通咨》，《盛京时报》1915年 11 月 19 日，"杂录"）

与此同时，当局制订《扑灭乱党突发赏格》，破坏革命运动。据报纸报道，《扑灭乱党突发赏格》共有七条："（一）凡遇乱党突发由军警立即扑灭者，得按本赏格给赏。（二）乱党名数在百名以上者，出力扑灭之首领官晋官加章，兵丁赏银一万元。（三）乱党名数在二百名以上者，出力扑灭之首领官给勋位，兵丁赏银二万元。（四）乱党名数在四百名以上者，出力扑灭之首领官给勋位，兵丁赏银四万元。（五）乱党名数在六百名以上者，出力扑灭之首领，按满蒙世职例，特予世职，兵丁赏银四万元。（六）乱党名数在八百名以上者，出力扑灭之首领官，按满蒙世职例，特予世职，兵丁赏银五万元。（七）乱党名数在一千以上者，出力扑灭之首领官，按满蒙世爵例，特予世爵，兵丁赏银六万元。"（《扑灭乱党突发之赏格》，《盛京时报》1915 年 11 月 20 日，"民国要闻"）

11 月 20 日　张方井、廖仲恺、冯自由、黄汉杰、张继、田桐、居正、谢心准、刘纪文、周道万、邓侯贡、方性贞、任寿祺、李焕、万黄裳、张祖汉、江候华、连声海、道汉奇、刘祖章（两次）、郭云楼、陈中孚、谢持、林蔚陆等来访。是日，收到上海及各地来邮件与函电多件。（日本外务省档案，1915 年 11 月 21 日《孙文动静》，乙秘第 3083号；俞辛焞、王振锁等译：《孙中山在日活动密录》，第 477—478 页）

△　致函咸马里夫人，告知革命形势及中断旅美计划。

函称：革命的全部计划，"按预期和实际情势，进展十分顺利，而不仅仅是良好。因此，革命行动可以随时开始，凡我同志均愿为夺取自由而进行不获全胜便壮烈捐躯之斗争"。袁氏的帝制运动是造成革命有利形势的主要原因，"对于帝制运动，中国人民已无可再忍，但缺乏表达其感情和意志之喉舌。已被收买而专事歪曲真相之有影响外商报纸，自然是几无一日不在报道全体中国人民渴望恢复帝制。然而五大国警告照会当能证明，此种言论极不真实。五大国之所以发出警告,皆因深知我国局势动荡,虑及此种倒行逆施之举或将激起全民反抗! 日本内阁改组以来,其对华政策显然有所改变——大隈虽仍坚决支持袁世凯,但阁员多数对袁之为人及其才干均不表信任,故而面临激烈反对之大隈不得不违背其本人心愿,服从多数,而在最后时刻对中国发出警告照会。当然,此种警告不可能是出于对袁的友好支持"! 出于革命形势的发展的需要,信中表示中断旅美计划,"由于我在此地开展工作极为顺利,而此种工作又为我们一切活动之中心,我已完全放弃前往美国作旅行演讲之计划。我确信,我此刻留在此地较之前往世界任何一地更为有益。所以目前,请不必为我旅美之事分心,一旦时机成熟,我当致电奉告"。(《致咸马里夫人函》,《孙中山全集》第 3 卷,第 208 页)

　　△　接见张继,商谈各派反袁力量合作问题。

　　张继于二次革命失败后,在日稍住,之后去南洋,再往欧洲。见国内革命时机已到,乃经美间道赴日。在美期间,曾与黄兴讨论国内外情势及团结讨袁等事。黄适因呕血而不能与张同行止,乃命石陶钧偕行赴日。张到达日本后,租居宫崎寅藏居处附近,日与宫崎往还。是日,张继由居正、田桐陪同,来访,商谈约六小时。此后又多次与孙中山晤谈,曲尽调和之责。(日本外务省档案,1916 年 11 月 21 日《孙文动静》,乙秘第 3083 号;俞辛焞、王振锁等译:《孙中山在日活动密录》,第 478 页)

　　张继曾自述,其对于中华革命党与欧事研究会"不立界限,凡讨袁行动,尽力助之,总期倒袁收效,同志团结耳。总理对克强本无芥蒂,克强亦欲辅总理,惟部下稍存门户之见,余愿尽周旋之劳"。(李云汉:《黄克强先生年谱稿》,《中国现代史丛刊》第 4 册,第 398 页)

　　又据日方情报称,此前,孙中山与黄兴、岑春煊、李烈钧各派已有接近:"孙文一派,由东京的戴天仇专门负责海外各地同志间的交涉工作。黄派的钮永建也从南洋来东京,与戴天仇一起担负斡旋奔走之劳,从而更加接近。"张继来日后,就此进行了进一步磋商。(日本外务省档案,1915年11月25日《东京革命党对帝制问题之动静》,乙秘第3104号;俞辛焞、王振锁等译:《孙中山在日活动密录》,第737－738页;陈锡祺主编:《孙中山年谱长编》上册,第966页)

△　指示党务部发布第18号通告,指出:郑汝成被炸毙后,"正宜乘时大举"。(《民国》第2卷第9号)

△　管应启来函,报告管鹏案进展,并请再接济。函称:"刻下已聘定罗杰律师正在着手进行,结果若何,尚不可知。惟蒙赐之款,谨敷律师定金,再四磋商,必须续付贰佰两(译费在内)律师始肯包办到底,不得已用敢再恳先生设法接济,早日掷下,俾此案不致为经济所困而有所误,则大德之所及,不啻再生也。"(《管应启上总理函》,环龙路档案第01039号)

△　是日,袁世凯炮制的全国各省"国民代表大会"结束,全体赞成君主立宪。

11月21日　肖萱、谢持等来访。中午12时50分,偕宋庆龄外出,下午2时返寓。(日本外务省档案,1915年11月22日《孙文动静》,乙秘第3086号;俞辛焞、王振锁等译:《孙中山在日活动密录》,第478页)

△　以中华革命党总理名义,联名陈其美、居正,颁发委任状,委任郑螺生为霹雳支部正部长。(《给郑螺生委任状》,《孙中山全集》第3卷,第209页)

11月22日　廖仲恺、王子明、林德轩、李言、安健、谢持、谢心准等来访。上午11时30分,步行至民国社,下午2时50分回寓。王统一夫人来访,先和宋庆龄交谈。回寓后,与其面谈。(日本外务省档案,1915年11月23日《孙文动静》,乙秘第3094号;俞辛焞、王振锁等译:《孙中山在日活动密录》,第478－479页)

△　委李海云为广东高雷两阳恩开新等处区革命军司令。(罗家伦主编、黄季陆、秦孝仪增订:《国父年谱(增订本)》上册,第685页)

11月23日　上午10时,乘车外出至府下西大久保町414号,看望患病的王统一。11时告辞,至民国社,下午2时5分离开回寓。印度人塔库鲁来访,见已外出,即刻离去。下午,陈中孚、谢心准先后来访。是日，收到函电多件，其中有本乡区菊坂町19号松籁馆陈孔来的邮件。（日本外务省档案，1915年11月24日《孙文动静》，乙秘第3100号；俞辛焞、王振锁等译：《孙中山在日活动密录》，第479页）

△　复函叶独醒，略述国内形势，并对陈炯明之为人表示不满。

函中指出，国家最大的忧患在于帝制，“然当国无伟大之英雄，治兵无充裕之财力，非常事业不易举行，外侮之乘，无足深虑。所可虑者，惟袁氏欲人承认帝制，不惜牺牲一切，拱手让诸他人，以为交换条件耳”。国内革命形势方面，“陕、蜀两军声势日大，南方一动，局面即成。袁氏末运，去兹不远矣”。函中还对李箕殉职表示痛心：“可谓吾党忠良，惜其志愿未竟，遽遭凶变，言之不觉痛心！”对陈炯明则多有不满，直言陈“于本党所为，多所抨击，此人险诈，难与共事，所谓通融者，直诳语耳”。（《复叶独醒函》，《孙中山全集》第3卷，第209—210页）

△　收到赵中玉等来函，函告筹款困难万分。函称：“此次筹款，始自前五六月间，此时内地之防范甚密，租界之侦察綦严，捐户不敢公然而输将，授受之际，困难万分，加之其人隆名素知，实非巨富，吆吒而办万金，类形其难，苟非假以日月，宽其时限，何克□事。”后因青岛革命党人被驱散，耗费甚巨，以致所剩无几。（《赵中玉等上总理函》，环龙路档案第03621号）

11月24日　廖仲恺、林德轩、陈文选、张继、覃振、萱野长知夫妇、田中昂夫妇等先后来访。是日，收到函电多件，上海的山田纯三郎来一挂号邮件。中午12时10分，外出至民国社，下午2时15分离开回寓。（日本外务省档案，1915年11月25日《孙文动静》，乙秘第3105号；俞辛焞、王振锁等译：《孙中山在日活动密录》，第479—480页）

△　复函某某，略述国内形势，并嘱竭力筹款。

函称：“现在海内风云，以袁氏称帝之故，愈趋愈急，夫己氏股肱诸将亦有土崩瓦解之势，乘时蹶起，机不可失。陕西革军倡之于前，四川义师应之于后，声势所及，互数十城。沪镇守使郑汝成为吾党二勇士所要〔邀〕击，身受炸弹手枪创者三十余处，沪去此贼，阻力潜消。

中南各省将大举以援西北,燎原之势,顷刻可办。望尊处竭力筹集巨款,汇济军用。"(《复某某函》,《孙中山全集》第 3 卷,第 210 页)

11 月 25 日　谢持、谢心准、徐苏中、廖仲恺来访。徐昌侯来访时,谢绝会面,其即刻离去。是日,因病卧床,请麻布区六本木町酒井和麹町区永田町二丁目的高野来做按摩治疗。下午,收到上海送来的三箱书。是日,收到函电多件,给廖仲恺发去一函;给上海寄去一邮件。(日本外务省档案,1915 年 11 月 26 日《孙文动静》,乙秘第 3118 号;俞辛焞、王振锁等译:《孙中山在日活动密录》,第 480 页)

11 月 26 日　廖仲恺、王子明、谢心准、冯自由、黄汉杰、居正、徐苏中、彭程□等人来访。是日,收到自旧金山和上海来的邮件各一,以及横滨市山下町 80 号谭某的邮件、王统一的明信片。(日本外务省档案,1915 年 11 月 27 日《孙文动静》,乙秘第 3126 号;俞辛焞、王振锁等译:《孙中山在日活动密录》,第 480—481 页)

△　夏重民来函,报告加拿大筹款情形。

函称:在一个余月时间内"所经埠数,无虑十余,所收效果极佳,各分部所认债票,甚为踊跃"。估计筹款"大约至少亦可得四五万元以上",且谓若不是"欧战影响,此间工情甚淡,否则不止此数也"。并告知"约十二月底,或来年正初,当可东旋。本可在此多留一二月,惟以既不久留在此,不如早日言旋,整理此间同志所委各事"。(《夏重民报告加拿大筹款情形上总理及陈其美函》,黄季陆主编:《革命文献》第 48 辑,第 87—88 页)

△　吴铁城来函,报告黎协被害情形。

略谓:希炉分部长兼筹饷局长黎协,于是月 19 日在希炉被凶徒所狙击,一弹深入肝内,疗治数日,因伤势过重,不幸于 25 日晚 10 时逝世。凶手乃黎君乡人,当场捕获,因尚未提讯,究不知彼仇杀黎君的动机。孙中山悉后批示复信檀香山支部并希炉分部致哀,"并吊慰其家人"。(《吴铁城报告黎协被害情形上总理函》,黄季陆主编:《革命文献》第 48 辑,第 91—92 页;《吴铁城上总理函》,环龙路档案第 07284 号)

△　是日，日方情报指出，由于袁世凯企图恢复帝制，海内外革命党人反应激烈，出现有利于革命的形势。

情报称，袁世凯称帝，引起国内各派力量的反对，为革命制造了"绝好时机"。"在各省将军中，真正衷心赞成这次帝制问题的只有奉天将军一个人，其他人即使赞成帝制，也反对拥戴袁为皇帝。"而"湖南将军汤芗铭、广西将军陆荣廷、广东将军龙济光等，鉴于周围情况，态度不明，但也确实反对帝制"。戴季陶声言，"临此时机，革命党亦恐怕要崛起，其时机可能在袁即帝位以后"。

还指出，革命党各派加强了联合，尤其是孙黄之间关系有了明显的改变。"一时呈反目状态的孙、黄、岑、李等各派，由于前不久的中交涉问题，也出现略有融和之势。面对此次帝制问题，尚需更加一掷前嫌，雅量坦怀，采取一致行动……各派之间一旦出现融合一致，大同团结，便呈现出东西南北互相呼应之势。"

海外华人捐款踊跃也是革命的有利形势。"从前不能筹集的军用资金，也由于帝制问题，使海外中国人的反袁思想意外高涨，因此，资金的筹措也比从前容易。在美国的华人已筹措三百万元，南洋的华人筹措了二百万元，在中国国内，这次也筹措得相当容易。不过，使革命党唯一感到困难的是，目前正值欧战，各国一般都缺乏军需品，所以武器的筹措几乎不可能。然而，目前陈其美正特意同中国南方的各派军队和白狼〔朗〕等团体取得联系，因此，在武器方面或许不感多么困难。"

在革命行动方面，情报分析，革命党原计划在长江沿岸一带举旗，"但日前袁政府在那里警备森严，举事颇为困难。所以准备改变这一计划，在南方沿海各省起兵北进，至少在占领四川以后，再向长江一带出兵。其时间如前所述，要在帝制实现以后，即明年春天二、三月份，总之要根据袁称帝的早晚而定"。在革命党员中，属于干部阶层的人最近均已回国，都是秘密回国，连党员之间都不知道。另外，从上海、美国、南洋方面，党员来东京的最近稍有增加。似乎都带着各自所在地首领之命,前来商议有关革命事宜。"目前在美国的黄兴,此前患肺病,大量咯血,正在静养中。如现已基本痊愈,则基于病情关系,决定至迟在明春前返回日本。"(日本外务省档案,1915 年 11 月 25 日《在京革命党对帝制问题之动静》,乙秘第 3104 号;俞辛焯、王振锁等译:《孙中山在日活动密录》,第 737—738 页)

11 月 27 日　萱野长知、廖仲恺(两次)、王子明、谢心准、黄汉杰、谢持、波多野春房等来访。廖仲恺来访时,带来一封给王子明的信,并阅寓所所备的名单。富永龙太郎来访时,谢绝与其会见。下午 2 时,梶原紫郎作为田中昂代理来访①,数分钟后离去。是日,宫崎寅藏和田中昂各来一邮件;从日本桥区路三丁目丸善株式会社和巢鸭 901 号覃振寓所各来一邮件。(日本外务省档案,1915 年 11 月 28 日《孙文动静》,乙秘第 3145 号;俞辛焯、王振锁等译:《孙中山在日活动密录》,第 481 页)

△　是日,复函宿务同志,赞许热诚爱国,表示革命的乐观。

函称:同志爱国热诚,俱堪感佩,"至刘君谦祥,乃一经纪中人,认捐全年辛金千元,尤为难能也"。并对革命前途表示乐观,称:"粤事已发动,惟终以经济困人,一时未能如意,殊属恨事。然此次三炸省垣,而惠州、高州、阳江、新宁及广府各属同时发难,亦足以寒袁贼之胆,而唤起中国人心也。"(《复宿务同志函》,《孙中山全集》第 3 卷,第 211 页)

同日,邓泽如致函郑螺生、李源水、区仁甫等,亦告以广东举事情况,嘱筹款。函称:"佛地已先动手,支持之日,我军未有所伤(报载不实),敌军毙数十人,得枪百余杆,嗣以各处未应,暂行退守,元气毫不伤损,一礼拜内可以再有进步……洪兆麟君赴惠州失败,伤左手,无碍,现仍继续做去。子瑜兄所办一路已举数日,成绩若何,未得详报。佛山决定坚持下去,惟需款必多。昨日收得吉隆坡五百、庇能千元,

---

①　孙中山欲从田中昂处购买一只五连发手枪。田中托萱野长知送来一只枪,但不是自动的,因此经廖仲恺之手,托田中的使者将其退回。

杯水车薪,无济于事。日来无论如何款项,悉悉搜索净尽,奈何奈何……电白已开办甚佳,筹款多多益善。望我公竭力,无论集得多少,即以电汇为盼。"(程存洁《南洋筹饷——广州博物馆藏孙中山及其同志有关筹饷手札集》,第154页)

11月28日 梅屋庄吉夫人、廖仲恺(两次)、王子衡、王子明、印度人塔库鲁和加布达、谢心准等来访。下午3时15分,偕宋庆龄乘车至巢鸭町大字上驹四十二丁目2号田中昂寓访问。萱野长知、武藤全吾及廖仲恺亦到访,共进晚餐。晚8时45分离去,乘车回到寓所。(日本外务省档案,1915年11月29日《孙文动静》,乙秘第3153号;俞辛焞、王振锁等译:《孙中山在日活动密录》,第481—482页)

11月29日 宫崎民藏、徐苏中、蔡公时、戴季陶(两次)、王子明、王子衡、覃振、张继、陈策、廖仲恺等来访。徐苏中、蔡公时来访时,请其下午至民国社会面。下午1时余,偕宋庆龄、戴季陶、王于明、王子衡徒步到宫益坂一带散步,归途欲至青山北町民国社,但宋庆龄反对,从其意,在该地和王子明、王子衡分手,又与萱野长知不期而遇。下午2时,与萱野长知、廖仲恺、戴季陶一起回寓。下午3时,与张继、陈策步行至青山北町民国社办公室,6时20分返寓。是日,上海满铁的山田纯三郎来一挂号信。(日本外务省档案,1915年11月30日《孙文动静》,乙秘第3167号;俞辛焞、王振锁等译:《孙中山在日活动密录》,第482—483页)

11月30日 廖仲恺(三次)、王子衡、黄增者、王子明、富永龙太郎、居正、李为云、戴季陶、印度人塔库鲁、谢心准等来访。是日,收到函电数件,本乡区菊坂町19号松籁馆的某人(疑为陈家鼐)相继来二函。(日本外务省档案,1915年12月1日《孙文动静》,乙秘第3176号;俞辛焞、王振锁等译:《孙中山在日活动密录》,第483—484页)

△ 党务部居正呈请委巴东、港澳各支部职员。

呈文称:巴东支部长杨汉孙、温菊朋等来函,请委任方拔馨为调查科正主任,李新宇为调查科副主任,李兆楼为交际科正主任,欧阳卿为交际科副主任;港澳支部长叶夏声、李海云等来函,请委任陈永惠为总务正主任,陆任宇为副主任,陆觉生为党务科正主任,邓仕学为党务科副主任,陈耀平为财务科正主任,李宝祥为调查科正主任。阅后批示:"准。"(《居正请委巴东港澳各支部职员上总理呈》,黄季陆主编:《革命文献》第48辑,第76页)

△　葛玉斋来函,报告鄂、豫、陕等地接洽情况。函称:"于前日已安抵汉口,旋至武往晤舍亲,藉知此地大概情形。盖舍亲数人素具热忱,且谋虑深远,现已联络多数之同志军官矣,俟时必写所举。玉已豫与接洽,再迟一二日,即乘车启行,至陕后,稍事摒挡,即写详函上陈。"(《葛玉斋上总理函》,环龙路档案第00872号)

△　洪铨禄来函,对胡汉民等到菲律宾表示期待。

函称:"胡杨宋三君匡国救时,不惮关山之陟,枉驾菲岛,整理党务事项,弟等自愧菲材未获寸进,若得诸君光临指挥一切,从此党务臻良,诸多着手,端赖三君整饬之力也。"(《洪铨禄上总理函》,环龙路档案第06374号)

12月

12月1日　宫崎寅藏、陈中孚、廖仲恺(两次)、戴季陶、王子明、王子衡、居正、李为云、谢心准等到访。下午,葛庞到访时,谢绝会见之,请其去民国社。下午3时10分,偕来访的戴季陶至麴町区下二番町37号访小林雄介。归途到该区麴町八丁目18号访秋山定辅,秋山不在,即刻离开。下午5时许,波多野春房到访,已外出,未能相见,即刻离去。是日,收到西文电二及居神田区三崎町二丁目1号岛田宅蔡某的来函。(日本外务省档案,1915年12月2日《孙文动静》,乙秘第3183号;俞辛焞、王振锁等译:《孙中山在日活动密录》,第484页)

△　以中华革命党总理名义颁给黄馥生二等有功章奖状,称其

"慷慨从戎,赞襄义举,赍兹永宝,用彰厥功"。(《颁给黄馥生奖状》,《孙中山全集》第3卷,第212页)

△ 致函陈其美等,指示注销檀香山杨某缴回的委任状,并请暂为保管好尚未寄发收据的"小吕宋捐银名单乙纸"。(《致陈其美等函》,《孙中山全集》第3卷,第212页)

12月2日 谢持、廖仲恺(两次)、戴季陶、居正、冯自由(两次)、萱野长知、谢心准、王子明、王子衡等到访。下午,东瀛新闻社职员小室敬二郎到访,谢绝会见;殷觉真来访,亦谢绝会见。是日,收到萱野长知、张汇滔等来函及邮件数件。(日本外务省档案,1915年12月3日《孙文动静》,乙秘第3189号;俞辛焞、王振锁等译:《孙中山在日活动密录》,第484—485页)

△ 张汇滔来函,请求接济,以便回皖经营。函称:"来京倏忽已两月,迭接上海同志函电,催促还沪,以便进行,并云派赴内地同志及来申接洽者,实不乏人,刻下经济艰窘异常,大有不支之势。"望从速决定,俾早一日回国,"则皖中多一分势力也。如以经济掣肘,不克实行,而目前维持仍乞先生拨给小款电汇上海,以苏涸而救燃眉,因此紧急万状"。(《张汇滔上总理函》,环龙路档案第01042号)

12月3日 上午,张继、田桐、廖仲恺、冯自由、谢持等来访。下午,萱野长知、谢心准、菊池良一、戴季陶、王统一等来访。下午,林德轩来访,因病未见。晚,廖仲恺又来访。是日,收到西文电报数封。(日本外务省档案,1915年12月4日《孙文动静》,乙秘第3193号;俞辛焞、王振锁等译:《孙中山在日活动密录》,第485—486页)

△ 黄强黄来函,请示加盟中华革命党手续及汇款方式。

函称:"近年加属党势极形发达,惟加盟中华革命之手续每有各异,未晓谁真谁伪,总无统一之效,恳先生详明。惟筹饷一节,客岁弟为坎文顿组织分部之始,共汇美支部千余元,是年初来顷市顿,倡起筹饷,前后三次已汇有千余元,自夏君来游,始知先生近况,今美支部旬日间来电三次,嘱军债之款不可直寄东京云,同人甚为骇异,同是

救国之道,何已分歧尔我,请祈详明示复,以释群疑。"(《黄强黄上总理函》,环龙路档案第06631号)

　　△　是日,吴文龙致函谢持,请代呈孙中山抚恤烈士郑道华亲属。

　　函称:同事郑道华,经英租界引渡内地,于上月26日就义,"所遗一妻一子,别无亲属,室乏春粮,野缺寸地,来日茫茫,何以为生"。请求代达孙中山,"按照党员从义先例,稍予抚恤,俾寡妇孤儿,免转沟浍。既慰死者,尤励生人,烈士勇夫,得相劝勉。一举两得,善莫大焉"。随信并附报载郑道华就义详情。(《吴文龙报告郑道华就义并请恤致谢持函》,黄季陆主编:《革命文献》第48辑,第134-135页)

12月4日　黄展云、廖仲恺、萱野长知、居正、李为云、和田瑞等来访。是日,收到赤坂区灵南坂町头山满及各地来信多封。(日本外务省档案,1915年12月5日《孙文动静》,乙秘第3199号;俞辛焞、王振锁等译:《孙中山在日活动密录》,第486页)

　　△　叶独醒来函,报告朗吗吃组织分部情况。

　　函称:与调查主任苏家弼同往内地朗吗吃组织分部,"运动诸同志及外埠,幸多赞成,至夜传集开会,选举临时分部长何天送、副部长谢国良等诸人"。因发起款问题,彼此胁嫌而生出许多意见,"当经申禀胡君,求其手函劝解"。(《叶独醒致总理函》,环龙路档案第04883号)

　　△　是日,国内报纸传出孙中山与宗社党联手反袁消息,北京政府加强防范。据《申报》称,"前陕甘总督升允刻在东京为宗社党之领袖,代表肃亲王与孙黄等共商推翻袁政府之计划,故即通电各省将军巡按使,禁售煽乱书籍,并严搜升允、孙文等派入内地煽惑军民之党人"。(《外报论中国党人之活动》,《申报》1915年12月8日,"要闻一")

12月5日　廖仲恺、王子明、王子衡、谢心准、林德轩、仇鳌、田桐等来访。是日,收到各地来函数件,其中一西文电似与冯自由有关,下午6时30分,收后即遣人力车夫将此信件送至居东京饭店的冯自由处。晚,又派女侍将一信件送至民国社。(日本外务省档案,

1915 年 12 月 6 日《孙文动静》,乙秘第 3200 号;俞辛焞、王振锁等译:《孙中山在日活动密录》,第 486—487 页)

△ 是日,陈其美在沪策动肇和舰起义。

陈其美于上海法租界霞飞路渔阳里 5 号设总机关,以蒋介石、吴忠信、杨庶堪、周淡游、邵元冲、丁景良、余建光等分任军事、财政、总务、文牍、联络等职。由蒋起草《淞沪起义军事计划书》。是日,袭取肇和舰,进而图谋取海军为根据,水陆配合,攻占制造局和整个上海,但所谋未遂,为袁军所镇压。

国内报载事情经过如此:"五日下午四钟半时,革命党员二十余名搭坐小艇闯入军舰肇和号,令其屈服。比至六钟时,由该舰炮击机器局,该局守备队即时应战。交战约一小时后,陆上另有别动队突袭华街第一警署,反被击退。城里及华街一带仍由官兵巡警严重警备……比至晚八钟时,革党因军舰之援助攻击得势,猛攻机器局,遂占据之。局中守兵一标早已逃窜,不留一兵。嗣至六日早,旁观此情形之军舰应瑞(译音)号及其余军舰对于左祖革党之军舰肇和号(二千七百五十吨,坐员三百七十四名)及永翔号(八百吨,坐员三百名)力劝反正。两舰不肯承诺,即由各舰一齐猛攻。陆上之北军因之恢复勇气,用机关枪猛攻,革党不能支持,放弃该局而逃。北军克复之。在逃之革党六十余名为北军所掳获。军舰肇和号等亦相继投降,在北军监视之下系留于机器局码头。革党计划因之失败,乱事一时遂称平定。"(《上海革命战事详报》,《盛京时报》1915 年 12 月 9 日,"东亚之情势")

据革命党撰写的《肇和发难纪实》称:"先是由中华革命党孙总理任陈英士为淞沪司令长官,亟组织总机关于法租界霞飞路渔阳里五号。第一步即将袁世凯倚若长城之上海镇守使郑汝成刺杀,继任者为其旅长杨善德,其才智远在郑氏之下。沪事诸易得手,尤以杨虎氏经营之海军方面情况最佳,所有肇和、通济、应瑞各军舰均已大半妥约。适肇和军舰有六日调赴之讯,于是决从于五日举行发难。当任杨虎氏为海军陆战队司令，于午后三时即奉敢死队乘虞洽卿、赵志成等预备之小汽船，径驶肇和军舰，遂由该舰之见习官临时任为肇和正队长之陈可钧氏等率众响应，因多数人事前均已妥洽，故无抵抗，当由杨虎氏向众宣布革命党之主义及此次发难之意旨，众皆欢呼，于是遂开始发炮举义，连发多炮，全沪震惊，中外人士，咸欢服革命之精神。乃因陆地分赴各路之部队，多因人数众寡之悬殊，更因器械相差过远，故各处互战甚久终归败退，尤以运动成熟之应瑞、通济二军舰，因派赴占领之部队未能达到目的，致肇和军舰悬为孤立。在该舰杨氏诸人见发炮许久并无反抗，意谓事已告成，虽发信号问通济、应瑞等舰，均以正在会议答之。当时陈英士氏虽亲赴华界，意在督促指挥，讵料军警密布，已不能通过。及归，渔阳里总机关部复又被法捕房围抄，陈英士氏暨总机关部各人员悉行避走，于是各路失去联络。水陆消息阂绝历时既久，遂予杨善德辈以从容布置集议对付方法，卒由袁世凯之军事参议杨晟主张攻击肇和军舰，乃以重金购应瑞、通济军舰，尤以萨镇冰主持最力，并携款亲赴应瑞舰，即于深夜遂向肇和攻击，互战甚久，肇和舰因临时未谙电力起锚之法，致不能动，致损坏甚大，伤亡甚众，欲退驶吴淞而又不能行动。最后不得已由杨虎氏率众登岸，退赴浦东。"（《肇和发难纪实》，黄季陆主编：《革命文献》第 46 辑，第 165—166 页）

　　12 月 15 日，中华革命党本部发布第 19 号通告，报告肇和起义经过，肯定其意义并分析其失败原因。通告指出：12 月 5 日上海之役，为第三次革命海陆军突起之一大霹雳，又为各地讨袁军最强有力之导火线，此各报纸所喧传，亦世人所公认者也。"是役虽起于仓卒，而从事战斗之同志，类皆奋勇效义，争先恐后，以数百人与数万之海陆军队及警察接战，能得军舰，陷制造局，占领南市及城北城西，攻入警察署。以言革命之精神，其勇往无前，几过广州三月廿九日之役。而所受损害无多，元气未亏，以图再举，共事非难。所惜者，应变而起，未久而仆，他处未及响应耳。"通告分析，其失败之最大原因，"则由财力之不裕,此本党年来历尝之苦,而于此一役,所尤痛心者也。自此次之事言,当地同志,不下数万人,而迭次勉力购备之军械,不能供千人之用。此役由陆路进者,分携炸弹,而短枪犹不能尽人而有,故遇包围抄袭,不能长时应战。水上计划,用小艇运送同志,登舰促战,而以款绌之故,事前仅购备一艇,临时工日晨,再备一艇,五日适为礼拜日,海关不办事,未能注册领牌,致被关员所阻,不得淀泊码头,运送党员之事,因以不济,遂不能将已有内应之军舰,完全夺取,而陷肇和军舰于孤立,终以众寡不敌,受此挫跌也。年来海外同志,捐助资金,往往罄于临时之应付,不能储蓄大款,以应事机,而由于临时之应付者,复不能敷军事计划上必需之额,此中困难情形,诸同志谅皆意料所及者也"。(《中华革命党本部通告肇和起义失败经过》,黄季陆主编:《革命文献》第 46 辑,第 167—169 页)

　　事虽败,但在当时革命党人看来,其对革命形势的破坏并不大。12 月 11 日,周应时致函谢持,认为"此间事虽未成,足寒贼胆。上海又来兵一旅,似较稍难。然苏省各地尚未受丝毫影响,及时乘机响应之资格尚在,可以少慰"。(《周应时为报告上海情况致谢持函》,黄季陆主编:《革命文献》第 48 辑,第 47 页)12 月 25 日,陈其美致函邓泽如,报告上海革命行动情形,其中,对于肇和舰起义之事,也认为并非损失巨大,"然从前已运动之结果,仍能继续进行,故本次之失败,与大局毫无关系。所损失者,党员被拘去四十余人,伤七十余人,失去枪枝百余,及事前准备与事后抚恤等费四万余元而已。至于陆上势力,依然仍可一用。海上则日来接洽,亦大有进步"。(《陈其美致邓泽如报告刺郑汝成及肇和失败情形函》,黄季陆主编:《革命文献》第 46 辑,第 170—171 页)

　　12 月 6 日　上午,王统一、谢持、廖仲恺、居正、李为云、戴季陶、冯自由、王子衡、谢心准等来访。席正铭来访时,谢绝与之会面。中午,谢持、廖仲恺分别再次来访。下午,居正、覃振、肖萱、和田瑞、戴季陶、萱野长知、谢心准、冯自由、谢持、菊池良一、廖仲恺等来访。刘佐成、王烈来访时,谢绝与其会见。是日,镰仓大佛前 81 号的黄某和香港某人,及神田区三崎町三丁目 1 号三崎馆的某人各来一函;收到西文电报数封及记有"滨八十浮"的明信片。(日本外务省档案,1915 年 12 月 7 日《孙文动静》,乙秘第 3208 号;俞辛焞、王振锁等译:《孙中山在日活动密录》,第 487—488 页)

12 月 7 日 上午,王统一、谢持、廖仲恺、戴季陶、王子衡、冯自由、谢心准、黄展云、张祖汉、陈群等先后来访。日人白苏芳夫来探访张继,因张未在即刻离去。下午,谢持、谢心准及湖南支部公选代表葛庞、陈家鼎、林修梅、杨丙等来访。是日,神田区神保町青年会的林某来一邮件;横滨市某人来一邮件;旧金山国民党支部来两件邮件;代代木某人来一快递邮件。另收到西文电报两封。(日本外务省档案,1915 年 12 月 8 日《孙文动静》,乙秘第 3212 号;俞辛焞、王振锁等译:《孙中山在日活动密录》,第 488—489 页)

△ 袁世凯政府通电各省,防止革命党将利用称帝之机发动革命。

是日,《盛京时报》载,袁政府中央通电各省将军称,钮永建、谭人凤等秘密集议,"以为改革国体之时可以乘机起事"。原因有四:"(一)国体改变后下级军官有受赏未能遍及者;(二)前清官僚有怀忌妒不服者;(三)政客策士有因争权不服者;(四)迷信共和者。皆可相机煽动,为发事之原因。"起事办法亦有四端:"(一)将财力、人力集聚一处进行;(二)重要省份着先破坏手段;(三)利用政客;(四)联络劣绅、恶棍各等。"(《防止党人煽乱之要电》,《盛京时报》1915 年 12 月 7 日,"民国要闻")

12 月 8 日 上午,东亚同文会干事长中岛载之来访,谢绝与之会见。上午 9 时 50 分,乘人力车去麴町区麴町八丁目 18 号,访秋山定辅。12 时 40 分,告辞返寓。回来后,因病情绪不佳,会客时亦少有言语。下午,廖仲恺、戴季陶、谢心准、谢持、王统一等来访。居正、李为云二人来访时,因病未见,二人即刻离去。随后,田桐来访,也因病未见,即刻离去。是日,自美国旧金山国民党支部来一挂号邮件;

神田区表神保町大谷吉(疑为仇鳌)来一普通邮件;自美国旧金山民国维持会檀香山支部来一邮件;头山满将一电报作为快信转来;神田区锦町三丁目 10 号政法学校殷键来一函。另有西文电两件与邮件数件。(日本外务省档案,1915 年 12 月 9 日《孙文动静》,乙秘第 3218 号;俞辛焞、王振锁等译:《孙中山在日活动密录》,第 489 页)

　　△　批示日本神田代木君来函,指示由谢心准代答:"约以十二月十日午后 2 时来见。"(《批日本神田代木君函》,《孙中山全集》第 3 卷,第 212 页)

　　△　革命党人进攻上海制造局后,北京出现要求日本政府驱除孙中山的言论。《申报》转载是日北京电:据上海官场消息,所获攻击制造局之党人多怀挟文件,内有"孙文派海军见习生为海军军官之委任状五纸",此间一般人士之意,"孙文既有此举动,则不得仍以政治亡命者视之,日政府大可逐之出境,俾免孙再利用中国友邦图乱国内"。而且"日政府诚宜澈底查究,永绝匿于日本之党人再谋举事之机"。(《北京电》,《申报》1915 年 12 月 10 日,"译电")

12 月 9 日　上午,刘佐成来访,谢绝与其会见。随后,冯自由、梁海二人来访。下午,戴季陶、张人杰、谢持、江夏、廖仲恺、卢候洞、年徽、居正(两次)、李为云(两次)、徐忍茹、谢心准等来访。下午 5 时 10 分,乘车去本市西大保,访王统一。是日,收到横滨市山下町 80 号谭某等的邮件。(日本外务省档案,1915 年 12 月 10 日《孙文动静》,乙秘第 3221 号;俞辛焞、王振锁等译:《孙中山在日活动密录》,第 490 页)

　　△　是日,居正遵孙中山旨意,复函宿务支部长叶独醒,望努力筹款。

　　11 月 2 日,宿务支部长叶独醒来函。悉后交党务部处理。是日,居正遵令回复,略谓:"时机渐熟,此后进行,一以饷需之足否,为成功之权舆。日昨上海革命军业已占领制造局火药库及肇和各军舰,奈因饷需未足,各处未能同时响应,遂以不支。然则海陆军中本党根据依然未动,时机一到,军需有着,成功固可指日可待也。希为

注意于此，努力行之，是所切盼。"（《党务部复叶独醒注意筹饷函》，黄季陆主编：《革命文献》第45辑，第700页）

12月10日　上午，田桐、廖仲恺、戴季陶来访。下午，萱野长知、秋好善太郎、河田作介、廖仲恺、谢持、王统一夫人等来访。下午2时，与戴季陶乘车去麻布区岛居坂町3号，访赤星铁马，在二楼内屋与其面谈，4时20分告辞。归途在青山一丁目和戴分手，4时30分回寓。期间，谢心准来访，见已外出，未能相见。是日，收到电函数件。（日本外务省档案，1915年12月11日《孙文动静》，乙秘第3227号；俞辛焞、王振锁等译：《孙中山在日活动密录》，第490—491页）

　△　刘早卜来函，表示愿意效力革命，函称："此个卖国奴岂能容乎于我党人，须要尽始尽终，坚持民主，及早兴戈，共谋北伐，稍待时日，则恐欧战停止，列强干涉，必有瓜分之患不免矣。倘先生尚有革命之想于弟处，接先生委命，遇时可能抽身北返，暗杀袁蛾，自问须是□之无才，为是尽子民一份之责，宁愿置于死地而不甘将来复为奴隶之期。"

悉后，批示"代答以鼓励语，并略述时事，着他就地提倡革命主义，结合华侨与美国金山大埠领袖支部联络一气，筹集军资，寄往大埠汇前来便可。并将彼此地址知照"。（《刘早卜上总理函》，环龙路档案第01261号）

12月11日　王统一、谢持、丁仁杰、廖仲恺、宫崎寅藏、萱野长知、陈中孚、居正（两次）、覃振等来访。是日，收到王统一、横滨某人、山下町80号谭某、菲律宾中华民国社支部胡某等寄来的函件。（日本外务省档案，1915年12月12日《孙文动静》，乙秘第3231号；俞辛焞、王振锁等译：《孙中山在日活动密录》，第491—492页）

12月12日　王统一、苏无涯、廖仲恺、丁仁杰等先后来访。是日，收到神田区三崎町三丁目1号三崎馆张某（疑为张汇滔）的来函；收到西文电报数封及一封"宫"（发报人）给张继的电报。（日本外务省档案，1915年12月13日《孙文动静》，乙秘第3241号；俞辛焞、王振锁等

译:《孙中山在日活动密录》,第492页)

△　是日,袁世凯下令接受"推戴",恢复帝制。各界反应激烈,革命党人倡言声讨。

次日,孙中山在致黄景南等函中痛言:"自本月十二日帝政实施,祖国前途,顿增黑暗,以先烈手造之共和,转而为袁氏一家之私产,四亿同胞吞声咽泪,稍有元良者,莫不以三次革命为救国良药。"(《致黄景南等函》,《孙中山全集》第3卷,第213页)

14日,美洲致公总堂会长唐琼昌上书美总统威尔逊,请勿承认袁氏帝制,以免革命党人前功尽弃。书谓:"现因敝国袁世凯决意称帝,复行君主专制政体,废灭共和,剥夺国民自由权,良心丧尽,群情愤激。吾代表美洲致公堂团体,求贵总统勿公认袁复帝制,免致革命党前功尽废。倘贵政府承认,有干碍人间应享之天赋自由权,且有破坏世界上之和平矣。但敝国既经革命风潮,民党掷多数头颅,流多数宝血,始得造成共和政府,效法美国。讵有民贼,又欲复行帝制之举动,贵国为先进共和国,料亦必不赞成。查贵国人前为离英羁绊,在丙架山及吉地士卜两处交战时,牺牲人命甚多,始得独立,造成共和国,可知贵国人对于共和之宝贵,必不轻视自由。况贵国对于墨国,前将爹亚氏总统推倒等党,既不承认,及于行刺墨前总统玛爹鲁等人,又曾排斥之。今为保存人道计,谅亦必不承认敝国复回君主专制政体。"(《唐琼昌致美总统威尔逊请勿承认袁氏帝制书》,黄季陆主编:《革命文献》第48辑,第207—208页)

12月13日　谢心准、佐佐光政、谢持、丁仁杰、王烈、廖仲恺等来访。佐佐光政住千驮谷町原宿140号,为已故佐佐友房之孙,是月5日在上海目睹革命党起义情况,9日搭三岛丸抵神户,是日来报告有关情况。(日本外务省档案,1915年12月14日《孙文动静》,乙秘第3253号;俞辛焞、王振锁等译:《孙中山在日活动密录》,第492页)

△　批复党务部居正请委任彭亨文冬支部、班让分部职员之呈文。

党务部呈文谓,据邓泽如函称,彭亨文冬支部业已组织成立,请委伍发文为支部长,覃体仁为总务科正主任,熊伯言为党务科正主任,严瑞轩为财务科正主任;据巴东分部长杨汉孙函,请委任余文学为班让分部部长。是日,批示:"行。"(《居正请委彭亨文冬支部班让分部职员上总理呈》,黄季陆主编:《革命文献》第 48 辑,第 76—77 页)

△ 致函黄景南等,阐述统一服从的重要性。

函中指出,革命事属非常,欲求成功,不能不求所以致成功之办法。而总结过去经验,"知已往弊害,全坐不服从、无统一两大端"。故"本党之立,标宗明义,一就规约,则心腹以之。至于谬称同志,实怀野心,阳嘘敌忾之词,阴煽同室之哄,似此徒辈,行等奸邪,苟非自固藩篱,必至纷无头绪。盖以军国大事,必如万派朝宗,方能风起水涌"。函中对各地同志如何做到服从亦有简要指明,"诸同志对于革命进行,既先下决心,看透亡国即无家可归,而作毁家纾难之想,然后认定本部所委任或豫函介绍之特派员接洽,事事商酌办理,则胸有成竹,自不致无所牵〔适〕从"。(《致黄景南等函》,《孙中山全集》第 3 卷,第 213 页)

△ 致函怡朗商会高标勋、蔡联耕、叶达甫、林永来等,略述革命大好形势,嘱参与救国。函称,自帝政发生后,举国舆论,莫不引为诟病。袁氏倒行逆施,内外交困,造成革命的大好时机。"财源日竭,国权外溢,强邻警告挟迫,险象迭呈,不识自振,不能自防,物腐虫生,孰贻伊戚。果真为民意乎? 则外人讥我国无共和程度,固当俯首受之;若假托民意乎? 则叛国贼政,天下共诛。""吾党拥护民权、民生,知非以武力破坏,不足以铲除专制恶焰而颠覆其已成帝政之局,虽人民不免涂苦,商工不免停滞,财产不免牺牲,而为一劳永逸计,谅同胞亦能共亮也。是以三次革命,乃全国人民心理所公认,若决江河,一泻千里。"指出,从上海"小试端倪"看,主要的困难还是经费问题,寄望诸位继续襄助,"公等大义热忱,遐迩素著,再造民国,久具深衷。前闻陈君民钟极函称道,因知鼎力前途,无任仰仗,以后尚希精神接洽,极

力辅导,以达真正救国之目的"。(《致高标勋等函》,《孙中山全集》第 3 卷,第 213—214 页)

12 月 14 日 谢心准、谢持等来访。上午,殷觉真来访时,谢绝会见。是日,收到函电数件,其中有上海山田纯三郎来的一挂号邮件。(日本外务省档案,1915 年 12 月 15 日《孙文动静》,乙秘第 3259 号;俞辛焞、王振锁等译:《孙中山在日活动密录》,第 492—493 页)

△ 致函希炉同志,吊唁檀香山希炉分部长兼筹饷局长黎协,并嘱维系工作。

11 月 26 日,檀香山筹饷局长吴君铁城来函,告知檀香山希炉分部长兼筹饷局长黎君协于 11 月 19 日被刺遇难。是日,致函吊唁,肯定黎君"奔走国事,不避艰瘁,两年以来,党务倚重甚力",称"现值讨贼在即,遽遭惨变,致令其志未终,饮恨地下,同志悲悗,曷可胜言",希望同志"从速催请法廷〔庭〕,将凶犯严讯治罪;并代向黎君家属申意吊唁,温辞抚慰,以安黎君在天之灵。至分部、饷局,双方进行,刻不容缓,即望召集同志,另举相当者接续办理,以重党务,而专责成"。(《致希炉同志函》,《孙中山全集》第 3 卷,第 211、214—215 页)

△ 国内出现孙中山抵押南满洲借款,分省运动军警以发动起事的舆论。

是日《申报》载,苏州军警各机关接到参谋厅公函,其中提到"近日海外党首孙文、陈其美等在某处与某国要人资本家订立合同,将南满洲抵押借款数百万元,汇入内地作为发难费之用,故近日上海乱党均纷纷制买衣履,颇有精神。再查该党之组织分为十八部进行,每省派为一部,江苏为第三部,现在激急进行,派人往来苏沪镇宁,暗中运动各处之水陆军警,并勾结帮匪无赖,意图联络发乱,视隙举动"。(《严防党人之通饬》,《申报》1915 年 12 月 14 日,"地方通信·苏州")

事实上,此时国内革命形势确实有了很大发展,南方出现转机。是日,国内报载:"长江一带之暗云益加险恶,革党之一派今已潜入各处,联络一气,相继蠢动。各省商民虽阳则服从政府,阴则反对帝制,革党之企划因之颇有利便。又闻南方官界军界亦有反对帝制之思想，现已渐露其锋芒。"（《南方之杌陧状态》，《盛京时报》1915 年 12 月 14 日，"东亚之情势"）

12 月 15 日　王统一、廖仲恺、戴季陶、岛田经一、丁仁杰、王子衡、林德轩（两次）、仇鳌、杨丙、刘佛肩以及印度人莫基慕塔等来访。下午 3 时许，偕宋庆龄、王子衡去青山北町民国杜。随后又往青山南町六丁目 55 号野崎医院，探望住院的谢持①，约谈十分钟后离开回寓。下午，陈中孚来访时，已外出，未能相见即离去。谢心准来访时，虽不在，仍进入办公室。是日，收到居本乡区真砂町 15 号二桥宅的陈某、横滨某人寄来的邮件；头山满转来一西文电；马尼拉来一西文电。（日本外务省档案，1915 年 12 月 16 日《孙文动静》，乙秘第 3263 号；俞辛焞、王振锁等译：《孙中山在日活动密录》，第 493—494 页）

12 月 16 日　是日起，与日本药商入江熊次郎等连日在中华革命党本部举行秘密会议，筹划在日本九州募集义勇兵之事。（罗家伦主编，黄季陆、秦孝仪增订：《国父年谱（增订本）》上册，第 688 页）

△　尹子柱等二十三人联名来函，请委赣省党务负责人。

函称："民贼称帝时期已迫，党内进行刻不容缓。吾赣党务自夏司令被害后，继任者始焉同声推举欧阳豪君，继又有一部分人推举董福开君，两不相下，二月于兹，贻误前途，殊堪浩叹。同人等外愤民贼，内洽同仇，磋商再四，决议将二君俱作罢论，函请先生另委贤能，庶双方融洽，得以继续进行。否则无论委欧委董，必有一方反对，既丧感情，复误大事，此岂前途之福哉。"悉后批示："答以函悉，江西司令长之事，文当有主张，现尚不便发表，必须事发之后方可公布。到时无论何人，总望公等协力襄助，以成大事。"（《尹子柱等请委赣省党务负责人上总理函》，黄季陆主编：《革命文献》第 48 辑，第 150 页）

△　是日，詹大悲在上海被捕。

---

①　徐昌侯因"索款不遂"，将谢持打伤。（谢持：《谢持日记未刊稿》第 1 册，第 238 页）

据报载,詹大悲此前本居住宝昌路宝康里51号,因被"侦探前往图谋刺杀未成",旋迁至其友人温楚珩家。温"去夏曾遣派党徒四出,图谋起事,势力颇大",早已为袁政府所通缉,"此次攻制造局亦为主要人物"。长江巡阅使驻沪调查所获悉温的住址后,"遂于十五日通知新闸捕房派中西探捕于昨(十六)晨六时前往忠茂里,由探员卢某假作送信入门,温见势不佳欲逃,即为林所长与捕合力拿获。詹大悲在楼上闻声,由楼窗跳出,欲越西篱而逃不得,亦一并弋获。并搜出手枪一支,子弹两匣,秘密信件数封"。(《党人詹大悲被捕详纪(上海)》,《盛京时报》1915年12月22日,"民国要闻")

12月17日 廖仲恺、佐佐政光、水野梅晓、松冈千寿、菊池良一、戴季陶(两次)、谢心准、谭人凤、蔡今□等人来访。是日,收到函电数件,其中,议员古岛一雄来一函。(日本外务省档案,1915年12月18日《孙文动静》,乙秘第3286号;俞辛焞、王振锁等译:《孙中山在日活动密录》,第494页)

△ 曹坤仲来函,诉财政困难,请示办法。函称:"吾党际此千金一发之时宜,如何努力进行,如何运筹帷幄,想先生必筹之熟矣。坤仲羁栖沪滨,朝夕与同人等计议皖事,虽有万全把握,无奈财政困难,不能着手,致使一般健儿仰天□心,负戟长叹,奈何奈何。"悉后,面谕:"不答。"(《曹坤仲上总理函》,环龙路档案第01045号)

12月18日 上午,陈璞、丁士杰来访,谢绝面谈。随后,廖仲恺来访。中午,伍川坡、连城来访,也谢绝会见。下午,伍川坡、连城持谢持介绍信,再度求见。递交他们一函,仍谢绝会见。陈璞、丁士杰再次来访,约三十分钟后离去。其后,萱野长知、谢心准分别来访。是日,收到函电数件,给新加坡发去一西文电。(日本外务省档案,1915年12月19日《孙文动静》,乙秘第3288号;俞辛焞、王振锁等译:《孙中山在日活动密录》,第494—495页)

△ 黄兴致书国内友人,赞成讨袁,称:"今日为国家生死存亡之关键,以正气讨昏暴,以公意诛独夫,意正言顺,实洽国内之人心,得

世界之同意。"表示愿意在筹款方面尽力，"虽报国之志有进无已，然去国既远，一时不能即归以从公等之后，亦不愿以覆𫗪之躬再误国事。关于此间筹款等事，弟能力所及者，当尽力图之，冀为公等之助。华侨筹款已经发起，当嘱其随集随汇"。舆论方面，"已电致北京外交团，表示人民反对帝制到底之意；北京、上海两西报，亦同时分电。现拟有一书，分致某政府及议会并各实业家，恳其好意扶助吾国之共和。其他内地将军等，视其尚可与言者，亦致书劝诱，冀消其恶感，为公等后援"。（湖南省社会科学院编：《黄兴集》，第 413—414 页）

12 月 19 日　王统一、一濑斧太郎、陈树人、谢心准、和田瑞、肖萱等先后来访。收到自爪哇三宝垄市日本沃特康特鲁（译音）宾馆的来函和菊池良一来的邮件。（日本外务省档案，1915 年 12 月 20 日《孙文动静》，乙秘第 3295 号；俞辛焞、王振锁等译：《孙中山在日活动密录》，第 495 页）

△　致电法国总统、总理、外交部长，援救革命党人。

是月 5 日，上海肇和军舰起义失败，一批起义者在上海租界被捕，为此致电法国方面营救。在电文中，"以正义和人道的名义"，恳请法国当局授权其领事，不要将被捕的革命党人引渡给袁世凯政府。（陈旭麓、郝盛潮主编，王耿雄等编：《孙中山集外集》，第 463 页；张振鹍：《孙中山对外关系中的几件史料》，《历史研究》1981 年第 4 期）

△　留日同志开会追悼王晓峰、王铭三等烈士，到会者七百余人。（罗家伦主编，黄季陆、秦孝仪增订：《国父年谱（增订本）》上册，第 688—689 页）

国内《盛京时报》对此事也做了报道，称追悼会由革命党领袖之一刘大同等发起，谭人凤、张继等约计八百余人参加。"日前某处起事之首魁周德功亦列席演说时事，慷慨淋漓。谭人凤亦起而演说，略称中国国体由历史上论之，颇适于共和政治，吾党须与进步党协定一致，反对袁世凯，以图国民之幸福云云。张继亦演说，力说贯彻革党之初志事宜。其余陈家鼎、毅木强等二十余名交起演说，热心提倡排袁思想，为反对帝制者吐万丈之氛焰。比至薄暮散会。"（《党人追悼刺客之盛况》，《盛京时报》1915 年 12 月 23 日，"东亚之情势"）

△ 蔡锷等由北京经日本抵达昆明。当晚,即与唐继尧商谈立即举义问题。

12月20日 廖仲恺、戴季陶、菊池良一、山田纯三郎、萱野长知、陈中孚、野崎四郎、谢心准等来访。野崎由萱野介绍而来,因有来客,未见之。是日,收到函电多件,其中有头山满来的一邮件、上海高冈某来的一邮件、上海法租界霞飞路里22号李某来的一挂号邮件等。(日本外务省档案,1915年12月21日《孙文动静》,乙秘第3300号;俞辛焞、王振锁等译:《孙中山在日活动密录》,第495—496页)

△ 复函区慎刚、郑螺生、朱赤霓、李源水等,略述革命形势,鼓励踊跃输助。

函称,邓泽如、许崇智等到达南洋后,"筹募军糈已达万金,诸公辅导进行,深资仰赖。以后顺循各埠,尤望竭力鼓励侨胞,踊跃输助"。强调在国内革命形势日趋有利情况下,经费尤为重要,"军事方面,自有内地同志积极进行,各尽天职,各负责任,总冀达到推倒恶劣政府,建设真正共和为惟一之目的。近值帝政实现,民心愤恚,舆论激昂,大可促风云之密集;更兼上海一役,内容略露端倪,一班人民盛称革命运动之广,小试虽未奏效,而申部势力全在,其影响各方,实增出多少作用。若能巨款早集,则指挥自不难如意矣"。(《复区慎刚等函》,《孙中山全集》第3卷,第215页)

△ 复函徐统雄,勉励其勿为困难所阻。

函称,国内恢复帝制,造成紧张形势,日本政府对革命党人的监视,妨碍了革命党人的行动,"然诸君办事,练达沉重,决无有予法律上以可疑之口实。若平常通信,乃权利所应有,不得以居留地之人而夺其自由,嗣后随时注意,谅不致对于吾党而特加检查也,望转达执事诸同志,幸勿过于畏葸为盼"。表示"为国而受一时之屈,总望国强,可以永久吐气。目前患难不能避,实不敢避也,否则革命之精神,不足以增著其价值矣",并嘱"以后本部对支部,如有可以节省之手续,自当通知各部力避烦重,以利进行"。(《复徐统雄函》,《孙中山全集》

第3卷,第216页)

△　是日,山田纯三郎由上海返回东京。

12月21日　居正、廖仲恺(两次)、谢心准、王统一、戴季陶、山田纯三郎、菊池良一、犬塚信太郎等来访。是日,收到署名"武田健"(疑为王统一)的来电及横滨市山下町80号谭某的来函。(日本外务省档案,1915年12月22日《孙文动静》,乙秘第3308号;俞辛焞、王振锁等译:《孙中山在日活动密录》,第496页)

△　批示梁愚来函,指示答以:"沪款收到,良牧款并由此追认。请竭力再筹应急。"(《批梁愚函》,《孙中山全集》第3卷,第216页)

△　张人杰致函郑螺生等,告知收到汇款情况及孙中山已布置宣传上海起义事情。

函称,17日收到汇款一万元,南洋直汇上海款项多宗,也均收到,"但电码于地名及数目,常有误字,刻已函请陈其美先生,将南洋直汇上海款项各次数目及地名,列一清单寄来,一俟寄到,当由本部照发收条寄去无误"。信中告知,革命党人上海起义,"因布置稍不自由,故不能如意,致未成功。此中情形,已由孙先生令总务军务部,依据陈先生来报,作成报告宣布,刻已脱稿付印,日间即可分寄各支部矣"。国内革命形势并未因此受损,"沪上办事诸同志,刻当冒险续图进取,海陆势力,尚有厚望。其他未举各省,消息甚佳"。(《张人杰致郑螺生等为收到汇款情形函》,黄季陆主编:《革命文献》第45辑,第598页)

△　黄兴自美致函张謇、汤寿潜、唐绍仪、赵凤昌、伍廷芳、庄蕴宽,望维持共和国体。(湖南省社会科学院编:《黄兴集》,第414—415页)

△　上海一带遵袁世凯之令,在城乡张贴告示,查缉革命党人。

是日《申报》刊消息称,有申令谓:"逋逃外洋之党魁孙文、黄兴、陈其美等迭派党徒回国,四出扰乱,着所属军警各机关严加防护,并查缉党徒到案惩办,以除隐患。"江苏督军冯国璋奉令后即与巡按使齐耀琳会衔出示分发各县张贴晓谕,上海县沈知事接到此项示谕后,立派催征吏,在城内外并四乡"分投粘贴,俾众周知"。(《发贴查缉党人之示谕》,《申报》1915 年 12 月 21 日,"本埠新闻")

12 月 22 日　徐苏中、廖仲恺、谢心准、寺尾亨(法学博士)、王统一、戴季陶等来访。下午 4 时 15 分,偕来访的寺尾亨、戴季陶乘车外出,至府下滨松町字柏木 421 号,访理学博士寺尾寿,并和另外一位来访者共受晚餐招待,席间,挥笔题字。晚 8 时,和寺尾亨、戴季陶一起告辞。晚 8 时 40 分返寓。期间,刘兆铭到访,未能会见,其即离去。是日,收到横滨市山下町 80 号谭某的来函等。(日本外务省档案,1915 年 12 月 23 日《孙文动静》,乙秘第 3312 号;俞辛焞、王振锁等译:《孙中山在日活动密录》,第 496—497 页)

12 月 23 日　刘兆铭、谢心准、和田瑞、阎崇义、肖萱、张继、居正、龙光、张人杰、戴季陶、伍平一、苏无涯、伍川坡、徐苏中、谭人凤、黄天评、覃振等先后来访。晚,苏无涯又来访。日方分析,是日的聚会"不是协商问题的秘密会议,而是因孙文、谭人凤、张继等关系久来疏远,为重温旧情而聚会的"。是日,收到千驮谷东口席的来函、牛道区柳町 25 号唐津的邮件、居本乡区真砂町 15 号二桥宅陈某的快递邮件等。(日本外务省档案,1915 年 12 月 24 日《孙文动静》,乙秘第 3320 号;俞辛焞、王振锁等译:《孙中山在日活动密录》,第 497—498 页)

△　陈得平来函,略述圳地党务复杂情况。

函称:该地党员意见分歧原因,"盖缘吴君伯赴东促迫,未曾物色一人代承其乏,朱绍祖、王汉光、陈毓卿等遂得乘间煽惑,曾经宣誓之党员私行脱离,再为加盟,互相推举,别组机关,且欲以吴君伯、陈君岛沧前组织多数党员悉归管辖,群心不愿,意见横生。"到后,"直向王汉光、陈毓卿及不愿肯从之党员洪世丙、张权等双方劝解联合进行,公举部长职员主持其事,洪张等则皆表同情,汉光等则坚持太力极之,唇焦舌敝,彼竟□于充耳"。后又请邓铿出作调人,"汉光等竟多方推诿,藉词朱绍祖之他适,邓先生心知汉光等不思联合,因念皆属为国效力,不为已,甚以冀过后悔悟者"。并表示,果其负固自封,返圳则以公意荐委妥人主持党事,以专责成。自己可却卸仔肩,早日归

港为国驰驱。（《陈得平上总理函》,环龙路档案第 05127 号）

　　△　国内舆论也关注革命党人之间关系的缓和。

　　是日,《盛京时报》报道称:"南洋岑春煊、美国黄兴、法国汪兆铭、英国张继、日本孙逸仙等拟共同组织一中华民党联合会,协力进行。"并已组织领导机构如下:中华民党联合会会长岑春煊,副会长孙逸仙、黄兴;总务部长李烈钧,副部长陈其美;军务部长钮永建,副部长柏文蔚;政务部长胡汉民,副部长居正;文书部长汪兆铭,副部长章士钊;理财部长冯自由,副部长谢英伯;会务部长陈炯明,副部长张继;评议部长谭人凤,副部长李执中。此外,还向各省重要地方派定干事数十名,"潜往各处联络同志"。（《革党最近之布置》,《盛京时报》1915 年12 月 23 日,"东亚之情势"）

　　12 月 24 日　陈家鼐、梅屋庄吉夫人、阎崇义、李墨卿、马和庭、廖仲恺、谢持、陈中孚、谢心准、王子衡等人来访。下午,谭发来访时,谢绝会见之。是日,收到函电多件,其中有镰仓大佛前 81 号黄某的来函。（日本外务省档案,1915 年 12 月 25 日《孙文动静》,乙秘第 3324 号;俞辛焞、王振锁等译:《孙中山在日活动密录》,第 498—499 页）

　　△　批复刘崛来函。

　　先是,时任广西革命军司令长官的刘崛来函,报告筹划工作进行顺利,请准备款项及选择军事、政治干部,派回广西襄助工作。函称:"此次筹划进行,当极称意,事之成否不可知,惟三十日内,决有大举。请即预筹五六万金,并选择富有军事及政治知识者多人,一俟电到,即拨派回来助理一切……广西不难在破坏,而难在破坏后之收拾,故届时若无财才,其何以济变。"汇来五千当不敷配置,"当再作区处,以补不足……志在得款,除先生外,誓不再受第二人命令"。（《刘崛报告筹划广西革命上总理函》,黄季陆主编:《革命文献》第 48辑,第 166—167 页）悉后,是日批示:"答以:现款难得,临时军费,因粮为必要,地方一切货物、钱财,悉发收据,定以时价,尽为收买,由我管藏之,则民间亦当向我取求,而钱银自归于我矣。我有货物,如盐、米、油、茶、烟、酒、布、帛等大宗养命必需之货,在掌握之中,则币票可通行无碍矣。此物此间已印就,一得地点能交通,海外当能直送到也。"(《批刘崛函》,《孙中山全集》第3卷,第217页)

△　批复中华革命党吉礁支部傅天民来函:"可准行,正副名誉部长总理委,其他由党务部长委任。"(《批傅天民函》,《孙中山全集》第3卷,第217页)

△　胡汉民来函,请奖慰张本汉在香港所联络者。

函称:"此信由张本汉君交来,本汉往港两月,前日方返岷,此系伊在港所联络者,兹特寄呈或转海云等就港与之接洽,而由先生挥数行手谕,以奖慰之。"悉后批示:"至紧复函奖励,并着执信、海云与接洽。"(《胡汉民上总理函》,环龙路档案第07382号)

△　杨广达来函,同意选举吴铁城为檀香山支部长。

函称:"美洲总支部及檀香山支部均次第举办,选举美洲总支部长,全美均推服林森先生。檀香山支部此间均不惬意,于前支部长谢君已原因其遇事粉饰,至党务废弛,尤好用术数,故也。前弟接先生来函,已承嘱此届选举须加慎重,今檀埠于上礼拜日选举候补职员,各同志以谢君仍有恋栈之意,故弟等为一党前途计,敢承尊意,向各同志说及现正支部长候选为吴铁城先生及弟。但弟才识素陋,且商务诸多,吴铁城先生现在檀埠,勇于任事,同志亦极佩服,届时弟等必投举吴铁城先生为支部长也。此间维持会已由铁城先生汇款过美洲支部,但暂收非多,若铁城先生任事再久,于党务当必有进步也。"并告以:"铁城先生案,弟已发起由檀中殷商及各界上书美工部具保,将来谅可无碍。"(《杨广达上总理函》,环龙路档案第05126号)

12月25日　刘兆铭(两次)、宫崎寅藏、居正、廖仲恺、谢心准、林德轩、伍平、胡铁生等来访。是日,横滨山下町80号的谭某来一邮件;头山满转来国外邮件一件;民国上海三井物产公司田中某来一挂号邮件;横滨弁天路野津屋□店发来快递包裹一件。另有函电多件。(日本外务省档案,1915年12月26日《孙文动静》,乙秘第3331号;俞辛焞、王

振锁等译：《孙中山在日活动密录》，第 499 页）

　　△　致电朱执信，答应给以款项支援。电文内容如下："何敬甫之款，决定在君，如君需款，余等亦能寄多数之款项。"（《致朱执信电》，《孙中山全集》第 3 卷，第 217 页）

　　△　致电林森，告知国内革命形势，嘱筹款应急，并告知赴美计划调整。

　　电云，"沪电五省合抗袁事，确得真信"，滇黔长官已致电袁世凯，提出"民意反对，请罢帝制，杀杨、孙（指杨度、孙毓筠）"要求，且一面派兵集于川湘边界，约三星期内声讨。经费仍是最为主要的问题，"鄂有款即发，南北各需甚急。沪虽增兵一旅，尚易着手，有五万即能十分成功云，请勉筹速汇"。此外，赴美计划也需调整，"事机至此，赴美非要着。文有友驻美京办交涉，勿虑"。（《致林森电》，《孙中山全集》第 3 卷，第 218 页）

　　△　致电马尼拉薛汉英，同样告知国内多地联合反袁形势，"请勉筹速汇，由东转文"。（《至马尼拉薛汉英电》，《孙中山全集》第 3 卷，第 218 页）

　　△　蔡锷等在云南发动起义，护国战争揭幕，孙中山积极响应，致电各地加紧部署国内反袁起事。

　　23 日，唐继尧等已致电袁世凯，要求取消帝制，严惩祸首，限于二十四小时内答复。袁未做回应。是日，唐继尧、蔡锷等通电各省，宣布云南独立，组织护国军，以唐继尧为都督，下辖三军，以蔡锷为第一军总司令，辖三梯团，出发进攻四川；李烈钧为第二军总司令，率方声涛、张开儒两师团，出滇南攻粤；戴戡为第三军总司令，入黔攻川。

　　此次云南起义，主要策动者为进步党、地方实力派和原国民党人李烈钧、李根源等。孙中山对云南也早有关注，曾派刘德泽入滇，联络旧同盟会成员，设立中华革命党机关。继又派吕志伊入滇，策动反袁活动。具有较强民主革命意识的中级军官，如邓泰中、杨蓁、董鸿

勋等予以响应,邓等对唐继尧赞同讨袁有促成作用。(陈锡祺主编:《孙中山年谱长编》上册,第969页)

起义爆发后,积极响应,除是日致电美洲林森、马尼拉薛汉英外,26日—30日又连致电旧金山、上海、火奴鲁鲁、香港等地革命党以及胡汉民,对云南举义极表欢欣,望海外各地速筹款应急。在发给上海革命党人三电中,指出:"既有首难,则袁之信用已破。此后吾党当力图完全而后动,务期一动即握重要之势力。"并促赣、鲁等处迅速发动。(《致上海革命党人电》,《孙中山全集》第3卷,第220—221页)

是日,陈其美致函邓泽如,亦预言到西南即将发动,吁请速汇款。函谓:"近日国事益迫,袁世凯既于本月十三号宣布承认称帝,革命军之勃发,却在眼前。""又闻西南各省,已全成熟,不日即可发动。北方成绩亦佳,袁氏灭亡之期,当不在远矣……现在公司进步,一日千里,需资本甚殷,股份仍望诸先生极力招徕,从速汇寄。"(《陈其美致邓泽如报告刺郑汝成及肇和失败情形函》,黄季陆主编:《革命文献》第46辑,第171页)

12月26日　王统一、莫基慕塔、谢持(两次)、戴季陶、山田纯三郎、居正、刘兆铭、谢心准、王子衡、廖仲恺等来访。是日,收到各地寄来函电多件,其中,中涩谷道玄坂287号的竹内清兵卫来一邮件;神户市岳库松本路五丁目28号绪方守成发来一邮件。(日本外务省档案,1915年12月27日《孙文动静》,乙秘第3333号;俞辛焞、王振锁等译:《孙中山在日活动密录》,第500页)

△　致电旧金山革命党人,告知:"云、贵确布独立。苏、赣、沪、鄂皆备即发。"(《致旧金山革命党人电》,《孙中山全集》第3卷,第218页)

12月27日　谭平(两次)、谢持、肖萱、陈中孚、谢心准、林德轩、刘佛肩、廖仲恺等人来访。是日,收到函电多件,其中,牛込区柳町25号唐泽来一函;神田区中猿乐町21号的平井来一快递邮件。(日本外务省档案,1915年12月28日《孙文动静》,乙秘第3340号;俞辛焞、王振锁等译:《孙中山在日活动密录》,第500—501页)

△　批复郑振春来函。

先是，中华革命党琼州分部的郑振春来函，请求取消陈侠农委任状。悉后，批复由党务部代答以："分部本无限制，可并驾而驰，以图扩张党势。本部之于职员，当视效果之大小，以论功绩，望各勉力进行可也。"（《批郑振春函》，《孙中山全集》第3卷，第219页）

△　批复周之贞来函。

先是，周之贞来函，报告陈炯明在粤活动情形，提出不可不谋先发制人。悉后批示答以："各事可听执信计划而行。"（《批周之贞函》，《孙中山全集》第3卷，第219页）

△　致电上海革命党人，指示："即由汇丰电田中壹万五千元。鄂屡告急请款，如确可动，请照给三千元。确否宜察，勿轻与。"（《致上海革命党人电》，《孙中山全集》第3卷，第219页）

12月28日　廖仲恺、居正、谢持、谭平、王庭、谢心准等来访。是日，丸善株式会社寄来一个邮包。（日本外务省档案，1915年12月29日《孙文动静》，乙秘第3343号；俞辛焯、王振锁等译：《孙中山在日活动密录》，第501页）

△　委黄卓汉为峇眼西比支部长，伍云坡为广东支部长。（罗家伦主编，黄季陆、秦孝仪增订：《国父年谱（增订本）》上册，第692页）

△　宋振以全权特派员名义致函叶独醒，告以在纳卯筹饷顺利，不负孙中山委派之意。

函称："现在纳卯筹理军需、党务两项。此间同志，均明达热诚，诸事措置已妥。此行得不免孙先生委派南来之意，堪为吾党前途庆。"函中还提到，尽管有"胡汉民先生俟宿务事毕，将赁中国之舟，前来纳卯"等消息传出，似乎也不影响其筹饷，"幸此间同志，不因足下来意，遽生观望。得足下之书后，尚能筹及三千之谱，顾皆非富裕，而获得巨金，以助吾党，斯是庆事"。（《宋振为在纳卯筹饷事致叶独醒函》，黄季陆主编：《革命文献》第48辑，第122页）

12月29日　王统一（两次）、谢心准（两次）、张继、居正、刘兆铭、刘世钧等来访。下午,上涩谷 43 号的国井勘助来访,谢绝会见之;本市高田村 360 的前田九二四郎和原宿 197 号的青野恭次郎来访,亦谢绝会见;杉村和介持香港某人致和田瑞的电报来访,阅之。(日本外务省档案,1915 年 12 月 30 日《孙文动静》,乙秘第 3344 号;俞辛焞、王振锁等译:《孙中山在日活动密录》,第 501—502 页)

△　致函胡汉民,嘱其速汇款。

函称:"苏、沪、赣、鄂发旦夕。执(朱执信)昨电请万元,已勉凑汇。刻需款急,请催汇。总支部趁兄在,速组织。"(《致胡汉民函》,《孙中山全集》第 3 卷,第 220 页)

△　致电火奴鲁鲁革命党人,指示:"沪、粤需款急,请力筹应,须待沪得乃回。"(《致火奴鲁鲁革命党人电》,《孙中山全集》第 3 卷,第 220 页)

△　致电香港 Yokashi,告知:"关于你的营业,请与 Chowkok Boyama 商酌。"(《致香港 Yokashi 电》,《孙中山全集》第 3 卷,第 221 页)

△　以中华革命党总理名义给山中峰太郎颁发委任状,委任其为中华革命军东北军参谋长。(郝盛潮主编、王耿雄等编:《孙中山集外集补编》,第 188 页)是日,山中峰太郎由王统一介绍加入中华革命党。其在入党誓约中写道:"为救中国危亡,拯生民困苦,愿牺牲一己之身命、自由权利,附从孙先生再举革命,务达民权、民生两主义,并创立五权宪法,使政治修明,生民乐利,措国基于巩固,维世界之和平。"([日]久保田文次编:《萱野长知·孙文関係史料集》,第 634 页)

△　云南护国军起,孙中山与革命党又成为舆论焦点之一。

是日,《盛京时报》称:"某革命领袖蔡锷自潜入云南后,统帅滇黔两省之军队,计六万人,决计大举北伐。岑春煊、李烈钧等亦已入粤与各处军队勾结。现将组织共和军,拟与云贵共和军呼应北上。海内外之革命党望风蹶起,事至于此,则各省文武大员中抱反对帝制之意见者,岂袖手旁观也哉?况此次各地革党筹集款项达数千万元之巨,殆可以达吾党之目的,请刮目而待之可也。"(《党人倾覆帝位之豪语》,《盛京时报》1915 年 12 月 29 日,"东亚之情势")次日,该报又称:

"匿迹香港、南洋等处之革党现正陆续进入云南，而岑春煊亦已准备一切，行将卷土重来。""安南之法国官宪不但与蔡前将军感情甚洽。此外张继等革党领袖多系亡命法国者，与法人关系不浅，胡肯为袁氏甘言所诱，以压迫党人也哉？""云贵两省既因反对帝政而宣言独立，广西、江西亦有闻风蹶起之说。闻此次革党之运动，亘于全国，布置井然。既有组织的大计划，其所影响决非浅显。如胡汉民、何天炯久已杳无消息，今闻彼等早经潜入某省，运动起事，已有端倪，不久将起。革命军某革党领袖亦已离东京，踊跃入某处，主使之者为黄兴等之武派革党。然孙文等之文派革党亦相与呼应，期必达其目的。总之此次反对帝政之风潮与革党之大运动相待，谅须滋生一大骚乱也。"（《岑春煊将卷土重来》《某法人论云南独立之情势》《党人与帝制不两立》，《盛京时报》1915 年 12 月 30 日，"东亚之情势"）

12 月 30 日　廖仲恺、谢心准、谢持、居正、肖萱、覃振、苏无涯、山田纯三郎等先后来访。是日，镰仓大佛前 81 号黄某来一邮件；横滨市山下町 80 号谭某来一邮件。（日本外务省档案，1915 年 12 月 31 日《孙文动静》，乙秘第 3347 号；俞辛焞、王振锁等译：《孙中山在日活动密录》，第502 页）

△　致电上海革命党人，询问国内革命情况。电云："赣久未发，究如何？刘世均入党，于赣稍有力，能统一否？鲁首要数人即来东，面商后再赴青岛。苏事如何？"（《致上海革命党人电》，《孙中山全集》第 3卷，第 221 页）

△　致电香港 Chowkok，告知："如 Yokashi 之营业可行，让他试向汇丰银行申请一万元。"（《致香港 Chowkok 电》，《孙中山全集》第 3卷，第 221 页）

△　广西陆荣廷等通电反对云南起义，矛头指向孙中山。

是日《申报》载陆荣廷、王祖同通电，其称："君宪问题美满解决，宣布中外，环球詟服，云南军巡唐任两人受孙文暴徒胁迫，竟电致中央声请取销，更分电各省，任意煽惑，荒谬离奇，殊堪骇异……并约川湘黔粤军巡各师合词箴责，属在比邻，责无旁贷，亦使知接境均有戒备，诡谋或可取销。夫君宪大定，岂有中止之理，且国体由于全国人民之表决，反抗者实为全国之公敌，现在外交顺手，友邦甫议承认，在我正宜团结一气，无隙可乘，岂可自起纷扰，贻人口实。"声言"乃唐任为乱党作机械，不啻甘为祸首，作乱误国，断难任其蠢动。桂省上下一心，士卒用命，知有国家，知有地方，以服从中央，拥护君宪为天职。现已严饬沿边军队严密布置，加意防范，整励戎行，束装已发，愿为国家讨除不庭，尚祈诸公同心协力，共维大局"。(《续录关于云南独立之官电》，《申报》1915 年 12 月 30 日，"本埠新闻")

12 月 31 日　谢持、刘兆铭、王统一、一濑斧太郎、谢心准、陈中孚、林德轩、葛逢、和田瑞等来访。下午，岛根县大原郡大东町的士谷佐太郎来一邮件。(日本外务省档案，1916 年 1 月 1 日《孙文动静》，乙秘第 1号；俞辛焞、王振锁等译：《孙中山在日活动密录》，第 503 页)

是月下旬　唐继尧来函，为早除袁世凯请示机宜。

函称："自入同盟会以来，受我公革命之训导，义不苟同，秣马厉兵，待机报国。云南全省人民，亦复义愤填膺，誓不与此贼共视息。然而，云南地瘠民贫，兵单饷绌，长沙子弟，虽仗剑以先来，澧水师干，等孤注之一掷，所幸四方豪杰，具有同心。"特派唐萍赓、李伯英二人代表驻沪，秘与各方面同志周旋接洽，"或冀将伯之援，或为钟鼓之应，或拔戟以共锄渠魁，或解囊而乐输义粟"。并称"盼我公登高一呼，俾群山之皆应，执言仗义，重九鼎以何殊。一切机宜，祈予随时指示，得有遵循。总期早除袁氏之大憝，复我民族之自由，马首是瞻，共成义举"。(云南省档案馆编：《云南档案史料》第 1 期，第 16—17 页；杜奎昌辑注：《唐继尧护国讨袁文稿》，第 42—43 页)